묵점 기세춘 선생과 함께하는

장자

초판 1쇄 발행_ 2008년 3월 15일
초판 2쇄 발행_ 2008년 6월 30일
개정판 1쇄 발행_ 2013년 3월 18일

글쓴이_ 기세춘

펴낸곳_ 바이북스
펴낸이_ 윤옥초

책임편집_ 김주범
편집팀_ 임종민, 이성현
표지디자인_ 최승협
책임디자인_ 이지현
디자인팀_ 방유선, 원선경, 최윤희, 김은빈, 성미화

등록_ 2005. 07. 12 | 제313-2005-000148호

ISBN_ 978-89-92467-73-5 03150

서울시 마포구 서교동 395-166 서교빌딩 703호 (우편번호 121-840)
편집 02)333-0812 | 마케팅 02)333-9077 | 팩스 02)333-9960
이메일 postmaster@bybooks.co.kr
홈페이지 www.bybooks.co.kr

책값은 뒤표지에 있습니다.

바이북스는 책을 사랑하는 여러분 곁에 있습니다.
독자들이 반기는 벗 – 바이북스

老子

묵점 기세춘 선생과 함께하는

講義

기세춘 지음

바이북스
ByBooks

재번역운동을 기대하며

　　오래전부터 나는 동양고전을 읽는 젊은이들을 보면 반갑기 그지없으
나 미안한 마음이 앞섰다. 책방에 진열된 고전 번역서들이 온통 오역투
성이라 민망해서다. 특히 『노자老子』·『장자莊子』의 번역본들은 역자마
다 번역이 다르며 무슨 뜻인지조차 알 수 없다. 말도 되지 않는 글을 행
여 깊은 뜻이 있겠거니 끙끙거리며 읽는 독자들을 생각하면 얼굴이 화
끈거린다. 번역과 해석은 다르다. 해석과 해설이 학자마다 다른 것은 가
치의 다원주의이며 민주주의의 뿌리이지만 같은 글자를 저마다 다른 뜻
으로 번역하거나 심지어 반대의 뜻으로 번역하는 것은 왜곡이며 죄악이
다. 한류를 수출하는 문화 국가를 표방하는 마당에 남의 번역문 베끼기
가 만연한 것은 부끄러운 일이다. 이제 동서양 모든 고전 번역의 오류를
바로잡는 재번역운동이 일어나야 한다. 이를 위해서는 먼저 시장을 장
악하고 있는 기존 번역본에 대한 가차 없는 비판이 불가피하다. 이 책에
서는 『노자』 오역과 왜곡을 낱낱이 파헤쳐 고발하려 했다. 이를 위해 다
른 여러 학자들의 번역문을 병기했다. 이는 나를 비롯한 모든 번역자들
을 심판대에 올려놓는 일이다. 이로써 독자들 스스로 판단하여 악서를
구축하는 재번역운동에 동참하기를 기대해서다. 더구나 『노자』는 강령

적 단문으로 되어 있으므로 반복하여 읽어야만 그 맛을 알 수 있다. 여러 학자들의 각각 다른 번역문을 함께 비교하며 읽으면 의취가 더욱 분명해질 것이다.

일찍이 다산茶山 정약용丁若鏞 선생은 글을 해석할 때 옛것은 옛것으로 돌리고 지금은 지금으로 돌리라고 말했다. 옛것을 견강부회하여 지금을 변호하거나 지금에 연연하여 옛것을 무함하지 말라는 뜻이다. 그래서 다산 선생은 옛 문헌을 널리 참고하여 경전으로 경전을 증거하는 '이경증경以經証經'을 해석의 원칙으로 삼았다. 나의 경전 번역은 다산 선생의 가르침을 따라 경전으로 경전을 해석하는 이른바 '이경역경以經釋經'을 원칙으로 삼고 있다. 이 책에서도 『노자』로 『노자』를 해석하고 나아가 『장자』·『열자列子』·『한비자韓非子』·『회남자淮南子』로 『노자』를 해석했다. 해설에서는 나의 의견도 개진했지만 그것은 어디까지나 장자莊子의 『노자』 해석을 근거로 했다. 반면 지금까지 우리나라에서 출판된 『노자』 번역서는 거의 모두 왕필王弼의 주석을 따른 것이다. 그러나 이것은 한漢나라를 무너뜨린 이른바 '황건의 난'이라 불리는 농민 반란의 정신적 교본이었던 민중적인 본래의 『노자』가 아니라 유교로 각색된 '왕필노자'일 뿐이다.

『노자』왜곡에 대해서는 조선의 허균許筠과 중국의 고염무顧炎武가 이미 지적한 바 있다. 특히 고증학자인 고염무는 하안何晏과 왕필의 죄악을 폭군 걸주桀紂보다 더 심하다고 비판했다.

왜 이처럼 하안과 왕필을 죄인으로 지목했을까? 그들은 민중의 해방을 말한 노자老子를 회칠한 무덤에 가두어버렸기 때문이다. 노자를 태상노군太上老君으로 숭배하고 교주로 모시는 도교 세력이 주축이 된 황건의 난으로 한나라가 무너지고 조조曹操가 위魏나라를 세우자 정치 세력은 이념의 통일을 위한 정치적 필요에서 도가와 유가를 결합시키고자 했다. 그래서 만들어진 것이 현학玄學이다. 이 현학의 대표자가 하안과 왕필이다. 그들은 노자를 공자孔子에 끌어다 붙이기 위해(援老入儒) 노자로 공자를 해석했고(以老釋儒) 공자로 노자를 해석했다(以儒釋老). 이 과정에서 노자는 변질·왜곡된 것이다.

그리고 여기에 또다시 종교적 필요에 의해 변질됐다. 도교는 여느 종교처럼 교단의 존속을 위해 정권과 타협하게 됐고, 급기야 당唐나라 때는 국교가 됐다. 이에 노자는 '태상현원황제太上玄元皇帝'로 추존됐고 『노자』는 『도덕진경道德眞經』으로 존숭되고 지배이념의 교과서가 됨으로써 민중성과 저항성이 탈색된 모습으로 변질됐다.

대체로 중국인들은 같은 것에서 다름을 찾는 '동중구이同中求異'의 분석보다는 서로 다른 것들을 뭉뚱그려 하나로 용해시켜 버리는 '이중구동異中求同'의 종합에 재주가 뛰어나다. 그들은 필요에 따라서는 수백 년 모시던 마을 신당도 새로운 신상으로 바꾸어버리고 이것이 그것이라고 말한다. 그러나 중국도 근대화되고 민주화됨으로써 이제 '대동大同'을 추구하되 '소이小異'를 보존한다는 이른바 '구동존이求同存異'를 국정철학으로 내세우고 있는 실정이다. 이제 공자는 공자대로 노자는 노자대로 본래의 모습을 복원시켜야 한다. 현학자玄學者들이 그들의 필요에 따라 공자와 노자를 하나로 종합한 것을 우리가 탓할 것은 못 된다. 하지만 그렇다고 우리도 그들을 따라 공자와 노자를 하나로 볼 것인가? 이제 우리는 『논어論語』는 임금에게 충성하는 군자로 출세하기 위한 교과서라는 사실과 『노자』는 황건의 난이라는 민중 봉기를 일으킨 저항정신의 성전이었다는 역사성을 은폐해서는 안 된다.

근대 이전까지는 동서양을 막론하고 학문은 통치 권력의 독점물이었다. 청대淸代에 와서야 비로소 권력으로부터 학문의 독립을 주장하는 고증학이 일어나 공자는 공자대로 노자는 노자대로 본모습을 찾기 시작했다. 그러나 조선은 청나라를 오랑캐로 비하 배척했으며 유교의 이념적 독재로 이를 받아들이지 못했으며, 지금도 유교의 아류로 왜곡된 『노자』를 아무런 반성 없이 답습하고 있다.

이 책에서는 이러한 왜곡과 변질을 걷어내고 민중적이고 혁명적인 본래 『노자』를 복원하려고 노력했다. 그 방법은 노자를 계승한 장자의 해석을 존중하고, 『노자』를 왜곡한 왕필의 해석을 비판하는 것이 출발점이다. 그것만이 본래의 『노자』로 돌아가는 유일한 방법이기 때문이다. 장자와 왕필의 차이가 밝혀지면 그 변질을 견인한 힘이 무엇인가를 알 수 있으며 나아가 동양사상의 흐름을 올바로 이해할 수 있을 것이다.

고전을 번역한다는 것은 다른 언어 간의 소통이며 또한 서로 다른 문화 간의 소통이다. 그래서 번역에는 해설이 따르기 마련이다. 그것은 언어의 구조적 이질성 때문에 번역만으로는 원저의 뜻을 다 전달할 수 없으므로 역자의 의견을 개진하기 위함이다. 그러나 본래 해설이란 번역어(meta-language)의 해설일 뿐, 원어(object-language)의 해설이 아니다. 그러므로 번역이 잘못되면 해설도 엉뚱해지기 마련이다.

설사 오역이 아니라 해도 해설은 번역과 다르다. 왜냐하면 해설은 본래 저자의 의도를 다른 문화 코드로 전달하기 위한 것이지만 그것이 번역자의 의도와 국량에 제한될 공산이 크기 때문이다. 실제로 번역자는 자신의 견문과 신념의 우물 안에 갇혀 있다. 그러므로 그 울을 뛰어넘는 정보는 이해하지 못하고 우물 안으로 끌어내리기 일쑤다. 또한 번역자가 당시의 지배담론의 포로인 경우 지배담론에 적대적인 사상은 왜곡될 수밖에 없다. 사실 그 어떤 해설자도 익명의 담론권력으로부터 자유로울 수 없다.

그러므로 번역과 해설은 더욱 분명하게 구분해야 한다. 그렇지 않으면 저자와 독자 간의 직접 교감을 가로막고 번역자가 중간에 끼어들어 저자로 행세하게 된다. 특히 지금 우리 학자들의 노장 번역서는 오역과 왜곡에 엉터리 해설을 덧붙인 경우로 경전의 본뜻은 사라지고 엉뚱한 잠꼬대가 되어버린 경우가 대부분이다.

또한 요즘 서점에서는 서양철학 담론으로 동양고전을 재해석하는 책이 약진하고 있다. 그러나 해설과 재해석은 다르다는 점을 유의해야 한다. 해설은 원저자의 사상을 설명하는 것이지만 재해석은 원저자의 사상과 의도와는 다른 각도에서 재구성한 것이다. 즉 재해석은 원저자의 구조를 해체하여 완전히 다른 구조로 바꾸는 것이다. 그러므로 구성물은 동일하지만 구조가 다르므로 그 모습도 본모습과는 완전히 다를 공산이 크다. 따라서 재해석은 원저자의 사상이라고 말할 수 없다. 예컨대 『노자』를 프로이트Sigmund Freud나 데리다Jacques Derrida로 해석한 것은 노자의 사상이 아니라 프로이트와 데리다의 사상일 뿐이다.

우리가 노장사상을 접근할 수 있는 길은 오로지 노자·장자의 텍스트뿐이다. 저자의 숨은 의도가 있었다 해도 원문을 초과할 수는 없다. 또한 설사 심리학적으로 노장의 심리를 분석할 수 있다 할지라도 그것 자체가 노장의 사상이라고 말할 수는 없다. 그것은 의식의 편린들이거나 잠재된 무의식의 덩어리들일 뿐 저자가 세상에 말하고자 한 것들은 아니다.

그렇다면 오역과 왜곡은 무엇이 다른가? 오역이란 낱말의 여러 가지 뜻 중에서 글 취지에 알맞지 않은 것을 골라 번역하거나, 고대 언어를 당시의 뜻이 아니라 현재의 뜻으로 오해한 경우이거나, 문맥을 잘못 짚어 본래의 뜻과는 전혀 다른 의미로 착각한 경우를 말한다. 반면 왜곡이란 모어에 원래 없던 다른 뜻을 새로이 첨가함으로써 원저자의 본래 캐릭터를 번역자가 지어낸 모습으로 완전히 바꾸어버리는 변조를 말한다. 이런 왜곡은 번역자의 소양 부족으로 원저자의 깊은 뜻을 이해하지 못하고 번역자의 천박한 선입견에 묶여 무의식적으로 자행되는 경우도 있으나 대부분 정치적·종교적 목적에서 의도적으로 자행되는 경우가 많다. 어떻든 왜곡은 본래의 캐릭터를 실종시키고 번역자의 캐릭터를 원저자의 모습으로 둔갑시킨다. 그러므로 오역은 변명할 수 있지만 왜곡은 용서할 수 없는 죄악이며 비판받아야 마땅하다.

그러나 원전의 구속에서 벗어나 등장인물의 이름만 빌리고, 그 인물의 성격·캐릭터까지 모두 바꾸어버리는 패러디나 소설은 다르다. 거기서는 공자와 노자의 모습이 시대와 저자에 따라 각각 여러 모습으로 새롭게 창조될 수 있다. 물론 이러한 패러디와 소설은 새로운 창작일 뿐 원전의 해설이 아니다.

그런 경우에는 장자처럼 스스로 열에 아홉이 우언이라고 밝히거나, 『삼국지연의三國志演義』처럼 제목부터 『삼국지三國志』의 원전 번역이 아니고 '연의演義(소설)'임을 밝히는 것이 도리다. 그래서 『장자』에 나오는 공자와 『삼국지연의』에 나오는 조조와 유비劉備는 역사적인 실재와 전혀 다른 가상의 인물임을 독자가 알아차리도록 해야 한다. 그럼에도 불구하고 독자들이 허구(fiction)를 사실(fact)로 착각한다면 그 소설은 성공이며, 본래의 모습보다 새로운 캐릭터를 좋아한다면 그 패러디는 성공했다고 말할 수 있을 것이다.

문제는 패러디나 소설을 경전과 역사인 양 속이는 데 있다. 이는 자신의 창작이라고 하면 팔리지 않으므로 원저자의 권위를 팔아먹으려는 장사꾼의 속임수일 뿐이다. 지금까지 서점에 나와 있는 『노자』 번역서들

거의가 이런 종류의 엉터리 책들이고 그 대표적인 사례가 도올의 번역이다.

　나는 지난 2002년 《신동아》 11월호에 도올의 '『논어』 강의'에 대한 오류를 지적한 글을 기고한 바 있다. 그러나 지금까지 아무런 응답이 없다. 또한 2005년에는 《우리 길벗》 5월호와 6월호에 도올의 『노자』에 대한 오류를 비판한 글을 발표했으나 역시 아무런 응답이 없다.

　솔직한 소견을 말하자면 도올의 『노자』는 하안과 왕필의 죄악을 계승한 것으로 그치지 않고 한술 더 떠서 엉터리 번역과 철부지 같은 엉뚱한 사설을 늘어놓고 있어 한군데도 취할 곳이 없다. 그의 목적은 2천여 년 전의 공자와 노자를 21세기의 자본주의 사상가나 성공한 경영자로 각색하는 데 있는 것 같다. 굳이 그의 공헌이라면 엄중한 역사적·학문적 자료인 『논어』와 『노자』를 비역사적이고 비학문적인 처세훈으로 둔갑시켜 시장의 취향에 영합하여 상품화에 성공한 것을 들 것이다. 급기야 한문학에 전혀 소양이 없는 여류女流 학자들도 도올은 엉터리라고 들고 일어나는 창피한 지경에 이르렀다. 그러나 도올은 아무 말이 없다. 그는 부끄러움을 모르는 사람 같다. 물론 여류 학자들의 번역도 여전히 우리 학자들의 왜곡을 답습하여 본뜻과는 거리가 먼 엉터리지만 그래도 무슨 말인지조차 모를 기존의 엉터리 번역서에 비하면 말이나마 통하게 가다듬어졌기에 한결 낫다.

　나는 과거 선배들의 유교적 아포리즘도 반대하거니와 후학들의 선배 답습하기와 시장에 영합하는 아포리즘도 단호히 배격한다. 이 책이 우리 출판계와 학계의 이러한 상업주의와 무책임한 풍토에 경종이 되기를, 연부역강年富力强한 후학들의 새로운 동양학을 위한 길잡이가 되기를 바란다.

최근 중국은 노장사상을 정신적 지침으로 삼으려는 움직임을 보이고 있다. 올해 4월에는 '『도덕경道德經』 국제포럼'을 국가적인 행사로 열기도 했다. 노장은 본래 원시 공산사회를 소망한 아나키스트였으므로 중국 공산당이 노장을 들고 나오는 것은 어쩌면 당연하다. 그러나 그것만이 아닌 것 같다. 그들은 공산당의 간판을 유지한 채 자본주의적인 시장 경제를 수용하고 있다. 이런 모순을 '조화調和사회의 지향'이라고 선전하고 있지만 이를 설명하는 데는 마르크스레닌주의나 마오주의는 물론이거니와 덩샤오핑鄧小平의 흑묘백묘黑猫白猫론도 역부족이었을 것이다. 이에 새로운 노선의 정신적 지침을 『노자』에서 구하려는 것이다. 그러므로 이제 『노자』는 그들 공산당에 복무할 수 있도록 또 한번 변질·왜곡될 것이 뻔하다.

이러한 상황 전개는 지금까지 중국 학자들의 현학적인 청담으로 변질된 노장 해석도, 우리 학자들의 반동적인 허무주의로 왜곡된 노장 해석도 폐기하지 않을 수 없는 압력으로 작용할 것이다. 그러나 나는 이에 부화뇌동하지 않을 것이다. 이 책은 지금까지 중국과 한국에서 출판된 기존의 『노자』 번역서들과는 전혀 다른 뜻으로 번역되고 해설됐음을 주목해 주기 바란다. 선후배님들의 가차 없는 질책을 바란다.

조선의 실학자인 담헌湛軒 홍대용洪大容 선생은 "옛날에는 책이 없어 걱정했고 지금은 책이 많아 걱정"이라고 했다. 오늘날은 책의 공해 시대다. 선생이 한탄했던 것처럼 쓰레기 같은 저질 책들이 쏟아져 이 나라 인재들을 저질화하고 있다. 이 책을 계기로 도올의 『노자』뿐 아니라 지금 서점에 나와 있는 『노자』 번역서들이 수거되어 폐기되거나 수정·재판되기를 기대한다. 아니면 '왕필의 『노자』'로 책 이름을 바꾸어야 할 것이다.

나는 어려서 서당에서 한지에 일일이 붓으로 베껴 글을 배우다가 처음으로 '전과 지도서'라는 것을 접한 충격과 책을 낸 분들에게 느꼈던 감탄을 아직도 잊을 수 없다. 그래서인지 간결함을 우선시한답시고 단도직입적이고 투박한 글쓰기를 고집하고 있다. 그런데도 지금껏 변함없이 아껴주신 독자 여러분께 진심으로 감사의 말씀을 올린다. 그리고 이처럼 불온한 책을 군말 없이 펴내주신 윤옥초 대표님의 용기와 김주범 님을 비롯한 바이북스 가족 여러분의 노고에 깊은 감사의 말씀을 드린다. "신실한 말은 아름답지 않고(信言不美), 아름다운 말은 신실하지 못하다(美言不信)"는 『노자』의 끝맺음 말로 변명과 위로를 삼고 투박한 이 책이 입에 쓴 약처럼 독자 여러분의 신실한 벗이 되기를 소망한다.

2007년 가을 어느 날
기세춘 올림

일러두기

1. 이 책은 노촌 이구영 선생님이 주관하시던 이문학회와 한남대학교 인돈학술원에서 교제로 썼던 강의안을 보완 정리한 것이다.

2. 한자 원문은 백서본帛書本을 저본으로 했으되 소엽산방掃葉山房에서 발행한 『백자전서百子全書』에 수록된 왕필王弼의 주해 『노자도덕경老子道德經』과 오징吳澄의 주해 『도덕진경道德眞經』을 참고했다.

3. 이 책에서 비교를 위해 인용한 번역문의 출전은 다음과 같다.

    김경탁 : 명지대학문고 제18권 『老子』, 명지대출판부, 1977년판
    노태준 : 『노자 (도덕경)』, 홍신문화사, 1979년판
    장기근 : 『老子』(세계사상전집 3권), 삼성출판사, 1982년판
    김용옥 : 『老子』 길과 얻음, 통나무, 1989년판(1판13쇄)
            『노자와 21세기』 권상(방송 강의), 통나무, 1999년판(2판9쇄)
            『노자와 21세기』 권하(방송 강의), 통나무, 1999년판(1판1쇄)
            『노자와 21세기』 3권, 통나무,1999년판(2판1쇄)
    오강남 : 『도덕경』, (주)현암사, 1995년판(19쇄)
    임채우 : 『왕필의 노자』, 예문서원, 1997년판(5쇄)
    윤재근 : 『노자 오묘한 삶의 길』, 도서출판 나들목, 2003년판
    이석명 : 『백서 노자』, 청계출판사, 2003년판
    이경숙 : 『도덕경』, 도서출판 명상, 2004년판
    김형효 : 『사유하는 도덕경』, 소나무, 2004년판

    김용옥의 번역의 경우 『노자』 1~6장은 『노자와 21세기』 권상에서, 7~24장은 『노자와 21세기』 권하에서, 25~37장은 『노자와 21세기』 3권에서, 28~81장은 『老子』에서 인용했다.

4. 이 책의 차례는 『노자』의 장 순서를 따르지 않았다. 『노자』는 판본에 따라 장의 순서나 내용이 조금씩 차이가 있으며 기존 판본들에 제시된 순서대로 읽으면 문맥이 끊기고 앞뒤가 맞지 않는 경우가 많다. 이에 주제별로 10부 34장으로 구성했으며, 『노자』 원문은 해체하여 각 장의 앞머리에 '노자 읽기'라는 이름으로 해당 내용을 제시했다. 단 서론인 1부에는 글의 특성상 '노자 읽기'가 없으며, 19장 '약자의 천연 도덕'과 20장 '노자 도덕의 특징'은 여러 주제를 포괄하는 내용이어서 장의 앞머리가 아닌 본문 중에 『노자』 원문을 배치했다.

老子講義

1장 민중의 집단 창작

3인의 노자

내가 서당을 다닐 때 훈장님에게 들은 이야기로는 노자
老子는 이미 어머니 배 속에서 100년을 지내다가 늙은이로
태어났으므로 '노자老子'라 했는데, 그는 천 년을 살다가
신선이 됐다고 한다. 그리고 그가 관문지기에게 써서 주었
다는 『노자도덕경老子道德經』(이하 『노자』 혹은 『도덕경』)은
그가 지은 것이 아니라 관윤關尹이 지어 노자의 이름을 빌
렸을 것이라고 한다. 그 훈장님은 당시 칠십 노인으로 체계
적인 학문을 한 분이 아니었으므로 그도 누군가에게 전해
들었을 것이다.

『논어論語』와 『묵자墨子』에는 노자에 관한 언급이 전혀
없다. 『논어』에는 제자들 외에도 여러 인물이 등장한다. 정
치 지도자, 현자, 학사 외에도 접여接輿, 장저長沮, 걸익桀溺

등 은사隱士와 악관樂官의 이름까지 나오지만 노자의 이름은 없다. 만약 노자라는 인물이 실제로 공자孔子(孔丘, BC 552~479)가 찾아가서 예禮를 물어 배울 정도로 유명한 인물이었다면 어찌 한마디 언급도 없을까?

이것은 노자가 실존인물이 아니었거나, 혹은 당시에 전혀 거론할 만한 중요 인물이 아니었거나, 그렇지 않다면 노자라는 인물은 공묵의 제자들이 『논어』와 『묵자』를 기록한 시기보다 더 늦은 시대에 활동한 인물이라고 보아야 한다.

노담老聃에 관한 기록은 『장자莊子』에서 처음 나온다. 그러나 『장자』라는 책은 장자莊子(莊周, BC 369~289?) 스스로 말했듯이 열에 아홉은 우화요, 패러디다. 그러므로 『장자』에 나오는 노담에 대한 기록은 픽션일 가능성이 크다. 또한 『장자』에 나오는 노담과 『예기禮記』에 나오는 노담은 그들의 주장으로 보아 도저히 같은 사람이라고 생각할 수 없다. 『장자』는 노담을 인의仁義를 부정하는 반유가적 인물로 묘사하고 있으나, 『예기』는 노담을 공자가 예禮를 물을 정도로 예에 정통한 친유가적 인물로 묘사하고 있다.

장자莊子/내편內篇/덕충부德充符

숙산무지叔山无趾가 공자를 만난 후 노담에게 말했다.
"공자는 아직 경지에 이른 사람이 못된 것 같더군요.
그는 어째서 자주 선생에게 배우는 것일까요?
또 그는

叔山无趾語老聃曰
孔丘之於至人 其未邪.
彼何賓[1]以學子爲.
彼且

---

1) 賓(빈)=頻也.

괴이한 명성을 구하고 있는데,

그것이 지인至人에게는

자기를 구속하는 질곡이 된다는 것을 모르는 듯합니다."

노담이 말했다.

"어찌 당신은 그로 하여금 사생死生은 한 줄기요,

가불가可不可는 한 꾸러미인 것을 가르쳐 바로잡지 않았소?

그대는 그의 질곡을 풀어줄 수 있지 않겠소?"

무지가 말했다.

"그에게 천형天刑인 것을 어찌 풀어줄 수 있겠습니까?"

蘄²⁾以諔詭³⁾幻怪之名聞.

不知至人

之以是爲己桎梏邪.

老聃曰

胡不直使彼 以死生爲一條

以可不可爲一貫者.

解其桎梏 其可乎

無趾曰

天刑之 安可解.

장자莊子/외편外篇/천도天道

공자가 서쪽으로 여행하여

주周 왕실에 자기 저서를 소장케 하려 함에,

자로子路가 꾀를 내어 말했다.

"노담은 주 왕실의 서고 관리였는데

면직되어 거처로 돌아갔다고 하니

선생께서 장서를 시키려고 한다면

한번 찾아가 보는 것이 어떻겠습니까?"

공자는 그게 좋겠다고 생각하고

노담을 찾아 알현했으나 노담이 거절했다.

이에 공자가 십이경十二經을 해설하며 유세하자

노담은 일리는 있으나 산만함을 지적하고

孔子西

藏書於周室.

子路謀曰

由聞 周之徵藏史有老聃者

免而歸居.

夫子欲藏書則

試往因焉.

孔子曰善.

往見老聃而不許.

於是繙十二經以說.

老聃中其說 曰大謾.

---

2) 蘄(기)=求也.

3) 諔詭(숙궤)=奇異也.

그 요점을 물었다.

공자는 그 요점은 인의仁義라고 설명했다.

노담이 말했다. "인의는 사람의 본성인가?"

공자가 말했다. "그렇습니다.

군자는 인仁이 없으면 안민安民할 수 없고

의義가 없으면 살 수 없습니다.

인의는 진정으로 사람의 본성입니다.

마음속으로 만물과 함께 즐거워하고

겸애兼愛하고 무사無私하다면

이것이야말로 인의의 진실한 모습입니다."

노담이 말했다. "그럴까? 뒷말은 위태롭구나!

대저 겸兼이란 우원한 것이 아닐까?

사私를 없애겠다는 것 또한 사사로움일 뿐이다.

그대가 만약 온 천하 사람들에게

양생養生을 잃지 않도록 한다면,

천지는 본래의 상도常道가 보존될 것이다.

일월은 본래부터 밝음이 있고

성신은 본래부터 질서가 있으며

금수는 본래부터 무리를 짓고

수목은 본래부터 서 있는 것이다.

그대도 역시 천지의 덕을 본받아 행하고 도를 따라 나아가면

이미 지극한 것이거늘

또 어찌 애써 인의를 들고 다닌단 말인가?

마치 북을 치며 잃어버린 자식을 찾는 것처럼

그대는 사람의 본성을 어지럽히고 있다네."

老聃曰 願聞其要.

孔子曰 要在仁義.

老聃曰 仁義人之性邪.

孔子曰 然.

君子不仁則不成.

不義則不生.

仁義眞人之性也.

中心物愷

兼愛無私

此仁義之情也.

老聃曰 意. 幾乎後言.

夫兼愛 不亦迂乎.

無私焉 乃私也.

夫子 若欲使天下

無失其牧乎

則天地固有常矣

日月固有明矣

星辰固有列矣

禽獸固有群矣

樹木固有立矣

夫子亦放德而行 循道而趨

已至矣

又何偈偈乎 揭仁義

若擊鼓而求亡子焉

夫子亂人之性也.

공자가 노담을 알현하여 인의仁義에 대해서 설명했다.	孔子見老聃 而語仁義.
그러자 노담이 말했다.	老聃曰
"겨를 날리면 눈을 뜰 수 없으니	夫播穅眯目
천지 사방의 위치가 바뀌오.	則天地四方易位矣.
모기와 등에가 피부를 물면 밤새 잠을 이룰 수 없소.	蚊虻噆膚 則通昔不寐矣.
인의란 것도 이처럼 사람을 참담하게 하여	夫仁義憯4)然
마음을 분발시키니	乃憤5)吾心
어지러움이 이보다 큰 것이 없을 것이오.	亂莫大焉.
그대에게 당부하노니	吾子
천하에 자연의 소박함을 잃지 않도록 하시오.	使天下無失其朴.
학은 날마다 목욕을 하지 않아도 희고	夫鵠不日浴而白
까마귀는 날마다 검정 칠을 안 해도 검소.	烏不日黔而黑.
흑백이란 자연이므로 차별할 것이 못 되며	黑白之朴 不足以爲辯.
명예란 볼거리에 불과한 것이라 키울 것이 못 되오.	名譽之觀 不足以爲廣.
샘물이 말라 고기들이 뭍으로 나가	泉涸 魚相與處於陸
서로 물기를 끼얹고 거품으로 적셔주는 것은	相呴以濕 相濡以沫.
강과 바다에서 서로 잊고 모른 척하는 것만 못할 것이오."	不如相忘於江湖.

예기禮記/증자문曾子問

공자가 말했다.	孔子曰
"내가 노담에게 들은 바로는	吾問諸老聃曰

---

4) 憯(참)=慘, 憂也.
5) 憤(분)=奮發, 亂也.

옛날 사관 일佚은 아들이 죽자 　　　　　　　　昔者史佚有子而死

(시신을 궁중에서 염하지 않고) 내려보내 먼 곳에 묻었다 한다."　　下殤也墓遠.

자하子夏가 물었다. 　　　　　　　　　　　　　子夏曰

"상중에 군사를 일으키는 일을 　　　　　　　　金革之事

피하지 않음은 비난받아야 하겠지요?" 　　　　　無辟也者非與.

공자가 말했다. "내가 노담에게 들은 바로는 　　孔子曰 吾問諸老聃曰

옛날 노魯나라 공자 백금伯禽이 다스릴 때는 　　昔者魯公伯禽有爲

졸곡을 한 후에 군사를 일으켰다고 한다. 　　　爲之也.

그러나 지금은 삼년상 중에 　　　　　　　　　今以三年之喪

이익을 좇는 자를 나는 알지 못한다." 　　　　從其利者 吾弗知也.

　설령 노자가 실존인물이었다 할지라도 그가 반드시 『노자』의 저자라는 것을 입증해 주지는 않는다. 특히 『예기』의 노담은 공자와 같은 예교禮敎의 전문가이므로 반예교反禮敎를 기조로 하는 『노자』의 저자라고 말할 수 없다.

　『노자』의 저자에 관한 기록은 『사기史記』 이외에는 없다. 이에 의하면 『노자』의 저자에 대해 주周나라의 사관 노담老聃이라고 추측하면서도, 주나라 태사 노담老儋이라는 설, 혹은 초楚나라의 은사隱士 노래자老萊子라는 설도 있다고 소개하고 있다. 이처럼 『사기』는 3인의 노자 중 노담을 저자로 지목했으나 믿을 만한 근거가 없었기에 스스로 확실하지 않음을 고백하고 있다. 아마 사마천司馬遷(BC 145?~86?)은 『장자』에 나오는 '노담老聃'에 관한 기사를 근거로 그를 『노자』의 저자로 추측한 것 같다. 그러나 앞에서 지적

한 대로 『장자』는 우언이므로 역사적 사실로 믿을 것이 못
된다.

사기史記/노장신한열전老莊申韓列傳

노자라는 사람은	老子者
초나라 고현苦縣6) 사람으로	楚苦縣厲鄉曲仁里人也
이름은 이이李耳, 자는 백양伯陽, 시호는 담聃이며	姓李氏名耳字伯陽 謚曰聃
주나라의 장서를 관리하는 사관 출신이라고 한다.	周守藏室之史也
공자가 주나라에 왔을 때 노자에게 예禮를 물은 일이 있었다.	孔子適周 將問禮於老子
그는 주나라가 쇠해 가는 것을 보고 주를 떠났다.	見周之衰迺遂去.
허난성河南省 함곡관函谷關에 이르자	至關
관문의 책임자인 윤희尹喜가 이르기를	關令尹喜曰
"선생께서 은거하려 하시니	子將隱矣
나를 위해 저서를 써주시오"라고 부탁했다.	彊爲我著書
이에 노자는 상하편의 책을 썼는데	於是老子迺著書上下篇
도덕의 뜻을 말한 것으로 오천여 자였다.	言道德之意 五千餘言
그리고 떠난 후로는 그의 소식을 알 수 없다.	而去莫知其所終.
혹자는 초나라의 은사 노래자가 지은 열다섯 편이	或曰 老萊子 著書十五篇
바로 도가가 사용하는 책이라고 말한다.	言道家之用.
혹자는 태사인 담儋을 노자라고 하고	或曰儋卽老子
혹자는 아니라고 한다.	或曰非也.
그러나 세상에는 그 진위 여부를 아는 자가 아무도 없다.	世莫知其然否.

---

6) 현 河南省 鹿邑 동쪽.

만약 『사기』의 기록을 믿는다면 노자는 노담老聃과 노담老儋과 노래자 등 3인이 있고, 이들 3인이 모두 책을 지었으므로 『노자』라는 책도 세 종류의 원본이 있었다고 추론할 수 있다. 이상을 종합해 보면 다음의 추리가 가능하다.

첫째, 『예기』「증자문曾子問」에는 공자가 노담老聃을 찾아가 예를 물었다고 한다. 그렇다면 노담은 공자, 묵자墨子(墨翟, BC 480~390)와 동시대인 춘추시대 인물이다.

둘째, 그런데 이상한 것은 『논어』와 『묵자』에서는 노자를 전혀 거론하지 않았다는 점이다. 그렇다면 시기가 뒤이거나 노자란 인물이 존재하지 않았기 때문이라고 봐야 한다.

셋째, 『노자』에는 '자왈子曰'이라는 말이 한 군데도 나오지 않는다. 이것은 『노자』가 노자라는 인물의 제자가 기록한 것이 아님을 말해 준다. 그러므로 '노자'라고 일컬어지는 스승을 따르는 제자들의 집단 즉 '노가老家'는 존재하지 않았다.

넷째, 『순자荀子』「비십이자非十二子」편은 타효它囂 · 위모魏牟 · 진중陳仲 · 사추史鰌 · 묵적墨翟 · 송견宋銒 · 신도愼到 · 전병田駢 · 혜시惠施 · 등석鄧析 · 자사子思 · 맹가孟家 등 십이十二 선생을 비판했는데 노자는 언급이 없고, 또 「해폐解蔽」편에서는 폐단이 있는 유세객으로 묵자墨子 · 송자宋子 · 신자愼子 · 신자申子 · 혜자惠子 · 장자莊子를 비판할 뿐 노자는 언급이 없다. 이처럼 유가인 순자가 노자를 비판하지 않았다는 점에서 노자가 중요한 학파로 거론되지 않았음을 추측할 수 있다.

다섯째, 이처럼 춘추시대 문서인 『논어』와 『묵자』는 물론 전국시대 문서인 『맹자孟子』에서도 노자에 대해 전혀 언급이 없다가, 그보다 늦은『순자』「천론天論」편에서 언급하고 있으며, 전국시대 말의『한비자韓非子』에『노자』를 해설한 「해로解老」편이 있는 것으로 보면『노자』는 장자·순자와 동시대인 전국시대에 기록된 것으로 추측할 수 있다.

여섯째,『장자』에서는 노담老聃을 하나의 학파로 소개했다. 그 순서는 옛 도술道術로서 묵적墨翟·금골리禽滑釐학파, 송견宋鈃·윤문尹文학파, 팽몽彭蒙·전병田駢·신도愼到학파, 관윤關尹·노담老聃학파, 장주莊周학파, 혜시惠施학파 순이었다. 이것은 시대 순으로 기록한 것으로 보이며 그렇다면 노담은 전국 말기의 사람이다.

일곱째,『장자』에는 노담老聃과는 달리 노래자를 민중적인 인물로 묘사하고 있다. 그러므로 현존『노자』는 노담보다는 노래자의 인물 됨과 어울린다.

여덟째,『여씨춘추呂氏春秋』는 노담老聃, 공자, 묵자 순서로 열거한 것으로 보아 노자를 춘추시대 인물로 보았다. 그런데『노자』가 전국시대 이후에 기록된 것이라면 노담의 저서가 아니라고 추론할 수밖에 없다.

순자荀子/천론天論

만물은 도의 한 조각이고	萬物爲道一偏
사물은 만물의 한 조각인데	一物爲萬物一偏.
어리석은 자는 한 사물의 한 조각만 보고	愚者爲一物一偏
이것을 도라고 생각하니 무지한 것이다.	而自以爲知道 無知也.
신자愼子(신도)는 (현재의 세만 중시했으므로) 뒤만 보고	愼子有見於後
앞을 보지 못했다.	無見於先.

노자老子는 (부드러운 것이 강한 것을 이긴다고 말함으로써)　　老子
굽히는 것만 알고 펴는 것을 몰랐다.　　有見於詘 無見於信.
묵자墨子는 (평등을 주장함으로써) 가지런한 것만 보고　　墨子有見於齊
차별을 보지 못했다.　　無見於畸.
송자宋子(송견)는 (과욕寡欲을 주장함으로써) 적은 것만 보고　　宋子有見於少
많은 것을 보지 못했다.　　無見於多.
(신도처럼) 뒤처지는 것만 있고 앞서는 것이 없으면　　有後而無先
무리 짓는 문이 없으며　　則群衆無門.
(노자처럼) 굽히는 것만 있고 펴는 것이 없으면　　有詘而無信
귀천이 나누어지지 않으며　　則貴賤不分.
(묵자처럼) 가지런한 것만 있고 차별이 없으면　　有齊而無畸
정령이 시행될 수 없으며　　則政令不施.
(송견처럼) 적은 것만 있고 많은 것이 없다면　　有少而無多
(상벌로 권면할 수 없어) 군중을 교화할 수 없을 것이다.　　則群衆不化.

여씨춘추呂氏春秋/권17/심분람審分覽/불이不二

무리들과 사람들의 의논을 듣고 다스린다면　　聽羣衆人議以治國
나라의 위태로움은 오늘내일일 것이다.　　國危無日矣.
무엇으로 그것을 알 수 있는가?　　何以知其然也.
노담老聃은 유약함을 귀히 여기고　　老耼貴柔
공자孔子는 어진 것을 귀히 여기고　　孔子貴仁
묵적墨翟은 절용을 귀히 여기고　　墨翟貴廉
관윤關尹은 맑은 기를 귀히 여기고　　關尹貴淸
열자列子는 허무를 귀히 여기고　　子列子貴虛
전병陳騈은 균등을 귀히 여기고　　陳騈貴齊

양자楊子는 자기를 귀히 여기고

손빈孫臏은 권세를 귀히 여기고

왕료王廖는 앞을 귀히 여기고

아량兒良은 뒤를 귀히 여긴다.

이들 십인은 모두 천하의 호협한 선비들이다.

쇠북에 귀가 하나뿐인 까닭은

반드시 동일한 법령으로 마음을 하나로 하기 위함이다.

그러므로 통일되면 다스려지고 분열되면 어지럽다.

통일되면 편안하고 분열되면 위태롭다.

陽生[7]貴己

孫臏貴勢

王廖貴先

兒良貴後

此十人者 皆天下之豪士也

有金鼓 所以一耳

必同法令 所以一心也.

故一則治 異則亂

一則安 異則危.

　이런 정황으로 미루어 볼 때 『노자』의 저자는 3인의 노자 중에서 누구인지 알 수 없고 또한 실존인물로 보기도 힘들다. 설사 노담老聃이 실존인물이라 해도 당시에는 사상적으로 큰 영향을 끼친 인물이 아니었던 것이 분명하다.
　죽간본의 저자는 누구이고 백서본의 저자는 누구일까? 나는 모두가 이름 없는 민중들의 집단 창작이라고 본다. 그렇다면 그러한 민중의 구전을 기록한 사람은 누구일까? 죽간본은 춘추시대 인물인 예禮에 밝은 노담老聃이 기록한 것이고, 백서본의 기록자는 전국시대 사람으로 인예仁禮를 반대한 초나라 은사로서 15권의 책을 저술했다고 전해지는 노래자일 가능성이 높다. 노래자는 노담老聃과는 달리 반인예反仁禮의 민중주의民衆主義이기 때문이다. 물론 주나라 태사 노담老儋일 가능성도 배제할 수는 없다.

───────────────

7) 陽生(양생)=楊子(楊朱)로 봄. 고대에는 陽과 楊을 통용한 예가 많았다.

장자莊子/잡편雜篇/외물外物

노래자가 말했다. "공구야!	老萊子曰 丘
네 몸의 자만심과 지자知者인 척하는 태도를 버려라.	去汝躬矜 與汝容知
그러면 군자가 될 수 있을 것이다."	斯爲君子矣.
공자는 절을 하고 물러나	仲尼揖而退.
두려운 듯 얼굴빛을 고치고 물었다.	蹵然8)改容而問
"크게 등용될 수 있을까요?"	曰 業9)可得進10)乎.
노래자가 말했다. "일세의 아픔을 참지 못하면	曰 夫不忍一世之傷
교만하여 만세의 환난을 끼치게 된다.	而鶩11)萬世之患.
만약 진실로 마음이 가난하면	抑固窶12)邪
지략이 미치지 못함이 없을 것이다.	亡13)其略14)弗及也
인혜仁惠를 베풀어 환심을 사는 것은 교만이며	惠以歡爲鶩15)
종신토록 추함을 남길 것이다.	終身之醜.
민중民衆을 따라서 행하고 나아갈 뿐이다.	中16)民之行進耳
서로 명성으로 끌어들이고, 서로 사사로움으로 결탁하며	相引以名 相結以隱17)
요임금을 기리고 걸주를 비난하는 것보다는	與其譽堯而非桀
둘 다 잊어버리고 명예심을 없애버리는 것이 더 좋을 것이다.	不如兩忘而閉其所譽

---

8) 蹵然(축연)=恭慤貌.

9) 業(업)=捷也, 大也.

10) 進(진)=登也, 仕也.

11) 鶩(오)=傲然貽의 탈루.

12) 窶(구)=胸中固素.

13) 亡(망)=無也.

14) 略(략)=경륜, 지략.

15) 鶩(오)=驕傲也, 輕也.

16) 中(중)=順也(中而不可不高者德也. : 莊子/外篇/在宥).「集解」는 庸人으로 解한다.

17) 隱(은)=私也.

무위無爲로 돌아가면 근심하지 않고   反無非傷也
무위를 행하면 거짓됨이 없을 것이다."   動無非邪也.

죽간본과 백서본은 다르다

『노자』 백서본帛書本(비단에 쓴 책)은 1973년 마왕두이馬王堆의 한묘漢墓에서 발굴됐고, 죽간본竹簡本(대나무 조각에 새긴 책)은 1993년 궈뎬郭店의 초묘楚墓에서 발견됐다. 그러므로 죽간본이 백서본보다 시대적으로 훨씬 앞선다. 그런데 죽간본과 백서본은 그 기조가 완전히 다르다. 죽간본은 36장이고 백서본은 81장으로 되어 있으며, 양 본에 모두 들어 있는 36장도 중요한 부분이 다르다.

금본今本의 제1장 "도가도道可道 비상도非常道", 제5장 "천지불인天地不仁", 제6장 "곡신불사谷神不死", 제8장 "상선약수上善若水", 제42장 "도생일道生一", 제80장 "소국과민小國寡民" 등 가장 중요한 강령적 문장들이 백서본에는 있으나 죽간본에는 대부분 없다. 또한 공통된 문장들도 전혀 기조가 다르다. 예컨대 금본의 "절성기지絶聖棄智 절인기의絶仁棄義(성왕과 仁을 단절하고 기존의 지식과 義를 버려라)"가 죽간본에서는 "절지기변絶智棄辯 절위기려絶爲棄慮"로 되어 있다. 이처럼 죽간본에서는 금본의 핵심인 철학적이고 반유가적인 글을 찾아볼 수 없다.

이처럼 백서본과 죽간본은 그 내용으로 보면 전혀 다른

책이다. 그렇다면 『노자』라는 책은 3종이 있었으므로 이 책들은 그중에서 서로 다른 2종인가, 아니면 한 사람의 저작인데 개작된 것인가? 현재로선 아무런 단서가 없는 실정이다.

하지만 죽간본은 전국시대 이래 지금까지 2천여 년 동안 알려진 바 없으나 백서본은 장자에게 전해져 노장학파의 원전이 됐으며, 2천여 년 동안 인류사에 사상적 영향을 끼친 원본이 됐다. 노자를 계승한 장자가 인용한 『노자』도 백서본이고, 전국시대 한비韓非(BC 280?~233)의 『한비자』 「해로」편에서 인용한 『노자』도 백서본이며, 전한前漢(서한)시대 유안劉安(BC 179?~122)이 편찬한 『회남자淮南子』 「도응훈道應訓」편에서 인용한 『노자』도 백서본이며, 『사기』 「화식열전貨殖列傳」에서 인용한 『노자』도 백서본이다. 또한 위진시대의 왕필王弼(226~249)도 백서본을 원본으로 해설했다.

더구나 장자 외에 노자를 언급한 이들은 모두가 『노자』를 유가의 입장에서 해설한 유사들이었으므로 당시에 친유가적인 죽간본이 유행했다면 그들이 언급하지 않았을 리 없다. 그러나 그들은 죽간본에 대해 전혀 언급하지 않았고 반유가적인 백서본을 원본으로 인정했다. 이로 미루어 보면 당시에 죽간본은 읽히지 않았거나, 가치 있는 문서로 취급받지 않았던 것으로 추론할 수 있다.

그러므로 죽간본과 백서본은 저자가 다르고 그 사상도 다르며, 오늘날까지 2천 년 동안 인류가 읽어온 『노자』의 원본은 죽간본이 아닌 것이 분명하다. 오늘날 우리가 알고 있는 노장사상은 이 백서본에 근거한 것이다. 그러므로 죽간본은 인류사상사에 영향을 끼친 노장사상과는 아무런 상관이 없다.

이처럼 죽간본은 노장사상의 원본이 아니며 백서본을 이해하는 데 참고할 하나의 자료에 불과한 것이다. 그러므로 어느 것이 진짜 원본이고 가짜냐를 논하거나, 어느 것이 옳고 그르다고 말하는 것은 옳은 태도가 아니다.

이를 종합하면『노자』라는 책은 어느 무명인의 저작으로 시작하여 여러 사람이 첨삭·개작해 왔을 것이라는 추론이 가장 적실한 것 같다. 이러한 오랜 세월 동안의 변천 과정을 거치면서 정치적 입장은 물론 기본 사상까지도 변화된 것으로 추측된다. 예컨대 조선의『춘향전』이 어느 무명인의 저작으로 시작하여 오랫동안 수많은 사람이 첨삭·개작하여 내려오다가 탁월한 어느 한 사람에 의해 정형화된 사례와 비슷할 것이다. 그러므로『노자』라는 책은 어느 한 사람의 사상을 집약한 책이 아니라 민중의 집단 저작이라고 보는 것이 타당할 것이다.

그런데 최근 죽간본 번역서를 낸 양梁 씨는 인류가 2천 년 동안 읽어온 노자는 가짜고 새로 발굴된 죽간본이 진짜 원본이며 기존의 노장학老莊學은 가짜이므로 수정되어야 한다고 주장한다. 일언이폐지하여 학문을 모르는 유치한 생각이다. 필자가 그에게 권고한다면 지금부터 죽간본을 기본으로 하여 기존의 '노장老莊사상'과는 다른 새로운 학파를 정립해 나가야 할 것이다. 혹시 후인들이 21세기의 '노량老梁사상'으로 불러줄지도 모를 일이다.

노가와 도가는 다르다

이처럼 노자는 실존인물이 아니므로 노자를 스승으로 하는 노가老家라는 학문 집단은 존재하지 않았다. 유가儒家, 묵가墨家라 함은 한 스승을 따르는 제자들의 학문 집단을 혈연적 가문家門에 비유하여 말한 것이다. 『논어』와 『묵자』에서 '자왈子曰', '자묵자왈子墨子曰'로 글을 시작하는 것은 제자들이 스승의 말씀을 기록했음을 말해 준다. 그러나 『노자』에는 '자왈子曰'이라는 말이 한 군데도 나오지 않는다. 이것은 『노자』는 노자라는 인물의 제자가 기록한 것이 아님을 말해 준다. 그러므로 '노자'라고 일컬어지는 스승을 따르는 제자들의 집단 즉 노가는 존재하지 않았던 것이다.

'도가道家'라는 호칭은 『사기』의 「태사공자서太史公自序」에서 처음 나온다. 도가라고 호칭한 것도 '노담'이라는 인물이 나타난 이후 300여 년이 지난 후의 일이다. 이로 볼 때 도가는 노자의 제자들이 형성한 하나의 학문적 가문이 아니다. 그렇다면 농가農家, 법가法家, 음양가陰陽家처럼 '도가道家'는 『도경道經』이라는 책을 중심으로 한 일군의 학자를 지칭한 것으로 보아야 할 것이다.

또한 사마천의 부친인 사마담司馬談(?~BC 110)은 "도가의 학술은 음양가의 위대한 자연에 순응함을 따르고, 유가와 묵가의 좋은 점을 취하고, 명가와 법가의 요점을 포섭했다"고 말했다.

사기史記/태사공자서太史公自序

도가는 사람으로 하여금 정신을 정일하게 하여
동動하면 무위에 합하고 정靜하면 만물을 품는다.
그들의 학술은 음양가의 위대한 자연에 순응함을 따르고
유가와 묵가의 좋은 점을 취하고
명가와 법가의 요점을 포섭했다.

道家 使人精神精一.
動合無形 贍[18]足[19]萬物
其爲術也. 因陰陽之大順
采儒墨之善
攝名法之要.

　이로 볼 때 '도가'는 어느 한 사람의 사상을 추종한 가문
이 아니다. 도가는 민중들이 당시의 여러 사상가의 좋은 점
을 종합하고 그 중심에 자기들의 시조인 황제黃帝 헌원씨軒
轅氏와 신비적이고 민중적인 가공인물인 노자를 끼워놓은
황노黃老 가문이라고 말하는 것이 타당하다.

---

18) 贍(섬)=澹(恬靜)의 誤.
19) 足(족)=無闕失也, 擁也.

2장 노자와 도교

『태평경』

도교는 대략 기원후 2세기 전후에 후한後漢(동한)에서 출현했다. 특이한 것은 다른 종교와 달리 한 사람의 교주가 독창적으로 만든 것이 아니라는 점이다. 따라서 통일된 경전이 없었고 세력들끼리 상호 연관성도 없었다. 그러나 그들은 모두 황제 헌원씨와 태상노군太上老君 노자를 숭상하고 "도를 깨달아 신선이 되어 영원히 죽지 않고 사는(得道成仙 永生不死)" 동일한 목표를 추구했다.

도교의 경전에 의하면 도교는 원시천존元始天尊이 개창開創한 것이며 노자가 이를 이었다고 한다. 이처럼 노자는 도교를 개창한 것이 아니라 도교에 의해 신격화된 것이다.

도교 최초의 경전은 『태평경太平經』이며 최초의 조직은 태평도太平道와 오두미도五斗米道라는 종교 집단이었다. 이들 집단은 모두 후한시대에 생겼다. 다만 최고의 신神에 대해서는 갈홍葛洪(283~343?)은 '원시천왕元始天王', 도홍경陶弘景(456~536)은 '원시천존元始天尊', 송대宋代에는 '옥황상제玉皇上帝'라고 했다.

도교는 한漢족의 유일한 고유 종교로서 중국인의 생활 속에 뿌리내린 보편적인 문화이기도 하다. 소설『서유기西遊記』에는 손오공이 천상에서 소란을 피울 때 옥황상제는 그를 잡을 수가 없었으나, 태상노군이 손오공을 팔괘로八卦爐에 넣고 불태워 손오공의 눈알을 빨갛게 만들었다는 이야기가 나온다. 이 태상노군이 바로 노자다.

또한 특이한 것은 그들의 경전인『태평경』은 신서神書라고 말할 뿐, 저자도 없고 어느 특정인의 말을 기록한 것도 아니라는 점이다.『태평경』의 유래는 궁숭宮崇이라는 사람이 그의 스승인 우길于吉로부터 받아 동한의 순제順帝(126~144)에게 바쳤다는『태평청령서太平淸領書』라고 하는 신서인데, 그 후로 일종의 비서秘書로 널리 전파된 것이다. 이 책은 원래 170권으로 되어 있었다고 하는데, 현재 '정통도장正統道藏'에 보존된『태평경』은 그 잔본으로 57권이다.

『태평경』은 비관적인『노자』와는 달리 긍정적이고 희망적인 것이 특징이다. 종교란 거부와 반대만 가지고는 성립할 수 없기 때문이다. 그 내용을 요약하면 다음과 같다.

첫째, 태평한 기운이 곧 닥쳐 천하가 태평할 것이라는 희망을 피력하고 있다.

둘째, 덕치德治, 민의民意와 민리民利, 재난 구제, 일하지 않고 먹는 사람의 처벌 등 민중적인 여러 정책을 제시하고 있다.

셋째, 유교의 위학緯學(공자의 윤리, 도덕, 치도를 말하는 경학經學에 천인감응설天人感應說을 붙여 종교화한 유학)을 그대로 흡수했다.

넷째, 진한秦漢시대에 민간에 널리 퍼진 불로장생의 신선 방술을 수용했다.

다섯째, 수많은 원시 종교의 무속과 의술과 양생술을 수록했다. 특히 몇 개의 글자로 하나의 도안을 만든 이른바 '복문復文'을 '존자로 하여금 근심을 없애주고, 신령의 보우를 얻어 사악을 멸하고 재해를 제거할 수 있다'는 '부적符籍'으로 사용했다.

황건적과 노자

장각의 태평도

태평도를 창립한 장각張角(?~184)은 허베이성河北省 쥐루巨鹿 사람으로 '태평도 난'의 영수다. 『삼국지三國志』에서는 태평도를 '황건적'이라 부르고 그 두령 장각을 악명 높은 비적으로 묘사한다. 그러나 사실 장각은 농민군의 대장이었다. 그는 184년에 거병하여 그해에 전사했다. 그는 일찍이 『태평경』을 읽고 황제黃帝와 노자의 이름을 앞세워 태평도를 창건했던 것이다. 그의 두 동생인 장보張寶와 장량張梁과 함께 8명의 제자가 각각 8주州에 36방方을 두고 수

십만의 신도를 조직했다. 대방大方은 1만여 명, 소방小方은 6~7천 명이었다.

신도의 가입 의식에는 고두사과叩頭思過와 부수주설符水呪說을 사용했다. 태평도의 대표적인 종교 의식인 '고두사과'란 머리를 조아리고 자기가 지은 모든 죄를 고백하고 사죄하는 행사로 천주교의 고백성사와 비슷하며, '부수주설'은 물로 부적을 내리고 주문을 외는 의식으로 기독교의 세례와 비슷하다.

후에 머리에 누런 띠를 두른 이른바 황건적黃巾賊이라고 불린 이들이 '태평도 난'을 일으켰을 때, 구호는 "창천蒼天은 이미 죽었고, 황천黃天(장각은 자신을 황천이라 자칭했다)이 서게 된다. 갑자년甲子年에 천하는 크게 길하다"는 것이었다.

장수의 천사도

장수張修는 쓰촨성四川省 강북 사람으로 도교의 일파인 오두미교五斗米教를 창교하고 장각이 난을 일으키자 뒤이어 봉기했다. 이것이 뒤에 천사도天師道로 개칭됐다. 그러나 장수는 장도릉張道陵의 아들 장로張魯에게 살해당했다. 장로는 한중漢中에 정권을 세워 30여 년 동안 중원과 대치했으나 조조曹操(155~220)에게 투항하여 높은 관직을 얻었다. 오두미교는 바수巴蜀와 한중에 24치를 두는 등 관료 조직과 비슷했다. 일반 신도는 제주祭酒가 통솔했는데 5두斗

의 쌀(米)을 내고 입교하면 '귀졸鬼卒'이 될 수 있고, 귀졸
이 약간의 신도를 통솔하면 '제주'가 된다. 제주는 중요한
길목에 '의사義舍'를 세우고 쌀·고기·채소 요리를 준비하
여 왕래하는 행인에게 대접해야 하는 책임이 있었다.

그들의 경전인 『노자상이주老子想爾注』는 제주들이 『노
자』를 설명한 기록이다. 이것은 『태평경』과 비슷하며 누구
나 수련을 하고 노력을 하면 신선이 될 수 있다는 것을 강
조한다. 또 이를 위한 신선 방술이 많이 수록되어 있다. 그
러나 정작 『노자』에는 신선술에 관한 언급은 없다.

귀족과 사족의 참여

도교는 남북조시대에 이르자 갈홍, 구겸지寇謙之(?~448),
육수정陸修靜(406~477), 도홍경 등 귀족 또는 명문사족의
관료 계급 출신이 지도자가 되어 종교적 체계를 세우고 정
형화됐다. 이때부터 '치국평천하'의 정치색을 버리고 '죽
지 않는 신선이 되는 성선불사成仙不死'를 추구하는 순수한
종교적 신앙으로 전환된다. 명필로 유명한 왕희지王羲之
(307~365)의 가문은 대대로 고관을 지낸 진晉의 대호족인
데도 몇 대를 이어 오두미교를 믿는 집안이었다.

하지만 이러한 변화로 교단의 상층부는 정권에 협조적
으로 변했으나 하층 교도들은 여전히 반란을 계속했다. 이
에 갈홍은 유가의 윤리 도덕과 황제의 봉건통치를 방해하
지 않는 신선 이론을 더욱 선양하고자 했다. 그래서 갈홍은

『포박자抱朴子』를 지었는데, 그 「내편」에서는 신선방약神仙方藥, 양생장수養生長壽, 벽사소재辟邪消災 등 도교의 기복祈福신앙을 총괄했고, 「외편」에서는 유가의 치국평천하의 이상을 주장했다. 이처럼 도교와 유교를 결합하는 작업은 학술계에서는 왕필이 선두라면 종교계에서는 갈홍이 뒤를 이었다.

오늘날 도학道學을 현학玄學이라 하는 것은 갈홍이 도道의 본체를 현玄이라 한 데서 유래됐다. 훗날 당唐 고종高宗(재위 649~683)이 노자를 황제皇帝로 추존하면서 '현원玄元(道의 원조)'이라 칭하게 된 것도 이 때문이다.

현학과 도학

한漢 말에서 위진魏晉시대는 전란이 끊이지 않아 평안할 날이 없었다. 사람들에게 삶은 견딜 수 없는 고통이었다. 생과 사가 같다는 노장의 저항정신과 은둔사상만으로는 민중의 마음을 만족시킬 수 없었다. 이에 불로장생의 신선술을 제공한 것이 도교였다.

이러한 도교 세력의 흥성은 유교에도 영향을 미쳤다. 유학은 본래부터 경세학經世學이었으므로 형이상학이 아니었다. 더구나 유교를 국교로 삼았던 한나라가 무너지자 그 효력도 쇠퇴했다. 지배 세력은 반체제적인 도교 세력을 체제 내로 흡수할 필요가 있었다. 그래서 유사들을 동원하여 노장의 형이상학을 유교에 끌어들여 철학적인 유학을 만들어냈는데 이를 현학玄學이라 한다.

'현玄'이란 글자는 『노자』 제1장의 "차양자此兩者 동출
이이명同出而異名 동위지현同謂之玄(無名·有名은 다 같이 道에
서 나왔으며 이름이 다를 뿐 다 같이 玄이라 한다)"이란 문구에
서 따온 것이며, '도道'는 『주역周易』「계사전繫辭傳」의 "형
이상자위지도形而上者謂之道 형이하자위지기形而下者謂之器
(형이상은 道라 하고 형이하는 器라 한다)"에서 따온 것이다.
그러나 실제로 도와 현을 같은 뜻으로 사용하게 된 것은 동
진東晉의 도교 학자요, 연단술가煉丹術家인 갈홍이 도의 본
체를 현이라고 말한 이후부터였다고 생각된다(『포박자』「창
현暢玄」).

그래서 '현학玄學'이란 말은 도학道學 또는 형이상학形而
上學의 별칭으로도 사용된다. 그러나 여기서 말하는 '현학'
은 형이상학이란 일반적인 명칭으로서가 아니라 위진시대
의 하안何晏(193?~249), 완적阮籍(210~263), 왕필, 곽상郭象
(252?~312) 등의 도학을 지칭한다.

한 말에 이르러 도교 세력이 중심이 된 황건의 난이라는
농민 반란이 있었고, 위진남북조시대는 도교와 불교가 크
게 흥성했다. 이에 유교는 도교에 의지하여 명맥을 유지하
려고 했다. 조조를 등에 업은 하안과 왕필이 공자를 '유위
有爲로써 무위無爲를 실천한 도인道人'으로 윤색하고 노자
를 끌어들여 유학을 설명하는 이른바 '원노입유援老入儒'의
현학을 개창했던 것이다.

왕필전王弼傳

배휘裴徽는 당시 이부랑吏部朗이었는데	時裴徽爲吏部朗.
왕필은 약관의 나이인데도 왕래했다.	弼未弱冠 往造焉.
배휘는 한 번 보고 곧 그가 다르다는 것을 알고 물었다.	徽一見而異之. 問弼曰
"무릇 무無란 진실로 만물의 밑천인데	夫無者 誠萬物之所資也.
이에 대해 성인(공자)께서는 말씀하지 않았으며	然聖人莫肯致言
반면 노자는 거듭 말했는데 무슨 까닭인가?"	而老子申之無已者何.
왕필이 대답했다.	弼曰
"공자는 무無의 체현이시니	聖人無體
다시 가르칠 필요가 없었으므로 말씀하시지 않았고	無又不可以訓 故不說也.
노자는 유有에 머물러 있었으므로	老子是有者也.
무의 부족함을 항상 말씀하신 것입니다."	故恒言無所不足.

당나리의 국교

당唐 고조高祖 이연李淵(재위 618~626)이 수隋나라를 무너뜨리기 위해 군사를 일으켰을 때 도교 세력이 그를 지원했다. 도교의 지도자인 기휘岐暉와 왕원지王遠知(528~635) 등은 "양씨楊氏는 망하고 이씨李氏는 흥한다"는 왕조 교체의 필연성을 설법했고, 그뿐 아니라 인력과 식량까지 지원했다. 618년 역성혁명에 성공한 이연이 당나라를 세운 후에는 흥성하는 불교를 누르고 드디어 도교는 국교가 됐다.

그리고 당나라 조정은 노자를 이씨의 조상으로 삼았다.

당 고조는 625년 전례典禮 의식의 순서를 도교, 유교, 불교 순서로 할 것을 명령했다. 그리고 고종은 674년 노자에게 '태상현원황제太上玄元皇帝'의 봉호를 내렸다. '태상'은 노자를 하느님으로 본 것이며, '현원'은 도학道學의 원조라는 뜻이다. 도교에서 노자를 교주로 받들고 '태상노군太上老君'이라 부르던 것을 국가에서 공인한 셈이다. 또한 『노자』를 전국의 과거 시험 과목으로 삼고, 전국 각 주에 도관道觀을 건립하도록 명령했다. 현종玄宗(재위 712~756)은 714년 전국의 불교를 정리하여 2만여 명의 승려를 환속시켰고, 733년에는 전국의 각 가정마다 반드시 『노자』를 갖추도록 명령했다. 도교는 명실상부한 국교가 된 것이다.

그러나 여전히 불교는 흥성했고 또 유가들의 불만이 커지자 현종은 736년 공자를 문선왕文宣王이라는 제후로 추존했다. 이로써 공자는 귀족 신분이 됐지만 노자의 부하가 된 꼴이었다. 노자는 황제皇帝가 됐고 공자는 제후가 됐기 때문이다.

이상으로 도교와 노장의 관계를 개략적으로 살펴보았다. 우리는 여기서 명확하게 분별해야 할 것이 있다.

첫째, 유교는 공맹의 유학사상과는 반드시 같은 것이 아니라는 것이다. 유교는 공자의 경학經學에 민간의 참위설讖緯說을 결합한 것이기 때문이다.

둘째, 현학玄學 내지 도학道學은 크게는 유학의 한 갈래이지만 본래의 유학과는 근본적으로 다르다는 점이다. 그러므로 청대淸代 학자들은 대체로 도학을 유학의 정통으로 인정하지 않았다. 현학 내지 도학은 이른바 '원노입유' 하여 노자를 형이상학으로, 유학을 형이하학으로 결합했다고 하나, 실제는 노자를 유교에 끌어넣은 것이 아니라 반대로 유교를 노자에 흡수한 '원유입노援儒入老'가 되어버렸기 때문이다.

셋째, 도교와 도가는 노장을 신선으로 추앙하지만 노장사상과는 다르다는 것이다. 도교는 노장사상에 민간의 방술과 유술儒術을 결합한 것이기 때문이며, 도가는 유가儒家·묵가墨家·법가法家·명가名家뿐 아니라 불가佛家도 끌어들인 도교철학이기 때문이다.[1]

끝으로 이 책은 도교나 도가의 사상을 다룬 것이 아니라 오직 『노자』와 『장자』라는 텍스트를 중심으로 원시 노장사상의 본모습을 조명하고 있다. 그러나 『노자』·『장자』를 해설한 우리나라의 책은 모두 이러한 점을 혼동함으로써 한결같이 친유가적으로 변질됐다. 그래서 책방의 『노자』·『장자』를 아무리 읽어도 노장은 찾아볼 수 없고 유가들의 수양론뿐이다. 이는 옳지 않다. 공자와 『논어』는 경세치학이고 이를 위한 수양론이지만 노장은 세상을 등진 은퇴철학이다. 은퇴철학이란 국가·사회·도덕을 말하는 것이 아니라 인간의 실존을 말하는 것이다. 이 책을 읽는 독자들은 이 점을 먼저 분명하게 인식하시기를 바란다.

---

1) 『사기』 「태자공자서」 참조.

3장 노장과 견유학파

노자와 소피스트

노장은 서양사상에도 커다란 영향을 미쳤다. 그 단적인 예로 프랑스혁명의 사도인 루소Jean-Jacques Rousseau (1712~1778)가 "자연으로 돌아가라"고 한 것은 노자의 말을 그대로 옮긴 것이다.

『노자』가 성립된 비슷한 시기에 고대 그리스 아테네에서는 소피스트Sophist들이 풍미했다. 이들 소피스트는 공적인 교육 기관이 없었던 기원전 5세기 초에 수업료를 받고 청소년들에게 실제 생활에 필요한 것들을 가르치던 교사들이었다. 그 당시 철학을 하는 사람들은 수도원과 비슷한 학원(academy)을 설립하고 자기들만의 이상적이고 종교적인 학설을 가르치는 것이 보통이었다. 그러나 소피스트들은 학당이나 학파를 형성하거나 종교나 도덕을 가르치지도 않았다. 이들은 수업료를 많이 낼 수 있는 귀족계급

자녀들에게 웅변술과 변론술을 가르쳤을 뿐이다. 선거를 통해 공직에 나가거나 재판에서 이기기 위해서는 연설이 필요했기 때문이다.

그들은 직업상 대중적 편견에 호소할 수밖에 없었다. 그래서 플라톤Platon(BC 428?~348?)과 같은 철학자들이나 일반 대중들로부터 부도덕하다는 비판을 받았다. 그러나 이들 소피스트들을 오늘날 기준으로 보면 대학 교수나 변호사의 역할을 한 셈이다.

소피스트의 거두 프로타고라스Protagoras(BC 485?~414?)는 다음과 같은 말로 유명하다. "인간은 만물의 척도다. 나는 신들이 존재하는지 혹은 존재하지 않는지 또는 어떤 형상인지 확실히 알지 못한다." 이 말을 역으로 말하면 각각의 사람이 모든 것의 척도라는 뜻이다. 이는 공통의 공준은 없다는 뜻이다. 그렇다면 사람들 사이에 차이가 있을 때 하나는 옳고 하나는 틀리다고 말할 수 있는 객관적 진리는 없다는 의미가 된다.

소피스트의 한 사람인 고르기아스Gorgias(BC 483?~376)는 "아무것도 존재하지 않는다"고 주장했다. 또 "만일 그것이 존재한다 할지라도 우리는 그것을 알 수 없으며, 안다 하더라도 그것을 다른 사람에게 전달할 수 없다"고 했다. 이처럼 그들은 본질에 대한 회의와 감각의 기만성을 통찰한 회의주의였다. 이것은 노자의 "도가도道可道 비상도非常道"와 같은 맥락이다.

이처럼 소피스트들은 진리를 의심했을 뿐 포기한 것은 아니라는 점에서 노자와 비슷하다. 하지만 노자처럼 무위를 주장하거나 자연으로 돌아가라고 말하지는 않았다. 또 그들은 객관적 진리를 의심했지만 노자처럼 반체제적인 것은 아니었다. 오히려 다수를 심판자로 하여 선택되도록 변론했다. 프로타고라스도 법률·제도·전통·도덕을 옹호했다. 그러지 않으면 변론을 할 수 없었기 때문이다. 다만 그것을 유일한 진리라고 말하지 않았을 뿐이다. 그들은 신들에 대해서도 그 존재를 증명할 수는 없었지만 경배를 거부하라고 가르치지는 않았다. 이 점에서 그들은 고대의 실용주의자라고 말할 수도 있다.

  그럼에도 여기서 노자와 소피스트를 연결시키는 것은 동서양에서 비슷한 시기에 비슷하게 회의주의를 말했기 때문이다. 노자는 중국 회의주의의 시조이며, 소피스트는 서양 회의주의의 시조라는 것이다. 그러나 소피스트는 회의주의라기보다는 가치상대주의라고 말해야 할 것이다. 그리고 회의주의 '학파'의 창시자라면 동양은 '장자', 서양에서는 '피론'을 들어야 한다.

  그리고 동양의 소피스트를 찾는다면 노자보다는 오히려 등석鄧析(BC 545?~501)을 들어야 한다. 등석이 주장한 '양가지설兩可之說(둘 다 옳다는 양시론)'과 '안실정명按實定名(실제를 감안하여 이름을 정했다)'과 '순명책실循名責實(이름을 따라 실질을 묻는다)' 등은 소피스트의 주장과 일치한다. 특히 토론과 송사에서 이기는 것을 중요시했다는 점에서 등석과 소피스트는 매우 닮았다.

  다만 등석은 학파를 형성할 정도는 아니었고 유행한 것도 아니었다. 동양의 소피스트로 일가를 형성한 것은 전국시대 중기 이후의 혜시惠施(BC 370?~309?)와 공손룡公孫龍(BC 320?~250?) 등이다. 이들은 회의주의적이며 궤변가라는 점에서 장자의 우언과도 일반적으로는 구별이 되지 않을 정도로 비슷했다. 그리고 소피스트가 아닌 진정한 논리학이라는 의미의 명가名家는 묵가墨家들이 계승했다. 이들을 묵변墨辯이라 부른다.

노자는 자연自然인 도道와 인위人爲인 명名의 관계를 중시했고, 등석은 현상現象인 형形과 언어言語인 명名을 중시했고, 묵자는 질료質料인 실實과 언어인 명名의 관계를 주목했다. 그러나 노자는 명을 버리고 자연만을 취했고, 등석은 '명실名實 양시론兩是論'을 주장했고, 묵자는 '명실 일치론一致論'을 주장했다. 그러므로 노자는 회의주의자였고, 등석은 상대주의자였으며, 묵자는 혁명가였다. 다만 노자와 등석과 소피스트는 회의주의적이라는 점에서는 같았던 것이다.

노자와 견유학파

그리스 철학자들은 세상에 불평을 가지고 있었으나 인간에 대해 절망하고 있지는 않았다. 오히려 피타고라스Pythagoras(BC 582?~497?)와 플라톤은 현상세계를 저주했고 신비주의로 도피하려 했으나 성직자나 철학자들이 통치를 해야 한다는 등 실제적인 계획을 주장했다.

그러나 정권이 마케도니아 사람들의 손으로 넘어가자 철학자들이 정치에서 떠나 개인의 수양에 몰두하게 되는 은퇴철학隱退哲學의 시대가 시작된다. 대체로 동양의 춘추 전국시대에 해당하는 알렉산드로스 시대를 은퇴철학 시대라고 하는데, 그 시대의 대표적인 4개 학파는 스토아학파·에피쿠로스학파·견유학파·회의주의학파다.

동양으로 말하면 공맹은 스토아학파, 노자는 견유학파, 장자는 회의주의, 양자楊子(楊朱, BC 440?~360?)는 에피쿠로스Epikouros(BC 342?~271)와 비교할 수 있을 것이다.

안티스테네스Antisthenēs(BC 445?~365?)는 소크라테스 Socrates(BC 469~399)의 제자이며 견유학파의 시조다. 후에 디오게네스는 그를 계승하여 한 학파로 창설했다. 안티스테네스는 소크라테스가 죽고 아테네가 마케도니아에 패배하자 종전의 귀족적인 생활을 청산하고 노동자와 교제하며 험한 옷을 입고 무식한 사람들도 알아들을 수 있도록 유세했다. 모든 세련된 철학이 그에게는 무가치한 것으로 여겨졌다.

그의 가르침은 '자연으로 돌아가라' 는 것이었다. 정부·사유재산·기성 종교·결혼 등 일체를 부인했다. 그의 후계자들은 노예제도를 비난했다. 그는 금욕주의자는 아니었으나 사치를 반대하고 인위적인 감각적 쾌락을 천시했다. 그는 "쾌락의 노예가 되기보다는 오히려 광인이 되는 것이 좋다"고 말했다고 한다.

안티스테네스의 제자인 디오게네스Diogenēs(BC 404?~323?)는 화폐를 파괴한 죄로 감옥살이를 한 환금업자의 아들로 태어났다. 그의 꿈은 모든 화폐를 없애는 것이었다. 그에게 모든 전통적인 것은 낙인(stamp)과 같은 것이었으며 허위였다. 그는 권력·명예·지혜·행복·부로서 낙인찍힌 모든 것을 사람을 속이는 것으로 여겨 거부했고, 금속의 낙인처럼 비천한 것으로 보았다. 그래서 그는 개와 같이 살기로 결심했다. 통을 집으로 삼고 구걸을 하며 개 같은 생활을 했다. 그래서 견유犬儒(Cynic)라고 불렸다. 그는 몸소이 학파의 가르침인 금욕·자족·습속 무시·반문명을 실천했던 것이다.

첫째, 그는 옷차림·음식·집·풍습·예의·종교 등 모든 전통을 부인했다. 재물을 천시하고 악의소식惡衣素食했으며 죽음도 슬퍼하지 않았다.

둘째, 그는 '인류애', '동포애'에서 더 나아가 동물 전체에 대한 동포애까지 주장했다. 반면에 애국심은 어리석은 것으로 보았다.

셋째, 그는 욕망으로부터 해방된 도덕적 자유를 최고의 덕으로 생각했다. 그뿐만 아니라 행운이 부여하는 선善에 무관심할 것을 요구했으며, 명예를 천하게 여겼다.

알렉산드로스Alexandros(재위 BC 336~323) 왕이 디오게네스를 방문한 일화는 유명하다. 알렉산드로스 왕이 그에게 무엇을 원하는가를 묻자 그는 다만 '햇빛을 가리지 않도록 비켜줄 것'을 요구했다. 이처럼 견유학파는 노자와 닮은꼴처럼 비슷하다.

그러나 디오게네스는 문화에서 얻는 즐거움을 거절하지는 않았다. 기술은 인위적인 것으로 인간의 삶을 복잡하게 하지만 이는 프로메테우스Prometheus가 인간에게 기술을 가져옴으로써 받은 벌이라고 체념한 것이다. 이것이 문명을 거부하고 원시 공산사회를 동경한 노장과 다른 점이다.

이들 견유학파는 기원전 3세기 초에 유행했는데 시기적으로도 노장과 비슷하다. 그들에게 세상은 나쁜 것이었다. 외적인 선은 불안정한 우연의 결과일 뿐 우리의 노력에 의해 얻는 보수는 아니었다. 주관적인 선과 덕만이 현인에게 가치 있는 것으로 여겼다.

그들의 사상과 헬레니즘 시대의 모든 사상은 아테네가 멸망하자 고통받고 실망하여 속세에 대한 정열이 식어버린 사람들에게 위안이 됐다. 하지만 이것은 예술이나 과학이나 학술 등 유용한 활동을 촉진시키는 사상은 되지 못했다. 다만 악에 대항할 수 있는 소극적 저항으로 그쳤을 뿐이다.

양자와 에피쿠로스

동양의 양자보다 약 100여 년 후에 그리스에서도 쾌락주의 사상이 나타났다. 에피쿠로스는 오늘날의 서양문명, 특히 자유주의의 근원적 사상인 쾌락주의의 원조다. 그는 가난한 아테네 이주민의 아들로 태어나 어려운 청년기를 보낸 후 아테네에서 학원을 열어 수업료를 받아 검소한 생활을 했다. 그가 설립한 학원의 이름은 '가든(garden)'이었고,

단체의 이름은 '우리들의 성 단체(Our Holy Body)'였다.

그는 건강 때문에 고통을 받을 정도로 병약했다. 그렇기에 인류의 고통에 대한 강한 동정심을 가지고 있었다. 그는 이러한 고통을 피하는 처방으로 쾌락을 주장한 것이다. 그 시대의 철학은 대체로 마음의 평온을 찾는 은퇴철학이었는데 그의 철학은 거기에 더해 '병약자病弱者의 철학哲學'이었다. 그는 쾌락만이 선이라고 생각했다. 그는 "쾌락은 축복된 생의 시작이요, 끝이다. 모든 선의 뿌리요, 그 뿌리는 위장의 쾌락이다. 지혜와 문화까지도 이 쾌락을 위해 돌려야 한다"라고 말했다.

덕이란 것도 '쾌락을 추구하기 위한 슬기로움'을 의미하는 것이 아니라면 공허한 이름에 불과하다고 생각했다. 정의正義는 다른 사람의 분노를 두려워하지 않고 행동하는 것이라고 규정했다.

그는 쾌락을 능동적 쾌락(active pleasure), 수동적 쾌락(passive pleasure), 또는 동적 쾌락(dynamic pleasure), 정적 쾌락(static pleasure)으로 구별했다. 동적 쾌락은 목적을 달성함으로써 이루어진다. 반면 정적 쾌락은 결핍된 것이 해소된 만족스러운 균형 상태에서 이루어진다. 그런데 욕망은 언제나 고통을 수반한다. 그러므로 그는 수동적, 정적 쾌락을 추구하는 것이 지혜롭다고 말했다. 그는 적극적으로 쾌락을 추구하는 것이 아니라 고통을 없애는 것이 바로 쾌락이라고 생각한 것 같다. 그는 다음과 같이 말했다. "내가 빵과 물로써 살 때에 내 몸은 쾌락으로 사무친다. 내가 사치스러운 쾌락을 거부하는 것은 그 자체가 나빠서가 아니라 그런 쾌락을 따라다니는 불편한 것들 때문이다."

그에게 철학이란 행복한 생을 누리기 위한 계획된 실천 체계였다. 그러므로 오직 상식만을 필요로 할 뿐 논리학이나 수학이나 플라톤이 요구하는 수고로운 훈련 같은 것은 필요치 않았다. 그것은 쾌락을 주는 것이 아니기 때문이다. 그에게 모든 선善 가운데 최고의 선은 사려(prudence)였다. 사려는 철학보다도 더 귀중한 것이었다. 이 점에서도 양자와 일치한다.

그러므로 부귀와 명예에 대한 욕망도 무익한 것이었다. 그런 욕망은 사람을 불안하게 만들며, 비록 만족한다 해도 사람을 쉴 수 없게 만들기 때문이다. 또한 그는 제자들에게 어떤 모양의 문화든 모두 피하고 공적 생활에서 떠나라고 가르쳤는데, 그것은 그러한 것들이 마음의 평안을 방해한다고 생각했기 때문이다. 이 점에서도 양자와 일치한다. 양자도 마찬가지로 수壽(장수)·명名(명예)·위位(지위)·화貨(재화)를 버리라고 했다. 그에게 현인은 눈에 띄지 않도록 살아야 하고 원수를 만들지 않아야 하는 것이었다.

또한 에피쿠로스는 동적 쾌락 가운데 하나인 성적인 사랑을 금지했다. 그것은 성교가 사람을 해치는 것으로 보았기 때문이다. 그가 사회적 쾌락 가운데 안전하다고 생각한 것은 우정이었다. 그는 이해관계를 초월하여 친구들을 사랑했다. 그러면서도 인간은 이기적이라는 자신의 철학적 신념대로 자신도 이기적이라고 생각했다.

장자와 피론

장자가 활동하던 비슷한 시기에 서양에서도 회의주의 (Pyrrhonism)학파가 탄생했다. 피론Pyrrhōn(BC 360?~270?) 은 그리스 철학자로 알렉산드로스 왕의 군대에 종군하여 인도까지 출전하고 거기서 인도 철학을 접했고, 원자론자 인 데모크리토스Dēmokritos(BC 460?~370?)와 소피스트의 영향을 받았다고 한다. 그는 사물의 본질은 '불가지不可知' 라고 말하고, 판단을 유보함으로써(epoche) 마음의 안정 (ataraxia)을 찾아야 한다고 주장했다. 이것은 후에 흄David Hume(1711~1776)의 극단적인 주관주의로 연결되며, 후설 Edmund Husserl(1859~1938)은 이를 원용하여 '현상학적 에포케epoche'를 말한 바 있다.

피론의 회의는 감각에 대한 회의만이 아니라 도덕이나 논리까지 모든 인식에 대한 회의였다. 그는 어떤 행위를 다른 행위보다 더 좋다고 말할 합리적인 이유는 없다고 주장했다.

이러한 회의주의는 게으른 사람과 무지한 사람들의 자기 위안이 된다. 회의주의에서는 학식 있는 사람도 무지한 사람과 마찬가지로 현명하다고 말할 수 없기 때문이다. 그래서 괴로운 사람에게는 해독제로서 유용하다.

자포자기한 사람들은 이렇게 자기를 위로할 것이다. '무엇 때문에 장래를 염려할 것인가? 미래는 불확실한 것이다. 너는 현재를 즐기는 것이 좋을 것이다. 그리고 옳고 그름은 결코 알 수 없다. 그러므로 너희 행동에 대해 그 누구도 심판할 수 없다. 나는 내 뜻대로 행동하고, 너는 네 뜻대로 행동해라! 그것으로 그만이다.' 오늘날 이성의 파산을 선언한 포스트모던postmodern과 너무도 닮은꼴이다.

피론의 제자인 티몬Timon(BC 320?~230)은 논리적으로 회의주의를 주장했다. 그리스 사람들의 논리는 일반적으로 연역법이었다. 그런데 모든 연역은 유클리드 기하학처럼 자명한 어떤 일반원리(principle)에서부터 출발해야 한다. 티몬은 그러한 원리를 발견하는 일은 불가능하다고 주장했다. 따라서 지금까지의 모든 논증은 순환론이거나 무無에 연결되어 매달리는 연쇄적인 공리공담에 불과하다고 했다. 순환적이든 연쇄적이든 어느 경우에 있어서도 증명되는 것은 아무것도 없다.

이것은 아리스토텔레스Aristoteles(BC 384~322)의 철학을 뿌리부터 찍어버리는 것이었다. 또 그의 논리대로라면 아리스토텔레스를 기초로 하는 중세철학은 모두 순환론에 불과한 것이 되고 만다. 이처럼 회의주의는 권위와 독단론을 물리치는 데 의미가 있었다. 회의주의는 18세기 흄의 회의론으로 연결되며, 칸트Immanuel Kant(1724~1804)에게도 자극을 주었다.

장자가 그들을 만났다면 의기투합했을 것이다. 그러나 장자는 피론에게 말했을 것이다.

"피론이여! 판단중지는 여전히 망상에 미련을 버리지 못한 것이다. 그러므로 좌절한다. 원래 자연은 혼돈이다. 소심한 그대여! 무궁한 혼돈으로 돌아가라!"

4장 선조들의 노장 읽기와 왜곡

우리 선조들의 노장 읽기

　원래 맹자孟子(孟軻, BC 372?~289?)는 공자를 계승하고 묵자와 양자의 타도를 외친 선봉장이었으나 노자에 대해서는 전혀 언급하지 않았다. 그것은 공자가 노자를 스승으로 삼았다는 가설 때문이었다. 또한 위진시대 현학玄學가들이 노자를 끌어다가 유가에 붙였으므로(援老入儒) 유가들은 벼슬에 나가면 공맹이요, 벼슬을 놓으면 노장이었다. 그래서 우리나라에서도 17세기에 출간되어 널리 읽힌 바 있는 명明나라 심진沈津이 편찬한 『백가유찬百家類纂』에서는 노장을 아예 유가류儒家類로 분류하고 있을 정도다.

　우리나라에 『노자』가 수입된 것은 삼국시대 무렵일 것이지만 『노자』를 해설한 책으로는 율곡栗谷 이이李珥(1536~1584) 선생의 『순언醇言』이 효시일 것이다. 그 다음으로는 박세당朴世堂(1629~1703)의 『신주도덕경新註道德經』이 널리 읽혔다. 그러나 이것들은 모두가 『노자』를 유학의 수기치인修己治人에 맞도록 해설한 것이다. 이처럼 우리 선조들은 노장을 읽었으되 유학으로 변질된 것으로 읽은 것이다. 특기할 것은 박세당 이후 노장 독법은 성리학을 새롭게 갱신하기 위한 하나의 자료에 불과했다는 것이다. 그중에서도 강화학파인 이광려李匡呂(1720~1783)의 『노자오칙老子五則』이나 이충익李忠翊(1744~1816)의 『담노談老』는 노자를 덕담이 아니라 경세술로 해설한 것으로 특이하다. 특히 『담노』는 현학가玄學家들의 '도즉무道卽無'라는 귀무론貴無論을 버림으로써 무無를 본원으로 보지 않고 자연을 도道의 본성으로, 도를 자연의 법칙으로 보았다는 점에서 획기적이다. 다만 이들도 같은 양명陽明학파이며 정주程朱학을 악으로 규정한 초횡焦竑(1541~1620)의 『노자익老子翼』을 취하기보다는 왕필이나 박세당의 『노자』 해설을 취함으로써 기본적으로 유가적인 경학經學의 틀을 벗어나지 않으려 했다.

이처럼 우리 선인들은 대체로 위진시대 왕필 이래 호사가들과 죽림의 청담으로 타락한 노장을 수입했으되 이와는 달리 실질과 순수를 숭상하는 노장으로 재해석함으로써 당시 형식적이고 사변적인 공리공담으로 타락한 유학을 다시 충전 재생하는 데 이용하려 한 것이다. 즉 성리학은 공자의 도를 청담으로 형해화形骸化했으나 반면 노장은 공자의 도를 실질적인 측면에서 비판했으되 공자의 진정한 도를 말한 것으로 평가했던 것이다. 그러므로 우리 선인들이 노장을 읽은 것은 공자의 도를 재해석하는 데 이용하기 위한 것이었을 뿐, 노장을 공자와 다른 사상가로서 읽은 것이 아니다.

또 『장자』는 문장가들이 글쓰기의 교본으로 애독했다. 우리 선인들에게 『장자』는 글쓰기의 귀신 또는 저술가의 영웅으로 칭송하고 즐겨 읽던 고전이었다. 그러나 장자도 노자의 혁명적 사상을 계승한 자연주의자로서가 아니라 정주학의 형이상학적 논리를 벗어나 마음의 위안과 수양을 찾는 청담으로 읽은 것이다.

"문장의 귀신", 이수광

지봉집芝峰集/권28/병촉잡기秉燭雜記

옛 사람들은 장자를 문장의 귀신(神於文者)이라고 말한다.	古人言莊周神於文者也
열리고 닫히며 그 환상적인 변화가	故闔闢變幻
저도 모르는 사이에 교묘함을 이루었으니	無意於用巧
고금을 통해 그에 미치는 자가 없었으므로	而古今莫之能及
장자를 문장의 귀신이라 부른다.	斯其所以神乎.

"용트림하는 듯", 허균

성소부부고惺所覆瓿藁/권14/열선찬列仙贊

노자의 오천 문자 읽어보니 밝도다! 지극한 덕이여!	閱五千文 於昭至德
숨고 드러내고 변화무쌍한 조화가 용처럼 측량할 길 없구나!	隱顯變化 猶龍莫測.
…장자는 태초의 혼돈에 일곱 구멍을 뚫었구나!	…混沌七鑿
막히고 얽혔어도 버리가 좋고 그 자취 더욱 크도다.	蘭編紀善 其迹愈莫.

"어찌 용의 수염을 손상했겠느냐?", 김만중

서포만필西浦漫筆/하 35

맹자는 노자를 배척하지 않았다.

주자朱子(朱熹)는 이에 대해 이르기를

"양주楊朱의 학문이 노자에게서 나왔으므로

양주를 배척하는 것은

우회적으로 노자를 배척하는 것"이라 했다.

그러나 정말 맹자가 노자를 의식하고

양주를 성토했다면

이는 어리석고 구차하기 짝이 없는 것으로서,

싸우지도 않고 기가 꺾인 꼴이니

어찌 명확한 배척이 되겠는가?

노자의 학문은

열고 닫히는 체體와 용用이 완전하고 거대하여,

양주가 터득한 것은 단지 그 일단에 불과하기 때문이다.

장자와 열자의 책에서 양주를 언급했지만

그를 존중한 적은 없다.

설령 맹자가 양주를 성토하여

시장바닥에 벌여놓았다고 해도,

어찌 용의 터럭 하나라도 손상을 주었겠는가?

나는 알 수가 없다.

노담은 어떤 사람이기에

공자 같은 성인이 그를 스승으로 삼았고,

맹자 같은 변론가도 감히 입을 열지 못했는지

참으로 이상한 일이다.

孟子不闢老子.

朱子謂

楊朱之學 出於老子.

闢楊

所以闢老.

誠使孟子意在於老

而聲罪於楊

則此乃疲庸苟且之甚者.

未戰而氣已屈矣

何能闢之廓如耶.

老氏之學

竊算闔闢體全用鉅.

楊朱所得 特其一端.

莊列之書 雖言楊朱

亦未嘗尊之也.

設令孟子致討於楊氏

肆諸市朝.

何嘗損猶龍者之一毛乎.

吾不知

老聃作何狀

以孔子之聖 而嚴師之.

孟子之好辯 而不敢開喙.

吁亦異哉.

열하일기熱河日記/서序

글을 써서 교훈을 남긴 것으로	立言設敎
신명의 도를 통하고 사물의 법칙을 꿰뚫은 것으로는	通神明之故 窮事物之則者.
『주역』과 『춘추春秋』보다 더 나은 것이 없다.	莫尙乎易春秋.
『주역』은 은미하고, 『춘추』는 현저하다.	易微而春秋顯.
은미함은 진리를 담론하는 것으로	微主談理
그것이 유행하여 우언寓言이 된다.	流而爲寓言.
현저함은 사건을 기록하는 것으로	顯主記事
그것이 변해 외전外傳이 된다.	變而爲外傳.
저서의 방법은 이러한 두 가지 길밖에 없다.	著書家有此二塗.
그러므로 이르기를	是故曰
장자는 우언과 외전을 겸해 저서에 능하다고 하는 것이다.	蒙莊善著書.
그는 외전이라도 진실과 허구가 섞여 있고	以爲外傳也 則眞假相混.
우언이라도 은미함과 현저함이 갈마들며 변한다.	以爲寓言也 則微顯迭變.
가히 저술가의 영웅(著書家之雄)이라고 부를 만하다.	可謂著書家之雄也.

노장의 변질과 왜곡

노장의 왜곡은 근복적인 것이다. 중국에서부터 오랜 세월의 역사적 굴곡을 거치며 이루어졌으므로 본래의 모습은 왜곡되고 가짜가 전통으로 굳어졌다. 『노자』는 민중의 저항과 해방의 문서였으므로 한 말에 일어난 농민 항쟁인 황건의 난의 교본이 됐으나 반란의 중심이었던 도교 세력이 체제 내로 편입되면서 정치적 필요에 따라 왜곡되고 변질됐다. 그러므로 지금 우리가 알고 있는 『노자』는 2,400년 전 본래의 『노자』가 아니다. 조조의 양자요, 사위인 하안과 그의 추종자 왕필 등 현학가들이 저항적 민중성을 탈색시켜 버렸기 때문이다.

일찍이 조선의 교산蛟山 허균許筠(1569~ 1618)은 노장이 신선술과 미신으로 타락한 것을 비판한 바 있다. 청대의 유명한 고증학자 고염무顧炎武(1613~1682)는 공자와 노자를 왜곡한 하안과 왕필의 죄악이 폭군 걸주桀紂보다 심하다고 비난했다.

한편 오늘날 우리 학자들은 노장을 2,400년 전 전국시대를 살던 민중의 대변자로 읽는 것이 아니라 21세기 자본가들의 취향으로 읽고 자본주의를 위해 봉사하도록 해석하려 한다. 또 자포자기적 퇴영과 우민주의愚民主義의 반동성을 부각시킴으로써 노자의 민중성을 퇴색시키는 방향으로 해석하여 세상을 비판적으로 보는 눈을 가려버리려고 한다. 그 방법은 노자의 역설과 반어를 정언定言처럼 해석하는 교묘한 언설로 정반대의 뜻으로 왜곡 변질시키는 것이다. 예컨대 노장의 기본 테제인 반문명적이며 저항적인 무위자연無爲自然설을 허정虛靜·적멸寂滅의 불교적인 담론으로 각색하여 인민의 하고자 하는 욕구를 직접적으로 비난하지 않고 자포자기하도록 마취시키는 허무주의로 왜곡한다. 이에 대해서는 일찍이 주희朱熹(1130~1200)가 "도가들은 자기네 노장의 학설은 이해하지 못하고 불가의 껍질은 주워 모았다"고 비웃은 바 있다. 또한 시세에 영합하기 위해서 근본인 군주는 무위無爲하고, 말단인 관료는 유위有爲하다는 정치론으로 변질시켜 문벌 사족들의 전횡을 방관 옹호하는 한량 계급의 무사안일주의로 변질시킨다. 거기에 더해 형편없는 오역과 엉뚱한 해설을 덧붙여 이제 『노자』는 천박한 삼류소설이 되어버렸다.

허균

성소부부고惺所覆瓿藁/권13/독노자讀老子

『노자』를 장으로 나눈 것은 누구에게서 나왔는지 모르지만	老子分章 未知出自何人.
글의 뜻이 본래 끊어지지 않았는데	其意本不斷
억지로 끊은 곳이 있어 대단히 잘못됐다.	而有强斷處 殊爲紕繆.[1]
다만 마땅히 전체를 연결하여 읽어야만	但當全讀之
비로소 통할 수 있다.	乃可通也.
후세에 그들을 따르는 무리들이	後世其從
노자의 학술을 신비학으로 바꾸어버렸고,	轉神其學
그것이 유행하여 수련修煉, 복식服食,	流而爲修煉[2] 服食[3]
부록符籙, 재초齋醮 등 신선술과 미신의 법으로 만들어	符籙[4] 齋醮[5] 等法
괴이하고 황당하여 바르지 못하게 됨으로써	愧誕不經
세상을 현혹시키고 사람을 속이는 일이 많게 됐다.	而惑世誣人多矣.

---

1) 紕繆(비류)=어그러짐.
2) 修煉(수련)=仙藥.
3) 服食(복식)=養生.
4) 符籙(부록)=부적.
5) 齋醮(재초)=푸닥거리.

고염무

일지록日知錄**/권18/주자만년정론조**朱子晩年定論條

위진시대에 범무자范武子[6]는 하안과 왕필을 논평하기를
"두 사람의 죄가 폭군 걸주보다 심하다"고 말했다.
일세에 끼친 해악은 가벼우나
후대에 끼친 재해는 무거우며
자기를 해친 악은 작으나 대중을 미혹한 죄는 크다.

昔范武子論王弼何晏
二人之罪 深於桀紂.
以爲一世之患輕
歷代之害重.
自喪之惡小 迷衆之罪大.

김만중

서포만필西浦漫筆**/하 2**

주자는 일찍이 비웃었다.
"도사들이 자기네 가문의 노장 학설은 이해하지 못하고
도리어 불가의 껍질을 주워 모았다."
이것은 정말로 옳은 말이다.
불법佛法은 한나라 때부터 동으로 전래되어
당나라를 거쳐 송宋나라에 이르면서
그 조잡한 것은 도가道家가 되고
그 정밀한 것은 유가儒家가 됐으니,
그 나머지는 거의 없다고 보아야 한다.

朱子嘗笑
道士不解渠家老莊說
却拾佛家糟粕.
此固然矣.
大抵佛法自漢東來
歷唐至宋
其粗者爲道
精者爲儒.
餘存無幾矣.

그러나 독자들은 이러한 증언을 읽고도 반신반의할 것
이다. 오히려 반문할지도 모른다. 그렇다면 왜 우리 학자들
은 이러한 지적에도 불구하고 귀를 막고 왜곡을 답습하고

---

6) 339~401, 東晉의 학자로, 이름은 范寧.

있단 말인가?

독자들은 오늘날 기독교가 본래 예수의 기독교와 다르다고 한 번이라도 생각해 본 적이 있는가? 일찍이 포이어바흐Ludwig Feuerbach(1804~1872)의 『기독교의 본질Das Wesen der Religion』(1841), 슈트라우스David Strauss(1808~1874)의 『예수의 생애Das Leben Jesu』(1835~1836), 바우어Bruno Bauer(1809~1882)의 『복음서 비판Kritik der Evangelien und Geschichte ihres Ursprungs』(1850~1852)에서는 성경은 신의 말씀이 아니라 '인간정신의 발현', '집단적 상상력의 신화', '사기꾼의 위조품'이라고 주장한 바 있다. 또한 프랑스 종교사가인 르낭Joseph Renan(1823~1892)이 지은 『기독교의 기원Histoire des Origines du Christianisme』(1863~1883)에 의하면 사도시대의 기독교는 예수의 기독교와 다르고, 로마시대의 기독교는 유대왕국시대의 원시 기독교와 완전히 다르고, 성경 중심의 기독교도 그리스인과 유대인들에게 전해지면서 수정됐다고 한다. 따라서 복음서의 해석 또한 시대에 따라, 권력에 따라, 해석자의 취향에 따라 천태만상 각양각색이다.

그러나 『노자』의 경우는 본래 어느 종교의 복음서도 신화도 아니고 인간정신의 발현으로 자리 잡았으므로 약간 다르다. 이것은 민중 창작이므로 여러 사람의 가필을 거친 후 장자 이전에 정형화된 것 같다. 그리고 5천여 글자밖에 안 되는 강령적 문장이며 무덤에서 발견된 백서본과 『장자』·『한비자』·『회남자』 등에서 인용한 원본이 거의 일치하므로 진위 여부는 대체로 논란이 없다. 다만 종교권력과 정치권력에 의해 또는 해석자의 취향에 따라 왜곡·변질되어 왔다. 그러므로 지금 책방에 나와 있는 『노자』 번역서나 해설서들은 모두 본래의 『노자』가 아니다.

나는 이 책에서 노장을 회칠한 무덤에서 해방시켜 민중적이고 혁명적인 본래 모습을 복원시키고자 노력했다. 따라서 중국과 한국의 학계의 풍토에서 탈피하고자 처음부터 전방위로 기존의 해석들을 비판적으로 재점검했다. 우선 변질·왜곡의 대강을 요약하면 대체로 다음과 같이 정리할 수 있을 것이다.

첫째, 노장의 문명 비판의 담론인 무위자연無爲自然설이 허무를 숭상하는 귀무론貴無論으로 왜곡됐다. 이로써 민중의 저항과 해방 담론인 노장이 고관대작과 부호들의 도피·은둔을 위한 청담淸談의 교주가 됐다.

둘째, 노장의 반유가적인 절학絶學과 무지無知의 담론이 관료와 지자知者를 따르라는 우민愚民주의로 왜곡됐다. 그러나 왜곡된 노장을 따르는 자들도 똑같이 무지를 설파한 소크라테스에 대해서는 우민주의라고 비난하기는커녕 문화혁명적 담론이라고 찬양한다.

셋째, 구체제를 부정하는 노장의 혁명적 담론인 동심론童心論이 도사들의 기공술氣功術로 왜곡됐다. 그러나 이러한 왜곡을 따르는 이들이 똑같은 동심론을 말한 예수에 대해서는 기공술이라고 폄하하지 않는다. 결국 동심론은 탁오卓吾 이지李贄(1527~1602)에 의해 부활하여 공안파公安派를 거쳐 조선의 허균과 연암燕巖 박지원朴趾源(1737~1805)의 문체창신의 토양이 됐다.

넷째, 노장의 '자연의 도(天然之道)'가 공맹의 '인륜의 도(天命之道)'로 왜곡됐다. 그러나 노장은 자신의 자연의 도는 높은 곳의 여유 있는 자를 덜어 낮은 곳의 부족한 자를 보충하는 것이고, 사람의 도는 그 반대라고 천명했다. 그러므로 자연의 도는 약자를 위한 해방의 도덕이요, 인륜의 도는 강자를 위한 지배의 도덕인 것이다. 그런데 학자들은 하나같이 노자의 '해방의 도덕'을 공맹의 '지배의 도덕'과 같은 것으로 변질시킨다.

다섯째, 노장의 원시 공산사회가 공맹의 왕도주의로 변질됐다. 노장은 군왕과 권력을 부정한 무정부적 공산주의자였다. 그러나 공맹은 왕권신수설을 주장한 왕도주의자였다. 그러데 권력과 학자들은 노자를 끌어다가 유가에 붙인(援老入儒) 현학玄學(혹은 道學)을 만들어 모두가 왕권에 충성하는 신민학臣民學으로 변질시켰다.

그런데 중국에서는 2007년 4월 20일에 『도덕경』 국제포럼'을 국가적 행사로 열었다. 홍콩의 한 축구경기장에서는 13,839명이 모여 한목소리로 『노자』를 낭독하는 진풍경을 연출했다. 이 기록은 기네스북에 올랐으며 5천여 개의 도교 사원에서는 이를 경축하는 집회를 가졌다. 그리고 정부를 대표하여 전국인민정치협상회의(정협) 주석이 축하 메시지를 보냈다. 반기문潘基文(1944~) 유엔 사무총장도 축하 메시지를 보냈다. 정협 자칭린賈慶林(1940~) 주석은 메시지에서 "『도덕경』은 중국만이 아니라 세계의 보편적인 정신적 자산"이라고 말하고 "『도덕경』의 중도적이며 평화적인 원칙이 현재 중국이 지향하는 조화사회調和社會 건설에 정신적 지침이 될 수 있을 것"이라고 강조했다. 반기문 총장도 메시지에서 "조화와 선의 그리고 협력을 중시하는 노장사상이 현재 세계가 꼭 필요로 하는 중요한 가치를 소중히 보존하고 있다"며, "이런 가치들이 유엔이 추구하는 문명 간 대화와 협력의 노력을 지지해 줄 것으로 기대한다"고 말했다.

과연 노장사상이 무엇이기에 중국의 지도자들이 정신적 지침으로 삼으려 하는 것일까? 오늘날 한국의 서점에 나와 있는 노장은 반동적인 허무주의의 교본이 아닌가? 중국 지도부에서 이러한 반동적인 노장사상을 자기들의 지도 지침으로 삼을 리는 없을 것이다. 그렇다면 본래의 노장사상인 원시 공산사회의 이상과 민중성을 차용하려는 것인가? 그러나 현재 중국 공산당이 표방하고 있는 '조화사회'는 자본주의를 포섭하려는 구호다. 그렇다면 중국 지도부는 또다시 자기들의 구미에 맞게 노장사상을 변질시키려 할 것이다. 우리는 이를 예의 주시해야 할 것이다. 이를 위해서도 노장의 본래 모습을 복원시켜야 한다. 이 책이 그 책무를 다할 것이다.

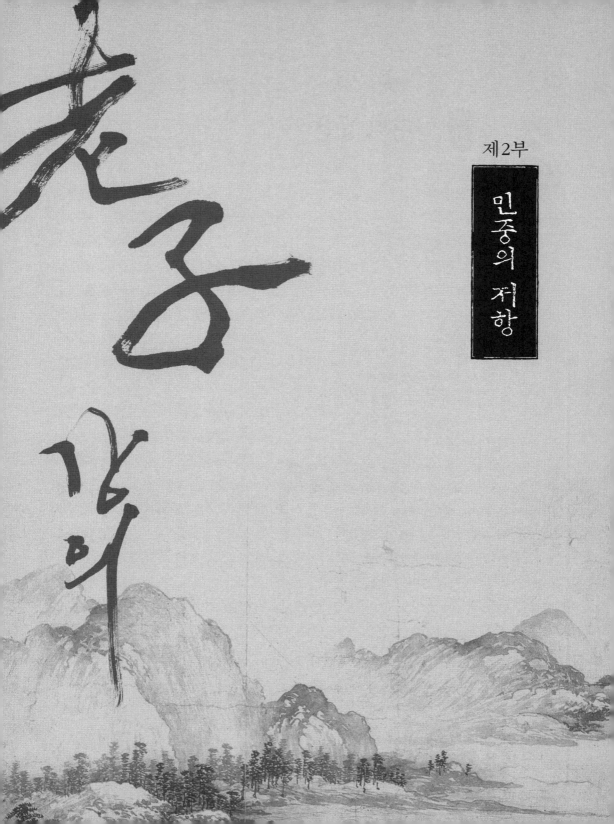

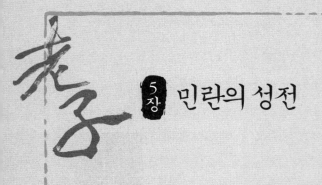

5장 민란의 성전

노자 읽기

《 노자 · 53장 》

만일 나에게 조그만 지혜가 있다면

무위자연無爲自然의 대도大道를 행해

오직 (묶인 것들을) 풀어주는 해방을 공경할 것이다.

使我介¹⁾然有知

行於大道²⁾

唯施³⁾是畏⁴⁾

> 김경탁 : 다만 사도邪道가 두려울 뿐이다.
>
> 장기근 : 오직 사악한 길을 경계하게 될 것이다.
>
> 노태준 : 단지 사도邪道에 빠지지 않을까를 경계해야 할 것이다.
>
> 김용옥 : 오로지 샛길로 빠질까 봐 두려울 뿐이다.
>
> 오강남 : 이(대도)에서 벗어날까 두려워하리이다.
>
> 이석명 : 오직 삿된 길로 빠질까 경계하겠네.
>
> 이숙경 : 두려워하며 베풀어야 한다는 것이다.
>
> 김형효 : 대도를 행한다고 과장함을 두려워한다.

---

1) 介(개)=小也, 微也(無介然之慮者 : 列子/楊朱).

2) 大道(대도)=無爲自然의 道. 大同社會의 통치이념인 '大道'와 같음(禮記/禮運).

3) 施(시)=舍也, 赦也.

4) 畏(외)=恐也, 心服也, 敬也.

무위자연의 대도는 심히 평이한 길인데도　　　　大道甚夷[5]

사람들은 소도小道(仁義)를 좋아하고　　　　而民好徑[6]

조정은 민중을 심히 닦달하니 농토는 황폐하고 창고는 비었다.　　朝甚除[7] 田甚蕪 倉甚虛

　왕필 : 궁실은 심히 깨끗한 것을 좋아한다.[8]….

　김경탁 : 궁실은 심히 청결하지만, ….

　장기근 : 조정의 통치자가 심히 부패했으므로, ….

　노태준 : 그리하여 조정은 더러워지고, ….

　김용옥 : 조정의 뜨락이 심히 깨끗할 때, ….

　오강남 : 조정은 화려하나, ….

　이석명 : 궁궐은 매우 깔끔하나, ….

　이숙경 : 조정엔 사람이 없고, ….

　김형효 : 조정은 심히 규찰하며, 밭은 황폐해졌고 창고는 텅 비었다.

의복은 아름다운 수를 놓고, 허리엔 날카로운 칼을 차고　　服文綵 帶利劍

실컷 먹고 마시고 재화는 남아돈다면　　厭飮食 財貨有餘

이를 일러 '도둑의 사치'라 하니 도道가 아니지 않은가?　　是謂盜夸 非道也哉.

《 노자 · 75장 》

백성이 굶주린다.　　民之飢

윗사람의 봉록과 세금이 많기 때문에 굶주리는 것이다.　　以其上食[9]稅之多 是以飢

백성을 다스리기 어렵다.　　民之難治

---

5) 夷(이)=平易也.

6) 徑(경)=邪道也. 여기서는 공자의 仁義之道.

7) 除(제)=驅逐也, 誅也(除阤其下 : 荀子/議兵).

8) 朝 宮室也, 除 潔好也.

9) 食(식)=祿也.

윗사람이 반자연적 작위作爲를 하기 때문에 어려운 것이다.　以其上之有爲 是以難治

백성이 죽음을 가벼이 한다.　民之輕死

풍요로운 삶을 추구하기 때문에 죽음을 가벼이 하는 것이다.　以其求生之厚[10] 是以輕死

무릇 삶을 작위하지 않는 것이　夫唯無以生爲[11]者

삶을 귀히 하는 것보다 현명하다.　是賢於貴生.

〖 노자·76장 〗

사람의 삶은 부드럽고 여림이요, 죽음은 굳고 강함이다.　人之生也柔弱 其死也堅强

만물과 초목도 산 것은 부드럽고 무르며　萬物草木之生也柔脆

죽은 것은 굳고 마른다.　其死也枯稿

그러므로 굳고 강함은 죽음의 무리요,　故堅强者死之徒

부드럽고 여린 것은 삶의 무리다.　柔弱者生之徒

그러므로 병사가 강하면 이기지 못하고　是以兵[12]强則不勝

나무가 강하면 도끼를 맞는다.　木强則兵

뿌리처럼 강대한 것은 아래에 있고　强大[13]處下

잎새처럼 부드럽고 여린 것은 위에 있다.　柔弱處上.

---

10) 厚(후)=重也, 豊厚也.

11) 爲(위)=治也, 作也, 僞也.

12) 兵(병)=斤(근)의 誤.

13) 强大(강대)=부혁본(傅奕本)은 堅疆.

절망과 은둔

『노자』가 기록된 춘추전국시대는 노예제 사회였다. 당시 민民은 전쟁에 끌려가 죽거나, 부역에 끌려가 강제노동을 하다가 죽거나, 배고픔에 굶어 죽거나, 추위에 얼어 죽는 비참한 노예로 사역됐다. 백성들은 하늘을 우러러 원망할 뿐 그들에게는 아무런 희망도 없었다. 이러한 때 그들의 절망적 외침을 대변한 것이 『노자』였다.

좌전左傳/소공昭公3년(BC 539)

제齊나라 경대부 안자晏子가 말했다.	晏子曰
"지금은 말세입니다.	此季世也.
공실의 곡간에는 쌓인 재물이 좀먹고 썩어나는데	公聚朽蠹
늙은이는 얼어 죽고 굶어 죽는 실정입니다."	而三老凍餒.
진晉나라 경대부 숙향叔向이 말했다. "그렇습니다.	叔向曰 然.
서민庶民들은 피폐하고 공실은 더욱 사치합니다.	庶民罷敝 而宮室滋侈.
길가에 시체들이 서로 바라보는데	道殣相望
그들의 부는 더욱 넘쳐납니다.	而女富溢尤.
민民은 공실의 명령이라면 도둑과 원수 보듯 달아납니다.	民聞公命 如逃寇讐.
난欒씨, 극郤씨, 서胥씨, 원原씨, 적狄씨	欒郤胥原狄
속續씨, 경慶씨, 백伯씨 등 많은 귀족들은	續慶伯
말을 돌보는 하급 무사나 노예로 전락했습니다.	降在皂隷
정치는 몇몇 가문의 전횡으로 넘어갔고	政在家門
민은 의지할 곳이 없습니다."	民無所依.

사기史記/백이열전伯夷列傳

혹자는 말한다.   或曰

"천도는 사사로움이 없어 항상 착한 사람의 편이다."   天道無親 常與善人.[14]

그러나 도척盜跖은 날마다 죄 없는 사람을 죽이고   盜跖日殺不辜

사람의 간을 씹으며 대낮에 포악함을 자행하며   肝人之肉 暴戾恣睢

수천 명씩 도적 떼를 몰고 천하를 횡행했으나   聚黨數千人 橫行天下.

필경 제 수명을 다 살았다.   竟以壽終

하늘이여! 이것은 무슨 덕으로 그랬단 말인가?   是遵何德哉.

『노자』는 이러한 난세에 민중들의 소망을 담아 약자와 약소국의 생존 방식을 은유적이며 절망적으로 표현한 것으로 볼 수 있다. 절망에 빠진 민중들이 '자연'으로 돌아가고자 소망한 것은 당시 삶을 도륙하는 거짓되고 포악한 지배 '문명'에 대한 거부였다.

장자莊子/외편外篇/천지天地

길가는 세 사람 중에 한 사람이 미혹됐다 해도   三人行而一人惑

목적지를 갈 수 있을 것이다.   所適者猶可致也

미혹된 자가 적기 때문이다.   惑者少矣.

그러나 두 사람이 미혹되면 아무리 노력해도 다다를 수 없다. 二人惑則勞而不至

미혹된 자가 많기 때문이다.   惑者勝也.

지금은 온 세상이 미혹됐다.   而今也 以天下惑

내가 비록 인도하려고 하지만 어쩔 수가 없다.   子雖有祈嚮 不可得也

---

14) 『노자』 79장에 나오는 말이다.

슬픈 일이 아닌가?

훌륭한 음악은 속인의 귀엔 들리지 않고
절양과 황화 같은 부화한 속악에는 환호한다.
이처럼 고상한 담론은 대중의 마음에 와 닿지 않으니
참된 말은 나타나지 않고 속된 말만 기승을 부린다.
옹기 소리와 종소리가 엇갈리니
갈 곳을 모른다.
지금은 온 천하가 미혹됐으니
내가 비록 향도한다 한들 어찌할 수 있겠는가?
불가능한 줄 알면서도 힘쓰는 것
또한 하나의 미혹이다.
그러므로 포기하고 추구하지 않는 것만 못하다.
그러나 추구하지 않으면 누가 진실로 더불어 걱정할 것인가?
문둥이가 야밤에 아기를 낳으면
황급히 등불을 들고 바라본다.
자기를 닮았을까 두려운 것이다.

不亦悲乎.

大聲不入於里耳.
折楊[15]皇華[16]則嗑[17]然而笑.
是故高言不止[18]於衆人之心
至言不出 俗言勝也.
以二[19]缶鐘惑
而所適不得矣.
而今也 以天下惑
予雖有祈嚮 其豈可得邪.
知其不可得也 而强之
又一惑也.
故莫若釋之而不推.
不推誰其比憂.
厲[20]之人 夜半其生子.
遽取火而視之汲汲然
唯恐其似己也.

---

15) 折楊(절양)=俗曲.
16) 皇華(황화)=俗曲.
17) 嗑(합)=笑聲.
18) 止(지)=至也.
19) 二(이)=竝也.
20) 厲(려)=癩也.

장자莊子/잡편雜篇/칙양則陽

노담의 제자 백구柏矩가
천하를 유람하고 싶다고 말했다.
…제나라에 도착하자 형벌을 받아 기시된 시체를 보았다.
시체를 밀어 바로 누이고 조복을 벗어 덮어주었다.
그리고 하늘을 우러러 곡하며 말했다.
"오! 그대여!
천하에는 피살자가 많은데 그대가 먼저 당했구려!
말끝마다 '도둑질하지 말라! 살인하지 말라!' 말하지만
영욕으로 핍박하니 이런 병통이 나타났고
재화가 한곳으로 모이니 이런 쟁투가 나타났다.
지금은 사람을 몰아세워 병들게 하고
사람을 모아 싸우게 하고
사람의 몸을 곤궁하게 하여 한시도 쉬지 못하게 하니
이런 지경에 이르지 않을 수 있겠는가?
…재물을 위해 간계를 부리고
지혜롭지 못하면 어리석다 하고
어려운 일을 시키고 감내하지 못하면 죄를 주고
무거운 임무를 맡기고 다하지 못하면 벌을 주고
먼 길을 가게 하고 이르지 못하면 죽인다.
그러므로 부득이 민民은 지혜와 힘을 다해

柏矩學於老聃
日 請之天下遊.
…至齊 見辜[21]人焉
推而强之 解朝服而幕之.
號天而哭之 日.
子乎子乎
天下有大菑 子獨先離之.
日莫爲盜 莫爲殺人.
榮辱立[22] 然後觀所病
貨財聚 然後觀所爭
今立人之所病
聚人之所爭.
困窮人之身.
欲無至此 得乎.
…匿[23]爲物
而愚不知.
大爲難 而罪不敢.
重爲任 而罰不勝.
遠其塗 而誅不至.
民知力竭

---

21) 辜(고)=磔刑(시체를 棄市하는 형벌).
22) 立(립)=行也, 逼也.
23) 匿(익)=陰姦也.

꾀로 죄를 모면하려 한다.
무릇 힘이 부치면 꾀를 쓰고
지혜가 부족하면 속이고
재물이 부족하면 도둑질을 하는 것이다.
도둑이 횡행하는 것은 누구에게 책임을 물어야 옳은가?"

則以僞繼[24]之.
夫力不足則僞
知不足則欺
財不足則盜
盜竊之行 於誰責而可乎.

허무와 저항

노자의 무위자연은 공자의 복례復禮와 묵자의 해방신解
放神과는 전혀 다른 것이다. 『논어』는 제자들과의 문답 내
용인데 거의가 왕공, 대부 등 지배계급들의 정치와 처신에
대한 담론이다. 『묵자』는 가난과 전쟁으로 고통 받는 민중
의 민생 문제가 중심을 이룬다. 반면 『노자』, 『장자』는 천
하고 추한 병신과 세상을 등진 은자들의 인생론으로 우리
에게 허무와 비관을 불러일으킨다. 그리고 그 저변에는 강
한 저항이 깔려 있다.

이들의 초상화를 그린다면 공자는 뿔 관에 관복을 입고
근엄한 고관대작의 모습일 것이며, 묵자는 검은 노동복을
입고 민중 해방을 위해 투쟁하는 혁명가의 모습일 것이며,
노자는 거지 옷을 입고 자연에 숨어 사는 은자의 모습일 것
이다. 이처럼 노자의 사상적 특징은 겉모습으로만 보면 염

---

24) 繼(계)=續(贖과 통용)也.

세厭世, 탈속脫俗, 은둔隱遁이다. 하지만 그 속 모습은 절망
과 저항이다. 이러한 노자의 양면성은 대체로 염세적인 열
자列子(列禦寇)[25]와 저항적인 장자로 이어진다.

이러한 허무와 저항의 양면성은 약자와 패자의 생존 방
식이다. 옛날이나 지금이나 승자는 몇 사람뿐이요, 대다수
는 패자다. 그러므로 허무와 저항은 다수 민중의 생존 방식
이다.

열자列子/주목왕周穆王

노성자老成子가 윤문 선생에게 환술을 배우려고 했으나	老成子學幻於尹文先生
삼 년이 되도록 가르쳐주지 않았다.	三年不告.
노성자는 자신의 과오이니 물러가게 해줄 것을 요청했다.	老成子請其過而求退.
윤문 선생은 읍을 하고 그를 방으로 데려가서	尹文先生揖 而進之於室
좌우를 물리치고 말했다.	屏左右 而與之言曰.
"옛날 노담께서 서쪽으로 가시면서	昔老聃徂西也
특별히 나에게 말하시기를	顧而告予曰.
'생명은 기氣이며 형체는 현상이나	有生之氣 有形之狀
이 모두 환상이며	盡幻也.
조화의 비롯됨은 음양의 변화이니	造化之所始 陰陽之所變者

---

25) 전국시대 鄭나라 사람으로 도교에 의해 신선으로 추앙된다. 당나라 天寶元年(742)에 '沖虛眞人'으로 추봉됐고
그가 지었다는 『列子』도 『沖虛眞經』으로 불렸다. 북송 景德4년(1007) '至德'으로 가봉됐고 『열자』도 『沖虛至德
眞經』으로 호칭됐다. 하지만 『열자』의 원본은 한나라 초에 이미 산실됐으며, 劉向이 교정하여 8편으로 만들었
다. 더욱이 오늘날 우리가 접하는 『열자』는 그 후에 첨삭이 가해진 것이다. 그러므로 금본 『열자』는 일가의 학설
이 아니며, 특히 「楊朱」편은 쾌락주의자인 양자의 글이라는 것이 정설이다. 어찌 됐든 『열자』는 '虛靜無爲'을 주
장한 것이며 黃老에 뿌리를 둔 것이 분명하다.

삶이라고도 죽음이라고도 말한다.

그 이치를 궁구하고 그 변화를 통달하여 형체를 바꾸는 것을

조화라거나 환술이라 한다.

그러므로 생기生起를 따르고 소멸을 따르며

환상과 조화는 생과 사와 다르지 않다는 것을 알아야만

비로소 더불어 환술을 배울 수 있다'고 하셨소.

나와 그대 역시 환술인 것을 어찌 배움을 구하겠소?"

謂之生 謂之死.

窮數達變 因形移易者

謂之化 謂之幻.

故隨起隨滅

知幻化之不異生死也

始可與學幻矣.

吾與汝亦幻也 奚須學哉.

장자莊子/잡편雜篇/천하天下

근본을 정미한 것으로 여기고

사물事物을 조잡한 것으로 여기며

명예와 재물(事物)이 아무리 쌓여도 만족하게 여기지 않고

맑은 물처럼 홀로 신명과 더불어 산다.

옛 도술에 이런 것이 있었는데

관윤과 노담이 이에 설복당했다.

以本[26]爲精.[27]

以物[28]爲粗.[29]

以有積爲不足

澹然獨與神明居.

古之道術有在於是者

關尹老聃聞 其風而說之.

　　이러한 양면성은 민중의 특성이기도 하다. 민중에게 허무와 저항은 동전의 양면처럼 항상 따라다닌다. 퇴영이 폭발하면 저항이 되고, 저항이 좌절하면 허무주의로 빠지는 것이 민중성이라고 보아야 할 것이다.

　　현실에서 좌절하여 도피하고 싶은 욕구는 권력과 도덕

---

26) 本(본)=無也.

27) 精(정)=정미한 精神과 道.

28) 物(물)=有也.

29) 粗(조)=조잡한 事物.

과 문화를 거부하기 마련이며, 이런 심리는 부성父性을 미워하고 모태로 회귀하려는 무의식적 욕구로 나타난다. 신神의 구원도 가치 체계도 무너져버린 난세에 노자로 대표되는, 삶의 희망을 잃어버린 민중들의 모태로의 회귀본능은 무위無爲의 자연에 유유자적 노닐며 불로장생하는 신선을 꿈꾸게 한다. 하늘도 믿지 못하는 민중들은 부성父性을 상징하는 위대한 해방신이나 전쟁신보다 고통과 투쟁과 시비 분별이 없는 모태의 평화를 바라는 것이다.

노자는 특히 자연의 신비한 생식 현상을 주목하여 암컷과 생식기를 숭상하고, 그것을 도道의 표상으로 삼았다. 이는 부성을 미워하고 모태母胎로 회귀하려는 무의식적 욕구를 반영한 것이다. 어쩌면 노자의 사상은 절망에서 도피하기 위해 스스로를 소외시키는 철학인지도 모른다. 그러기 위해서 인간이 만들어낸 문명을 거부하고 자연으로 돌아가려 했을 것이다. 이러한 문명과 자연의 대칭 구조는 노자의 기본 골격이다. 강함보다 부드러움을, 밝음보다 어둠을, 봉우리보다 계곡을, 남성보다 여성을 선호하는 것도 같은 맥락이다. 노자에게 강함은 죽음이요, 약함은 삶이다. 노자에게 삶은 항상 죽음을 이긴다. 물렁한 물은 단단한 바위를 뚫고, 보드라운 보지의 수줍음은 빳빳한 자지의 자만심을 굴복시킨다. 이것은 자연과 생명의 승리인 것이다.

그러나 여성 성기의 숭배는 삶에 적응하지 못하고 모태로 돌아가려는 퇴영退嬰이다. 모태는 허정虛靜과 유약柔弱이다. 이것은 소극적 저항이라고 말할 수는 있지만 자유를 요구하는 주체를 포기하는 것이며, 구체제에 대한 거부와 저항이지만 새로운 사회를 건설하려는 적극적 투쟁을 포기하고 물(水)처럼 살려는 소극적이며 비생산적인 태도다.

이처럼 원래 『노자』는 은퇴자의 소외철학이다. 다만 사회에서의 소외를 자연과의 일체를 통해 위안받으려는 것은 소극적이지만 사회에 대한 거부와 저항을 내포하고 있음을 간과해서는 안 될 것이다. 이것은 짓밟힌 약자의 위대한 승리이기 때문이다.

허무주의자들은 이에 편승하여 노장을 허무와 은둔주의의 교주로 삼았다. 왕필 등의 귀무론貴無論은 이러한 소극적 저항과 신선에 대한 소망마저 앗아버린 대표적인 허무주의 이론이다. 이들은 노자를 무욕과 자아 포기의 교주로 만들어버렸다.

이런 점 때문에 지배자들은 민중의 저항을 없애기 위해 귀무론을 환영하고 전파했다. 이것은 역설적으로 유교의 탈속적 운명론이나 자기를 버리라는 극기론克己論과 상통하는 것이다. 이들이 합작하여 절망적인 백성과 그를 대변하는 반反유가적이며 반운명론적인 저항의 담론을 무력화시켰던 것이다.

장자莊子/잡편雜篇/천하天下

노담이 말했다.

"수컷을 알고 암컷을 지키면 천하의 계곡이 된다.

명예로움을 알고 오욕을 받아들이면

老聃曰

知其雄守其雌 爲天下谿.

知其白[30] 守[31]其辱

---

30) 白(백)=彰明也.

천하의 골짜기가 된다.　　　　　　　　　　　　　爲天下谷.

사람은 모두 앞서기를 취하는데　　　　　　　　　人皆取先

나만 홀로 뒤처지기를 취하니　　　　　　　　　己獨取後

천하의 오욕을 감수한다고 말한다.”　　　　　　曰 受天下之垢.

저항을 순종으로 왜곡

이처럼 『노자』는 민중의 저항과 해방의 문서였으므로 한漢 말에 일어난 농민 항쟁인 황건의 난의 교본이 됐으나 반란의 중심이었던 도교 세력이 체제 내로 편입되면서 정치적 필요에 따라 왜곡되고 변질됐다. 그러므로 우리가 일반적으로 알고 있는 『노자』는 2,400년 전 본래의 『노자』가 아니다. 종교적으로는 도교의 『노자상이주』, 갈홍의 『포박자』, 학술적으로는 왕필의 『노자주老子註』 등 위진시대의 『노자』 해설서들이 『노자』의 저항적 민중성을 탈색시켜 버렸기 때문이다. 특히 『노자』를 지배계급에 복무하도록 결정적으로 왜곡한 것은 왕필이다.

왕필은 하안, 하후현夏侯玄(209~254)의 뒤를 이어 현학玄學을 창시한 3인조의 한 사람으로 불린다. 그는 위진魏晉 교체기인 정시正時 연간(250~260년대)에 크게 유행한 이른바 죽림칠현竹林七賢들로부터 종회鐘會(225~264) 등과 더불

---

31) 守(수)=收也.

어 당시 사총四聰(4인의 천재)의 한 사람으로 칭송받을 정도
로 천재였다. 또 그는 20대의 젊은 나이에 위진시대 천하
제일의 유명한 학자요, 명망가인 하안의 귀여움을 받아 그
의 천거로 관직도 얻고 세상에 알려진 사람이다. 하안은 위
왕魏王 조조가 양자로 삼아 키웠으며 훗날 사위로 삼은 사
람으로 조조의 총신이요, 탁월한 학자였으며, 당대의 세력
가였다.

조조는 한漢 말 도교 세력이 주축이 된 농민 반란군인 황
건적을 토벌하는 과정에서 두각을 나타내 천하를 차지한
사람이다. 그는 일찍이 황건적의 일파로 한중에 정권을 세
운 천사도(속칭 오두미교)의 제2교주인의 장로를 높은 관직
을 주는 조건으로 투항시켜 정권 쟁탈전에서 그의 지원을
받은 바 있다. 그러므로 도교 세력의 위력을 잘 아는 조조
는 정권을 잡은 이후 노장의 반체제적 민중성과 반문명적
저항성을 제거하려고 했다. 한편 도교 지도자들도 권력과
타협하지 않고는 종교 단체로서 살아남을 수 없음을 알았
으므로 이해가 일치했다.

그러나 『노자』를 학문적으로 왜곡하기는 쉬운 일이 아니
었다. 무엇보다 노자의 정통을 이은 막강한 영향력을 가진
장자를 능가할 만한 인재가 필요했다. 이때 임무를 받은 이
가 하안이다. 그런데 그는 자기의 신분과 천재성만으로는
역부족임을 잘 알고 있었으므로 신비스럽고 새로운 천재
를 발굴하려 했다. 이에 선택된 것이 왕필이다. 20세의 천
재 왕필은 이에 고무되어 저항적이고 민중적인 노자를 권
력 친화적인 내용으로 왜곡하는 데 앞장서게 된 것이다.

이러한 순화·변질된 노장은 훗날 당나라가 들어서자 국교가 되어 지배이데올로기가 됐다. 황제皇帝가 『도덕진경道德眞經』(『노자』), 『충허진경沖虛眞經』(『열자』), 『남화진경南華眞經』(『장자』)을 직접 주석했으므로, 학자들의 자유로운 해석은 원천적으로 금지됐다. 이로써 민중성과 저항성은 완전히 불식되고 고관들과 부호들의 청담으로 전락하고 말았다.

그런데도 오늘날 우리 학자들은 『노자』의 역설과 반어를 정언으로 왜곡하고 『노자』에 섞여 있는 자포자기적 퇴영과 우민주의의 반동성을 부각시켜 『노자』의 민중성을 퇴색시킨다.

결국 노장은 인민을 자폭자기하도록 마취시키는 반동적인 통치철학으로, 근본인 군주는 무위하고 말단인 관료는 유위하다는 정치론으로 왜곡되어 사족士族들의 전횡을 옹호하는 반동적인 역할을 하게 됐다.

이와 같은 왜곡으로 『노자』는 권력에 위험한 존재가 아니라 오히려 필요한 존재가 됐다. 왜곡된 『노자』는 민중에게 저항을 말하지 않고, 불로장생의 신선이 되기 위한 방술서가 됐기 때문이다.

언제나 그렇지만 민중은 그 어떤 새로운 대안이나 이상 사회보다는 당장 배부르고 등 따신 것을 좋아한다. 후손의 복록을 위한 명당과 자신의 불로장생과 신선이 되는 것을 무엇보다 절실하게 소망한다. 수천 년 동안 명당과 천당, 극락과 불로장생의 사업이 불경기 없이 성행한 것은 이 때문이다. 어쩌면 『노자』가 이제까지 살아남은 것은 거기에

담긴 철학적 담론 때문이 아니라 좌절한 사람들에게 은둔처를 제공했기 때문인지도 모른다. 만약 노자에게 그런 위안이 없었다면 노동자의 시조였던 묵자처럼 민중의 외면을 받았을 것이다. 그것은 아마 천당이 없는 예수와 극락이 없는 부처도 마찬가지일 것이다.

그러나 노자의 무위자연의 테제는 본래 반문명적이며 반유교적인 민중적 담론이다. 노자를 계승한 장자는 기존의 질서를 거부한 통쾌한 자유인이었다. 다만 『장자』는 반어와 역설의 우화寓話로 포장되어 있을 뿐이다. 그러므로 나는 결코 노자의 저항적 담론을 우민적 반동으로 왜곡한 왕필과 그의 제자들을 따를 수 없다. 나는 노자에게서 당근이나 사탕을 구하지 않을 것이다. 절망의 쓴 약을 그대로 받아 마시는 것이 노자를 살리는 길이라고 생각한다. 민중을 위해 싸우다가 민중의 손에 죽은 비장한 영웅들이 그 얼마이던가? 역사는 그들의 핏자국이 아닌가?

『노자』 53장 분석

이처럼 『노자』 왜곡은 왕필의 현학에서부터 시작됐다. 그런데 우리 학자들은 모두 왕필을 따라 왜곡을 답습하고 있는 실정이다. 그 전형적인 한 사례가 『노자』 53장이다.

『노자』 53장은 분명히 해방의 담론이다. "조심제朝甚除"는 공실과 거실의 착취를 고발한 것이고, "도과盜夸"는 지배자들을 도둑으로 규정한 것이며, "유시시외惟施是畏"는 이에 맞서 억압받는 민중을 해방시키라는 강력한 의지의 표명이다. 그런데도 지금까지 우리 학자들은 이를 거꾸로 반동적인 글로 왜곡하고 있다.

첫째, 『노자』 53장의 글을 해석함에 대도大道와 소도小道를 구별하지 않는다. 대도는 노자가 말한 무위자연의 도를 말하고 소도는 공자가 말한 인의仁義의 도를 말한다. 『예기』 「예운禮運」편에서 대동大同사회의 도를 '대도'라 하고 소강小康사회의 도를 '인의'라 하여 구분한 것과 같은 맥락이다. 그런데 왕필 이후부터 노자의 도를 유가의 도와 혼동시킨 것이다. 그러나 『노자』 53장의 "대도"는 공자의 '인의의 도'가 아니라 노장의 '무위자연의 도'를 뜻한다.

둘째, "유시시외惟施是畏"의 '시施'는 '사면赦免'의 뜻이며 '외畏'는 '경외敬畏'의 뜻이므로 '풀어주는 것(해방)을 공경한다'로 풀이해야 옳다. 그런데 왕필은 '시施'자를 '과장한다'는 뜻으로 읽고 "수완을 발휘하여 공로를 과장하려는 것(施爲)"으로 해석했으며, 청대 훈고학자 왕염손王念孫(1744~1832)은 '시施'를 '이迤'의 오오誤로 읽고 '사邪'의 뜻으로 해석했다. 우리 학자들은 모두가 왕염손을 따라 '사도邪道를 두려워한다'로 번역하고 있다.

이 글은 죽간본에는 아예 없고, 백서본에는 '시施'가 '이迤'로 되어 있다. '이迤'자는 원래 '사행蓑行(천천히 걷다), 미靡(쏠리다)'의 뜻이며, 『주례周禮』 「동관고공기冬官考工記」에서는 '사의邪依'의 뜻으로 풀이했으나 이때 사邪도 '기울다, 비스듬하다, 완만하다'는 뜻일 뿐 '거짓'이라는 뜻은 없다. 즉 '이迤' 자나 '이迪' 자 모두 어정거리며 걷는 모습을 말한 것이지 거짓의 뜻이 아니다. 다음의 사례에서 보듯 진秦나라 이전 시대의 문서에서 '시施' 자는 대체로 '사赦(풀어주다)'의 뜻으로 '이迤' 자는 '완緩(느슨하다)'의 뜻으로 쓰였다.

초사楚辭/천문天問

곤鯀을 우산羽山에 영원히 유폐시킬 것인가?   永遏在羽山

어찌 삼 년 동안 풀어주지(施) 않는가?   夫何三年不施.[32]

논어論語/미자微子 10

주공周公께서 노공魯公에 대해 말했다.   周公謂魯公曰

"군자는 그 친척을 버려두지 않는다(不施)."   君子不施[33]其親.

대학大學/10장

덕은 근본이고 재물은 말단이다.   德者本也 財者末也.

근본을 외면하고 말단을 중시하면   外本內末

민중을 쟁탈케 하고(爭民) 약탈을 방임하는 것(施奪)이다.   爭民施[34]奪

그러므로 재화가 모이면 백성은 흩어지고   是故 財聚則民散

재화가 흩어지면 백성이 모이는 것이다.   財散則民聚.

---

32) 施(시)=弛. 施 자와 弛 자 모두 '舍, 釋, 放, 解'의 뜻. 堯임금은 禹임금의 아비 곤을 우산에 추방하고 삼 년 동안 그 죄를 사면해 주지 않았다(堯放鯀於羽山 三年不舍其罪也).

33) 施(시)=放, 舍, 棄也.

34) 施(시)=放也, 舍也.

셋째, "조심제朝甚除"의 '제除'는 '몰아붙이다'는 뜻이므로 '조정이 백성을 심히 닦달한다'로 풀이해야 옳다. 그런데 왕필은 '제除'를 "깨끗한 것을 좋아한다(潔好也)"로 왜곡했다. 우리 학자들은 모두 왕필의 왜곡을 답습하고 있다.

『한비자』「해로」편에서는 "조심제"를 "옥송번獄訟繁"으로 풀이했다. 옥송이 번다하면 전답이 황폐해진다는 것이다. 한비는 노자를 전제專制주의적 정치사상의 기원으로 이용했으므로 억지 해석이 많지만 이 해석은 비슷하다. 감옥과 쟁송이 많다는 것은 조정이 민중을 닦달하는 증거이기 때문이다.

이처럼 진秦나라 이전 시대의 문서에서 '제除'를 '깨끗한 것을 좋아한다'로 풀이한 사례는 없다. 이것은 노자의 본의가 아니라 왕필이 의도적으로 지어낸 왜곡이다. '제除'라는 글자는 폐陛(섬돌)→거去(제거)→치治(다스림)→구축驅逐(몰아붙이다)→주誅(주벌하다)로 뜻이 확대된 것인데 왕필이 왜곡한 이후부터 '결호潔好'의 뜻이 더해졌고 이후 『중화대자전中華大字典』에도 수록됐다. 그러므로 우리 학자들이 무심코 답습하게 된 것이다.

순자荀子/의병議兵

군주된 윗사람이	爲人主上者也.
백성을 대함에 있어	其所以接下之百姓者
예의禮義와 충신忠信이 없이	無禮義忠信.
상벌과 위세와 거짓을 써서	焉慮率用賞慶 刑罰勢詐
아랫것들을 혹독하게 몰아붙이고(除阨)	除[35]阨[36]其下.

공적만 세우려 하니

적이 쳐들어오면 반드시 배반할 것이다.

獲其功用而已矣

大寇則至 必畔.

주례周禮/동관고공기冬官考工記/옥인玉人

섭 홀은 아홉 촌이며 그림쇠를 둘로 가른 것이다.

이로써 간특한 자를 벌주고(除慝) 행실을 변하게 했다.

琰圭九寸 判規.

以除[37]慝 以易行.

　　노자를 계승한 장자도 민중의 해방을 곳곳에서 강조했
다. 다음 글은 구체제를 옹호하는 공자의 인仁이 민중을 속
박한다고 비난하는 장자의 글이다. 여기서도 '시施'는 풀
어준다는 의미로 해석해야 한다. '유宥' 자와 '작綽' 자도
모두 같은 뜻이다.

장자莊子/잡편雜篇/열어구列禦寇

(안합顔闔이 말했다.)

"실질을 떠나 민民을 거짓되게 가르치는 것은

민을 돌보는 행위가 아닙니다.

죽은 후를 걱정하고 이처럼 쉬지 못하게 하니

다스리기 어려운 것입니다.

사람을 풀어주고(施) 내버려두지 못하는 것은

今使民離實學僞

非所以視民也.

爲後世慮 不若休之

難治也.

施[38]於人而不忘[39]

---

35) 除(제)=驅逐也.

36) 阨(액)=困也, 危迫也.

37) 除(제)=誅也.

38) 施(시)=惠與也, 解也.

39) 忘(망)=遺也, 忽也.

하늘의 베풂이 아닙니다." 　　　　　　　　　　　　　　非天布也.

장자莊子/내편內篇/대종사大宗師

법이 몸을 위한다 함은 죽일 자를 풀어주는(綽) 것이요, 　以刑爲體者 綽[40]乎其殺也.

예禮로써 신하를 위한다 함은 　　　　　　　　　　　以禮爲翼者

세상을 받들어 행하게 하려는 수단이다. 　　　　　　所以行[41]於世也.

장자莊子/외편外篇/재유在宥

천하를 자유롭게 풀어둔다(宥)는 말은 들었어도 　　聞在宥[42]天下.

천하를 다스린다(賞罰)는 말은 들어보지 못했다. 　　不聞治天下也.

어찌 이런 일이?

　언어는 살아 있는 물건이라 자의적으로 변화하고 생성
되는 것이다. 그러므로 옛 문자를 지금의 뜻으로 번역하면
오류를 범하게 된다. 우리나라 학자들의 오류는 여기에 해
당될 것이다. 그러나 대부분의 다른 학자들의 경우는 실수
이겠지만 도올 김용옥金容沃(1948~)의 경우는 눈에 띄려고
튀는 의도적인 것으로 생각된다. 하나라면 어쩌다 실수이

---

40) 綽(작)=너그러울, 仁於施舍也(寬兮綽兮 : 詩經/淇奧).
41) 行(행)=奉也.
42) 宥(유)=寬也, 赦也.

겠거니 넘어갈 일이지만 『노자』 번역 전체가 이 모양이다. 그것은 속물근성, 과시욕, 엉뚱함, 자만심의 산물이다. 개 그맨이라면 몰라도 학자로서 이러한 광기는 치명적이다.

튀려는 의도는 용서할 수 없어도 실수는 용서할 수 있다. 실수가 오히려 멋스럽게 된 긍정적인 사례도 있기 때문이다. 예컨대 지금 우리는 '풍아한 생활을 즐긴다'는 뜻을 '침류수석枕流漱石'이라고 쓴다. 이를 직역하면 '흐르는 물을 베개 삼고, 돌로 양치질을 한다'는 뜻이다. 그러나 흐르는 물을 어찌 베개로 삼을 수 있으며, 돌로 어찌 양치질을 할 수 있겠는가? 왜 이런 잘못된 글을 사용하게 됐을까?

본래 '풍아한 생활'은 '침류수석'이 아니라, '침석수류枕石漱流'로 써야 옳다. 즉 '바위를 베개 삼고, 흐르는 물로 양치질을 한다'는 뜻이다. 그런데 이러한 바른말은 버려지고, 거꾸로 잘못된 말이 유행하게 된 데는 재미있는 사연이 있다. 악화가 양화를 구축한 꼴이지만 오히려 악화가 더 멋스러운 것이 된 사례다.

옛날 진晉나라에 손초孫楚라고 하는 선비가 있었는데 풍아한 생활을 표현하는 '침석수류枕石漱流'라는 글자를 쓴다는 것이 그만 실수로 '침류수석枕流漱石'으로 잘못 썼다. 그런데 그의 벗 왕제王濟가 이것을 보고 무식한 놈이라고 나무라자, 손초는 다음과 같이 변명했다. "이 사람아! 내가 왜 그것을 몰랐겠나? 알면서도 일부러 그렇게 쓴 것이라네. 흐르는 물을 베게 삼는다고 한 것은 더러운 귀를 씻기 위함이요, 돌로 양치질을 한다고 한 것은 입이 얼마나 더러우면 돌로 닦겠는가?" 이 소문이 퍼지자 사람들은 너도나

도 일부러 잘못된 글을 따라 쓰게 됐던 것이다.

그러나 이 경우는 긍정적인 사례이고, 왕필의 경우는 부정적인 사례다. '침류수석'이나 '침석수류'나 글자만 다를 뿐 '풍아한 생활'을 말하는 것은 똑같다. 오히려 잘못된 '침류수석'이 더 애교 있고 멋질 수도 있다. 그래서 유행했던 것이다. 그러나 왕필의 경우는 글자의 뜻을 왜곡하여 전체의 뜻을 반대로 해석한 경우이므로 용납할 수 없다. "조심제朝甚除"라는 글을 해석하면서 '조정은 심히 백성을 닦달한다'는 본래의 뜻을 버리고, '궁궐은 심히 깨끗하다'는 해석을 취한 것은 곡학아세의 전형이다.

그런데도 오히려 왕필의 왜곡이 승리하여 질기고 오랜 수명을 누릴 수 있었던 것은 노예적 봉건제의 수명이 질기고 길었다는 것을 반증한다. 그러나 왕필처럼 해석하면 글 전체의 뜻이 통하지 않는다. 착취가 일반적이던 봉건시대에는 그런 미신과 같은 이야기가 통했는지도 모를 일이지만 '궁궐이 깨끗한 것(除)' 때문에 '농민의 논밭이 묵고, 창고가 텅텅 비었다'는 해석은 말이 되지 않는다.

혹자는 나의 해석을 믿지 못하고 의문을 품을 수도 있을 것이다. 온 국민이 읽는 『삼국지』에 의하면 유비劉備 (161~223)와 조조는 황건적을 토벌하는 정의의 용사요, 영웅이다. 반면 황건적은 나쁜 도둑 떼로 묘사되어 있다. 모두가 그렇게 믿고 있는데, 그 황건적이 농민군이었으며 그들의 주력은 노자를 따르는 도교 세력이었다는 사실도 새롭거니와 『노자』 해석의 전범典範이라 칭송받는 왕필이 조조의 권력을 등에 업고 『노자』를 계획적으로 변질·왜곡시켰다는 말은 쉽게 믿을 수 없을 것이다.

  더구나 그러한 왜곡을 고염무 같은 중국의 저명한 학자가 일찍이 폭로했는데도 우리나라 학자들은 지금까지 왕필을 따르고 있다는 사실도 놀라운 일이다. 또한 도올이 왕필의 왜곡을 따르면서도 거기에 자본주의식 오역까지 더해 왜곡·변질시켰다고 하면 도올을 좋아하는 독자들은 믿기지 않을 것이다.

  또 혹자는 다음과 같이 질문할 것이다. "글자란 명확한 의사 표시를 할 수 있어야 글자라고 할 수 있을 터인데 어찌 한문 글자를 그처럼 반대로 해석할 수 있는지 도저히 납득이 가지 않는다. 과연 오늘 같은 계명한 시대에 그러한 왜곡이 가능하다는 말인가? 오히려 필자가 정설을 무조건 반대하기 위해 무리한 해석으로 튀려는 것은 아닌가? 아니면 도올의 성공을 시기하고 그를 반대하기 위해 억지를 부리는 것은 아닌가? 그렇지 않다면 어찌 이런 일이 있을 수 있는가? 만약 그 말이 옳다면 우리 학자들은 엉터리고 지금 책방에 나와 있는 모든 『노자』 번역서들은 폐기해야 마땅한 것이 아닌가?"

  먼저 『삼국지』를 보자. 원래 『삼국지三國志』는 진수陳壽(233~297)가 쓴 역사책이고, 지금 우리가 읽는 『삼국지』는 1천여 년 후에 나관중羅貫中(1330?~1400)이 진수의 『삼국지』를 번안하여 쓴 소설 『삼국지연의三國志演義』다. 그 특징은 진수가 조조를 한漢의 정통으로 본 것과는 달리 나관중은 한 고조高祖 유방劉邦(재위 BC 202~195)과 성씨가 같다는 이유로 유비를 정통으로 보았다는 점이다.

『통감通鑑』의 경우도 같은 사례다. 원래『통감通鑑』은 북송北宋 때 보수파의 영수인 사마광司馬光(1019~1086)이 개혁파인 왕안석王安石(1021~1086)의 신학新學을 반대하고 구학舊學의 정통성을 주장하기 위해 지은 역사책인『자치통감資治通鑑』의 이름인데, 주희가 이를 의리론義理論으로 수정하여『자치통감강목資治通鑑綱目』을 지었다. 그 후 세인들은 주희의『자치통감강목』을『통감』이라 부르게 된 것이다.

　역사는 늘 지배자의 것이다. 그리고 담론은 권력이다. 힘 있는 담론만이 살아남게 된다. 그러므로 시민이 승리한 근대 이전까지는 농민군은 항상 도둑 떼요, 반역자들이었다. 그래서 나는『삼국지』를 몹시 싫어한다.『삼국지』는 폭정에 항거한 농민군을 일말의 동정 없이 반역자로 몰아붙이기 때문이다. 이처럼 남들이 좋아하는『삼국지』를 싫어하니 내가 도리어 이상한 사람일지도 모른다. 그렇다면 약자와 패자를 사랑하는 노자도 이상한 사람이다. 그래서 나는 노자를 좋아한다.

　유교를 국교로 삼은 한나라가 무너지고 새로 등장한 조조의 위魏나라는 취약한 정통성을 극복하고 국민 통합을 이루려 했다. 왕필의『노자』왜곡은 이를 위한 정치적인 필요에 의해 노자와 공자를 통합하려 한 데서 비롯됐다. 그러나 훗날 한족이 만주족에 지배당한 청대淸代에는 몸은 청淸이지만 마음은 화華로 살아야 하는 모순된 상황에서, 반청복명反淸復明 운동가들은 통합을 거부했다. 그리고 권력으로부터 학문의 독립과 객관성을 강조하는 고증학을 창도했다. 비로소 권력을 위한 왕필의『노자』왜곡을 비판하고

부정할 수 있었던 것이다. 그러나 조선은 청학淸學을 배척
했기 때문에 우리 학자들에게는 영향을 미치지 못했다.

　근대 이전에 『성경』도 마찬가지로 왜곡됐을 수 있다는
가정을 배제할 수 없다는 것을 독자들은 생각해 보았는가?
옛날에는 필요에 따라 문자를 얼마든지 새로운 뜻으로 번
역하는 것을 죄악으로 생각지 않았다. 독자들은 학문이 정
치권력으로부터 독립한 것은 근대 이후부터라는 역사적
사실을 유념하기를 바란다.

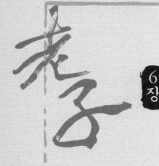

 6장 가치 부정과 저항정신

노자 읽기

《 노자 · 2장 》

천하 사람들이 모두 알고 있는

미美란 사람이 만들어낸 아름다움이다.

그것은 추할 뿐이다.

天下皆知

美之爲[1]美

斯惡已

> 김경탁 : 사람들은 다 미美가 미美인 줄만 아나, 이것은 오(惡)일 뿐이요,
>
> 장기근 : 사람들이 미를 아름답다고 인식하기 때문에 추악의 관념이 나타
> 나게 마련이다.
>
> 노태준 : 천하가 다 미美가 미美임을 알면, 이는 오惡일 뿐,
>
> 윤재근 : 사람들은 모두 미美가 되는 것은 언제나 미美인 줄 알지만, 그 미
> 가 오히려 추가 된다는 것을 모르며,
>
> 김용옥 : 하늘 아래 사람들이 모두 아름다운 것이 아름답다고 알고 있다.
> 그런데 그것은 추한 것이다.
>
> 오강남 : 세상 모두가 미美를 미美로 알아보는 자체가 추함이 있다는 것을
> 뜻합니다.
>
> 이석명 : 천하가 미美를 미美로 알지만, 그것은 곧 추함일 수 있고,

---

1) 爲(위)=作也.

김형효 : 천하가 아름다움이 아름다움이 되는 것으로만 다 안다면, 이것은
역겨운 추함일 뿐이다.

사람들이 모두 알고 있는   皆知

선善이란 사람이 만들어낸 선이다.   善之爲善

그것은 불선不善일 뿐이다.   斯不善已

　　김경탁 : 다 선이 선일 줄만 아니 이것은 불선일 뿐이다.

　　장기근 : 또 선을 착하다고 인식하기 때문에 불선의 관념이 나타나 마련이
　　　　　　다.

　　김용옥 : 하늘 아래 사람들이 모두 선한 것이 선하다고만 알고 있다. 그런
　　　　　　데 그것은 추한 것이다.

　　김형효 : 선이 선이 되는 것으로만 다 안다면, 이것은 불선일 뿐이다.

그러므로 유有·무無는 서로 살리고, 난難·이易는 서로 이룬다.   故 有無相生 難易相成

장長·단短은 서로 헤아리고, 고高·하下는 서로 기울며,   長短相較2) 高下相傾

자음과 모음은 서로 화합하고, 앞·뒤는 서로 따른다.   音3)聲4)相和 前後相隨

그러므로 성인은 무위無爲의 사업에 처하고   是以聖人 處無爲之事

말 없는 가르침을 행한다.   行不言之教

만물을 낳지만 말하지 않고   萬物作5)而不辭6)

만물을 살리지만 소유하지 않는다.   生而不有

소유해도 의지하지 않고, 공을 이루어도 머물지 않는다.   爲7)而不恃 功成而不居夫唯

_____

2) 較(교)=量也. 왕필본에 따름. 다른 판본은 '形'으로 됨.

3) 音(음)=母音.

4) 聲(성)=子音.

5) 作(작)=生, 爲, 興, 變也.

6) 辭(사)=부혁본은 '始'로 됨.

7) 爲(위)=治也, 有也.

대저 (현상의 삶에) 머물지 않기 때문에 (삶을) 떠날 일도 없다.　　　　　　不居[8] 是以不去.

　김경탁 : 대개 자처하지 않기 때문에 공이 물러가지 않는다.

　장기근 : 오직 유공자로서 높은 자리에 처하지 않기 때문에, 그의 공적이

　　　　　언제까지나 없어지지 않는다.

　노태준 : 다만 앉지 않으니 이로써 떠나지도 않는다.

　김용옥 : 대저 오로지 그 속에 살지 아니하니 영원이 살리로다.

　오강남 : 공을 주장하지 않기에 이룬 일이 허사로 돌아가지 않습니다.

　이석명 : 공에 머무르지 않기에 그 공이 영원히 떠나지 않네!

　김형효 : 대체로 성인이 자리를 차지하려고 하지 않으므로 또한 쫓겨나지

　　　　　도 않는다.

《 노자 · 38장 · 상단 》

훌륭한 덕인은 덕이 없다고 말한다. 그래서 덕이 있다.　　　　上德不[9]德 是以有德

　김경탁 : 상덕은 덕답지 않으므로 덕이 있고,

　장기근 : 무위자연의 도를 체득한 자는 스스로 덕을 의식하지 않는다. 그러

　　　　　므로 덕을 지녔다고 한다.

　노태준 : 상덕은 덕이라 하지 않는다. 그러므로 덕이 있다

　김용옥 : 윗덕은 덕스럽지 아니하다. 그러하므로 덕이 있다.

　오강남 : 훌륭한 덕의 사람은 자기의 덕을 의식하지 않습니다. 그러기에 정

　　　　　말로 덕이 있는 사람입니다.

　김형효 : 상덕은 덕이 아님으로 덕이 있다.

낮은 덕인은 실덕이 없다고 말한다. 그래서 덕이 없다.　　　　下德不失德 是以無德.

　김경탁 : 하덕은 덕을 잃지 않으므로 덕이 없다.

---

8) 居(거)=부혁본은 '處'로 됨.

9) 不(불)=無也, 非也.

장기근 : 유가처럼 하등의 덕자는 덕을 잃지 않으려고 애쓴다. 그러므로 덕
이 없게 마련이다.

노태준 : 하덕은 덕을 잃지 않으려 한다. 그러므로 덕이 없다.

김용옥 : 아랫덕은 덕스러우려 애쓴다. 그러하므로 덕이 없다.

오강남 : 훌륭하지 못한 덕의 사람은 자기의 덕을 의식합니다. 그러기에 정
말로 덕이 없는 사람입니다.

김형효 : 하덕은 덕을 잃지 않음으로써 덕이 없다.

〖 노자 · 81장 〗

신실한 말은 아름답지 않고, 아름다운 말은 신실하지 않다.	信言不美 美言不信
착한 말은 분별하지 않고, 분별하는 것은 착하지 않다.	善者[10]不辯[11] 辯者不善
아는 자는 해박하지 않고, 해박한 것은 알지 못하는 것이다.	知者不博 博者不知.

〖 노자 · 58장 〗

정사가 느슨하면 백성은 순박하고	其政悶悶[12] 其民淳淳[13]
엄격하면 백성은 번거롭다.	其政察察 其民[14]缺缺[15]

김경탁 : 정치가 대범하면 백성이 순박해진다. 정치가 번잡하면 백성이 실
망하게 된다.

장기근 : 정치가 흐리멍덩하면 백성이 순박하게 되고, 정치가 까다로우면
백성이 빈털터리가 된다.

김용옥 : 정치가 답답하면 할수록 백성은 순후해진다. 정치가 똘똘하면 할

---

10) 者(자)=부혁본은 '言' 으로 됨.
11) 辯(변)=辨也, 分別政事也.
12) 悶悶(민민)=無所割截也. 백서본은 '袬袬' 으로 됨.
13) 淳淳(순순)=백서본은 '屯屯' 으로 됨.
14) 民(민)=백서본은 '邦' 으로 됨.
15) 缺缺(결결)=관직의 소임이 번잡함.

수록 백성은 얼얼해진다.

이석명 : 다스림이 어지러우면 백성이 힘들어지고, 다스림이 세밀하면 나라
　　　　가 어지러워지네.

김형효 : 정사가 모자란 듯하면 백성이 순박하고, 정치가 영리한 듯하면 백
　　　　성이 순박함을 상실한다.

재앙이란 복이 의지하는 바요,　　　　　　　　　　　　　禍兮 福之所倚.[16]

복이란 재앙이 엎드려 있는 곳이다.　　　　　　　　　　福兮 禍之所伏

김경탁 : 불행은 행복의 원인이 되고, 행복은 불행의 원인이 된다.

김용옥 : 화여! 복이 너에게 기대 있도다. 복이여! 화가 너에게 숨어 있도다.

누가 그 지극함을 알겠는가? 정말 바른 것은 없다.　　　　孰知其極 其無[17]正

김경탁 : 누가 그 극極에는 정사正邪가 없는 것을 알겠는가?

노태준 : 누가 그 결과를 알겠는가? 세상에는 절대적으로 정상인 것은 없
　　　　다.

김용옥 : 누가 저 가없는 근원을 알리! 세상에 절대적인 정상이라곤 없소.

오강남 : 누가 그 끝을 알 수 있겠는가? 절대적으로 옳은 것은 없습니다.

이석명 : 누가 그 궁극을 알겠는가? 일정하게 정해진 바가 없네.

바름은 다시 거짓이 되고, 선은 다시 악이 된다.　　　　正復爲奇[18] 善復爲妖[19]

김경탁 : 정正은 다시 기奇가 되고, 선善은 다시 요妖가 되니,

김용옥 : 정상은 늘 다시 비정상이 되게 마련이오. 그리고 또 좋음은 다시
　　　　나쁨이 되기 마련이오.

---

16) 倚(의)=依也, 因也, 偏也.

17) 無(무)=無爲를 말함.

18) 奇(기)=邪也.

19) 妖(요)=惡也.

오강남 : 올바름은 변하여 이상스런 것이 되고, 선한 것이 변하여 사악한
　　　　 것이 됩니다.
이석명 : 바른 것이 변해 삿된 것이 되고, 선한 것이 변해 요사한 것이
　　　　 되니,

사람들이 (이념의 노예가 되어) 미혹됨이 참으로 오래구나!　　　　人之迷 其日固久

　김경탁 : 인민의 미혹됨이 그 시일이 참으로 오래 되었구나!
　장기근 : 사람들은 너무나 오랜 세월 그것을 모르고 미혹되어 왔다.
　김용옥 : 사람의 어리석음이 너무 오래 되었도다.

그러므로 무위자연의 성인은 방정하되 잘라내지 않고　　　　是以聖人 方而不割
예리하되 상하지 않고　　　　廉而不劌[20]

　김경탁 : 방정케 하면서도 재할裁割하지 않고, 청렴케 하면서도 상해하지
　　　　　 않고,
　김용옥 : 그러므로 성스러운 사람은 모나면서도 가르지 아니하고, 날카로우
　　　　　 면서도 자르지 아니하며,
　김형효 : 성인은 방정하지만 남을 자르지 않고, 청렴하다고 해서 남을 깎아
　　　　　 서 상처를 입히지 않으며,

곧지만 독선하지 않고, 밝지만 번쩍이지 않는다.[21]　　　　直而不肆[22] 光而不耀.

　김경탁 : 솔직케 하면서도 편벽되지 않고, 광명케 하면서도 빛을 내지 않는다.
　김용옥 : 곧으면서도 뻗대지 아니하며, 빛나면서도 튀쳐나지 아니한다.
　오강남 : 곧으나 너무 뻗지는 않고, 빛나나 눈부시게 하지는 않습니다.
　김형효 : 정직하나 방자하지 않고, 지혜의 빛이 빛난다고 해서 남에게 빛내
　　　　　 려고 자랑하지 않는다.

---

20) 劌(귀)=傷也, 刺也.
21) 땅속에 숨은 태양을 상징하는 명이(明夷, ䷣)괘를 설명하고 있다.
22) 肆(사)=極意敢言也, 固也, 犯突也.

기존의 가치 부정

『노자』의 「도경道經」 1장과 2장 및 「덕경德經」 1장은 모든 기존의 관념들을 역설과 반어로 전복시켜 버린다. 「도경」 1장은 구체제를 지탱하는 유가들의 도는 참자연의 도가 아니라고 선언하고 「덕경」 1장은 덕인이라 떠드는 지식인들은 덕인이 아니라고 선언한다. 또한 「도경」 2장의 글은 인위적人爲的인 미美·선善과 자연적自然的인 미·선을 대칭시켜 우리가 알고 있는 가치들을 전복시키고 자연으로 돌아갈 것을 말하는 내용이다. 이는 구체제의 가치 체계를 거부하는 1장을 부연하여 구체적으로 설명한 것이다.

그러나 반동적인 왕필은 이를 '희로喜怒는 동근同根이요, 시비是非는 동문同門'이라는 가치등가주의로만 해석할 뿐 그 속에 숨은 저항정신을 감추어버린다. 도올도 왕필을 따라 인위미人爲美와 자연미自然美, 기존의 가치 체계와 새로운 가치 체계를 대립시킨 이 글의 본뜻을 버리고, 미美와 추醜, 선善과 불선不善을 대립시키는 뜻으로 왜곡하여 현실에 대한 저항정신을 은폐시켜 버린다.

그렇지만 이들의 해석과는 반대로 『노자』는 미↔추, 시↔비, 선↔악을 대립시키지 않는 것이 특징이다. 오히려 분별이 없는 혼돈을 도道라고 말한다(이 책 31장 '혼돈과 동이론' 참조).

장자도 노자의 비관주의와 가치상대주의를 계승한다. 그가 살던 전국시대에는 학자들의 논쟁이 갈수록 격렬해지고 있었다. 진리도 가치도 실종된 혼란의 시대였으며 이를 대변한 것이 혜시를 비롯한 명가名家들이었다. 이처럼 시비가 전도된 당시의 시대 상황은 그들을 가치 부정의 혼돈으로 이끌어었다. 노장은 "시비·선악·미추가 없는 혼돈의 자연으로 돌아가라"고 말했다. 자연에는 가치가 존재하지 않는다. 장자도 이 세계는 미추나 선악의 대립이 존재하지 않으며, 있다고 해도 아무런 의미가 없다고 생각했다.

장자는 대소나 다소의 차별은 상대적인 것에 불과하다고 생각했다. 마찬가지로 시비도 상대적인 것이다. 나아가 생사生死도 마찬가지다. 생사라는 것도 없는 것이며 끝없는 유전과 변화만이 있을 뿐이다. 결국 사물은 차별이 없고 도道는 경계가 없다. 경계는 인간이 그은 것이며 차별은 날조된 것이다. 차별과 경계가 있고 나서 귀천·미추·시비가 생겨났으며, 대소·다소·훼예毁譽가 있고 나서 논쟁과 투쟁이 생겨났다. 그리고 자기가 옳다는 것을 설명하기 위해 학문이 생겨났으며, 이로써 도는 분열되고 파괴됐다는 것이다. 그러므로 선악과 시비의 분별이 없는 자연으로 돌아갈 것을 주장했다. 『장자』의 「제물론」은 이러한 가치상대주의를 말한 것이다.

장자莊子/내편內篇/제물론齊物論

정신을 수고롭게 하며 한쪽을 편들면
그것이 같다는 것을 모른다.
이것을 '조삼朝三'이라 한다.

勞神明爲[23]一
而不知其同也
謂之朝三.

---

23) 爲(위)=癒也=賢也.

어찌 '조삼' 이라 하는가?　　　　　　　　　　　何謂朝三

원숭이 주인이 아침 먹이로 알밤을 주면서　　　　狙公賦芧[24]

아침에 세 개, 저녁에 네 개를 주겠다고 했다.　　曰 朝三而暮四.

그러자 원숭이들은 모두 성을 냈다.　　　　　　衆狙皆怒.

그러자 주인은 아침에 네 개, 저녁에 세 개를 주겠다고 했다.　曰 然則 朝四而暮三.

원숭이들은 모두 좋아했다.　　　　　　　　　　衆狙皆悅.

명名도 실實도 달라진 것이 없는데　　　　　　名實未虧

좋아하고 싫어하는 마음을 일게 한 것은 기호嗜好 때문이다.　以喜怒爲用[25] 亦因是[26]也.

그러므로 성인은 시비를 화합하여　　　　　　是以聖人和之以是非

하늘의 자연 균형에 휴식하게 한다.　　　　　而休乎天鈞.[27]

이것을 '양행兩行(양시론)' 이라 한다.　　　　是之謂兩行.

　　그러나 장자는 절대적 진리를 포기한 비관주의나 가치 상대주의에만 머물지 않는다. 그에게 양시론兩是論적 가치 상대주의는 종합주의를 위한 기초가 될 뿐이다. 종합주의로 나아가기 위해서는 양시론이나 양비론兩非論만으로는 부족하고 정언正言이 요구되기 때문이다. 이 점에서 장자는 혜시와 같은 소피스트와는 다르다.

　　장자는 노자의 분별이 없는 허심虛心의 도道로써, 분별을 주장하는 여러 다른 가치 학문을 종합할 수 있다고 본 것이다. 다른 말로 설명하자면 장자에게 양시론과 양비론은 방

---

24) 芧(서)=栗也.
25) 爲用(위용)=人爲로 작용하게 함.
26) 是(시)=嗜也.
27) 鈞(균)=均也.

편이었으며, 그의 목표는 노자를 중심으로 양자·공자·묵자를 모두 포용하여 비판적으로 통합하려는 것이었다. 『장자』「천하天下」편은 제자弟子들의 작품이거나 가필한 것이겠지만, 장자 이전의 제자諸子 학설사學說史의 귀중한 자료로 인정받고 있다. 이 글에서는 장자를 하나의 학파로 설명하고 장자야말로 앞의 제 학파들을 통합·완결했음을 주장하고 있다.

일반적으로는 장자의 사상은 송견·윤문학파와 전병·신도학파 등 제나라 직하학궁의 두 학파와 초나라의 남방 문화권에서 일어난 노담·관윤학파를 종합하여 도가道家사상을 집대성한 것으로 일컬어지고 있다. 대체로 장자의 유儒·묵墨·도道 종합은 양시·양비론을 펴는 '제3의 길'이었다고 추측된다. 양비론의 핵심은 유·묵을 모두 자연의 본성에 위배된 인위적인 억압이라고 비판하고 이들을 노자를 기본으로 하여 종합한다는 구상이다. 그리고 여기에 전생全生, 귀생貴生, 본생本生, 본성本性 등으로 표현되는 양자의 생명주의生命主義를 결합하여 노자와도 다른 제3의 길을 열었다고 말할 수 있다.

장자莊子/잡편雜篇/서무귀徐无鬼

장자가 말했다.

"활을 쏘는데 표적이 없이 아무 데나 맞히기만 해도 좋은 사수라고 한다면

莊子曰

射者非前期[28]而中.

謂之善射

---

28) 期(기)=準的也.

천하가 모두 명궁이라고 해도 괜찮겠네?"

혜자(혜시)가 말했다. "그렇지."

장자가 말했다. "천하가 공인하는 옳은 것이 없다면

각자 자기 주장을 옳다고 할 것이니

천하가 모두 성군聖君이라 해도 되겠네?"

혜자가 말했다. "그렇지."

장자가 말했다.

"그러면 유가儒家·묵가墨家·양가楊家·명가名家 등 네 학파와

당신의 주장 가운데 누가 옳다는 말인가?"

天下皆羿[29]也 可乎.

惠子曰 可.

莊子曰 天下非有公[30]是也.

而各是其所是

天下皆堯也 可乎.

惠子曰 可.

莊子曰

然則儒墨楊[31]秉[32]四

與夫子爲五 果孰是邪.

장자莊子/잡편雜篇/천하天下

천하가 크게 어지러워지자

현성賢聖이 밝지 않고 도덕이 일치하지 않게 됐으니

천하의 많은 학자들은 도道의 일부분에 밝으면

스스로 옳다 했다.

…제자백가는 각각 기능이 있고

장점이 있고 때에 따라 쓸모가 있는데

그것들을 두루 쓸 줄 모르고

한편에 치우친 곡사曲士가 되고 말았다.

…슬프다!

天下大亂

賢聖不明 道德不一

天下多得一察

焉以自好.

…猶百家衆技也

皆有所長時有所用

雖然 不該[33]不徧

一曲之士也.

…悲夫

---

29) 羿(예)=古代의 전설적인 名弓의 이름.
30) 公(공)=共通, 正也.
31) 楊(양)=楊子.
32) 秉(병)=公孫龍의 字.
33) 諧(해)=調也.

백가들은 제 길을 달려갈 뿐 근원을 돌아볼 줄 모르니
반드시 부합되지 못할 것이다.

百家往而不反
必不合矣.

장자莊子/외편外篇/재유在宥

비천하지만 보존하지 않으면 안 되는 것이 사물事物이다.

賤而不可不任[34]者 物也.

비루하지만 따르지 않으면 안 되는 것이 민중民衆이다.

卑而不可不因者 民也.

축소해야 하지만 다스리지 않으면 안 되는 것이 정사政事다.

匿[35]而不可不爲者 事也.

거칠지만 펴지 않으면 안 되는 것이 법法이다.

麤而不可不陳者 法也.

소원해지지만 본받지 않으면 안 되는 것이 의義다.

遠而不可不居[36]者 義也.

친족을 편애하는 것이지만 넓히지 않으면 안 되는 것이
인仁이다.

親而不可不廣者
仁也.

절제와 무늬일 뿐이나 후덕하게 만들지 않으면 안 되는 것이
예禮다.

節[37]而不可不積[38]者
禮也.

중용이지만 높이지 않으면 안 되는 것이 덕德이다.

中而不可不高者 德也.

한결같지만 변하지 않으면 안 되는 것이 도道다.

一而不可不易者 道也.

신묘하지만 따르지 않으면 안 되는 것이 천天이다.

神而不可不爲者 天也.

　기원전 130여 년 전의 문서인 『회남자』에서는 다음 예문
처럼 『장자』 「외물外物」편의 글을 그대로 인용하면서 『노
자』 2장이야말로 『노자』 1장을 부연 설명한 것이라고 말한

---

34) 任(임)=保也, 載也.
35) 匿(익)=避也, 縮也.
36) 居(거)=處也, 法也.
37) 節(절)=文也.
38) 積(적)=厚也, 習也.

다. 그러므로 『노자』 1장의 "도가도道可道 비상도非常道"를 '천하가 지금 알고 있는 도는 참된 도가 아니다' 라는 뜻으로 해석해야 한다는 것이다.

『노자』 2장 및 56장 해설

회남자淮南子/도응훈道應訓

도는 귀로 들을 수 없다. 들었다면 도가 아니다.	道不可聞 聞而非也.
도는 눈으로 볼 수 없다. 보았다면 도가 아니다.	道不可見 見而非也.
도는 입으로 말할 수 없다. 말했다면 도가 아니다.	道不可言 言而非也.
누가 형체는 형상形相(이데아)이 아님을 알겠는가?	孰知 形之不形[39]者乎.
그러므로 노자는 말하기를	故老子曰
"천하 사람들이 모두 알고 있는	天下皆知
선善이란 사람이 만들어낸 선이다.	善之爲善
그것은 불선不善일 뿐이다.	斯不善也.
그러므로 지자知子는 말하지 않고	故知者不言
말하는 자는 지자가 아니다"라고 했다.	言者不知也.

---

39) 不形(불형)=不相의 誤로 解한다.

7장 페미니즘과 저항

노자 읽기

《 노자·8장·상단 》

가장 훌륭한 선善은 순順한 물이다.

    김경탁 : 상선上善은 물과 같으니,

    김용옥 : 가장 좋은 것은 물과 같다.

    오강남 : 가장 훌륭한 것은 물처럼 되는 것입니다.

물은 만물을 이롭게 하는 것을 좋아하지만 다투지 않고
사람들이 싫어하는 낮은 곳에 처하니 도道에 가깝다.

上善若[1]水

水善利萬物 而不爭
處衆人之所惡 故幾於道.

《 노자·78장·중단 》

천하에 물보다 유약한 것은 없다.
그렇지만 아무리 단단하고 강한 것도
물에 깎이면 견디지 못한다.
무위無爲로써 그것을 변화시켜 버리기 때문이다.

天下莫柔弱於水
以攻堅强者
莫之能勝
其無以[2]易之[3]

---

1) 若(약)=順也(欽若昊天 : 書經/虞書/堯典).

김경탁 : 그것으로 이것과 바꿀 수 없다.

장기근 : 아무것도 물의 본성을 바꿀 수 없기 때문이다.

노태준 : 어떤 것으로도 이(본성)를 바꿀 수 없기 때문이다.

김용옥 : 물의 쓰임을 대신할 게 없는 것이다.

오강남 : 이를 대신할 것이 없습니다.

이석명 : 아무도 물을 대신할 수 없기 때문이다.

김형효 : 그것은 물의 본성을 바꿀 수 없기 때문이다.

약한 것이 강한 것을 이기고	弱之勝强
부드러운 것이 굳센 것을 이기는 것을	柔之勝剛
천하가 모르지 않지만 능히 행하지 못한다.	天下莫不知 而莫能行.

《 노자 · 6장 》

골짜기 신은 죽지 않는다. 이것을 현묘한 암컷이라 한다.	谷神不死 是謂玄牝
현묘한 암컷의 문은 이를 천지의 뿌리라고 말한다.	玄牝之門 是謂天地根
면면히 존재하고 아무리 써도 마르지 않는다.	綿綿若存 用之不勤.[4]

《 노자 · 10장 · 중단 》

자연의 기氣에 맡기고 지극히 유약하면 갓난아기처럼 될까?	專[5]氣致柔 能如嬰兒乎
닦달하는 민폐를 없애고 규찰을 멀리하면 허물을 없앨 수 있을까?	滌除[6]玄[7]覽[8] 能無疵乎

---

2) 無以(무이)=無爲. 『논어』에서도 '以'는 '爲'로 쓰였다(視其所以 : 論語/爲政).

3) 백서본은 '以其無以易之也'로 되어 있으나 왕필본은 앞의 '以'가 탈락됨.

4) 勤(근)=廑.

5) 專(전)=任也.

6) 除(제)=逐也. 앞 『노자』 53장의 "朝甚除"를 말함.

7) 玄(현)=어둡게 하다, 멀리하다, 遠也.

8) 覽(람)=省視也. 앞 『노자』 58장의 "其政察察"을 말함.

왕필 : 거짓된 꾸밈을 씻어내어 지극한 살핌에 이르면 그 밝은 정신에 외
물이 끼어 흐리게 하지 못할 것이다.[9]

김경탁 : 마음을 씻어 티끌이 없게 할 수 있느냐?

장기근 : 마음속의 거울을 말끔히 씻어 닦고, 흠이 없게 할 수 있다면,

노태준 : 마음을 씻어내어 해침이 없게 할 것인가?

김용옥 : 가믈한 거울을 깨끗이 씻어 티가 없이 할 수 있는가?

오강남 : 마음의 거울을 깨끗이 닦아 티가 없게 할 수 있겠습니까?

김형효 : 마음의 거울을 깨끗이 닦아서 어떤 티끌도 없게 할 수 있을까?

민을 사랑하고 나라를 다스리면 다스림이 없는 무위無爲에 이를까?

愛民治國 能無爲[10]乎

김용옥 : 백성을 아끼고 나라를 다스림에 앎으로써 하지 않을 수 있는가?

하늘 문을 열고 닫으면 능히 암컷이 될 수 있을까?

天門開闔 能爲雌乎

김용옥 : 하늘 문이 열리고 닫힘에 암컷으로 머물 수 있는가?

햇빛 같은 지혜가 사방을 통달하면 무지無知할 수 있을까?

明[11]白[12]四達 能無知[13]乎.

김경탁 : 명백함이 사면에 통달하는데 무지로 할 수 있느냐?

장기근 : 사방에 통달하는 밝은 지혜를 가지고 있으면서 무지無知를 지킬
수 있다면 (만물을 낳고 기를 수 있다.)

노태준 : 사리에 명백히 통달한 영지를 가져 진실로 무지일 것인가?

김용옥 : 명백히 깨달아 사방에 통달함에 함으로써 하지 않을 수 있는가?

오강남 : 밝은 깨달음 사방으로 비춰나가 무지無知의 경지를 이룰 수 있겠
습니까?

---

9) 能滌除邪飾 至於極覽 能不以物介其明 疵之其神乎.

10) 無爲(무위)=오징본(吳澄本)에 따름. 왕필본은 '無知'로 됨.

11) 明(명)=日出也, 照也, 智也.

12) 白(백)=日光所照也, 素也.

13) 無知(무지)=백서본은 '毋以知'로, 왕필본은 '無爲'로 됨.

이석명 : 사방에 두루 통달하여도 아는 체하지 않을 수 있는가?

임채우 : 지극히 밝아서 사방에 모두 통달하고(至明四達) 미혹이 없고 작위

가 없으면(無迷無惑)

김형효 : 마음으로 명백사달明白四達하기를 무지로 할 수 있겠는가?

《 노자·28장 》

수컷(天=陽)을 알고 암컷(地=陰)을 수호하면   知其雄 守其雌

천하의 생명수生命水인 시냇물이 될 것이다.   爲天下谿[14]

김경탁 : 그 수컷을 알아서 그 암컷을 지키면, 천하의 골짜기가 되니

노태준 : 그 남성적인 것을 알면서, 그 여성적인 것을 지키면, 천하의 골짜

기가 된다.

김용옥 : 그 수컷 됨을 알면서도 그 암컷 됨을 지키면, 천하의 계곡이 된다.

오강남 : 남성다움을 알면서 여성다움을 유지하십시오. 세상의 협곡이 될

것입니다.

김형효 : 아는 것은 수컷의 일이고, 지키는 것은 암컷의 일인데, 이것이 천

하의 계곡이 된다.

천하의 시냇물이 되면 자연의 덕을 잃지 않아   爲天下谿 常德不離

동심童心[15]으로 돌아갈 것이다.[16]   復歸於嬰兒

김경탁 : 천하의 골짜기가 되면 영구불변의 덕이 떠나지 아니하여 다시 영

아로 돌아간다.

김용옥 : 천하의 계곡이 되면 항상스런 덕을 떠나지 아니하니 다시 영아로

돌아간다.

---

14) 谿(계)=백서 甲본은 '溪'로 됨.

15) 本心. 기존의 모든 문명과 지식을 버린 거듭난 새사람(이 책 18장 '동심' 참조).

16) 빗물은 천지의 조화이고, 강·바다·시냇물은 자연이다. 반면 우물과 샘, 댐과 호수는 문명이다.

밝음(分別=有名)을 알고 흑암(混沌=無名)을 지키면   知其白 守其黑

천하에 천문天文을 다스린다.[17]   爲天下式[18]

    김경탁 : 그 흰 것을 알아서 그 검은 것을 지키면 천하의 법식法式이 되니

    장기근 : 밝게 알아 혼돈하고 유현한 도를 지키면 천하의 모범이 될 수 있

           다.

    노태준 : 명백明白을 알고 그 암흑暗黑을 지키면 천하 만민의 모범이 된다.

    김용옥 : 밝음을 알면서도 그 어둠을 지키면 하늘 아래 모범이 된다.

    오강남 : 흰 것을 알면서 검은 것을 유지하십시오. 세상의 본보기가 될 것

           입니다.

    김형효 : 아는 것은 흰 것과 통하고, 지키는 것은 검은 것과 통한다. 이것이

           천하의 법식이 된다.

천하에 천문을 다스리면 상덕常德(자연의 덕)을 잃지 않아   爲天下式 常德不忒

    김경탁 : 천하의 법식法式이 되면 상덕이 어긋나지 아니하여,

    김용옥 : 천하의 모범이 되면 항상스런 덕이 어긋나질 아니하니

    김형효 : 천하의 법식이 되면 상덕이 변하지 않아서

시비 분별이 없는 혼돈의 도道인 무극으로 돌아갈 것이다.   復歸於無極[19]

    김경탁 : 다시 양극을 지양止揚하는 무극으로 돌아간다.

    장기근 : 무궁무진한 도에 복귀할 수가 있다.

    노태준 : 무無의 극치인 도道에 복귀한다.

    김용옥 : 다시 "가없는 데"로 돌아간다.

    오강남 : 경계가 없는 무극無極의 상태로 돌아간다.

    김형효 : 그것은 무극으로 복귀한다.

---

17) 그리스의 神託과 비슷함.

18) 式(식)=占文, 天文者(是以聖人抱一 爲天下式. : 老子/二十二章).

19) 無極(무극)=혼돈=흑암=道.

열매의 영화를 알고 뿌리의 곤욕을 지키면
천하의 곡신谷神(=母神)이 될 것이다.

知其榮 守其辱
爲天下谷[20]

김경탁 : 그 영화를 알아서 그 굴욕을 지키면, 천하의 골짜기가 된다.

김용옥 : 그 영예를 알면서도 그 굴욕을 지키면, 천하의 골짜기가 된다.

김형효 : 아는 것은 영광과 유사하고 지키는 것은 오욕과 유사하다. 이것이
천하의 골짜기가 된다.

천하의 곡신이 되면 상덕常德이 자족할 것이니
무위자연으로 돌아갈 것이다.

爲天下谷 常德乃足
復歸於樸[21]

김경탁 : 천하의 골짜기가 되면 상덕이 충족하여 다시 원목原木으로 돌아간
다.

김용옥 : 천하의 골이 되면 항상스런 덕이 이에 족하니 다시 질박한 통나
무로 돌아간다.

김형효 : 천하의 골짜기가 되면 상덕이 충족하여 통나무로 복귀한다.

자연성을 잃어 기구가 되듯이
성왕은 이를 이용하여 순종하는 군자를 만든다.

樸散[22] 則爲器
聖人用之 則爲官長

김경탁 : 원목原木이 분산되면 기구器具가 된다. 성인이 이것을 사용하면 장
관長官이 된다.

김용옥 : 통나무에 끌질을 하면 온갖 그릇이 생겨난다. 성인은 이러한 이치
를 터득하여 세속적 다스림의 우두머리 노릇을 한다.

김형효 : 통나무가 쪼개져서 그릇이 되면 성인이 그것을 사용하여 수장이
된다.

---

20) 谷(곡)=谿와 대비됨. 谷神=母神.
21) 樸(박)=無爲自然을 상징.
22) 散(산)=失也.

이로 볼 때 위대한 제도는 깍지 않는 자연이다.　　　　故[23]大制不割.

　　김경탁 : 그러므로 대 제재制裁는 할거割去하지 않는다.

　　김용옥 : 위대한 다스림은 자름이 없는 것이다.

　　오강남 : 정말로 훌륭한 지도자는 자르는 일을 하지 않습니다.

　　김형효 : 그러므로 도의 다양한 나누기는 사심으로 편을 가르지 않는다.

《 노자 · 40장 · 상단 》

돌아옴은 도道의 운동이며 약함은 도의 쓰임이다.　　　　反者 道之動 弱者 道之用.

《 노자 · 36장 · 중단 》

보드라움과 약함이 굳셈과 강함을 이긴다.　　　　柔弱勝剛強.

《 노자 · 42장 · 하단 》

사람들이 싫어하는 것은 고아·과부·불선이다.　　　　人之所惡 唯孤寡不穀

그런데 왕과 제후는 그것을 호칭으로 사용한다.　　　　而王公以爲稱

그러므로 사물이란 덜어내면 오히려 더해지고　　　　故物或損之而[24]益

보태면 오히려 덜어지기도 한다.　　　　或益之而損

남들이 가르치는 것을 나도 가르친다.　　　　人之所教 我亦教之

속담에 "억지를 부리는 강포함은　　　　強梁[25]者

와석종신臥席終身을 못 한다"고 하니　　　　不得其死

나도 이것을 가르침의 근본으로 삼고자 한다.　　　　吾將以爲教父.

---

23) 故(고)=顧(連詞 아님).

24) 而(이)=오히려(連詞로서 전환을 뜻함). 乃와 비슷함.

25) 強梁(강량)=強暴.

부권 반대 |곡신 숭배

동서양을 막론하고 부권父權은 권력을 상징한다. 그리고 중국은 풍요의 신도 여신이 아니라 남신男神이었다. 중국에서는 풍요의 신으로 천신과 함께 지신地神을 숭배했는데 이는 『노자』의 곡신谷神이나 여신과는 이미지가 다르다. 농신農神인 신농神農씨·후직后稷씨·고시高矢씨 들은 모두 남신이었다. 중국의 유일한 여신인 여왜女媧씨도 풍요의 신은 아니다. 중국 고대 신화에 나오는 여왜는 성씨가 풍風인 여신으로 태양의 신 복희伏羲씨의 아내인데 달(月)을 주관하며 얼굴은 사람이나 몸은 뱀인 인면사신人面蛇身의 음제陰帝다. 달의 신은 가뭄과 홍수를 주관한다.

이에 반해 노자가 말한 곡신은 암컷을 상징하고 계谿는 자연 상태의 시냇물을 상징한다. 모두 생식과 풍요의 상징물이다. 그러므로 『노자』의 여신女神은 아비로 상징되는 기존 권력에 대한 저항이다. 노자는 암컷·영아·골짜기·시냇물·유약柔弱·부쟁不爭·낮은 곳을 찬양했다.

노자는 이러한 풍요와 생식에 대한 신의 역할을 자연인 물(水), 암컷(玄牝), 곡신谷神의 몫으로 돌렸다. 이는 남신이 가졌던 기존 권력에 대한 도전이며, 아울러 신화에서 탈출하여 자연으로 뛰어내린 것이다. 다만 노자는 물을 '상선上善'으로 숭배했지만 탈레스와는 달리 물을 만유의 근원이라고 하지는 않았다. 노자는 물보다 더 보편적인 자연을 말했고, 자연보다 더 형이상학적인 도道를 만유의 근원으로 보았다. 한 걸음 더 발전한 것으로 볼 수 있다.

『노자』 8장에서 주목할 것은 물이 상선이 되는 이유로
'민에게 이롭다'는 것과 '다투지 않는다'는 것을 들고 있
다는 점이다. 이것은 노장의 도道가 지배자들의 이해에 배
치되는 민리民利와 평화만이 지선至善이라는 저항적 선언
임을 말해 준다.

그런데 왕필과 이를 따르는 학자들은 이 글을 해설하면
서 엉뚱하게도 "도즉무道卽無"를 말한다. 즉 도道는 무無인
데 물은 유有이므로 도道가 될 수 없다. 그러므로 '가깝다'
고 표현했다는 설명이다. 이런 구차하고 엉뚱한 해설이 어
디 있는가? 노자가 물이 도에 가깝다고 한 것은 '유有'인
물 자체를 말한 것이 아니다. 그것이 낮은 자리에 처하고,
민을 이롭게 하고, 다투지 않고, 유약한 민중적인 '모습'을
말한 것이다. 이처럼 왕필은 반권위적이고 민중적인 『노
자』에 엉뚱하게 무無를 끌어들여 허무주의적이고 반동적
인 방향으로 몰아갔다.

왕필의 『노자』 8장 해설

노자老子/8장 주注

도는 무無요, 물은 유有이기 때문에
같다고 하지 않고 가깝다고 말한 것이다.

道無水有
故曰幾也.

노자는 물의 유약함을 상선上善이라 했고 곡신谷神을 찬
양했다. 장자는 모계 사회였던 신농씨 시대를 덕이 지극히
융성했던 때라고 흠모했다. 이로 볼 때 노장은 모계사회를
지향했는지도 모르겠다.

모계母系 사회

장자莊子/잡편雜篇/도척盜跖

신농씨 시대에는	神農之世
누우면 편안하고, 일어나면 유유자적했으며,	臥則居居 起則于于[26]
백성들은 그 어미는 알았으나 그 아비는 알지 못했고(모계 사회),	民知其母 不知其父.
사슴과 한 곳에 거처했고	與麋鹿共處
밭을 갈아먹고 옷을 짜서 입었다.	耕而食 織而衣.
서로 해치려는 마음이 없었으니	無有相害之心
지극한 덕이 융성할 때였다.	此至德之隆也.

이처럼 노자는 물·곡신·암컷·영아·유약·부쟁不爭을 숭상했다. 이러한 노자의 2,400년 전 페미니즘에서 우리는 무엇을 배울 수 있을까? 여성의 해방과 여권신장 등 정치적 이슈는 인도주의의 문제이지 페미니즘의 본질이 아니다. 오늘날 페미니즘의 중요한 화두는 여전히 부권으로 상징되는 힘만이 정의라는 상극과 투쟁의 인류사를 반성하는 데 있을 것이다.

21세기는 소프트한 기술과 정보화의 시대이고 이에 부응하여 페미니즘의 시대가 열리려 하고 있다. 이제 인류 역사는 경쟁과 투쟁, 공업과 전쟁의 시대를 마감하고 협력과 평화, 자연과 상생의 농업적인 문화의 시대를 열어야 한다. 이것이야말로 오늘 우리가 노장의 페미니즘을 다시 음미하는 이유일 것이다.

---

26) 于于(우우)=行貌也.

제3부

반취제

8장 반유가 반인의

노자 읽기

《 노자 · 5장 · 상단 》

하늘과 땅은 어질지 않다.

만물을 추구芻狗처럼 여길 뿐이다.

성인聖人(임금)은 어질지 않다.

백성을 추구처럼 생각할 뿐이다.

天地不仁

以萬物爲芻狗[1]

聖人不仁

以百姓爲芻狗.

《 노자 · 38장 · 중단 》

상덕上德은 무위無爲이며 무無(爲)로써 다스린다.

　김경탁 : 상덕은 무위無爲이면서 불위不爲가 없고[3]

　장기근 : 으뜸가는 덕행자는 무위자연을 따라 작위하지 않는다.

　김용옥 : 윗덕은 함이 없을 뿐 아니라, 무엇을 가지고서 함이 없다.

　오강남 : 훌륭한 덕의 사람은 억지로 일을 하지 않습니다. 억지 일을 할 까

　　　　　닭이 없습니다.

上德無爲[2] 而無以爲

---

1) 芻狗(추구)=제사에 쓰고 버리는 허수아비.

2) 爲(위)=作也, 僞也, 治也(能以禮讓爲國乎 何有. : 論語/里仁).

3) 「한비자」「해로」편은 '無爲 而無不爲' 라 했음.

이석명 : 상덕은 일부러 덕을 행하지 않고, 덕으로 의도하는 것도 없네.

김형효 : 상덕은 무위이므로 작위가 없다.

하덕下德은 유위有爲이며 유有(爲)로써 다스린다.

下德爲之 而有以爲[4]

김경탁 : 하덕은 위爲이면서 불위不爲가 있다.

김용옥 : 아랫덕은 함이 있으며, 또 무엇을 가지고 하려고 한다.

오강남 : 훌륭하지 못한 덕의 사람은 억지로 일을 합니다. 억지로 일을 할
　　　　까닭이 많습니다.

김형효 : 하덕은 유위이므로 작위가 있다.

최상의 인仁은 유위이나 무無(爲)로써 다스린다.

上仁爲之 而無以爲

김경탁 : 상인上仁은 위爲이면서 불위不爲가 없고,

김용옥 : 세속에서 말하는 좋은 어짊은 함이 있으되, 무엇을 가지고서 하려
　　　　고 하지는 않는다.

오강남 : 훌륭한 인仁의 사람은 억지로 일을 합니다. 억지로 일을 할 까닭
　　　　이 없습니다.

이석명 : 높은 인仁은 일부러 인을 행하지만, 인仁으로 의도하는 것은 없네.

김형효 : 상인上仁은 당위하나 작위가 없고,

최상의 의義는 유위이며 유有(爲)로써 다스린다.

上義爲之 有以爲

김경탁 : 상의는 위爲이면서 불위不爲가 있다.

김용옥 : 좋은 옳음은 함이 있으며, 또 무엇을 가지고서 하려고 한다.

오강남 : 훌륭한 의義의 사람은 억지로 일을 합니다. 억지로 일을 할 까닭
　　　　이 많습니다.

이석명 : 높은 의義는 일부러 의를 행할 뿐만 아니라, 의義로 의도하는 것
　　　　이 있네.

---

4) 백서본에는 없음.

김형효 : 상의上義는 당위이나 작위가 있다.

최상의 예禮는 유위이며

호응이 없으므로 팔을 흔들며 잡아끄는 것이다.

上禮爲之

而莫之應 則攘臂而扔之.

김경탁 : 상례는 위爲이면서 그것에 응하지 않으면 팔을 붙잡고 잡아끈다.

김용옥 : 좋은 예법은 함이 있을 뿐만 아니라, 그것에 응하지 않으면 팔꿈
치를 잡아 내동댕이친다.

오강남 : 훌륭한 예禮의 사람은 억지로 일을 합니다. 그러나 아무도 응하지
않기에 소매를 걷고 남에게 강요합니다.

이석명 : 높은 예禮는 일부러 예를 행할 뿐만 아니라, 반응하지 않으면 팔
을 걷어붙이고 잡아당긴다.

김형효 : 상례上禮는 당위이나 거기에 응하지 않으면 곧 팔을 내밀어 따라
오게 한다.

《 노자 · 38장 · 하단 》

도道를 잃은 후에 덕德이 나오고

故失道而後德

김용옥 : 길을 잃어버린 후에나 덕을 얻는 것이요,

덕을 잃은 후에 (공자의) 인仁이 나오고

失德而後仁

김용옥 : 덕을 잃어버린 후에나 어짐을 얻는 것이요,

인을 잃은 후에 의義가 나오고

失仁而後義

김용옥 : 어짐을 잃어버린 후에나 옳음을 얻는 것이요,

의를 잃은 후에 예禮가 나온다.

失義而後禮

김용옥 : 옳음을 잃어버린 후에야 예법을 얻는 것이다.

예는 충심과 신뢰를 손상하며

어지러움의 괴수다.

夫禮者 忠信之薄[5]

而亂之首

---

5) 薄(박)=損也, 止也, 侵也.

김경탁 : 대개 예란 충신이 박약한 것인데 난행亂行의 시초다.

노태준 : 대저 예는 충신이 박해진 것이며, 분란의 시작이다.

김용옥 : 예법이란 가슴에서 우러나오는 믿음의 엷음이요 모든 어지러움의
머리다.

오강남 : 예는 충성과 신의의 얄팍한 껍질, 혼란의 시작입니다.

이석명 : 예라는 것은 정성과 미더움이 얇아진 증거요, 천하가 어지러워지
는 시초이네.

김형효 : 무릇 예禮란 충신忠信이 박해진 것이며, 혼란의 원인이다.

앞선 지식(구체제인 周禮)은 도道의 허식이요, 어리석음의 시작이다.　　　前識[6]者道之華 而愚之始[7]

김경탁 : 전식자前識者는 도의 허식이요, 우행愚行의 시초다.

장기근 : 남보다 먼저 안다는 것은 도의 외식外飾적 꽃이며….

노태준 : 미리 아는 것은 도의 열매 없는 꽃이요, 어리석음의 시초이다.

김용옥 : 시대를 앞서 간다 자처하는 자들이야말로 길의 허황된 꽃이요, 모
든 어리석음의 시단이다.

오강남 : 앞을 내다보는 것은 도의 꽃, 어리석음의 시작입니다.

이석명 : 앞질러 아는 것은 도의 껍데기요, 어리석음의 시작이네.

김형효 : 미리 사량적 지식으로 따지는 것도 도의 가화이고 혼란의 원인이다.

그래서 대장부는 돈후함에 처하고　　　　　　　　　是以大丈夫處其厚

야박함에 처하지 않으며,　　　　　　　　　　　　不居其薄

그 열매에 처하고 그 꽃에 처하지 않는다.　　　　處其實 不居其華

그러므로 인의仁義를 버리고 대도大道를 취하는 것이다.　故去彼取此.

---

6) 識(식)=記也, 志也.

7) 始(시)=백서본은 '首'로 됨.

공자 반대

『논어』가 관료로 출세하려는 유사들을 위한 교과서인 데
반해 『묵자』와 『노자』는 민중적이고 저항적인 담론이다.
그런데 군주와 지배계급이 저항적 담론을 배척하는 것은
당연하지만, 어리석은 민중도 덩달아 자신들의 편인 저항
적 담론을 배척하는 경향이 있다. 민중의 편에 섰던 묵자도
노장도 당시에는 민중의 배척을 받았다. 그들은 민중들이
자신들의 말을 모르고 행하지도 않는다고 한탄했지만 도
리어 그러한 민중을 이해하려 했다. 예수는 민중을 누구보
다 사랑했지만 민중은 그를 죽이라고 요구했다. 그리고 오
늘날까지도 유대인들은 예수를 신으로 믿지 않는다. 거꾸
로 예수를 죽인 로마에서 예수교를 국교로 삼았다. 이처럼
약자를 위한 담론은 항상 수난을 당하고 외로운 것이며 오
히려 강자들이 이것을 이용한다.

나는 누군가에게 들은 이야기를 평생 잊지 못하고 있다.
난쟁이 무리에 키다리 하나가 있어 함께 길을 가는데 험한
산에서 갈림길에 마주쳤다. 한 길은 꽃밭이고 한 길은 자갈
밭이었다. 난쟁이들이 꽃밭 길로 가자는데 키다리가 그 길
은 죽음의 벼랑길이라고 만류했다. 키다리는 키가 커서 멀
리 볼 수 있었던 것이다. 그러나 난쟁이들은 혹세무민의 죄
로 키다리를 죽이고 꽃밭 길로 들어섰다. 얼마를 가다 보니
벼랑이 나오고 진퇴양난의 곤경에 처했다. 그제야 난쟁이
들은 키다리를 선지자로 추모하는 비석 하나를 세워놓고
오던 길로 되돌아갔다고 한다. 이야기꾼은 덧붙였다. 언젠

가 또다시 키다리의 수난은 반복될 것이라고……. 이런 이야기를 들려준 분은 나에게 인류 역사의 주인공은 언제나 키다리가 아니라 난쟁이들의 몫이라는 것을 깨우쳐주려고 했던 것 같다.

『노자』는 키다리의 예언서가 아니라 난쟁이들의 은둔사상이요, 은퇴철학이다. 그렇지만 노자는 죽지 않았다. 한漢 말에는 도교 세력에 의해 신선으로 추앙됐고 황건의 난이라는 농민 반란의 성전이 됐고 오늘날에는 중국 공산당의 정신적 자산으로 이용되고 있다. 이처럼 『노자』라는 책 속에는 핍박받는 농민들이 황건의 난을 일으킬 수 있었던 저항 정신이 숨어 있다는 역사적 사실을 우리는 주목해야 한다.

묵자墨子/귀의貴義

오늘날 의로운 군자들이	今爲義之君子
선왕의 도리를 받들어 말하지만	奉承先王之道 以語之.
그것을 기뻐하지도 행하지도 않는다.	縱不說而行
도리어 그것을 비난하고 헐뜯는다.	又從而非毁之.
세속적인 군자들이 의로운 선비를	則是世俗君子之視義士也
짐꾼보다 못하게 보기 때문이다.	不若視負粟者也.

내 말은 충분히 실용적인 것이다.	吾言足用矣
내 말을 버리고 생각을 바꾸는 것은	舍吾言革思者
추숫감을 버리고 이삭을 줍는 것과 같다.	是猶舍獲而攈粟也
다른 말로 내 말을 비난하는 것은	以他言非吾言者
달걀로 바위를 치는 격이 될 것이다.	是猶以卵投石也

천하의 달걀을 다 던진다 해도   盡天下之卵
내 말은 반석과 같아 깨뜨릴 수 없을 것이다.   其石猶是也 不可毁也.

　『노자』에 공자를 직접 겨냥하여 반대하거나 비난하는 글
은 없다. 그러나 앞의 예문에서 볼 수 있는 것처럼 성인과
인의를 비난한 것은 바로 공자를 반대한 것이나 마찬가지
다. 또한 노자의 저항정신은 적극적으로 표출되지 않고 은
둔과 퇴영의 반동적이고 소극적인 모습을 보여주는 역설
로 나타난다. 그러므로 『노자』의 은둔과 퇴영은 어디까지
나 정언正言이 아니고 반어反語다. 왜냐하면 그것은 심리적
거부일 뿐 인간은 문명과 사회를 버리고 자연과 모태로 돌
아갈 수 없기 때문이다. 설사 벗어난다고 해도 인간이 수십
만 년 동안 축적해 온 삶의 지혜와 문명을 떠나 자연으로
돌아간다면 다른 동물의 먹이가 될 뿐 생명을 보존할 수 없
을 것이다. 그리고 노자, 장자 스스로도 자연으로 돌아가
동물처럼 산 것은 아니다. 다만 현세와 문명을 저주하는 저
항의 소극적 몸짓일 뿐이다.
　그러나 노자와 장자의 은둔사상은 오히려 반동 세력에
이용당하여 저항을 무력화시키는 작용으로 복무한 경우가
더 많았다. 실제로 그들의 학설은 세상을 등진 은사들의 청
담清談이 됐다. 특히 실의에 빠진 지식인들은 은자를 부러
워했으므로 노장사상의 전파를 촉진시켰다. 또한 득의만
만한 지식인들은 종종 스스로 노장의 청고淸高를 표방하며
현실을 도피할 수 있었다. 때문에 독존유술獨尊儒術의 유가
들까지도 노장만은 배척하지 않았다.

또한 역사적으로도 도교와 도가들은 반유가反儒家적인
『노자』를 친유가親儒家적으로 해석함으로서 유가의 그림자
로서 멸망하지 않고 번성했다. 그러나 그것은 왕필을 필두
로 한 현학玄學자들과 현실과 타협한 종교 지도자들의 몫
이었을 뿐, 노자는 열자와 장자에 의해 계승되어 유가와 문
명을 비판하는 민중의 저항 담론으로 이어져 왔다.

열자列子/주목왕周穆王

진秦나라에 봉達씨라는 사람에게 아들이 있었는데	秦人逢氏有子
어려서는 지혜로웠으나 장성하면서 정신이 이상해졌다.	少而慧 及壯而有迷罔之疾.
…그 아비가 병을 고치고자	…其父
노나라 군자(공자)를 찾아 가던 중에, 진陳나라를 지나다가	之魯過陳
노담을 만나 아들의 병세를 하소연했다.	遇老聃 因告其子之證.
노담이 말했다.	老聃曰
"당신은 아들이 미쳤다는 것을 어찌 알았소?	汝庸知汝子之迷乎.
지금 천하 사람들이 모두 시비에 미혹되고	今天下之皆惑於是非
이해에 혼미하지만	昏於利害
같은 병에 걸린 자가 많아서	同質者多
자기가 미친 것을 진실로 깨닫는 자가 없소.	固莫有覺者
또한 내 말도 반드시 미치지 않았다고 장담할 수 없소.	且吾之此言 未必非迷
그런데 하물며 노나라 군자는	而況魯之君子
미혹됨이 더욱 심한데	迷之郵[8]者也.
어찌 남의 미친병을 고치겠소?"	焉能解人之迷哉.

---

8) 郵(우)=尤通.

장자莊子/외편外篇/천운天運

지금 (공자가) 노나라에 주나라의 법을 시행하려 하는 것은
육지에서 배를 밀고 가는 것과 같은 것이다.
수고롭기만 하고 공적은 없고
몸은 반드시 재앙이 있을 것이다.
저들(공자)은 장소에 구애됨이 없이 펼 수 있고
사물에 응해 막힘이 없는 도를 알지 못한다.
…만약 원숭이에게
주공의 옷을 입힌다면
원숭이는 반드시 물어뜯고 찢어버려야만
만족할 것이다.

今蘄[9]行周於魯
是猶推舟於陸也.
勞而無功
身必有殃.
彼不知夫無方之傳[10]
應物而不窮者也.
… 今取猨狙
而衣以周公之服
彼必齕齧[11]挽裂
盡去而後慊.[12]

장자莊子/잡편雜篇/열어구列御寇

노나라 애공이 안합에게 물었다.
"나는 공자를 동량으로 삼으려 하는데
그러면 나라가 나아질까요?"
안합이 말했다. "매우 위험합니다.
공자의 방술이란 고작 깃털을 꾸미고
용모를 장식하는 것일 뿐입니다."

魯哀公問於顏闔 曰
吾以仲尼爲貞幹
國其有瘳乎
曰 殆哉圾乎
仲尼方且飾羽
而畫.[13]

---

9) 蘄(기)=求也.
10) 傳(전)=至也, 布也.
11) 齕齧(흘설)=깨물어 뜯다.
12) 慊(겸)=足也.
13) 畫=畫(획)=分界也(分別其所授事), (화)=所以飾容貌也.

장자莊子/내편內篇/제물론齊物論

구작자瞿鵲子가 장오자長梧子에게 물었다.   瞿鵲子問乎長梧子 曰

"…저희 선생이신 공자에 대해 어떻게 생각합니까?"   …吾子以爲奚若.

장오자가 말했다.   張梧子曰

"오묘한 도는 황제黃帝도 알기 어려운 것이거늘 是黃帝之所聽熒[14]也.

공자가 어찌 알겠소?   而丘也 何足以知之.

그대는 역시 크게 속단한 것이오.   且女亦大早計

(공자에게 도를 구하는 것은) 달걀을 보고   見卵

새벽을 알리라고 요구하는 것이며   而求時夜

활을 당기는 것을 보고 부엉이 구이를 요구하는 것이오." 見彈而求鴞炙.

반인의

노자는 성왕聖王을 반대했으므로 성왕의 정치론인 인의仁義를 반대한 것은 당연하다. 『장자』도 그 전체가 반성인反聖人·반인의反仁義의 글로 채워져 있다고 해도 과언이 아니다. 특히 장자는 성인정치와 그들의 인정仁政을 일인 독재라고 매도했다. 또 인仁이란 짐승들도 다 하는 것이므로 인간에게만 존재하는 특성이라는 의미 부여를 부정했다. 인이란 손가락을 하나 더 붙인 육손이나 발가락이 붙어버린 네 발가락처럼 군더더기에 불과할 뿐이며, 그 군더더기

---

14) 聽熒(청형)=疑惑也.

가 인간에게 머물뜨는 형벌이 되어 인간을 구속한다고 규
정했다.

장자莊子/외편外篇/재유在宥

인仁을 좋아함은 덕德을 어지럽히는 것이요,　　　　　　說仁邪 是亂於德也.

의義를 좋아함은 이理를 어긋나게 하는 것이요,　　　　說義邪 是悖於理也.

예禮를 좋아함은 기교를 돕는 것이요,　　　　　　　　說禮邪 是相於技也.

악樂을 좋아함은 음란함을 돕는 것이요,　　　　　　　說樂邪 是相於淫也.

성인聖人을 좋아함은 그들의 꾀를 돕는 것이요,　　　　說聖邪 是相於藝也.

지식을 좋아함은 험담을 돕는 것이다.　　　　　　　　說知邪 是相於疵也.

천하가 천성 그대로 평안하면　　　　　　　　　　　　天下將安其性命之情

이것들은 있어도 그만 없어도 그만이다.　　　　　　　之八者 存可也 亡可也.

천하가 천성 그대로 평안하지 않다면　　　　　　　　天下將不安其性命之情

이것들은 본성을 병들게 하고　　　　　　　　　　　之八者 乃始臠卷[15] 獊囊[16]

천하를 어지럽힐 것이다.　　　　　　　　　　　　　而亂天下也.

장자莊子/잡편雜篇/서무귀徐无鬼

설결齧缺이 제자인 허유許由를 만나 물었다.　　　　　齧缺遇許由曰

"그대는 어디를 가는가?"　　　　　　　　　　　　　子將奚之.

허유가 답했다. "요임금으로부터 도망치는 겁니다."　　曰 將逃堯.

설결이 물었다. "무슨 말인가?"　　　　　　　　　　曰 奚謂邪.

허유가 답했다.　　　　　　　　　　　　　　　　　曰

---

15) 臠卷(련권)=오그라드는 병.

16) 獊囊(창낭)=亂貌. 搶囊인 듯.

"지금 요임금은 인정仁政을 한다고 애쓰고 있는데   夫堯畜畜然仁
저는 그것이 천하의 웃음거리가 될 것을 걱정한답니다.   吾恐其爲天下笑.
후세는 그 때문에 사람과 사람이 서로 잡아먹게 될 것입니다.   後世其人與人相食與.
…사랑과 이로움은 인의仁義에서 나옵니다.   …愛利出乎仁義
그러나 인의로 덜어주는 자는 적고   損仁義者寡
인의를 이용하는 자는 많습니다.   利仁義者衆.
대저 인의를 행하는 자는 성실함이란 없을 뿐만 아니라   夫仁義之行 唯且無誠.
금수의 탐욕을 거짓 빙자하는 수단일 뿐입니다.   且假[17]乎禽貪者器.
이는 한 사람의 결단으로   是以一人之斷
천하를 이롭게 다스린다는 것이므로   制利天下.
비유컨대 일인 독재와 같은 것입니다."   譬之猶一覕[18]也.

장자莊子/외편外篇/천운天運

송宋나라 재상 탕蕩이 장자에게 인仁을 물었다.   商[19]太宰蕩問仁於莊子.
장자가 말했다. "호랑이와 이리도 인을 합니다."   莊子曰 虎狼仁也.
탕이 물었다. "무슨 뜻입니까?"   曰 何謂也.
장자가 말했다. "짐승들도 부자간에 서로 친밀하니   莊子曰 父子相親
어찌 인하지 않다고 하겠습니까?"   何爲不仁.
탕이 말했다. "지극한 인에 대해 묻겠습니다."   曰 請問至仁.
장자가 말했다. "지극한 인은 친척(近親愛)이 없는 것입니다."   莊子曰 至仁無親.
탕이 말했다.   太宰曰

---

17) 假(가)=非眞也, 藉也, 僭也.
18) 覕(별)=割也, 覓也. 割(할)=裁也, 奪也.
19) 商(상)=宋國.

"내가 들은 것은 친척이 없으면 사랑이 없고　　　　蕩聞之 無親則不愛
사랑이 없으면 효도 없다고 했습니다.　　　　　　無愛則不孝.
그렇다면 지극한 인은 불효를 해도 좋다는 것입니까?"　謂至仁不孝可乎.
장자가 답했다. "그렇지 않습니다.　　　　　　　莊子曰 不然.
무릇 지극한 인은 높은 것입니다."　　　　　　　夫至仁尙矣.

학은 날마다 목욕을 하지 않아도 희고　　　　　夫鵠不日浴而白
까마귀는 날마다 검정 칠을 안 해도 검다.　　　鳥不日黔而黑.
흑백이란 자연이므로 분별할 것이 못 되며　　　黑白之朴 不足以爲辯.
명예란 볼거리일 뿐이니 키울 것이 못 된다.　　名譽之觀 不足以爲廣.
샘물이 말라 고기들이 모두 뭍으로 나가　　　　泉涸 魚相與處於陸
서로 물기를 끼얹고 적셔주는 것은　　　　　　相呴以濕 相濡以沫.
강과 바다에서 서로 잊고 모른 척하는 것만 못할 것이다.　不如相忘於江湖.

장자莊子/외편外篇/변무騈拇

엄지발가락이 붙은 네 발가락과 손가락이 더 붙은 육손이는　騈拇[20]枝指.[21]
천성에서 나온 것이지만 덕德이 지나친 것이다.　　　出乎性哉 而侈[22]於德.[23]
군더더기가 붙고 종기가 매달리는 것은　　　　　　附贅[24]縣疣.[25]
형체에서 나온 것이지만 본성本性이 지나친 것이다.　出乎形哉 而侈於性.

---

20) 騈拇(변무)=倂拇足.
21) 枝指(지지)=手有六指也.
22) 侈(치)=過也.
23) 德(덕)=得也.
24) 贅(췌)=餘剩.
25) 疣(우)=腫.

인의仁義를 도道라 찬미하고

인의의 작용을 오장에 비교하지만

그것은 도덕의 바른 모습이(中正) 아니다.

…육손이처럼 인의仁義를 덧붙이는 것은

덕을 뽑고 본성을 막고 명성을 거두는 것에 불과하다.

이것은 천하에 생황을 불고 북을 치며

덜떨어진 법을 받들게 하는 것이 아닌가?

多²⁶⁾方²⁷⁾乎仁義.

而用之者列於五藏²⁸⁾哉.

而非道德之正也.

…枝於仁義

擢德塞性 以收名聲.

使天下簧鼓

以奉不及之法 非乎.

오리의 다리가 짧다고 이어주면 괴로워하고

학의 다리가 길다고 잘라주면 슬퍼한다.

아마도 인의仁義는 사람의 본마음이 아닐 것이다.

저들 인자仁者는 얼마나 괴로울까?

…몸을 굽히고 꺾는 예악禮樂과

말과 행동을 공손히 하는 인의仁義는

천하의 마음을 막히게 하는 것이니

이는 상도常道인 자연自然을 잃게 하는 것이다.

是故鳧脛雖短 續之則憂.

鶴脛雖長 斷之則悲.

意仁義其人之情乎.

彼仁人何其多憂也.

…屈折禮樂

呴²⁹⁾俞³⁰⁾仁義.

以慰³¹⁾天下之心者.

此失其常然也.

장자莊子/외편外篇/마제馬蹄

이에 성인(군왕)이 나타나 절름발이가 뛰듯 인仁을 만들고

及至聖人 蹩躠³²⁾爲仁

---

26) 多(다)=稱美也.
27) 方(방)=道術, 道也.
28) 列五藏(렬오장)=仁義禮智信을 心肝脾肺腎에 對比함.
29) 呴(구)=言語順也.
30) 俞(유)=和恭貌.
31) 慰(위)=鬱(滯)也.

발꿈치를 들고 달리듯 의義를 만들어 　　　　　蹩躠[33]爲義.

천하에 갈등이 시작된 것이다. 　　　　　　　而天下始疑也

방종하게 음악을 만들고, 번쇄하게 예禮를 만들자 　澶漫[34]爲樂 摘僻[35]爲禮.

천하에 비로소 명분名分이 생긴 것이다. 　　　　而天下始分[36]矣

…도덕을 폐지하지 않았다면 　　　　　　　…道德不廢

무엇 때문에 인의仁義를 취하며 　　　　　　安取仁義

성정이 흩어지게 하지 않았다면 　　　　　　性情不離

무엇 때문에 예악禮樂을 쓰겠는가? 　　　　　安用禮樂

…도덕을 헐어 인의를 만든 것은 　　　　　　…毀道德以爲仁義

성인(군왕)의 잘못이다. 　　　　　　　　　聖人之過也.

　그런데도 우리나라 학자들은 온갖 수단을 동원하여 노자의 도를 공자의 인의仁義와 같은 것으로 변질·왜곡시킨다. 이러한 『노자』 오역의 폐해는 너무 깊어 심지어 중국 학자들의 반유가적인 해설서를 수입·번역하면서도 원문의 오역을 연장하여 엉터리 번역으로 노자를 공자의 아류로 전락시킨다. 특히 도올은 "노자는 유가의 인의에 전혀 대립적이 아니었다"고 강변한다(『노자와 21세기』 권하). 그러나 도올의 말은 역사적 사실에 맞지 않는 거짓말이다.

---

32) 蹩躠(별설)=절름발이 뜀.

33) 蹩跂(제기)=强用心·力貌.

34) 澶漫(단만)=猶放縱.

35) 摘僻(적벽)=摘擗=摘取分析.

36) 分(분)=名分也, 分位也.

세상에서 노자를 배운 사람은 유학을 배척하고   世之學老子者 則絀儒學

유학파에서도 노자를 배척한다.   儒學亦絀老子.

(공자가) "도가 같지 않으면 서로 도모하지 않는다" 한 것은   道不同不相爲謀

이것을 예견한 것이 아닐까?   豈謂是邪

이이李耳[37]는 무위無爲로써 저절로 교화되고   李耳無爲自化

청정淸靜으로 스스로 올바르게 했다.   淸靜自正.

장자는 멍蒙 지방 사람으로 이름은 주周다.   莊子者蒙人也. 名周.

주는 일찍이 멍 지방의 치위안漆園에서 관리를 지냈다.   周嘗爲蒙漆園吏.

그는 매우 박학하여 통달하지 않은 것이 없었고   其學無所不闚

노자의 말을 근본으로 삼았다.   然其要本 歸於老子之言.

그러므로 그의 저서는 십여만 자인데   故其著書十餘萬言

대체로 우언으로 되어 있으며   大抵率寓言也.

「어부漁父」, 「도척盜跖」, 「거협胠篋」편에서는   作漁父盜跖胠篋

공자의 무리를 비방하고   以詆訾孔子之道.

노자의 학설을 천명했다.   以明老子之術.

  또 도올은 "『노자』라는 책은 유교를 의식하여 쓰여진 것이 아니다"라고 강변한다. 그러나 그의 주장은 사실에 맞지 않고 이치에도 맞지 않다. 『노자』가 기록된 춘추전국시대의 지배이념은 유학의 기초인 주공周公의 주례周禮인데 『노자』가 그것을 의식하지 않고 쓴 글이라면 아무 가치도

---

37) 老聃의 이름. 주나라 왕실의 서고 관리인으로 『사기』에서는 『노자』의 저자로 추정되나 확실치 않다고 했다.

없는 잡문에 불과할 것이다. 그러나 『노자』는 그러한 잡문이 아니고 반체제적인 저항 문서이며 인류사에 큰 영향을 끼친 사상서이므로 분명히 당시의 지배이념인 유학을 의식하여 쓰인 글이다.

『노자』가 기록될 당시 민중은 수백 년간 전란으로 굶어 죽고 얼어 죽는 형편이었다. 그리고 그들은 아무런 희망을 가질 수 없었다. 하늘을 원망할 뿐이었다. 민중은 물었다. "과연 하늘은 선한 사람 편인가? 임금님은 우리를 생각이나 하는가?" 이러한 난세에 글을 쓴다는 사람이 이에 대해 무관심했다면 사상가는 고사하고 지식인이라고도 할 수 없을 것이다.

이때 노자는 "하늘은 인仁하지 않다"고 "성인도 인하지 않다"고 분명하게 대답했다. 그리고 "주공이 만든 제도로 돌아가자(克己復禮)"는 공자의 말을 분명하게 반대했다. 대신 "자연으로 돌아가자(無爲自然)"고 말했다. 이것은 무엇을 말하는 것인가? 이는 유가의 왕도와 묵가의 하느님을 부정하는 것이 아니고 무엇인가? 임금을 인자한 성인이라 떠받드는 유가를 부정하는 것이 아니고 무엇이란 말인가? 특히 노자를 계승한 장자는 공자를 분명하게 반대했다. 이로 볼 때 노자가 반유가적이 아니라는 도올의 말은 거짓말이다.

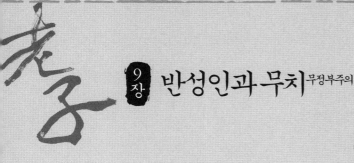

노자 읽기

《 노자 · 17장 》

가장 훌륭한 정치는 군주가 있는지조차 모르는 것이요(無治),	太上不知有之
그다음은 친애하고 기리는 것이요,	其次親而譽之
그다음은 두려워하는 것이요,	其次畏之
최악의 정치는 모욕을 받는 것이다.	其下侮之
그러므로 신뢰가 부족하면 불신만 낳는다.	故信不足 安[1]有不信焉
유원하구나! 진실로 말을 아껴야 한다.	悠兮 其貴言
공을 이루고 사업이 성취되어도	功成事遂
백성들은 모두 스스로 한 일이라고 말한다.	百姓皆謂我自然.

《 노자 · 19장 · 상단 》

성인(군주)을 없애고 지식을 버려라.	絶聖棄智
백성의 이로움이 백배할 것이다.	民利百倍

　김경탁 : 성과 지의 재능을 버리면, …

---

1) 安(안)=그래서, 곧, ㅁㅁ하면. 왕필본에는 '安' 자가 없다.

장기근 : 학문이나 지혜를 버리면,[2] ….

노태준 : 성聖을 끊고 지智를 버리면, ….

김용옥 : 성스러움을 끊어라! 슬기로움을 버려라! ….

오강남 : 성스런 체함을 그만두고, 아는 체를 버리면, ….

김형효 : 성스러움을 끊고 지혜를 버리면 ….

(공자의) 인의仁義를 끊어버려라. 백성이 효제로 돌아올 것이다.　　　絶仁棄義 民復孝慈.

　김경탁 : 인과 의를 버리면, ….

　장기근 : 인의 도덕을 버리면, ….

　노태준 : 성인 현자의 성스러움과 지혜를 버리면, ….

　김용옥 : 인자함을 끊어라. 의로움을 버려라. ….

　오강남 : 안仁을 그만두고, 의義를 버리면, ….

　김형효 : 안仁을 끊고 의義를 버리면 ….

왕필의 해석

노자老子/19장 주注

성聖과 지智는 재능이 훌륭한 것을 지칭한 것이고　　　聖智 才之善也

인仁과 의義는 사람이 훌륭한 것을 의미하며　　　仁義 人之善也

교巧와 이利는 재화가 훌륭한 것을 뜻한다.　　　巧利 用之善也.

《 노자 · 27장 · 상단 》

선한 행동은 자취가 없고, 좋은 말씀은 흠이 없으며　　　善行無轍迹 善言無瑕謫

좋은 셈꾼은 주판을 사용치 않는다.　　　善數不用籌策

문을 잘 닫는 자는 열쇠를 채우지 않아도 열 수 없고　　　善閉無關鍵 而不可開

---

2) '聖'을 '聰明'으로 읽었다.

실을 잘 맺는 자는 묶지 않아도 풀 수 없다.　　　　　　　　善結無繩約 而不可解

그러므로 성인聖人(聖王이 아니라 道人, 眞人, 至人을 지칭)은　　是以聖人

항상 사람을 잘 구제하므로 버리는 사람이 없으며　　　　常善救人 故無棄人

사물을 잘 구제하므로 버리는 사물이 없다.　　　　　　　常善救物 故無棄物

이를 일러 '감추어진 밝음'이라고 한다.　　　　　　　　　是謂襲明.[3)]

　　김경탁 : 이것을 습명(밝음을 잇는 것)이라 한다.

　　노태준 : 그래서 이것을 명명明明에 들어간다고 한다.

　　윤재근 : 이것을 대대로 이어온 큰 지혜라고 한다.

　　김용옥 : 이것을 일러 밝음을 잇는다고 말한다.

　　오강남 : 이를 일러 밝음을 터득함이라 합니다.

　　이석명 : 이것을 밝은 지혜라 하네.

　　김형효 : 이것을 일컬어서 "밝음을 싼다"고 한다.

《 노자 · 54장 》

잘 세운 것은 뽑을 수 없고 잘 품은 것은 빼앗을 수 없다.　　善建者不拔 善抱者不脫

그러므로 자손은 제사祭祀를 지냄으로써 대가 끊어지지 않는다.　子孫以祭祀不輟[4)]

그것(무위자연의 도)을 몸에 갖추면 그 덕이 참되고　　　　　修[5)]之於身 其德乃眞

가문에 갖추면 그 덕이 여유롭고　　　　　　　　　　　　修之於家 其德乃餘

고을에 갖추면 그 덕이 장구하고　　　　　　　　　　　　修之於鄕 其德乃長

나라에 갖추면 그 덕이 풍요롭고　　　　　　　　　　　　修之於國 其德乃豊

천하에 갖추면 그 덕이 두루 미칠 것이다.　　　　　　　　修之於天下 其德乃普

그러므로 자신으로 자기를 보고, 가문으로 그 가문을 보며,　　故以身觀身 以家觀家

---

3) 襲明(습명)=『주역』의 명이괘. 땅속의 불(용암)은 만물을 생성하고 살리지만 사람들은 모른다.
　襲=藏也, 掩也.
4) 輟(철)=已也, 止也.
5) 修(수)=治也, 備也, 習也.

마을로 마을을 보고, 나라로 나라를 보며,　以鄕觀鄕 以國觀國

천하로 천하를 본다.　以天下觀天下

내가 어떻게 천하의 실정을 알겠는가?　吾何以知天下然哉

이렇게 함으로써 아는 것이다.　以此.

〘 노자 · 70장 〙

내 말은 심히 알기 쉽고 행하기 쉽다.　吾言甚易知 甚易行

천하 사람들은 아직 알지 못하고 행하지도 않는다.　天下莫能知 莫能行

말에는 표준이 있고, 일에는 중심이 있다.　言有宗事有君

그것을 알지 못하기 때문에 나를 알지 못한다.　夫唯無知 是以不我知

나를 아는 자가 드물기 때문에 나는 귀하다.　知我者希 則我者貴

그러므로 성인(道人)은 갈옷을 입고 옥을 품고 있는 것이다.　是以聖人被褐懷玉.

성인정치 반대

앞의 예문들은 서로 모순되는 듯하다. 19장에선 '성인聖人'을 없애라고 말하고, 27장은 반대로 성인을 찬양한다. 그러나 모순이 아니라 용어의 문제일 뿐이다. 앞의 성인은 유가들이 말하는 성왕聖王이고, 뒤의 성인은 노장이 말하는 도인道人 또는 진인眞人을 지칭한다. 이처럼 노장은 성인을 두 가지 의미로 혼용했으므로 유의해야 한다. 노장은 유가들이 말하는 성인을 반대했다. 그 대신 새로운 의미의 성인 즉 '도인'을 대안으로 제시했다. 『노자』 70장에서는 성인을 묘사하면서 "갈옷을 입고 옥을 품고 있다"고 말한다. 그러므로 여기서 말하는 성인은 유가들이 말하는 성왕이 아니다. 제왕이 곤룡포를 입어야지 어찌 천한 갈옷을 입겠는가? 『노자』 27장에서 성인을 『주역』의 명이明夷괘로 표상한 것은 이를 말한 것이다. '명이'는 땅속에 숨어 있는 태양이다. 지구 속에 들어 있는 용암을 말한다. 유가의 성인이 하늘의 태양이라면 노장의 성인은 땅속의 태양이다. 도道라는 명칭도 유가의 도와 노장의 도가 다르다. 유가의 도는 인예仁禮이고 노자의 도는 자연이다. 그러므로 유가의 성인정치는 왕도주의王道主義요, 노장의 도인정치는 공산사회의 무정부주의無政府主義다.

노장은 원시 공산사회를 동경했고 무정부주의자였다. 그러므로 공자의 성인정치를 표방하는 왕도주의와는 대립적이다. 노장의 유토피아는 임금이 누구인지도 모르고 안락하게 살아간다는 〈격양가擊壤歌〉로 상징되는 요순의 대

동사회보다도 더 원시적이다. 그러므로 노장은 성왕聖王을
반대했다.

장자莊子/외편外篇/천운天運

공경함으로써 효도하기는 쉽지만	以敬孝易
사랑함으로써 효도하기는 어렵고,	以愛孝難.
사랑으로 효도하기는 쉬우나 친척을 잊기란 어렵고,	以愛孝易 以忘親難.
친척을 잊기는 쉬우나	忘親易
친척으로 하여금 나를 잊게 하기는 어렵고,	使親忘我難.
친척으로 하여금 나를 잊게 하기는 쉬우나	使親忘我易
천하를 두루 잊기란 어렵고,	兼忘天下難.
천하를 두루 잊기는 쉬우나	兼忘天下易
천하로 하여금 나를 잊게 하기는 어렵다(逍遙遊).	使天下兼忘我難.
덕德은 요순도 잊고 다스림도 없으나	夫德遺堯舜而不爲也.
이로움과 혜택을 만세에 베푼다(無政府主義).	利澤施於萬世
하지만 천하 사람들은 이를 알지 못한다.	天下莫知也.
어찌 소리 내어 탄식하며 인仁과 효孝를 말하겠는가?	豈直太息 而言仁孝乎哉.

장자莊子/내편內篇/응제왕應帝王

천하를 다스린다 함은 바다를 걸어가고 황허를 파는 것이요,	其於治天下也 猶涉海鑿河
모기에게	而使蚊
태산을 짊어지게 하는 것(유가의 성인정치·왕도주의)과 같다.	負山也.
대저 성인(眞人)의 다스림은	夫聖人之治也
다스림을 잊게 하는 것(노장의 無治)이다.	治外⁶⁾乎.
마음을 바르게 함으로써 교화를 행하고	正而後行

진실로 능한 일을 확고히 하는 것으로 그친다.　　　　　確乎能其事者而已矣.

장자莊子/내편內篇/대종사大宗師

요임금(聖人)이 이미 네게 인의로써 먹물뜨는 형벌을 주었고　　夫堯旣已黥[7]汝以仁義
시비로써 코 베는 형벌을 내렸다.　　　　　　　　　　　而劓[8]汝以是非矣.
네 어찌 대우주자연의 변화를 따라　　　　　　　　　　　汝將何以遊 夫遙蕩
마음껏 뛰노는 도道에 노닐겠느냐?　　　　　　　　　　　恣睢 轉徙之途乎.

　이처럼 공맹과 노장은 성인에 대한 시각이 전혀 다르다.
공맹의 성인은 천명을 받은 천자天子를 지칭하고, 노장의
도인은 자연을 따르는 은둔자이기 때문이다. 장자는 도인
을 '천인天人', '진인眞人', '지인至人'으로 구분했지만 모
두 자연을 따르는 은자를 말할 뿐 군왕을 지칭하지는 않는
다. 그러므로 공맹의 성인정치는 플라톤의 철인哲人정치와
비슷한 절대왕정을 의미하지만 노장의 도인정치는 원시
공산사회의 무정부주의를 의미한다. 다만 노장도 성인을
말했지만 그것은 원시 공산사회인 제정일치祭政一致 시대
의 제사장을 지칭할 뿐 예치禮治 시대의 요堯·순舜·우禹·
탕湯을 말한 것은 아니었다.
　『노자』 54장에서 제사祭祀를 말한 것도 제정일치 시대의
'무치無治의 치治'를 말한 것이다. 제사에 대한 언급은 『노

---

6) 外(외)=遺, 棄也.
7) 黥(경)=墨刑.
8) 劓(의)=코를 베는 형벌. 五刑의 하나.

자』에서 이 글이 유일하다. 『노자』 59장에서는 "사천事天"
을 말하는데 여기서도 천제天帝를 섬긴다는 것이 아니라
자연을 따른다는 뜻이다. 또한 『노자』 5장에서는 "천지天地
는 인자하지 않다"고 말한다. 이를 종합하여 볼 때 노장은
성인과 제사를 말했지만 그것은 공맹과는 달리 천天을 인
격신 '천제' 즉 하느님으로 믿은 것이 아니며 왕王을 '천
자'로 인정한 것도 아님을 알 수 있다.

오늘날 성인이라 하면 간디Mohandās Gāndhī(1869~
1948)와 슈바이처Albert Schweitzer(1875~1965)를 연상할지
도 모른다. 이때의 '성인'은 특정한 신분 계급이나 지위를
말하는 것이 아니라 '성스러운 인간'이란 보통명사에 불과
하다. 그러나 공자가 살던 춘추전국시대에 '성인'이란 이
와 다르다.

당시 성인이란 인人계급 중에서도 최고의 인人, 왕 중에
서도 성스러운 왕을 지칭했다. 공자는 요·순·우·탕·문
文·무武·주공 등 7인을 성인으로 추앙하고 이상 정치의 표
상으로 삼았다.

그런데 요·순·우·탕·문·무 등 여섯 임금 외에도 성인
이라 존칭된 사람들이 있다. 공자는 주공을, 묵자는 순의
어진 신하들인 고요皐陶·후직后稷을 성인으로 지칭했다.
고요는 법전을 만들었고, 후직은 씨를 뿌리고 가꾸는 법을
가르쳤으며, 주공은 조카인 성왕成王을 도와 7년 동안 섭정
을 맡아 주나라의 제도와 예악을 정비했다. 이들은 성왕은
아니지만 천하를 다스려 인민을 번성하게 했으므로 성왕
과 함께 성인이라고 존칭한 것이다. 여기서 특히 주목해야

할 점이 있다. 『논어』에는 성인에 대해 직접적으로 설명하는 글이 단 한 구절도 없고, 이는 『묵자』에 처음으로 나타난다는 점이다.

묵자墨子/겸애兼愛 상

성인이란 천하를 다스리는 것을 직책으로 하는 인人이다.	聖人 以治天下爲事[9]者也.
그러므로 반드시 어지러움이 일어나는 원인을 알아야만	必知亂之所自起
능히 다스릴 수 있다.	焉能治之.
만약 어지러움의 원인을 모른다면	不知亂之所自起
성인도 다스릴 수 없을 것이다.	則不能治.

묵자墨子/천지天志 하

하夏·은殷·주周 삼대三代의 성왕들인	故昔也三代聖王
요·순·우·탕·문·무는	堯舜禹湯文武之
천하를 두루 평등하게 사랑했다.	兼愛天下也.
그들은 백성을 따르고 이롭게 하며 그들의 뜻을 교화하며	從而利之 移其百姓之意
그들을 이끌고 상제와 산천·귀신을 공경했다.	焉率以敬上帝山川鬼神.
하늘은 자신이 사랑하는 것을 그들이 사랑해 주었고	天以爲從其所愛 而愛之
이롭게 해줄 자를 이롭게 했다고 생각했다.	從其所利而利之.
그래서 이들 어진 이에게 상을 더해 주고	於是加其賞焉.
윗자리에 앉게 하여	使之處上位
천자天子로 삼고 법도로 본받도록 했다.	立爲天子 以法也.
그들을 이름하여 성인이라고 한다.	名之曰聖人.

---

9) 事(사)=職也, 任也.

묵자墨子/상현尙賢 중

그러면 하늘이 부린 유능한 자는 누구인가?

옛날 우·직·고요가 이들이다.

이들 삼공三公은 공을 이루어 백성들을 번성하게 했으므로
곧 이들 세 분을 성인이라 말한 것이다.

然則天之所使能者誰也.

曰若昔者禹稷皐陶是也.

三后[10]成功 維假[11]於民.

則此言三聖人者.

　공자는 제왕帝王이 아닌데 어째서 성인이라 하는가? 과
연 공자는 언제 성인으로 추대됐는가? 정확한 시기는 고증
할 수 없으나 후한 때 백호관회의 이후라고 보아야 할 것이
다. 기원전 136년 유학이 국교가 된 이래 150여 년이 지나
자 종교적 권위가 쇠퇴했고 드디어 기원후 8년 전한이 멸
망했다. 그 후 15년 뒤인 23년에 후한이 재건됐고, 79년에
왕을 비롯한 천하의 장수, 대부, 박사 등을 모두 백호관白虎
觀에 소집하여 오경五經의 동이同異에 대해 강의를 하고 참
위유학讖緯儒學을 재정립했다. 이때 요·순·우·탕·문·
무·주공 외에 복희·신농·황제·고요·공자 등 5인을 성인
으로 추가하기로 결의했던 것이다. 그러므로 유가들에게
성인은 12인 외에는 없다. 그런데도 도올은 텔레비전 강의
에서 성인을 무당이라고 거듭 주장하고 있으니 한심한 노
릇이다. 그러나 성인은 천제天祭를 지내는 제사장이었을
뿐 잡신을 섬기는 무당과는 하늘과 땅처럼 거리가 멀다.

---

10) 三后(삼후)=三公.

11) 假(가)=殷의 誤.

성인의 정의

백호통의白虎通義/성인聖人

성인이란 누구인가?	聖人者何.
성聖이란 통함이요, 도리요, 들음이다.	聖者 通也 道也 聲也.
도道는 통하지 않는 곳이 없고 밝음은 비추지 않는 것이 없고	道無所不通. 明無所不照
하늘의 소리를 듣고 인정을 안다.	聞聲知情.
천지와 같이 덕성스럽고 일월과 같이 밝으며	與天地合[12]德 日月合明
사시와 질서를 나란히 하고 귀신과 길흉을 같이한다.	四時合序 鬼神合吉凶.
예禮에서 구별한 명칭 기록에 이르기를	禮別名記曰
"다섯 사람이면 선인善人(茂)이라 하고	五人曰茂
열 사람이면 선택된 사람(選)이라 하고	十人曰選
백 사람이면 준재(俊)라 하고, 천 사람이면 영재(英)라 하고	百人曰俊 千人曰英
곱절의 영재를 현재(賢)라 하고, 만인이면 걸웅(傑)이라 하고	倍英曰賢 萬人曰傑.
만 곱의 걸웅을 성인聖人이라 한다"고 했다.	萬傑曰聖.
제왕帝王을 성인이라 부르는 것을 어찌 아는가?	何以知帝王聖人也.
『주역』에서 이르기를	易曰
"옛날 복희씨가 천하의 왕이었고	古者伏羲氏之王天下也
이때 처음으로 팔괘를 만들었는데	於是始作八卦
성인이 『주역』을 지었다"고 했다.	又曰 聖人之作易也.
또 이르기를 "복희씨가 죽고 신농씨가 일어났고	又曰 伏羲氏沒 神農氏作.
신농씨가 죽자 황제와 요와 순이 일어나	神農氏沒黃帝堯舜氏作.
문명과 언로가 밝게 일어났으니	文俱言作明

---

12) 合(합)=同也, 齊也.

모두 성인" 이라고 했다.　　　　　　　　　　　皆聖人也.

어찌하여 문왕·무왕·주공을　　　　　　　　　何以言文王武王周公
모두 성인이라 하는가?　　　　　　　　　　　皆聖人.
『시경詩經』에 이르기를 "문왕이 천명을 받았다"고 했는데　詩曰 文王受命.
성인이 아니면 천명을 받을 수 없기 때문이다.　　非聖不能受命.
『주역』에 이르기를　　　　　　　　　　　　　易曰
"탕왕과 무왕의 혁명은 천명에 순종했으니　　　湯武革命順乎天.
탕·무는 문왕과 똑같이 성인이다"라고 했다.　　湯武與文王比方.
…무슨 까닭으로 고요를 성인이라 하는가?　　　…何以言皐陶聖人也.
『묵자』「상현尙賢」편에서 말했다.　　　　　　以自篇13)曰.
"옛 고요를 상고해 보면 성인이다.　　　　　　若稽古皐陶聖人
그는 능히 순임금에게 도를 펴게 했고　　　　　而能爲舜陳道.
짐의 말이 은혜롭고 시행될 수 있게 했으며　　　朕言惠可底行
또한 음악과 법률을 널리 펴 기강을 밝아지게 했다."　又旁施象14)刑維明.

성인은 생전에 남들이 그가 성인임을 아는가?　　聖人未沒時 寧知其聖乎
물론 안다.　　　　　　　　　　　　　　　　曰知之.
『논어』에 이르기를 "태재太宰가 자공子貢에게　　論語曰 太宰問子貢曰
선생은 성자가 아닌가?'라고 물으니　　　　　　夫子聖者歟.
공자는 이 말을 듣고　　　　　　　　　　　　孔子曰
'태재가 나를 아는구나!'라고 했다"고 한다.　　太宰知我乎.

---

13) 自篇(자편)=不詳. 혹은 고요를 성인이라고 말한 『묵자』.
14) 象(상)=樂名. 文王의 舞樂.

성인 스스로도 성자임을 아는가? 물론 안다.
『논어』에 이르기를 "문왕께서 돌아가시고
그 문물이 나에게 있다"고 했다.

聖人亦自知聖乎. 曰知之.
論語曰 文王旣沒
文不在茲乎.

그러나 천자의 권위가 유명무실해진 전국시대에 이르면
천자를 대신하여 천하를 지배하는 제후 혹은 천하가 존경
하고 따르는 공경公卿 혹은 공자처럼 영토를 갖지 않았으
나 명성이 높은 대부大夫나 도인道人까지도 '성인답다'고
일컬어지게 된다. 이처럼 '성인'이란 명칭이 하방되다가
급기야 후한 때에 이르러 천자가 아닌 고요, 후직, 공자까
지도 성인이라는 호칭을 받게 된다..

그러나 진秦나라 이전의 문서에서 말하는 성인이란 공
자·맹자·간디·슈바이처 같은 성스런 사람을 지칭한 것이
아니라 '군대와 권력을 가진 최고 통치자'를 숭상하는 명
칭이라는 사실을 유의해야 한다.

『노자』 19장 해석

장자莊子/외편外篇/재유在宥

지금 세상은 목 잘린 시체가 서로 베고 누웠고
차꼬를 찬 죄인들이 서로 밀치며
형벌로 죽은 자들이 서로 원망한다.

今世殊[15]死者相枕也.
桁楊[16]者相推也.
刑戮者相望[17]也.

---

15) 殊(수)=斷也.
16) 桁楊(항양)=차꼬.
17) 望(망)=怨也.

…나는 성지聖智(성인과 지자)가

사람을 구속하는 형틀의 고리가 되고

인의仁義가

손발을 묶는 질곡의 자물쇠가 되지 않는다고 말할 수 없다.

어찌 유가들이

걸주와 도척盜跖의 효시가 되지 않았다고 말할 수 있겠는가?

그러므로 (노자는) 말하기를

"성聖(성인)을 없애고 그들의 지혜를 버려야만

천하가 태평할 것이다"라고 했다.

···吾未知聖智之

不爲桁楊接槢[18]也.

仁義之

不爲桎梏鑿枘[19]也.

焉知曾史[20]之

不爲桀跖嚆矢也.

故曰

絕聖棄知

而天下大治.

『노자』 27장 해석

장자莊子/외편外篇/거협胠篋

상자와 자루를 열고

궤짝을 뒤지는 도둑을 막으려면

반드시 노끈으로 단단히 묶고

튼튼한 빗장이나 자물쇠로 잠가두어야 한다고 말한다.

이것이 이른바 세상의 지혜라는 것이다.

그러나 큰 도둑은 궤짝을 짊어지고

상자를 들고 자루를 메고 달아나면서

將爲胠篋 探囊

發匱之盜 而爲守備

則必攝[21]緘縢[22]

固扃[23]鐍[24]

此世俗之所謂知也.

然而巨盜至則負匱

揭篋 擔囊而趨

---

18) 接槢(접습)=차꼬를 잠그는 고리.

19) 鑿枘(착예)=질곡을 잠그는 도구.

20) 曾史(증사)=공자의 제자인 曾參과 史鰌.

21) 攝(섭)=結.

22) 縢(등)=約.

23) 扃(경)=빗장, 鼎扛(솥을 드는 도구), 士冠禮 設鼎扛.

24) 鐍(휼)=자물쇠.

오히려 그 노끈이나 자물쇠가 튼튼하지 않을까 걱정한다.   唯恐緘縢 扃鐍之不固也.

그런즉 지난날 이른바 지혜 있다는 자들은   然則鄉之所謂知者

큰 도둑을 위해 쌓아두는 자들이 아니고 무엇인가?   不乃爲大盜積者也.

그러므로 이런 경험으로 말한다면   故嘗試[25]論之

세상에 지혜 있다는 선비들이란   世俗所謂知者

결국 큰 도둑을 위해 재물을 쌓아두는 자들이 분명하다.   有不爲大盜積者乎

이른바 성인이란   所謂聖者

큰 도둑을 위해 문지기 노릇을 하는 자들인 것이다.   有不爲大盜守者乎.

유가와 묵가들이 말하는 성인의 대표적인 인물은 요순堯舜이다. 그런데 장자는 요순을 혼란의 근원이라고 규정하고 격렬하게 비판했다.

장자莊子/잡편雜篇/경상초庚桑楚

그런데 너희가   且夫二子者

어찌 요순을 칭송한단 말이냐?   又何足以稱揚哉.

그의 분별이란 고작 남의 담장이나 뚫고   是其於辯也 將妄鑿垣墻

잡초만 자라게 한 것뿐이다.   而殖蓬蒿也

머리칼을 가려 빗질하고 쌀 톨을 세어 밥을 짓듯   簡髮而櫛 數米而炊

시시콜콜한 분별로 어찌 세상을 구제할 수 있단 말인가?   竊竊[26]乎 又何足以濟世哉.

어진 사람을 등용하여 백성들 사이에 알력이 생기게 했고   舉賢 則民相軋

지혜 있는 자를 임용하여   任知

---

25) 嘗試(상시)=經驗.
26) 竊竊(절절)=察察也.

백성들이 서로 도둑질을 하게 만들었다.　　　　　　　則民相盜.

이처럼 사물을 셈하는 자는　　　　　　　　　　　之²⁷⁾數物者

백성을 행복하게 할 수 없다.　　　　　　　　　　不足以厚²⁸⁾民.

백성들에게 자기 이익을 위해 너무 힘쓰게 함으로써　民之於利甚勤

급기야 자식이 아비를 죽이고 신하가 군주를 죽이고　子有殺父 臣有殺君

한낮에 도둑질을 하고 남의 담장을 뚫는 지경에 이른 것이다.　正晝爲盜 日中穴坏.

내가 너희에게 말하노니 이러한 큰 혼란의 뿌리는　吾語汝 大亂之本

분명히 요순시대에 생긴 것이다.　　　　　　　　必生於堯舜之間.

그 폐해는 천대까지 남을 것이니　　　　　　　　其末存乎千世之後.

천 년 후에는　　　　　　　　　　　　　　　　千歲之後

사람과 사람이 서로 잡아먹는 시대가 반드시 올 것이다.　其必有人與人相食者也.

　　이처럼 노자와 장자는 분명하게 '공자의 성인' 즉 성왕을 반대한다. 또한 기원전 120년경 전한 초의 문서인 유안의 『회남자』는 『노자』를 공자에 친화적으로 해석하는 경향인데도 위의 『노자』 19장의 글에 대해서는 명확하게 '성인'을 부정하는 뜻으로 해석했다. 왕필도 이러한 장자와 유안의 해석을 잘 알고 있었다. 그러함에도 왕필은 노자의 '반성인反聖人'을 희석시킨다. 이로써 왕필의 『노자』 해석은 노자와 공자를 결합시키기 위한 계획적이고 의도적인 곡학아세曲學阿世임을 알 수 있다. 그러함에도 도올은 왕필을 추종한다. 그는 서두에서 적시한 것처럼 '성왕'을 '성스

---

27) 之(지)=諸也, 若也.
28) 厚(후)=益也.

러움'으로, '공자의 인仁과 의義'를 '인자함과 의로움'으로 번역함으로써 반공자적인 정치성을 탈색시켜 처세훈으로 왜곡한다. 그러나 이는 본래의 『노자』가 아니라 가짜 『노자』일 뿐이다.

장자莊子/외편外篇/거협胠篋

도척의 무리들이 도척에게 물었다.	故盜跖之徒 問於跖曰
"공자의 무리들은 도道가 있는데 우리들도 도가 있습니까?"	盜亦有道乎
도척이 말했다. "어디를 간들 도가 없겠느냐?	跖曰 何適而無有道邪.
남의 집 안에 감추어진 재물을 짐작하여 알아내는 것은	夫妄意[29]室中之藏
성聖이요,	聖也
먼저 들어가는 것은 용勇이요,	入先勇也
뒤에 나오는 것은 의義요,	出後義也
가부를 아는 것은 지知요,	知可否知也
도둑질한 것을 고르게 나누는 것은 인仁이다.	分均仁也.
이 다섯 가지 도를 갖추지 않고 대도大盜가 된 자가	五者不備 而能成大盜者
천하에 없었느니라.	天下未之有也.
이로 볼 때	由是觀之
선인善人은 성인의 도를 얻지 못하면 이룰 수 없고	善人不得聖人之道不立.
도척도 성인의 도를 얻지 못하면 도적질을 할 수 없다.	跖不得聖人之道不行.
천하에 선인은 적고 선하지 않은 사람은 많으니	天下之善人少 而不善人多.
성인(聖王)이 천하를 이롭게 하는 것은 적고	則聖人之利天下也少
천하를 해롭게 하는 것은 많다.	而害天下也多.

---

29) 妄意(망의)=斟量商度.

그러므로 이르기를 입술이 없어지면 이가 시리고　　　　　故日 脣竭則齒寒

노나라 술이 맑았는데 조趙나라 서울(邯鄲)이 포위됐듯　　魯酒薄而邯鄲圍.

성인이 생기니 도둑이 일어난다고 한다.　　　　　　　　聖人生而大盜起.

그러므로 성인(聖王)을 없애면 도둑도 따라서 사라질 것이며　掊擊聖人縱舍盜賊

천하는 비로소 다스려질 것이다.”　　　　　　　　　　而天下始治矣.

『노자』 19장 해석

회남자淮南子/도응훈道應訓

도척의 부하들이 물었다. “도둑에게도 도道가 있습니까?”　跖之徒問日 盜亦有道乎.

도척이 대답했다. “어디 간들 도가 없겠느냐?　　　　　跖日 奚適其無道也.

어디에 재물을 숨겨놓았는지 알아내는 것이 성聖이요,　夫意而中藏者聖也.

맨 먼저 들어가는 것이 용勇이요,　　　　　　　　　　入先者勇也.

맨 뒤에 나오는 것이 의義요,　　　　　　　　　　　出後者義也.

몫을 균등하게 나누는 것이 인仁이요,　　　　　　　　分均者仁也.

가부를 결정하는 것이 지知다.　　　　　　　　　　　知可否者智也.

이로 볼 때 도적의 마음도　　　　　　　　　　　　由此觀之 盜賊之心

성인의 도를 의탁한 연후에야 도둑질할 수 있었다.　必託聖人之道 而後可行.

그러므로 노자가 이르기를　　　　　　　　　　　　故老子日

‘성聖(성왕)을 없애고 지혜를 버려야만　　　　　　　絕聖棄智

민民에게는 백배 이로울 것’ 이라고 했던 것이다.”　　民利百倍.

　끝으로 『장자』를 읽는 데 반드시 유의할 점이 있다. 『장자』는 우언寓言과 반어反語와 중언重言으로 되어 있다는 점이다. 중언이란 중복된 말이라는 뜻이지만 요즘 말로 하면 패러디를 의미한다. 『장자』에는 성인과 공자가 등장하지만 그것은 어디까지나 배우의 이름일 뿐 그 대사는 실제의 성인, 공자와는 반대된다. 『장자』에 나오는 성인은 유가들이 말하는 성인聖人이 아니라 무위자연의 진인眞人의 대사를 읊고 있다. 그러므로 이러한 중언을 근거로 노장이 성인을 찬양했다고 말하는 것은 유치한 오해다.

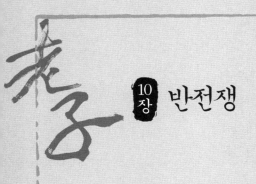

10장 반전쟁

노자 읽기

《 노자 · 30장 》

무위자연의 도道로써 군왕을 보좌하는 자는   以道佐人主者
무력(兵)으로 천하 인민을 강압하지 않는다.   不以兵强¹⁾天下

   김경탁 : 도로 인주人主를 보좌하는 이는 천하에서 강하게 하지 않는다.

   노태준 : 도로써 인주를 보좌하려는 자는 병력으로 천하를 강대하려 하지
              않는다.

   김용옥 : 도道로써 사람의 주인을 보좌하는 사람은 무력으로 천하를 강하
              게 하지 않는다.

   오강남 : 도로써 군주를 보좌하는 사람은 무력을 써서 세상에 군림하는 일
              이 없도록 해야 합니다.

그의 직무는 즐겁게 자연으로 돌아가게 하는 일이다.   其事²⁾好還³⁾

   김경탁 : 그 전쟁이란 (자기에게) 되돌아오기를 좋아한다.

---

1) 强(강)=暴也.
2) 事(사)=任也.
3) 還(환)=遜也. 遜民이라 하면 자연에 순응하는 民을, 順民이라 하면 군왕을 잘 따르는 民을 말한다.

장기근 : 그가 하는 일은 항상 모든 것을 도에 복귀시키고자 한다.

노태준 : 그 일(정치)은 도에 돌아옴을 좋아한다.

김용옥 : 무력의 댓가는 반드시 자기에게 되돌아오기 마련이다.

오강남 : 무력을 쓰면 반드시 그 대가가 돌아오게 마련이어서

군사가 머문 곳에는 가시덤불만 자라고
대군을 일으킨 후에는 반드시 흉년이 든다.
그러므로 선정善政은 도道를 행하는 것으로 그칠 뿐,
감히 강압으로 취하려 하지 않는다.

師之所處 荊棘生焉
大軍之後 必有凶年
故善者果⁴⁾而已矣
不敢以取强焉.

> 김경탁 : 전쟁을 잘하는 사람은 전쟁의 목적을 달성할 뿐이요, 감히 강强을
> 취하지 않고 철수하여 버린다.
>
> 노태준 : 그러므로 정치를 잘하는 자는 저절로 이루게 하는 것이다. 그리하
> 여 억지로 강대해지려 하지 않는다.
>
> 김용옥 : 부득이해서 난을 구해줄 뿐, 무력으로 세상을 억누르지 않는다.
>
> 오강남 : 훌륭한 사람은 목적만 이룬 다음 그만둘 줄 알고, 감히 군림하려
> 하지 않습니다.

도를 행할 뿐 자만하지 않고 자랑하지 않으며,

果而勿矜 果而勿伐

> 김경탁 : 목적을 달성하고도 전공을 자랑하거나 뽐내지 않는다.
>
> 노태준 : 무위로 이루어 자랑하지 않고, 자기 공을 내세우지 않고,
>
> 김용옥 : 좋은 성과가 있어도 뽐내지 않고, 으시대지 않으며,
>
> 오강남 : 목적을 이루었으되 자랑하지 않고 뽐내지 않고,

도를 행할 뿐 교만하지 않고 좌절하지 않으며,

果而勿驕 果而不得已⁵⁾居⁶⁾

> 김경탁 : 목적을 달성하고도 교만하지 않고 부득이했다고 말한다.

---

4) 果(과)=必行也, 敢行其志也.
5) 已(이)=止也, 黜棄也. 語終辭.

노태준 : 무위로 이루어 교만하지 않는다. 무위로 이루어 부득이하고,

김용옥 : 좋은 성과가 있어도 교만하지 않고 단지 부득이해서 그리된 것일
뿐이니,

오강남 : 목적을 이루었으되 교만하지 않습니다. 목적을 이루었으되 할 수
없어서 한 일,

도를 행할 뿐 강압하지 않는다.　　　　　　　　　　是謂果而勿强[7]

김경탁 : 목적을 달성하고도 이쪽이 강하다고 하지 않는다.

노태준 : 무위로 이루어 강대하지 않는다.

김용옥 : 좋은 성과를 올렸다 해서 강함을 과시하지 마라.

오강남 : 목적을 이루었으되 군림하려 하지 않습니다.

사물이란 용력을 과용하면 곧 노쇠해진다.　　　　　物壯[8]則老

김경탁 : 사물은 장성壯盛하면 노쇠한다.

노태준 : 물은 강장하면 곧 노쇠한다.

김용옥 : 모든 사물은 강장하면 할수록 일찍 늙는다.

오강남 : 무엇이나 기운이 지나치면 쇠하게 마련

이것을 부도不道라 하니, 부도하면 하급 무사가 될 뿐이다.　是謂不道 不道早[9]已.

김경탁 : 이것을 부도한 일이라 한다. 부도한 일은 빨리 끝난다.

노태준 : 이것을 부도不道라고 하는데 부도는 곧 앞길이 막힌다.

김용옥 : 이것을 도답지 않다고 한다. 도답지 않으면 일찍 끝나버릴 것이다.

오강남 : 도가 아닌 까닭입니다. 도가 아닌 것은 얼마 가지 않아 끝장이 납
니다.

---

6) 居(거)=安置也, 坐也. 語助辭. 왕필본에는 탈락됨.
7) 왕필본에는 앞에 '是謂'가 탈락됨.
8) 壯(장)=武力暴興也.
9) 무(조)=皁(마구간 下人)와 통용.

《 노자 · 31장 》

대저 우수한 병사(兵)는 상서롭지 않은 도구다.　　　　　夫佳兵者 不祥之器

만물도 소국小國들도 그것을 싫어한다.　　　　　　　　物或[10]惡之

　　김경탁 : 사물이 이것을 싫어하는지도 모른다.

　　김용옥 : 만물은 모두 그것을 혐오할 뿐이니,

그러므로 도를 행하는 자는 그것에 몸담지 않는다.　　故有道者不處

그러므로 군자는 평시엔 좌측을 귀히 여기고　　　　　是以君子居則貴左

병사에서는 우측을 귀히 한다.　　　　　　　　　　　用兵則貴右

병사란 상서롭지 못한 도구이며　　　　　　　　　　兵者不祥之器

군자의 도구가 아니기 때문이다.　　　　　　　　　　非君子之器

부득이 쓰는 경우에도　　　　　　　　　　　　　　不得已而用之

이욕을 탐하지 않는 것을 상책으로 하고　　　　　　　恬淡[11]爲上

승리해도 찬양하지 않는다.　　　　　　　　　　　　勝而不美

승리를 찬양하는 것은 살인을 즐거워하는 것이기 때문이다.　而美之者 是樂殺人也

대저 살인을 즐거워하는 자는　　　　　　　　　　　夫樂殺人者

천하에 그 뜻을 얻지 못한다.　　　　　　　　　　　不可以得志於天下矣.

길사에는 좌측을 높이고, 흉사에는 우측을 높인다.　　吉事尙左 凶事尙右

그러므로 편장군은 좌측에 앉고, 상장군은 우측에 앉는다.　偏將軍居左 上將軍居右

이것은 군사의 예는 상례로 처리하는 것임을 말해 준다.　言以喪禮處之

살인을 많이 했으므로 슬픈 마음으로 그들을 애도하고　殺人之衆 以悲哀泣之

전승을 상례로 처리하는 것이다.　　　　　　　　　戰勝以喪禮處之.

---

10) 或(혹)=邦也.

11) 恬淡(념담)=이욕을 탐하지 않는 마음.

《 노자 · 36장 》

접고 싶으면 반드시 펴주어라.

약하게 하고 싶으면 반드시 강하게 해주어라.

폐하게 하려면 반드시 흥하게 해주어라.

빼앗고 싶으면 반드시 주어라.

이것을 일러 감추어진 밝음(微明)이라 한다.

부드러운 것이 굳센 것을 이기고, 약한 것이 강한 것을 이기는 것은

물고기가 연못을 벗어나지 못하는 것과 같다.

나라의 날카로운 도구(병기)는 사람들에게 과시하면 안 된다.

將欲歙之 必固張之	
將欲弱之 必固强之	
將欲廢之 必固興之	
將欲奪之 必固與之	
是謂微明[12]	
柔弱勝剛强	
魚不可脫於淵	
國之利器[13] 不可以示人.	

　　김경탁 : 국가의 무력은 남에게 과시하면 안 된다.

　　장기근 : 유약승강의 도리를 함부로 내보이지 않는다.

　　노태준 : 성인의 영지로 제정한 나라의 규범은 남에게 보이지 말 것이다.

　　김용옥 : 나라의 이로운 기물은 사람에게 보여서는 아니 되리.[14]

　　오강남 : 나라의 날카로운 무기도 사람들에게 보여서는 안 된다.

　　이석명 : 국가를 다스리는 수단은 사람들에게 내보여서는 안 된다.

《 노자 · 46장 》

천하에 도가 있으면 전마戰馬는 퇴역하여 똥차를 끌고,

천하에 도가 없으면 전마가 국경에 나타난다.

재앙은 만족할 모르는 것보다 큰 것이 없고,

天下有道 郤[15]戎馬以糞[16]	
天下無道 戎馬生於郊	
禍莫大於不知足	

---

12) 微明(미명)=雖若幽隱. 而實至明白也矣=襲明=明夷(䷣).

13) 利器(리기)=나라의 利器는 무기를 말하고 백성의 利器는 편리한 도구를 말함. 利=본뜻은 銛也이나 利害의 利로 확장됨.

14) 도올의 해석은 利器를 긍정하고 귀하게 여기는 것이므로 위 利器와 奇物을 거부하는 노자의 反文明의 기조와 어긋난다.

15) 郤(극)=退後也.

16) 糞(분)=糞車.

허물은 소유욕보다 큰 것이 없다.　　　　　　　　咎莫大於欲得

그러므로 자족自足함을 아는 만족이야말로 항상 만족이다.　　故知足之足 常足矣.

《 노자 · 68장 》

잘 다스리는 선비는 무력을 사용하지 않는다.　　　　善爲士者不武[17]

잘 싸우는 자는 분노하지 않으며　　　　　　　　善戰者不怒

적을 잘 이기는 자는 맞붙지 않는다.　　　　　　善勝敵者不與

남을 잘 부리는 자는 그를 위해 아래가 된다.　　　善用人者爲之下

이를 일러 싸우지 않는 덕이라 하고(不爭)　　　　是謂不爭之德

남을 부리는 힘이라 하고　　　　　　　　　　　是謂用人之力

이것을 일러 자연에 배합된 옛날의 도라고 말한다.　　是謂配天 古之極.

《 노자 · 69장 》

병법兵法에 이런 말이 있다.　　　　　　　　　　用兵有言

나는 결코 전쟁의 주역이 되지 않고 말리는 손님이 되며,　　吾不敢爲主 以爲客

　김경탁 : 나는 감히 주가 되지 않고 객이 되며,

　김용옥 : 나는 주인 될 생각을 아니하며 손님이 될 뿐이며,

　이석명 : 나는 감히 먼저 공격하기보다 공격을 기다리며,

　김형효 : 나는 감히 전쟁의 주체가 되지 않고, 전쟁에 끌려들어 간 객체가
　　　　　되며,

한 치를 나아가지 않고 한 자를 물러난다.　　　　不敢進寸 而退尺

　김경탁 : 감히 일촌一寸을 전진하지 않고 일척一尺을 후퇴한다.

　김용옥 : 나아갈 때는 촌으로 함도 삼가고 물러날 때는 척으로 한다고,

---

17) 武(무)=善於兵事也, 戰鬪之方術也, 勇也.

이를 일러 진 없는 진을 치고 팔 없이 뿌리치며,　　　是謂行無行[18] 攘無臂

　　김경탁 : 행진하되 형적이 없고, 물리쳐도 팔을 쓰지 않고

　　김용옥 : 이것을 일컬어 감이 없이 가고, 팔뚝이 없이 내동댕이치고,

군사 없는 위세요 대적 없는 나아감이라고 한다.　　　執[19]無兵 扔[20]無敵

　　김경탁 : 붙잡아도 병장기를 쓰지 않고 나아가되 적이 없다고 한다.

　　김용옥 : 무기가 없이 무력을 쓴다고 한다. 이러하면 곧 무적인 것이다.

재앙은 적을 가볍게 보는 것보다 큰 것이 없다.　　　禍莫大於輕敵

적을 가볍게 보면 나의 보루를 잃을 것이기 때문이다.　　　輕敵幾喪吾寶[21]

그러므로 병력 대치가 잦아질수록 긍휼히 여기는 자가 이긴다.　　　故抗兵相加[22] 哀[23]者勝矣.

　　김경탁 : 그러므로 군사를 들어 서로 어울릴 때에 슬퍼하는 자가 이긴다.

　　김용옥 : 그러므로 접전하는 군대가 서로 비등할 땐 애통해하는 자가 이기
　　　　　　느니.

---

18) 行(행)=陳也, 陣也.
19) 執(집)=執也. 勢와 仝.
20) 扔(잉)=就也.
21) 寶(보)=葆 實과 통용. 塞의 뜻.
22) 加(가)=當也. 백서본은 '若'으로 됨.
23) 哀(애)=愛也, 憐也.

전쟁 반대

문명사회의 특징을 말하려면 여러 가지를 들 수 있을 것이다. 그러나 문명은 전쟁으로부터 시작됐다고 해도 과언이 아닐 것이다. 노장은 문명을 거부했으므로 당연히 전쟁도 반대했다. 춘추전국시대는 500여 년 동안 제후들이 군웅할거하며 쟁패하던 전쟁의 시대였다. 이로 인해 민생은 참담한 지경에 처해 있었다. 이러한 절망의 시대에 나라와 가문의 안정을 희구하는 지배 세력은 천하 통일을 염원했고 민중들은 전쟁의 종식을 염원했다.

제자백가 중에서 민중의 편이었던 진보적인 묵자와 노장은 전쟁을 반대하는 입장에 섰다. 반면 지배계급의 입장을 옹호하던 공맹과 유가들은 천자의 전쟁 독점권과 덕치를 강조하는 왕도주의파인 군자유君子儒와 이를 반대하며 부국강병과 법치를 주장하는 패도覇道주의파인 소인유小人儒로 분열됐다. 공맹은 왕도파를 군자君子라 지지하고 패도파를 소인小人이라 비난했으며, 반면 관자管子(管仲, BC ?~645)·순자荀子(荀況, BC 298?~238?)·한비는 패도를 지지했다.

이처럼 옛날부터 민중을 우선시하는 진보주의의 징표는 반전反戰이었고, 국가와 민족을 내세우는 보수주의의 상징은 부국강병과 전쟁론이었다.

특히 노장은 소규모 공동체를 지향하는 공산주의자였으므로 당연히 전쟁을 반대했다. 다만 묵자는 전쟁에 대해 정치적·경제적·사회적으로 연구한 전쟁 이론가요 반전운동

을 조직적으로 전개한 평화운동가였으나, 노장은 은둔주
의였다는 점에서 다를 뿐이다.

반전운동의 시조 묵자

묵자墨子/겸애兼愛 중

서로를 평등하게 사랑하고	然則兼相愛
이롭게 하는 법은 어찌해야 하는가?	交相利之法 將奈何哉.
묵자는 말하기를	子墨子言
"남의 나라를 내 나라같이 보고	視人之國 若視其國.
남의 가문을 내 가문처럼 보며	視人之家 若視其家.
남의 몸을 내 몸처럼 보라"고 했다.	視人之身 若視其身.

묵자墨子/법의法儀

천하의 크고 작은 모든 나라는	今天下無大小國
모두 하느님의 고을이며	皆天之邑也.
사람은 어른·아이, 귀천을 막론하고 모두 하느님의 신하다.	人無幼長貴賤 皆天之臣也.
그러므로 하느님은 너희에게	是以知天必欲
서로를 사랑하고 이롭게 하기를 바라고	人之相愛相利.
서로를 미워하고 해치지 말기를 바라는 것을 알 수 있다.	而不欲人之相惡相賊也.

묵자墨子/비공非攻 상

한 사람을 죽이면 불의라고 말하고	殺一人謂之不義
반드시 한 번 죽을죄가 있다고 말한다.	必有一死之罪矣.

만약 이런 논리로 말한다면	若以此說往
열 사람을 죽이면 열 곱절 무거운 불의이니	殺十人十重不義
반드시 열 번 죽을죄를 물어야 하고,	必有十死之罪矣.
백 사람을 죽이면 백 곱절 무거운 불의이니	殺百人百重不義
반드시 백 번 죽을죄를 물어야 한다.	必有百死之罪矣.
그러나 크게 나라를 침공하여 수천수만을 죽이는 불의는	今至大爲不義攻國
그 잘못을 알지 못하고	則不知非
도리어 예찬하고 의롭다고 말한다.	從而譽之 謂之義.
이것은 진정 불의를 알지 못한 것이다.	情不知其不義也.

묵자墨子/천지天志 중

하느님은 무엇을 바라고 무엇을 미워하는가?	天之將何欲何憎.
묵자는 말하기를	子墨子曰
"하느님의 마음은 다음과 같은 것을 바라지 않는다.	天之意不欲.
대국이 소국을 침략하고, 강자가 약자를 겁탈하고	大國之攻小國 强之劫弱
귀한 자가 천한 자를 능멸하고, 다수가 소수를 해치고	貴之傲賤 衆之賊寡
지혜로운 자가 어리석은 자를 속이고	詐之欺愚
부자가 가난한 자에게 교만한 것을 미워한다.	富之驕貧
이것으로 그치지 않고	不止此而已
힘이 있는 자는 서로 도와주고	欲人之有力相營[24]
배움이 있는 자는 서로 가르쳐주고	有道相教
재산이 있는 자는 서로 나누어주기를 바란다"고 했다.	有財相分也.

---

24) 營(영)=爲也, 辯解也.

묵자墨子/노문魯問

노나라 문군文君이 묵자 선생에게 말했다.

"초나라 남쪽에 식인食人의 나라가 있는데

그 나라에서는 첫 아들을 낳으면 잡아먹으면서

다음에 태어날 동생에게 좋은 일이라고 말합니다.

그리고 맛이 있으면 군주에게 바치고

군주는 아비에게 상을 줍니다.

이 얼마나 몹쓸 풍속입니까?"

묵자가 말했다.

"중국의 풍속도 역시 이와 같습니다.

아버지를 전쟁에 보내 죽이고

그 아들이 상을 받는 중국의 풍속은

식인종의 풍속과 무엇이 다릅니까?

인의를 저버린 것은 마찬가지인데

어찌 식인종만을 비난할 수 있습니까?"

魯陽文君語子墨子曰

楚之南有啖人之國者.

其國之長子生 則解而食之

謂之宜弟.

美則以遺其君

君喜則賞其父.

豈不惡俗哉

子墨子曰

雖中國之俗 亦猶是也.

殺其父

而賞其子

何以異食其子而賞其父哉.

苟不用仁義

何以非夷人食其子也.

장자의 반전사상

장자莊子/잡편雜篇/경상초庚桑楚

경상자庚桑子가 말했다.

"…그런데 너희들이

어찌 요순을 칭송할 수 있단 말이냐?

그의 분별의 결과는

남의 담장이나 뚫고 잡초만 자라게 한 것뿐이다.

庚桑子曰

… 且夫二子者

又何足以稱楊哉.

是其於辯也

將妄鑿垣墻 而殖蓬蒿也.

…백성들에게 자기 이익을 위해 너무 힘쓰게 함으로써 …民之於利甚勤
급기야 자식이 아비를 죽이고 신하가 군주를 죽이고 子有殺父 臣有殺君
한낮에 도둑질을 하고 남의 담장을 뚫는 지경에 이른 것이다. 正晝爲盜 日中穴坏.
내가 너희에게 말하노니 이와 같은 큰 혼란의 뿌리는 吾語汝大亂之本
분명히 요순시대에 생긴 것이다. 必生於堯舜之間.
그 폐해는 천대까지 남을 것이니 其末存乎千世之後.
천 년 후에는 千歲之後
사람과 사람이 서로 잡아먹는 시대가 반드시 올 것이다." 其必有人與人相食者也.

장자莊子/잡편雜篇/열어구列禦寇

성인은 필연이라도 기필코 하려고 하지 않는다. 聖人以必不必
그러므로 병사가 없다. 故無兵.
대부분의 군주들은 필연이 아님에도 반드시 하려고 한다. 衆人以不必必之
그러므로 병사를 자랑한다. 故多²⁵⁾兵.
병사를 따르기 때문에 행함에 요구하는 것이 있다. 順於兵 故行有求
병사를 믿으면 망한다. 兵恃之則亡.

반전의 원조 백이숙제

우리가 모두 알고 있는 백이숙제伯夷叔齊는 동이족이며
묵자의 조상이다. 그런데 묵자가 반전운동의 시조라 한다
면 그의 조상인 백이숙제는 반전의 원조라고 말해야 할 것

---

25) 多(다)=稱美也, 勝也.

이다. 그러나 공자에게 백이숙제는 곤혹스러운 존재였다. 공자는 주 무왕武王(BC 1169?~1116)을 성인으로 추앙한 데 반해 백이숙제는 무왕을 반대했기 때문이다. 또한 공자는 의로운 전쟁을 주장한 데 반해 백이숙제는 전쟁 자체를 반대했기 때문이다. 이처럼 공자와 백이숙제의 근본적인 차이점은 전쟁에 대한 태도였다. 공자는 『논어』에서 백이숙제에 대해 언급했으나 그 내용은 전쟁에 관한 것이 아니라 엉뚱한 것이다. 그러므로 역사적 사실을 은폐했다는 비판을 받는다. 아마 이것이 『논어』의 권위에 가장 치명적인 하자일 것이다.

논어論語/미자微子 8

귀족이 은둔하여 민民이 된 사람은 백이숙제·	逸民 伯夷叔齊
우중虞仲·유하혜柳下惠·소련少連이다.	虞仲 柳下惠 少連.
자기 뜻을 꺾지 않고 몸을 욕되게 하지 않는 사람은	子曰 不降其志 不辱其身
백이숙제다.	伯夷叔齊.

논어論語/술이述而 14

염유冉有가 말했다.	冉有曰
"공자께서 위衛나라 군주를 도와주실까?"	夫子爲衛君乎.
자공이 말했다. "그럴 것이다. 내가 직접 물어봐야겠다."	子貢曰 諾. 吾將問之.
자공이 들어가 물었다. "백이숙제는 어떤 사람입니까?"	入曰 伯夷叔齊 何人也.
공자가 답했다. "옛 현인이다."	曰 古之賢人也
자공이 물었다. "원한이 많았겠지요?"	曰 怨乎.
공자가 말했다.	曰

"인仁을 추구하여 인을 실천했으니 무슨 원한이 있겠느냐?"   求仁而得仁 又何怨.
자공이 나와서 말했다. "선생님은 도와주지 않을 것이다."   出日 夫子不爲也.

  독자들은 백이숙제에 대해 말하고 있는 위 『논어』의 기
록들에 백이숙제가 무왕의 혁명에 반기를 들고 저항하다
굶어 죽었다는 비장한 사건의 언급이 전혀 없다는 점이 의
아할 것이다. 또한 위 『논어』 기록들은 다음의 기록들과 서
로 모순되는 것에 놀랄 것이다.

맹자孟子/이루離婁 상
백이는 폭군 주왕을 피해 북해의 바닷가에 살다가,   伯夷辟紂 居北海之濱
문왕이 일어났다는 소문을 듣고   聞文王作興
"어찌 찾아가지 않겠는가?"라고 말했다.   日盍[26]歸乎來.

단군세기檀君世紀/을미乙未52년
이해에 백이와 숙제는   是歲伯夷叔齊
고죽국孤竹國 군주의 아들로서   亦以孤竹君之子.
나라를 버리고 동해 바닷가로 도피하여   遜國而逃 居東海濱
열심히 땅을 갈아 자급하며 살았다.   力田自給.

장자莊子/잡편雜篇/도척盜跖
세상 사람들이 모두 어진 선비라고 말하는 백이와 숙제는   世之所謂賢士 伯夷叔齊
고죽국의 군주를 사양하고   辭孤竹之君.

---

26) 盍(합)=何不也.

수양산에서 굶어 죽어   而餓死於首陽之山

골육을 장사 지내지도 못했다.   骨肉不葬.

장자莊子/잡편雜篇/양왕讓王

주나라가 일어날 때 진정한 두 선비가 있었는데   昔周之興 有士二人

은나라 고죽국의 두 왕자로서 이름은 백이와 숙제라 했다.   處於孤竹 日 伯夷叔齊.

두 형제는 서로 일러 말했다.   二人相謂 日.

"…지금 주는 은의 어지러움을 드러내어   …今周見殷之亂

두렵게 함으로써 정사를 다스리고,   以遽[27]爲政.

위에서는 꾀로 하고 아래서는 뇌물로 하며   上謀而下行貨.

병력을 의지하여 위엄을 보존하고   阻[28]兵而保威.

희생을 갈라 피로써 맹약함으로써 믿게 하고   割牲而盟以爲信.

노래를 선양하여 대중을 달래고   揚行[29]以說衆

죽임과 정벌로 이익을 챙긴다.   殺伐以要利.

이것은 어지러움을 밀어내고 폭력으로 바꾼 것에 불과하다."   是推亂以易暴也.

사기史記/백이열전伯夷列傳

전기傳記에 의하면   其傳日

백이와 숙제는   伯夷叔齊

고죽국 군주의 두 아들이라 한다.   孤竹君之二子也.[30]

무왕이 은나라를 평정하자   武王已平殷亂

---

27) 遽(거)=懼也, 畏也.

28) 阻(조)=依也.

29) 行(행)=詩歌의 한 형태.

30) 韓詩外傳 及 呂氏春秋日 孤竹國 殷湯三月所封. 姓墨胎氏(史記索隱).

천하는 모두 주나라를 머리로 삼았으나

백이숙제는 그것을 부끄럽게 생각했다.

그는 주나라의 곡식을 먹지 않으려고

수양산首陽山에 숨어 고사리를 캐 먹었다.

굶주려 죽을 지경에 이르자

그들은 다음과 같이 노래를 지어 불렀다.

"저 서산에 올라가 고사리를 캐자꾸나!

폭력으로 폭력을 바꾸었는데 그 잘못을 모르는구나!

신농씨와 순임금과 우임금이 홀연 죽으니

나는 어디로 돌아간단 말인가?

오호! 죽음뿐이구나! 운명이 쇠잔한 것을!"

드디어 수양산에서 굶어 죽었다.

이로 볼 때 원망해야 하는가, 비난해야 하는가?

天下宗周

而伯夷叔齊恥之.

義不食周粟

隱於首陽山 采薇而食之.

及餓且死

作歌其辭曰

登彼西山兮 采其薇矣.

以暴易暴兮 不知其非矣.

神農虞夏忽焉沒兮

我安適歸矣.

于嗟徂[31]兮 命之衰矣.

遂俄死於首陽山.

由此觀之 怨邪非邪.

이처럼 백이숙제에 대한 기록들이 굶어 죽었다고도 하고 피신해서 잘 살았다고도 하는 등 정반대인 것은 무엇 때문인가? 『논어』, 『맹자』, 『단군세기檀君世紀』에서는 백이숙제가 반전 평화주의자였다는 사실을 은폐함으로써 무왕의 쿠데타를 시인한 것처럼 오해하도록 했으나, 『장자』와 『사기』에서는 무왕을 부정하고 저항한 것으로 기록했다.

그런데 왜 『사기』에서는 『논어』와 『맹자』의 기록을 무시하고 반대의 주장을 펼쳤을까? 역사가로서 『사기』의 저자가 『논어』의 기록이 사건의 본질을 변질시켰고, 『맹자』의

---

31) 徂(조)=殂와 통용.

기록이 사실을 왜곡했다고 확신하지 못했다면 어찌 감히 공맹의 기록을 무시할 수 있었겠는가?

공자는 무왕을 추앙하고 적극적으로 의전義戰을 주장했으므로 그의 입장에서는 주나라를 거부하고 전쟁을 반대한 백이숙제를 비난해야 마땅했을 것이다. 그러나 민중들이 백이숙제를 흠모했으므로 이를 거스를 수 없었을 것이다. 그렇다고 반전反戰·반주反周에 동조할 수도 없는 난처한 처지였으니 그들을 추앙하되 그 이유를 인자仁者·현인賢人으로 변질·윤색했다고밖에 달리 설명할 수 없다.

다음은 연암의 『열하일기熱河日記』에 나오는 백이숙제의 묘를 탐방한 기록이다. 그중에서 폭력혁명을 반대한 사실을 밝히는 주련의 글귀가 이색적이다. 그리고 '고구려'가 본시 백이숙제와 묵자의 나라인 '고죽국'이었다는 주장은 감회가 새롭다.

열하일기熱河日記/관내정사關內程史/이제묘기夷齊廟記

롼허灤河강 기슭에 자그마한 언덕을 수양산이라 하고	灤河之上 有小阜日首陽山.
그 산 북쪽에 조그만 성이 있어 고죽성이라 한다.	山之北有小郭日 孤竹城.
성문에는 '현인구리賢人舊里'라 써 붙였고	城門之題日 賢人舊里.
문 오른쪽 비석에는 '효자충신孝子忠臣'이라 썼으며	門之右碑日 孝子忠臣
문 왼쪽 비석에는 '지금칭성至今稱聖'이라 썼으며	左碑日 至今稱聖.
묘문 앞 비석에는 '천지강상天地綱常'이라 썼으며	廟門有碑日 天地綱常.
문 남쪽 비에는 '고금사표古今師表'라 썼으며	門之南 有碑日 古今師表.
문 위에는 '상고일민上古逸民'이란 간판이 걸렸다.	門上有扁日 上古逸民.
문 안에 비석 셋, 뜰 가운데 비석 둘,	門內有三碑 庭中有二碑

섬돌 좌우에 비석 넷이 있는데

이 모두가 명明나라와 청淸나라 때 임금들이 만든 것들이다.

뜰에는 고송 수십 그루가 서 있고

섬돌 가에는 흰 돌로 난간을 둘렀다.

가운데 큰 전각이 있어 이름을 '고현인전古賢人殿' 이라 하고

전각 안에 곤룡포와 면류관을 갖추고

홀을 들고 서 있는 것이 백이숙제의 상이다.

전각 문에는 '백세지사百世之師' 라 써 붙였고

전각 안에 '만세표준萬世標準' 이란 큰 글씨는

강희제康熙帝의 글씨이고

또 '윤상사범倫常師範' 이란 글씨는

옹정제雍正帝의 글씨이다.

그런데 주련에는 다음과 같이 쓰여 있다.

"인仁을 찾아 인을 행했으니 만고에 청풍淸風은 고죽국이요,

폭력으로 폭력을 바꾸었으니

천추에 고절孤節은 수양산이로다."

階上左右四碑.

皆明淸御製也.

庭有古松數十株

繚階白石欄

中有大殿曰 古賢人殿.

殿中袞冕

正圭而立者 伯夷叔齊也.

殿門題曰 百世之師.

殿內大書 萬世標準者

康熙帝筆也.

又曰 倫常師範者

雍正帝筆也.

柱聯曰

求仁得仁萬古淸風孤竹國

以暴易暴

千秋孤節首陽山.

열하일기熱河日記/도강록渡江錄

『당서唐書』 「배구전裵矩傳」에 의하면

고려高麗는 본시 고죽국인데

주나라가 이곳에 기자를 봉했다.

한나라 때에 이르러 사군으로 나뉘었으며

고죽국은 지금의 영평부永平府에 있었다고 한다.

광녕현廣寧縣에는 기자묘가 있어서

후관冔冠(은나라의 관)을 쓴 기자 소상을 앉혔는데

唐書裵矩傳言

高麗本孤竹國

周以封箕子

漢分四郡.

所謂孤竹地 在今永平府.

又廣寧縣 舊有箕子廟

戴冔冠塑像

명나라 가경嘉靖 연간에 병화로 불타 버렸다고 하는데
사람들은 광녕현을 '평양'이라 부른다.
『금사金史』와 『문헌통고文獻通考』에는
광녕廣寧 함평咸平이 모두 기자가 봉해졌던 땅이라 한다.
이로 미루어보면 영평과 광녕 사이가
한 개의 평양일 것이다.
『요사遼史』에 의하면 발해의 현덕부顯德府는
본시 조선의 땅으로 기자를 봉했던 평양성이었는데
요遼나라가 발해를 쳐부수고 동경東京이라 고쳤는데
바로 지금의 랴오양현遼陽縣이다.
이로 미루어보면
랴오양현도 한 개의 '평양'일 것이다.

明皇嘉靖時 燬於兵火.

廣寧人或稱平壤.

金史及文獻通考

俱言廣寧咸平 皆箕子封地.

以此推之 永平廣寧之間

爲一平壤也.

遼史 渤海顯德府

本朝鮮地 箕子所封平壤城.

遼破渤海 改爲東京.

卽今之遼陽縣是也.

以此推之

遼陽縣爲一平壤也.

제4부

유토피아

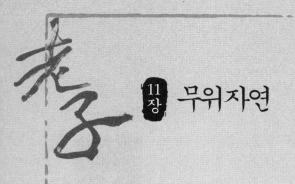

11장 무위자연

노자 읽기

《 노자 · 3장 · 하단 》

백성으로 하여금 항상 무지無知 · 무욕無欲하게 함으로써
지식 있는 자들이 함부로 다스리지 못하도록 한다.
다스림이 무위無爲하면 다스려지지 않는 일이 없다.

常使民無知無欲
使夫知者不敢爲也
爲無爲則無不治.

《 노자 · 51장 》

천하에 지극히 유약한 것이
지극히 견고한 것을 이기고
존재가 없는 것(無有)은 틈새가 없는 곳에도 들어간다.
나는 이로써 무위無爲(僞가 없음)의 유익함을 안다.
말 없는 가르침과 무위의 유익함은
천하에 그 무엇도 미칠 수 없다.

天下之至柔
馳騁¹⁾天下之至堅
無有入無間
吾是以知無爲之有益
不言之教　無爲之益
天下希及之.

---

1) 馳騁(치빙)=田獵也.

《 노자 · 45장 》

위대한 자연의 이룸은 흠결이 있는 듯하지만   大成²⁾若缺

그 쓰임은 폐단이 없다.   其用不弊

위대한 충만은 빈 듯하지만, 그 쓰임은 다함이 없다.   大盈若沖 其用不窮

위대한 곧음은 굽은 것 같다.   大直³⁾若屈

위대한 정교함은 졸렬한 듯하고, 큰 변론은 어눌한 듯하다.   大巧若拙 大辯若訥

운동은 추위를 이기고 고요함은 더위를 이긴다.   躁勝寒 靜勝熱

청정함이 천하를 다스리는 바른 길이다.   清淨爲天下正.

《 노자 · 48장 》

학문을 함은 날로 더하는 것이요,   爲學日益

도를 함은 날로 더는 것이다.   爲道日損

덜고 또 덜어 무위無爲(인위의 造作이 없는 경지)에 이르면,   損之又損 至於無爲

무위는 도리어 위爲 아님이 없을 것이다.   無爲而無不爲

천하 만민을 교화하여 무리 짓는 것은   取⁴⁾天下

항상 무위無爲 자화自化로 되는 것이니   常以無事⁵⁾

   김경탁 : 천하를 다스리는 데는 항상 무사로 다스려야 한다.

   장기근 : 천하를 다스리려면 반드시 무위無爲로 해야 한다.

   노태준 : 천하를 취하려면(군소 국가를 통일하여 지배함) 항상 무사하게 해야

          하는데,

   김용옥 : 하늘 아래를 다스리는 것은 항상 일이 없음으로 하라.

---

2) 大成(대성)=우주자연의 완결성.

3) 大直(대직)=햇빛도 직선도 휘어진 것이다.

4) 取(취)=攝生, 敎化, 또는 聚로 읽는다.

5) 無事(무사)=無爲自化.

오강남 : 세상을 다스리는 것은 억지 일 꾸미지 않을 때만 가능합니다.

이석명 : 천하를 얻으려고 하면 늘 일삼는 바가 없어야 하는 법.

김형효 : 천하를 취하려면 항상 무사無事로써 해야 한다.

인위적인 교화로 묶으려고 하면	及其有事[6]
도리어 천하 만민을 무리 지을 수 없다.[7]	不足以取[8]天下.

김경탁 : 만일 유사有事로 천하를 다스리게 되면 천하를 다스릴 수 없다.

장기근 : 만약 유위有爲로 한다면 천하를 잘 다스릴 수가 없다.

노태준 : 무사하지 못하고 일을 꾸미게 되면 천하를 취할 수 없는 것이다.

김용옥 : 일이 있는데 이르게 되면 하늘아래를 다스리기엔 부족하리로다.

오강남 : 아직도 억지 일 꾸미면 세상을 다스리기엔 족하지 못합니다.

이석명 : 일삼는 바가 있으면 천하를 얻기엔 부족하네.

김형효 : 유사로써 일을 꾸미게 되면 천하를 취할 수 없다.

《 노자 · 57장 · 하단 》

그러므로 성인(眞人을 지칭함)은 말했다.	故聖人云
"내가 무위無爲하면 민은 스스로 교화되고	我無爲 而民自化
내가 고요하면 민은 저절로 안정되고	我好靜而民自正[9]
내가 사업을 하지 않으면 민중은 저절로 부해지고	我無事而民自富
내가 사욕이 없으면 민중은 저절로 순박해진다."	我無慾而民自樸.

---

6) 有事(유사)=人爲敎化.

7) 전통적인 견해는 老子를 黃帝의 계승자로 보는 법가들의 주해를 따라 천하를 탈취하는 통치술로 해석한다. 그러나 천하를 취한다거나 다스린다거나 지배한다는 것은 본래의 노장사상이 아니다. 더구나 천하 통일을 말하는 것은 법가들과 패도주의자들의 사상이다. 노장은 小國寡民의 소규모 공동체 연합국가를 지향하고 다스림이 없는 無治의 무정부주의를 주장한다.

8) 取(취)=漢代까지도 聚와 통용됨.

9) 正(정)=定=安也.

《 노자 · 63장 · 상단 》

(참뭔) 다스림은 다스림이 없고, (참된) 교화는 교화가 없으며,　　　　　為無爲 事無事[9]

　　왕필 : 함이 없음을 거처로 삼고, 말하지 않음으로 가르침을 삼고[10]

　　김경탁 : 무위無爲를 위爲로 하고, 무사無事(일 없음)를 사事(일)로 하고

　　장기근 : 무위로써 다스리고, 무사로써 처리하고,

　　노태준 : 무위無爲를 행하고, 무사無事를 경영하고

　　김용옥 : 함이 없음을 함으로 삼고, 일이 없음을 일로 삼고

　　오강남 : 함이 없는 함(無爲)을 실천하고, 일함이 없는 일(無事)을 실행하고

　　이석명 : 행하는 것 없이 행하고, 일하는 것 없이 일하며,

　　김형효 : 무위無爲를 하고, 무사無事를 일하며,

(참뭔) 맛은 맛이 없고, (참으로) 큰 것은 작고 많은 것은 적다.　　　　味無味 大小多少.

　　왕필 : 담백함으로 맛을 삼으니 다스림의 극치다.[11]

　　김경탁 : 무미無味(취미 없음)를 미味(취미)로 한다. 큰 것은 작은 것에서 생기
　　　　　　고, 많은 것은 적은 것에서 일어난다.

　　장기근 : 무미를 맛으로 여긴다. 큰 것은 작은 데서 나오고, 많음은 적음에
　　　　　　서 생긴다.

　　노태준 : 무미無味를 맛본다. 소小를 대大로 하고, 소少를 다多로 하고.

　　김용옥 : 맛이 없음을 맛으로 삼는다. 작은 것에 큰 것으로 갚고, 작은 것에
　　　　　　많은 것으로 갚으니

　　오강남 : 맛없는 것을 맛보십시오. 큰 것을 작은 것으로 여기고, 많은 것을
　　　　　　적은 것으로 생각하십시오.

　　이석명 : 맛보는 것 없이 맛보라!

---

9) 無事(무사)=無爲自化.

10) 以無爲爲居 以不言爲教.

11) 以恬淡爲味 治之極也.

김형효 : 무미를 맛본다. 작은 것을 크게 하고, 적은 것을 많게 한다.

〖 노자·64장·하단 〗

그러므로 무위자연의 성인[12]은 욕심대로 하려고 하지 않고   是以聖人欲不欲

김경탁 : 그러므로 성인은 불욕不欲을 욕구로 하여

노태준 : 그러므로 성인은 무욕을 원하고

김용옥 : 그러므로 성스러운 사람은 바라지 않음을 바라고

오강남 : 그러므로 성인은 욕심을 없애려는 욕심만 있고

얻기 어려운 재화를 귀하게 여기지 않으며   不貴難得之貨

김경탁 : 얻기 어려운 재화를 귀히 여기지 않고

노태준 : 얻기 어려운 재화를 귀히 여기지 않으며

김용옥 : 얻기 어려운 재화를 귀하게 여기지 않는다.

오강남 : 귀하다고 하는 것을 귀히 여기지 않고

선왕先王의 학문을 배우지 않고 남의 장점과 능력을 북돋아 준다.   學不學 復[13]衆人之所過[14]

김경탁 : 불학不學을 학學으로 하여 사람들이 간과하는 데로 되돌아와서

노태준 : 불학不學을 배워서 중인의 잘못하는 바를 회복하여

김용옥 : 배우지 아니함을 배우고 뭇사람이 지나치는 본바탕으로 돌아간다.

오강남 : 배우지 않음을 배우고, 많은 사람이 지나쳐버리는 것으로 돌아갑
니다.

만물을 자연自然대로 북돋아 줄 뿐, 억지로 다스리려 하지 않는다.   以輔萬物之自然 而不敢爲.

김경탁 : 만물의 자연을 보조하여 감히 작위하지 않는다.

노태준 : 만물의 자연을 도울 뿐, 작위하지 않는다.

---

12) 노장의 성인은 패러디한 픽션일 뿐, 공자가 말한 성인(성왕)이 아니다. 그러므로 노장의 성인은 무위자연의 眞
人, 至人, 道人을 지칭한다.

13) 復(복)=補也.

14) 過(과)=勝也, 多也, 長也.

김용옥 : 만 가지 것의 스스로 그러함을 돕고, 감히 무엇을 한다고 하지 않는다.

오강남 : 온갖 것의 본래적인 자연스러움을 도와줄 뿐, 억지로 하는 일을 하지 않습니다.

무위는 무치의 자연

'무위자연설'은 문명을 거부하고 자연으로 돌아가라는 말이다. 이것은 전쟁과 살육, 착취와 억압으로 얼룩진 전국시대 민중들의 소망이었다. 그들이 동경한 것은 자연의 자유인이다. 그 자연은 왕도 군주도 없고 인간의 조작과 다스림과 속박이 없는 때 묻지 않은 천연 그대로인 자연이다. 그러므로 무위無爲는 자연을 설명한 말일 뿐 그 자체가 도道이거나 목적은 아니다.

장자莊子/외편外篇/추수秋水

하백河伯이 물었다.   河伯曰

"자연은 무엇이고 인위人爲는 무엇인가?"   何謂天 何謂人.

북해약北海若이 답했다.   北海若曰

"우마는 각각 네 발을 가졌다. 이것은 자연이다.   牛馬四足 是謂天.

말에 굴레를 씌우고 소에 코뚜레를 뚫는 것은 인위다.   落[15]馬首穿牛鼻 是謂人.

옛말이 이르기를 '인위로 자연을 죽이지 말고   故[16]曰 無以人滅天

기술로 자연의 성품을 죽이지 말며   無以故滅命

탐득探得으로 이름을 죽이지 말라'고 했다.   無以得殉名.

잘 지켜 잃지 않으면 자연으로 돌아갈 것이다."   謹守而勿失 是謂反其眞.[17]

---

15) 落(락)=絡의 假借.
16) 故(고)=事, 巧.
17) 眞(진)=仙人變形登天也. 自然之道.

장자莊子/외편外篇/천도天道

그러므로 옛날 천하를 귀의하게 한 사람들은
비록 지혜(知)가 천지를 둘러싼다 해도 스스로 꾀하지 않았다.
변론이 만물을 두루 미칠지라도 스스로 말하지 않았다.
재능이 해내海內를 궁구할 수 있을지라도
스스로 다스리지 않았다.
하늘이 만들지 않더라도(無爲) 만물은 스스로 조화하고
땅이 기르지 않더라도(無爲) 만물은 스스로 자란다.
제왕이 다스리지 않더라도(無爲) 천하는 공적을 이룬다.
그러므로 이르기를 하늘(自然)보다 신묘한 것은 없고
땅보다 부한 것은 없고, 제왕보다 큰 것은 없다고 한다.
그러므로 제왕의 덕은 천지와 짝한다고 말한 것이다.
이것이 천지를 타고 만물을 풀어주고
사람이 무리 짓는 도道다.

故古之王[18]天下者
知雖落天地 不自慮[19]也.
辯雖彫[20]萬物 不自說也.
能雖窮海內
不自爲也.
天不産而萬物化
地不長而萬物育.
帝王無爲而天下功.
故曰 莫神於天
莫富於地. 莫大於帝王.
故曰 帝王之德配天地.
此乘天地 馳[21]萬物
而用人群之道也.

장자莊子/외편外篇/지북유知北遊

천지天地는 위대한 아름다움을 가지고 있으나 말이 없고
사시四時는 밝은 법을 가지고 있으나 강론하지 않으며
만물은 생성의 이치를 가지고 있으나 유세하지 않는다.
성인은 천지의 아름다움에 근원하여
만물의 이치를 통달한다.

天地有大美而不言.
四時有明法而不議.
萬物有成理而不說.
聖人者 原天地之美
而達萬物之理.

---

18) 王(왕)=天下所歸住也.
19) 慮(려)=謀事也.
20) 彫(조)=周의 假借.
21) 馳(치)=施也, 撫術也.

이런 까닭으로 지인至人은 무위無爲하고
대성大聖은 부작不作한다.

是故至人無爲
大聖不作.

　그런데 우리 학자들은 '무위無爲'를 '함이 없어야 한다'
로 번역하고 있다. 이는 잘못이다. 무위는 자연의 특성을
표현한 것으로 '무위無僞'를 말할 뿐 '아무것도 하지 말라'
는 뜻이 아니다. 즉 '위爲'를 부정하는 것이 아니라 '위僞'
를 부정하는 것이며 '위爲'하되 자연대로 하라는 것이다.
그러므로 무위無爲란 자연에 반하는 인위적인 거짓(僞)이
없는 '무위無僞'로 해석해야지, 우리 학자들처럼 '함이 없
는 것'으로 번역하는 것은 인간의 자연적 본성에 반하는
왜곡이다. 이는 『노자』를 왜곡한 왕필을 맹목적으로 추종
하는 것이다.
　장자는 이러한 오해를 불식시키고자 '위爲'를 '본성本性
의 활동活動'이라고 분명하게 말했다. 즉 인간의 살림살이
활동을 위爲라고 말한 것이다. 이처럼 인간은 위爲가 아니
면 삶을 영위할 수 없으므로 위爲를 부정한다는 것은 삶을
부정하는 것이 된다. 그러므로 노자가 말한 '무위無爲'는
'무위無僞'를 말하는 것으로 이해해야 한다. 다시 말하면
'위爲'는 본성의 생명 활동이요, '위僞'는 자연의 순리를
어기는 지나친 활동이다.

장자莊子/잡편雜篇/경상초庚桑楚

도道란 덕德이 흠모하는 것이요,
생명이란 덕이 빛남이다.

道者德之欽也.[22]
生者德之光也.

성품은 생명의 본질이다.

본성의 활동을 '위爲'라 말하고

위爲가 위僞로 되는 것을 본성을 잃는다고 말한다.

활동하되 지나치지 않는 것을 덕이라고 말하고

활동하되 사사로운 내가 없는 것을 치治(다스림)라고 말한다.

명칭은 서로 어긋나는 듯하지만 실질은 서로 따른다.

性者生之質也

性之動謂之爲

爲之僞謂之失.[23]

動以不得已[24]之謂德.

動無非我[25]之謂治.

名相反[26]而實相順也.

　무위를 '함이 없다'로 해석하는 것은 전국시대에 직하학궁 학자인 계진季眞의 막위설莫爲說에서 연유한 것으로 추측된다. 『장자』「칙양則陽」편에서는 이러한 주장을 가설에 불과한 것이라고 비판하고 있다. '함이 없다'는 막위설도, '누가 시킨다'는 접자接子의 혹사설或使說도 일면一面만 본 오류라는 것이다. 왜냐하면 누가 시킨다는 혹사설은 천명론天命論으로 되돌아가는 것이며, 함이 없다는 막위설은 도道는 아무것도 함이 없다는 뜻이 되어 도를 죽은 물건으로 만들어버리기 때문이다.

관자管子/권13/백심白心[27]

하늘은 무엇인가 매달고 있으며 땅은 무엇인가 싣고 있다.

天或維之 地或載之.

---

22) 道無可見. 見其德之流行 則共仰爲有道之人(集解).

23) 失(실)=喪, 放, 亂也.

24) 已(이)=太也, 止也.

25) 非我(비아)=失我, 妄我.『集解』는 '舍我逐物'이라 함.

26) 反(반)=違也.

27) 이 글을 접자의 혹사설로 추정한다.

하늘이 매달지 않으면 추락할 것이며

땅이 실어주지 않으면 침몰할 것이다.

하늘이 추락하지 않고 땅이 침몰하지 않는 것은

무언인가 그것을 매달고 실어준 탓일 게다.

하물며 사람도 그러하지 않겠는가?

사람이 다스리고 벌을 주는 것은

우레를 치는 것과 같다.

스스로 움직이지 못하는 것은

무엇인가 움직이게 하는 것이 있을 것이다.

그 무엇은 어떤 것인가?

순리대로 그러하는 자일 것이다(若然者).

天莫之維 則天以墜矣.

地莫之載 則地以沈矣.

夫天不墜地不沈.

夫或維而載之也夫.

又況於人

人有治之辟[28]之

若夫雷鼓之動也.

夫不能自搖者

夫或搖之.

夫或者何

若[29]然者也.

장자莊子/잡편雜篇/칙양則陽

소지小知가 말했다.

"계진은 '함이 없다' 하고(莫爲說)

접자는 '누가 시킨다' 하는데(或使說)

두 가문의 인식 중 누가 실정에 바르고

누가 이치에 마땅합니까?"

태공조太公調가 말했다.

"닭이 울고 개가 짖는다는 것은 사람들이 알지만

비록 큰 지혜가 있다 할지라도

少知曰

季眞之莫爲

接子之或使

二家之識 孰正於其情

孰徧[30]於其理.

太公調 曰

雞鳴狗吠 是人之所知.

雖有大知

---

28) 辟(벽)=刑也.

29) 若(약)=順也.

30) 徧(편)=敎施而宜.

개와 닭이 저절로 그렇게 우는 조화를 말로 설명할 수 없다.
또 그것들이 장차 어떻게 행동할지 마음으로 헤아릴 수 없다.
누가 시킨다거나(或使說) 또는 함이 없다는(莫爲說) 주장은
모두 사물을 벗어나지 못하므로 결국 오류에 빠지고 만다.
누가 시킨다 함은 실재론實在論이요,
함이 없다 함은 허명론虛名論이다.
명도 있고 실도 있다 함은 물질이 거처한다는 입장이고,
명도 없고 실도 없다 함은 물질이 공허하다는 입장이다.
이처럼 말할 수 있고 생각할 수 있지만
말하면 할수록 도道와 멀어진다.
따라서 누가 시킨다든지, 함이 없다든지 하는 말은
그럴 것이란 가설假說에 불과한 것이다."

不能以言讀其所自化
又不能以意其所將爲.
或之使 莫之爲
未免於物 而終以爲過.
或使則實
莫爲則虛
有名有實 是物之居.
無名無實 在物之虛.
可言可意
言而愈疏.
或之使 莫之爲
疑之所假.

노장은 범신론적이었으므로 인격신 천제天帝를 인정하지 않았다. 그러므로 접자의 혹사설은 천명론天命論을 부인하는 노장사상과 모순된다. 천명론은 유가의 사상이며, 묵자와 노자는 이를 강력히 반대했다. 당시 천명론은 왕권신수설의 근거였으며 신분차별의 근거를 제공하고 현실의 불평등을 옹호하는 반동적인 역할을 하고 있었다. 또한 당시 천자天子는 유명무실했고 제후와 가문들이 전쟁을 벌이면서 천자의 승인을 강요하여 천명天命을 얻은 것처럼 명분 싸움을 하는 데 이용당할 뿐이었다. 이때 민중들은 다음과 같이 질문했다. '과연 천명을 받은 천자가 이처럼 비참하고 무능할 수 있는가? 어찌 수천의 도둑 떼를 거느리고 포악한 짓을 한 도척은 천명을 받아 호의호식하며 수명을

누렸단 말인가?'

이러한 시대 상황에서 노자의 무위無爲는 무지無知 · 절학絶學 · 동심童心론과 더불어 당시 담론권력을 가진 천자 · 군주 · 선비 등의 지배자들에게 침묵을 요구했던 것이다. 다음 글에서 묵자가 "천명은 없다"고 말한 것은 바로 노자의 무위 · 무지와 맥을 같이하는 반천명反天命론인 것이다. 다만 묵자는 적극적으로 투쟁했고, 노장은 소극적인 투쟁인 은둔을 선택했을 뿐이다. 그런데도 노장사상을 혹 사설或使說로 해석하여 천명론의 아류로 전락시키는 것은 반동이다.

묵자墨子/비명非命 중

삼가라! 천명天命은 없다.	敬哉 無天命.
너희는 사람을 신분으로 갈라놓고 말을 지어내지 말라.	惟子二人 而無造言.
나의 운명은 하늘에서 내려온 것이 아니라	不自天降
내 스스로 만들어내는 것이다.	自我得之.

장자莊子/내편內篇/대종사大宗師

하늘은 사사로이 덮어주지 않고	天無私覆
땅은 사사로이 실어주지 않는다.	地無私載
천지天地가 어찌 사사로이 나를 가난하게 하겠는가?	天地豈使貧我哉.

계진의 막위설은 600여 년이 흘러 위진대에 이르자 하안 · 왕필의 귀무론貴無論으로 이어지고 한편으로는 다시 곽상의 독화론獨化論으로 이어져 허무와 청담으로 왜곡됐다.

왕필의 '귀무론'은 노자의 무위론을 변질시킨 것이며(이 책 27장의 '하안·왕필의 무' 참조), 곽상의 '독화론'은 장자의 자화론自化論을 변질시킨 것이다.

장자의 자화론

장자莊子/외편外篇/천도天道

하늘이 만들지 않더라도(不産) 만물은 조화하고	天不産而萬物化.
땅이 기르지 않더라도(不長) 만물은 자란다.	地不長而萬物育.
제왕이 다스리지 않더라도(無爲) 천하는 공적을 이룬다.	帝王無爲而天下功.

곽상의 독화론

장자莊子/내편內篇/제물론齊物論 주注

대저 조물주는 무無인가 유有인가?	夫造物者有邪無邪.
무라면 어찌 만물을 만들 수 있으며	無也則 胡能造物哉.
유라면 만물의 갖가지 형상을 만들기에 부족할 것이다.	有也則 不足以物衆形.
무는 이미 무이므로 유를 낳을 수 없고	無旣無矣 則不能生有.
유는 아직 생기지 않았으므로 생산할 수 없다.	有之未生 又不能爲生.
그렇다면 생명을 낳는 것은 무엇인가?	然則生生者誰哉.
저절로 태어난 것일 뿐이다(自化論).	塊然而自生耳.

장자莊子/내편內篇/대종사大宗師 주注

밖으로 도道로부터 비롯된 것도 아니고	外不自于道
안으로 자기로부터 말미암은 것도 아니다.	內不由于己.
돌연 저절로 얻어 홀로 조화된 것이다(獨化論).	掘然自得 而獨化也.
삶도 없고 죽음도 없으며	無生無死.

옳은 것도 없고 옳지 않은 것도 없다.   無可無不可.

유가·묵가의 변론으로 보면   故儒墨之辨

나는 같다고 말할 수 없고   吾所不能同也.

그들 각각의 분별을 현명玄冥의 경지에서 보면   至於各冥其分

나는 다르다고 말할 수 없다.   吾所不能異也.

　'막위설'이나 '귀무론'에 의하면 도道는 존재하지 않거
나 운동이 없는데도 그것이 만물을 낳는다는 것이므로 자
가당착이다. 그러나 노장이 말한 도道의 본체는 인격人格을
가진 주재主宰의 신이 아니므로 무위無爲(人爲가 없음)지만,
그 작용은 '무불위無不爲(되지 않음이 없다)'하는 능동자能動
者요, 능산자能産者요, 창조자創造者다. 『노자』 10장에서는
분명하게 "도道는 낳고 기른다"고 말함으로써 도의 능동能
動을 인정한다. 다만 "낳지만 소유하지 않는다"고 말함으
로써 도의 무위無爲를 찬양한다. 낳고 기르는 것은 '무불위
無不爲'이고 소유하지 않는 것은 '무위無爲'다.
　독화론은 자화론과는 다르다. 장자의 '자화自化'는 천제
를 부정하는 테제로서 자생自生·자재自在·자유自由·자주
自主를 말한 것이다. 그러나 곽상의 독화獨化는 천제를 부
정하는 것은 마찬가지이지만 자연법칙이라는 만유의 질서
를 부인함으로써 자연을 인과법칙이 없는 개개 사물로 고
립시키고 나아가 자기동일성의 가능성을 부정해 버린다.
이것은 현상과 현실은 모두 선이라는 가치등가주의를 부
추겨 지배 체제를 옹호하는 반동으로 작용한다.
　우리 학자들도 이에 영향을 받았다. 그래서 노장이 말한

'자연自然'은 천지자연天地自然이라는 보통명사인데 이를 '스스로 그러함'이라고 번역함으로써 본체를 본질로 변질시키고 도道를 무능한 것으로 만들어버린다. 그러나 '스스로 그러함'은 자연의 성질인 자화自化를 설명하는 것일 뿐 자연의 본체를 지칭하는 것이 아니다. 이는 명사를 형용사로 번역한 것이므로 명사를 실종시킨다. 그러므로 '자연自然'은 '천지자연' 또는 그냥 '자연'으로 번역해야 한다.

장자莊子/외편外篇/천운天運

"하늘은 운행하려 하고 땅은 그치려 하고   天其³¹⁾運乎 地其處乎

일월은 장소를 다투는데(自化하는 自然의 爲)   日月其爭於所乎.

이것을 누가 주관하고 누가 벼리 지우고   孰主張是 孰維綱是

누가 할 일 없이 앉아서 추진하고 있는가(天命)?   孰居無事 推而行是.

아니면 어떤 기틀에 묶여 있어   意者 其有機緘

그칠 수 없는 것인가(因果法則)?   而不得已邪.

아니면 저절로 운동·회전하는 것이라서   意者 其運轉

스스로 그칠 수 없는 것인가?   而不能自止邪.

구름이 비를 만드는가, 비가 구름을 만드는가?   雲者爲雨乎 雨者爲雲乎.

누가 이렇게 피어나고 퍼지게 하는가(天命)?   孰隆施是

누가 할 일 없이 앉아서 재미로 이렇게 시키는 것인가?   孰居無事 淫樂而勸是.

바람은 북방에서 일어나   風起北方

동으로 갔다 서로 갔다 위로 올라가 방황하는데   一西一東 有上彷徨.

누가 이렇게 불어대고 빨아들이는가?   孰噓吸是

---

31) 其(기)=역시, 장차 □□하려 한다, 만일 □□한다면.

누가 할 일 없이 앉아 이처럼 까불고 부채질하는가?
감히 묻노니 어인 연고인가?"
무함소巫咸袑가 말했다. "오너라! 내 너에게 말해 주리라.
하늘에는 육극과 오행五行이 있으니(自然法則),
제왕이 이를 따르면 다스려지고 이를 어기면 흉하리라."

孰居無事 而披拂是
敢問何故.
巫咸[32]袑[33]曰 來 吾語汝.
天有六極[34]五常.[35]
帝王順之則治 逆之則凶.

　인간이 욕망과 관념의 노예에서 해방된다는 것은 인위人
爲적인 조작造作이 없는 자연 상태를 말한다. 이것을 노장
은 '무위無爲'라고 말했다. 그러므로 무위란 인위人爲 또는
위僞를 더하지 않는다는 뜻이므로 '문명을 거부하고 자연
으로 돌아가라'는 뜻이다. 노장사상을 한마디로 '무위자
연'이라 하는 것은 지극히 적실하다. 따라서 노장의 모든
글은 무위자연을 말한 것이라고 볼 수 있다. 그러므로 '위
爲'는 '작作' 또는 '위僞'의 뜻으로 자연을 억지로 왜곡시키
는 행위를 말할 뿐 인간의 자연스런 행위까지 '위爲'라고 한
것은 아니다. 그래서 무위無爲를 '박樸'(통나무)으로 표현하
고, 인위를 '문文(무늬)'으로 표현한 것이다. 예컨대 꽃이 들
판에 피어 있으면 자연이요, 이것을 꺾어서 방안에 꽂아놓
으면 문화다. 산에 나무를 그대로 놓아두면 자연이요, 그것
을 켜서 그릇을 만드는 것은 문화다. 그러므로 넓게 보면 그
릇· 기술·예술·정치 등은 모두 위爲 아닌 것이 없다.

---

32) 巫咸(무함)=殷相.
33) 袑(소)=寄名.
34) 六極(육극)=上下 四方.
35) 五常(오상)=五行.

이처럼 무위는 반문명과 자연을 표현하는 말이다. 그러나 좁은 의미로 사용할 경우 무위는 오직 '무치無治'를 말한다. 그러므로 정치적 의미로 보면 무위는 다스림이 없는 무정부주의를 말하는 것이다. 그래서 이 책에서는 무위론을 제4부 '유토피아'에 묶은 것이다.

이러한 무위론은 자연의 완결성을 그 전제로 한다. 자연은 흠결이 있는 것 같지만 완전무결하다고 믿는다. 그러므로 그것을 훼손하는 것은 반자연이며, 위爲이며, 악惡이다. 결국 무위는 문명을 버리고 자연으로 돌아가라는 말이다. 만약 자연이 완결적인 것이 아니고 불행한 것이라면 노자의 무위자연설은 불행으로 돌아가라는 말이 될 것이다.

장자莊子/내편內篇/대종사大宗師

옛 진인은 적다고 거역하지 않고	古之眞人不逆寡
성공을 뛰어나다 하지 않고 병사를 꾀하지 않았다.	不雄成 不謨士
…생을 즐거워할 줄도 몰랐고	… 不知悅生
죽음을 싫어할 줄도 몰랐다.	不知惡死.
태어나는 것을 좋아하지도 않고	其出不訢[36]
죽는 것을 거부하지도 않았다.	其入不拒.
홀연히 가고 홀연히 올 뿐이었다.	儵然而往 儵然而來而已矣.
…이것을 일러 마음으로 도를 버리지 않고,	… 是之謂不以心捐[37]道
사람(人爲)이 하늘(自然)을 돕지 않는 것이라고 말한다.	不以人助天.

---

36) 訢(소)=喜也.
37) 捐(연)=廢也, 棄也.

『노자』 48장 해설

장자莊子/외편外篇/지북유知北遊

인仁은 '다스려 소속시키는 것(可爲)' 이고	仁可爲[38]也.
의義는 '차별하여 덜어내는 것(可虧)' 이며	義可虧也
예禮는 '인위를 따르게 하는 것(相僞)' 이다.	禮相[39]僞也.
그러므로 이르기를 도道를 잃은 후에 덕이 생기고	故曰 失道而後德
덕德을 잃은 후에 인이 생기고	失德而後仁
인을 잃은 후에 의가 생기며	失仁而後義
의를 잃은 후에 예가 생긴다고 말하는 것이다.	失義而後禮.
예는 도의 겉치레이며 어지러움의 괴수인 것이다.	禮者 道之華 而亂之首也.
그러므로 이르기를	故曰
도를 행함은 날마다 덜어내는 것이니(문화를 덜어냄),	爲道者日損
덜고 또 덜어 무위無爲(인위 없음)에 이르는 것이라고 한다.	損之又損之 以至於無爲.
인위가 없으면(無爲) 되지 않음이 없는 것이다.	無爲而無不爲也.

장자莊子/외편外篇/재유在宥

옛말에 천하를 자연대로 풀어준다는 말은 들었어도	聞在[40]宥[41]天下
천하를 다스린다는 말은(賞罰) 들어보지 못했다.	不聞治天下也.
자연대로 둔다는 것은(無爲自然)	在之也者
천하가 천성을 어지럽힐까 염려한 것이고	恐天下之淫其性也.
풀어준다는 것은(解放)	宥之也者

---

38) 爲(위)=治也, 屬也.
39) 相(상)=隨也, 助也, 導也.
40) 在(재)=居也, 存也.
41) 宥(유)=寬也, 赦也.

천하가 천덕天德을 옮겨버릴까 염려한 것이다.

천하가 천성을 어지럽히지 않고

천덕을 잃지 않는다면

어찌 천하를 다스릴 필요가 있겠는가?

恐天下之遷其德也.

天下不淫[42]其性

不遷其德

有治天下者哉.

순자의 무위 반대

노장사상에 최초로 반기를 든 사람은 전국시대의 순자였다. 그는 노장의 '무위無爲'를 반대하고 '위僞'만이 인간을 선하게 할 수 있다고 주장했다. 이른바 '귀위론貴爲論'이다. 노장의 무위자연설은 '자연은 낙원이며 인간의 본성은 선하다'는 것을 전제로 한다. 반면 순자는 노장과는 반대로 자연을 '만인 대 만인의 투쟁'의 불행한 것으로 보았고 인간의 본성은 악하다고 보았다. 그러므로 그에게는 자연으로 돌아가 소박한 본성을 회복하자는 노장의 무위론은 강자가 약자를 살육하는 정글로 돌아가자는 것과 다름이 없었다. 그러므로 순자는 노장과는 정반대로 '위僞'만이 악한 성性을 선하게 할 수 있다고 주장했다. 순자의 위僞는 문명을 말하고, 노장의 무위無爲는 자연을 말하는 것이므로 순자와 노장의 대립은 문명과 자연의 대결이다.

---

42) 淫(음)=亂也.

순자荀子/정명正名

태어날 때부터 그러한 것을 '성性(성품)' 이라 말하고	生之所以然者 謂之性.
성품性稟이 생명을 조화하여	性之和所生
정기가 합하고 감응하는 것으로	精合感應
일하지 않고 저절로 그런 것도 '성性(본성)' 이라 말한다.	不事而自然 謂之性.
이러한 성품이 좋아하고 싫어하고 기뻐하고 노하고	性之好惡喜怒
슬프고 즐거워하는 것을 '정情(감성)' 이라 말하고,	哀樂 謂之情.
'정情' 이 느끼는 것을 하고자 마음이 선택하는 것을	情然而心爲之擇
'여려(심려)' 라 말하고,	謂之慮.
여려(심려)하여 하고자 움직이는 것을	心慮而能爲之動
'위僞(人爲)' 라 말하고,	謂之僞.
여려(심려)가 쌓이고 익혀 이루는 것도	慮積焉能習焉而後成
'위僞(人爲)' 라 말한다.	謂之僞.

순자荀子/예론禮論

성품은 본시 그 재질이 소박한 것이나	性者本始材朴也
위僞로써 문리가 융성해진다.	僞者文理隆盛也.
성품이 없다면 위僞를 더할 곳이 없고	無性則僞之無所加
위僞가 없다면 성품은 스스로 아름다울 수 없다.	無僞則性不能自美.
그러므로 위僞(人爲)와 성性(성품)이 결합되어야만	性僞合然後
성인의 명名이 통일되어	聖人之名一.
천하의 공업을 이룰 수 있는 것이다.	天下之功於是就也.[43]

---

43) 이와 달리 宋本은 '成聖人之名 一天下之功' 로 됨.

순자荀子/성악性惡

사람의 성품은 악하다. 선한 것은 위僞(人爲)다.	人之性惡 其善者僞也.
사람의 성품은	今人之性
날 때부터 이로운 것을 좋아한다.	生而有好利焉 順是
그러므로 쟁탈이 생기고 사양하는 마음은 없어진다.	故爭奪生 而辭讓亡焉.
또 사람은 날 때부터 질투심과 증오심이 있다.	生而有疾惡焉
그대로 두면 잔학해지고	順是 故殘賊生
충신忠信은 없어진다.	而忠信亡焉.
또한 날 때부터 이목의 욕구가 있기 마련이라	生而有耳目之欲焉
성색聲色을 좋아한다.	有好聲色焉
그러므로 그대로 두면 음란해지고	順是 故淫亂生
예의와 문리는 없어진다.	而禮義文理亡焉.
그런즉 사람의 성품을 따르고 인정대로 두면	然則從人之性 順人之情
반드시 쟁탈이 나타나고	必出於爭奪
분수를 범하고 도리를 어지럽혀	合44)於犯分亂理
포학해지게 될 것이다.	而歸於暴.
그러므로 반드시 스승과 법으로 교화하고	故必將有 師法之化
예의로 인도해야 한다.	禮義之道.
그런 연후에야 사양심과 문리가 나타나	然後出於辭讓 合於文理
다스려지게 되는 것이다.	而歸於治.
이로써 볼 때	用此觀之
사람의 성품은 악한 것이 분명하고	然則人之性惡明矣
사람이 선한 것은 위僞하기 때문이다.	其善者僞也.

---

44) 合(합)=呼也, 和也, 作也.

묻기를 "사람의 성품이 악하다면   問者曰 人之性惡
예의는 어디서 나옵니까?" 라고 했다.   則禮義惡生.
순자가 답했다.   應之曰
"도공이 흙을 이겨 그릇을 만들었다면   陶人埏⁴⁵⁾埴而爲器.
그릇은 도공의 위僞(人爲)로 만든 것이지   然則器生於工人之僞
사람의 성품이 만든 것이 아니다.   非故⁴⁶⁾生於人之性也.
이처럼 성인도 사려를 쌓고 위僞를 학습하여   聖人積思慮習僞
예의를 만들고 법도를 일으킨 것이다.   故以生禮義 而起法度.
그런즉 예의와 법도는   然則禮義法度者
성인의 위僞가 만들어낸 것이며   是生於聖人之僞
성품이 만든 것이 아니다.   非故生於人之性也.
성인이 성품을 교화하고자 위僞를 세웠고   故聖人化性而起僞
위僞를 세우고자 예의를 만들었으며   僞起而生禮義
예의가 생기도록 법도를 제정한 것이다.   禮義生而⁴⁷⁾制法度.
그러므로 성인은 대중과 똑같고   故聖人之所以同於衆
다르지 않은 것은 성품이며   其不異於衆者 性也.
대중과 다르고 대중보다 많은 것은 위僞인 것이다."   所以異而過衆者僞也.

---

45) 埏(연)=地際, (선)=水和土也, 埴也.

46) 故(고)=本也.

47) 而(이)=以.

유안의 무위론 비판

한漢 초의 유안은 노장의 무위無爲를 비판하고 진정한 무위는 순리順理 혹은 무욕無慾이라고 주장했다. 반역 사건으로 죽임을 당한 이상주의자였던 회남왕淮南王 유안은 대동大同사회의 '대도大道'를 노자의 현도玄道라고 주장했으나 노장의 '무위'는 반대했다. 노장의 무위를 야만으로 돌아가자는 반문명주의적 은둔철학으로 보았기 때문이다. 그런데 노자의 무위론을 비판한 『회남자』「수무훈修務訓」편은 유안의 사상이 아니라 후기 묵가들의 글을 인용한 것으로 보는 견해가 유력하다.

회남자淮南子/수무훈修務訓

혹자는 말하기를	或曰
"무위無爲란 적막하여 소리도 없고 움직임도 없으니	無爲者寂然無聲 漠然不動
끌어도 오지 않고 밀어도 가지 않는다"고 한다.	引之不來 推之不往
또한 이와 같은 것을 득도得道의 모습이라고 하나	如此者乃得道之像.
나는 그렇게 생각지 않는다.	吾以爲不然.
그들에게 물어본다면	嘗試問之矣
신농씨와 요·순·우·탕을	若夫神農堯舜禹湯
성인이라고 대답할 것이다.	可謂聖人乎.
그런데 이들 성인들은	以五聖觀之
무위를 선택하지 않은 것이 분명하다.	則莫得無爲明矣.
신농씨와 요·순·우·탕 등 성자들은	此五聖者

천하의 위대한 군주였으나	天下盛主
몸을 수고롭게 하고 사려를 다해 백성을 위하고	勞形盡慮爲民
이익을 일으키고 재해를 제거하는 데 게으르지 않았다.	興利除害 而不懈.
이처럼 성인이 백성을 걱정한 것이 분명하거늘	聖人憂民 如此其明矣
그것을 무위라고 말한다면 어찌 잘못이 아니겠는가?	而稱以無爲 豈不悖哉.

내가 말하는 '무위'라 함은	吾所謂無爲者
사사로운 뜻이 공공의 도리에 끼어들지 않고	私志不得入公道
탐욕이 바른 방도를 굽히게 하지 않고	嗜慾不得枉正術.
도리를 따라 일을 거행하고	循理而擧事
자품대로 공을 세우게 함으로써	因資而立功
자연의 추세를 따라 추구하여	推自然之勢
교사巧詐함을 용납하지 않는 것을 말한다.	而曲故⁴⁸⁾不得容者.
그래서 일을 이루어도 자랑하지 않고	事城而身不伐
공을 세워도 명성을 구하지 않을 뿐	功立而名不有.
느껴도 반응이 없고	非謂其感而不應
공격을 받아도 움지이지 않는 것을 말하는 것이 아니다.	攻而不動者.
만약 불로 우물을 말리고	若夫以火熯⁴⁹⁾井
강물을 산으로 흐르게 하려 한다면	以淮灌山
자기 이익을 위해 자연을 거역하는 것이다.	此用⁵⁰⁾己而背自然
그러므로 그것을 일러 '유위有爲'라고 하는 것이다.	故謂之有爲.

---

48) 故(고)=巧僞也.

49) 熯(한)=말린다.

50) 用(용)=通, 利也.

만약 물에서 배를 사용하고, 사막에서 낙타를 사용하고
갯벌에서는 썰매를 사용하고, 산에서는 삼태기를 사용하고
여름에는 물을 트고, 겨울에는 물을 가두고
높은 데는 밭을 만들고, 낮은 데는 연못을 만든다면
나는 이것을 '유위'라고 말하지 않는다.
성왕들도 따른 일이기 때문이다.

若夫水之用舟 沙之用鳩⁵¹⁾
泥之用輴.⁵²⁾ 山之用蔂.⁵³⁾
夏瀆而冬陂⁵⁴⁾
因高爲田 因下爲池
此非吾所謂爲之
聖人之從事也.

---

51) 鳩(구)=낙타.
52) 輴(순)=썰매.
53) 蔂(류)=삼태기.
54) 陂(피)=阪也, 池也.

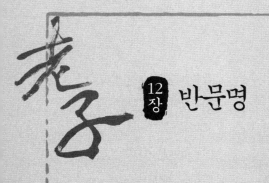

노자 읽기

《 노자 · 19장 · 중단 》

성인聖人과 지식을 버리면 민중의 이익이 백배로 늘어날 것이다.　　　絕聖棄智 民利百倍

인의仁義를 버리면 민중이 효도하고 자애롭게 될 것이다.　　　　　　絕仁棄義 民復孝慈

기술技術과 단절하고 편리함을 버려라. 도적이 없어질 것이다.　　　絕巧棄利 盜賊無有

　　김경탁 : 기술과 이익을 버리면 도적이 없게 된다

　　장기근 : 기교나 명리를 버리면 도적도 없게 될 것이다.

　　노태준 : 교지巧智와 재리財利를 버리면 도둑이 있지 않다.

　　김용옥 : 교사스러움과 이로움을 끊어라. 도적이 없어질 것이다.

　　오강남 : 재간 부리기를 그만두고 이보려는 마음을 버리면 도둑이 없어질

　　　　　 것입니다.

　　김형효 : 교활한 지혜를 끊고 이익을 버리면, 도적이 없게 되리라.

《 노자 · 57장 · 상단 》

바르게 되면 나라를 태평케하고, 거짓되면 병란을 일으키며　　　　以1)正治國 以奇2)用兵

---

1) 以(이)=ㅁㅁ하기 때문에.

2) 奇(기)=詐也, 邪不正也.

김경탁 : 정의로 나라를 다스리고, 전쟁에는 기계를 쓴다.

노태준 : 정으로써 나라를 다스리고, 기계로써 군대를 일으키고

김용옥 : 나라를 다스릴 때는 정법으로 하고, 무력을 쓸 때는 기법으로 하고

오강남 : 나라를 다스릴 때는 올바름이 필요합니다. 전쟁에 임할 때는 임기
　　　　응변이 필요합니다.

김형효 : 중정中正한 도道로 치국하고, 기계奇計로 용병하며[3]

겨룸이 없으면 천하를 모여들게 한다.　　　　　　　以無事[4]取[5]天下

김경탁 : 무사로 천하를 취한다.

노태준 : 무위 무사로써 천하를 지배한다.

김용옥 : 천하를 취할 때는 무사로 하라!

오강남 : 그러나 세상을 얻기 위해서는 함이 없음을 실천하십시오!

김형효 : 무사無事로 천하를 취한다.[6]

내가 어찌 그것을 아는가? 이로써 알 수 있다.　　　吾何以知其然哉 以此

천하에 통제가 많으면 민民이 가난해지고,　　　　天下多忌諱 而民彌貧

김경탁 : 천하에 기휘忌諱가 많으면 백성이 저절로 더욱 가난해지고

노태준 : 천하에는 금령이 많은데 백성은 점점 가난해지고

김용옥 : 하늘아래 꺼리고 피할 것이 많을수록 백성은 더욱 간난해지고

오강남 : 세상에 금하고 기리는 것이 많을수록 사람이 더욱 가난해지고

김형효 : 천하에 금지가 많으면 백성은 더욱 가난해지고[7]

---

3) 노장사상의 핵심은 無治와 反戰爭이다. 그러나 위 우리 학자들의 번역은 政治와 戰爭을 찬양한다.

4) 事(사)=剚와 통용. 爭의 古字로 읽음.

5) 取(취)=聚와 통용.

6) 노장의 핵심은 소국 공동체 연합주의이므로 천하를 취하지 않는다. 위 우리 학자들의 번역은 법가들의 천하 패권
　주의다.

7) 노장은 무정부주의적인 無治를 주장한다. 위 우리 학자들의 번역은 禁令을 줄이라는 덕치 왕도주의로 변질시킨다.

민民에게 편리한 도구가 많아지면   民多利器

나라와 가문은 접점 혼란해지며,   國家滋昏

　　김경탁 : 백성이 이기利器가 많으면 국가가 더욱 혼란해지고

　　노태준 : 백성들에게 문명의 리기가 많은데도 나라는 점점 혼란해진다.

　　김용옥 : 백성이 이로운 기물을 많이 가질수록 나라와 가정은 혼미해지고

　　오강남 : 사람 사이에 날카로운 무기가 많을수록 나라가 더욱 혼미해지고,

　　김형효 : 백성들에게 문명의 리기가 많으면 국가는 더욱 혼미해진다.[8]

인군人君이 기술을 자랑하면 기이한 물건들이 쏟아지고,   人多伎巧 奇物滋起

　　김경탁 : 사람들이 기교가 많으면 기물奇物이 더욱 생긴다.

　　노태준 : 인민들에게 기교가 많아지면서 기괴한 물건이 많이 제작되고

　　김용옥 : 사람이 기교가 많을수록 기괴한 물건이 점점 생겨나고

　　오강남 : 사람 사이에 잔꾀가 많을수록 괴상한 물건이 많아지고

법령이 밝아질수록 도둑이 많아지기 때문이다.   法令滋彰 盜賊多有.

　　김경탁 : 법령이 밝을수록 도적이 많이 있게 된다.

　　노태준 : 법령이 점점 정비되면서 도둑은 오히려 많아진다.

　　김용옥 : 법령이 많아질수록 도적이 늘어난다.

　　오강남 : 법이나 명령이 요란할수록 도둑이 더욱 많아집니다.

〖 노자 · 80장 〗

나라는 작고 백성은 적어야 한다.   小國寡民

그리하면 편리한 기물들이 있지만 사용할 필요가 없다.   使有什伯之器 而不用.

---

8) 위 우리 학자들의 번역은 자연으로 돌아가라는 반문명주의를 문명주의로 애매하게 희석시킨다.

기계 거부

　무위자연無爲自然은 바로 문명을 고발한 안티테제였다. 자연으로 돌아가자는 말은 노장에게는 국가가 없는 원시 공산사회로의 회귀이며, 부권을 거부하고 모계 사회로의 회귀를 의미했다(이 책 7장 '페미니즘과 저항'과 13장 '원시 공산주의' 참조).

　노장은 기본적으로 문명의 편리함을 거부하고 원시 공동체로 복귀할 것을 소망했다. 장자는 이에 대해 어질고 능한 자를 높일 필요도 없는 고대 사회의 백성들은 "야생의 사슴처럼 자유롭고 평등했다"고 표현했다.

　『노자』19장의 요점은 '문文'이라는 글자에 있다. 여기서 문文은 문물제도를 말한다. 특히 "위문부족爲文不足(문물로 삼기에는 부족하다)"이란 문명文明을 거부하고 자연으로 돌아가자는 것과 같은 맥락이다. 따라서 옛 군왕들의 법도와 제도는 유가들이 자랑하듯이 경천위지하는 학문도 아니며, 자혜 애민의 도리도 될 수 없다는 뜻을 함의하고 있다. 다시 말하면 유가들이 말하는 성인의 도道라는 것이 자연의 도와 생민의 도에 미치지 못한다는 뜻이다.

서경書經/주서周書/시법諡法

사기史記/집해集解 서序/시법諡法

천지를 경륜할 학문에 문文이라 하고	經緯天地 日文
덕으로 인도하고 널리 들음에 문이라 하고	道德博聞 日文.
배우기를 힘쓰고 묻기를 좋아함에 문이라 하고	學勤好問 日文.

자혜로워 민을 사랑함에 문이라 하고 慈惠愛民 曰文.

민을 긍휼히 여기고 예로 은혜를 베풂도 문이라 하고 愍民惠禮 曰文.

민에게 작위를 하사함도 문이라 했다. 錫民爵位 曰文.

백호통의百虎通義/시諡

자혜롭고 민을 사랑한 분에게 시호를 문文이라 한다. 慈惠愛民 諡曰文.

　노자의 역설과 반어는 전국시대의 사회 혼란과 민생 파탄에 절망한 민중의 담론이다. 그리고 그 담론의 표적은 인간의 간교함과 인간이 만든 제도와 문명을 거부하는 데까지 이른다. 다만 그들이 문명을 거부하고 자연으로 돌아가자고 말한 것은 고대 인류에게 신비롭던 자연 신앙의 복귀를 의미하는 것 같지는 않다. 그들이 말한 자연은 인간이 불을 발명한 제1차 문명혁신 이후부터 친근해진 자연이었을 것으로 추측된다.

　노장이 활동하던 기원전 4세기는 철기를 발명함으로써 자연을 개발의 대상으로 생각하기 시작한 제2차 문명혁신 시기에 해당된다. 그러므로 노장의 '자연으로 돌아가라'는 반문명反文明 복자연復自然의 테제는 이러한 반자연의 제2차 문명혁신을 거부하는 것이었다. 왜 그들은 철기문명을 거부했을까? 그것은 철기문명이 가져온 계급과 국가의 탄생을 반대하고 지배 복종의 차별과 억압에 저항한 것으로 보아야 할 것이다.

　이러한 저항적인 노장의 원시 회귀 사상은 '기계 거부 운동'으로 표현된다. 이것은 마치 18세기에 증기기관과 방

적기를 발명함으로써 촉발된 제3차 문명혁신인 산업혁명
이 일어나자 이에 항거하여 일어난 19세기 초의 이른바
'기계 파괴 운동(Luddite)'과 같은 맥락이다. 산업혁명은
자연과 생명을 분해하여 과학의 대상으로 삼게 했으며 새
로운 자본가계급을 탄생시키고 인간의 자주적인 노동을
기계화된 노동으로 전락시켰다. 기계 파괴 운동은 이에 저
항했던 것이다. 그런데도 우리 학자들은 노장의 기계 거부
운동을 '기교를 버리라'는 교양론으로 왜곡·변질시켰다.

장자莊子/외편外篇/마제馬蹄

소박함을 없애 그릇을 만든 것은 기술자의 죄이며	夫殘樸而爲器 工匠之罪也
도덕道德을 헐어 인의仁義를 만든 것은	毁道德以爲仁義
성인(군왕)의 잘못이다.	聖人之過也.

장자莊子/외편外篇/천지天地

자공이 (길을 가다가 밭에서 일하는 농부에게) 말했다.	子貢曰
"만약 기계를 쓴다면	有械於此
하루에 백 두렁의 밭에 물을 줄 수 있습니다.	一日浸百畦
힘은 적게 들이고 효과는 많을 터인데	用力甚寡 而見功多
왜 그것을 쓰지 않는지요?"	夫子不欲乎.
…농부는 성난 듯 얼굴색이 바뀌었지만	… 爲圃者忿然作色
이내 웃으며 말했다.	而笑曰
"우리 선생에게서 들은 말인데	吾聞之吾師
기계가 있으면 반드시 기계의 일이 생기고	有機械者 必有機事.
기계의 일이 생기면 반드시 기계의 마음이 생기고	有機事者 必有機心.

가슴속에 기계의 마음이 생기면 순백의 바탕이 없어지고   機心存於胸中 則純白不備.

순백의 바탕이 없어지면 정신과 성품이 안정되지 못하고   純白不備 則神生不定.

정신과 성품이 불안정하면 도가 깃들 곳이 없다고 합니다.   神生不定者 道之所不載也.

내가 두레박을 몰라서가 아니라   吾非不知

부끄러워서 쓰지 않는 것입니다."   羞而不爲也.

장자莊子/외편外篇/거협胠篋

옥을 버리고 주옥을 부숴버려야만 좀도둑이 생기지 않는다.   擿⁹⁾玉毁珠 小盜不起.

부절을 불태우고 옥새를 파괴해 버리면   焚符破璽

민중은 소박해질 것이다.   而民朴鄙.

말과 되를 쪼개버리고 저울을 꺾어버리면   掊斗折衡

민중은 다투지 않을 것이다.   而民不爭.

천하에 성인의 법을 완전히 파괴해 버려야만   殫殘天下之聖法

민중은 비로소 더불어 공평한 표준을 선택할 수 있을 것이다.   而民始可與論¹⁰⁾議.¹¹⁾

육률을 금지하여 뿌리를 뽑고 악기를 태워버리고   擢¹²⁾亂六律 鑠絕竽瑟

악사의 귀를 막아버려야   塞瞽曠¹³⁾之耳.

천하는 비로소 사람들의 귀가 밝아질 것이다.   而天下始人含其聰矣.

무늬와 채색을 없애고   滅文章 散五采

이주離朱의 눈을 아교로 붙여버리면   膠離朱¹⁴⁾之目.

---

9) 擿(적)=擲也.

10) 論(론)=選擇也.

11) 議(의)=平也, 通誼, 儀也.

12) 擢(탁)=拔也.

13) 曠(광)=음악가 師曠.

14) 離朱(이주)=눈밝은 사람.

천하는 비로소 그 밝음을 품을 것이다.　而天下始人含其明矣.

굽힘쇠와 먹줄을 부숴버리고　毁絶鉤繩

그림쇠와 곱자를 내다 버리고　而棄規矩

공수반公輸般의 손가락을 부러뜨려 버리면　攦工倕[15]之指

천하는 비로소 진실한 재주를 가질 것이다.　而天下人有其巧矣.

그러므로 큰 기술은 졸렬한 것 같다고 말하는 것이다.　故曰 大巧若拙.

증참·사추·양주·묵적의 입을 봉해 버리고　削曾史楊墨之口

인의를 버리면　攘棄仁義

천하에 덕이 비로소 자연의 도(玄道)와 부합할 것이다.　而天下之德始玄[16]同矣.

그처럼 사람들이 그 밝은 이치를 품는다면　彼人含其明

천하는 혼란하지 않을 것이다.　則天下不鑠[17]矣.

저들이 그러한 총명을 품는다면　人含其聰

천하는 근심이 사라질 것이다.　則天下不累[18]矣.

사람들이 그러한 지혜를 품는다면　人含其知

천하는 의혹되지 않을 것이다.　則天下不惑矣.

사람들이 그러한 덕을 품는다면　人含其德

천하는 편벽되지 않을 것이다.　則天下不僻矣.

저들 증참·사추·양주·묵적·사광師曠·공수·이주 등은　彼曾史楊墨師曠工倕離朱

모두 겉으로는 그러한 덕을 이루었다고 하지만　皆外立其德

실은 천하를 소란케 한 자들이다.　而爚亂[19]天下者也.

---

15) 工倕(공수)=무기 제조 기술자인 魯般公 公輸.

16) 玄(현)=노자의 玄道.

17) 鑠(삭)=消壞也.

18) 累(루)=憂患也.

19) 爚亂(약란)=騷亂의 假借.

장자莊子/잡편雜篇/천하天下

옛사람들은 진실로 천도天道에 순응했다.	古之人其備[20]乎.
신명神明에 배합되고, 천지에 순응하고, 만물을 육성하고,	配神明 醇天地 育萬物
천하를 화목하게 하고, 은혜가 온 백성에 미쳤다.	和天下 澤及百姓
자연의 근본 이치를 밝혀 세상의 법도에 연결했으니	明於本數 係於末度
천지사방으로 통하고, 사시를 열고	六通四辟.[21]
작든 크든 정미하든 조잡하든	小大精粗
천도의 운행이 있지 않은 곳이 없다.	其運無乎不在.

장자莊子/외편外篇/천지天地

지극한 다스림이 있었던 고대 사회에서는	至治之世
어진 자를 높이거나 능한 자를 부릴 필요도 없었다.	不尙賢不使能.
윗사람이란 표준일 뿐이었고	上如標枝
민民은 야생의 사슴이었다.	民如野鹿.
단정했으나 의義를 행했다는 것을 깨닫지 못했다.	端正而不知以爲義.
서로 사랑했으나	相愛
자기가 인仁을 행했다는 것을 깨닫지 못했다.	而不知以爲仁.
…이런 까닭으로 행적도 자취도 없고	… 是故行而無迹
사업도 전해짐이 없다.	事而無傳.

---

20) 備(비)=循於道之謂備(莊子/外篇/天地).

21) 辟(벽)=闢也.

반성

인간의 인간 됨의 특성은 완전 직립으로 인해 자유로워
진 손으로 도구를 만들고 문명을 이루었다는 데 있다. 이에
대해서는 아무도 이의를 달 수 없을 것이다. 그런데도 노장
은 기계를 거부하고 문명과 국가를 부정했다.

과연 국가 없이도 살 수 있으며 기계를 거부하고 원시
사회로 돌아가야 하는가? 국가에 대한 문제는 아나키즘
anarchism도 마르크시즘Marxism도 무국가·무정부를 지향
했으므로 그것을 상기하는 것으로 그치고 기계에 대해서
만 생각해 보자.

오늘날 인간의 문명은 기계가 사람을 지배하는 지경에
이르렀다. 지구상의 인류가 모두 로봇의 노예가 되어 살아
가는 공상 영화를 보는 것은 흔한 일이다.

한마디로 자본주의는 인류를 기계의 노예로 만드는 문
명이다. 나의 말에 반대하는 사람들도 오늘날 기계를 따르
지 않고는 살아갈 수 없다는 현실을 부인하지 못할 것이다.
정말로 우리는 기계의 노예로 전락하고 있는 것이다.

나는 8·15 해방 후에도 국민학교 5학년에 편입하기 전
까지는 한동안 서당에 다녔다. 어쩌다 어머니를 따라 장터
를 구경하는 날이면 얼마나 신기했던지 지금도 기억이 생
생하다. 그중에서도 호미와 낫을 사려고 대장간에 들렀을
때, 쇠를 벌겋게 달구는 풀무와 망치질의 장단 소리에 넋을
놓고 바라보곤 했다. 당시 그런 대장간이 군에는 두세 개
더 있다고 들었다.

내가 어릴 때는 기계라는 것은 농사짓는 농기구, 밥 짓고 먹는 그릇, 옷 짜는 베틀, 집 짓는 연장 등이 전부였다. 이처럼 기계는 의식주를 해결하는 데 필요한 정도의 도구로 그쳤다. 그런데 지금은 온 천지가 공장이고 모든 것이 기계들 차지가 되고 말았다. 그리고 기계를 만드는 공장을 위해서라면 인간의 삶은 이에 봉사해야 한다고 생각한다. 이제 기계는 인간의 도구가 아니라 저 스스로 목적이 됐고 더 나아가 인간의 주인이 됐다. 탱크와 폭격기와 잠수함과 미사일, 원자탄, 수소탄 등 놀라운 무기들은 고사하고 수없이 쏟아지는 기계들이 정녕 인간을 위한 것인가? 과연 그러한 것들이 인간을 행복하게 하는 것인가?

노장은 "기계가 생기면 기계의 일이 생기고, 기계의 일이 있으면 기계의 마음이 생기며, 인간의 자연스런 품성을 잃어버린다"고 말했다. 그리고 "천 년 후에는 사람이 사람을 서로 잡아먹는 시대가 올 것"이라고 경고했다. 과연 그의 예언대로 그로부터 2천여 년이 지난 오늘날 지구 전체가 살인 경쟁의 정글이 됐다.

우리가 어렸을 때 보았던 대장간은 공장(manufactory)으로 변모했고 로봇들이 일하는 리바이어던leviathan의 거대한 제국으로 발전했다. 이러한 기계문명은 이른바 서구의 산업혁명에서부터 시작됐다. 1765년 영국의 와트James Watt(1736~1819)가 증기기관을 발명한 것을 시작으로 1784년 카트라이트Edmund Cartwright(1743~1823)가 방직기를 발명하고 1801년 철도가 개통됨으로써 19세기 자본주의 시대의 막이 올랐다.

이에 농장 소유주들이 방직공장에 양모를 공급하기 위해 농민에게 농토를 빼앗아 양치는 목장으로 만드는 이른바 인클로저(enclosure)운동이 일어났다. 농토를 빼앗긴 농민들은 기계를 증오하기 시작했다. 급기야 영국에서는 1811년에 숙련 노동자들에 의한 기계 파괴 운동이 전국적으로 일어났고 7년여 동안 계속됐다. 노장이 기계 거부를 주장한 지 2천여 년이 지난 후에 실제로 기계 파괴 운동이 일어난 것이다. 그러나 러다이트운동으로부터 200년이 지난 오늘날 인간은 기계에 순응하는 데서 한 걸음 더 나아가 기계 숭배주의자들이 되어버렸다.

지금 독자들은 2,400년 전에 기계에 대해 고민했던 노장을 읽고 있다. 우리 인류는 가공할 만큼 거대한 괴물이 되어버린 기계에 대해 얼마나 고민하고 있는가? 얼마 가지 않아 인류는 기계의 노예가 될 것이라는 공상 영화를 만드는 것으로 그칠 것인가? 과연 기계를 거부한 노장을 어리석다고 비웃기만 할 것인가?

우리는 기계문명의 단맛에 너무 익숙해졌고 너무 먼 길을 달려와 버렸다. 그러나 인간의 지속 생존이 가능하려면 인간 생존의 절대 필요조건인 생태계를 파괴하는 기계문명을 이대로 방치할 수는 없다. 생물학자들의 추산에 의하면 지구 생물종의 멸종 속도는 점점 빨라져 정상적인 속도의 1천 배로 빠르게 진행되고 있으며, 1년에 2만 7천여 종이 멸종되고 있다고 한다. 문명의 지구 훼손을 이대로 방치한다면 인간의 생존조차 보장할 수 없다. 이제 되돌아갈 수는 없다고 해도 보다 건강한 자연을 회복하는 방책을 마련

하려는 노력은 절대로 필요하다. 이제 노장의 반문명 생명
주의는 우리가 나아갈 방향을 선택하는 데 경고의 등불이
되어야 할 것이다.

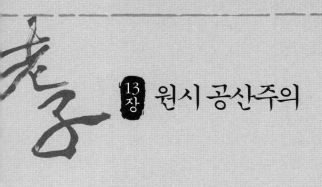

13장 원시 공산주의

노자 읽기

《 노자 · 18장 》

무위자연無爲自然의 대도大道가 쇠하니 인의仁義가 나오고　　　　　大道廢 有仁義[1]

　김경탁 : 무위자연의 큰 도를 버린 뒤에 인의仁義를 부르짖게 되었다.

　장기근 : 무위자연의 대도가 쇠진함으로써 인의의 도덕이 나타났고

　김용옥 : (노자의) 큰 도道가 없어지니 인의가 있게 되었다.

　오강남 : 대도가 폐하면 안仁이니 의義니 하는 것이 나서고

　김형효 : 대도가 폐해서 인의가 있게 되고

시비 분별의 지식이 나타나니 많은 인위人爲적인 법도가 나오고　　　　慧[2]智出 有大僞[3]

　김용옥 : 큰 지혜가 생겨나니 큰 위선이 있게 되었다.

　오강남 : 지략이니 지모니 하는 것이 설치면 엄청난 위선이 만연하게 됩니다.

　김형효 : 지혜가 나오게 됨으로써 큰 인위가 일어나게 된다.

---

1) 仁義(인의)=仁은 공자의 말이고, 義는 맹자의 주장이니, 『노자』는 맹자 이후에 저작된 것임을 알 수 있다.
2) 慧(혜)=明敏也. 惠와 통용.
3) 大僞(대위)=大道의 對句. 僞는 人+爲.

육친이 불화하니 효자가 나오고   六親⁴⁾不和 有孝慈

    김용옥 : 육친이 불화하니 효도다 자애다 하는 것이 있게 되었다.

    오강남 : 가족 관계가 조화롭지 못하면 효孝니 자慈니 하는 것이 나서고

    김형효 : 육친이 불화하므로 효도와 자애가 강조되고

나라와 가문이 어지러우니 충신이 나온다.   國家昏亂 有忠臣.

    김용옥 : 국가가 혼란하니 충신이란 것이 있게 되었다.

    오강남 : 나라가 어지러워지면 충신이 생겨납니다.

    김형효 : 국가가 혼란스러워지면 충신이 나온다.

《 노자·19장·하단 》

성인聖人·인의仁義·교리巧利(기술의 편리함)는   此三者

생민生民의 '문물文物(제도와 문화)'로 삼기에는 부족한 것이다.   以爲文⁵⁾不足

    김경탁 : 이 삼자는 문물文物로 하기는 아직 부족하다.

    노태준 : 이 세 가지는 문장文章이 부족하다고 본다.

    김용옥 : 이 세 가지는 문명의 장식일 뿐 자족한 것이 아니다.

    오강남 : 이 세 가지는 문명을 위하는 일이지만 그 자체만으로는 부족하다.

    김형효 : 이 세 가지를 단순히 문화의 장식으로 취급하는 것은 부족하다.

그러므로 유랑민들을 지역 공동체(屬)에서 부양하며,   故令有⁶⁾所⁷⁾屬⁸⁾

    김경탁 : 그러므로 소속시킬 데가 있으니,

    장기근 : 그런고로 백성들로 하여금 귀의할 바 있게 해야 한다.

---

4) 六親(육친)=父母 兄弟 妻子.

5) 文(문)=經緯天地. 道德博聞. 勤學好文. 慈惠愛民. 愍民惠禮. 錫民爵位 日文(書經/周書/諡法).

6) 有(유)=相親也, 保也.

7) 所(소)=곳, 장소.

8) 屬(속)=지역 공동체. 우리 학자들은 屬이란 글자가 3향 또는 10현을 묶는 지역 공동체의 단위임을 모르고 있다.

노태준 : 그러므로 속하는 곳이 있게 해야 한다.

김용옥 : 그러므로 (아래 구절의 소박과 과욕에) 돌아감이 있게 하라.

오강남 : 그러므로 뭔가 덧붙이지 않을 수 없습니다.

김형효 : 그러므로 마음에 소속하는 바가 있게 해야 한다.

본바탕을 드러내고 소박한 마음을 갖도록 하여,   見素抱朴

사유私有는 작게 하고 소비 욕구를 적게 해야 한다.   少私[9]寡欲.

　김경탁 : 소素를 나타내어 박을 안고, 사를 적게 하여 욕을 적게 할 것이다.

　장기근 : 즉 순진소박을 따라 사심과 욕심을 적게 하는 것이다.

　노태준 : 소박을 지니며, 사욕을 적게 하라.

　김용옥 : 흰 바탕을 드러내고 통나무를 껴안아라. 사사로움을 줄이고 욕심
　　　　　을 적게 하라.

　오강남 : 물들이지 않은 명주의 순박함을 드러내고, 다듬지 않은 통나무의
　　　　　질박함을 품는 것 나 중심의 생각을 적게 하고, 욕심을 줄이는 것
　　　　　입니다.

　김형효 : 이기심을 적게 하고, 욕심을 줄인다.

《 노자 · 80장 》

나라는 작고 백성도 적다(소규모 지역 공동체).   小國寡民

그러므로 여러 가지 기물이 있으나 쓸 필요가 없고,   使有什伯之器而不用

백성들은 죽을 때까지 지역 공동체에서 유리되지 않도록 한다.   使民重[10]死 而不遠徙[11]

　김경탁 : 인민이 죽음을 중히 여기어 멀리 이사 가지 않고,

　　　　(해설 : 일정한 토지에 고착 생활을 하게 한다.)

---

9) 私(사)=禾의 主人이라는 뜻. 和(禾를 나누어 먹음)의 반대.

10) 重(중)=再也, 附也.

11) 不遠徙(불원사)=토지를 빼앗기고 떠도는 유랑민 대책을 말한 것이다. 令有所屬(老子/十九章). 連屬其鄕(莊子/外
　　篇/馬蹄). 徙=백서본은 '送' 으로 됨.

노태준 : 인민이 죽음을 중히 여기어 멀리 이사 가지 않게 하고,

　　　(해설 : 멀리 이주하지 않도록 한다.)

장기근 : 백성들로 하여금 저마다 삶을 아끼고 멀리 떠돌지 않게 한다.

김용옥 : 백성들로 하여금 죽음을 중하게 여겨 멀리 이사 다니지 않게 하라.

오강남 : 백성 죽음을 중히 여겨 멀리 이사 가는 일이 없게 하십시오.

김형효 : 백성이 늙어 죽더라도 서로 왕래하지 않는다.

비록 배와 수레가 있으나 탈 곳이 없고,	雖有舟輿無所乘之
비록 무기가 있으나 쓸 일이 없다.	雖有甲兵無所陳之
사람들은 옛날처럼 새끼줄로 의사 표시를 했지만,[12]	使人復結繩而用之
그들의 음식을 달게 먹고 그들의 옷을 아름답게 입고	甘其食 美其服
그들의 거처를 안락하게 여기며	安其居
법이 아니라 옛 풍속대로 즐거워한다.	樂其俗
이웃 나라는 서로 바라보이고	隣國相望
개 짖는 소리와 닭 울음소리를 듣지만	鷄犬之聲相聞
백성들은 죽을 때까지 지역 공동체를 오고가지 않는다.	民至老死 不相往來.

《 노자 · 60장 》

연합국을 태평하게 다스리는 방도는 소국을 보존하는 데 있다.[13]	治大國[14] 若[15] 烹[16] 小鮮[17]

　김경탁 : 대국을 다스리는 것은 조그만 물고기를 끓이는 것 같다.

---

12) 은나라의 갑골문자는 BC 1450년경으로 추정.

13) 노장이 지향한 사회는 大道가 행해지던 대동사회(소국 공동체의 연합제)이며, 공맹이 지향한 사회는 禮法으로 통치하던 소강사회(독립 군주국의 연방제)였다. 이러한 사회구성체의 차이를 모르면 노장을 해석할 수 없다.

14) 大國(대국)=독립 주권의 소규모 공동체들의 연합제.

15) 若(약)=似也, 乃也, 故也.

16) 烹(팽)=亨(형)≒亨(향)=祭, 獻也, 保有也. 桓公之享國也(公羊傳/僖公十年).
    백서본은 '享'으로 되어 있었으나 왕필이 변조함.

장기근 : 큰 나라를 다스릴 때는 마치 작은 생선을 지지듯 건드리지 말고
　　　　그냥 내버려 두어야 한다.

노태준 : 대국을 다스리는 것은 잔 물고기를 조리하는 것과 같습니다.

김용옥 : 큰 나라 다스리기를 작은 생선 조리기같이 하라.

오강남 : 큰 나라를 다스리는 것은 작은 생선을 요리하는 것과 같습니다.

이석명 : 큰 나라를 다스릴 때는 작은 생선을 요리하듯 하라.

이경숙 : 큰 나라를 다스리는 것은 작은 생선을 익히는 것과 같다.

김형효 : 큰 나라를 다스리는 일은 작은 생선을 삶는 것 같다.

무위자연의 도道로써 천하에 군림하면	以道莅[18]天下
귀신도 신통력을 부리지 못한다.	其鬼不神
귀신이 신통하지 않아서가 아니라	非其鬼不神
귀신이 사람을 상해하지 못하는 것이다.	其神不傷人
귀신이 사람을 상해하지 못한 것이 아니라	非其神不傷人
귀신의 권위를 빌린 성왕이 사람을 상해하지 못한다.[19]	聖人亦不傷人
귀신도 성왕도 서로 상해하지 않으므로 덕이 서로에게 돌아간다.	夫兩不相傷 故德交歸焉.

〖 노자 · 61장 〗

대국은 소국들이 모여드는 하류와 같아서 천하 각국의 교류장이며	大國者下流 天下之交
각국을 품는 천하의 암컷이다.	天下之牝

　김경탁 : 대국이란 천하 소국들이 모여드는 하류요, 약소국들의 교류장이
　　　　요, 약소국들의 암컷이다.

　장기근 : 큰 나라가 강물의 하류 같으면 천하가 모여들게 마련이다. 큰 나

---

17) 小鮮(소선)=위의 小國寡民을 말함.
　　小=小國. 鮮=寡民, 少也(鮮不五稔 : 左傳/昭公元年), 罕也(民鮮能久矣 : 禮記/中庸).
18) 莅(리)=臨也.
19) 無爲, 無治의 무정부주의.

라는 천하의 암컷 같은 존재다.

노태준 : 대국은 하류이며, 천하의 교交이며 빈牝이다.

김용옥 : 큰 나라는 아랫물이다. 하늘 아래의 모든 윗물이 흘러들어 오는
곳이며, 하늘 아래의 모든 숫컷이 모여드는 암컷이다.

오강남 : 큰 나라는 강의 하류. 온 세상이 모여드는 곳, 세상의 여인.

이석명 : 큰 나라는 낮은 곳으로 흘러야 하네. 그래야 천하의 암컷이 되고
사람들이 모여들게 되네.

김형효 : 물이 아래로 흘러 바다를 이루듯이 대국은 천하의 교류이며 천하
의 암컷과 같다.

암컷은 항상 고요함으로 수컷을 이긴다.   牝常以靜勝牡

김경탁 : 암컷은 항상 정靜적으로 수컷을 이기니

김용옥 : 암컷은 늘 고요함으로 수컷을 이긴다.

고요함으로써 겸양하기 때문이다.   以靜爲[20]下[21]

김경탁 : 그것은 정靜이므로 겸하謙下하기 때문이다.

김용옥 : 고요함으로써 자기를 낮춘다.

그러므로 대국大國은 소국에 겸양함으로써   故大國以下小國
소국을 연합하고(聚)   則取[22]小國

김경탁 : 대국으로서 소국에 겸하면 소국에 취取하여지고

장기근 : 대국이 겸하한 태도로 소국 밑에 처져 있으면 소국을 다 모아 다
스릴 수 있고

노태준 : 대국이 소국에 겸하하면 곧 소국을 취取하고

김용옥 : 큰 나라는 소국에 낮추면 소국에 믿음을 주고

오강남 : 큰 나라는 작은 나라 아래로 스스로를 낮춤으로 작은 나라를 얻고

---

20) 爲(위)=以.
21) 백서본은 '爲其靜也 故宜爲下也'로 됨.
22) 取(취)=聚와 통용.

이석명 : 큰 나라가 작은 나라에 낮추면 작은 나라를 취取할 수 있고

이경숙 : 고로 대국은 소국의 아래가 됨으로써 소국을 취取하고

김형효 : 그러므로 대국이 겸허하게 해서 나라를 작은 듯이 하면 소국을
포섭할 수 있고

소국小國은 대국(연합국)에 아래가 됨으로써 대국에 연합한다(聚).[23]

小國以下大國 則取大國

김경탁 : 소국으로 대국에 겸하면 대국에 취하여지니

장기근 : 소국도 겸하한 태도로 대국 밑에 처져 있으면 대국에 합해질 수
있다.

노태준 : 소국이 대국에 겸하하면 곧 대국을 취한다.

김용옥 : 소국은 대국에 낮추면 대국에 믿음을 얻는다.

오강남 : 작은 나라는 큰 나라를 향해 내려감으로 큰 나라를 얻습니다.

이석명 : 작은 나라가 큰 나라에 낮추면 큰 나라에 받아들여지네.

이경숙 : 소국 역시 대국의 아래에 듦으로써 대국을 취한다.

김형효 : 소국도 자신을 낮추어서 나라를 살찌우면 대국에서 많은 것을 얻
을 수 있다.

그러므로 대국은 겸양함으로써 연합하고
소국은 아래가 되어 연합한다.

故或下以取

或下而取

김경탁 : 혹 겸하함으로써 취해지기도 하고, 혹 겸하하여서 취하여지기도
한다.

장기근 : 따라서 대국도 겸하로써 얻고, 소국도 겸하로써 얻을 수 있다.

노태준 : 혹은 겸하하여 취하기도 하고, 혹은 하위에 처하므로 취하기도 한
다.

김용옥 : 하나는 자기를 낮춤으로 취할 수 있고, 하나는 자기를 낮춤으로
취하여질 수 있다.

---

23) 우리 학자들은 小國併呑의 '패도주의'로 해석하나 이는 왜곡이다. 고대에는 取가 聚의 뜻으로 통용됐음을 모르
는 탓이다. 그러나 노자는 대국주의가 아니라 반대로 小國寡民의 '공동체 연합'을 지향했다.

오강남 : 한쪽은 스스로를 아래에 둠으로써 남을 얻고 한쪽은 스스로 내려
　　　　감으로 남을 얻습니다.

이석명 : 자신을 낮춤으로써 혹 남을 취하기도 하며 혹 남에게 받아들여지
　　　　기도 하네.

이경숙 : 그러므로 아래에 둚으로써 취하기도 하고, 아래가 되는 것을 택하
　　　　기도 한다.

김형효 : 그러므로 어떨 때는 스스로 낮춤으로써 상대방을 취하고, 또 어떨
　　　　때는 상대방에게 낮추어서 상대방으로부터 많은 것을 얻는다.

대국은 다른 소국들을 겸병하려는 과욕을 부리면 안 되며,　　大國不過欲兼[24]畜人

김경탁 : 대국은 사람을 겸하여 양養하려 함에 불과하고

장기근 : 대국은 모든 나라를 합하여 다 같이 양육하고자 원할 뿐이고

노태준 : 대국은 인민을 겸양兼養하려는 것이고

김용옥 : 큰 나라는 사람들을 밑에 두고 거느리기를 좋아할 뿐이며

오강남 : 큰 나라가 바랄 것은 사람을 모아 보양하는 것

이석명 : 큰 나라는 억지로 남을 병합하려 해선 안 되며

이경숙 : 큰 나라는 보다 많은 사람을 받아들이려는 욕심이고

김형효 : 대국은 소국 사람들을 포섭하여 키우려는 것에 다름 아니고

소국은 타국에 편입되어 섬기려 하지 말아야 한다.　　小國不過[25]欲入事人

김경탁 : 소국은 들어가서 사람을 섬기려고 함에 불과하다.

장기근 : 소국은 대국에 합하여 다 같이 백성을 섬기고자 원할 뿐이다.

노태준 : 소국은 큰 데 들어가 남을 섬기려는 것이다.

김용옥 : 작은 나라는 사람 밑에 들어가 섬기기를 바랄 뿐이다.

오강남 : 작은 나라가 바랄 것은 들어가 남을 섬기는 것.

---

24) 兼(겸)=백서본은 '幷'으로 됨.
25) 不過(불과)=不遇(不得, 不當)의 誤.

이석명 : 작은 나라는 무리하게 남을 섬기려 해선 안 된다.

이경숙 : 작은 나라는 큰 나라를 섬기려고 하는 것이니

김형효 : 소국은 대국 사람들을 섬기기 위해 들어가려는 것에 다름 아니다.

이처럼 대국도 소국도 각각 바라는 바를 얻으려면
대국이 의당 겸양해야 한다.

夫兩者各得其所欲
大者宜爲下.

김경탁 : 양자는 각각 그 욕구함을 얻음으로 대자는 마땅히 겸하해야 한다.

장기근 : 서로가 다 소원을 달성하기 위해서는 대국이 모름지기 아래에 처
해야 한다.

김용옥 : 대저 양편이 다 자기가 바라는 것을 얻을 수 있을진대, 큰 나라가
마땅히 자기를 낮추기를 잊어서는 아니될 것이다.

오강남 : 큰 나라 작은 나라가 자기들 바라는 바를 얻으려면 큰 나라가 먼
저 낮추어야 할 것입니다.

이경숙 : 대저 양자는 각기 원하는 바가 다르다. 그러므로 큰 나라가 아래
로 들어가는 것이 좋지 않은가?

김형효 : 대국과 소국은 각각 그 욕망하는 바를 얻는다. 그러므로 대국은
마땅히 겸허해야 한다.

《 노자 · 81장 · 중단 》
무위자연의 성인은 재물을 사유私有하지 않는다.

聖人不積[26]

김경탁 : 성인은 자기 일개인을 위하여 덕을 쌓아두지 않고,

장기근 : 성인은 자기를 위해 쌓아놓지 않는다.

노태준 : 성인은 축적하지 않는다.

김용옥 : 성스러운 사람은 쌓아두지 아니하니,

오강남 : 성인은 쌓아놓지 않습니다.

---

26) 不積(부적)=虛而無有.

이경숙 : 성인은 쌓아두지 않음으로,

김형효 : 성인은 쌓지 않는다.

남을 위할수록 자기는 더욱 부유하고

既以爲人 己愈有[27]

김용옥 : 힘써 남을 위하면 위할수록 자기가 더 있게 된다.

오강남 : 사람들을 위해 뭐든지 하지만 그럴수록 더욱 많이 가지게 되고,

이경숙 : 이미 남을 위하고 있는 것이고, 자기를 남보다 낫게 만든다.

김형효 : 처음부터 타인을 위해 존재함으로써 자기는 더욱더 존재한다.

남에게 덜어 줄수록 자기는 더욱 많아진다.

既以與[28]人 己愈多.

김용옥 : 힘써 남에게 주면 줄수록 자기가 더 풍요롭게 된다.

오강남 : 사람들을 위해 모두를 희사하지만, 그럴수록 더욱 많아지게 됩니다.

이경숙 : 이미 남을 위해 왔기 때문에 그만큼 남보다 뛰어남이 많다.

김형효 : 처음부터 타인에게 줌으로써 자기는 더욱더 많아진다.

---

27) 有(유)=富也, 保也.

28) 與(여)=授也.

소규모 공동체

공산사회라고 말하면 마르크스Karl Marx(1818~1883)를 연상하는 이도 있을 것이며, 무릉도원武陵桃源을 연상하는 이도 있을 것이다. 그러나 대체로 공동체 사회를 공산사회라고 말한다. 〈공산당선언Manifest der Kommunistischen Partei〉에서 말한 '개인의 자유로운 발전이 만인의 자유로운 발전의 조건이 되는 연합제' 또는 『고타강령비판Kritik des Gothaer Programms』에서 말한 '각자는 능력에 따라 일하고, 각자에게는 필요에 따라 분배되는 사회'란 것도 바로 공동체 사회의 특성을 표현한 것이다. 이를 세분하여 말하면 공동체 또는 공산사회는 공적으로나 사적으로나 누구도 소외받지 않는 사회이며, 사적 소유가 없는 무소유의 사회이며, 공공성과 개인성이 조화된 사회를 말한다. 노장은 이를 무치無治·무소유無所有·동심童心으로 표현했으며, 마르크스는 무소외無疏外·무소유無所有·유적類的 본질本質(Gattungswesen)로 말했다.

노자는 수고로운 노동도 없고 국가도 없는 태호 복희씨와 염제 신농씨의 원시 사회의 무치를 소망했다. 이것은 묵자가 지향했고 『예기』에서 말한 대동사회보다 더 원시적이다. 어찌 됐든 노장이 지향한 사회는 공자의 예치禮治사회혹은 소강사회와는 첨예하게 대립된다는 것을 염두에 두어야 노장을 바로 이해할 수 있다.

다만 묵자와 노자는 공동체 사회를 지향했다는 점에서는 같으나, 묵자의 대동사회는 우임금 시대의 노동·협업

공동체인 공산사회를 지향한다는 점에서 무정부적인 원시
공산사회를 지향한 노자와는 차이가 있다.

이처럼 노장은 소국과민小國寡民의 소규모 생활 공동체
를 지향했다는 점에서 법가法家들의 부국강병주의는 물론
이거니와 유가들의 인정仁政 왕도王道주의와도 반대된다.
이것은 혁명적인 것으로 19세기 서양의 아나키즘을 연상
시킨다. 이러한 노장의 생활 공동체는 푸리에Charles
Fourier(1772~1837)가 시도한 1,620명의 소규모 산업 공동
체인 팔랑주phalange의 효시라고 말할 수도 있을 것이다.
특히 노장이 성인聖人 내지 왕도王道 정치를 부정한 것은
마치 국가는 인격이 없는 '팔랑주의 연합' 이 되어야 한다
고 주장한 아나키스트들과 너무도 유사하다.

장자莊子/외편外篇/마제馬蹄

그런데 대대로 칭송하기를	然且世世稱之曰
백락伯樂은 말을 잘 다스렸고	伯樂善治馬
도공과 목공은 진흙과 나무를 잘 다스린다고 말한다.	而陶匠善治埴木.
그러나 이처럼 천하를 다스리는 것은 잘못이다.	此亦治天下者之過也.
내 생각으로는 천하를 잘 다스리는 것은 그렇지 않다.	吾意 善治天下者不然.
저들 민중에게는 영원한 성품이 있다.	彼民有常性.
베 짜서 입고 밭 갈아 먹는 것을 대동大同의 덕이라고 말한다.	織而衣 耕而食 是謂同[29]德.
하나같이 평등하고 개인이 집단에 묶이지 않으며(無疏外)	一[30]而不黨. [31]

29) 同(동)=一也, 共也, 共同體인 大同社會를 칭함.
30) 一(일)=統一也, 同也, 齊也.

안동림 : 백성은 각기 동떨어져 있으며 무리를 짓지 않는다.

이름하여 '자연의 해방(天放)' 이라고 말한다.	名曰天放.
이처럼 덕이 지극했던 고대에는	故至德之世
편안하게 살았고 생활이 순박하고 한결같았다.	其行塡塡[32] 其視顚顚.[33]
산에는 길이 없었고	當是時也 山無蹊[34]隧[35]
못에도 배와 다리가 없었고	澤無舟梁.
만물이 무리 지어 자랐으며	萬物群生
마을들이 속屬으로 결집하여 공동체 생활을 했다.	連[36]屬[37]其鄕.

안동림 : 사는 곳에 경계를 두지 않았다.

위 문장의 요점은 '속屬' 이라는 글자에 있다. '속' 이란 원래 오늘날 군郡 정도의 인구 5~10만의 지역 자치 단위를 말한다.[38] 이 자치 단위는 경내의 백성을 먹여 살려야 하며, 경내 백성으로 편성된 군대에 대한 모든 부담을 책임져야 했다.

---

31) 黨(당)=果也, 比也.
32) 塡塡(전전)=重遲也, 安順也.
33) 顚顚(전전)=專一也, 憂思貌.
34) 蹊(혜)=道路.
35) 隧(수)=掘地爲延道.
36) 連(련)=結 聚也.
37) 屬(속)=類也, 族也. 三鄕謂屬(管子/卷八/小匡). 十縣謂屬(國語/齊語).
38) 『管子』「小匡」편에서는 "三鄕爲屬"이라 했다. 여기서 1향=2,000~3,600戶이므로 1호를 5人 기준으로 계산하면 1향의 인구=2,000~3,600(호)×5(인)=10,000~18,000명이 된다. 1속=3향이므로 1속의 인구=10,000~18,000(명)×3(향)=30,000~54,000명이 나온다. 또 『國語』「齊語」에서는 "十縣爲屬", 『周禮』「小司徒」에서는 "四甸爲縣. 四縣爲郡"이라 했다. 1甸=64井, 1병=8호다. 그러므로 1전의 인구=(64(병)×8(호)×5(인)=2,560명이 된다. 1현=4전이라 했으므로 1현의 인구=2,560(명)×4(전)=10,240명이 된다. 1속=10현이라 했으므로 1속의 인구=10,240(명)×10(현)=102,400명이 된다. 즉 1속의 인구는 대략 5~10만이라 할 수 있다.

오늘날 "네 소속이 어디냐?"라고 물으면 군대의 소속을 묻는 것으로 안다. 춘추전국시대에 군사 조직은 지역 공동 체인 '속' 단위로 편성되어 있었는데[39] 그 말이 오늘날까지 사용되고 있는 것이다. 그러므로 '소속'을 묻는 것은 오늘 날은 전투부대의 단위인 연대 또는 여단을 묻는 것이지만 당시에는 어느 지방의 부대인가를 묻는 것이었다. 예컨대 옛날에는 군대에서의 소속을 물으면 "내 소속은 안동 부대 다", "내 소속은 사천 부대다", "내 소속은 정읍 부대다", "내 소속은 강진 부대다"라고 대답했을 것이다. 그러나 우 리 학자들은 '속'이라는 글자의 뜻을 모르기 때문에 중요한 이 글을 주목하지 못하고 무의미한 허사로 지나쳐 버린다.

공동체 연합

『노자』 60장과 61장은 노자가 지향하는 국가 체제를 설 명한 중요한 자료다. 노자는 군왕 전제국가를 반대하고 국 가 형태를 소규모 공동체의 연합으로 할 것을 주장했다. 따 라서 노자는 당연히 대국이 소국을 병탄하는 패권주의를 반대했다. 반패권주의라는 점에서는 공맹과 다를 바 없으

---

39) 『漢書』「刑法志」에서는 "古者因井田 而制軍賦. 四丘爲甸 甸六十四井也. 有戎馬四匹 兵車一乘. 牛十二頭. 甲士 三人. 卒七十二人. 戈具備. 是謂乘馬之法"이라 했다. 1전의 병사는 갑사 3인, 졸 72인이라 했으므로 75명이다. 그 리고 1속=10현, 1현=4전이므로 1속=10(현)×4(전)=40전이다. 따라서 1속의 병사=40(전)×75(명)=3,000명이 된다.

나 공맹은 소국가 연방제적 왕도주의를 주장했고, 노장은 '소규모 공동체 연합' 내지 '무정부주의'를 주장했다는 점에서 현저히 다르다. 원래 공산주의의 이상은 국가의 소멸이다. 이런 점에서도 노장은 공산주의자였음을 알 수 있다. 그럼에도 지금까지 우리 학자들은 노자의 글을 왜곡하여 『노자』를 마치 대국을 위해 소국을 병탄하기 위한 패권 전략을 가르친 글로 해석한다.

이처럼 국가 체제에 관한 중대한 의미를 가진 『노자』 60장은 왜곡됐다. 원래 백서본에는 "약형소선若亨小鮮(소국을 보존한다)"으로 되어 있으나 이것을 한비와 왕필이 "약팽소선若烹小鮮(작은 생선을 끓인다)"으로 바꾸어놓았다. 『설문說文』에 의하면 본래 '형亨'이란 글자는 전서篆書로는 '형𩰲'으로 썼고, 예서隸書로는 '향亯'으로 썼다. '팽烹'이란 글자는 이보다 뒤에 생긴 것으로, 고자古字로는 '팽亯'으로 썼다. 그래서 '형亨'과 '향亯'과 '팽烹'은 통용되고 있다. 원래 '형亨'이란 글자에도 '팽烹'이란 뜻이 있으므로 글자만으로 보면 통용해도 무방한 듯하다. 또한 소선小鮮은 '국토가 작고 인구가 적은 소국'을 표현한 것이지만 '작은 생선'으로 비유할 수도 있다. 이러한 점을 악용하여 이 글의 취지를 왜곡할 수 있었던 것이다. '형亨'이냐 '팽烹'이냐 글자의 문제가 아니다. 그 한 글자로 인해 글의 취지가 전연 다르게 바뀐다. 또 이 문장의 취지가 바뀌는 것으로 그치지 않고 『노자』의 전체 성격이 달라진다.

한비는 예법가禮法家인 순자의 제자로 황로黃老사상을 법가적으로 재해석하여 자신의 권력 통치론인 형명법술刑

名法術의 기초로 삼고 자신의 패권적 군왕 절대주의 사상의 근원으로 이용한 법가의 창시자다. 그러나 노장이 말한 무위=무치의 소국주의는 법가들이 말한 패도주의 내지 대국 통일국가주의와는 상극이다. 한비는 소국을 없애고 패왕의 천하 통일을 주장한 왕권 독재주의자였다. 그러므로 그의 정치적 소신인 왕권 전제주의는 노자의 아나키적인 소국 연합제와는 정면으로 배치된다. 그래서 한비는『노자』60장을 '약팽소선'으로 고쳐 읽고 변법變法은 신중히 해야 한다는 취지로 해석한 것이다. 그러나 이런 억지 해석은 또한 한비 자신이 변법 신중론을 어리석은 것으로 비판한 이른바 '수주대토守株待兎'의 취지와도 모순된다.

다음은 서로 모순된 한비의 글이다. 어찌 됐든 '약팽소선若烹少鮮'으로 읽으면 왕권 절대주의가 되고 '약형소선若亨少鮮'으로 읽으면 소국 연합주의가 된다.

『노자』 60장 해석, 반변법反變法

한비자韓非子/해로解老

무릇 법령이 바뀌면 이해관계가 바뀌고	凡法令更則利害易
이해가 변하면 민중이 힘쓰는 일이 변한다.	利害易則民務變.
민중이 힘쓰는 일이 변한다는 것은	民務變之
직업이 변한다는 것을 의미한다.	謂變業.
그러므로 이로 본다면	故以理觀之
사업하는 대중을 자주 흔들면	事大衆而數搖之
공을 이루는 것이 적어진다.	則小成功
큰 그릇에 저장하면서 자주 옮기면	藏大器而數徒之

그릇과 저장물이 많이 상할 것이며

작은 생선을 삶으면서 자주 뒤집으면 그 윤택을 해칠 것이며

대국을 다스리면서 자주 법을 바꾸면

민중은 고통스러울 것이다.

그러므로 도를 아는 군주는

허정을 귀히 여기고 변법을 중히 여기지 않는다.

그래서 노자는 "큰 나라를 다스리는 것은

작은 생선을 삶는 것과 같다"고 말한 것이다.

則多傷敗.

烹小鮮而數撓之 則賊其澤.

治大國而數變法

則民苦之.

是以有道之君

貴虛靜 而不重變法.

故曰 治大國者

若烹小鮮.

수주대토守株待兎, 반수구反守舊주의

한비자韓非子/오두五蠹

만약 요·순·우·탕·문·무의 치도가

지금 같은 세상에도 유효한 것이라고 찬미한다면

반드시 새로운 성인의 웃음거리가 될 것이다.

그러므로 성인은

기필코 옛날대로 따르는 것을 기대하지 않고

항상 옳다고 하여 본받지 않고

세상일을 의논하여 이에 따라 대비할 것이다.

송나라에 한 농부가 있었는데

밭 가운데 있는 나뭇등걸에

토끼가 달리다가 걸려 목이 부러져 죽었다.

이에 농부는 쟁기를 버리고

나뭇등걸을 지키며 다시 토끼가 죽기를 기다렸다.

今有美堯舜禹湯文武之道

於當今之世者

必爲新聖笑矣.

是以聖人

不期修[40]古

不法常可

論世之事 因爲之備.

宋人有耕田者

田中有株

兎走觸株 折頸而死.

因釋其耒

而守株冀復得兎

---

40) 修(수)=循也.

그러나 토끼는 얻지 못하고   兎不可復得.
사람들의 웃음거리가 됐다.   而身爲宋國笑.
지금 선왕先王의 정치로   今欲以先王之政
오늘날 세상을 다스리는 사람은   治當世之民
모두 나뭇등걸을 지키는 어리석은 부류들이다.   皆守株之類也.

공동 소유제

『노자』 77장과 81장은 사적 소유제를 반대한 글이다. 다
스림이 없는 무치無治의 원시 공동체는 경제적으로는 공동
소유제로 나타난다. 즉 노자와 양자는 공동체를 지향하고
사적私的 소유제를 반대한 공산주의자였다. 이 점에서 노
자는 묵자와 완전히 일치한다.

열자列子/양주楊朱

양주가 말했다. "이처럼 몸도 내 소유가 아니다.   楊朱曰 然身非我有也.
이미 태어났으니 부득이 그것을 온전히 해야 한다.   旣生 不得不全之.
만물은 내 소유가 아니다.   物非我有也.
기왕에 소유했으니 부득이 그것을 버리지 못할 뿐이다.   旣有 不得而去之.
몸은 본래 생명의 주관자이며   身固生之主.
만물 역시 양생의 주관자다.   物亦養之主.
비록 생명을 온전히 한다는 핑계로   雖全生
그 몸을 소유해선 안 되며   不可有其身.

비록 만물을 버릴 수 없다는 핑계로   雖不去物
그 물건을 소유해선 안 된다.   不可有其物.
물건을 소유하고 몸을 소유하는 것은   有其物有其身
천하의 것인 몸을 제멋대로 사유私有하고   是橫私天下之身
천하의 것인 만물을 제멋대로 사유하는 것이다.   橫私天下之物.
천하의 생명을 함부로 사유하지 않고   不橫私天下之身
천하의 물건을 함부로 사유하지 않는 자는   不橫私天下之物者
오직 성인聖人이 아니겠는가?   其唯聖人乎.
천하의 생명을 공유共有하고   公天下之身
천하의 물건을 공유하는 자는   公天下之物者
지인至人임이 분명하다."   其唯至人矣.

장자莊子/외편外篇/지북유知北遊

순임금이 그의 스승인 승丞에게 물었다.   舜問乎丞曰
"도를 터득하여 소유할 수 있을까요?   道可得而有乎
승이 말했다. "네 몸도 네 소유가 아니거늘   曰 汝身非汝有也
어찌 도를 소유할 수 있겠느냐?"   汝何得有夫道.
순이 물었다. "제 몸이 제 것이 아니라면   舜曰 吾身非吾有也
누구의 소유란 말입니까?"   孰有之哉
승이 답했다.   曰
"그것은 천지가 너에게 맡겨놓은 형체다.   是天地之委形也.
생명도 너의 소유가 아니라   生非汝有
천지가 맡겨놓은 음양의 화합이다.   是天地之委和也.
본성과 운명도 너의 소유가 아니라   性命非汝有
천지가 맡겨놓은 순리順理다.   是天地之委順也.

| 자손도 너의 소유가 아니라 | 孫子非汝有 |
| 천지가 맡겨놓은 허물이다." | 是天地之委蛻也. |

장자莊子/외편外篇/재유在宥

육합六合(천지사방)에 드나들고 구주에 노닐며	出入六合 遊乎九州
홀로 갔다가 홀로 오니	獨往獨來
이를 일러 천지사방을 홀로 소유했다고 말한다.	是謂獨有.
홀로 육합을 소유한 자는 지극히 귀한 자라고 할 것이다.	獨有之人 是謂至貴.
…대동세계에서는 사사로운 자기己가 없다.	… 大同無己
자기가 없는데 어찌 소유(토지·재물)를 얻으려 하겠는가?	無己惡乎得有有.

　　안동림 : 자기가 없는데 사물이 있겠는가?

| 소유를 가르치는 자는 옛 군자요, | 覩[41]有者昔之君子 |

　　안동림 : 있다고 보는 것은 옛날의 군자요,

| 무소유를 가르치는 자는 천지의 벗이다. | 覩無者天地之友. |

　　안동림 : 없다고 보는 것은 천지자연의 벗이다.

장자의 신농씨 시대 요순 성인 시대 부정

　장자는 노자의 이상향을 계승했다. 하지만 그는 황제黃
帝 이전의 복희씨·신농씨의 원시 부족사회를 동경한 점으
로 볼 때 노자보다도 더욱 원시적이다. 장자는 출세간出世

---

41) 覩(도)=睹=見也, 示也.

間의 신선을 포기하고 세속의 도인을 지향함으로써 노자의 무위자연을 세속화했으나 여전히 노자처럼 무릉도원의 이상사회를 지향했다. 도인의 무릉도원은 무치의 원시 공동체를 의미한다.

장자에 의하면 상고시대에는 사람들이 금수와 같이 살았다. 그는 그러한 자연 상태의 무정부적인 원시 사회를 동경했다. 묵자는 우임금 시대의 협업 노동의 대동사회를 지향했고, 양자는 신농씨의 이상적인 농업 공동체를 동경했고, 장자는 노자가 지향한 채취경제 시대인 원시 공산사회를 계승했다. 요약하면 노장은 복희씨·신농씨 시대를, 묵자는 요순시대를, 공자는 우·탕·문무의 삼왕 시대를 이상사회의 표상으로 삼았다고 볼 수 있다.

묵자가 요순시대를 겸애兼愛·대동大同의 시대로 규정한 것과는 달리, 장자는 이 시대를 인의仁義로 다스리는 예치禮治의 소강小康사회로 규정하고 비판했다. 그리고 순임금 이전의 사회를 무치無治·무성인無聖人·무군주無君主 사회라고 찬양했다(『장자』「변무騈拇」). 한편 「재유在宥」편에서는 순임금보다 앞선 황제黃帝 시대부터를 인의의 시대로 규정했다. 다만 이 글은 양자의 글이라고 보는 것이 통설이다.

장자莊子/외편外篇/거협胠篋

그대는 덕이 지극했던 시대를 모르는가?
옛날 용성씨·대정씨·
백황씨·중앙씨·율육씨·
여축씨·헌원씨·혁서씨·

子獨不知至德之世乎.
昔者 容成氏 大庭氏
伯皇氏 中央氏 栗陸氏
驪畜氏 軒轅氏 赫胥氏

준노씨 · 축융씨 · 복희씨 ·   尊盧氏 祝融氏 伏羲氏

신농씨 시대에는   神農氏 當是時也

사람들이 새끼를 맺어 의사소통을 했지만   民結繩而用之

그들의 음식을 달게 먹었고, 그들의 의복을 아름답다고 했고   甘其食 美其服

그들의 풍속을 즐거워했고, 그들의 거처를 편안하다고 했다.   樂其俗 安其居.

이웃 나라는 서로 바라보이고   隣國相望

개와 닭 울음소리를 서로 들었다.   鷄狗之音相聞

그러나 사람들은 늙어 죽을 때까지 서로 왕래하지 않았다.   民至老死 而不相往來.

이 시대야말로 지극한 다스림이 이루어진 것이다.   若此之時 則至治已.

장자莊子/외편外篇/변무騈拇

순임금이 인의仁義로써 천하를 순치한 이래   自虞氏 仁義以撓[42]天下也.

천하는 인의를 억지로 따르도록 교화되지 않은 이가 없었다.   天下莫不奔命[43]於仁義.

이것은 인의로써 천성을 바꾸어놓은 것이 아니고 무엇인가?   是非以仁義易其性與.

경험한 바에 따르면 삼대 이후의 임금들은   故嘗試論之 自三代以下者

천하에 외물外物로써   天下莫不以物

사람들의 본성을 변화시켜 놓지 않은 이가 없었다.   易其性矣.

요순 부정

장자莊子/외편外篇/재유在宥

옛날 황제黃帝는 처음으로   昔者黃帝始

인의仁義로써 인심人心을 속박했다.   以仁義攖[44]人之心.

---

42) 撓(뇨)=亂也, 馴也.
43) 奔命(분명)=逐敎(억지로 교화하다).

황제가 천자가 된 지 십구 년이 지나	黃帝立爲天子十九年
천하에 정령을 시행했다.	令行天下.
그 결과 요순은	堯舜於是乎
넓적다리와 정강이에 털이 닳도록	股無胈[45] 脛無毛
천하 백성들을 부양해야 했고	以養天下之形.
오장을 근심스럽게 하는 것으로써 인의를 행했고	愁其五臟以爲仁義
혈기를 슬프게 하는 것으로써 법도를 규제했다.	矜[46]其血氣 以規法度.
그러나 오히려 실패했다.	猶有不勝也.
결국 요임금은 환두讙兜를 숭산으로 추방했고	堯於是 放讙兜於崇山
삼묘三苗를 삼위로 몰아냈고	投三苗於三峗
공공共工을 유도에 유배했다.	流共工於幽都
이것으로도 천하를 어찌지 못했다.	此不勝天下也.
이어서 삼왕 때에 이르자 천하는 크게 소란스러웠다.	夫施及三王 而天下大駭矣.
아래로는 폭군 걸과 도둑 척이 있고	下有桀跖
위로는 증참과 사추가 있었으며	上有曾史.
유가와 묵가가 다 같이 일어났다.	而儒墨畢起.
이렇게 되자 기쁘거나 성내거나 서로 의심하고	於是乎 喜怒相疑
어리석은 자나 지혜로운 자나 서로 속이고	愚知相欺
선하다 악하다 서로 비난하고	善否相非
거짓이니 신뢰니 서로 욕하니 천하는 쇠락해졌다.	誕信相譏 而天下衰矣.
대덕大德은 대동하지 않고, 성명性命은 거칠고 어지러워졌다.	大德不同 而性命爛漫矣.

---

44) 攖(영)=纓(고삐), 梏(수갑).
45) 胈(발)=정강이 털.
46) 矜(긍)=惜, 竦, 哀也.

천하는 지혜를 좋아하고 백성은 욕망을 갈구했다.　　　　　　　天下好知 而百姓求竭矣.

이에 도끼와 톱으로 제어하고　　　　　　　　　　　　　　　於是乎釿鋸制焉

먹줄로 말살하고 망치와 끌로 끊어야 했다.　　　　　　　　繩墨殺焉 椎鑿決焉.

천하는 서로 밟고 밟히는 아수라장처럼 크게 어지러웠으니　　天下脊脊⁴⁷⁾大亂.

그 죄는 인심을 속박한 데 있었다.　　　　　　　　　　　　罪在攖人心.

장자莊子/잡편雜篇/경상초庚桑楚

경상자가 말했다.　　　　　　　　　　　　　　　　　　　庚桑子曰

"…그런데 너희가　　　　　　　　　　　　　　　　　　　… 且夫二子者

어찌 요순을 칭송할 수 있단 말이냐?　　　　　　　　　　又何足以稱楊哉.

그의 분별이란　　　　　　　　　　　　　　　　　　　　是其於辯也

고작 남의 담장이나 뚫고 잡초만 자라게 한 것뿐이다.　　　將妄鑿垣墻 而殖蓬蒿也.

머리칼을 가려 빗질하고 쌀 톨을 세어 밥을 짓듯　　　　　簡髮而櫛 數米而炊

시시콜콜한 분별로 어찌 세상을 구제할 수 있단 말인가?　　竊竊乎 又何足以濟世哉.

어진 자를 등용하여 백성들 사이에 알력이 생기게 했고　　　舉賢則民相軋

지혜 있는 자를 임용하여　　　　　　　　　　　　　　　任知

백성들이 서로 도둑질을 하게 만들었다.　　　　　　　　則民相盜.

이처럼 사물을 셈하는 자는　　　　　　　　　　　　　　之⁴⁸⁾數物者

백성을 행복하게 할 수 없다.　　　　　　　　　　　　　不足以厚民.

백성들에게 자기 이익을 위해 너무 힘쓰게 함으로써　　　　民之於利甚勤

급기야 자식이 아비를 죽이고 신하가 군주를 죽이고　　　　子有殺父 臣有殺君

한낮에 도둑질을 하고 남의 담장을 뚫는 지경에 이른 것이다.　正晝爲盜 日中穴坏⁴⁹⁾

---

47) 脊脊(척척)=藉藉(서로 밟는 모양).

48) 之(지)=是也, 若也.

내가 너희에게 말하노니 이러한 큰 혼란의 뿌리는
분명히 요순시대에 생긴 것이다.
그 폐해는 천대까지 남을 것이니
천 년 후에는
사람과 사람이 서로 잡아먹는 시대가 반드시 올 것이다."

吾語汝大亂之本
必生於堯舜之間.
其末存乎千世之後.
千歲之後
其必有人與人相食者也.

어떻든 장자는 공묵孔墨(공자·묵자)이 다 같이 존숭한 요
순을 부정했다. 이는 노장과 공묵의 중대한 갈림길이다. 이
것을 확인하지 않으면 공맹과 노장을 같은 부류로 보는 왜
곡이 시작된다. 바꾸어 말하면 노장의 특징은 황제 헌원씨
이전의 복희씨·신농씨 등의 원시 공산사회를 동경했다는
데 있다. 그것은 문명과 사회 이전의 자연으로 돌아가기를
원한 것이다. 시비·선악·미추도 모르고 생산도 소유도 없
는, 칡을 캐먹고 과일을 따 먹고 새알을 훔쳐 먹고 짐승들
과 어울려 살아가는, 국가가 생기기 이전의 씨족사회 내지
부족사회의 원시 공산사회를 그리워한 것이다. 마치 영화
에 나오는 원시림의 타잔처럼 사는 것을 꿈꾼 것 같다.
　그러나 과연 장자의 말대로 자연은 평화롭고 행복한 세
상인가? 서양의 홉스Thomas Hobbes(1588~1679)는 상고시
대를 "만인 대 만인의 투쟁"이라고 말하지 않았던가? 그래
서 순자는 "장자는 자연에 가려 사람을 알지 못했다"고 비
판했던 것이다(莊子蔽於天 而不知人. :『순자』「해폐」).
　그러나 원시에 대한 동경은 당시의 문명과 체제를 부정

---

49) 坏(배)=屋後墻也.

한 역설과 반어로 읽을 수 있다. 장자의 말은 인간이 타잔
처럼 살자는 것이 아니다. 이는 전국시대의 억압과 착취 구
조의 실상을 강력하게 경고한 반어이며, 민중의 분노를 표
출한 역설이다.

장자莊子/외편外篇/천지天地

지극한 다스림이 있었던 고대(원시 공산사회)에는	至治之世
어진 자를 높이거나 능한 자를 부릴 필요도 없었고,	不尙賢不使能.
윗사람은 표준이었을 뿐, 백성은 야생의 사슴이었다.	上如標枝 民如野鹿.
단정했으나 의義가 무엇인지 몰랐고	端正而不知以爲義.
서로 사랑했으나 인仁이 무엇인지 몰랐으며	相愛而不知以爲仁.
성실했으나 충忠이 무엇인지 몰랐고	實而不知以爲忠.
합당했으나 신의信義가 무엇인지 몰랐다.	當而不知以爲信.
오직 준동하면 서로 도왔으나	蠢50)動而相使51)
은혜를 베푼다고 생각지 않았다.	不以爲賜.
이런 까닭으로 행적도 자취도 없고	是故行而無迹
사업도 전해짐이 없다.	事而無傳.

---

50) 蠢(준)=作也, 不遜也.
51) 使(사)=從也.

『예기』의 대도는 노장의 도인가?

이처럼 노장이 지향한 사회는 유가들이 성인으로 추앙한 요·순·우·탕·문·무·주공 등의 성인 시대가 아니다. 노자와 장자 사이에 약간의 차이는 있겠으나 원시 공산사회를 지향한 것만은 동일하다. 그렇다면 성인 시대의 통치 원리인 인예仁禮를 대체하는 공산사회의 통치 원리는 무위자연無爲自然일 것이다. 그런데 무위자연의 도를 '대도大道'라고 지칭하기도 한다. 그러므로 『노자』, 『장자』에서 말하는 무위자연의 도道는 대도와 같은 뜻이다.

원래 노장의 도는 자연법自然法이었다. 그것은 성인(王)이 만든 예법이나 군주가 만든 실정법이 아니라 자연의 법이다. 그런데 노장은 인간도 자연이 되기를 바랐으므로 인간의 법 또한 자연법이 되어야 했다. 그러므로 원시 공산사회는 자연의 사회이며 그 통치 원리는 자연법이다.

장자莊子/외편外篇/산목山木

(시남市南의 의료宜僚가 말했다.) "남월에 한 고을이 있는데 　　　南越有邑焉

이름을 건덕健德이라 합니다. 　　　名爲建德[52]之國.

건덕의 백성은 어리석고 순박하며 　　　其民愚而朴

사심이 없고 욕심이 적으며 　　　少私而寡欲

경작할 줄은 알지만 사유私有할 줄은 모르며 　　　知作而不知藏

남에게 주는 것은 알지만 보답을 구하지 않고 　　　與而不求其報.

---

52) 建德(건덕)=大同 공동체.

의義에 따르는 것도 모르고

예禮에 순종하는 것도 모릅니다.

제멋대로 함부로 해도 결국은 대도大道로 나아갑니다.

살아서는 즐겁고 죽으면 장사를 지냅니다.

원컨대 군주께서도 나라를 버리고 세속을 털어버리고

무위자연의 대도와 더불어

서로 손잡고 나아가시기 바랍니다."

不知義之所適[53]

不知禮之所將.[54]

猖狂妄行 乃蹈[55]乎大方[56]

其生可樂 其死可葬.

吾願君 去國捐俗

與道

相輔而行.

　　그런데 노장의 대도와 『예기』의 '대동사회'의 대도가 같은 것인가에 대해서는 학계의 견해가 갈린다. 대체로 중국 학계는 같은 것으로 보지 않는 것 같다. 왜냐하면 '대동', '소강'을 말한 『예기』 「예운」편의 서두에 그것이 공자의 정치론임을 밝히고 있기 때문이다. 여기에서 공자는 주공의 가르침을 따라 소강사회를 지향하지만 요순의 대동사회의 이상을 저버리지 않겠다고 다짐하고 있다.

대동사회

예기禮記/예운禮運

대도大道가 행해지니 천하는 만민의 것이 됐고

어질고 유능한 자가 선출되어 신의 있고 화목하게 됐다.

자기 부모만 사랑하지 않고

大道之行也 天下爲公

選賢與能

故人不獨親其親

---

53) 適(적)=從也, 責也, 敵也.

54) 將(장)=順也, 從也.

55) 蹈(도)=行也.

56) 方(방)=道也.

자기 자식만 자애하지 않고	不獨子其子.
늙은이는 수명을 다하고 젊은이는 재능을 다하고	使老有所終 壯有所用
어린이는 무럭무럭 자랐으며	幼有所長
홀아비·과부·고아·늙은이·병자도 모두 편히 부양받았다.	鰥寡孤廢疾者 皆有所養
남자는 직분이 있고 여자는 시집을 갈 수 있었다.	男有分女有歸.
재물을 낭비하는 것을 싫어했지만	貨惡其棄於地也
자기만을 위해 소유하지 않았으며	不必藏於己
노동하지 않는 것을 싫어했으나	力惡其不出於身也
반드시 자기만을 위하지 않았다.	不必爲己
간특한 모의가 통하지 않았고	是故謀閉而不興
도둑·변란·약탈이 일어나지 않았으니	盜竊亂賊而不作
대문을 닫지 않고 살았다.	故外戶而不閉
이것을 일러 '대동大同'이라 말한다.	是謂大同.

예기禮記/예운禮運

공자가어孔子家語/예운禮運

어느 날 공자가 노나라 만신제萬神祭에 빈객으로 참여했다.	昔者仲尼與於蜡[57]賓.
일을 마치고 나와 누대에 올라 쉴 때	事畢 出遊於觀之上
한숨을 쉬며 탄식했다.	喟然而嘆.
공자가 탄식한 것은 자기의 노둔함을 개탄한 것이다.	仲尼之嘆 蓋嘆魯[58]也.
언언言偃이 옆에서 모시고 있다가 물었다.	言偃在側曰
"군자께서는 어찌 탄식하십니까?"	君子何嘆.

---

57) 蜡(사)=蜡祭=年終祭名=夏曰清祀. 殷曰嘉平. 周曰蜡. 秦於臘.
58) 魯(노)=鈍也, 質勝文也.

공자가 대답했다. "대도를 행하는 것과   孔子曰 大道之行也
삼대의 영걸에 대해서는 내가 미치지 못하지만   與三代[59]之英. 丘未之逮也
나도 뜻만은 간직하고 있다."   而有志焉.

 그러나 대동사회의 '대도'를 노장의 '도'로 이해하는 학
자도 있다. 한대漢代의 석량石梁 왕씨王氏가 그 대표적인 학
자다. 그는 『예기』의 대동·소강론은 공자의 말이 아니라
노자의 말이라고 주장했다. 그것은 노자의 대동사회론을
찬양하기 위해 공자를 소강사회라고 비판한 노장학파들의
글이라는 것이다.

예기禮記/예운禮運 주해註解

석량 왕씨는 말하기를   石梁王氏曰
"오제五帝의 치세를 대동大同이라 하고   以五帝之世爲大同
우·탕·문·무·성왕·주공의 치세를   以禹湯文武成王周公
소강小康이라 한 것은   爲小康
노자의 의견으로 조술한 것이다.   有老氏意而注
더욱이 그것이 빈말이 아님을 증명하기 위해   又引[60]以實[61]之
노자가 '예禮는   且謂禮
충忠과 신信이 쇠한 후 지어낸 것'이라 말한 것이다.   爲忠信之薄
이것은 모두 유가를 비난하는 자들의 말이다.   皆非儒者語

---

59) 三代(삼대)=夏·殷·周.
60) 引(인)=疏證也.
61) 實(실)=誠也, 不空也.

공자의 말이라 한 것은

기록자가 지어낸 거짓이므로 따를 수 없다" 고 했다.

所謂孔子曰

記者爲之辭[62]也.

그렇지만 당나라 태종太宗(재위 626~649) 때 공영달孔穎達(574~648)이 편찬한『오경정의五經正義』이후부터『예기』라는 책에서 석량 왕씨의 주해는 자취를 감추었다. 당나라 때는 도교를 국교로 삼았지만 유가의 예치禮治도 인정했으므로 대동大同이든 대도大道든 노자와 공자가 다 같이 지향한 것으로 말해야 했기 때문이다. 특히 당시는 위진대의 하안·왕필 등이 공자와 노자를 한 부류로 결합하여 만든 현학玄學(=道學)이 성행했으므로, 노자의 도덕道德과 공자의 인의仁義는 본본과 말末일 뿐 근본에 있어서는 다 같은 것으로 인식하고 구별하지 않았기 때문이다.

나는『예기』의 글이나 석량 왕씨의 주해나 모두 반대한다.『예기』의 소강小康에 대한 글의 내용을 면밀히 살펴보면 소강이야말로 주공의 예치禮治임을 쉽게 알 수 있으며, 아울러 공자는 본래 주공의 주례周禮를 부흥시키려 했으므로, 삼대가 지향한 소강이야말로 공자의 정치론임이 분명하기 때문이다.

무엇보다 「예운」편의 대도와 노장의 대도는 근본적인 면에서 전혀 다르다. 노장의 대도는 국가를 세운 황제黃帝 이전의 부족사회 즉 신농씨 시대를 표상으로 하므로 군주를 인정하지 않지만,『예기』의 대도는 요순시대를 표상으로

---

62) 辭(사)=不受, 不從也.

하고 군주를 인정한다. 즉 노장의 대도는 무국가 원시 공산
사회의 지배이념을 말하는 것이고, 『예기』의 대도는 요순
을 표상으로 하는 선출된 군주를 인정하는 시대의 지배이
념을 말하는 것으로 해석하는 것이 옳다. 그러므로 나는
『예기』의 '대동사회'는 묵자의 '안생생安生生 사회'를 말
하는 것이며, '대도'는 '겸애兼愛'를 말하는 것으로 읽어야
옳다고 생각한다.

　다음 도표는 『예기』에서 말하는 대동사회와 소강사회를
비교한 것이다. 이 자료를 보면 '대동사회'는 공산사회임
을 알 수 있을 것이다(상세한 것은 졸저 『동양고전 산책』 권1
16장 '대동사회와 소강사회' 참조).

대동사회와 소강사회

사회구성체	대동사회大同社會	소강사회小康社會
통치이념	대도 大道(자연법, 兼愛)	예법禮法(復禮)
정치 체제	**공동체** • 천하는 만민을 위한 것(天下爲公). • 자기 부모와 자식만을 사랑하지 않는다(不獨親其親 不獨子其子).	**봉건제** • 천하는 한 가문을 위한 것(天下爲家). • 자기 부모와 자식만을 사랑한다(各親其親 各子其子).
경제 체제	**무소유, 필요 분배** • 재화는 자기를 위해 사유하지 않는다(貨不必藏於己). • 노동은 자기만을 위한 것으로 사유하지 않는다(力不必爲己).	**사적 소유, 능력 분배** • 재화와 노동력은 자기만을 위한 것이 된다(貨力爲己). • 공적은 자기만을 위한 것이 된다(以功爲己).

노장은 공산주의자인가?

　나의 강의를 듣던 어느 분이 노장이 공산주의자라는 말에 놀라며 중국 학계의 정설이냐고 물었다. 아마 독자들도 놀랐을 것이다. 우리들이 '공산주의'라고 하면 섬뜩해하는 것은 냉혹한 사상 전쟁의 시대를 최첨단에서 겪어온 탓이다. 만약 우리가 유럽에서 살았다면 느낌이 다를 것이다. 우리는 공산주의라면 마르크스·레닌주의를 연상하지만 서구의 좌파들은 이미 1950년대에 그것과 결별했기 때문이다. 내가 운동권 시절에도 "나는 좌파"라고 말하면 "운동권도 그런 말을 하지 않는 것이 좋겠다"는 충고를 들을 정도였다. 좌파라고 하면 서구의 좌파로 이해하는 것이 아니라 레닌주의나 북한을 연상하기 때문이다. 만약 우리가 중세 시대를 살았다면 더욱 다를 것이다. 중세시대 조선의 선각자 다산茶山 정약용丁若鏞(1762~1836) 선생은 '여전제閭田制(마을 공동체의 토지 공동 소유제)'를 주장했는데 이것도 공산주의와 비슷하지만 그를 공산주의자라고 말하지는 않는다. 그때는 공산주의도 마르크스도 없었기 때문이다. 지금 우리는 노장을 말하고 있는데 노장 당시는 신분에 따른 계급은 있었으나 자본가계급도 노동자계급도 없던 때였다. 그러므로 노장이 말한 공산사회는 오늘날의 노동자 독재를 말하는 공산주의와는 다른 것임을 알아야 한다.

　또 한 가지 유의할 것이 있다. 우리가 지금 현실로 느끼는 공산주의는 책에서 말하는 과학적 사회주의니 공상적 사회주의니 또는 마르크스주의니 레닌주의니 하는 것들이 아니다. 우리가 느끼는 공산주의는 역사적이고 현실적인 소련의 스탈린Iosif Stalin(1879~1953)과 북한의 김일성金日成(1912~1994)의 모습일 뿐이다. 그러나 그것은 공산주의가 아니라 국가 독점 자본주의에 불과한 것이다.

오늘 우리가 여기서 말하는 공산주의는 그러한 20세기의 역사적 현실적 공산주의를 말하는 것이 아니다. 더구나 노장은 예수가 태어나기 300~400년 전의 이야기다. 그러므로 노장은 마르크스주의도 스탈린주의도 아니다. 다만 그들이 말한 이른바 '무위無爲'는 '공산사회'이며, 오늘날의 공산주의와 그 이상을 공유한다는 뜻일 뿐이다.

장자莊子/내편內篇/덕충부德充符

그러므로 성인은 속박이 없는 무위자연에 소요해야 한다.	故聖人有所遊.[63]
그러나 지혜는 분열을 낳고	而知爲孼.[64]
극기克己 약신約身은 새끼로 묶는 것이고	約[65]爲膠.[66]
인의의 덕은 교제하기 위함이고	德爲接.
교묘히 꾸미는 것은 장사하기 위함이다.	工[67]爲商.
그러나 성인(眞人)은 꾀할 일이 없으니 지혜를 어디다 쓰며	聖人不謀 惡用知.
쪼개어 갈라놓지 않으니 새끼줄을 어디다 쓰며	不斵 惡用膠.
잃음이 없으니 덕德을 어디다 쓰며	無喪 惡用德.

---

63) 遊(유)=不係也, 遊心於虛.
64) 孼(얼)=庶子也.
65) 約(약)=克己를 뜻함.
66) 膠(교)=糾也.
67) 工(공)=巧飾也.

사고팔지 않으니 장사꾼을 어디다 쓸 것인가?

이 네 가지는 하늘의 양생養生이다.

하늘의 양생이란 자연이 먹여주는 것이다.

이미 자연에서 먹을 것을 받았으니

어찌 인군人君이 필요하겠는가?

不貨 惡用商.

四者天鬻[68]也.

天鬻者 天食也.

旣受食於天

又惡用人.[69]

이 점에서는 중국의 학자들은 하나같이 모두 공감한다. 그런데 유독 우리나라 학자들은 그런 측면을 회피하거나 왜곡해 버린다. 앞에서 읽은 노장의 글들은 모두 순박한 원시 공동체 사회를 말하는 것이다. 그러나 우리나라 학자들은 도올뿐 아니라 모두가 이 중요한 내용의 글을 자본주의 사회의 처세훈으로 둔갑시켜 버린다. 그들은 도무지 '대도 大道'가 무엇인지 모른다. 그들에게는 그저 '큰 도'일 뿐이다. 그러므로 대동사회의 지배이념인 '무위자연의 대도'를 '큰 도'로 얼버무려 버린다. 참으로 한심한 일이다. 만약 대도와 인의가 다른 것임을 알고도 그랬다면 이것은 아포리즘으로 관대하게 지나쳐서는 안 된다. 악질적인 곡학아세로 비난받아 마땅할 것이다.

---

68) 鬻(육)=養也, 生也, (죽)=미음.
69) 人(인)=人君.

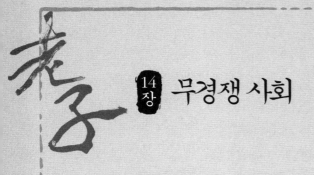

노자 읽기

《 노자 · 3장 · 상단 》

어진 이를 숭상하지 않으면 백성들은 다투지 않을 것이며(不爭)	不尙賢 使民不爭
얻기 어려운 재화를 귀하게 여기지 않으면	不貴難得之貨
백성은 도둑질을 하지 않을 것이다.	使民不爲盜
욕심낼 만한 것을 보여주지 않으면	不見可欲
백성의 마음이 어지럽지 않을 것이다.	使民心不亂
그러므로 무위자연의 성인의 다스림은 사람들로 하여금	是以聖人之治
마음을 비우고, 배(腹=中央=道)를 튼튼하게 하며,	虛其心 實其腹
소망을 약하게 하고, 뼈를 튼튼하게 한다.	弱其志[1] 强其骨.

《 노자 · 8장 》

가장 훌륭한 선善은 순順한 물이다.	上善若水
물은 만물을 이롭게 하는 것을 좋아하지만 다투지 않고(不爭)	水善利萬物 而不爭
사람들이 싫어하는 낮은 곳에 처하니 도에 가깝다.	處衆人之所惡 故幾於道

---

1) 志(지)=望也.

거처가 선해 낮은 땅이요, 마음이 선해 깊은 연못이요,　　　居善地 心善淵

더불어 함이 선해 인자하고, 말이 선해 신실하고,　　　　與善仁 言善信

정사가 선해 다스려지고, 직무에 선해 능하고,　　　　　政善治 事²⁾善能

행실이 선해 때에 알맞다.　　　　　　　　　　　　　動³⁾善時

무엇보다 다투지 않으니(不爭) 허물이 없다.　　　　　夫惟不爭 故無尤.

《 노자 · 22장 · 하단 》

이로써 무위자연의 성인은 태일太一(자연의 도)을 품어　　是以聖人抱一⁴⁾

　왕필 : 일一 은 적음의 극치다.⁵⁾

　김용옥 : 그러하므로 성인은 하나를 껴안고

천하에 천문天文(天命→天理)을 이룬다.　　　　　　　　爲天下式⁶⁾

　왕필 : 식式은 칙則과 같다.⁷⁾

　김용옥 : 천하의 모범이 된다.

그러나 스스로 드러내지 않으므로 밝고　　　　　　　不自見故明

스스로 옳다 하지 않으므로 표창되고　　　　　　　　不自是故彰

스스로 자랑하지 않으므로 공이 있고　　　　　　　　不自伐 故有功

스스로 자만하지 않으므로 커진다.　　　　　　　　　不自矜 故長

　김경탁 : 스스로 자랑하지 않으므로 장구하게 된다.

　김용옥 : 스스로 자만치 않으니 으뜸이 된다.

　김형효 : 스스로를 내세우지 않음으로 어른이 된다.⁸⁾

---

2) 事(사)=職也, 任也.

3) 動(동)=作也, 行也.

4) 一(일)=『周易』의 太極. 죽간본의 太一.

5) 一小之極也.

6) 式(식)=占文, 天文者. 神託을 의미한다.

7) 式猶則也.

무엇보다 홀로 다투지 않으니   夫唯不爭

천하의 누구도 그와 다투려고 하지 않는다(不爭).   故天下莫能與之爭.

     김경탁 : 그 오직 다투지 않으므로 천하가 그와 더불어 다툴 수 없다.

     김용옥 : 대저 오로지 다투지 아니하니 하늘 아래 그와 다툴 자가 없다.

     김형효 : 오직 다투지 않음으로 천하에 그 도와 더불어 다툴 수 있는 자가

            없다.[9]

《 노자 · 66장 》

강과 바다가 천하 골짜기의 왕이 될 수 있는 까닭은   江海所以能爲百谷王者

진실로 낮추기를 잘하기 때문이다.   以其善下之

그러므로 백성의 위가 되려면 반드시 말을 낮추고   是以欲上民 必以言下之

백성들에 앞서려면 반드시 몸을 뒤에 서라.   欲先民 必以身後之

그러므로 무위자연의 성인은 위에 있어도 민民들은 무겁지 않고   是以聖人 處上而民不重

앞에 있어도 민들은 방해받지 않는다.   處前而民不害

그러므로 천하가 천거하기를 좋아하고 싫어하지 않는다.   是以天下樂推[10]而不厭

진실로 누구와도 다투지 않으니   以其不爭

천하에 누구도 그와 다투려고 하지 않는다(不爭).   故天下莫能與之爭.

《 노자 · 73장 · 하단 》

용기를 뽐내어 우매함을 무릅쓰면 죽고,   勇[11]於敢[12] 則殺

---

8) 반대로 노자는 남보다 앞서지 않는 것(不敢爲先)을 도덕의 강목으로 삼는다.

9) 반대로 노자는 으뜸이 되거나 무적의 사내가 되는 것을 증오했다.

10) 推(추)=擇也, 擧也.

11) 勇(용)=踊也.

12) 敢(감)=犯也, 冒昧也.

김경탁 : 과감한데 용감하면 죽고

장기근 : 형벌 집행을 과감하게 하는 자는 사람을 죽이고

김용옥 : 감히 무엇을 하는데 용감한 자는 죽임을 당한다.

용감하되 우매함을 무릅쓰지 않으면 산다.

勇於不敢 則活

김경탁 : 과감치 않는데 용감하면 산다.

장기근 : 형 집행을 과감하게 하지 못하는 자는 죄인을 살린다.

김용옥 : 감히 무엇을 하지 않는데 용감한 자는 산다.

이처럼 용기는 두 가지가 있으니 하나는 이롭고 하나는 해롭다.

此兩者 或利或害

김경탁 : 이 양자는 혹 이롭기도 하고, 혹 해롭기도 하다.

김용옥 : 둘 다 용기는 용기다. 그런데 하나는 이롭고 하나는 해롭다.

하늘이 싫어해도 누가 그것이 재난인 줄 알겠는가?

天之所惡 孰知其故[13]

김경탁 : 하늘이 미워하는 것을 누가 그 까닭을 알겠느냐?

김용옥 : 하늘이 미워하는바 누가 그 까닭을 알 수 있으리요?

그러므로 성인도 오히려 공구계신恐懼戒愼한다.

是以聖人猶難[14]之

김경탁 : 이러므로 성인도 이것을 알기 어렵다.

김용옥 : 성스러운 사람은 늘 매사를 어렵게 생각하는 것이다.

하늘의 도는 다투지 않아도 잘 이기고(不爭)

天之道 不爭而善勝

말하지 않아도 잘 대응한다.

不言而善應

부르지 않아도 저절로 오고, 대범해도 잘 꾀한다.

不召而自來 黙然而善謀

하늘 그물은 커서 엉성해도 놓치는 일이 없다.

天網恢恢 疏而不失.

---

13) 故(고)=意也, 指趣也, 事也, 災患喪病也.

14) 難(난)=畏憚, 戒懼, 艱難.

〖 노자 · 38장 · 중단 〗

천天(자연)의 도道는 이롭게 할 뿐 해롭게 하지 않으며 天之道 利而不害

　　김용옥 : 하늘의 길은 잘 이롭게 하면서도 해치지 아니하고,

　　오강남 : 하늘의 도는 이롭게만 할 뿐 해로운 일이 없습니다.

　　이경숙 : 천지의 도는 이와 같아서 결코 남을 해코지를 하지 않는다.

　　김형효 : 하늘의 도는 이로움을 주고 손해를 끼치지 않는다.

진인眞人의 도는 자연의 도를 펼 뿐 다투지 않는다(不爭). 聖人之道 爲[15]而不爭.

　　김용옥 : 성스러운 사람의 길은 잘하면서도 다투지 아니한다.

　　오강남 : 성인의 도는 하는 일이 있더라도 겨루지를 않습니다.

　　이경숙 : 성인의 도는 언제나 다투지 않는 것에 있다.

　　김형효 : 성인의 도道도 남을 위할 뿐 다투지 않는다.

---

15) 爲(위)=敷也, 施也.

인류사에 경쟁 없는 사회가 있었던가?

노장이 활동하던 시대는 약육강식의 겸병 전쟁이 일상화된 춘추전국시대였다. 그 시대에 경쟁의 목표는 공功을 세우는 것이었다. 당시의 문서인 『좌전左傳』이나 『논어』는 모두 공을 세운 자들의 기록이거나 공을 세우는 방법을 기술한 것들이다. 공을 세우는 것만이 신분 상승의 유일한 방도이며 아울러 부와 귀를 쟁취하는 최선의 방법이었다. 그러므로 당시의 선善이란 바로 공을 세우는 것이었다.

그런데 그 공이란 무엇인가? 그것은 군주들의 겸병 전쟁에 얼마가 봉사했느냐에 달려 있다. 당시는 전쟁과 약탈의 사회였으므로 군주를 위해 얼마나 많이 약탈했느냐가 공적의 기준이었던 것은 당연하다. "약탈이야말로 최고의 선이며 공이었다"라고 말해야 정확한 표현이 될 것이다. 그러므로 당시 경쟁을 거부하는 것은 바로 약탈을 거부하는 것이었다. 약탈 경쟁을 거부하는 것은 생사여탈의 권한을 가진 귀족들의 지배 권력으로부터 배제당하는 고난을 감수하는 저항이었다. 노자의 삼덕三德인 이른바 '불위선不爲先'은 이러한 경쟁 거부의 저항적 도덕률이었던 것이다. 이것은 오늘날도 마찬가지다. 오늘날 경쟁을 거부하면 자본주의 체제는 붕괴될 것이다. 그러므로 경쟁을 거부하는 자는 정신병원에 감금되고 만다.

노장은 무치無治의 무정부주의 내지 원시 공산사회를 지향했으므로 나라와 나라 간의 제도적인 전쟁이나 가문과 가문 간의 쟁패는 물론이거니와 개인 간의 경쟁까지도 반대했다. 공동체 사회의 구성원에게는 협동이 필요할 뿐 경쟁은 있을 수 없기 때문이다.

노장이 지향한 소규모 원시 사회에서의 경쟁은 오늘날 문명사회에서 국가가 나서서 상벌로 부추기는 경쟁과는 전혀 다른 것이다. 만약 어진 자를 높이고, 능한 자를 들어올리고, 이긴 자에게 상을 주는 상벌이 존재한다면 반드시 그것을 시행할 주체로서 국가권력이 존재해야 한다. 그러나 상벌이 없다면 경쟁도 없을 것이며 군주나 국가도 존재할 수 없을 것이다. 이긴 자에게 포상을 주지 않는데 무엇때문에 경쟁하겠는가? 상벌이 필요 없는데 군주나 국가가 무슨 필요가 있겠는가?

장자莊子/외편外篇/추수秋水

그러므로 대인의 행동은	是故大人之行
결코 남을 해치지도 않지만	不出16)乎害人
인의와 은혜를 찬양하지도 않는다.	不多17)仁恩.
이익을 위해 행동하지도 않으나	動不爲利
이익을 찾는 노예를 천시하지도 않는다.	不賤門隸.
재화를 다투지도 않지만 사양하는 것을 찬양하지도 않는다.	貨財不爭 不多辭讓.
일을 하는 데 남의 노동을 빌리지도 않지만	事焉不借人
노동으로 먹고사는 것을 찬양하지도 않으며	不多食乎力
탐욕스럽고 땀 흘리는 것을 천시하지도 않는다.	不賤貪汙.

16) 出(출)=逐也, 去也, 宥罪也.
17) 多(다)=稱美也.

행동이 세속과는 다르지만 괴이한 것을 찬양하지도 않는다.　　　行殊乎俗 不多辟[18]異.

다스림은 민중을 따르는 데 있지만　　　爲在從衆

영합하고 아첨하는 자를 천시하지도 않는다.　　　不賤佞諂.

장자莊子/잡편雜篇/도척盜跖

(만족할 줄 모르는) 무족無足이 말했다.　　　無足曰

"사람에게 부富는 이롭지 않은 것이 없고　　　夫富之於人 無所不利

선善과 권세를 다 차지할 수 있으니　　　窮美究勢

지인至人도 부를 당할 수 없고　　　至人之所不得逮

현인賢人도 부를 당할 수 없다.　　　賢人之所不能及

남의 용력을 가져다가 자기 위세로 삼고　　　俠[19]人之勇力 而以爲威强

남의 지모를 잡아다가 자기의 현명함으로 삼고　　　秉人之智謀 以爲明察

남의 덕을 이용하여 자기의 어짊으로 삼으니　　　因人之德 以爲賢良

나라를 가지지 않아도 군주와 아비처럼 위엄을 부릴 수 있다.　　　非享[20]國而嚴若君父

…천하에 비록 내가 아니라도 그 누가 부를 거절하겠는가?"　　　…天下雖非我 孰能辭之.

(조화를 아는) 지화知和가 말했다.　　　知和曰

"지자知者의 다스림은 백성을 위해 노역하므로　　　知者之爲 故動[21]以[22]百姓

법도를 어기지 않는다.　　　不違其度

이것으로 만족하므로 다투지 않으며(不爭)　　　是以足而不爭

무위로써 다스리므로 욕구하지 않는다.　　　無以爲故不求

---

18) 辟(벽)=僻也.
19) 俠(협)=挾也.
20) 享(향)=保有也.
21) 動(동)=勞役之也.
22) 以(이)=爲也, 由也.

부족하다고 생각하면 욕구하기 마련이므로
사방으로 다투게 되며
그러면서도 스스로 탐욕하다고 생각지 못한다."

不足故求之
爭四處
而不自以爲貪.

지화가 또 말했다.
"고르게 나누면 복이 되고, 남아돌면 해가 되는 것은
만물이 그렇지 않은 것이 없지만 재물의 경우는 더욱 심하다.
지금 부자들은
귀에는 음악 소리 어지럽고
입에는 산해진미 가득하다.
…무거운 짐을 지고 산에 오르는 것처럼
고통스러운 일이라 할 것이다.
…안에서는 도둑의 겁탈을 의심하고
밖에서는 도적의 해침을 두려워하여
밖에서는 홀로 걸어 다니지도 못한다면
가히 무서운 일이다."

知和曰
平爲福 有餘爲害者
物莫不然 而財其甚者也
今富人
耳營[23]鐘鼓筦籥之聲
口嗛[24]於芻豢醪醴之味
…若負重行而上也
可謂苦也
… 內則疑劫請之賊
外則畏寇盜之害
外不敢獨行
可謂畏矣.

묵자가 공자의 의전론義戰論에 대항하여 반전론反戰論을
주장했고 반전운동을 펼쳤다는 사실도 놀라운 일이지만,
노장이 전쟁은 물론이거니와 경쟁까지 거부했다는 것은
상상을 초월하는 일이다. 그러나 과연 인류사에 무경쟁 사
회가 있었을까? 원시 공산사회는 무경쟁 사회였는가? 또

---

23) 營(영)=繞也.
24) 嗛(겸)=頰裏貯食處, (함)=口有所銜也.

한 아무리 2,400년 전이라 해도 과연 노장이 경쟁이 없는 사회를 소망한 것일까? 문명과 경쟁은 쌍생아가 아닌가? 아무리 원시 사회라도 오늘날의 경쟁과는 다른 또 다른 경쟁이 있지 않았을까?

그러나 분명히 노자의 자애慈愛·검박儉朴·불위선不爲先 등 삼덕三德은 무경쟁 사회를 지향하는 것이다. 그리고 장자는 원시 공산사회를 사람들이 야생의 사슴처럼 뛰노는 경쟁이 없는 사회로 묘사하고 있다. 나는 이것이 고고학적으로 증명됐다는 정보를 듣지는 못했지만, 남미의 어떤 문명에는 이긴 자가 죽음의 영광을 차지하는 이색적인 경쟁도 있었다고 한다.

그러나 보통은 무경쟁이라면 혈연 공동체를 상상할 것이다. 부자간에 형제간에 무슨 경쟁이 있겠는가? 노장은 그런 경쟁이 없는 사회, 즉 완전한 공동체를 상정한 것이다. 완전한 지역 공동체는 있을 수 없고 가족 이외에는 경쟁이 없는 삶은 불가능하다고 믿는 사람들이 많다. 하지만 이들에게도 노장이 말한 무경쟁은 오늘날의 너 죽고 나 살자는 무한 경쟁이 강요되는 사회에 대한 저항과 반성으로서 의미가 있을 것이다.

15장 상벌 없는 무치 사회 무정부주의

노자 읽기

《 노자 · 13장 · 상단 》

총애(寵)와 치욕(辱)은 지배자들의 무력시위를 보여줌이요,　　　　寵辱若[1]驚[2]

　　김경탁 : 총애와 치욕을 놀래는 듯이 하고

　　장기근 : 남으로부터 사랑을 받거나 욕을 먹거나 다 같이 놀라고 경계하라!

　　김용옥 : 총애를 받거나 욕을 받으나 다 같이 놀란 것 같이 하라.

　　김형효 : 총애나 모욕에 사람들이 다 깜작 놀라는 것 같다.

　　* 노태준, 윤재근, 오강남, 이석명, 이경숙 등의 번역도 비슷하다.

귀인이 큰 환난患難을 당함은 스스로 출신出身했기 때문이다.　　　　貴大患若[3]身[4]

　　김경탁 : 대환大患을 귀히 여기기를 몸과 같이 한다.

　　장기근 : 큰 환난을 내 몸같이 중대시한다(貴는 중요시한다는 뜻).

　　김용옥 : 큰 걱정을 귀하게 여기되 내 몸과 같이 하라.

　　김형효 : 총애와 모욕은 다 큰 환란인데 그것을 몸처럼 귀하게 여긴다.

---

1) 若(약)=如也(莊子), 示也(爾雅). 중국에서는 '而'로 읽음.

2) 驚(경)=耀武示威也.

3) 若(약)=故也(秦策). 중국에서는 '至'로 읽음.

4) 身(신)= 告身→立身 出仕.

총애와 치욕이 무력시위라 함은 무엇을 말하는 것인가?　何謂寵辱若[5]驚
총애는 아랫것들을 다스리는 수단이니(寵爲下)　寵爲[6]下也

　김경탁 : 총애는 상上이요 치욕은 하下이니,

　장기근 : 사랑은 하찮은 것이다.

　노태준 : 총을 상上으로 보고, 욕을 하下로 본다.

　윤재근 : 총애는 위에서 주고 버림은 아래서 받거늘,

　김용옥 : 총애는 항상 욕이 되기 마련이니,

　오강남 : 낮아짐을 좋아한다는 뜻입니다.

　이석명 : 총애는 미천한 것이니,

　이경숙 : 총은 올라가게 하고, 욕은 내려가게 만들기 때문이다.

　김형효 : 사람들이 총애를 위에 있는 좋은 것으로 알고 있으나 모욕이 총
　　　　　애에서 생김을 사람들이 안다면 총애도 아래의 나쁜 것이 된다.[7]

총애를 얻는 것도 잃는 것도 모두 무위武威를 과시함이다.　得之若驚 失之若驚

　김경탁 : 이것을 얻어도 잃어도 놀랜 듯이 한다.

　윤재근 : 그것을 얻어도 잃어도 황송하게 여긴다.

　김용옥 : 그것을 얻어도 잃어도 놀란 것처럼 하라.

　오강남 : 수모를 당해도 신기한 것 수모를 당하지 않아도 신기한 것

　이경숙 : 그래서 그것을 얻을 때 놀라듯하고, 잃어도 놀라듯 한다.

　김형효 : 그래서 총애를 얻어도 깜짝 놀라는 것 같고, 그것을 잃어도 깜짝
　　　　　놀라는 것 같다.

　* 장기근, 노태준은 김경탁과 같고 이석명은 김용옥과 같다.

---

5) 若(약)=順也, 故也, 至也, 不定辭.

6) 爲(위)=治也.

7) 위 번역 중 上下의 대구로 읽는 것은 원문에 없는 '上'을 멋대로 덧붙인 작문에 불과하다.

귀인의 큰 환난이 입신 출세에 있다 함은 무엇을 말하는가?   何謂貴大患若身

내가 큰 환난을 당하는 까닭은 나를 위해 출신했기 때문이니,   吾所以有大患者 爲吾有身

  김경탁 : 내가 대환大患이 있는 까닭은 내가 몸이 있기 때문이요,

  노태준 : 나에게 대환이 있다고 보는 까닭은, 내가 몸을 유라고 보기 때문
         이다.

  김용옥 : 나에게 큰 걱정이 있는 까닭은 내가 몸을 가지고 있기 때문이다.

  김형효 : 내게 큰 환란이 있는 까닭은 내 몸이 있기 때문이다.

  * 장기근은 김경탁과 같고, 윤재근, 오강남, 이석명, 이경숙 등도 위 학자들
    의 번역과 비슷하다.

내가 출신出身하지 않았다면 내 어찌 그런 환난을 당하겠는가?   及吾無身 吾有何患.

  김경탁 : 내가 몸이 없게 되면 내가 무슨 환患이 있겠는가?

  김용옥 : 내가 몸이 없는데 이르면 나에게 무슨 걱정이 있겠는가?

  *노태준, 오강남, 이석명, 이경숙 등도 김용옥과 같다.

《 노자 · 72장 》

민民이 상벌의 권위를 두려워하지 않게 되면   民不畏威

그제야 위대한 권위를 이룬 것이니   則大威至

  김경탁 : 사람이 위력을 무서워할 줄 모르면 자연의 위력을 만나게 된다.

  장기근 : 백성들은 통치자의 위압을 두려워하지 않는다. 그 위압을 가중하
         면 큰 환난이 일어난다.

  노태준 : 백성이 권위를 두려워하지 않으면 큰 권위 즉 극형極刑이 온다.

  김용옥 : 백성이 다스리는 자의 권위를 두려워하지 않으면, 결국 가장 두려
         운 것이 오고야 만다.

  오강남 : 사람들이 두려워할 것을 두려워하지 않으면, 더욱 큰 두려움에 이
         를 것입니다.

  이석명 : 백성이 작은 두려움을 두려워하지 않으면, 더욱 큰 두려움이 닥치

게 된다.

김형효 : 임금이 무위청정의 정치를 베풀지 않으면 백성이 나라의 권위를 두려워하지 않는 사태에 이른다. 그래서 하늘이 큰 위엄을 재앙으로 내린다.

세속의 생활을 홀대하지도 않고, 생령을 억압하지도 않는다.

無狎[8]其所居 無厭[9]其所生

김경탁 : 자기의 위치를 소홀히 여기지 말 것이며, 자기의 생生을 싫어하지 말 것이다.

장기근 : 백성들의 거처나 거동을 속박하지 말고, 백성의 생업을 압박하지 말아라!

노태준 : 백성은 자기 사는 곳에 안거하지 않고, 자기 사는 바에 만족하지 않는다.

김용옥 : 백성이 사는 곳을 들들 볶지 말라! 백성이 사는 것을 지겹게 느끼지 않게 하라.

오강남 : 그들의 거처를 좁게 하지 말고, 그들의 생업을 억누르지 말아야 합니다.

이석명 : 그들 삶의 터전을 폐하지 말고, 그들 삶을 압박하지 말라!

김형효 : 그러므로 후왕이 정치를 폄에 있어 백성의 거주하는 바를 억압하지 않고, 백성이 사는 바를 싫어하지 않게끔 하여야 한다.

순순히 억압받지 않으므로 억압하지 못한다(저항).

夫唯[10]不厭 是以不厭

김경탁 : 오직 싫어하는 마음이 없으면 모든 것을 싫어하지 않기 때문이다.

장기근 : 오직 압박하지 않으면 미워하지 않을 것이다.

노태준 : 대저 만족하지 않으니 서로 싸운다.

김용옥 : 다스리는 자들이 자기 삶을 지겹게 느끼지 말아야 백성들도 자기

---

8) 狎(압)=慣忽也, 輕也.

9) 厭(염)=迫也, 鎭壓也, 倦也.

10) 唯(유)=恭膺也(唯之與阿 相去幾何. : 老子/二十章).

삶을 지겹게 느끼지 않는다.

오강남 : 그들을 억누르지 않기에 그들도 싫증 내지 않습니다.

이석명 : 무릇 압박하지 않아야만 백성이 군주를 싫어하지 않네.

김형효 : 대저 억압하지 않으면 이로써 싫어하지 않는다.

이로써 무위자연의 성인은   是以聖人

자기를 알고 스스로 드러내지 않으며(反賞罰)   自知不自見

김경탁 : 이러므로 성인은 <u>스스로 알되 스스로 나타내지 않고</u>

노태준 : 그래서 성인은 <u>스스로 잘 알면서도 자신을 나타내지 않고</u>

김용옥 : 그러하므로 성스러운 사람은 <u>자기를 알면서도 스스로 드러내지</u>
        <u>않고</u>

오강남 : 그러기에 성인은 <u>스스로를 알되 스스로를 드러내지 않고</u>

이석명 : 저 <u>자신을 알 뿐 스스로를 뽐내지 않고</u>

김형효 : 이로써 성인은 <u>스스로 알면서도 스스로 드러내지 않고</u>

자기를 아끼지만 스스로를 높이지 않는다(反賞罰).   自愛不自貴

김경탁 : <u>스스로 사랑하되 스스로 귀히 여기지 않는다.</u>

노태준 : <u>스스로를 사랑하면서도 스스로 존귀하다 하지 않는다.</u>

김용옥 : <u>자기를 아끼면서도 스스로 높이지 않는다.</u>

오강남 : <u>스스로를 사랑하되 스스로를 치켜 올리지 않습니다.</u>

이석명 : 저 <u>자신을 아낄 뿐 스스로를 귀하게 여기지 않네!</u>

김형효 : <u>스스로 사랑하면서도 자신을 귀하게 여기지 않는다.</u>

그러므로 상벌의 구속을 버리고, 자유로운 생명을 취하는 것이다.   故去彼取此.

김경탁 : 그러므로 사사로운 뜻을 버리고 무위자연의 도를 선택한다.

장기근 : 위압을 앞세우는 정치를 버리고 청정무위를 택한다.

노태준 : 그리하여 형벌의 정치를 버리고 무위자연의 정치를 취한다.

김용옥 : 그러므로 저것을 버리고 이것을 취한다.

오강남 : 성인은 앞의 것을 버리고, 뒤의 것을 택합니다.

이석명 : 그러므로 성인은 저것을 버리고 이것을 취한다네.

김형효 : 그러므로 억압 정치를 버리고 무위의 정치를 취한다.

《 노자 · 74장 》

민民이 죽음을 두려워하지 않으면

죽인다 한들 어찌 민民을 두렵게 하겠는가?

民不畏死

奈何以死懼之

노태준 : 백성이 죽음을 두려워하지 않으면 어찌 죽음으로써 이를 두렵게
하랴?

김용옥 : 백성들이 죽음조차 두려워하지 않는다면 어떻게 죽음으로 그들을
두렵게 하겠는가?

오강남 : 사람들이 죽음을 두려워하지 않으면, 어떻게 죽음으로 그들을 위
협할 수 있겠습니까?

김형효 : 백성이 항상 죽음을 두려워하지 않으면, 어찌 죽음으로 이들을 두
렵게 하랴?

만약 민民이 항상 죽음을 두려워하도록 한다면

若使民常畏死

김경탁 : 만일 백성에게 항상 죽음을 무서워하게 하여,

노태준 : 비록 백성이 항상 죽음을 두려워하여,

김용옥 : 만약 백성으로 하여금 죽음을 두려워하게 하는데도,

오강남 : 사람들이 언제나 죽음을 두려워하도록 하고,

김형효 : 만약에 어떤 이가 죽음을 두렵게 할 생각으로

그래서 우리와 다른 자들을

잡아 죽인다면 누가 감히 우리를 범할 수 있겠는가?

而爲奇[11]者

吾得執而殺之 孰敢[12]

---

11) 奇(기)=非常也.

12) 敢(감)=犯也.

김경탁 : 나쁜 짓을 하는 자가 있다면 나는 그 사람을 잡아 죽일 수 있다.
그러나 누가 감히 죽일 수 있겠느냐?

노태준 : 그래서 부정을 하는 자는 내가 잡아서 죽일 수 있다 한들, 누가
감히 이를 행할 것인가?

김용옥 : 이상한 짓을 하는 놈이 있다면 나는 그 놈을 붙잡아서 죽이고 싶
을 것이다. 그런데 과연 누가 그를 죽일 수 있을 것인가?

오강남 : 이상스런 짓을 하는 자가 있어, 내가 그를 잡아 죽인다 한들, 누가
감히 그런 일을 하겠습니까?

김형효 : 기이한 짓을 하면 내가 그를 잡아서 죽일 수 있다. 누가 그것을
감행하는가?

그러나 자연의 상도만이 죽음을 맡은 자이므로 죽일 수 있다.   常有司殺者殺

노태준 : 항상 사살자司殺者가 있어서 죽이는 것이다.

김용옥 : 항상 죽임을 관장하는 자가 있으니 죽인다면 그가 죽여야 할 것
이다.

오강남 : 언제나 사람 죽이는 일을 맡은 이가 있어 사람을 죽입니다.

김형효 : 늘 죽이는 일을 법적으로 하는 자가 죽인다.

사람이 자연을 대신해서 죽인다면   夫代司殺者殺
이는 목수를 대신하여 깎는 격이다.   是謂代大匠斲

노태준 : 대저 사살자가 대신하여 죽이는 것, 이것을 대장을 대신하여 나무
를 찍는 것이라 한다.

김용옥 : 대저 죽임을 관장하는 자를 대신해서 죽이는 것을 일컬어 목수를
대신하여 자귀질을 한다고 한다.

오강남 : 사람 죽이는 일 맡은 이를 대신해서 사람을 죽이는 것을 일컬어
위대한 목수를 대신해서 나무를 깎는 일과 같다고 하겠습니다.

김형효 : 대저 법적으로 죽이는 일을 하는 자를 대신하여 죽인다면 이것은
대장장이 대신에 서투른 이가 베는 것과 같다.

대저 목수를 대신해서 깎는다면
자기 손을 상하지 않는 자가 없을 것이다.

夫代大匠斲者
希有不傷其手矣.

    노태준 : 대장을 대신하여 나무를 찍다가는 그 손을 다치지 않는 자는 드
            물다.

    김용옥 : 목수를 대신하여 자귀질을 하는 사람치고 그 손을 다치지 않는
            자가 없을 것이다.

    오강남 : 위대한 목수를 대신해서 나무를 깎는 자, 그 손을 다치지 않는다
            는 것은 극히 드문 일입니다.

    김형효 : 대저 대장장이 대신에 베는 자가 자기의 손을 다치지 않는 경우
            가 드물다.

《 노자 · 29장 · 상단 》

천하를 소유하고 다스리려 하지만
나는 그것이 불가능함을 안다.

將欲取天下而爲之
吾見其不得已[13]

    김경탁 : 장차 천하를 취하려고 하여 이것을 하여도 나는 그가 얻지 못함
            을 볼 뿐이다.

    노태준 : 천하를 취하려 하여 이를 행한 자는 나는 그것이 불가능함을 본
            다.

    김용옥 : 천하를 먹으려고 발버둥 치는 자를 보면, 나는 그 먹지 못함을 볼
            뿐이다.

    오강남 : 세상을 휘어잡고 그것을 위해 뭔가 해보겠다고 나서는 사람들, 내
            가 보건대 필경 성공하지 못하고 맙니다.

    김형효 : 장차 천하를 취하려고 일을 하는 자는 그것을 얻을 수 없음을 나
            는 안다.

---

13) 已(이)=止也(詩經), 畢也(國語), 此也(爾雅), 了也(禮記), 語終辭(漢書).

천하는 신령한 그릇이라서 인위의 다스림이 불가능한 것이다.　　　　天下神器 不可爲也

　　김경탁 : 천하는 신기니 하여도 안 되고, 붙잡아도 안 된다.

　　노태준 : 천하는 신기神器다. 인간의 힘으로 처리할 수 있는 것이 아니다.

　　김용옥 : 천하란 신령스런 기물이다. 도무지 거기가 뭘 할 수 있는 것이 아니다.

　　오강남 : 세상은 신령한 기물, 거기다가 함부로 뭘 하겠다고 할 수 없습니다.

　　김형효 : 천하는 신기神器로서 가히 취할 수 없다.

다스리려는 자는 실패하고, 소유하려는 자는 잃을 것이다.　　　　爲者敗之 執者失之.

　　김경탁 : 하는 자는 패하고 붙잡는 자는 잃어버린다.

　　노태준 : 인력으로 하려다가는 실패하고, 손에 잡으려다가는 놓친다.

　　김용옥 : 하는 자는 패할 것이고, 잡는 자는 놓칠 것이다.

　　오강남 : 거기다가 함부로 뭘 하겠다고 하는 사람은 그것을 망치고, 세상을 휘어잡으려는 사람은 그것을 잃고 말 것입니다.

　　김형효 : 그것을 하려는 자는 패하게 되고, 그것에 집착하는 자도 잃게 된다.

노장의 무위 정치

춘추전국시대라는 난세에 민중들은 전쟁과 착취로 유랑
민이 되어 도둑이 되지 않으면 자식과 스스로를 노예로 팔
아야만 살 수 있는 비참함 처지였다. 이들의 소망은 천하에
무엇을 요구하기보다는 자기를 괴롭히지 말고 잊어달라는
것이었다. 그러므로 장자는 다음과 같이 한탄했다.

장자莊子/외편外篇/천운天運

가까운 이를 잊기는 쉬우나 나를 잊게 하기는 어렵고	忘親易 使親忘我難.
가까운 이가 나를 잊게 하기는 쉬우나	使親忘我易
천하를 두루 잊기란 어렵고	兼忘天下難.
천하를 두루 잊기는 쉬우나	兼忘天下易
천하로 하여금 나를 잊게 하기는 어렵다.	使天下兼忘我難.

민중이 소망하는 태평성세란 임금이 누구인지, 관장이
누구인지도 모르고 아무 간섭 없이 농사짓고 우물 파서 등
따시게 먹고 마시는 것이다. 그래서 수천 년이 지난 지금까
지도 풍년이 들면 태평성세를 기뻐하며 〈격양가〉를 부른
다. 노장의 이른바 무치無治의 무군無君 정치란 이러한 민
중의 소망을 대변한 것이다.

〈격양가〉

해가 뜨면 일어나 들에 나가고	日出而作
날이 저물면 들어와 쉰다.	日入而息

우물을 파 물을 마시고   鑿井而飮

농사를 지어 밥을 먹으니   耕田而食

나에게 임금의 노력이 무슨 필요가 있는가?   帝力于我 何有哉.

장자莊子/외편外篇/천도天道

하늘이 만들지 않더라도(無爲) 만물은 스스로 조화하고,   天不産而萬物化

땅이 기르지 않더라도(無爲) 만물은 스스로 자란다.   地不長而萬物育

제왕이 다스리지 않더라도(無爲) 천하는 공적을 이룬다.   帝王無爲而天下功.

장자莊子/내편內篇/덕충부德充符

그러나 성인(성왕)은 꾀하지 않으니 지혜를 어디다 쓰며   聖人不謀 惡用知.

쪼개어 갈라놓지 않으니 새끼줄을 어디다 쓰며   不斷 惡用膠.

잃음이 없으니 덕德을 어디다 쓰며   無喪 惡用德.

사고팔지 않으니 장사꾼을 어디다 쓸 것인가?   不貨 惡用商.

이 네 가지는 하늘의 양생養生이다.   四者天鬻也.

하늘의 양생이란 자연이 먹여주는 것이다.   天鬻者 天食也.

이미 자연에서 먹을 것을 받았으니   旣受食於天

어찌 또다시 인군人君이 필요할 것인가?   又惡用人.[14]

장자莊子/외편外篇/천지天地

위대한 성인이 천하를 다스림은   大聖之治天下也

민심을 자유롭게 뒤흔들어(無知를 일깨우는 反語)   搖湯[15]民心.

---

14) 人(인)=人君(人多技巧 : 老子).

15) 搖蕩(요탕)=흔들어 洗滌함. '鼓舞' 로 解하기도 한다.

그들 스스로 교화를 이루고 습속을 바꾸게 하여(산파술)

그 도적의 마음을 들추어내어 없애고

모두 자주적 의지로 나아가게 하는 것이다.

마치 민중의 본성이 스스로 하는 것 같아서

민중은 그렇게 된 까닭을 모른다.

使之成敎易俗.

擧滅其賊心

而皆進其獨志.

若性之自爲

而民不知其所由然.

〈격양가〉는 요임금 시절의 태평성세에 민중이 부른 노래로 인류의 오랜 소망인 무치의 사회를 칭송한 것이다. 노자와 장자는 이러한 요임금의 치세를 상벌賞罰이 없는 무위無爲의 정치로 설명했다. 이처럼 무위는 좁게 말하면 바로 무치無治의 뜻이기도 하다.

무위·무치의 무정부주의는 당연히 성인정치와 예치禮治를 반대한다. 반성인反聖人·반인예反仁禮에 대해서는 앞에서 이미 살펴보았다. 특히 장자는 원시 공산사회를 지향했다. 노자의 무위 정치는 성인과 그들의 인예仁禮를 반대하는 대신 생명주의와 평등주의를 지향한다.

장자의 상벌 거부

장자는 "천하는 큰 것이라 상벌로는 다스릴 수 없는 것"이라고 말하고 그 이유는 천성을 어기는 것이기 때문이라고 설명했다. 즉 장자는 천성을 안정시키는 것이 무위자연의 다스림이며, 상벌은 그 반대라고 말한 것이다. 또한 상벌을 거부하는 것은 정부나 권력을 거부하는 것이므로 이는 무정부주의를 표방하는 것으로 읽어야 한다.

장자莊子/외편外篇/천지天地

요임금이 천하를 다스릴 때는	堯治天下
백성자고伯成子高를 제후로 삼았다.	伯成子高 立爲諸侯.
요임금이 순에게 양위하고, 순임금이 우에게 양위하자	堯授舜 舜授禹
백성자고는 제후를 그만두고 농사를 지었다.	伯成子高辭爲諸侯而耕.
우임금이 그를 찾아가 보니 과연 들에서 밭을 갈고 있었다.	禹往見之 則耕在野.
우임금은 달려가 공손히 머리를 숙이고 선 채로 물었다.	禹趨就下風16) 立而問焉 曰
"옛날 요임금이 천하를 다스릴 때는	昔堯治天下
선생께서 제후로 계셨는데	吾子立爲諸侯.
요임금이 순에게 전하고 순이 나에게 양위하자	堯授舜 舜授子
선생은 제후를 그만두고 밭을 갈고 있으니	吾子辭爲諸侯而耕.
무슨 까닭인가요?"	敢問其故何也.
자고가 말했다. "옛날 요임금 때는	子高曰 昔堯治天下
백성들이 상賞이 없어도 권면했고 벌罰이 없어도 공경했소.	不賞而民勸 不罰而民畏.
지금 그대는 상벌을 시행하나 백성들은 어질지 못하고	今子賞罰 而民且不仁
덕은 쇠해졌고 형벌이 일어났소.	德自此衰 刑自此立.
후세의 어지러움을 이로부터 시작된 것이오.	後世之亂 自此始矣.
그대는 어찌 돌아가지 않소?	夫子闔17)行邪.
내 일을 방해하지 마시오!"	無落18)吾事.

---

16) 風(풍)=告也, 聲也, 諫也, 教也.
17) 闔(합)=盍(어찌 하지 않느냐?).

자고는 열심히 밭을 갈 뿐 돌아보지도 않았다.　　　　　　俋俋¹⁹⁾乎耕而不顧.

그러므로 천하를 들어 선한 자에게 상을 준다 해도　　　　　故擧天下以賞其善者
충분하지 못할 것이며　　　　　　　　　　　　　　　　　不足.
천하를 들어 악한 자에게 벌을 준다 해도 넉넉지 못할 것이다.　擧天下以罰其惡者　不給.
그러므로 천하는 큰 것이라 상벌로는 충분하지 않은 것이다.　故天下之大　不足以賞罰.
하夏·은殷·주周 삼대 이래로 위정자들은　　　　　　　　　自三代以下者
떠들썩하기만 했지 끝내 상벌로 정사를 다스렸으니　　　　　匈匈²⁰⁾焉　終以賞罰爲事.
저들이 어느 겨를에　　　　　　　　　　　　　　　　　　彼何暇
사람들의 본심을 안정시킬 수 있었겠는가?　　　　　　　　安其性命之情哉.

한비의 반론

　한비는 이러한 노장의 무위와 무정부주의를 반대했다.
하지만 한비 등 법가들의 글을 읽으면 노장의 상벌 거부가
얼마나 중대한 문제인가를 분명하게 깨닫게 된다. 그들은
군왕의 전제 권력을 옹호하는 입장이었으므로 그 권력의
수단인 상벌을 반대한 노장을 격렬히 비난했다. 상벌이란

---

18) 落(락)=廢也.
19) 俋俋(읍읍)=勇壯貌.
20) 匈匈(흉흉)=喧譁也.

군주가 가진 통치권의 존립 근거이기 때문이다. 상벌이 없으면 군주의 권력은 존재할 수 없다. 그러면 이른바 국가를 부정하는 아나키즘 내지 공산주의로 치달을 수밖에 없다. 오늘날도 상벌이 없다면 자유주의도 자본주의도 시장주의도 존재할 수 없다.

상은 작록과 명예로 이익을 주는 것이고, 벌은 녹봉의 삭감, 신분의 박탈, 감옥, 죽임 등으로 불이익을 주는 것이다. 이른바 당근과 채찍이다. 전국시대의 법가 사상가인 한비는 절대군주의 상벌은 민民을 노예로 삼기 위한 수단이며 나아가 전쟁에서 민의 목숨을 사들이는 대가代價임을 증언했다.

한비자韓非子/현학賢學

지금 여기에 한 사람이 있는데 그의 주장은	有人於此 義[21]
위험한 성에는 들어가지 않고, 군대에 나가지 않으며	不入危城 不處軍旅[22]
천하가 크게 이롭다 해도 정강이 털 하나도 바꾸지 않는다.	不以天下大利易脛一毛.
그런데도 군주들은 그러한 무리(양자학파)를 따르고 예우하며	世主必從而禮之
그들의 지혜와 행실을 고귀하게 대우해 줌으로써,	貴其智而高其行
재물을 가벼이 하고 목숨을 중히 여기는 선비를 위해 준다.	以爲輕物重生之士也.
대저 윗사람이 좋은 농토와 저택과	夫上所以陳良田大宅
작록을 베푸는 까닭은	設爵祿
민의 목숨과 바꾸기 위한 수단이다.	所以易民死命也.

---

21) 義(의)=我也, 己之威儀也.
22) 旅(려)=軍五百人. 兵隊.

만약 군주들이
재물을 가볍게 보고 생명을 중히 여기는 선비를 중용한다면
민民에게 전쟁에 나가 죽을 것을 요구하고
군주의 사업을 위해 순직할 것을 요구해도 불가능할 것이다.

今上尊貴
輕物重生之士
而索民之出死
而重殉上事 不可得也.

한비자韓非子/식사飾邪

군신이란 이로운가, 해로운가의 계산으로 결합된 관계다.
간난에 처해 죽음을 무릅쓰고 지혜를 다해 진력함은
법을 다스려 그렇게 되는 것이다.
그러므로 선왕들은
포상을 밝게 보여줌으로써 신하를 독려하고
형벌을 엄격히 하여 잘못을 범하지 않도록 위협했다.
상벌이 밝아지면 민중은 죽을힘을 다할 것이며
민중이 죽음을 무릅쓰면 병사는 강하고 군주는 존귀해진다.
반면 상벌이 밝지 못하면
민중은 공이 없으면서 이득을 구하고
죄를 짓고도 빠져나가는 요행을 바라니
병사는 약해지고 군주는 비천해진다.

君臣也者 以計合者也.
至夫臨難必死 盡智竭力
爲法爲之.
故先王
明賞以勸之
嚴刑以威之.
賞刑明則民盡死.
民盡死則兵強主尊.
刑賞不察
則民無功而求得
有罪而幸免
則兵弱主卑.

이처럼 상벌은 통치의 근본이다. 그러므로 상벌을 거부한다는 것은 바로 권력을 거부하는 것이요, 정부를 반대하는 엄중한 저항이다. 그러므로 한비는 이들을 모두 잡아 죽여야 한다고 역설했다. 그 사례로 태공망太公望이 상벌을 거부하는 은사들을 처형한 사건을 제시했다.

태공망이 동쪽의 제나라 영토를 받아 제후가 됐다.	太公望東封於齊.
제나라 동해안에는 거사가 살고 있었는데	齊東海上有居士
광율狂矞과 화사華士 두 형제였다.	曰狂矞華士昆弟二人者.
그들이 의론을 세우고 이르기를	立議曰
"우리는 천자의 신하 노릇을 하지 않으며	吾不臣天子
제후를 따르지도 않는다.	不友²³⁾諸侯
손수 밭을 갈아서 먹고 우물을 파서 마시니	耕作而食之 掘井而飮之
남에게 구할 것이 없다.	吾無求於人也.
천자의 호령도 없으며 군주의 녹도 먹지 않으니	無上之名²⁴⁾ 無君之祿
벼슬아치를 섬기지 않고 오직 노동만을 섬길 뿐이다" 했다.	不事任而事力.
태공망은 잉추營丘에 도착하자	太公望至於營丘
관리를 시켜 그들을 잡아 죽였다.	使吏執殺之.
주공이 노나라에서 이 소식을 듣고	周公旦從魯聞之
급히 파발을 띄워 그를 문책하며 말했다.	發急傳而問之曰
"그 두 선생은 현자다.	夫二子賢者也.
오늘 나라를 받자마자 현자를 죽이니 어찌된 일인가?"	今日饗國而殺賢者何也.
태공망은 다음과 같이 항변했다.	太公望曰
"저들은 천자의 신하 노릇을 거부하니	彼不臣天子者
제가 신하로 삼을 수 없고,	是望不得而臣也.
제후를 따르지 않으니	不友諸侯者

---

23) 友(우)=順也.
24) 名(명)=號令也.

이들을 제가 부릴 수 없으며,　　　　　　　　　是望不得而使也.

저들은 밭 갈아 먹고 우물 파서 마시며　　　　耕作而食之 掘井而飲之

남에게 구할 것이 없으니　　　　　　　　　　無求於人者

이들을 상으로 권면할 수도 벌로 금할 수도 없습니다.　是望不得以賞罰勸禁也.

또한 임금의 호령이 없으니　　　　　　　　　且無上名

비록 지혜롭다 해도 저는 그들을 쓸 수 없고,　雖知不爲望用.

군주의 녹을 바라지 않으니　　　　　　　　　不仰君祿

비록 어질다 해도 저를 위해 공을 세우지 않을 것입니다.　雖賢不爲望功.

벼슬을 하지 않으니 다스릴 수 없고　　　　　不仕則不治

일을 맡지 않으니 충성하지도 않을 것입니다.　不任則不忠.

또한 선왕이 신하와 민중을 부리는 방법이란　且先王之所以使其臣民者

작록이 아니면 상벌입니다.　　　　　　　　非爵祿則刑罰也.

이 네 가지로 부릴 수 없다면　　　　　　　今四者不足以使之

저는 무엇으로 군주 노릇을 하겠습니까?"　　則望當誰爲君乎.

까마귀를 길들이는 자는 아래 날개깃을 자른다.　夫馴鳥者 斷其下翎[25]

그러면 반드시 먹이를 사람에 의존해야 하니　則必待人而食

어찌 길들여지지 않겠는가?　　　　　　　　焉得不馴乎.

대저 밝은 군주가 신하를 기르는 것도 역시 마찬가지다.　夫明主畜臣亦然.

신하로 하여금　　　　　　　　　　　　　　令臣

군주의 봉록을 이롭게 여기지 않을 수 없게 하고　不得不利君之祿

윗사람의 호령에 복종하지 않을 수 없게 하는 것이다.　不得無服上之名.

군주의 봉록이 이롭고 윗사람의 호령에 따르면　夫利君之祿 服上之名

---

25) 翎(령)=羽也.

어찌 복종하지 않을 수 있겠는가?   焉得不服.

자연을 따르는 자유인^{승인}

그렇다면 군주의 노예가 되는 것을 거부하는 길은 무엇인가? 혹자는 당시 성인聖人이라고 불린 군왕君王과 지배자들을 뒤엎는 민주혁명만이 해결책이라고 말할지도 모른다. 그러나 2,400년 전 노예제 사회에서는 그런 혁명의 주체가 될 수 있는 이른바 시민계급이 있지도 않았다. 또한 노동자의 계급의식은 자본주의 이후에나 형성됐다. 그렇다면 방법은 무엇인가?

이때 노자는 노예 됨에서 벗어나기 위해 자연으로 돌아가라고 외쳤다. 자연은 문명의 반대다. 문명을 거부하고 자연으로 돌아가면 지배계급들의 울타리에서 벗어날 수 있다고 생각한 것이다. 그러면 산속에 숨어 고사리나 뜯어 먹고 풀뿌리나 캐 먹고 살라는 말인가? 그러나 그것은 불가능하다.

그렇다면 어떻게 하라는 말인가? 지배자들의 통치 수단인 상賞과 벌罰을 놀라워하거나 무서워하지 말고 거부하라고 했다. 지배자들의 상과 벌을 놀라워하는 것은 바로 노예가 되는 길이라는 것이다.

상벌을 거부하라는 것은 무슨 뜻인가? 그것은 국가권력을 거부하라는 뜻이다. 요즘에는 노벨상처럼 권위 있는 비정부 기구에서 주는 상도 있지만 비정부 기구도 시민사회의 권력이다. 다만 노자 당시에는 군왕과 귀족들에게 권위가 있었다. 그들이 정부의 권력뿐 아니라 종교적 권위도 지식권력도 아울러 독점하던 시대였다. 그러므로 상벌을 거부하는 것은 그들의 권위를 거부하고 불복종하는 것이다.

어쩌면 노자는 2,400년 전에 이미 간디의 불복종운동을 선구했던 민중운동가인지도 모른다. 노자와 간디는 2천여 년의 시대 차이가 있지만 처한 상황이 비슷했다. 그들이 처한 상황은 시민사회가 형성되지 않은 봉건사회였고, 당시 민중은 지배자들의 극심한 착취와 전쟁과 굶주림에 신음하고 있었다. 민중은 아무런 희망이 없는 현실에서 도피하고 싶은 마음뿐이었을 것이다. 그런 그들에게 노자와 간디는 무엇을 요구할 수 있었을까? 노자와 간디가 선택할 수 있는 저항의 방법은 오직 불복종뿐이었던 것이다. 더구나 노자와 간디는 평화주의자들이 아닌가?

일찍이 공자는 노자와는 달리 천명과 대인과 성인의 말씀을 두려워하는 것이 군자의 도리라고 가르쳤다.

논어論語/계씨季氏 8

군자에게는 세 가지 두려워할 것이 있으니	君子有三畏
천명天命을 두려워하라! 가문의 대인大人을 두려워하라!	畏天命 畏大人
성인(聖王)의 말씀을 두려워하라!	畏聖人之言.

그런데 반대로 양자는 "귀신을 두려워하지 말고(不畏鬼), 대인을 두려워하지 말고(不畏人), 위세를 두려워하지 말고

(不畏威), 형벌을 두려워하지 말라(不畏刑)"고 말했다. 이처럼 권위를 두려워하지 않는 사람이야말로 자연에 순응하는 순민順民이며, 반대로 그것을 두려워하는 사람은 수명·명예·지위·재물에 얽매인 사람이므로 자연에 어긋나는 둔민遁民이라는 것이다. 둔민은 바로 노예 됨을 선택한 민중이다.

　양자는 군주의 통치권인 상벌賞罰이라는 무력적 위협을 두려워하지 않고, 권위에 묶이지 않는 순민의 길만이 자주와 자유를 얻는 방법임을 강조했다. 그리고 군주의 상벌이라는 당근과 채찍에 굴복하면 자연을 포기한 둔민이 되며 노예 됨을 자청하는 길이라고 경고한 것이다.

열자列子/양주楊朱

양주가 말했다.	楊朱曰
"백성이 휴식을 얻지 못하는 것은	生民之不得休息
다음 네 가지 때문이다.	爲四事故.
첫째는 수명壽命이요, 둘째는 명예名譽요,	一爲壽 二爲名
셋째는 지위요, 넷째는 재물이다.	三爲位 四爲貨.
이 네 가지에 얽매인 사람은	有此四者
귀신·대인·위세·형벌을 두려워한다.	畏鬼 畏人 畏威 畏刑
이를 일러 '둔민遁民'이라 한다.	此謂之遁[26]民也.
둔민에게는 죽고 사는 운명을 제어하는 것이 외부에 있다.	可殺可活 制命在外.
그러나 운명을 바꾸려 하지 않으면	不逆[27]命.

---

26) 遁(둔)=逡也, 循也.

어찌 오래 사는 것을 부러워할 것이며,　　　　何羨壽.

귀貴를 좋아하지 않으면　　　　　　　　　　不矜[28]貴.

어찌 명성을 부러워할 것이며,　　　　　　　何羨名.

권세를 추구하지 않으면　　　　　　　　　　不要[29]勢.

어찌 지위를 부러워할 것이며,　　　　　　　何羨位.

부富를 탐하지 않으면 어찌 재화를 부러워하겠는가?　不貪富 何羨貨.

이러한 사람을 일러 자연에 순응하는 '순민順民' 이라 한다.　此之謂順民也.

순민은 천하에 당할 자 없으니　　　　　　　天下無對

운명을 제어하는 것이 밖이 아니라 안에 있기 때문이다."　制命在內.

노예 도덕으로 왜곡

이처럼 노장은 권력과 그 수단인 상벌을 거부했다. 그런데도 반대로 우리 학자들은 한결같이 상벌을 놀라워하라고 가르친다. 상벌의 거부를 찬양으로 왜곡하고, 죽음의 벌을 거부한 글을 사형제도의 찬양으로 왜곡한다. 그뿐 아니라 그들은 도무지 한문에 소양이 없는 것 같다. 글자의 뜻을 모르고 엉뚱한 의미로 오해하고, 같은 글자를 문장마다 다르게 번역하고, 같은 문장에서 앞뒤가 모순되며, 전체의

---

27) 逆(역)=拒也, 反也, 迎也, 受也.
28) 矜(긍)=憐也.
29) 要(요)=求也, 樞紐也.

취지와 모순되는 등 우리 번역서들은 그 번역자의 기본 소양을 의심하게 한다.

노장은 본래 권위를 거부하라고 말했는데 이것을 반대로 권위에 복종하라는 공자의 말로 왜곡하고 무위無爲·무형無形을 모두 무無로 왜곡하는 것은 그들이 유교와 불교에 세뇌됐기 때문이다. 우리 학자들은 노자와 공자와 부처가 전혀 다르다는 것을 모르며, 공자의 도덕률에 세뇌되어 있어 노자뿐 아니라 모든 글을 억지로 그것에 끼워 맞추려고 한다.

특히 『노자』 13장과 72장, 74장은 그러한 왜곡의 전형적인 사례다. 이 글은 국가권력을 부정하고 생명주의와 불복종운동을 말한 것으로 노자 사상의 핵심인 무정부주의를 구체적으로 설명한 것이다. 그런데 도올을 비롯한 우리나라 학자들은 대체로 위 『노자』 13장을 본뜻과는 정반대로 지배자들이 내리는 상벌을 놀라워해야 하며, 감사하고 복종하라고 해석한다. 또한 "소국은 타국에 편입되어 섬기지 말아야 한다"는 무정부적 공동체 연합을 주장한 『노자』 61장의 글을 반대로 소국은 대국을 섬겨 합병되어야 한다고 번역함으로써 패권주의로 해석하고 천하를 차지할 방도를 설교한다(이 책 13장 '원시 공산주의' 참조). 심지어 어떤 학자는 "죽을 자를 풀어주라"는 『장자』의 글을 "죄인을 서서히 죽이라"고 번역한다. 이것은 유치하기 짝이 없는 반동이다. 노자는 자연을 따르는 순민(자주·자유인)이 되라고 가르쳤는데, 우리 학자들은 반대로 둔민(권력을 따르는 충신)이 되라고 왜곡하기 때문이다.

죽일 자를 풀어주라!

장자莊子/내편內篇/대종사大宗師

법이 몸을 위한다 함은 죽일 자를 풀어주는 것이요,	以刑爲體者 綽[30]乎其殺也.

> 안동림 : 형벌을 몸으로 삼는다 함은 여유 있게 죄인을 죽이는 것이다.

예禮로써 신하를 위한다 함은	以禮爲翼者
세상을 받들어 행하게 하려는 수단이요,	所以行[31]於世也.

> 안동림 : 예의를 날개로 삼는다 함은 진인의 이상을 세상에 널리 시행하기 위해서이다.

지혜로 때를 살핀다 함은	以知爲時者
백성들의 일할 때를 놓치지 않게 하려는 것이며	不得已[32]於事也.

> 안동림 : 지혜를 때를 아는 방편으로 삼는다 함은 할 수 없이 일을 할 때를 위해서이다.

덕으로 따르는 자를 위한다 함은	以德爲循者.

> 안동림 : 덕성을 자연에 따르게 한다 함은

넉넉한 자를 따라서 고을에 모여들게 함을 말한다.	言其與有足者 至於丘[33]也.

> 안동림 : 발이 있는 자와 함께 언덕에 이른다는 뜻이다.

---

30) 綽(작)=너그러울, 仁於施舍也(寬兮綽兮:詩經/淇奧).
31) 行(행)=奉也.
32) 已(이)=止也, 黜棄也, 過也.
33) 丘(구)=四井爲邑 四邑爲丘(漢書/刑法志).

왕필의 『노자』 13장 왜곡

　이처럼 『노자』 13장은 반권력反權力 · 반상벌反賞罰의 무정부주의를 말한 것이다. 그런데 우리 학자들은 왕필의 왜곡을 맹목적으로 추종한다. 다만 왕필이 '경驚'을 해석함에 있어 우리 학자들처럼 '놀라다'는 피동형이 아니라, '놀라게 하다'라는 사역형의 뜻으로 풀이한 것은 나와 동일하다. 그러나 왕필은 부정을 긍정으로 풀이함으로써 나와는 정반대의 결론을 내렸다.

왕필의 『노자』 13장 왜곡

노자老子/13장 주注

총애에는 반드시 치욕이 따르며	寵必有辱
영화에는 반드시 환난이 따른다.	榮必有患.
그러므로 총애와 치욕, 영화와 환난은 함께하는 것이다.	寵辱等 榮患同也.
아랫것들을 다스려 총애와 치욕,	爲下得寵辱
영화와 환난으로 놀라게 한다면	榮患若驚
결코 천하를 어지럽게 하지 못할 것이다.	則不足以亂天下也.

　지금까지 대부분 학자들은 『노자』를 제대로 해석한 사람은 왕필이라고 말해 왔다. 그러나 거짓말이다. 고염무가 일찍이 지적한 것처럼 왕필은 『노자』를 왜곡함으로써 천하의 폭군인 걸주보다 더 큰 해악을 끼친 사람이다. 노자의 무위자연은 반성왕 · 반인예 · 반문명을 특성으로 한다. 그런데 왕필은 이처럼 반反유가적인 노장을 친親유가적으로 해석

했다. 그는 노자를 끌어다가 지배이념인 유교에 붙이는 이른바 '원노입유援老入儒'의 어용학자였다. 후세 사람들은 그것을 현학玄學이라 했다. 그래서 지금까지도 알 듯 모를 듯 한 기괴한 말로 거짓을 옹호하는 학자들을 두고 현학적이라고 말하는 것이다.

노자의 '무위無爲'는 공자의 유위有爲인 예禮를 거부하는 테제였고, 노자의 '자연自然'은 공자의 천명天命을 거부하는 테제였다. 그러나 왕필은 노자의 '무위자연無爲自然' 네 글자를 '무無' 한 자로 통합했다. 그리고 '무無'를 '정靜'으로 '유有'를 '동動'으로, '무無'를 '본本'으로 '유有'를 '말末'로 해석하여, 노자의 도학道學을 본本으로 삼고 공자의 유학儒學을 말末로 삼아 하나로 결합했다. 그리고 이것을 본말합일本末合一의 현학玄學이라 자랑했다. 이른바 현학의 특성은 노장이 그렇게도 비난한 인仁과 예禮를 노장의 이론으로 합리화하고 예찬한 반동성에 있다. 왕필은 24세로 요절한 천재로 극소수의 천재가 만인을 다스려야 한다는 반동적인 소신을 가진 청년이었다. 다음 글은 그의 그런 면모를 엿보게 한다.

왕필

노자지략老子指略

근본인 무를 높임으로써 말단을 번식시키고
어미를 지킴으로써 자식을 보존한다.[34]

崇本以息末
守母以存子.

---

34) 근본과 어미→도교, 말단과 자식→유교.

주역약례周易略例

대저 소수는 다수가 존귀하게 여기는 것이며	夫少者 多之所貴者也
소수는 대중이 머리로 존숭하는 것이다.	寡者衆之所宗者也.
대저 대중은 대중을 다스릴 수 없고	夫衆不能治衆
극소수의 사람만이 대중을 다스리는 것이다.	治衆者至寡者也.

『노자』 13장에 대한 해석이 이처럼 왜곡될 수 있었던 것은 '경驚'과 '신身' 자를 교묘하게 변질시켰기 때문이다. '경驚'이란 글자에는 수동적으로 '놀라다' 라는 뜻과 능동적으로 '놀라게 하다' 라는 뜻이 있다. 이 글의 경우 '무력武力으로 위엄을 과시하여(耀武示威也) 두렵게 하다' 라는 능동적인 의미로 쓰인 것이다. 다음 예문들은 같은 사례들이다. 이처럼 『노자』 13장의 '경驚' 자는 '무력으로 겁을 주다' 라는 부정적인 뜻으로 쓰인 것이다. 그런데 우리 학자들은 반대로 '놀라워하며 공경하라' 는 긍정적인 뜻으로 해석한다.

관자管子/권15/정正

다섯 가지 형벌을 제단制斷하여	制斷五刑
각기 그 명분(名)에 합당하게 함으로써	各當其名
죄인도 원망하지 않고	罪人不怨
선인도 겁내지(驚) 않게 하는 것을 형벌(刑)이라 한다.	善人不驚 日刑.

관자管子/권10/삼환參患

만약 군주가 그렇지 못해	若夫世主則不然

밖으로 병사로써 흉포한 자를 주벌하지 않으면　外不以兵而欲誅暴

반드시 땅을 빼앗길 것이며　則地必虧矣.

안으로 형벌로써 사악한 자를 금압하지 않으면　內不以刑而欲禁邪

반드시 나라가 어지러울 것이다.　則國必亂矣.

그러므로 무릇 용병의 계책은　故凡用兵之計

세 번 무력 과시를 하여 놀라게 한 다음(三驚)　三驚[35]

한 번은 의지를 행동으로 보여주고　當[36]一至.[37]

세 번 의지를 보여준 다음에는　三至

한 번은 군사를 일으켜 대응하고　當一軍.

세 번 군사를 일으키면 마땅히 일전을 단행한다.　三軍當一戰.

장자莊子/외편外篇/산목山木

공자가 진陳나라·채蔡나라 사이에서 포위되어　孔子圍於陳蔡之間

이레 동안 더운밥을 먹지 못할 때　七日不火食.

대공임大公任이라는 사람이 문안을 왔다.　大公任往弔之

…대공임이 말했다.　…任曰.

"…곧은 나무는 먼저 베이고, 단 샘물은 먼저 마르오.　…直木先伐 甘井先竭.

그대는 역시 지혜를 꾸며 어리석은 자에게 겁을 주고(驚),　子其意者[38] 飾智以驚愚

몸을 닦아 더러움을 밝히려 하는 것 같소.　修身以明汚.

그러나 명성을 위해 해와 달빛처럼 행동하면　昭昭乎 若揭日月之行

죽음을 면하지 못할 것이오.　故不免也.

---

35) 驚(경)=耀武示威也.

36) 當(부)=處斷.

37) 至(지)=行也, 動也.

38) 意者(의자)=亦疑詞.

내가 노자에게서 들은 바로는

'스스로 자랑하는 자는 공이 없고, 공을 이룬 자는 추락하고

명성을 이룬 자는 이지러진다'고 했소.

누가 능히 공과 명성을 버리고 대중에게 되돌려 주겠소?"

吾聞之大成之人³⁹⁾曰.

自伐者無功. 功成者墜

名成者虧

孰能去功與名 而還與衆人.

    다음으로 '신身'자는 대체로 두 가지 뜻으로 쓰인다. '몸(軀)→생명'이라는 뜻과 '몸→굴신屈伸→처신處身→입신立身→출신出身'이라는 확장된 뜻이 그것이다. 다음 『논어』의 글은 '신身'자가 입신立身의 뜻으로 쓰인 사례다. 『노자』 13장의 '신身'자도 '입신'으로 뜻으로 쓰인 것이다. 그런데 우리 학자들은 '신身'자를 목숨으로 해석하고, '자기 몸이 없어야 환난이 없을 것'이라고 해석한다. 그렇다면 죽음만이 환난을 끊는 유일한 길이 될 것이다. 그러나 이것은 자가당착이요, 모순이다. 죽음이야말로 가장 큰 환란이기 때문이다. 어찌 생명주의자인 노자가 자기 몸을 없애야 한다고 말했겠는가? 그 반대다. 노자는 천하보다 자기 몸이 귀하다고 생각한 생명주의자였기 때문이다.

논어論語/미자微子 8

우중虞仲과 이일夷逸 두 사람에 대해 말한다면

은거하여 함부로 말하지만

입신立身했을 때는 청렴한 이도吏道에 맞았고(身中清)

虞仲夷逸

隱居放言

身⁴⁰⁾中清.

---

39) 大成之人(대성지인)=老子를 지칭한 듯.

40) 身(신)=伸也, 立身, 出身(=出仕).

은퇴 후에는 권도權道에 맞았다(廢中權).

廢⁴¹⁾中權.

　이러한 왕필과 우리 학자들의 반동적인 해석은 앞서 설명한 『열자列子』, 『장자』의 상벌 거부의 해석과 모순된다. 그 예문들은 공자의 인애仁愛와 예치禮治, 묵자의 겸애兼愛, 법가의 법치法治 등 유위有爲의 정치를 비판하고 노자의 무위無爲 정치를 옹호하며, 군주의 상벌을 거부하는 내용이다. 이로 볼 때 우리나라 학자들의 번역이 얼마나 엉뚱한 것인가를 알 수 있다. 이들은 군주를 거부하는 노장의 글을 임금에게 충성하라는 글로 착각하고 있다. 그러나 노자·양자·장자는 군주에 충성하라고 가르친 적이 없다.

열자列子/양주楊朱

충忠은 군주를 편안케 하는 것으로는 만족하지 못하고	忠不足以安君
몸을 위태롭게 해야만 만족한다.	適足以危身.
의義는 사물을 이롭게 하는 것으로는 부족하고	義不足以利物
생명을 해롭게 해야만 만족한다.	適足以害生.
윗사람을 편안케 하는 것은 충성 때문이 아니다.	安上 不由於忠
그러므로 충忠이란 이름은 없어져야 한다.	而忠名滅焉.
사물을 이롭게 하는 것은 의리 때문이 아니다.	利物 不由於義
그러므로 의義라는 이름은 없어져야 한다.	而義名絕焉.
군주와 신하가 다 함께 편안하고	君臣皆安
사물과 내가 두루 이로운 것이 옛날의 도道인 것이다.	物我兼利 古之道也.

---

41) 廢(폐)=退出.

장자莊子/외편外篇/재유在宥

천하를 자유롭게 풀어둔다는 말은 들었어도	聞在宥[42]天下.
천하를 다스린다는 말은(賞罰) 들어보지 못했다.	不聞治天下也.
그대로 둔다는 것은(無爲自然)	在之也者
천하가 천성을 어지럽힐까 염려한 것이고	恐天下之淫其性也.
풀어준다는 것은(解放)	宥之也者
천하가 천덕天德을 바꿀까 염려한 것이다.	恐天下之遷其德也.
천하가 천성을 어지럽히지 않고	天下不淫其性
천덕을 바꾸지 않는다면	不遷其德
어찌 천하를 다스릴 필요가 있겠는가?	有治天下者哉.

도올의 왜곡과 EBS

나는 도올의 번역과 해석을 도무지 이해할 수가 없다. 왕필의 해석은 정치적 목적을 위해 결론을 반대로 내린 의도적인 오역이지만 우리나라 학자들은 왕필을 추종할 뿐 아니라 한술 더 떠서 왕필과도 다른 엉뚱한 해설을 한다. 왕필은 백성을 통치하는 데는 총애와 치욕, 영예와 환난 등 당근과 채찍으로 백성을 겁주는 것이 필요하다고 해석했는데, 도올은 통치철학과는 아무 상관이 없는 '치욕을 감

---

42) 宥(유)=寬也, 赦也.

수하라' 는 고행苦行의 수양론으로 해설한다.

도올은 말한다. "조선의 젊은이들이여! 인간만사人間萬事 새옹지마塞翁之馬이니, 그대들의 고통과 환난과 아픔을 극복하지 말라! 오히려 그것을 내 몸과 같이 여겨라!" 이것은 마치 고행을 감수하라는 어느 수도승의 교훈처럼 들린다. 상벌을 거부하라는 무정부주의 내지 반정부적인 글을 이처럼 엉뚱하게 해석하는 것은 곡학아세라는 비난을 받아 마땅하겠지만 너무나 엉뚱하여 도저히 믿어지지 않으니 황당할 뿐이다.

『노자』 13장의 본뜻은 상벌로 다스리는 군주의 예법 정치는 권력으로 위협하는 반反자연의 역치力治(폭력 정치)라는 비판이며, 무위자연의 '생명 살림 정치' 만이 바른 정치라는 주장이다. 그런데 앞에서 보았듯이 우리나라 학자들은 하나같이 공자의 예치를 인정하고 사심이 없는 성인이 천하를 맡아야 한다는 뜻으로 해석한다. 이는 무치無治(무정부주의)를 주장한 노자의 글을 왜곡하여 공자의 왕도王道와 인정仁政인 양 왜곡한 것이다. 이로써 공자를 반대한 노자를 공자와 같은 부류로 변질시켜 버린다.

특히 도올이 '출신出身하지 말라' 는 뜻인 '무신無身'을 '자기 몸을 없애라' 로 해석한 것은 노자의 캐릭터를 이해하지 못하고 이를 공자가 말한 '극기克己' 와 불교에서 말하는 '고행苦行' 과 같은 것으로 이해한 것이다. 그래서 엉뚱하게 『구약성경』의 「욥기」를 들먹이며 자신의 지병인 관절염에 대해 극복의 대상이 아니라 가장 귀한 친구로 여기는 깨달음을 얻었다고 고백한다. 이 얼마나 가당찮은 코미디인가? 그런데도 EBS는 이러한 도올의 코미디를 방영하여 곡학아세를 부추겼으니 그 책임을 면할 수 없을 것이다.

만약 노자가 『구약성경』에 나오는 문둥병에 걸린 욥job을 만났다면 아마 다음과 같이 말했을지도 모른다. "욥이여! 너는 가련하구나! 너는 어찌 인간에게 제멋대로 고통을 부과하는 신에게 굴복하여 무릎을 꿇는가? 너의 굴복은 질투심 많은 신들을 달래려는 헛된 희망 때문에 잔학과 고문, 타락과 희생을 참고 견딘 기나긴 굴욕의 역사를 찬양하는 거짓된 설교를 옹호하는 죄악일 뿐이다. 네가 신의 징벌에 벌벌 떨며 가장 값진 것을 아무리 바칠지라도 피를 요구하는 신들의 욕망은 채워지지 않고 그 이상의 값진 것을 더 바치라고 요구할 것이 뻔하다."

노장은 결단코 '극기'나 '수도승'이나 '욥'을 말한 것이 아니며, 그것과는 정반대로 자연의 야만적인 삶을 선호했다. 결코 성경에서 말하는 문둥병에 걸린 욥의 깨달음과는 아무런 유사성도 없다. 더구나 이 글은 도올의 관절염과는 결코 아무런 연관성도 없다. 무엇보다 『노자』는 도올의 말처럼 젊은이들에게 그들의 고통과 환난과 아픔을 극복하지 말고 오히려 그것을 내 몸과 같이 받아들이라는 반동적인 내용이 결코 아니다. 오히려 노자는 "천지와 성인은 사람을 사랑하지 않는다!"고 단언했다. 그러므로 노자는 신의 품 안에서 위안과 자유를 찾지 않았다. 오히려 신에게 저항함으로써 자유를 찾으려 했다.

이상 검토한 것처럼 『노자』 13장의 해석은 노자 사상 전체의 성격에 관계된 것이다. 그러므로 이 글을 오역한다는 것은 『노자』 전체의 이미지를 왜곡하는 중대한 문제다. 지금까지 서점에 나와 있는 우리 학자들의 『노자』 번역서와 해설서들은 모두 수거해서 폐기하거나 다시 수정해야 할 것이다. 특히 도올은 공개적으로 잘못을 인정하고 사과해야 한다. 아울러 그의 『노자』 해설서는 폐기 처분해야 마땅하다. 그리고 EBS는 이를 알리고 잘못을 인정해야 한다.

제5부

공동체적 인간상

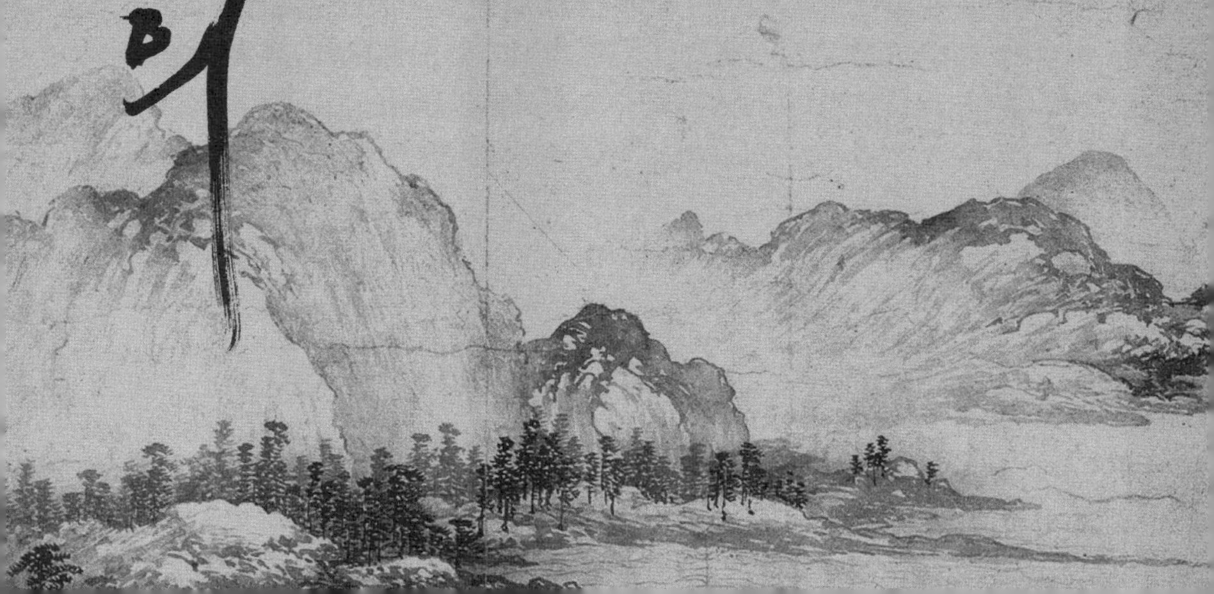

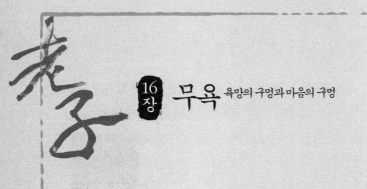

16장 무욕 욕망의 구멍과 마음의 구멍

노자 읽기

《 노자 · 1장 · 하단 》

항상 인위人爲의 욕심이 없으면 ··· 故常無欲[1]

무명無名의 묘용妙用(생명의 생성 작용)을 보고 ··· 而觀其妙[2]

   왕필 : 묘妙란 지극히 희미한 것을 말한다.[3]

   김경탁 : 그러므로 항상 무욕함으로써 그 미묘함을 관찰하고

   장기근 : 항상 무無에서 오묘한 도道의 본체를 관조해야 하고[4]

   노태준 : 그러므로 상무常無로써 묘妙(도의 甚遠幽微한 실상)를 보려 하고

   김용옥 : 그러므로 늘 욕심이 없으면 그 묘함을 보고

   오강남 : 그러나 언제나 욕심이 없으면 그 신비함을 볼 수 있고

   이석명 : 그러므로 늘 욕심이 없으면 도의 신비를 보고

   김형효 : 그러므로 항상 무욕無欲으로써 그 무無의 오묘함을 보고

항상 인위의 욕심이 있으면 ··· 常有欲

---

1) 無欲(무욕)=생명 욕구를 억누르는 人爲의 욕구가 없음. 즉 생명 욕구만 있는 자연 상태.

2) 妙(묘)=成也, 神化不測也. 神也者 妙萬物而爲言者也(周易/說卦). 神妙萬物(通書/動靜).

3) 妙者 微之極也.

4) '故常無 欲而觀其妙'로 띄어 읽었다.

유명有名의 순환循環(현상의 수렴 작용)을 본다.

왕필 : 요徼란 종말로 돌아감을 뜻한다.[6]

김경탁 : 항상 유욕함으로써 그 순환만을 관찰한다.

장기근 : 또한 유有에서 광대무변한 도의 운용을 살펴야 한다.[7]

노태준 : 상유常有로써 그 요(현상의 差別相)를 보려 한다.

김용옥 : 늘 욕심이 있으면 그 가장자리만 본다.

오강남 : 언제나 욕심이 있으면 그 나타남을 볼 수 있습니다.

이석명 : 늘 욕심이 있으면 도道의 언저리만 보네.

김형효 : 항상 유욕有欲으로써 그 유의 왕래를 본다.

以觀其徼[5]

생성과 순환은 다 같이 도道에서 나왔으나 이름이 다를 뿐이니

김경탁 : 이 양자는 같이 나오고서도 이름을 달리하거나

장기근 : 무無와 유有는 한 근원에서 나온 것이고, 오직 이름만이 다르다.

노태준 : 이 양자는 같은 근본에서 나왔으나 그 이름을 달리한다.

김용옥 : 그런데 이 둘은 같은 것이다. 사람의 앎으로 나와 이름만 달리할 뿐이다.

오강남 : 둘 다 근원은 같은 것, 이름이 다를 뿐

이석명 : 이 둘은 같은 곳에서 나왔으니 이름만 달리할 뿐이네.

김형효 : 무와 유는 동시에 나왔지만 그 이름을 달리한다.

此兩者同出而異名

다 같이 현묘한 생명의 도道라고 말한다.

왕필 : 현玄이란 어둡고 말 없는 무유이다.[9]

同謂之玄[8]

---

5) 徼(요)=邊塞, 歸也, 循也.
6) 徼 歸終也.
7) '常有 欲以觀其徼'로 띄어 읽었다.
8) 玄(현)=幽遠也, 神也, 通也, 理之微妙者.
9) 玄者冥默 無有也.

김경탁 : 한가지로 이것을 현묘玄妙라고 이른다.

노태준 : 이것을 한가지로 말할 때는 도道라고 한다.

김용옥 : 그 같은 것을 일컬어 가믈타고 한다.

오강남 : 둘 다 신비스런 것입니다.

김형효 : 유무를 동시에 말하여 현묘하다고 한다.

현묘하고 현묘하니 모든 생성(妙用)의 문이다.　　　　　　　　玄之又玄 衆妙之門.

　　김경탁 : 현묘한 가운데 또 현묘한 것은 모든 묘리妙理의 문이다.

　　노태준 : 이는 도의 도인데 이는 우주 삼라만상의 문이다.

　　김용옥 : 가믈고 또 가믈토다! 모든 묘함이 이 문에서 나오지 않는가?

　　오강남 : 신비 중의 신비요, 모든 신비의 문입니다.

　　이석명 : 도는 가믈하고 가믈하니, 뭇 미묘한 것의 본원이네.

　　김형효 : 현묘하고 현묘하다. 그것은 온갖 묘리妙理가 출몰하는 문이다.

《 노자·3장 》

어진 이를 승상하지 않으면 백성들을 다투지 않을 것이며[10]　　　不尙賢 使民不爭

얻기 어려운 재화를 귀하게 여기지 않으면　　　　　　　　　　不貴難得之貨

백성은 도둑질을 하지 않을 것이다.　　　　　　　　　　　　使民不爲盜

욕심낼 만한 것을 보여주지 않으면　　　　　　　　　　　　不見可欲

백성의 마음이 어지럽지 않을 것이다.　　　　　　　　　　　使民心不亂

이처럼 무위자연의 성인의 다스림은　　　　　　　　　　　是以聖人之治

마음을 비우게 하고(虛其心) 생리적 욕망을 채우게 하며(實其腹)　　虛其心[11] 實其腹[12]

---

10) 유가와 묵가 모두 尙賢을 주장했으나, 노장은 不尙賢을 주장했다. 여기서 우리는 士民과 三民(農工商)의 갈등과
　　民 계급의 분열을 감지할 수 있다.

11) 心(심)=七竅의 心官.

12) 腹(복)=生也(생리적 욕망).

의지를 약하게 하고 골격을 강하게 한다.	弱其志 强其骨
백성으로 하여금 항상 무지無知·무욕無慾하게 함으로써	常使民無知無欲
지식 있는 자들이 함부로 다스리지 못하도록 한다.	使夫知者不敢爲也
다스림이 무위無爲하면 다스려지지 않음이 없다.	爲無爲 則無不治.

《 노자 · 12장 》

오색은 사람의 눈(目)을 멀게 하고	五色令人目盲
오음은 사람의 귀(耳)를 먹게 하고	五音令人耳聾
오미는 입(口)을 마비시키고	五味 令人口爽
말 타기 사냥은 인심人心을 발광케 하고	馳騁[13]田獵 令人心發狂
귀한 재화는 사람의 행동을 훼방한다.	難得之貨 令人行妨
이로써 무위자연의 성인은	是以聖人
배를 채우는 것을 위할 뿐 눈요기를 위하지 않는다.	爲腹不爲目
그러므로 저것(感官과 心官)을 버리고 이것(생명과 본능)을 취한다.	故去彼取此.

《 노자 · 37장 》

도道는 항상 무위無爲이나 위爲 아님이 없다.	道常無爲[14] 而無不爲
군왕이 무위의 도道를 지키면 만물이 저절로 교화될 것이다.	侯王若能守之 萬物將自化
인위로 교화하려는 욕심이 일어나면	化而欲作[15]
나는 무명無名(名分이 없는 무위자연)으로 진정할 것이다.	吳將鎭之 以無名之樸也
명분이 없는 자연은 역시 인위人爲에 대한 욕심이 없을 것이다.	無名之樸 夫亦將無欲

13) 馳騁(치빙)=말 달리기, 田獵也. 여기서는 인위적인 소통을 말함.
14) 無爲(무위)=초간본과 왕필본에 따름. 백서본은 '無名' 으로 됨.
15) 作(작)=起也, 爲也.

내가 허욕이 없어 고요하면   不欲以靜
천하도 저절로 안정될 것이다.   天下將自定.

《 노자 · 52장 · 상단 》
천하는 비롯됨이 있으니 이를 천하의 어미로 삼는다.   天下有始 以爲天下母
이미 어미를 안다면 다시 그 자식을 알 수 있다.   旣得其母 復知其子
이미 아들을 알고 또 그 어미를 지킨다면   旣知其子 復守其母
종신토록 잘못이 없을 것이다.   沒身不殆
구멍(耳目口鼻)을 막고 마음의 문(心竅)을 닫으면   塞其兌[16] 閉其門

　　왕필 : 욕망이 생기는 구멍을 막고 욕망이 들어오는 문을 닫으면[17]

　　김경탁 : 감각의 구멍을 닫고 그 문을 닫으면

　　장기근 : 정욕의 입을 막고, 그 문을 닫으면

　　노태준 : 이목구비를 통한 욕망을 막고, 정욕의 문을 닫으면

　　김용옥 : 얼굴의 감정의 구멍을 막고, 사타구니의 욕정의 문을 닫아라.

　　오강남 : 입을 다무십시오. 문을 꽉 닫으십시오.

　　임채우 : 그 입구를 막고 그 문을 닫으면

　　이석명 : 오관의 구멍을 막고, 오욕의 문을 닫으면

　　김형효 : 욕심의 모든 통로를 막고 문을 닫으면

종신토록 수고롭지 않을 것이다.   終身不勤[18]
일곱 구멍(七竅)을 열고 만사를 헤아리면   開其兌 濟[19]其事

　　김경탁 : 감각의 구멍을 열고 그 일을 하면

---

16) 兌(태)=穴也(耳目口鼻 肛門 尿道 心竅).
17) 兌 事欲之所由生. 門 事欲之所由從也.
18) 勤(근)=勞也, 苦也.
19) 濟(제)=度也.

노태준 : 구멍을 열고 욕망을 충족시키는 일을 계속하면

김용옥 : 구멍을 열고 일로만 바삐 건너다니면

오강남 : 입을 여십시오. 일을 벌여놓으십시오.

이석명 : 오관의 구멍을 열어놓고 일을 하려 하면,

김형효 : 욕심의 모든 통로를 열어놓고 일을 더 꾸미려고

종신토록 다스리지 못할 것이다. 終身不救.[20]

《 노자 · 56장 》

지자_{知者}는 말하지 않고, 말하는 자는 지자가 아니다. 知者不言 言者不知

구멍(耳目口鼻)을 막고, 마음의 문(心竅)을 닫으면 塞其兌 閉其門

　김경탁 : 참된 지자는 감각의 기관을 막고, 욕망의 문을 닫아놓는다.

　장기근 : 정욕의 입을 막고 욕심의 문을 닫고

　노태준 : 욕망의 구멍을 막고, 정욕의 문을 닫고

　김용옥 : 그 감정의 구멍을 막고, 그 욕정의 문을 닫으며

　오강남 : 입을 꼭 다물고 문을 꽉 닫습니다.

　이석명 : 오관의 구멍을 막고, 욕망의 문을 닫으며

　김형효 : 마음이 외부로 향하는 통로를 막고 그 문을 닫으면

그 예리함이 꺾이고 엉킨 실(紛亂)이 풀리며 挫其銳 解其紛

　김경탁 : 예리한 것을 좌절시키고, 복잡한 것을 풀어놓는다.

　장기근 : 날카로움을 무디게 하고, 마음의 엉킴을 풀어헤치고

　노태준 : 기를 쓰고 달려드는 태도를 누르고, 그런 태도에 의한 여러 가지
　　　　　 얽힘을 풀고

　김용옥 : 그 날카로움을 무디게 하고 그 엉킴을 풀며

---

20) 救(구)=止也, 治也.

오강남 : 날카로운 것을 무디게 하고 얽힌 것을 풀어주고

이석명 : 날카로움을 무디게 하고 갈등을 풀어버리네.

김형효 : 예리함을 꺾고 분쟁의 혼란스러움을 풀게 된다.

그 광명에 화합하고 그 티끌에 함께 한다.[21]　　　　　　和其光 同其塵

김경탁 : 광채 나는 것을 흐리게 하여 티끌 속에 묻어놓는다.

장기근 : 자신의 눈부신 빛을 부드럽게 줄이고, 진세의 사람들과 어울린다.

노태준 : 자기의 영지英知의 빛을 부드럽게 하여, 그 빛을 더럽히는 자에 동
　　　　화한다.

김용옥 : 그 빛이 튀지 않게 하며, 그 티끌이 고르게 되도록 한다.

오강남 : 빛을 부드럽게 하고 티끌과 하나가 됩니다.

이석명 : 드러나는 빛을 감추고 세상과 하나가 되며,

김형효 : 이것을 일컬어 빛과 화합하고 먼지와 동거한다고 말한다.

이것을 일러 (분별이 없는) 현묘한 대동大同의 도道라 한다.　　　是謂玄同.[22]

김경탁 : 이런 것을 다 불가사의한 동등이라 한다.

장기근 : 이것을 은미한 도를 따라 만물과 혼연일체가 된다고 한다.

노태준 : 이것을 도道와의 현묘한 합일이라고 한다.

김용옥 : 이것을 일컬어 가믈한 고름이라고 한다.

오강남 : 이것이 '신비한 하나 됨'입니다.

이석명 : 이러한 경지를 '현묘한 하나 됨'이라 하네.

김형효 : 이런 것이 불가사의한 동거로서의 현동玄同이다.

그러므로 도인道人은 가까이할 수도　　　　　　　　　　故不可得而親

---

21) 『노자』 58장의 "빛나지만 발휘하지 않는다(光而不輝)", 25장의 "광명을 알고 암흑을 지키면, 천하의 天文을 이룬
　　다(知其白 守其黑 爲天下式)" 참고.

22) 玄同(현동)=분별이 없는 混沌의 道를 칭함. 왕필본은 '元同'으로 됨.

멀리할 수도 없으며

이롭게 할 수도 해롭게 할 수도 없으며

귀하게 할 수도 천하게 할 수도 없다.

그러므로 천하에 귀하다고 한다.

亦不可得而疎[23]

不可得而利 不可得而害

不可得而貴 不可得而賤

故謂天下貴.

---

23) 이 부분은 앞 부분과 어울리지 않는다. 다른 글귀에서 떨어져 나온 듯하다.

생명 욕구와 허욕

공자·묵자·맹자·송견·노자·장자 등 모든 사상가들은 욕망으로부터의 해방을 강조했다. 이는 유가의 혈연 공동체든 노장의 지역 공동체든 욕망의 절제가 공동체 존립을 위한 필요조건이었기 때문이다. 특히 농경사회에서는 농업 생산이 토지에 제약되기 때문에 인구가 늘어도 수요가 많아지는 만큼 생산을 더 늘릴 수 없다. 그러므로 재화의 절검은 사회 존립의 절대적 조건이었다.

그렇지만 '욕欲'이라는 글자가 지시하는 의미는 사상가마다 똑같은 것이 아니다. 예컨대 『노자』 3장의 "무욕無欲"은 문맥으로 보아 욕망 전체를 부정하는 것이 아니다. 자연은 자화自化(저절로 변화하고 조화함)하는 것이므로 인위로 변화시키려는 욕망을 갖지 말라는 뜻이다. '화化'는 인人이 자연을 비匕(變也)한다는 뜻이다. 그러므로 '화化'는 '문화文化'를 의미한다. 들에 피어 있는 꽃은 자연이고, 사람이 이것을 꺾어 꽃병에 꽂는 변화를 주면 문화文化다. 노자는 자연自然으로 돌아가라는 반문명反文明주의이므로 '자화自化'하는 자연을 인위적으로 '인화人化'하려는 것을 '욕欲'으로 규정하고 이를 반대했다. 그러므로 노자가 말한 '무욕無欲'은 자연의 생명 욕구를 부정하는 것이 아니라 문명으로 생기는 헛된 욕망을 부정한 것이다. 즉 생명욕구를 제약하는 허욕을 거부한 것이다.

『노자』 1장 하단의 글을 이해하는 열쇠는 "관기묘觀其妙"의 '묘妙'라는 글자에 있다. 도올뿐 아니라 대부분의 학자

들이 '묘妙'란 글자의 뜻을 모르고 '오묘하다'란 형용사로
해석하는 오류를 범하고 있다. 원래 '묘妙'는 '묘眇'와 통
용되며 '성成'이란 동사다. 그러므로 '묘妙'는 '묘용妙用'
즉 '여성의 생식 작용'이란 뜻으로 읽어야 한다. 『주역』과
성리학에서 말하는 '신묘만물神妙萬物'은 신이 만물을 오
묘하게 한다는 것이 아니다. 신이 만물을 생성한다는 뜻이
다. '도道'를 '현묘玄妙'로 표현하는 것은 '혼돈의 오묘한
생명·생성 작용'이라는 뜻이다. '현玄'은 원래 검푸르다는
뜻으로 '혼돈'과 같은 뜻이며, 천의天意를 표현하는 뜻으로
쓰인다. 『천자문千字文』의 "천지현황天地玄黃"도 마찬가지
다. 그런데 도교 학자인 갈홍이 '도道의 본체'를 '현玄'이
라 한 이후부터 천天=현玄의 뜻이 바뀌어 도道=현玄의 뜻
으로 사용되고 있다. 그리고 '무욕'은 자연의 생성 작용을
방해하는 인위를 가하려는 허욕을 없애라는 뜻으로 읽어
야 한다.

주역周易/설괘說卦/6장

신神이란   神也者
만물을 생성生成하는 것(妙)을 말한다.   妙24)萬物而爲言者也.

주돈이

성리대전性理大全/권2/통서通書 1/동정動靜

동動하면 정靜이 없고, 정하면 동이 없는 것이 물物이요,   動而無靜 靜而無動 物也.

---

24) 妙(묘)=成也.

동해도 동이 없고, 정해도 정이 없는 것이 신神이다.　　　　動而無動 靜而無靜 神也.

그러므로 물은 동정動靜이 불통不通하지만　　　　　　　　　物則不通

신은 만물을 생성한다(妙).　　　　　　　　　　　　　　神妙萬物.

　대체로 유가들은 욕망의 절제節制를 요구했고 묵가들은
과시 소비의 억제를 요구했다. 이것은 모두 공민公民으로
서의 도덕적 조건이었다. 이에 비해 노장은 생명 욕구가 아
닌 명예名譽·출세出世·부富 등 헛된 욕망을 반자연反自然으
로 규정하고 부정했다. 이는 공민으로서의 도덕적 요구가
아니라 실존적 인간의 해방을 위한 담론이다.

　그러나 자연적인 생명 욕구와 인위적인 이욕利欲은 실제
로는 구분할 수 있는 경계가 확실한 것이 아니다. 이로운
것과 편리한 것은 생명 유지를 위해서도 필요한 것이며 그
것은 원시 시대보다 문명 시대에는 더 확장되기 때문이다.
공자가 극기克己를 말한 이래 2천 년 동안 유가들의 논쟁은
'욕망'에 대한 것이 전부였다고 말할 수 있다. 그리고 그
방향은 이욕의 해방으로 진전되어 왔다.

이욕의 해방

　순자는 유가인데도 공자의 극기克己와 맹자의 과욕寡欲
을 반대하고 욕망을 긍정한 사상가였다. 그는 이익을 좇는
마음을 악惡이 아니라 인간 본연의 마음으로 인정했다. 다

만 의義가 이利보다 우선임을 강조했다. 즉 그는 욕망을 억제하는 것이 아니라 적극적으로 의롭게 인도하는 것이 곧 정치라고 생각했다. 만약 욕망을 적게 하면 사람들이 상벌에 무관심할 것이고, 상벌이 없으면 나라를 통치할 수 없다는 것이다. 상은 욕망을 채워주는 것이요, 벌은 욕망을 채우지 못하도록 하는 제약이기 때문이다. 즉 그는 나라를 다스리는 것은 인간의 욕망을 이용하여 상벌로 권면하고 금지하는 것인데, 인간의 욕망이 적어지면 영예로 권면하고 치욕으로 금지할 수 없으므로 국가의 존립 근거가 없어지며 백성은 가난해질 것이라고 생각했던 것이다.

순자荀子/대략大略

의義와 이利는 사람이 둘 다 가지고 있는 심성이다.	義與利者 人之所兩有也.
비록 요순이라도	雖堯舜
백성의 이로움을 좇는 마음을 없앨 수 없으며	不能去 民之欲利.
다만 이욕利欲이	然而能使其欲利
의로움을 좋아하는 마음을 이기지 못하게 할 수는 있다.	不克其好義也.
비록 걸주라도	雖桀紂
백성의 의로움을 좋아하는 마음을 없앨 수 없으며	不能去 民之好義也.
다만 의협심이	然而能使其好義
이익에의 욕구를 이기지 못하게 할 수는 있다.	不勝其欲利也.
그러므로 의義가 이利를 이기게 하면 세상은 다스려지고	故義勝利者爲治世
이利가 의를 이기게 하면 세상은 어지럽다.	利克義者爲亂世.

순자荀子/정명正名

무릇 치국治國을 말하면서 욕망의 제거를 기대하는 것은
욕망을 인도할 방법을 모르고
욕망이 있다는 것만을 고민하는 사람이다.
또한 치국을 말하면서 욕망이 적게 되는 것을 기대하는 것은
욕망을 절제할 방법을 모르고
욕망이 많은 것을 고민하는 사람이다.
그러므로 치란은 마음이 옳다고 생각하는 것에 달려 있을 뿐
욕망의 많고 적음에 달려 있는 것이 아니다.

凡語治而待去欲者
無以道欲
而困於有欲者也.
凡語治而待寡欲者
無以節欲
而困於多欲者也.
故治亂在於心之所可
亡於情之所欲.

그러나 순자는 유가의 이단으로 지목됐고 욕망의 부정은 유가의 교리로 더욱 굳어졌다. 그러나 유가의 이러한 절약의 교리는 민중의 욕망을 규제하여 지배자의 욕망을 채워주는 착취 구조를 정당화는 이념으로 이용됐을 뿐이다. 급기야 순자로부터 1,400여 년이 지나서야 북송北宋의 왕안석 등 신법파新法派의 스승인 이구李覯(1009~1059)가 유가들의 경리輕利사상을 비판하는 단초를 열었다. 그는 "사람은 이利가 아니면 살아갈 수 없고, 욕망은 사람의 자연스런 마음"이라고 주장했다.

이구

우강집旴江集/권2/원문原文

이利를 도모해도 되는가?

利可言[25]乎.

―――――――――
25) 言(언)=謀也.

사람은 이利가 아니면 살아갈 수 없으니

어찌 도모하면 안 된다 하겠는가?

욕欲은 도모해도 되는가?

욕欲이란 사람의 정情이니

어찌 도모함을 불가하다 하겠는가?

다만 도모한다 해도 예禮로써 하지 않으면

탐욕이요 방탕이니 죄악罪惡이다.

曰 人非利不生

曷爲不可言.

欲可言乎

曰 欲者人之情

曷不可言.

言而不以禮

是貪與淫 罪矣.

우강집盱江集/권2/예론禮論

대저 예의 비롯됨은 사람의 성품인 욕망欲望을 따르되

그것을 다스려 절도 있게 꾸미는 것이다.

夫禮之初 順人之性欲

而爲之節文者也.

　그러나 왕안석은 실패했고, 남송南宋의 성리학은 유가의
전통인 극기와 과욕을 '멸인욕滅人欲 존천리存天理'로 더욱
강화했다. 이에 당시 진량陳亮(1143~1194)은 주희의 경리輕
利사상을 반대하고 '왕패병용王覇並用'과 '의리쌍행義利双
行'의 공리功利주의를 주장하며 주희와 격렬한 논쟁을 벌
였으며, 섭적葉適(1150~1223)은 '숭의양리崇義養利' 즉 '의
義를 숭상하여 이利를 기르고, 예禮를 높여 각자의 능력을
발휘'토록 할 것을 주장했다. 급기야 청대에 이르면 유가
들은 이욕을 죄악시한 것은 도가道家와 불가佛家의 말일 뿐
공맹의 말이 아니라고 비난하고 이욕의 해방을 공언하기
에 이른다(졸저 성리학개론 권상 제3부 1장의 '진량의 공리주
의' 참조). 예컨대 대진戴震(1723~1777)은 유가의 도는 원래
무사無私일 뿐 무욕無欲이 아닌데, 성리학에서는 노장·석

가의 무욕을 유가에 끌어들였다고 비판했다. 그러나 이것
은 유가의 변호일 뿐, 노장의 무욕도 생명 욕구를 부인한
것은 아니다.

대진

대진집戴震集/부재附載/답팽진사윤초서答彭進士允初書

송대 이전에는 공맹은 스스로 공맹이요,	宋以前 孔孟自孔孟
노장·석가는 스스로 노장·석가였다.	老釋自老釋.
노장·석가를 말하는 자들은	談老釋者
그들의 말을 높이고 신묘하다 했을 뿐	高妙其言
공맹에 붙이지는 않았다.	不依附孔孟.
송대 이래 공맹의 저서는	宋以來 孔孟之書
그 본뜻을 모두 잃어버렸으니	盡失其解.
유가가 노장·석가의 말을 마구 끌어다가	儒者雜襲老釋之言
해석했기 때문이다.	以解之.
…원래 성현의 도는	…是故聖賢之道
무사無私일 뿐 무욕無欲이 아니다.	無私而非無欲.
노장·석가의 말은 무욕일 뿐이며 무사가 아니다.	老莊釋氏 無欲而非無私.
저들은 무욕을 주장함으로써	彼以無欲
자기의 사사로움(成佛極樂)을 성취하려는 것이다.	成其自私者也.

원선原善/상

사람과 만물은 다 같이 욕망이 있다.	人與物同有欲.
그러므로 욕망은 성性의 사업이다.	欲也者 性之事也.
사람과 만물은 다 같이 지각이 있다.	人與物同有覺.

그러므로 지각은 성性의 능력이다.　　　　　　　　覺也者 性之能也.

대진집戴震集/맹자자의소증孟子字義疏證/하/재才

무릇 사물(事)과 행위(爲)에는 모두 욕망(欲)이 있다.　　凡事爲皆有於欲.

욕欲이 없으면 위爲가 없다.　　　　　　　　　　　無欲則無爲矣.

욕이 있어야 위爲가 있고　　　　　　　　　　　有欲而後有爲

그 위가 지당함에 귀착됨을　　　　　　　　　　有爲而歸於至當

바꿀 수 없는 이理라고 말한다.　　　　　　　　不可易之謂理.

욕이 없으면 위가 없는데 어찌 또 이理가 있겠는가?　無欲無爲又焉有理.

도덕의 성대함은 사람들로 하여금　　　　　　　道德之盛

욕망을 이루지 못함이 없도록 하고　　　　　　使人之欲無不遂

감정을 통달하지 못함이 없도록 하는 것뿐이다.　人之情無不達 斯已矣.

대진집戴震集/맹자자의소증孟子字義疏證/상/이理

욕망은 생명을 이루는 것이다.　　　　　　　　欲遂其生

또한 사람의 생명을 이루게 하는 것이 인仁이다.　亦遂人之生 仁也.

일곱 번째 구멍

마음 구멍

그런데 『노자』 52장과 56장에서 막아야 한다고 말한 '구명'이란 무엇을 말하는 것인가? 중국 속담에 사람에게는 일곱 개의 구멍(七竅)이 있는데 그것은 이耳·목目·구口·비鼻·항문肛門·요도尿道와 심규心竅(마음 구멍)를 합해 일곱 개라고 한다. 은나라 폭군 주왕紂王이 성인에게는 가슴에 '마음 구멍'이 있다는데 과연 시험해 보자며 충신 비간比干의 가슴을 쪼갠 흉포한 사건은 오늘날까지도 인류에 회자되고 있다.

그런데 『관자管子』에서는 구규九竅(아홉 구멍)를 말하고, 『장자』에서는 아홉 구멍과 여덟 구멍을 말하고 있다. 아홉 구멍과 여덟 구멍은 육체의 구멍을 말하는 것 같다(耳 2·目 2·口 1·鼻 2·肛門 1·尿道 1). 단 새들은 항문과 요도가 하나로 합쳐져 있으므로 여덟 구멍이다. 그런데 『장자』에서는 일곱 구멍도 말한다. 이는 두 개가 한 짝인 눈, 코, 귀를 각 하나의 구멍으로 보고 마음 구멍(心竅)을 포함시킨 것 같다. 한편 『열자』에서도 마음 구멍을 일곱 개의 구멍(七竅) 중 하나로 표현하고 있다.

아홉 구멍

관자管子/권16/내업內業

정기는 스스로 생성되어 존재하니 그 밖이 안녕하며
안으로 저장하여 원천으로 삼으면 호수처럼 화평하고
기를 연못으로 삼으면 연못이 마르지 않고
사지가 굳건하며 샘이 마르지 않는다.

精[26]存自生 其外安榮.
內藏以爲泉原 浩然和平.
以爲氣淵 淵之不涸
四體乃固 泉之不竭.

---

26) 精(정)=氣之精者也.

구규九竅(아홉 구멍)가 통하게 되어   九竅遂通

능히 천지를 몸으로 삼고 사해를 입으리니   乃能窮[27]天地 被四海.

속으로 의혹된 마음이 없고   中無惑意

밖으로 사특함과 재앙이 없으리라.   外無邪菑.

속으로 마음이 온전하고 밖으로 몸이 온전하면   心全於中 形全於外

하늘의 재앙을 만나지 않고 남의 해침을 받지 않을 것이니   不逢天菑 不遇人害

그를 일러 성인이라 하는 것이다.   謂之聖人.

장자莊子/내편內篇/제물론齊物論

사람은 백 개 골절과, 아홉 구멍과   百骸[28] 九竅.

육장이 갖추어져야 존립할 수 있으니   六藏[29] 骸而存焉.

우리는 어느 것만 좋아할 수 있을까?   吾誰與爲親.

아홉 구멍과 여덟 구멍

장자莊子/외편外篇/지북유知北遊

그러므로 아홉 구멍이 있는 사람과 짐승은 태생胎生이고   故九竅者胎生

여덟 구멍만 있는 새와 물고기는 난생卵生이다.   八竅者卵生.

일곱 구멍

열자列子/중니仲尼

용숙龍叔이 문지文摯에게 말했다.   龍叔謂文摯曰

---

27) 窮(궁)=究也. 假作躬.
28) 骸(해)=脛骨.
29) 六藏(육장)=心肝脾肺腎 五臟와 右命門.

"선생님의 재주는 미묘합니다.

제게는 병이 있는데 선생께서는 고쳐주실 수 있을 것입니다.

저는 마을에서 칭찬하지만 영예롭게 여기지 못하고

나라에서 헐뜯지만 욕되게 여기지 않습니다.

얻어도 기쁘지 않고 잃어도 걱정되지 않습니다.

삶도 죽음같이 보이고 부유함도 가난하게 보입니다.

사람이 돼지처럼 보이고 내가 남처럼 보입니다.

집에 있어도 여관처럼 느끼고

우리 마을이 오랑캐 나라로 보입니다.

이처럼 병이 많아서 벼슬과 상으로도 권면할 수 없고

법과 형벌로도 위압할 수 없으며

성쇠盛衰와 이해利害로도 바꿀 수 없고

애락哀樂으로도 교화되지 않습니다.

저는 그래서 임금을 섬기거나 친구를 사귀지 못하고

처자를 거느리거나 하인을 다스릴 수도 없습니다.

이것은 무슨 병일까요?

무슨 수를 써야 고칠 수 있을까요?"

문지는 용숙에게 햇볕을 등지게 하고

그의 가슴을 들여다보았다. 그리고 대답했다.

"오! 저는 선생의 가슴을 보았습니다.

그런데 넓이 한 치만큼이 비어 있습니다.

이는 거의 성인에 가까운 증상입니다.

여섯 구멍은 유통되고 있는데

한 구멍이 트이지 않고 있습니다.

지금 선생께서 성인과 같은 지혜를 병이라고 여기는 까닭은

子之術微矣.

吾有疾 子能已乎.

吾鄕禮不以爲榮.

國毁不以爲辱.

得而不喜 失而弗憂.

視生如死 視富如貧.

視人如豕 視吾如人.

處吾之家 如逆旅之舍.

觀吾之鄕 如戎蠻之國.

凡此衆疾 爵賞不能勸

刑罰不能威.

盛衰利害不能易

哀樂不能移.

固不可事國君 交親友

御妻子 制僕隷.

此奚疾哉.

奚方能已之乎.

文摯自後向明

而望之 旣而曰

嘻 吾見子之心矣.

方寸之地虛矣.

幾聖人也.

子心六孔流通

一孔不達.

今以聖智爲疾者

이 때문일 것입니다.

저와 같은 재주로는 고칠 수 있는 병이 아닙니다."

或由此乎.

非吾淺術所能已也.

묵자와 노장의 마음 구멍

일찍이 묵자는 마음 구멍(心竅)이 없으면 인식이 잘못되므로 열려 있어야 한다고 강조했다. 다만 그는 성선설이나 성악설이 아니라 마음은 백지와 같다는 인성학습설을 주장했으므로 마음 구멍을 연다는 것은 선험론을 말한 것이 아니라 경험론을 말한 것이다.

그러므로 성선설에서 "마음 구멍이 막힌다(塞其兌)"는 말은 선험적인 인식 기능이 막혔다는 뜻이고, 인성학습설에서 "마음에 구멍이 없다(心無空)"는 말은 소통의 경험이 없다는 말이 된다. 이처럼 유가와 묵가는 서로 다르지만 '마음 구멍을 열어야 한다'는 점에서는 서로 다르지 않다.

그러나 노장은 반대로 "마음 구멍을 막아야 소통이 된다"고 말했다. 이처럼 반대로 말한 것은 무슨 뜻인가? 이는 선험론이나 경험론을 비판한 것이 분명하다.

이처럼 유가·묵가·노장이 다르지만 한 가지 공통되는 점이 있다. 이들이 말한 구멍은 모두 감각의 구멍뿐만 아니라 마음의 구멍까지 포함한다는 점이다.

묵자墨子/소취小取

도둑은 사람이다.

盜人也.

도둑이 많은 것은 사람이 많은 게 아니다.	多盜 非多人也.
도둑이 없기를 바라는 것은 사람이 없기를 바라는 게 아니다.	欲無盜 非欲無人也.
이에 대해서는 세상이 모두 옳다고 한다.	世相與共是之.
만약 그렇다면 도둑을 사랑한 것은 사람을 사랑한 게 아니며	若若是則 愛盜 非愛人也.
도둑을 죽인 것은	殺盜
사람을 죽인 게 아니라고도 할 수 있을 것이다.	非殺人也 無難矣.
전자와 후자의 논리가 같으므로	此與彼同類
세상은 후자의 말에 대해 비난하지 않으며	世有彼而不自非也.
묵자는 전자의 견해를 가지고 있으므로	墨子有此
도리어 대중은 그를 비난했다.	而衆非之.
이것은 다른 데 원인이 있는 것이 아니고	無他故焉
안으로 굳어 있고 밖으로 막혀 있고	所謂內膠而外閉.
더불어 마음 구멍(心竅)이 비어 있지 않기 때문이다.	與心·毋空乎
이처럼 안으로 막혀 있으면 이해하지 못하는 것이다.	內膠而不解也.

일곱 구멍

장자莊子/내편內篇/응제왕應帝王

남해의 황제皇帝 숙儵과	南海之帝爲儵[30]
북해의 황제 홀忽이	北海之帝爲忽[31]
중앙의 황제 혼돈渾沌[32]과	中央之帝爲渾沌.
어느 날 중앙에서 만났다.	時相與遇於渾沌之地.

---

30) 儵(숙)=有象(刑而下).
31) 忽(홀)=無象(形而上).
32) 中央의 皇帝 混沌은 태극과 도를 상징한다. 즉 中央=皇帝=混沌=太極=道인 것이다.

혼돈은 그들을 극진히 대접했다.

숙과 홀은 혼돈의 은혜를 보답하고자 상의한 끝에

그에게 구멍을 뚫어주기로 했다.

사람은 모두 일곱 개의 구멍이 있어

보고 듣고 먹고 숨을 쉬는데

혼돈은 유독 구멍이 없었기 때문이다.

그들은 하루에 하나씩 구멍을 뚫어갔다.

그러나 이레째 되던 날 혼돈은 그만 죽고 말았다.

渾沌待之甚善

儵與忽 謀報渾沌之德[33]

嘗試鑿之.

日 人皆有七竅

以視聽食息.

此獨無有

日鑿一竅

七日而渾沌死.

감관인가, 심관인가?

그런데 궁금한 것이 있다. 노자가 말한 구멍은 일곱 개인가 아홉 개인가? 그리고 무엇을 의미하는가? 노자가 말한 '구멍'과 장자가 말한 '일곱 구멍(七竅)'이 같은 것인가? 또한 중국의 속담대로 항문과 성기와 마음 구멍까지를 포함하는 것인가? 이는 분명하지 않다. 이를 알기 위해서는 이미 살펴본 노자의 불가지론과 직관주의에 대해 그 의미를 다시 정리해 보아야만 한다.

노자를 직관주의라고 하는 것은 감성이나 이성의 매개 없이 직접적 느낌으로 파악되는 자명한 무위자연의 생명을 도道라고 말하는 존재론을 전제로 하는 것이다. 이 점에서 지각의 매개 없이 감성에 의한 직접적 파악을 말하는 일

---

33) 德(덕)=恩施也.

반적 의미의 '감성적感性的 직관주의'와 다르며, 또한 감성
적 직관도 논증적인 인식도 부정하고 이성에 의한 직접적
파악을 주장하는 플라톤이나 아리스토텔레스의 '지적知的
직관주의'와도 다른 것 같다.

오히려 추상적이거나 분석적인 이성적 사고를 거부하
고, 구체적이고 체험적인 직관이나 생명적인 본능을 중시
하는 20세기의 생철학자들의 직관주의에 근접한 것으로
이해할 수 있을 것이다.

유가들의 정태적인 도덕론을 거부한 노장은 동태적인
변화變化에 주목했다. 이것은 변화와 그 법칙성을 주목하
는 역易사상과 맥을 같이한다. 그리고 묵자와 장자는 우주
宇宙를 공간적인 '우宇'와 시간의 '주宙'의 결합으로 이해
했다. 그러므로 변화란 외감外感의 형식인 공간과 내감內感
의 형식인 시간의 결합이다. 칸트의 말을 빌리면, 그 변화
의 인식은 외감의 기관인 감관感官뿐 아니라 내감의 기관
인 심관心管의 역할이 동시에 요구된다는 뜻이다. 시간은
감각적 존재가 아니기에 외감으로는 인식할 수 없고 내적
의식 즉 마음으로만 인식될 수 있기 때문이다.

그러나 노장은 변화만을 말하고자 한 것이 아니라 변화
를 주목함으로써 그 변화의 시원인 도道를 강조하고자 한
다. 그러므로 그 도는 도의 인지 형식인 공간과 시간이라는
형식으로는 환원 규정할 수 없는 것이다. 따라서 도는 감관
과 심관만으로는 인식이 불가능하고 그것을 극복한 생명
과 삶의 자명하고 직접적인 체득을 통해서만 알 수 있다고
본 것 같다.

이로 볼 때 노자가 막아버려야 한다고 말한 구멍은 이목 구비 외에 항문과 성기와 심관도 포함되는 것으로 읽어야 할 것이다.

예시한 『노자』 3장은 공자와 묵자가 강조하는 상현尙賢 (현자를 숭상함)을 반대하고 무지無知와 허심虛心(마음을 비움)을 강조한 글이다. 19장에서는 "절성기지絶聖棄智(성왕과 지혜를 버림)"를 말하고, 20장에서는 "절학絶學(선왕의 학문을 단절함)"을 말한다. 욕망의 문은 감관이요, 지식·지혜·학문의 문은 심관이라면, 노자는 심관에 대해 부정적이었다고 볼 수 있을 것이다. 그러므로 『노자』 52장과 56장에서 말한 "구멍을 막으라(塞其兌)"는 글과 『장자』의 '일곱 구멍의 우화'는 『노자』 3장의 '허심'을 말하는 것으로 읽어야 할 것이다.

뚫음이 왜 막힘인가? 막음이 왜 소통인가?

'구멍을 막는다(塞兌)'는 말은 과연 무슨 뜻인가? 설마 감관과 심관을 모두 막아버려 그 기능을 죽여버려야 한다는 뜻인가? 그것은 아닐 것이다. 그러므로 나는 노자의 색태塞兌와 허심虛心을 같은 것으로 본다. 외적 작용에 의해 감관과 심관이 본래의 순수함을 잃고 물드는 것을 반대한다는 뜻이다.

구멍은 숨통이다. 구멍은 문이다. 그러므로 구멍은 통로다. 그런데 노자는 "구멍을 막으라"고 했고 장자는 우화에서 "구멍을 뚫으니 도道가 죽었다"고 말했다. 이것은 소통을 막으라는 말인가? 구멍과 문의 역할은 소통이다. 소통을 막으라는 말은 모순이 아닌가?

그러나 그렇지 않을 것이다. '구멍을 막으라' 는 말은 '소통하게 하라' 는 말이어야 한다.

잠시 여기서 우리는 생각을 전환시켜야 한다. 즉 형체의 뚫음과 소통을 별개로 생각해야 한다. 장자의 우화에서 '중앙의 형체에 구멍을 뚫었다' 는 것은 자연을 거스른 것이다. 중앙은 자연이며 도를 상징하므로 중앙은 이미 자연상태의 소통과 보이지 않는 뚫림이 있는 것이다. 그런데 그것을 모르고 억지로 형체에 구멍을 뚫었으니 도리어 소통을 막아버린 것이 아닌가? 다시 말하면 자연은 저절로 소통하는 것이며, 뚫음은 반자연이며 인위적 소통이므로 자연스런 소통을 죽이는 것이다.

예를 들어보자. 항문은 배설의 통로다. 그러나 늘 열려 있거나 꼭 닫혀 있어서는 안 된다. 배설이 필요할 때만 열렸다가 곧 다시 닫혀야 한다. 만약 억지로 뚫어놓으면 소통이 지나쳐 똥싸개가 될 것이다. 그러므로 뚫린 것은 도리어 소통이 될 수 없다. 반대로 꼭 막혀 있으면 변비로 죽을 수도 있을 것이다. 그러므로 막힌 것도 소통이 아니다.

인간의 감관·심관도 마찬가지다. 항상 열려 있어 헛된 욕심과 관념에 물들어 본성을 가리거나, 반대로 꼭 닫혀 있어 생명의 욕구와 인식이 억눌리고 질식하는 것은 모두 본성을 소통시킨 것이 아니다. 그러므로 구멍은 자연대로 열리고 닫혀야 소통이 가능한 것이다. 즉 자연대로 풀어놓고 인위를 가하지 말라는 뜻이다.

인간의 감관은 습관에 따라 물들어 왜곡된다. 어릴 때부터 단맛에 길들면 단맛만 좋아한다. 태어나서 젖을 먹은 아이와 우유를 먹고 자란 아이는 맛에 대한 감각이 다르다. 미각뿐 아니라 귀와 눈과 코도 마찬가지다. 이목구비뿐만 아니라 마음도 마찬가지다.

일본인들은 왜 한국인들이 좋아하는 마늘 냄새를 그토록 싫어할까? 서양인들은 왜 동양인들이 좋아하는 된장을 썩은 냄새라고 싫어할까? 이것은 입맛이 갓난아기 때부터 길들고 물든 때문인가? 아니면 선천적으로 유전자에 각인됐기 때문인가?

그런데 2,500년 전 묵자는 인간은 물론 국가도 물든다고 주장했다. 이는 인간성이 후천적인 학습에 의해 결정된다는 인성학습론을 주장한 것이다. 그래서 시성詩聖 이백李白(701~762)은 다음과 같이 노래했다.

이백의 〈고풍古風〉

(양자는) 훌쩍훌쩍 갈림길에서 울고   惻惻泣路岐
(묵자는) 물드는 흰 실을 슬퍼하는구나!   哀哀悲素絲
갈림길은 남북에 있고   路岐有南北
흰 실은 쉽게 변한다네!   素絲易變移.

묵자에 의하면 감관뿐 아니라 심관도 물든다. 사랑을 받고 자란 아이와 구박을 받고 자란 아이는 심성이 다르다. 심성은 교육과 환경에 따라서도 달라진다. 특히 특정 이념에 의식화된 사람은 다른 사상을 용납하려 하지 않는다.

  그렇다면 노자의 '구멍을 막는다'는 말과 장자의 '구멍을 뚫는다'는 우화는 무엇을 말하는 것인가? 만약 노장이 묵자의 인성학습설에 영향을 받았다면 그들의 말은 자연 대로의 인간 본성을 해치는 지배와 착취를 옹호하는 기존 문화와 가치에 의식화되는 것을 반대한 비유로 읽을 수 있을 것이다.

  『노자』 12장을 해설한 다음의 『장자』의 글은 본성을 잃는 다섯 가지로 이耳·목目·구口·비鼻·심心을 지목하고, 이것들이 어지러우면 생명을 해친다고 규정한다. 이로 본다면 장자가 말한 일곱 번째 구멍은 심관이며, 이 심관은 자연에서 잘 소통할 수 있으므로 무위無爲한 채 놓아두어야 하는데도, 남해의 황제 숙(有象)과 북해의 황제 홀(無形)이 억지로 중앙의 황제 혼돈(自然)에게 구멍을 뚫음으로써 자연적 소통을 어지럽게 하여 자연성이 죽어버렸다는 뜻으로 읽어야 할 것이다.

『노자』 12장 해설

장자莊子/외편外篇/천지天地

대체로 본성을 잃게 하는 다섯 가지가 있다.	且夫失性有五.
첫째는 오색이 눈을 어지럽혀 밝지 못하게 하는 것이요,	一曰 五色亂目 使目不明.
둘째는 오성이 귀를 어지럽혀 듣지 못하게 하는 것이요,	二曰 五聲亂耳 使耳不聰.
셋째는 오취가 코를 지져	三曰 五臭薰鼻
코가 막히고 이마를 때리는 것이요,	困惾[34]中顙.[35]
넷째는 오미가 입을 흐리게 하여	四曰 五味濁口

맛을 상하게 하는 것이요,
다섯째는 취사선택으로 마음(心)을 어지럽혀
본성을 일탈하게 하는 것이다.
이 다섯 가지는 모두 생명을 해치는 것이다.

使口厲³⁶⁾爽.³⁷⁾

五曰 趣舍滑³⁸⁾心

使性飛揚.³⁹⁾

此五者 皆生之害也.

욕망인가 마음인가?

어느 유명한 교수가 '일곱 구멍' 우화를 과공비례過恭非禮 즉 지나친 공손은 예의가 아니라는 통속적인 처세훈으로 번역하고 유치한 해석을 붙여 인기를 끈 사례가 있다. 그러나 그것은 가당치 않은 오역이다. 중대한 인식론적 담론이 이 우화 속에 들어 있음을 몰랐던 것이다. 그 교수뿐 아니라 도올을 비롯한 모든 번역자들이 일곱 번째 구멍을 '감각의 구멍'으로만 해석하고 있다.

물론 '마음 구멍을 막으라'는 나의 해석이 언뜻 이해가 가지 않을 줄 안다. 일반적으로 동양사상은 마음을 존재의 근원으로 삼고, '마음공부'를 가장 중시하는 것이 그 특징이기 때문이다. 그런데 노장은 이와 반대로 마음 구멍을 막

---

34) 嗺(수)=냄새 찌름, 塞也.

35) 顙(상)=이마.

36) 厲(려)=病也.

37) 爽(상)=傷也.

38) 滑(활)=潤澤也, 利也, 亂也.

39) 飛揚(비양)=使不從軌度也.

으로고 했다니 괴이한 일이 아닐 수 없을 것이다.

그러니 독자들은 내가 '색태塞兌'를 '무욕과 허심虛心'으로 해석한 것을 두고 견강부회하여 억지를 부리는 것이라고 비판할지도 모른다. 허기야 2,400년 전의 더구나 소박한 민중적 담론인 동양의 『노자』를 인식론으로 해석하는 것은 무리일지도 모른다. 만약 다른 학자들처럼 '일곱 구멍'을 이목구비의 감각 기능으로 해석한다면 이런 복잡한 해석도 필요 없을 것이며 오히려 '욕망을 경계하라'는 소박한 도덕론이 될 것이다. 그러나 그것은 동심童心과 무지無知를 말한 노장의 뜻에는 부족한 것이다.

우리들은 모두 "본심을 찾아야 한다"는 할아버지 말씀을 듣고 자랐다. 이는 성리학의 영향이다. 또한 불교도 온통 '마음공부'이며 그 나머지는 '무無'라는 화두뿐이다. 이제 기독교까지 나서서 마음 타령을 한다. 학교 선생님도 방송도 신문도 정치·경제·문화 할 것 없이 시정잡배에 이르기까지 "모든 것이 마음에 달렸다"고 떠들어댄다. 그러므로 "마음 구멍을 막으라"는 말이 이상하게 들리기 마련이다. 그러나 조금 깊이 생각하고 질문해 보아야 한다. 마음이 어디 있는가? 그 마음이 선한가, 악한가?

만약 마음이 악하다는 성악설이 옳다면 마음에 낀 티끌을 닦으면 닦을수록 악해지지 않겠는가? 그러나 모두들 유교 불교 기독교의 영향으로 성선설을 무비판적으로 받아들이고 있음에도 누구도 성악설이 틀렸다고 말하는 사람은 없다.

그러면 묻겠다. 성선설을 믿는가? 성악설이 틀렸다고 생각하는가? 인성학습론이 틀렸다고 장담할 수 있는가? 이 물음에 명쾌하게 대답할 수 없다면 지금까지의 마음공부에 대한 인식도 다시 되돌아보고 의심해 보아야 한다.

지금 학자들이 모두 노자의 '구멍'을 이목구비로 해석하는 것은 왕필을 따른 것이다. 그는 '태兌'를 '욕심이 생기는 곳'이라고 해석했다. 도올은 왕필을 따라 구멍을 '이耳 2, 목目 2, 구口 1, 비鼻 2'의 일곱 구멍으로 보았을 뿐, 마음 구멍은 포함시키지 않았다. 또 도올은 "고대 그리스인들이나 인도인들은 인간의 감관을 안眼(시각), 이耳(청각), 비鼻(후각), 설舌(미각), 신身(촉각)의 5개 감각기관을 말했지만 중국인들은 오관五官이라는 개념 대신 7개의 구멍이라는 내외 통로 개념의 형상적 인식만 있었다"고 말했다(『노자와 21세기』 권2).

그러나 그의 말과는 달리 중국인들은 어느 민족보다도 심관을 중시했으며, 또한 불교에서는 육식六識(육식)이라 하여 이목구비 외에 신身(피부 감각)과 의意(心官)를 주목했다. 만약 왕필과 도올처럼 해석한다면 이 우화는 감각이 열리면 도道가 죽어버린다는 뜻이 되므로 욕망을 거부하고 경험론을 반대한 것이 된다. 뒤집어 말하면 감각으로는 도를 인식할 수 없으나 마음으로는 도를 인식할 수 있다는 말이 된다. 그러나 이러한 해석은 노자를 자연주의·생명주의로 이해하는 것이 아니라 유심주의唯心主義적·관념적 도덕주의로 이해하는 것이다.

그러나 노자는 자연만이 존재와 가치의 원천이라고 믿어 그 이외의 실재를 불신한 자연주의자이자, 언어 구조나

이성적 논리에 의거하지 않고 직접적인 느낌으로 사물을 인식한 직관주의자로 보아야 한다. 물론 노장은 범신론적인 기초 위에 서 있으므로 무신론적 유물론자는 아니다. 하지만 그렇다고 자연 또는 물질보다 정신과 의식이 근원적이라고 믿은 관념론자는 결코 아니었다. 따라서 왕필과 도올의 해석은 노자를 관념론자인 공자의 아류로 왜곡한 것으로 보아야 한다. 그러므로 나는 그들의 해석을 취하지 않는다.

중앙을 죽음으로 내몬 일곱 번째 구멍은 '마음 구멍'으로 해석해야 한다는 것이 나의 견해다. 즉 마음 구멍이 뚫려 관념에 물들면 무위자연의 도가 죽는다는 뜻이다. 더 구체적으로 말하면 귀가 뚫려 고운 소리를 듣고 싶고, 눈이 뚫려 아름다운 빛깔을 보고 싶고, 입이 뚫려 맛있는 음식을 먹고 싶고, 코가 뚫려 향기로운 냄새를 맡고 싶은 것은 자연스런 것이므로 참을 만하다. 하지만 마음 구멍이 뚫리면 헛된 욕망들이 들어차서 전쟁과 약탈에 공을 세워 부귀공명을 차지하려는 마음이 생기니 자연의 질서가 파괴되고 만다는 뜻이다.

이처럼 노장의 구멍을 욕망의 구멍뿐 아니라 마음 구멍까지 포함한 것으로 해석한다면 '노장은 유가와는 반대로 인간의 욕망을 긍정했는가?' 라는 질문이 제기될 수 있다. 당연하고도 좋은 질문이다. 결론부터 미리 말하면 노장은 불로장수와 부귀 등 인위적이고 반자연적인 마음의 욕망은 거부했지만 자연적인 육체적 생명 욕구는 긍정했다.

공자의 테제인 '극기복례克己復禮'에서 '극기'는 안으로 자기 욕망을 극복하는 것이고, '복례'는 밖으로 주나라의 예禮를 부흥시켜 규범으로 삼아 자기를 규제해야 한다는 것이다. 이것이 조선 선비들의 유일 최고의 도덕적 강령이었다. 그러므로 노자를 공자의 아류로 해석한 중국과 조선의 지식인들은 모두가 노자도 욕망을 부정한 것으로 왜곡하여 해석했다. 물론 노장도 무욕無欲을 말했지만 그것은 전쟁과 약탈을 일삼는 문명에 동조하여 공을 세움으로써 부귀를 얻어 신분 상승을 꾀하려는 공맹류의 인위적인 욕망을 부정한 것이지 자연적인 생명 욕구를 억제하라는 말은 결코 아니다. 『노자』 3장의 "허기심虛其心 실기복實其腹"이 그것을 말하고 있는 것이다.

그래서 청대淸代에는 공자의 '극기'가 최대의 쟁점이었으며 거의 모든 학자들이 공자의 '극기'를 폐기하거나 수정했음을 알아야 한다. 그런데도 우리나라 학자들은 지금까지도 공자의 '극기=무욕無欲'을 고수하고 옹호하고 있는 실정이다.

다시 말하면 공자는 욕망을 부정했으나 노장은 반대로 자연적인 욕망을 적극적으로 긍정했다. 공자와 노자가 다같이 '무욕無欲'을 말했지만 도덕주의자인 공자의 무욕과 자연주의자인 노자의 무욕은 다르다. 노자의 무욕은 공자의 극기처럼 자연적인 생리적 욕심을 없애라는 것이 아니다. 노자는 인간의 자연적인 욕망은 긍정한 반면 착취욕·명예욕·지배욕 등 인위적인 욕망은 부정한 것이다.

다시 말하면 노자의 '무욕'은 노자의 삼덕三德인 자애慈愛(묵자의 겸애, 공자의 인의에 대비됨)·검박儉朴(묵자의 절용과 대비됨)·불위선不爲先(천하에 앞장서지 않음) 중에서 '검박'과 '불위선'에 해당한다. 그러므로 노자의 무욕은 '무위無爲'를 말하는 것이다. 무위는 밖이고 무욕은 안이다.

노장은 '성인聖人＝지인至人＝진인眞人＝자연인自然人'을 동심童心으로 표현했다. 동심은 무위·무욕을 표상한다. 그러나 동심은 명예욕과 지배욕 등 인위적인 욕망이 없을 뿐, 본성本性인 생명 욕구가 제약 없이 발휘되는 것을 말한다. 그러므로 왕필과 도올처럼 욕망으로부터의 해방을 말하는 노자의 무위·무욕을 공자의 극기론과 같은 것으로 해석하는 것은 왜곡이다.

장자莊子/내편內篇/제물론齊物論

기쁨, 분노, 슬픔, 즐거움, 걱정과 한탄, 변덕과 공포,	喜怒哀樂 慮嘆變慹[40]
아첨과 방종, 정욕과 교태 등등	姚[41]佚[42] 啓[43]態[44]
음악이 빈 대나무에서 나오고 습기가 버섯을 자라게 하듯	樂出虛 蒸成菌
날마다 교대로 앞에 나타나지만	日也相代乎前
그 싹을 알지 못한다.	而莫知其所萌.
그만두자! 그만두자! 하면서	已乎已乎
아침저녁으로 이것을 얻어야만 살아갈 수 있지 않은가?	旦暮得此 其所由以生乎.

김동성 : 낮과 밤으로 교체하나 우리는 그런 것이 어디서 생기는지 모

---

40) 慹(집)=怖也.
41) 姚(요)=妖美也, 輕也.
42) 佚(일)=安逸也.
43) 啓(계)=情欲開張.
44) 態(태)=嬌淫妖怡.

른다.

이석호 : 아침저녁으로 이를 경험하니 그것이 발생한 곳이 있으리라.

김학주 : 아침저녁으로 이것들이 나타남은 그 근원이 있어 생기는 것이
아닌가?

김달진 : 하지만 아침저녁으로 이를 보게 됨은 그 말미암아 생긴 바가
있을 것이다.

안동림 : 아침저녁으로 이런 감정의 변화가 생기는 것은 본래 그 원인이
있기 때문일까?

이러한 생명 욕구가 아니면 나는 없다.   非彼無我

김동성 : 그러나 나는 이런 감정에 끌릴 수 없다.

이석호 : 만약 그런 감정들이 없다면 나라는 자신도 없고

김학주 : 그것들이 아니면 나도 존재할 수 없고

김달진 : 그것이 아니면 내가 없고

안동림 : 감정이 없으면 내가 있을 수 없고

내가 아니면 생명 욕구도 나올 곳이 없을 것이다.   非我無所取也.

김동성 : 그러면서도 감동될 사람은 나밖에 없다.

이석호 : 나라는 자신이 없으면 그들을 받아들일 수가 없다.

김학주 : 내가 아니면 그것들도 의지할 곳이 없게 될 것이다.

김달진 : 내가 아니면 그것을 받을 리가 없는 것이다.

안동림 : 내가 없으면 감정이 나타날 데가 없다.

『노자』 37장 해석

회남자 淮南子/도응훈 道應訓

무왕이 태공에게 물었다.   武王問太公曰

"과인이 은나라 주왕의 천하를 토벌한 것은   寡人伐紂天下

신하가 주군을 살해한 것이며   是臣殺其主

아랫사람이 윗사람을 공벌한 것이니   而下伐其上也.

후세에 군사를 함부로 일으키고   吾恐 後世之用兵不休

투쟁이 그치지 않을까 걱정이오.   鬪爭不已

어찌하면 좋겠소?"   爲之奈何.

태공이 말했다. "좋은 질문이십니다.   太公曰 甚善 王之問也.

무릇 사냥할 때는   夫未得獸者

상처가 너무 작을까 걱정하지만   唯恐其創之小也.

사냥감을 잡고 난 후에는   已得之

고기가 너무 상하지 않았을까 걱정합니다.   唯恐傷肉之多也.

왕께서 오래도록 지탱하려면   王若欲久持之

백성의 (마음의) 구멍(兌)을 막고   則塞民於兌

도를 온전히 하여 정사政事를 없애고   道全爲 無用之事

순치를 위한 교화를 쓸모없게 하십시오.   煩[45)擾[46)之敎.

저들이 자기 직분을 즐거워하고   彼皆樂其業.

그들의 실정은 밝혀주고 인도함은 어둡게 하십시오." 供其情昭昭 而道冥冥

그러므로 노자는 이르기를   故老子曰

"교화로써 인위가 일어나면   化而欲作

나는 진압하기를   吾將鎭之

명분이 없는 자연으로 할 것"이라고 했다.   以無名之撲也.

　　이처럼 『노자』와 『장자』에는 '욕欲'을 긍정하는 글도 있
고, 부정하는 글도 있다. 긍정하는 욕은 자연적인 생명 욕

---

45) 煩(번)=辱也, 無益者.
46) 擾(요)=馴也(掌養猛獸而敎擾之 : 周禮).

구이고 부정하는 것은 문명에서 발생한 인간의 자연성을 파괴하는 욕망이다. 그러므로 '욕'의 구체적인 내용을 살펴야 한다.

욕망을 어찌할 것인가?

이욕으로부터 인간의 해방

욕망이라는 것은 생명 욕구이므로 부정할 수도 회피할 수도 없는 인간의 운명이다. 다만 그것이 생산적이고 평화적이며 진보적으로 충족되느냐 아니면 인간의 갈등과 파괴와 퇴보를 위한 방향으로 충족하느냐에 따라 선악이 갈라지는 것임을 유의해야 한다.

이에 "구멍을 막아라!", "일곱 번째 구멍을 뚫으면 자연의 도가 죽는다"는 노장의 말의 의미를 정리할 때가 됐다. '구멍을 막는 것'은 이욕의 억제를 말하는 유가들의 말을 되뇌이는 것이 결코 아니다. '구멍을 뚫지 말라'는 것은 이욕의 자연적인 소통을 방해하지 말라는 뜻으로 읽어야 한다. 다만 자연적인 소통은 무한한 이욕의 해방을 말하는 것도 아니다. 그러나 구멍의 비유는 '생명 욕구는 자연이므로 자연대로 풀어주고, 부귀·명예·광신적 과시 등 이념과 물신의 우상이 만들어내는 헛된 욕망과 헛된 문명은 인위적인 조작이므로 차단하라'는 뜻으로 읽어야 할 것이다.

인간의 이욕에 대한 해방은 오랫동안 투쟁 끝에 얻은 인간의 승리로 찬양되어 왔다. 이것을 이른바 자유주의自由主義라고 말한다. 그러므로 인간의 이욕을 해방하라는 자유주의는 결국 장사치의 자유와 자본의 자유를 의미하므로 이를 자본주의資本主義라고도 말한다. 그러나 21세기에 이르자 이욕의 해방이 반드시 인간의 해방이 아니라는 반성이 일기 시작했다. 오늘날 인간의 욕망은 생리적인 것으로 그치지 않는다. 물신物神이 과시 소비 욕구와 재화의 파괴적 욕망을 끊임없이 부추겨 부족감과 갈증을 증폭시킴으로써 인간의 욕망은 한없이 팽창하고 있다. 그 결과 오늘날 인류는 도리어 욕망의 노예가 됐고 광란과 죽음의 파국으로 치닫고 있다.

이제 인류가 수천 년 믿어오던 하느님은 이제 물신의 종이 됐다. 그러므로 전쟁도 물신의 전쟁이 됐다. 스스로 깨닫지 못하지만 우리는 물신의 종으로 살고 있다. 우리의 의식구조는 어느새 물신의 의식으로 물들었다. 우리의 논리는 모두가 물신이 지배하는 시장 논리다. 우리의 가치는 모두 경제적 이익에 압살됐다.

그러나 이러한 물신의 승리는 갑자기 생긴 것이 아니라 오래 전에 예비되어 있었다. 다만 21세기 자본주의에 의해 병증이 심각해진 것뿐이다. 기원 3세기경 노포魯褒가 지은 『전신론錢神論』은 당시에도 돈이 '물신'이 됐다고 증언하고 있다. 여기서 말하는 물신은 범신론적 자연의 신성神性이 아니라, 화폐가 스스로 인격이 되어 인간을 지배하는 것을 의미한다. 그로부터 먼 훗날 마르크스와 루카치Lukács

György(1885~1971)가 지적한 것처럼 상품경제 사회에서의 인간관계는 상품 교환 관계에 은폐되고 물신화된다.

물신론物神論

진서晉書/노포전魯褒傳

원강原康 연간 이후 기강이 무너지자	元康之後 綱紀大壞
노라나 포褒라는 사람이	褒傷時之貪鄙 乃隱姓名
『전신론』을 지어 이를 풍자했다.	而著錢神論以諷之.
서울의 부호와 고관대작들이	說 洛中朱衣
돈을 '가형家兄'이라 부르니 모두가 따르게 됐다.	呼錢爲愛我家兄 皆無已已.
돈이 있으면	錢之所在
위태로운 것을 편안케 하고 죽은 자를 살려내는데	危可使安 死可使活.
돈이 없으면	錢之所去
귀인도 천하게 되고 산 자도 죽게 된다.	貴可使賤 生可使殺.
벼슬을 높이고 이름을 드날리는 것도 돈이면 다 된다.	官尊名顯 皆錢所致.
돈이 있으면 귀신도 부릴 판이니	有錢可使鬼
사람이야 어찌 부리지 못하겠는가?	而況于人乎.
이로 볼 때 돈이야말로 가히 '물신物神'이라 할 것이다.	由視論之 錢可謂神物.

그러나 우리는 선조들의 '과욕론寡慾論'을 시대에 뒤떨어진 잠꼬대로, 근대화를 늦춘 악으로 비난하기 일쑤다. 그래서 이제 "인간은 빵으로만 살 수 없다"는 예수의 가르침을 세상 물정 모르는 철부지의 말로 치부해 버리고 빵을 위해서는 목숨까지도 내던지고 있으니 이것이야말로 물신의 충실한 종이 됐음을 반증하는 것이 아닌가?

이제 우리는 욕망에 대한 선인들의 치열한 논쟁적 담론에서 오늘을 반성하고 고뇌해야 한다. 오늘날 사회는 '이욕利慾의 자유'는 달성했으나, 이욕으로부터 '인간의 자유'는 달성했다고 말할 수 없기 때문이다. 인간의 해방을 위해 무엇보다 우선해야 할 것은 멸망의 벼랑으로 치닫는 욕망의 열차를 멈추는 것이다. 그러므로 21세기를 사는 우리의 소명은 무엇보다 물질문명을 반성하고 새로운 정신문명을 창조하는 일이다. 그러기 위해서는 길이 막히면 뒤돌아보듯 인류 문명의 발자취를 뒤돌아보아야 할 것이다.

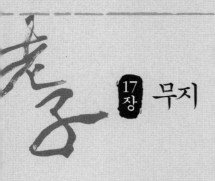

17장 무지

노자 읽기

《 노자 · 20장 · 상단 》

성인聖人의 학문을 단절하니 근심이 없다.   絶學無憂

김경탁 : 학을 끊어도 근심이 없다.

노태준 : 인의도덕仁義道德의 학문을 끊으면 근심이 없다.

김용옥 : 배움을 끊어라! 근심이 없을지니

오강남 : 배우는 일을 그만두면 근심이 없어질 것이다.

'예! 예?' 하는 차이는 얼마나 미미한가?   唯之與阿 相去幾何[1]

김경탁 : '예! 응!' 의 차이는 얼마나 되느냐?

장기근 : '네? 예!' 라는 대답에 무슨 본질적인 차이가 있겠느냐?

노태준 : '예! 응!' 의 상거함이 얼마이뇨?

김용옥 : 네와 아니요가 서로 다른 것이 얼마뇨?

오강남 : '예!' 라는 대답과 '응!' 이라는 대답의 차이가 얼마이겠습니까?

선과 악의 차이는 얼마나 같은가?   善之與惡 相去何若.

김경탁 : 선과 악의 서로 거리가 얼마냐?

---

1) 幾何(기하)=何幾의 도치형. 幾=微也.

장기근 : 선과 악이란 것이 얼마나 틀리겠느냐?

노태준 : 선과 악이 상거함이 얼마이뇨?

김용옥 : 좋음과 싫음이 서로 다른 것이 얼마뇨?

오강남 : 선하다는 것과 악하다는 것의 차이가 얼마이겠습니까?

〖 노자·65장 〗

옛날 잘 다스렸던 도인은 민民을 계명시키지 않고 　　　　　　　古之善爲道者 非以明民

(자연태로) 어리석게 놓아두었다. 　　　　　　　　　　　　　　將以愚之

　김경탁 : 백성을 현명케 하는 것이 아니요 우매하게 하니

　장기근 : 옛날의 도를 지키고 나라를 잘 다스린 사람은 백성을 영악하게

　　　　　 만들지 않고 도리어 우둔 소박하게 만들었다.

　김용옥 : 길로써 백성을 똑똑하게 만들지 않고, 오히려 바보같이 만든다.

　오강남 : 사람을 총명하게 하려 하지 않고 오히려 어리석게 만들었습니다.

　김형효 : 옛날의 도를 잘 공부한 자는 백성을 총명하게 하려고 하지 않고,

　　　　　 백성을 어리석게 하려고 했다.

민을 다스리기 어려운 것은 시비를 가리는 지식이 많기 때문이다. 　民之難治 以其智多

　김경탁 : 백성을 다스리기 힘든 것은 지혜가 많기 때문이다.

　김용옥 : 백성이 다스리기 어려운 것은 그 지혜가 많기 때문이다.

　오강남 : 사람을 다스리기 어려운 것은 아는 것이 많기 때문이다.

　김형효 : 백성을 다스리기 어려운 것은 교지狡智가 많기 때문이다.

그러므로 지식으로 나라를 다스리는 자는 나라의 도적이요, 　　　故以智治國 國之賊

지식으로 나라를 다스리지 않는 자는 나라의 복이다. 　　　　　　不以智治國 國之福

이 두 가지를 알면 또한 천문天文(理)을 헤아릴 수 있다. 　　　　　知此兩者 亦稽[2]式[3]

　왕필 : 고금이 다 같은 법도이다.[4]

---

2) 稽(계)=考也, 至也.

하상공河上公 : 법도를 따르는 것이다.[5]

김경탁 : 이 양자는 역시 계식稽式(본보기)이니

장기근 : 이 두 가지를 알고 지키는 것이 역시 정치의 법도이다.

노태준 : 이 양자를 아는 것도 또한 계식(법칙)이다.

김용옥 : 이 둘을 아는 것이야말로 또한 늘 그러한 본받음의 틀이니

오강남 : 이 둘을 깨닫는 것이 하늘의 법도를 깨닫는 것입니다.

김형효 : 이 두 가지를 아는 것이 또한 본받을 만한 법식이고

항상 자연의 천문天文(理)을 헤아릴 줄 아는 것을	常知稽式
으뜸의 덕이라 한다.	是謂玄德
현덕은 깊고 멀어 사물과 어긋나는 것 같지만	玄德深矣遠矣 與物反矣
후에는 결국 위대한 자연에 순종하는 것이 된다.	然後乃至大順.

왕필의 해석

노자老子/65장 주注

'명明'은 견문이 많고 간교하고 거짓됨을 말한다.	明謂多見巧詐
지식이 많으면 간교하고 거짓되어	多智巧邪
다스리기 어렵기 때문이다.	故難治也.

---

3) 式(식)=占文, 天文, 神託.
　大出師則 太史主抱式. 以知天時 主吉凶(周禮/春官宗伯/太史 注).
　以其見時候 有法式 故謂轉天文者爲式(疏).
4) 稽 同也. 今古之所同 不可廢也.
5) 稽(계)=楷也. 楷(해)=模也. 式(식)=法也.

무지 · 절학의 혁명성

『논어』는 "학이시습지學而時習之"로 첫머리를 시작한다. 『묵자』 첫머리는 「친사親士」편이다. 『맹자』는 첫머리에서 인의仁義를 말한다. 『순자』 첫머리는 「권학勸學」편이다. 이모두는 글 읽는 선비를 첫 번째로 언급함으로써 학문과 지식을 숭상한 것임을 알 수 있다. 그런데 『노자』는 첫머리에서 "이미 가르쳐 말한 도道는 참도가 아니다"라고 선언하고 문자를 불신하는 무명無名을 말한다. 이로써 노자는 구체제에 저항적이었음을 알 수 있다. 그리고 학문을 끊고 무지無知하라고 가르친다. 노자가 문자와 지혜를 존중하는 학자였다면 어찌 그런 말을 할 수 있었을까? 과연 노자는 역설적이고 혁명적이다. 그는 과연 무엇을 말하고자 한 것일까?

공자는 구체제로 돌아갈 것을 주장했으나(復禮), 노자는 구체제를 부정했다. 그리고 공자의 인의를 반대했을 뿐 아니라 더 나아가 당시 문명을 증오했다. 노장은 밖으로 원시 공산사회를 동경했고, 안으로는 사람들이 모두 어린아이처럼 순진무구한 동심의 나라를 소망했다. 그는 춘추전국시대의 압제와 착취와 전쟁에 광분한 인간들의 모습에 실망하고 좌절했다. 그의 처절한 환멸은 끝내 생명의 고향인 모태와 자연과 동심으로 퇴영하는 것으로 출구를 찾는다. 그의 절학絶學과 무지는 무명 · 무위와 함께 문명의 거부와 자연회귀였던 것이다.

여기서 우리는 소크라테스를 기억해 내야 한다. 그도 노장과 비슷한 시기에 노장과 똑같이 무지를 말했기 때문이다. 소크라테스는 현인이었다. 그는 스스로 무지를 고백했다. 이 때문에 많은 사람들에게 미움을 샀고, 급기야 민주당파들의 기소로 기원전 399년 다수의 투표에 의해 죽임을 당했다. 국가의 신神을 부인하고 악을 가르쳐 청년들을 타락시킨다는 죄목이었다. 그러나 그것은 표면적인 이유일 뿐 실질적인 이유는 그가 무지를 말했기 때문이다. 이처럼 폭발력이 있었던 것은 '무지'라는 테제가 기존의 지식을 파괴하는 폭탄선언이기 때문이다.

어느 날 델피 신전에 "현인 소크라테스보다 현명한 사람이 있는가?"를 물었다. 신탁은 "없다!"는 것이었다. 이 신탁으로 소크라테스는 곤혹스러운 입장에 처했다. 그래서 그는 "신은 나의 이름을 빌려 인간들에게 '소크라테스처럼 자기의 지혜는 아무 가치도 없다는 것을 자각한 사람만이 가장 현명한 사람'이라고 경고한 것"이라고 해명했다. 그러나 결국 당시 많은 지식인들에게 미움을 사서 고발됐던 것이다. 지식인들이란 자기들의 지식이 허위라는 사실이 탄로 나는 것을 결코 원치 않으며, 또한 그것을 고백하도록 강요받는 것은 더욱 좋아하지 않기 때문이다.

이처럼 소크라테스와 노장이 말한 '무지'는 일반적으로 쓰는 '무식하다' 또는 '어리석다'는 말과는 다른 뜻이다. 이는 기존의 모든 지식에 대해 의문을 제기하는 도발이며 나아가 그것을 버리라는 뜻이다. 자기들의 정책에 대해 비판을 하거나 대안을 제시하는 것은 민중들의 선택을 기다리면 되므로 참을 수 있다. 그러나 자기의 무지를 시인하라고 강요받는 것은 민중들에게 '이것이냐, 저것이냐?'의 선택을 요구할 수도 없는 완전한 배제이므로 참을 수 없었던 것이다.

소크라테스의 의도는 상대방을 점령하려는 것이 아니라 상대방의 무지를 일깨워 새로운 지식으로 나아가게 하려는 것이었지만 상대는 기존의 자기 지식을 버리라는 굴복을 요구하는 것으로 받아들였던 것이다. 이처럼 '무지'와 '동심'은 혁명적 폭발성을 잠재하고 있는 것이다. 다만 다 같이 무지를 선전했지만 소크라테스는 세상에 참여했으므로 죽임을 당했고, 노장은 세상을 버림으로써 죽임을 면할 수 있었을 뿐이다. 그러나 소크라테스는 성자로 추앙됐고, 반면 노자는 '황건의 난'이라는 농민 전쟁을 촉발시키는 성전聖典이 됐다.

또한 무지는 종교적 신앙을 거부하는 테제이기도 하다. 우리는 대체로 지식이란 학문에서만 나오는 것으로 생각하기 쉽지만 학문으로 해결할 수 없는 것은 종교적 믿음이라는 지식으로 해결하려고 한다. 인간은 인간관계에 대한 지식이 없으면 어찌 대처할지 모르므로 불안해한다. 천재지변·전쟁·굶주림·질병·죽음 등은 생명에 위해를 가져오는 원인을 알 수 없으니 불안해하는 것이 본능적 반응이다. 이러한 인과적 신앙은 과학의 발달로 점차 해소될 것으로 기대할 수 있다. 그러나 어떤 재난의 원인을 알았다고 하더라도 그것만으로는 만족하지 못한다. '왜, 그런 불행한 일이 하필 나에게, 이곳에서 일어났는가?'를 알고 싶어한다. 그러나 그런 물음은 과학으로는 해결되지 않는다. 그러므로 그것을 언제나 신의 뜻이나 운명으로 돌리기 마련이다. 이처럼 인간의 지식은 언제나 미진한데 우리는 미진한 채로 버려두지 않으려 한다. 이러한 불안과 그 해소 과정이 종교가 생기는 근원이다. 그런데 노장은 인간이란 본래 무지한 것이니 무지를 불안해하지 말고 초자연적 상상력에 의지하지도 말고 그저 자연에 순응하라고 말한다. 이처럼 무지無知를 인정하고 무위無爲하면 초월적 존재에 대한 믿음은 설 자리가 없어진다. 따라서 노장의 무지라는 테제는 종교적 믿음까지 부정하는 것이 된다. 그래서 노장은 하느님(天帝)이라는 인격신을 인정하지 않았다. 그들에게는 천제가 꼭대기에서 세상을 굽어 살펴 권선징악의 상벌을 내린다는 공포도 없고, 죽으면 인과응보로 천당과 극락에 간다거나 지옥에 떨어진다는 사후세계도 없었다. 그들은 현세에서 자연에 순응하며 자연처럼 살아가는 신선을 소망했을 뿐이다.

상상해 보라! 소크라테스가 무지를 말했다가 국가의 신神을 부인한 것으로 여겨져 사형을 당한 사실을! 그의 제자인 철학자 플라톤은 스승과는 반대로 종교적 불신을 감옥에 가두거나 사형에 처할 중대한 범죄로 여겼다. 종교란 신뢰와 복종의 통치 수단이었기 때문이다. 이런 법률은 중세까지 계속됐다. 다만 『노자』의 저자들은 어머니의 배 속에서 100년을 살다가 백발노인으로 태어났다는 노자라는 신비한 가상인물 뒤에 숨어 있어 사형을 면할 수 있었던 것이다. 마찬가지로 왕필 등 중세의 학자들도 목숨을 부지하기 위해 노자의 무지를 우민주의로 해석할 수밖에 없었는지도 모른다. 그런데 종교의 자유가 보장된 오늘날까지도 우리 학자들은 하나같이 반동적인 왕필의 왜곡을 답습하고 있으니 한심한 노릇이다.

『노자』20장의 '절학絕學'에서의 '학學'은 오늘날의 학문이 아니라 기원전 5~4세기의 학문이다. 당시는 '문文'과 '학'은 지배자들의 독점물이었고 그 내용은 선왕先王의 말씀과 제도였다. 그러므로 절학은 선왕의 말씀을 거부하는 반유가적인 역설이다. 그런데 왕필은 '지식인들은 간교하다'라고 번역하고 처세훈으로 해석함으로써 교묘하게 저항성을 탈색시켜 버렸다. 그 결과 후세의 퇴폐적이고 낭만적인 한량 계급에게 유행했고 민民은 어리석어야 한다는 우민주의를 선전하는 반동적인 역할을 하게 됐던 것이다.

그러나 노자의 무지는 소크라테스의 무지처럼 기존의 시비·선악의 선입견을 버리라는 뜻일 뿐, 멍텅구리를 말하는 것이 아니다. 그것은 오히려 지배자들에게 물든 선입견과 이데올로기를 버리고 새로운 참지식을 얻어야 한다는 뜻이었다. 다만 노장은 반자연적인 문명까지 버리라고 말했다는 점에서 소크라테스보다 더 근본적이고 철저하다. 그리하여 우리가 생활세계에서 공감한 자연스런 삶의 지혜를 되찾아야 한다는 것이다.

장자를 통해 본 무지론

첫째, 당시 전국시대는 500여 년 동안 영일이 없는 겸병 전쟁으로 민생이 파탄되고 어지러운 난세였다. 또 이때는 제자백가가 나타나 난세 종식의 대안을 제시하던 백가쟁명의 시대였다. 구체제가 무너진 혼돈의 시대였고, 새로운 질서를 요구하는 말세이기도 했다. 이에 노장은 제자諸子들의 담론은 구체제의 부흥을 말하는 것이므로 근본부터 잘못됐다고 질타하고 체제 자체를 부정하는 원시반종原視反終을 주장했다. 즉 무지론無知論은 바로 구체제의 전복을 위한 방편이라는 것이다.

장자莊子/잡편雜篇/천하天下

옛 사람들은 진실로 천도天道에 순응했다.	古之人其備⁶⁾乎.
신명에 배합되고, 천지에 순응하고, 만물을 육성하고,	配神明 醇天地. 育萬物
천하가 화목하고, 은혜가 온 백성에 미쳤다.	和天下 澤及百姓.
천하가 크게 어지러워 현성賢聖이 밝지 않고	天下大亂 賢聖不明
도덕이 일치하지 않게 되니	道德不一.
사람들은 도道의 일부분을 얻어 밝으면 그것만을 옳다 했다.	天下多得一察 焉⁷⁾以自好.
천지의 아름다움을 쪼개어 보고	判天地之美
만물의 이치를 분석할 뿐,	析萬物之理.
고인古人의 온전함을 살펴	察古人之全

---

6) 備(비)=循於道之謂備(莊子/外篇/天地).
7) 焉(언)=於是.

천지의 아름다움을 두루 갖추고

신명의 성대함을 알맞게 하는 자는 드물었다.

그러므로 성인의 도는

어두워 밝지 못하고 막히어 드러나지 못했다.

천하 학자들은

각각 자기 욕심만 위하는 것을 스스로 도술이라 생각했다.

슬프다!

백가들은 제 길을 달려갈 뿐 근원을 돌아볼 줄 모르니

결코 부합되지 못하며,

후세의 학자들은

불행히도 천지의 순박함과

고인의 위대한 본체를 보지 못하니

장차 도술이 오히려 천하를 분열시켜 놓을 것이다.

寡能備於天地之美.

稱神明之容.⁸⁾

是故內聖外王之道

闇而不明 鬱而不發.

天下之人

各爲其所欲焉 以自爲方.

悲夫

百家往而不反

必不合矣.

後世之學者

不幸不見天地之純

古人之大體.

道術將爲天下裂.

장자莊子/외편外篇/거협胠篋

위에서 지식을 좋아하고 도道가 없으니

천하는 크게 어지러워진 것이다.

무엇으로 그런 줄 아는가?

활 · 그물 · 주살 등

화살 메는 지식이 많으면

하늘의 새를 어지럽히고,

上誠好知而無道

則天下大亂矣.

何以知其然邪.

夫弓弩畢⁹⁾ 弋機¹⁰⁾

彎¹¹⁾之知多

則鳥亂於上矣.

---

8) 容(용)=盛也, 威儀也.

9) 畢(필)=兎網.

10) 機(기)=弩牙.

11) 彎(만)=화살 메다.

낚시 · 투망 · 통발의 지식이 많아지면 　　　　鉤餌罔罟罾笱[12]之知多
물속의 물고기를 어지럽힌다. 　　　　　　則魚亂於水矣.
덫을 놓고 그물을 치는 지식이 많아지면 　　削格羅落罝罘[13]之知多
늪의 짐승을 어지럽힌다. 　　　　　　　則獸亂於澤矣.
거짓된 지식이 점점 독기를 품고, 교활한 견백론堅白論과 知詐漸毒 詰滑[14]堅白
궤변인 동이론同異論이 번다해지면서 　　　解垢[15]同異之變多
세속은 변론에 의혹된다. 　　　　　　　則俗惑於辯矣.
그러므로 천하는 어둠처럼 어지러워지는데 故天下每每[16]大亂
그 죄는 지식을 좋아한 때문이다. 　　　　罪在於好知.
천하는 모두 모르는 것을 찾을 줄은 알면서도 故天下皆知求其所不知.
이미 알고 있는 것을 찾을 줄은 모른다. 　　而莫知求其所已知者.
천하는 모두 선하지 않다는 것을 비난할 줄은 알면서도 皆知非其所不善
이미 선하다고 알고 있는 것에 대해서는 비판할 줄은 모른다. 而莫知非其所已善者.

장자莊子/내편內篇/응제왕應帝王

열자는 스스로 학문이 아직 비롯되지도 못했음을 알고 列子自以爲未始學
집으로 돌아갔다. 　　　　　　　　　而歸.
삼 년을 두문불출하며 　　　　　　　三年不出
아내를 위해 밥을 짓고 돼지를 사람처럼 먹였다. 爲其妻爨 食豕如食人.
일을 함에 친척과 더불어 하지도 않고 　於事無與親

---

12) 罾笱(증구)＝어망과 통발.
13) 罝罘(저부)＝토끼그물, 사슴그물.
14) 詰滑(힐골)＝黠滑.
15) 解垢(해구)＝詭曲之辭.
16) 每每(매매)＝昏昏.

인위의 허식도 없어진 소박한 자연으로 돌아갔다.　　　　　　　　彫琢復朴.

　　둘째, 『노자』는 노자의 이름을 빌렸으나 사실은 민중의
외침을 무명인이 정리 기록한 문서다. 그러므로 당시 지배
체제에 빌붙어 살아가는 지식인이었던 유사들을 증오했
다. 그래서 지식인들에게 스스로의 무지를 고백하라고 외
친 것이다. 즉 무지론은 구체제를 옹호하는 지식인 계급에
대한 도전이다.

장자莊子/외편外篇/지북유知北遊

슬프다! 세상 사람들은 물질을 위한 여인숙에 불과하구나!　　悲夫 世人直[17]爲物逆旅耳
대저 만나본 것은 알지만 만나보지 못한 것은 알지 못한다.　　夫知遇 而不知所不遇.
재능이 미치는 것은 할 수 있지만　　　　　　　　　　　　　知能能
재능이 못 미치는 것은 할 수 없다.　　　　　　　　　　　　而不能所不能.
그러므로 지극한 말씀은 말이 없고(無言)　　　　　　　　　　至言去言
지극한 다스림은 다스림이 없다(無爲).　　　　　　　　　　　至爲去爲.
지혜가 아는 것만이 옳다고 생각하는 것은 천박하다.　　　　　齊[18]知之所知 則淺矣.

　　셋째, 무지·절학은 지식 자체에 대한 회의를 함의하고
있다. 『노자』 첫머리에서 이미 도라고 말한 것은 참도가 아
니라고 선언한 것과 같은 맥락이다. 즉 무지론은 인식론적
불가지론을 내포하고 있는 것이다.

---

17) 直(직)=當也.
18) 齊(제)=無偏無頗. 執心克莊.

대저 도道는 시작부터 분계가 있는 것이 아니다.	夫道未始有封.
말은 시작부터 실체가 있는 것이 아니다.	言未始有常.[19]
옳다고 함으로써 경계가 생긴다.	爲是而有畛[20]
그러므로 이분異分하는 것은 이분異分하지 못함이 있고,	故分也者 有不分也.
분석하는 것은 분석하지 못함이 있다.	辯[21]也者 有不辯也.
큰 도는 일컬을 수 없고, 큰 이론은 말할 수 없으며	夫大道不稱 大辯不言.
큰 어짊은 어질다 하지 않으며	大仁不仁
큰 고결함은 겸양이라 하지 않으며	大廉不嗛.[22]
큰 용기는 용감하다 하지 않는다.	大勇不忮.
도가 밝혀지면 도가 아니며, 말이 분석되면 미치지 못하며	道昭而不道 言辯而不及.
어짊이 법전이 되면 안민입정安民立政하지 못하며	仁常[23]而不成
고결하여 맑으면 신뢰하지 않고	廉淸而不信.
용기가 객기가 되면 이루지 못한다.	勇忮而不成.
그러므로 지知는 부지不知에 머무는 것이 지극한 것이다.	故知止其所不知 至矣.
이른바 내가 아는 것이	庸詎[24]知
과연 부지不知가 아님을 어찌 알겠는가?	吾所謂知之非不知邪.

19) 常(상)=質也.
20) 畛(진)=界也.
21) 辯(변)=分別也.
22) 嗛(겸)=謙也.
23) 常(상)=典法也.
24) 庸詎(용거)=어찌.

또한 내가 모르는 것이
과연 지知가 아님을 어찌 알겠는가?

庸詎知
吾所謂不知之非知邪.

사람은 습한 데서 자면 허리 병이 걸려 죽을 수도 있으나
미꾸라지도 그런가?
사람은 나무 위에 오르면 무서워 벌벌 떨지만
원숭이도 그런가?
이 셋 중에서 누가 올바른 거처를 안다고 생각하는가?
사람은 쇠고기나 돼지고기를 먹지만
사슴은 꼴을 먹고
지네는 뱀을 잘 먹고, 올빼미는 쥐를 좋아한다.
이 넷 중에서 누가 올바른 맛을 안다고 생각하는가?
사람들은 모장毛嬙과 여희麗姬를 미인이라고 하지만
물고기는 그녀를 보면 깊이 들어가고
새들이 그녀를 보면 높이 날아가고
고라니와 사슴이 그녀를 보면 반드시 달아난다.
이 넷 중에서 누가 올바른 미색을 안다고 생각하는가?
내 관점으로는
인의仁義의 단서와 시비의 갈림길이

民濕寢則腰疾偏[25]死
鰌然乎哉.
木處則惴慄[26]恂[27]懼
猨猴然乎哉.
三者孰知正處.
民食芻豢.
麋鹿食薦.[28]
蝍蛆[29]甘帶.[30] 鴟鴉耆鼠
四者孰知正味.
毛嬙麗姬 人之所美也.
魚見之深入
鳥見之高飛
麋鹿見之決驟.
四者孰知天下之正色哉.
自我觀之
仁義之端 是非之塗

---

25) 偏(편)=謂出於意外也.
26) 惴慄(췌율)=벌벌 떨다.
27) 恂(순)=진실한, (준)=무서울.
28) 薦(천)=꼴.
29) 蝍蛆(즉저)=지네.
30) 帶(대)=小蛇也.

어지럽게 얽혀 있으니 내 어찌 그 분별을 알겠는가?　　　　　樊然殽亂. 吾惡能知其辨.

장자莊子/잡편雜篇/서무귀徐無鬼

올빼미의 눈은 밤에도 보이는 장점이 있고　　　　　　　　　　鴟目有所適.

학의 다리는 길다는 장점이 있다.　　　　　　　　　　　　　鶴脛有所節[31]

그러므로 저마다의 특성을 없애면 불행이다.　　　　　　　　解之也悲.

옛말에 이르기를 황허는 바람이 지나면서 덜어가고　　　　　故曰 風之過河也 有損焉.

해가 지나면서 덜어가지만　　　　　　　　　　　　　　　　日之過河也 有損焉.

사실은 바람과 해는 서로 도와 황허를 수호하는 것이며　　　請[32]只風與日相與守河.

황허는 처음부터 어지럽지 않고　　　　　　　　　　　　　而河以爲未始其攖[33]也.

근원을 따라 흘러갈 뿐이다.　　　　　　　　　　　　　　　恃源而往者也.

그러므로 물이 땅을 지킴은 빈틈이 없고　　　　　　　　　　故水之守土也審.[34]

그림자가 사람을 지킴은 빈틈이 없으며　　　　　　　　　　影之守人也審.

물질이 물질을 지킴은 빈틈이 없는 것이다.　　　　　　　　物之守物也審.

그러나 눈이 밝게 보는 데는 빈틈이 있고　　　　　　　　　故目之於明也殆.

귀가 밝게 듣는 데는 빈틈이 있으며　　　　　　　　　　　耳之於聰也殆.

마음이 요량하는 데는 빈틈이 있다.　　　　　　　　　　　心之於殉[35]也殆.

장자莊子/잡편雜篇/칙양則陽

만물은 모두 생명을 가지고 있으나 그 뿌리는 볼 수 없다.　萬物有乎生 而莫見其根.

---

31) 節(절)=山高峻貌.

32) 請(청)=情과 통용.

33) 攖(영)=亂也.

34) 審(심)=詳也, 信也, 熟究也.

35) 殉(순)=營也.

출현한 것은 있는데 그 문을 볼 수 없다.　　　　　　　　　　有乎出 而莫見其門.

그런데 사람들은 자기 지혜가 알고 있는 것을 존중할 뿐　　　人皆尊其知之所知.

자기 지혜가 알지 못하는 것(생명)을 믿을 줄을 모른다.　　而莫知恃其知之所不知.

그렇다면 지식이란　　　　　　　　　　　　　　　　　　而後知

가히 큰 의혹이라고 말해야 하지 않을까?　　　　　　　　可不謂大疑乎.

　넷째, 무지론은 간교한 이성과 도구적 지식을 경계한 것이라는 것이다. 지식의 소통이 바로 덕德임을 강조한 것이 이를 말해 주고 있다.

장자莊子/잡편雜篇/외물外物

마음이 뚫려 통하면 지혜롭다(知) 하고　　　　　　　　心徹爲知

지혜가 뚫려 통하면 덕성스럽다(德) 한다.　　　　　　知徹爲德.

무릇 도道란 가로막히지 않게 하려는 것이니　　　　　凡道不欲壅.[36]

가로막히면 경색되고　　　　　　　　　　　　　　壅則哽.[37]

경색되면 그칠 곳을 모르고 날뛰며　　　　　　　　哽而不止則跈[38]

날뛰면 많은 해악이 생긴다.　　　　　　　　　　　跈則衆害生.

지각이 있는 물건은　　　　　　　　　　　　　　物之有知者

기氣를 통해 숨을 쉬어야 생명이 보존된다.　　　　　恃[39]息.

그것이 성하지 않는 것은 하늘의 죄가 아니다.　　　其不殷非天之罪也.

하늘은 그것을 뚫어 소통시키는데 밤낮으로 그치지 않는다.　天之穿之 日夜無降.[40]

---

36) 壅(옹)=障也.
37) 哽(경)=塞也.
38) 跈(전)=止也.
39) 恃(시)=持也.

사람은 반대로 그 구멍을 막고 있다.　　　　　　　　人則顧⁴¹⁾塞其竇.

장자莊子/외편外篇/선성繕性

도道는 본래 작은 행함이 아니고　　　　　　　　道固不小行
덕德은 결코 작은 앎이 아니다.　　　　　　　　德固不小識.
도리어 작은 지식은 덕을 손상하고　　　　　　小識傷德
작은 행함은 도를 손상시킨다.　　　　　　　　小行喪道.

장자莊子/잡편雜篇/열어구列禦寇

지식은 통달을 방해하고　　　　　　　　　　　知慧外⁴²⁾通
용단은 원망을 많게 하고　　　　　　　　　　　勇動⁴³⁾多怨
인의는 책망을 많게 한다.　　　　　　　　　　　仁義多責.
생명의 진실을 통달한 자는 생명을 대오 해탈하고　達生之情者 傀.⁴⁴⁾
지혜를 통달한 자는 지혜를 닮을 것이며　　　　　達於知者 肖.
천명天命을 통달한 자는 대자연의 운행을 따르고　達大命者 隨.
자기 운명을 통달한 자는　　　　　　　　　　　達小命者
자기의 안심입명安心立命을 만날 것이다.　　　　遭.

　다섯째, 또한 무지론은 공동체적인 도덕성 교육을 위해
문자를 위주로 하는 지식인의 병폐를 불식하고 무위자연의

---

40) 降(항)=止也.
41) 顧(고)=反也.
42) 外(외)=疏斥也.
43) 動(동)=冒(모)也.
44) 傀(괴)=大悟解脫之貌.

공공성을 확보하기 위한 방편이라는 것이다. 즉 무지론은
구체제 지식인의 한계를 극복하려는 전략적 테제가 된다.

장자莊子/잡편雜篇/양왕讓王

원헌原憲이 웃으며 말했다. "속세의 명예를 위해 행동하고
무리지어 주선하며 벗을 삼고
학문은 지배자를 위한 것이 되고
가르침은 자기를 위한 것이 되며
인의仁義를 빌려 사특하고, 수레와 말을 수식하는 짓을
저는 차마 할 수 없습니다."

原憲笑 曰 夫希世而行
比周而友.
學以爲人
教以爲己.[45]
仁義之慝 輿馬之飾
憲不忍爲也.

장자莊子/내편內篇/인간세人間世

덕은 명성에서 무너지고, 지혜는 경쟁에서 나타난다.
명성은 서로 헐뜯게 하고
지혜란 경쟁의 도구다.
이 둘은 흉기이니 함부로 행할 것이 못 되는 것이다.

德蕩[46]乎名 知出乎爭.
名也者相軋也
知也者爭之器也.
二者凶器 非所以盡[47]行也.

장자莊子/잡편雜篇/외물外物

대저 옛것을 높이고 현재를 비하하는 것은 학자들의 유폐다.
오직 지인至人만이 세상에 유유자적하여 치우치지 않고
남을 따르면서도 자기를 잃지 않는 것이다.

夫尊古而卑今 學者之流也.
唯至人乃能 遊於世而不僻
順人而不失己.

---

45) 古人은 學以爲己 敎以爲人으로 생각했다.
46) 蕩(탕)=壞也.
47) 盡(진)=任也.

장자莊子/외편外篇/천지天地

요임금의 스승은 허유이고	堯之師曰許由.
허유의 스승은 설결이다.	許由之師曰齧缺.
설결의 사람됨은 총명예지하여	齧缺之爲人也 聰明叡智
이치를 적용하는 것은 민첩할 것이나	給⁴⁸⁾數之敏.
그의 성품은 남보다 뛰어나	其性過人
사람의 지혜로 자연을 취하려 할 것이다.	而又乃以人受⁴⁹⁾天.
그는 과오를 금하는 것은 잘 알지만	彼審乎禁過
과오가 생기는 원인은 모른다.	而不知過之所由生.
그를 왕으로 삼으면	與之配天乎
사람을 올라타고 자연을 없애려 할 것이다.	彼且乘人而無天.
장차 몸을 근본으로 삼아 형체를 귀천으로 나누려 하고	方且本身而異⁵⁰⁾形.
지식(知)을 존중하여 불구덩이로 달려가려 할 것이며	方且尊知而火馳.
사소한 일까지 부리려 하고	方且爲緖⁵¹⁾使.
사물을 구속하려 할 것이며	方且爲物絯.⁵²
사방을 둘러보고 사물마다 호응하려 하고	方且四顧而物應
대중의 인기에 호응하려 할 것이며	方且應衆宜.
외물에 따라 변화하려 할 것이니	方且與物化
처음부터 항심恒心이 없을 것이다.	而未始有恒.
그가 신하가 되면 재앙을 가져오고	北面而禍也

---

48) 給(급)=供也. 應事而至.
49) 受(수)=取也. 用也.
50) 異(이)=別貴賤也.
51) 緖(서)=細事.
52) 絯(해)=拘束.

군왕이 되면 도적이 될 것이다.   南面而賊也.

나는 누구의 그림자인가?

이러한 기존의 세속적 학식을 거부하는 무지의 테제는 성인들의 가르침과 일상성의 노예 상태로부터 해방하여 자주적 주체로 살아가기 위한 역설이다.

장자가 "도를 행함은 날마다 덜어내는 것이니, 덜고 또 덜어 무위에 이르는 것(『장자』「지북유知北遊」)"이라고 한 말은 세속의 지식을 씻어내라는 뜻이다. 여기서 '무위'는 무지와 같은 뜻이다. 우물 안 개구리가 바다를 모르는 것은 장소에 구애되기 때문이요, 매미가 겨울을 모르는 것은 때에 굳어 있기 때문이요, 편벽된 선비가 도를 모르는 것은 가르침에 묶여 있기 때문이다.

그러나 무지로 돌아간다는 것은 쉬운 일이 아니다. '무지'하다는 것은 주체의 발견이요, 그렇기에 갱생更生이기 때문이다. 소크라테스는 무지하라고 가르쳤기 때문에 민중들의 분노를 사서 독약을 먹고 사형을 당하지 않았던가? 적어도 '무지'하라는 담론에 귀를 기울이기 위해서는 우선 자기 모습을 되돌아보는 여유를 가져야 한다. 자기반성과 자기부정 없이 나르시시즘narcissism에 빠져 있으면서 어찌 거듭나겠는가? 우리는 누구의 가르침에 묶여 있지 않는가? 현대인은 각자 주체로 살아가는가?

그늘과 그림자

장자莊子/내편內篇/제물론齊物論

그늘이 그림자에게 물었다.
"금방 당신은 걷다가 지금은 그치고
금방 앉았다가 지금은 일어섰소.
어찌 자주自主하는 지조가 없소?"
그림자가 답했다.
"나는 나와 흡사한 모상母像이 있어서 그럴까요?
또 나를 닮은 모상도 그의 모상 때문에 그럴까요?
나는 뱀 허물이나 매미 허물을 닮아서 그럴까요?
어찌 그렇게 되는 까닭을 알겠으며
어찌 그렇지 않을 수 있는 방법을 알까요?"

罔兩[53]問景
曩[54]子行 今子止.
曩子坐 今子起.
何其無特[55]操與.
景曰
吾有待[56]而然者邪.
吾所待又有待而然者邪.
吾待蛇蚹[57]蜩翼[58]邪.
惡識所以然
惡識所以不然.

걸음걸이를 배우러 한단에 가다

장자莊子/외편外篇/추수秋水

연나라 수릉의 소년이
걸음걸이를 배우러 조나라의 서울 한단에 갔는데
한단의 걸음걸이를 배우기도 전에
옛 걸음걸이를 잊어버려

壽陵餘子之
學行於邯鄲與.
未得國能
又失其故行矣.

---

53) 罔兩(망량)=景外之微陰也.
54) 曩(낭)=접때, 久也.
55) 特(특)=자주, 獨也.
56) 待(대)=擬也, 模像, 恃也.
57) 蛇蚹(사부)=뱀 비늘.
58) 蜩翼(조익)=매미 날개.

엉금엉금 기어서 돌아왔다.   直匍匐而歸耳.

난주와 유수

장자莊子/잡편雜篇/서무귀徐无鬼

뼛골이 없는 아첨쟁이를 '난주暖姝' 라 부르고   有暖[59]姝[60]者

남의 그늘에서 편안함을 구하는 자를 '유수濡需' 라 부르고   有濡[61]需[62]者

수족이 굽어 몸이 괴로운 병신을 '권루卷婁' 라 부른다.   有卷婁[63]者.

이른바 난주는 어느 한 선생에게 배운 말을   所謂暖姝者 學一先生之言

무조건 따르고 아첨하며 자기 학설로 삼고는   則暖暖姝姝而私自說.

스스로 만족해한다.   自以爲足矣.

그들은 만물이 시작되기 전(혼돈과 무명)을 알지 못하므로   而未知未始物也.

'난주' 라 부른다.   是以謂暖姝者也

유수는 돼지에 기생하는 이를 말한다.   濡需者 豕蝨[64]是也

성긴 돼지 털에 살며   擇疏鬣[65]

이것을 고대광실이나 넓은 정원으로 생각하고   自以爲廣宮大囿

발굽 사이나 젖통 사이나 사타구니를   奎蹄曲隈 乳間股脚

편안하고 편리한 거처로 생각할 뿐,   自以爲安室利處.

어느 날 아침 도살부가 와서   夫知屠者之一旦

팔을 가로채 풀을 깔고 연기 불에 태우면   敲臂布草操煙火

---

59) 暖(난)=溫也, (훤)=柔貌.
60) 姝(주)=妖貌.
61) 濡(유)=安也, 溺也.
62) 需(수)=不進也, 懦弱也.
63) 卷婁(권루)=수족이 굽는 병, 拘攣.
64) 豕蝨(시슬)=돼지 이.
65) 鬣(렵)=긴 털, 須也.

자기도 돼지와 함께 타 죽는다는 것을 모른다.

나아가든 물러가든 제 구역을 벗어나지 못하는 자들이니

이런 것들을 이른바 '유수' 라고 부른다.

而己與豕俱焦也.

此以域進 此以域退

此其所謂濡需者也.

장자莊子/외편外篇/천지天地

효자가 어버이에게 아첨하지 않고

충신이 군주에게 아첨하지 않으면

훌륭한 신하와 자식이라 할 것이다.

…세속이 그렇다고 하면 따라서 그렇다고 말하고

세속이 옳다고 하면 따라서 옳다고 말한다면

그들을 도道의 아첨꾼이라고 말하지 않는다.

…자기를 도인이라 말하면 반색하고

자기를 아첨꾼이라 하면 낯을 붉히며 성을 낸다.

그러나 평생 도인이란 평생 아첨꾼일 뿐이다.

비위를 맞추고 말을 꾸며 대중을 모으는 것은

시종과 본말이 영원히 서로 자리를 함께하지 못한 것과 같다.

의상을 늘어뜨리고 채색으로 꾸미고

용모를 바꾸면서 일세를 아양 부리면서도

스스로는 도道에 아첨한다고 말하지 않는다.

대인들과 더불어 파당의 무리를 만들고

옳다 그르다는 판단을 세속과 공유하면서도

스스로는 대중 추수자임을 자인하지 않는다.

孝子不諛其親

忠臣不諛其君

臣子之盛也.

…世俗之所謂然而然之

所謂善而善之

則不謂之道諛之人也.

…謂己道人 則勃然作色.

謂己諛人 則怫然作色.

而終身道人也 終身諛人也.

合譬飾辭聚衆也

是始終本末不相坐.

垂衣裳 設采色

動[66]容貌 以媚一世

而不自謂道諛.

與夫人之爲徒

通是非

而不自謂衆人.

---

66) 動(동)=變也.

어리석음의 극치라 할 것이다.   愚之至也.

　우리는 모두 장자가 말한 '난주'와 '유수'와 같은 모습
이 아닐까? 세속의 도道에 아첨하는 대중 추수주의자가 아
닌가? 현대인은 욕망을 한없이 촉발·확대·재생산하는 물
신物神의 계시에 따라 아무리 발버둥 쳐도 항상 갈증에 허
덕이는 욕망의 노예가 아닌가? 우리는 아무리 먹어도 배가
고픈 거식증에 걸린 불가사리 같지 않은가? 사실 우리 모
두는 재물과 명예 등 세속적인 가치를 위해 목숨을 걸고 살
아간다. 그런데 그 가치를 생산·배분하는 장치가 시장이
다. 바로 시장은 물신의 성전이다. 그리고 현대인은 물신의
피리 소리에 춤추는 자동인형이 된다. 다시 말하면 현대인
은 모두가 시장을 신으로 섬기는 신도들인 셈이다. 우리는
스스로를 잃어버린 것이다. 잃어버린 나를 찾기 위해서는
역설적으로 무지와 영아로 돌아가야 하지 않을까?

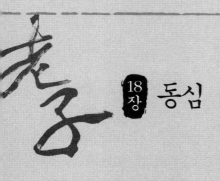

노자 읽기

《 노자 · 10장 · 상단 》

혼백을 싣고 태일太一(太極=天理)을 품으면
생명이 떠나지 않을 수 있을까?

載營魄[1]抱一
能無離乎

> 왕필 : 일상의 거처에서도 참된 마음을 품으니[2]
>
> 김경탁 : 형체를 싣고 일一을 안고서 떠남이 없게 할 수 있느냐?
>
> 장기근 : 형기에 올라타고 하나인 도를 지키고 이탈하지 않을 수 있다면
>
> 노태준 : 살아 있는 몸을 타고 하나를 안아 진실로 떨어지지 않는다면
>
> 김용옥 : 땅의 형체를 한 몸에 싣고 하늘의 하나를 껴안는다. 그것이 떠나
> 지 않게 할 수 있는가?
>
> 오강남 : 혼백을 하나로 감싸안고 떨어져 나가지 않도록 할 수 있겠습니
> 까?
>
> 김형효 : 혼백을 싣고서 포일抱一하여 혼백이 분리되지 않게 할 수 있을까?

자연의 기氣에 맡기고 지극히 유약하면

專[3]氣致柔

---

1) 營魄(영백)=魂魄.
2) 人能處常居之宅 抱一淸神. 載는 處로, 營魄은 常居處로, 一은 人之眞으로 읽음.

갓난아기처럼 될 수 있을까?   能如嬰兒乎.

  김경탁 : 기운을 모으고 부드럽게 하여 어린아이와 같이 할 수 있느냐?

  장기근 : 정기를 집중하여 유연한 자세로 영아와 같을 수 있다면,

  노태준 : 기를 오로지하여 유연을 이루어 진실로 영아가 될 것인가?

  김용옥 : 기를 집중시켜 부드러움을 이루어 갓난아기가 될 수 있는가?

  오강남 : 기에 전심하여 더없이 부드러워지므로 갓난아기 상태를 유지할
          수 있겠습니까?

  김형효 : 기를 서로 상화相和시켜 부드러움의 극치에 이르러서 어린아이처
          럼 될 수 있겠는가?

《 노자 · 28장 · 상단 》

수컷(陽)을 알고 암컷(陰)을 지키면   知其雄 守其雌

천하의 생명수인 냇물이 될 것이다.   為天下谿⁴⁾

천하에 냇물이 되면 상덕常德(자연의 큰德)을 떠나지 않아   為天下谿 上德不離

다시 갓난아기로 돌아갈 것이다.   復歸於嬰兒.

《 노자 · 55장 · 상단 》

덕을 품어 돈후하면 갓난아기와 비슷하다.   含德之厚 比於赤子

벌과 독사도 쏘지 않고, 맹수도 덤비지 않으며,   蜂蠆⁵⁾虺蛇⁶⁾不螫⁷⁾ 猛獸不攫

사나운 새들도 쪼지 않는다.   鷙鳥⁸⁾不搏

---

3) 專(전)=任也.
4) 谿(계)=백서본은 '溪' 로 됨.
5) 蜂蠆(봉채)=벌.
6) 虺蛇(훼사)=독사.
7) 螫(석)=쏘다.
8) 鷙鳥(지조)=猛禽類.

골이 약하고 근육이 부드러우나 손은 굳게 움켜쥔다.　　　骨弱筋柔 而握固

아직 암수의 교접을 모르지만　　　未知牝牡之合

자지가 일어나고 정기가 지극하다.　　　而朘[9]作 精之至也

종일 울어도 목이 쉬지 않으니　　　終日號 而不嗄[10]

조화가 지극하기 때문이다.　　　和之至也.

《 노자 · 49장 · 하단 》

진인眞人은 천하 인민과 더불어 살지만　　　聖人在天下

시비선악이 없는 무심한 마음이 됨으로써　　　歙歙[11]焉

　김경탁 : 성인이 천하에서는 그 무심한 모습이

　노태준 : 성인이 천하에 대한 태도는 흠흠하여(마음에 집착이 없는 모양)

　김용옥 : 성스러운 사람은 하늘 아래에 임할 때는, 늘 화해롭다.

　오강남 : 성인은 세상에 임할 때 모든 것을 포용하고,

　김형효 : 성인은 천하에 있으면서 조심스럽게

천하로 하여금 시비가 없는 혼돈의 마음을 갖도록 한다.　　　爲天下渾其心[12]

　김경탁 : 천하를 위하여 그 마음을 혼합한다.

　노태준 : 천하를 위하여 그 마음을 혼돈케 한다.

　김용옥 : 하늘 아래를 위하여 늘 그 마음을 혼돈되이 한다.

　오강남 : 그의 마음에는 일체의 분별심이 없습니다.

　김형효 : 천하를 위해 그 마음을 웅덩이처럼 한다.

백성들은 모두가 그의 이목을 주시하며　　　百姓皆注其耳目[13]

---

9) 朘(최)=남자 성기.

10) 嗄(사)=목이 쉬다.

11) 歙(흡)=懼貌, 心無所主也. 或作 惵. 여기서는 혼돈의 마음.

12) 백서본에는 '其' 자가 없음.

김경탁 : 백성들은 그의 이목을 주시하지만,

김용옥 : 백가지 성의 사람들이 모두 귀와 눈을 곤두세울 때,

김형효 : 백성들은 성인의 이목에 주목한다.

진인은 모두를 (문명에 물들지 않은) **어린아이처럼 만든다.**　　　　　　聖人皆孩之.

김경탁 : 성인은 그들을 어린이같이 되게 한다.

김용옥 : 성스러운 사람은 그들을 모두 어린아이로 만든다.

김형효 : 성인은 이 백성들을 어린아이처럼 달랜다.

---

13) 백서본에는 '注其耳目' 가 '屬耳目' 으로 됨. 뜻은 같음.

동심설

동심童心이란 순진무구한 어린아이의 마음으로, 앞에서 말한 무욕한 인간상을 표상한다. 그것은 천심天心 그대로 의 평화롭고 선한 마음이다. 이는 또한 시비선악의 분별이 없는, 때 묻지 않은 순백의 마음이다. 노장이 말한 무지無知 와 절학絶學은 동심童心으로 돌아가기 위한 조건이다. 그러 므로 노장의 동심설은 기존의 모든 가치 체계를 전면 부정 하는 반문명적이며 혁명적인 담론이다. 또한 동심설은 원 시 공산사회의 인간상을 말하는 것이기도 하다. 즉 문명과 지배이데올로기로 물들면 새로운 공동체 사회의 주인공이 될 수 없다는 뜻이다. 성경에서 천국에 들어가려면 반드시 어린이가 되어야 한다고 말한 것도 같은 맥락이다.

마태복음/18장/3절
진실로 너희에게 이르노니
너희가 돌이켜 어린아이와 같이 되지 아니하면
결단코 천국에 들어가지 못하리라.

노자의 동심론에 대해 장자는 기존 문명에 물들지 않은 어린아이를 '지인至人의 위생지도衛生之道' 즉 생명의 자주 自主를 지키는 생명주의의 표상으로 해설했고, 『회남자』에 서는 예악禮樂과 인의仁義를 부정하고 좌망坐忘에 든 무위 자연의 도인道人을 말한 것으로 읽었다. 나는 문명과 구체 제를 거부하는 원시 공산사회의 인간상을 말한 것으로 읽는다.

어떤 학자는 동심을 『장자』「제물론」의 이른바 '나비' 우화에 연결시키기도 한다. 나비는 번데기로 갇혀 있다가 탈바꿈하여 아름다운 모습으로 변한다. 그 아름다운 나비가 짧은 삶을 명랑하고 자유롭게 노니는 모습이야말로 어린아이의 때 묻지 않은 명랑함과 같다는 것이다.

『노자』 10장 해석

장자莊子/잡편雜篇/경상초庚桑楚

노자가 말했다. "위생衛生의 도道란	老子曰 衛生之經
능히 태일太一을 품고 잃지 않는 것이라 했다.	能抱一[14]乎 能勿失乎.
능히 점을 치지 않고도 길흉을 아는 것이요,	能無卜筮 而知吉凶乎.
능히 머물 수 있고 능히 그칠 수 있으며	能止乎 能已乎.
능히 남들을 사면赦免하고 자기에게서 구하며	能舍諸人 而求諸己乎.
능히 융통 자재하고 바보처럼 진실하여	能儵然[15]乎 能侗然[16]乎
어린아이처럼 되는 것이다.	能兒子乎.
…나아가되 갈 곳을 모르고 머물되 처할 곳을 모르며	…行不知所之 居不知所爲
만물과 더불어 따라가며 그 물결에 함께하는 것이니	與物委蛇[17] 而同其波
이것을 위생의 도라 한다."	是衛生之經已.
남영주南榮趎가 물었다.	南榮趎曰
"그렇다면 이것이 지인至人의 덕입니까?"	然則是至人之德已乎.

---

14) 一(일)=太極也.

15) 儵然(소연)=融通自在之貌.

16) 侗然(동연)=童蒙也, 無分別也, (통연)=誠慤也.

17) 委蛇(위사)=行可從迹也.

노자가 말했다. "아니다.

이것은 얼음이 풀려 추위가 가시는 정도의 능함일 뿐이다.

지인은 땅에서는 서로 먹여주고

하늘에서는 서로 즐겁게 하며

사람과 사물과 이해利害로 서로 얽히지 않으며

서로 더불어 괴이한 짓을 하지 않으며

서로 더불어 꾀하지 않으며

서로 더불어 사업을 하지 않으며

훨훨 날개 치듯 갔다가 무심히 오나니

이것을 일러 위생의 도라고 할 뿐이다."

남영주가 말했다. "정말 그렇게 되면 지극한 것입니까?"

노자가 답했다. "아직 아니다.

내가 전실로 너희에게 이르노니

어린아이가 되어야 한다."

曰 非也.

是乃所謂氷解凍釋者能乎.

夫至人者 相與交食乎地

而交樂乎天.

不以人物利害相攖

不相與爲怪

不相與爲謀

不相與爲事.

儵然而往 侗然而來.

是謂衛生之經已.

曰 然則是至乎.

曰 未也.

吾固告汝曰

能兒子乎.

회남자淮南子/도응훈道應訓

안회顔回가 말했다. "저는 예악禮樂을 잊었습니다."

공자가 말했다. "잘했다. 그러나 아직 멀었다."

안회는 어느 날 또 말했다. "저는 인의仁義를 잊었습니다."

공자가 말했다. "참 잘했다. 그러나 아직 멀었다."

안회는 또 어느 날 말했다. "저는 좌망坐忘에 이르렀습니다."

공자는 놀란 듯 물었다. "좌망(평안한 잊음)은 무엇인가?"

안회가 답했다. "팔다리를 늘어뜨리고

顔回謂仲尼曰 回忘禮樂矣.

仲尼曰 可矣 猶未也.

異日復見曰 回忘仁義矣.

仲尼曰 可矣 猶未也.

異日復見曰 回坐[18]忘矣.

仲尼遽然曰 何謂坐忘.

顔回曰 隳[19]支體

---

18) 坐(좌)=挫也, 自然之辭, 安然之貌.

이목의 밝음을 떨쳐버리고

형체를 떠나 지知를 버리고 마음을 비움으로써

자연의 조화에 통하는 것을 일러 '좌망'이라 합니다."

공자가 말했다. "마음을 비우면 기교가 없고

자연과 조화로우면 상도가 없는 것이니

그대는 현인의 경지에 들어간 것 같구나!

나도 그대의 뒤를 따르고 싶다."

그러므로 노자는 다음과 같이 말한 것이다.

"넋을 싣고 하나(太極=天理)를 품었으니 도를 떠나지 않으며

기氣를 전일하게 하여 지극히 유약하니

능히 갓난아기와 같다."

黜[20]聰明

離形去知

洞於[21]化通 是謂坐忘.

仲尼曰 洞則無善[22]矣

化則無常矣

而夫子薦賢

丘請從之後.

故老子曰

載營魄抱一 能無離乎

專氣至柔

能如嬰兒乎.

　　그러나 왕필 등 반동적인 현학玄學자들은 이러한 저항적이고 이상理想주의적인 '동심설'을 지배자들의 가르침에 순종하는 어리석은 백성이 되어야 한다는 '우민설愚民說'로 왜곡했다. 이로써 노자는 유가들에 의해 속세를 떠난 신선으로 추앙되어 1천 년이 넘도록 유가의 그늘에서 은둔철학의 교주로 살아야 했다. 그러나 노자의 동심설은 지배자에 반항하지 말라는 우민 도덕론으로 거세된 지 1천여 년이 지난 명明나라 때에 이르러 탁오卓吾 이지李贄(1527~1602)의 동심설로 부활하게 된다. 이지는 본래 성은 임林씨였으나

---

19) 隳(휴)=壞也.
20) 黜(출)=물리침.
21) 洞於(동어)=洞以, 空洞, 貫通, 洞簫.
22) 善(선)=巧也(拙의 반대).

조부 대에 반란에 가담한 이후 성을 이씨로 바꾸었다. 그는 양명 좌파에 속하는데, 그들은 양명을 뛰어넘어 선학禪學으로 치닫거나 명교名敎(儒敎)를 전면 부정하고 공맹을 이탈하는 극단으로 치달았다. 이지는 후자의 대표적인 사례에 해당될 것이다. 특히 그는 정이程頤(1033~1107)와 주희의 도학道學을 극도로 미워했다. 그는 공맹을 비난하고 양자와 묵자를 숭배했다(『사고전서총목제요四庫全書總目提要』 권125 「초약후문답焦弱侯問答」).

이러한 이지의 반反공자적인 선학적 경향은 한족의 정통인 공자의 명교사상을 고수하려는 명 말 청대의 개혁적인 기氣철학으로부터 격렬한 비판을 받았다. 청대의 기철학은 정이·주희·왕수인王守仁(1472~1528) 등이 공자의 경학을 버리고 선학으로 경도함으로써 중화 문화에 재앙을 가져와 송과 명의 멸망을 재촉한 것으로 인식했기 때문이다. 특히 왕부지王夫之(1619~1692)는 왕수인과 이지를 비난했고 중화의 의관을 훼손한 홍수와 맹수에 비유했다. 그들 심학心學의 경향을 수용한 황종희까지도 이지의 동심설은 유교의 틀을 완전히 벗어나는 것으로 생각했으므로 그를 유가의 대열에서 제외했다(『태주학안泰州學案』).

이처럼 이지의 동심설은 기존의 모든 가치와 권위를 부정하는 것이었다. 그는 공맹孔孟과 노불老佛(노자와 석가)의 권위를 무시하고 이학理學을 부정할 정도로 혁명적이었다. 결국 이단 교리(敢倡亂道)와 혹세무민의 죄로 체포되어 옥중에서 자살했다.

속분서續焚書/권2/삼교귀유설三教歸儒說

부끄러움도 없는 도학의 못된 폐습이 지금에 이르러서는

양陽으로는 도학을 하고 음陰으로는 부귀를 탐하니

옷 입는 것은 단아한 유가의 모습이나 행실은 개돼지와 같다.

無怪其流弊 至於今日

陽爲道學 陰爲富貴

被服儒雅 行若狗彘然也.

분서焚書/권1/답경중승答耿中丞

하늘이 어느 한 사람을 태어나게 했을 때는

그 사람의 쓰임이 있기 때문이다.

공자에게서 공급받은 이후에만

사람으로서 충족된다고 말할 수는 없다.

만약 그렇다고 가정한다면

공자가 태어나기 이전의 할아버지들은

사람 노릇도 하지 못했단 말인가?

夫天生一人

自有一人之用.

不待取給[23]于孔子

而後足也.

若必待[24]取足于孔子

則千古以前無孔子

終不得爲人乎.

분서焚書/권3/동심설童心說

동심童心은 진심眞心이다.

만일 동심이 옳지 않다고 한다면

진심이 옳지 않다고 말하는 것이다.

동심이란 가식을 버린 순수한 마음이요,

최초의 일념인 본심本心이다.

만일 동심을 잃으면 곧 진심을 잃는 것이며

진심을 잃으면 진인眞人을 잃는 것이다.

夫童心者眞心也.

若以童心爲不可

是以眞心爲不可也.

夫童心者 絕假純眞

最初一念之本心也.

若失却童心 便失却眞心.

失却眞心 便失却眞人.

---

23) 取給(취급)=공급하다.

24) 待(대)=假也, 擬也.

동심은 어찌 그처럼 갑자기 상실되는가?	然童心胡然而遽失也.
대개의 방도는 시초에	蓋方其始也
문견聞見이 이목을 타고 들어와서	有聞見從耳目而入
내심內心의 주인이 되면 동심이 상실된다.	而以爲主于其內 而童心失.
장성하면 도리道理가 문견을 따라 들어와	其長也 有道理從聞見而入
내심의 주인이 되므로 동심이 상실된다.	而以爲主于其內 而童心失.
대저 도리와 문견은	夫道理聞見
모두 많은 서책을 읽고 의리를 아는 데서 온 것이다.	皆自多讀書識義理而來也.
그렇다면 옛 성인은	古之聖人
간이하기만 하고 독서하지 않았다는 말인가?	易嘗不讀書哉.
그것은 독서를 하지 않았을 때는	然 縱不讀書
원래부터 동심이 저절로 있었고	童心固自在也.
독서를 많이 할수록	縱多讀書
이 동심을 수호하여	亦以護此童心
상실하지 않게 했을 뿐이다.	而使之勿失焉耳.
요즘 학자들처럼	非若學者
많은 독서와 의리를 안 것이	反以多讀書識義理
도리어 장애가 된 것과는 반대다.	而反障之也.
문견과 도리를 마음으로 삼았다면	夫旣以聞見道理爲心矣
말하는 것은 모두 문견과 도리의 말이며	則所有言 皆聞見道理之言
동심에서 저절로 나온 말이 아니다.	非童心自出之言也.
말은 비록 교묘하나 나와 무슨 상관이 있겠는가?	言雖工 于我何與
가인假人이 가언假言을 말하니	豈非以假人言假言
일마다 가사假事요, 문장도 가문假文이 아니겠는가?	而事假事 文假文乎

대저 그 사람이 가假이면 가假 아닌 것이 없을 것이다.

盖其人旣假 則無所不假矣.

육경과 『논어』, 『맹자』는

夫六經語孟

사관史官이 지나치게 숭상한 말이 아니면

非其史官過爲襃崇之詞

그들의 제자들이 극도로 찬미한 말일 것이다.

則其臣子極爲贊美之語.

또 그도 아니면

又不然則

우활한 문도와 어리석은 제자들이

其迂闊門徒 懵憧弟子

스승의 말을 기억나는 대로 적되

記憶師說

머리만 있고 꼬리는 없으며

有頭無尾

뒷말을 들었으나 앞말을 잊어버리고

得後遺前

소견에 따라 책에 기록한 것일 것이다.

隨其所見 筆之於書.

그런데도 후학들은 살피지 못하고

後學不察

성인의 입에서 나온 것으로만 믿고

便爲出自聖人之口也.

정해진 항목을 경전으로 만들어버린 것이니

決定目之爲經矣.

그 태반이 성인의 말이 아니라는 것을 누가 알 수 있겠는가?

孰知其太半非聖人之言乎

설사 그것이 성인에게서 나온 것이라도

縱出自聖人

그 요점은

要亦有爲而發

병증에 따라 약을 쓴 수시 처방에 불과하며

不過因病發藥 隨時處方

이로써 이 어리석은 제자들과

以捄[25]此一等懵憧弟子

우활한 문도를 바로잡기 위해 말한 것뿐이다.

迂闊門徒云耳.

의사·약사가 병에 따라 처방함에는

藥醫假[26]病

정해진 것만 고집하기 어려운 것이니

方難定執

---

25) 捄(구)=救(治)也. 護(總領之也).

26) 假(가)=因也.

이를 어찌	是豈
만세의 지론으로 삼아 따를 수 있는가?	可遽[27]以爲萬世之至論乎.
진실로 동심이 항상 보존되어 있다면	苟童心常存
도리道理로 행하지 않고 문견聞見으로 세우지 않아도	則道理不行 聞見不立
시절마다 문장이 아닌 것이 없고	無時不文
사람마다 문장이 아닌 것이 없다.	無人不文
한 가지도 창제함이 없고 격투에 묶인 문자는	無一樣創制 體格文字
문장이 아니다.	而非文者.
그러니 시詩는 하필 고선古選이어야 하고	詩何必古選
문文은 하필 선진先秦의 문이어야 하겠는가?	文何必先秦.
그러므로 나는	故吾因是
동심에 따라 느끼는 것이 절로 문文이 되니	而有感于童心者之自文也.
어찌 다시 육경을 말하고	更說甚麼六經
어찌 다시 『논어』, 『맹자』를 말할 것인가?	更說甚麼語孟乎.

　이지의 동심설은 공안파公安派로 계승되고 다시 조선으로 수입되어 허균의 『홍길동전』과 연암의 『양반전兩班傳』, 「호질虎叱」 등 그들의 문학론과 글쓰기에 커다란 영향을 끼쳤다. 원종도袁宗道(1560~1600), 원굉도袁宏道(1568~1610), 원중도袁中道(1575~1630) 등 원씨 삼형제로 대표되는 공안파는 이지의 정치 비판과 공맹 부정은 따르지 않았지만 그들의 '직사성령直寫性靈', '불구격투不拘格套', '정진어직情

---

27) 遽(거)=遽也.

眞語直'의 글쓰기는 동심론에서 영향을 받은 것이다. 허균은 일찍이 이지의 글을 읽고 심취했으며 원굉도의 글을 베껴 올 정도로 경도됐다. 그의 『홍길동전』은 이지가 평가한 『수호전水滸傳』에서 영향을 받은 것이다. 연암은 원굉도를 존경했으며 그의 「호질」과 『양반전』도 동심론에 영향을 받았다. 연암의 제자인 아정雅亭 이덕무李德懋(1741~1793)가 쓴 『영처고嬰處稿』의 '영嬰'은 영아를 뜻하고, '처處'는 처녀를 뜻한다. 동심설을 이해하기 위해 연암의 글을 몇 구절 소개한다.

연암

연암집燕巖集/권7/영처고嬰處稿 서序

남산 서편 우사단 아래 도동 물가 골목길의	雩祀壇之下 桃渚之衕
푸른 기와집 사당에는	靑甍而廟
시뻘건 얼굴에 수염이 뻗쳐 있는 조상이 있는데	貌之渥丹而鬚儼
영락없는 관운장(關羽)이다.	然關公也.
남자나 여자나 학질을 앓을 때	士女患瘧
좌상 밑에 들이밀어 놓으면	納其牀下
당장 질겁하고 오한의 증세가 없어진다 하여 숭앙된다.	懾神褫魄 遁寒崇也.
그렇지만 아이들은 무엄하게도 존엄한 상을 모독하며	孺子不嚴 瀆冒威尊
그 눈망울을 굴려보지만 껌벅거리지도 않고	爬瞳不瞬
콧구멍을 쑤셔보지만 재채기도 하지 않는다.	觸鼻不嚏
그들에게는 진흙으로 빚은 소상에 불과한 것이다.	塊然泥塑也.
이로 볼 때	由是觀之
수박을 겉으로 핥고 호추를 통째로 삼키는 무리와는	外舐水匏 全呑胡椒者

맛을 이야기할 수 없고,　　　　　　　　　　　　不可與語味也.

이웃의 담비 가죽 옷이 부러워　　　　　　　　　羨隣人之貂裘

여름에 빌려 입는 사람과는　　　　　　　　　　借衣於盛夏者

시절을 이야기할 수 없다.　　　　　　　　　　不可與語時也.

소상에 아무리 그럴듯하게 의관을 입혀놓아도　　假像衣冠

어린아이들의 진솔함을 속이지는 못한다.　　　　不足而欺 孺子之眞率矣.

연암집燕巖集**/권1/소단적치인**騷壇赤幟引

만약 그것이 이치에 맞는 것이라면　　　　　　　　　　苟得其理

집안사람의 평상의 담론도 오히려 관학과 나란히 배열하고　則家人常談 猶烈學官

아이들의 동요와 마을의 속담도　　　　　　　　　　　　而童謳里諺

『이아爾雅』[28]에 넣어야 한다.　　　　　　　　　　　亦屬爾雅矣.

이덕무

영처고嬰處稿**/자서**自序

내 원고를 영처嬰處라 했으니　　　　　　　　　　　　薰曰嬰處

글 쓴 사람이 정말 어린이요 처녀인가?　　　　　　　　薰之人其嬰處乎.

어린아이가 씩씩하게 노는 것은 있는 그대로 천진이요,　夫嬰兒之娛弄 藹然[29]天也.

처녀가 부끄러워 감추는 것은 순진한 마음이다.　　　　處女之羞藏 純然眞也.

어찌 억지로 그렇게 되게 하겠는가?　　　　　　　　　兹豈勉强而爲之哉.

---

28) 중국의 가장 오래된 字書. BC 2세기경 편찬.
29) 藹然(애연)=若夏之靜雲.

도올의 반동적인 해설 기공술

    독자들 중에는 순진무구함을 상징하는 동심童心에 저항과 혁명을 연계시키는 것을 못마땅하게 생각하는 분도 있을 것이다. 노장이 말한 동심론의 원형은 과연 혁명적이었단 말인가? 더구나 성경에서 말한 천국과 어린이의 비유가 저항과 혁명을 말한다는 해설에는 언뜻 동의하기 어려울 것이다. 나의 강의를 듣던 어느 신부님도 성경에서 말한 예수님의 천국과 어린이 비유의 원형이 노자의 동심론이라는 주장에 놀라워했다. 독자들께서도 허균의 『홍길동전』과 연암을 비롯한 북학파들이 혁명적인 이지의 동심설과 공안파의 문학론에 깊은 영향을 받았다는 사실에 놀랐을 것이다. 그런데도 도올은 이처럼 엄중한 동심론을 부드러운 피부와 심신단련의 기공술로 해석한다.

노자와 21세기/권하/101~102
우리나라의 모든 단전호흡이나 국선도와 기공 등의 원리가
다 이 글에서 나온 것임을 알 수 있다.
허리가 부드럽고, 목이나 온갖 관절이 자유롭게 돌아가며
근육이 보들보들하면서 탄력성이 있는 몸,
그것을 우리는 어린애 같은 몸이라고 부르는 것이다.
조선 민족이여! 늙지 말자!
항상 어린아이 같은 몸매를 유지하자!

    위와 같은 도올의 해설은 한마디로 망령이다.

첫째, 유약柔弱을 '부드러운 피부'로 해석하는 것은『노자』76장과 배치된다.『노자』76장에서는 "삶은 부드럽고 여림이요, 죽음은 굳고 강함(人之生也柔弱 其死也堅强)"이라고 말하는데, 이것은 유약을 '생명의 상징'으로 말한 것일 뿐 피부 미용을 말한 것이 아니다.

둘째, 갓난아기를 '부드러운 피부'로 읽는 것은『노자』28장과 배치된다. 28장에서는 "천하의 골짜기가 되면 상도를 잃지 않아 다시 영아로 돌아간다(爲天下谿 上德不離 復歸於嬰兒)"고 말하는데, 이것은 천하를 살리는 생명수인 시냇물과 무위자연의 덕德을 갓난아기로 상징한 것일 뿐 보드라운 피부를 말한 것이 아니다.

셋째,『노자』55장과 완전히 배치된다. 55장에서는 "덕을 품어 돈후하면 갓난아기와 같다(含德之厚 比於赤子)"고 말하는데, 여기서 갓난아기는 도인道人의 지극한 모습을 표현한 것일 뿐 소년의 부드러운 피부를 말한 것이 아니다.

노장이 지향하는 원시 공산사회는 순진무구한 사람만이 이룰 수 있는 공동체다. 그러나 노장은 '순진純眞'도 말했지만 '무구無垢'를 더욱 강조했다. 즉 구체제의 문명과 이념에 물들고 인위人爲의 헛된 욕망으로 때가 낀 것을 벗겨 내야만 공동체에 들어갈 수 있다는 것이다.

노장이 말하는 인위의 때가 없는 무구한 어린이는 무지無智하다. 어린이에게는 요순도 걸주도, 공자도 석가도, 빌라도Pontior Pilatos도 예수도 없으며 자기 자신도 없다. 또 애덤 스미스Adam Smith(1723~1790)도 마르크스도 없다.

이것은 예수가 말한 어린아이와 천국의 비유와 똑같은 맥락이다.

그러므로 우리는 여기서 구체제에 대한 처절한 절망과 저항을 읽어내야 한다. 어린이 비유는 역설이요 반어다. 정말로 노장이 인간은 문명을 벗어날 수 있다고 생각한 것은 아닐 것이다. 심산유곡의 고승들이 수십 년 동안 굴속에 들어가 면벽의 마음공부를 했다고 해서 문명을 벗어날 수 있을까? 인간이 아무리 우주선을 타고 별나라로 갔다고 해서 지구의 문명을 벗어날 수 있을까?

그들이 언어를 사용하고 문자를 사용하는 한 문화를 벗어날 수 없다. 그들이 옷을 입고 익힌 음식을 먹는다면 문명을 벗어날 수 없다. 우리는 몇십만 년 전의 원시 사회로 돌아갈 수 없다. 그런데 왜 노장과 예수는 어린아이를 말한 것일까? 그것은 현 문명에 대한 저항이며 새로운 문명에 대한 소망이 아닐까?

그렇지 않고 과연 노자가 신선 같은 모습의 백발홍안의 부드러운 피부를 말했을까? 또는 노자가 기공술을 하여 늙지 않고 갓난아기의 피부를 갖기를 소망하고 그것을 권유했을까? 허기야 노자는 골짜기·암컷·곡신谷神을 도道에 비유하곤 했다. 이로 볼 때 노자는 페미니즘이고 부드러운 피부와 연관되는 것이라고 말할 수 있을지도 모른다.

그러나 그것은 노자에다 프로이트와 데리다Jacques Derrida(1930~2004)를 억지로 끌어들인 망상일 뿐이다. 노장과 예수가 말한 갓난아기를 프로이트로 재단하면 그들의 무의식적 퇴영 심리라고 말할 수도 있겠고, 데리다를 들이대며 그 언어 속에 숨어 있는 그들의 무의식적 의식구조를 말할 수도 있을 것이다. 그러나 그것은 말하는 자와 듣는 자 사이의 심리구조에 주목하는 것일 뿐 그것만으로는 그들이 세상에 말하고자 한 내용은 알 수 없다. 인간의 심리는 어느 한 시대의 단면적인 역사·문자와는 상관없다. 언어의 구조가 인간의 심리구조와 상관이 있다 해도 그것은 수만 년 동안 통시적이며 자의적으로 형성된 것일 뿐 어느 개인의 문서나 어느 시기의 사회정치적 소망과는 상관없다.

『노자』가 기록된 시대는 전국시대라는 난세였다. 수백 년의 전란으로 민중들은 거꾸로 매달린 듯 참담한 지경에 처해 있었다. 『노자』의 기록자들은 죽음의 세월을 살며 하느님이 과연 있는가를 반문하고 하늘을 원망하던 민중이었다. 그들이 과연 부드러운 피부를 갖자고 글을 썼을까? 그들의 무의식적 심리를 프로이트와 데리다의 이론으로 분석한다고 해서 그들의 참담한 현실과 절망 그리고 슬픈 소망과 처절한 외침이 밝혀질까?

그렇지 않다. 왜냐하면 그들이 말하고자 하는 내용은 그들이 처한 정치사회적 환경과 그들의 소망과 더불어 그들의 말들을 종합적으로 비교 분석함으로써만 알 수 있기 때문이다. 노자에게서 부드러운 피부를 연상한다는 것은 정신병자의 망상에 불과하다.

성인의 가르침과 일상성으로부터 해방

그러나 여기서 주목해야 할 것은 노자·장자·이지·허
균·연암 등의 무지와 동심론은 인성론人性論으로 보면 유
가들의 '멸인욕滅人欲 존천심存天心'과도 관련이 있다는 것
이다. 인간의 타고난 본성이 착하다는 성선설性善說을 믿지
않고 성악설性惡說을 믿는다면 동심론은 결국 악惡으로 돌
아가라는 말이 되기 때문이다.

여기서 우리는 왜 노장 강의에 인성론이 빠졌는지 의문
을 가져야 한다. 공자·맹자·순자는 물론이고 묵자까지도
인성론을 중시했다. 인성론이야말로 도덕론의 근거이며
인민들에게 적극적으로 무엇을 하라고 요구할 수 있는 근
거가 되기 때문이다. 공맹은 성선설을 주장했고, 순자는 성
악설을 주장했고, 묵자는 인성 소염론所染論을 주장했다.
그들은 도덕적 인간이 되는 것만이 난세를 극복하는 길이
라고 믿었기 때문에 그 도덕의 정당성과 방법을 설명하기
위해 인성론을 말한 것이다.

그러나 노장은 인성론을 말하지 않았다. 왜 그랬을까?
노장은 인민들에게 인륜 도덕의 인간을 요구하지 않았기
때문이다. 그들은 인간을 규정하는 것을 몹시 싫어했다. 그
들은 인민들에게 무엇을 하라거나 무엇이 되라고 요구하
지 않았다. 오히려 성인과 잘난 사람과 지식인들이 인민들
에게 무엇을 요구하는 것을 싫어했다. 다만 노장은 인민들
을 자연대로 살도록 내버려두라고 요구할 뿐이었다. 그러
므로 노장은 자연과 별도로 인간의 본성을 따로 말할 필요

가 없었던 것이다. 그들은 간섭 없는 자연의 삶을 소망했던 것이다.

그렇다면 노장은 인간에 무관심했는가? 그렇지 않다. 그들은 누구보다 당시의 참담한 민생을 고발하고 저항했다. 그러므로 그들은 지배이념에서 말하는 인간 본질론을 거부하고, 인간을 현상학적이며 실존적으로 보았던 것이다. 대신 그들은 이토록 인민을 억압·착취하는 기존의 문명과 도덕과 지식이 과연 무엇인가를 물었다. 바로 그것이 인식론이다. 그들은 인식론을 통해 기존의 지배 문명과 지식들이 모두 거짓임을 알게 됐다. 그래서 그들은 자연으로 돌아가라고 말했고 무지와 동심론을 주장했던 것이다.

이처럼 그들의 동심론은 반문명적이고 저항적이고 슬픈 소망을 담고 있었던 것이다. 그런데 그것을 아름다운 피부를 가꾸고 기공으로 젊음을 되찾자는 뜻으로 해석한다면 이 얼마나 후안무치한 죄악인가?

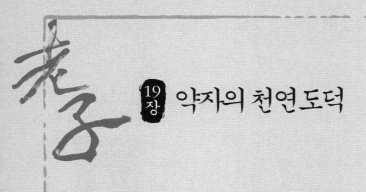

19장 약자의 천연도덕

무위의 자연 도덕

《 노자 · 51장 》

도道는 낳고 덕德은 기르고	道生之 德畜之
물상物象은 형태를 지우고 세력勢力은 그것을 이룬다.	物¹⁾形之 勢成之
그러므로 만물은 도와 덕을 존귀하게 여기지 않음이 없다.	是以萬物 莫不尊道 而貴德
도가 존숭되고 덕이 귀하다 해도	道之尊 而德之貴
그것은 천명天命이 아니라	夫莫之命
변함없는 자연自然일 뿐이다(신본주의→자연주의).	而常自然
도는 낳지만 소유하지 않으며	生而不有
다스리지만 스스로 옳다고 하지 않고	爲而不恃²⁾
키우지만 주재하지 않는다(無神論).	長而不宰
이를 일러 현묘한 덕德이라 한다.	是謂玄德.

---

1) 物(물)=物象.
2) 恃(시)=依賴也, 待也, 持也, 自是也.

《 노자 · 79장 》

원한이 크면 화해해도 원한이 남는 것이다.　　　　　　　　　　和大怨 必有餘怨

어찌 원한이 없는 것보다 화해가 좋은 일이라고 하겠는가?　　安可以爲善

　　김경탁 : 어찌 지극한 선이라 하겠는가?

　　김용옥 : 그러니 어떤 경우에도 어찌 잘했다 할 수 있겠는가?

그러므로 성인은 채권을 가지고 남을 독책하지 않는다.　　是以聖人執左契³⁾ 不責於人

　　김경탁 : 그래서 성인은 빚을 받을 계약서를 가지고 있으면서 빚을 독촉하

　　　　　　지 않는다.

　　김용옥 : 그러므로 성인은 채권 어음을 가지고 있으면서도 채무자를 독촉

　　　　　　하지 아니한다.

그러므로 유덕자는 지불을 맡고 부덕자는 징수를 맡는다.　　故德司契 無德司徹⁴⁾

　　김경탁 : 덕인은 남에게 양도할 계약서를 갖고 있지만 부덕자는 양도받을

　　　　　　계약서를 가지고 있다.

　　김용옥 : 덕 있는 자는 어음 거래로 결재하고, 덕 없는 자는 현물 거래로

　　　　　　닦아센다.

자연(天)의 도道는 친소가 없으며 항상 선한 자의 편이다.　　天道無親 常與善人.⁵⁾

　　김경탁 : 천도 즉 자연법칙은 사정私情이 없고 항상 선인 편이다.

　　김용옥 : 하늘 길은 편애함이 없으면서도 늘 좋은 사람과 더불어 하느니.

《 노자 · 37장 》

도는 변함없는 것이므로 무위지만 다스려지지 않음이 없다.　　道常無爲 而無不爲

---

3) 左契(좌계)=부절의 왼쪽. 채권 어음.

4) 徹(철)=古者助法 周改助爲徹法.

5) 인구에 회자되는 名句로 난세를 말할 때면 인용되곤 한다. 그러나 『노자』에서 '天道'는 '自然의 道'를 말하지만
　(自然主義→唯物論), 『사기』 「伯夷列傳」에서 말한 '天道'는 '天命의 道'를 말한다(天命論→唯神論).

군왕이 순리를 지키면 만물은 스스로 조화할 것이다.　　　　　　侯王若能受之 萬物將自化.

《 노자 · 38장 · 중단 》

상덕上德은 무위無爲하며 무위로써 다스린다.　　　　　　　　　上德無爲 而無以[6]爲

김경탁 : 상덕은 무위無爲이면서 불위不爲가 없고

장기근 : 으뜸의 덕행자는 무위자연을 따라 작위하지 않는다.

노태준 : 상덕은 무위無爲이다. 그러므로 작위가 없으며

김용옥 : 윗덕은 함이 없을 뿐 아니라 무엇을 가지고서 함이 없다.

오강남 : 훌륭한 덕의 사람은 억지로 일을 하지 않습니다. 억지 일을 할 까
　　　　닭이 없습니다.

김형효 : 상덕은 무위하므로 작위가 없다.

하덕下德은 유위有爲이며 유위로써 다스린다.　　　　　　　　下德爲之 而有以爲.[7]

김경탁 : 하덕은 유위有爲이면서 불위不爲가 있다.

장기근 : 저속한 덕행자는 작위하고 인위적으로 꾸민다.

노태준 : 하덕은 유위이다. 그러므로 작위가 있다.

김용옥 : 아랫덕은 함이 있으며, 또 무엇을 가지고서 하려고 한다.

오강남 : 훌륭하지 못한 덕의 사람은 억지로 일을 합니다. 억지로 일을 할
　　　　까닭이 많습니다.

김형효 : 하덕은 유위하므로 작위가 있다.

《 노자 · 24장 》

발돋움하면 반듯이 설 수 없고　　　　　　　　　　　　　　企[8]者不立

---

6) 以(이)=爲也(視其所以 人焉廋哉 : 論語/爲政). 以 爲也(朱注). 『한비자』「해로」편은 '不'로 됨.

7) 爲(위)=治也(能以禮讓爲國乎 何有. : 論語/里仁).

버팀 다리를 하면 걷지 못한다.

스스로 드러내면 밝지 않고

스스로 옳다 하면 현창되지 않는다.

스스로 떠벌리면 공이 없고

스스로 뽐내면 오래가지 못한다.

도道에 있어 그것들은

남은 음식이요, 군더더기 혹을 붙이는 것일 뿐,

사물이나 지역에서도 싫어한다.

그러므로 도인道人이라면 (그런 군더더기인 人爲에) 처하지 않는다.

跨⁹⁾者不行

自見者不明

自是者不彰

自伐者無功

自矜者不長

其在道也

曰餘食贅¹⁰⁾行

物或¹¹⁾惡之

故有道者不處.

생생生生의 무위 도덕

대체로 도덕道德이라 하면 국민 또는 공민公民으로서 품
성을 닦고 사회의 질서를 잘 지키라는 기율紀律로 인식되고
도덕률道德律이라고 통칭된다. 그러므로 도덕은 국가나 지
배자나 사회를 위한 것이고 개개인을 위한 것이 아니다. 그
도덕률은 천명天命이라는 신성한 권위와 권력을 가진다. 그
러므로 도덕률의 생산자는 천자天子 또는 왕王 또는 성인聖
人으로 불린다. 천자는 하느님의 아들이란 뜻이며, 왕은 천
지인삼재天地人三才를 통합한다는 뜻이며, 성인이란 천문天

---

8) 企(기)=跂也, 擧踵.

9) 跨(과)=踞也.

10) 贅(췌)=군더더기.

11) 或(혹)=域也, 邦也.

文 또는 신탁神託을 받고 선포하는 제사장이라는 뜻이다. 그러므로 지배자들의 말씀(名)은 '천명 도덕'이 된다.

　반면 노자의 도덕은 자연의 도道와 생명의 덕德을 뜻한다. 이것은 지배자나 사회를 위한 것이 아니라 국가·군주·지배가 없는 자연의 자유로운 생명을 살리고 발현케 하려는 것이다. 그러므로 공자의 도덕은 천명인 데 비해 노장의 도덕은 무치無治의 자연이다.

장자莊子/외편外篇/천지天地

천지를 형통하게 하는 것은 덕德이요,	通12)於天地者 德也.
만물을 운행하는 것은 도道다.	行於萬物者 道也.
…기교는 정사로 아울러야 하고,	…技兼於事
정사는 의리로 아울러야 하며,	事兼於義
의리는 덕으로 아울러야 하고, 덕은 도로써 아울러야 하며,	義兼於德 德兼於道
도는 자연(天)으로 아울러야 한다.	道兼於天.
도란 만물을 덮고 싣는 것이니	夫道覆載萬物者也
바다처럼 크다.	洋洋乎大哉.
군자는 마음을 비우지 않으면 안 된다.	君子不可以不刳13)心焉.
무위無爲로 다스리는 것을 천天(자연)이라 하고	無爲爲之之謂天.
무위로 선양하는 것을 덕이라 한다.	無爲言14)之之謂德.

---

12) 通(통)=達也, 利也, 亨也.
13) 刳(고)=夸(奢, 大, 虛也)와 통용.
14) 言(언)=宜也.

형체는 도가 아니면 태어나지 못하고　　　　　　　形 非道不生.

생명은 덕이 아니면 발현되지 못한다.　　　　　　生 非德不明.[15]

그러므로 형체를 보존하고 생명을 다하고　　　　存形窮生

덕을 세우고 도를 밝히는 것이 성덕盛德이 아닐까?　立德明道 非王德者邪.

태초에는 무無도 없었고(無無), 명名도 없었다(無名).　泰初 有[16]無無 有無名.

여기에서 하나(太一)가 생겼으며　　　　　　　　一[17]之所起

하나이므로 아직 형체가 없었다.　　　　　　　　有一而未形.

이 하나를 얻어 만물이 태어나는데 이것을 덕이라 한다.　物得以生 謂之德.

이때 형체가 없던 것이 분별이 생기는데　　　　　未形者有分

또 그것이 끊임이 없이 이어지니 명命이라고 한다.　且然無間 謂之命.

그 하나가 머물기도 하고 운동하기도 하며 사물을 낳고　留動而生物

사물이 이루어지면 무늬가 생기는데 그것을 형체라 한다.　物成生理 謂之形.

형체가 정신을 보존하여 각각 형상(이데아)을 가지게 되는데　形體保神 各有儀[18]則

이것을 성품이라 한다.　　　　　　　　　　　謂之性.

성품을 닦으면 덕으로 돌아가며　　　　　　　性修反德

덕이 지극하면 태초와 같아진다.　　　　　　　德至同於初.

태초와 대동하면 허虛하고, 허하면 크다.　　　　同乃虛 虛乃大.

새들이 모여 울면 온갖 울음소리가 합창이 되듯　　合喙鳴[19] 喙鳴合

천지와 더불어 합해지면　　　　　　　　　　與天地爲合

---

15) 明(명)=顯, 盛, 發, 備也.
16) 有(유)= 又也. 雙音辭.
17) 一(일)= 唯一者, 太極.
18) 儀(의)=形象.
19) 喙鳴(훼명)=衆口.

그 합해진 것은 천지를 아우르는 벼리처럼 끝이 없고   其合緡緡[20]

어리석은 듯, 무지한 듯하다.   若愚若昏

이를 일러 현덕玄德이라 하나니   是謂玄德

위대한 순응(自然)에 대한 동화同化라고 한다.   同乎大順.

장자莊子/외편外篇/지북유知北遊

동곽자東郭子가 장자에게 물었다.   東郭子問於莊子曰

"이른바 도道는 어디에 있소?"   所謂道惡乎在.

장자가 답했다. "없는 곳이 없소."   莊子曰 無所不在.

동곽자가 말했다. "요약해 주시면 좋겠소."   東郭子曰 期而後可.

장자가 말했다. "도는 땅강아지와 개미에게 있소."   莊子曰 在螻蟻.

동곽자가 말했다. "어찌 그처럼 낮은 것에 있단 말이오?"   曰 何其下邪.

장자가 말했다. "도는 돌피와 참피에 있소."   曰 在梯稗.

동곽자가 말했다. "어찌 더욱 낮아지는 것이오?"   曰 何愈其下邪.

장자가 말했다. "도는 기와와 벽돌에도 있소."   曰 在瓦甓.

동곽자가 말했다. "어찌 더욱 심해지시오?"   曰 何愈甚邪.

장자가 말했다. "도는 똥과 오줌에도 있소."   曰 在屎溺.

동곽자는 아예 입을 다물어버렸다.[21]   東郭子不應.

---

20) 緡緡(민민)=綸也, 繩也, 錢貫也.

21) 참고로 묵자는 "義는 어리석고 천한 것에서 나오지 않고, 반드시 귀하고 지혜로운 것에서 나온다(義不從愚且賤
者出. 必自貴且知者出. : 墨子/天志中). 하느님만이 귀하고 지혜로운 분이므로 의는 오직 하느님으로부터 나온
다"라고 했다.

신분차별이 없는 자연 도덕

자연에는 국가도 군주도 성인도 명령도 노예도 없다. 천명天命 도덕은 나라와 가문을 위하고 군왕과 대인을 섬기는 도덕인 데 비해 자연自然 도덕은 개인의 생명과 자유를 위하는 도덕이다. 천명 도덕은 집단을 위한 기율인 데 비해 자연 도덕은 집단으로부터 개인의 소외가 없는 자유방임이다. 무위無爲는 무치無治이므로 무정부주의며, 자연은 무명無名이므로 신분차별이 없는 원시 공산사회다. 그러므로 인류 도덕은 신분차별의 왕도주의인 데 반해, 자연 도덕은 지배가 없는 무정부주의다.

장자莊子/외편外篇/추수秋水

하백이 말했다. "어디에서 귀천이 갈리게 되며
대소가 갈리게 됩니까?"
북해약이 말했다.
"도道의 입장에서 보면 사물에는 귀천이 없다.
물건의 입장에서 보면 자기는 귀하고 상대는 천하다.
세속의 눈으로 보면 귀천은 자기 능력 차이 때문이 아니다."

공경스럽구나!
나라에 군주처럼 사사로운 덕을 없게 하라.
여유롭구나!

河伯曰 惡至而倪貴賤
惡至而倪小大.
北海若曰
以道觀之 物無貴賤.
以物觀之 自貴而相賤.
以俗觀之 貴賤不在己.

嚴乎
若國之有君 其無私德.
繇繇[22]乎

---

22) 繇繇(요요)=自得之貌.

제사를 받는 토지신처럼 사사로운 복을 없게 하라!

넓고 넓구나! 천지사방이 무궁한 것처럼

진실로 경계가 없게 하라!

만물을 평등하게 사랑하니 누구를 받들고 공경할 것인가?

이것을 일러 나라가 없다고 말하는 것이다(무정부주의).

若祭之有社 其無私福.

泛泛乎 若四方之無窮.

其無所畛域.

兼悔萬物 其孰承[23]翼.[24]

是謂無方.[25]

---

23) 承(승)=奉也.
24) 翼(익)=敬也.
25) 方(방)=邦國也.

반인의의 자연 도덕

《 노자 · 1장 》

도道는 가르쳐 말할 수는 있지만   道可道
그 가르쳐 말한 도는 '상자연常自然의 도道'가 아니다.   非常道.
이름(名)은 불러 분별(名分)할 수는 있으나   名可名
그것은 상자연의 명분名分은 아니다.   非常名.

《 노자 · 19장 · 상단 》

성인을 없애고 지식을 버려라!   絶聖棄智
민중의 이익이 백배로 늘어날 것이다.   民利百倍

　김용옥 : 성스러움을 끊어라! 슬기로움을 버려라!

인仁을 끊고 의義를 버려라! 민중이 효도하고 자애롭게 될 것이다.   絶仁棄義 民復孝慈.

　김용옥 : 인자함을 끊어라. 의로움을 버려라.

자연과 인륜

　이처럼 노자의 도덕은 자연 도덕이므로 공자의 인륜 도
덕과는 대립적이다. 자연 도덕이란 무슨 뜻인가? 공자의
인륜의 덕은 인간이 만들어낸 인위적인 신분차별에 따른
신민臣民의 덕인 데 비해 노자의 자연의 덕은 인위적인 구
속이 없는 자연인의 덕을 말한다. 공자는 주나라의 왕도주
의를 지향했으므로 그의 인仁은 '주례周禮로 돌아가자'는
것이었고, 반면 노장은 신농씨의 원시 공산사회를 지향했

으므로 그의 도道는 '자연으로 돌아가자' 는 것이었다. 따라서 왕도주의는 군자君子(官長)의 덕을 요구하고, 원시 공동체 사회에서는 자연인의 품성을 요구한다. 군자의 덕은 극기克己이며, 자연인의 덕은 무위無爲다.

장자莊子/외편外篇/산목山木

기림도 없고 비난도 없으며,	無譽無訾
한 번은 용이 되고 한 번은 뱀이 되어	一龍一蛇.
때와 함께 조화할 뿐 마음대로 재단함을 좋아하지 않으며,	與時俱化 而無肯專26)爲
한 번 올라가면 한 번 내려오며 조화를 도량度量으로 삼고	一上一下 以和爲量.
만물의 근원에서 노닐면	浮游乎萬物之祖
저마다 사물을 위한 사물이 되지 않으니	物物而不物於27)物.
어찌 허물을 입겠는가?	則胡可得而累邪.
이것이 황제黃帝와 신농씨의 법이다.	此黃帝神農之法則也.
그러나 만물의 실정과	若夫萬物之情
인륜人倫의 가르침은 그렇지 않다.	人倫之傳則不然.
합하면 가르고, 이루면 허물며, 날카로우면 꺾고	合則離 成則毁 廉則挫
높으면 비난하고, 지으면 손상하고	尊則議 有爲則虧
어질면 계략하고, 못나면 속이니	賢則謀 不肖則欺
어찌 신뢰할 수 있겠는가?	胡可得而必28)乎哉.
슬프다. 제자들아! 기억해 두어라!	悲夫 弟子志29)之.

---

26) 專(전)=擅也.
27) 於(어)=爲也.
28) 必(필)=信也.
29) 志(지)=記也.

오직 도道와 덕德만이 구제할 수 있다.　　　　　　　　　　其唯道德之鄕30)也.

장자莊子/외편外篇/재유在宥

홍몽鴻蒙이 말했다.　　　　　　　　　　　　　　　　　　　鴻蒙曰
"자연의 상도常道를 어지럽히고 사물의 본성을 거스르면　　　亂天之經 逆物之情
천도天道는 이루어지지 않는다.　　　　　　　　　　　　　玄天不成.
짐승이 무리를 흩어지게 하고　　　　　　　　　　　　　　解獸之羣
새들이 모두 밤중에 울게 한다면　　　　　　　　　　　　　而鳥皆夜鳴.
재앙이 초목에 미치고 나아가 벌레들까지 미칠 것이다.　　　災及草木 禍及止31)蟲.
오! 잘못은 사람을 다스린 때문이다."　　　　　　　　　　意 治人之過也.
운장雲將이 물었다. "그렇다면 나는 어찌해야 합니까?"　　　雲將曰 然則吾奈何.
홍몽이 답했다. "네가 무위無爲를 벗하고 살면　　　　　　　鴻蒙曰 汝徒處無爲
만물은 저절로 조화되는 것이다.　　　　　　　　　　　　　而物自化.
몸을 잊어버리고 총명을 토해 버리게!　　　　　　　　　　墜爾形體 吐爾聰明.
인륜(倫)과 사물(物)을 잊고　　　　　　　　　　　　　　倫與物忘
'대자연의 호기浩氣(涬冥)'에 대동大同하게!　　　　　　　大同乎涬冥.32)
마음을 해방하고 정신을 석방하여　　　　　　　　　　　　解心釋神
혼이 나간 듯 무지無知하게!　　　　　　　　　　　　　　莫然33)無魂.
그러면 만물은 무성하고 각각 그 뿌리로 돌아갈 것이다.　　萬物云云 各復其根.
만물은 본래 제 스스로 저절로 태어나 살아가는 것이다."　　物故自生.

---

30) 鄕(향)=救也.
31) 止(지)=豸(발 없는 벌레 총칭)의 誤.
32) 涬冥(행명)=기운의 그윽함.
33) 莫然(막연)=無知貌.

반인예反仁禮의 도덕

노장이 활동하던 춘추전국시대의 지배이념은 유가들의
도덕률인 삼강오륜三綱五倫이었고 인의예지仁義禮智였다.
삼강은 공자가 말한 정사의 방법인 삼정三正을 동중서董仲
舒(BC 170?~120?)가 유교를 창립하면서 반동적으로 강화한
것이고, 오륜은 공자의 삼정에 장유長幼와 붕우朋友 관계를
추가한 것이다. 공자의 인예仁禮는 주례周禮로 돌아가자는
보수 회귀주의였다. 이는 한마디로 말하면 가부장적 신분
차별적인 서주西周의 봉건제를 부활코자 한 것이다.

유교의 도덕 강목

공자의 삼정三正	맹자의 오륜五倫	한비의 삼사三事	동중서의 삼강三綱
『예기』「애공문哀公問」	『맹자』「등문공滕文公」상	『한비자』「충효忠孝」	『백호통의白虎通義』「삼강육기三綱六紀」
부부별夫婦別 부자친父子親 군신엄君臣嚴	부자유친父子有親 군신유의君臣有義 부부유별夫婦有別 장유유서長幼有序 붕우유신朋友有信	신사군臣事君 자사부子事父 처사부妻事夫	군위신강君爲臣綱 부위자강父爲子綱 부위처강夫爲妻綱

이러한 유교의 삼강과 인예는 묵자로부터 저급한 것이
라는 비판을 받았다(『묵자』「경설經說」상). 공자의 신분차별
과 혈연주의는 묵자의 평등주의와 지역 공동체주의에 반
하는 것이기 때문이다. 노장의 자연주의는 공맹의 천명天命

주의와 더욱 첨예하게 대립한다. 장자는 공자의 혈연적 인 仁은 "호랑이에게도 있고 도둑에게도 있다"고 혹평했다. 호랑이의 인仁보다 더 나은 지극한 인仁이 되려면 친척이 없는 것이어야 한다고 지적했다. 즉 혈연적 근친애가 아니 라 지역 공동체적 사랑이 되어야 한다는 것이다.

장자莊子/외편外篇/천운天運

송나라 재상 탕蕩이 장자에게 인仁을 물었다.	商³⁴⁾太宰蕩問仁於莊子.
장자가 말했다. "호랑이와 이리도 인仁을 합니다."	莊子曰 虎狼仁也.
탕이 물었다. "무슨 뜻입니까?"	曰 何謂也.
장자가 말했다. "짐승들도 부자간에 서로 친밀하니	莊子曰 父子相親
어찌 인仁하지 않다고 하겠습니까?"	何爲不仁.

장자莊子/외편外篇/거협胠篋

도척의 무리들이 도척에게 물었다.	故盜跖之徒 問於跖之曰
"공자의 무리들은 도道가 있는데 우리들도 도가 있습니까?"	盜亦有道乎
도척이 말했다. "어디를 간들 도가 없겠느냐?	跖曰 何適而無有道邪.
남의 집 안에 감추어진 재물을 짐작하여 알아내는 것은	夫妄意³⁵⁾室中之藏
성聖이요,	聖也
먼저 들어가는 것은 용勇이요,	入先勇也
뒤에 나오는 것은 의義요,	出後義也
도둑질의 가부를 아는 것은 지知요,	知可否知也

---

34) 商(상)=宋國.
35) 妄意(망의)=斟量商度.

도둑질한 재화를 고르게 나누는 것은 인仁이다.
이 다섯 가지 도를 갖추지 않고 대도大盜가 된 자가
천하에 없었느니라."

分均仁也.
五者不備 而能成大盜者
天下未之有也.

공자의 원시 유학으로부터 동중서의 유교를 거쳐 주희의 성리학에 이르기까지 그들의 도덕론의 약점은 신분 계급의 불평등과 남녀차별이라는 천형 같은 병통이었다. 그래서 조선 민중들은 오늘날까지도 가면극을 통해 공자의 인仁을 풍자하고 비난한다.

강령탈춤 대사

들어 보거라! 개(犬)에게도 오륜이 있으니,
털색이 지아비를 닮았으니(毛色相似) 부자유친父子有親이요,
주인을 알아보고 짖지 않으니(知主不吠) 군신유의君臣有義요,
하나가 짖으면 동내 개가 함께 짖으니(一吠衆吠)
붕우유신朋友有信이요,
새끼를 배면 수캐를 멀리하니(孕後遠夫)
부부유별夫婦有別이요,
작은 놈이 큰 놈에게 덤비지 않으니(小不大敵)
장유유서長幼有序라.

이처럼 노장은 공자의 인예仁禮를 반자연적인 본성에 반하는 질곡으로 단죄했다. 반공자反孔子·반인예反仁禮에 대해서는 앞에서 이미 논급한 바 있다. 여기서는 인예와 도덕이 왜 그처럼 적대적인지 그 내막을 살펴보기로 한다.

첫째, 인예는 도덕에 반한다.

장자莊子/외편外篇/재유在宥

인仁을 좋아함은 덕德을 어지럽히는 것이요,

의義를 좋아함은 이리理를 어긋나게 하는 것이요,

예禮를 좋아함은 기교를 돕는 것이요,

악樂을 좋아함은 음란함을 돕는 것이요,

성인을 좋아함은 그들의 꾀를 돕는 것이요,

지식을 좋아함은 험담을 돕는 것이다.

천하가 천성 그대로 평안하면

이것들은 있어도 그만 없어도 그만이다.

천하가 천성 그대로 편안하지 않다면

이것들은 본성을 병들게 하고

천하를 어지럽힐 것이다.

說仁邪 是亂於德也.

說義邪 是悖於理也.

說禮邪 是相於技也.

說樂邪 是相於淫也.

說聖邪 是相於藝也.

說知邪 是相於疵也.

天下將安其性命之情

之八者 存可也亡可也.

天下將不安其性命之情

之八者 乃始臠卷猥囊

而亂天下也.

장자莊子/외편外篇/지북유知北遊

예禮는 도道의 허식이요, 어지러움의 괴수다.

禮者 道之華而亂之首也.

둘째, 인예는 자연自然에 반하는 것이다.

장자莊子/외편外篇/변무騈拇

오리는 다리가 짧다고 이어주면 괴로워하고

학의 다리가 길다고 잘라주면 슬퍼한다.

아마도 인예仁義는 사람의 본마음이 아닐 것이다.

저들 인자仁者는 얼마나 괴로울까?

鳧脛雖短 續之則憂.

鶴脛雖長 斷之則悲.

意仁義其人之情乎.

彼仁人何其多憂也.

몸을 굽히고 꺾는 예악禮樂과, 언행을 삼가는 인예는　　　　屈折禮樂 呴[36]俞[37]仁義
천하의 마음을 막히게 하는 것이니　　　　　　　　　　　以慰[38]天下之心者
이는 상도常道인 자연을 잃게 하는 것이다.　　　　　　　此失其常然也.

내가 말하는 선善이란 인의仁義를 말하는 것이 아니라　　吾所謂臧者 非仁義之謂也
각자 자기의 덕성을 선하게 하는 것이다.　　　　　　　　臧於其德而已矣.
내가 말하는 선이란　　　　　　　　　　　　　　　　　吾所謂臧者
인의를 말하는 것이 아니라　　　　　　　　　　　　　　非所謂仁義之謂也
자기의 본성과 천명대로 방임하는 것이다.　　　　　　　任其性命之情而已矣.

　셋째, 인仁은 덕德의 일부 성질에 불과한 것인데, 이를
전부인 양 강조 선양함은 제왕과 출세주의자들의 정치적
술수라는 것이다.

장자莊子/잡편雜篇/서무귀徐無鬼

허유가 말했다.　　　　　　　　　　　　　　　　　　　許由曰
"지금 요임금은 인仁을 한다고 애쓰고 있는데　　　　　　夫堯畜畜然仁
저는 그것이 천하의 웃음거리가 될 것을 걱정한답니다.　　吾恐其爲天下笑.
후세에는　　　　　　　　　　　　　　　　　　　　　　後世
그 때문에 사람과 사람이 서로 잡아먹게 될 것입니다.　　其人與人相食與.
대저 백성들이 모이게 하는 것은 어려운 것이 아닙니다.　　夫民不難聚也.

---

36) 呴(구)=言語順也.
37) 俞(유)=和恭貌.
38) 慰(위)=鬱(滯)也.

그들은 사랑하면 가까워지고, 이롭게 하면 모여들 것이며   愛之則親 利之則至.
칭찬하면 권면할 것이요,   譽之則勸
싫어하는 일을 하면 흩어질 뿐입니다.   致其所惡則散.
그런데 그 사랑과 이로움은 인의仁義에서 나옵니다.   愛利出乎仁義.
그러나 인의를 덜어주는 자는 적고   損仁義者寡
인의를 이용하는 자는 많습니다.   利仁義者衆.
그러므로 인의를 행하는 자는 성실함이란 없을 뿐만 아니라   夫仁義之行 唯且無誠.
금수의 탐욕을 거짓 빙자하는 수단일 뿐입니다.   且假乎禽貪者器.
이는 한 사람의 결단으로   是以一人之斷
천하를 이롭게 다스린다는 것이므로   制利天下.
비유컨대 일인 독재와 같은 것입니다."   譬之猶一覕[39]也.

넷째, 공자의 인仁은 박애博愛(보편적인 사랑)나 겸애兼愛
(평등한 사랑)가 아니라 신분차별적인 혈연적 근친애라는
것이다. 즉 공자의 인은 엄격한 신분차별 사회인 가부장적
혈연 공동체 내에서의 위계질서를 위한 차등적 사랑이다.
이에 대해서는 묵자가 이미 노자보다 먼저 인을 '체애體愛
(개인주의적 사랑)'라고 비난하고 평등한 공동체적 사랑인
'겸애'를 주장한 바 있다.

장자莊子/외편外篇/천운天運

송나라 재상 탕이 말했다.   商太宰曰
"동물의 인仁보다 지극한 인에 대해 묻겠습니다."   請問至仁.

---

39) 覕(별)=割也, 裁也.

장자가 말했다.
"지극한 인은 친척(近親愛)이 없는 것입니다."

莊子曰
至仁無親.

장자莊子/잡편雜篇/서무귀庚桑楚

지극한 예禮는 남이 없고, 지극한 의義는 사물이 따로 없고
지극한 지知는 꾀가 없고, 지극한 인仁은 친척(親)이 없고
지극한 신의는 보증금이 없다.

至禮有不人. 至義不物.[40]
至知不謀 至仁無親.
至信辟金.

덕德과 인仁의 종합

그런데 『장자』를 읽다 보면 인仁을 긍정하는 내용의 글
도 발견된다. 왜 이렇게 모순된 것일까? 그것은 다름이 아
니라 『장자』라는 책에서는 참다운 자연적인 인과 가식적이
고 인위적인 인을 다같이 '인仁'이라는 한 글자로 표기하
기 때문이다. 실제로 노장은 '애인이물愛人利物'의 본래 인
仁 자체를 반대한 것이 아니라 신분차별적인 '공자의 인仁'
을 반대한 것이다. 전자를 지극한 인이라 한다면 후자는 변
질된 인이라 말할 수 있다. 또한 장자의 제자들이 쓴 「천
하」편에는 노자의 덕德과 공자의 인仁을 종합하려는 경향
이 반영됐기 때문에 혼란스러운 것이 사실이다.
이처럼 장자는 물론이거니와 그의 제자들은 도덕과 인

---

40) 物(물)=外境也.

의仁義를 본말 선후로 조화시키려고 노력했다. 위진대魏晉代에 이르러서는 하안과 왕필 등 현학가玄學家들이 유가와 도가를 결합시키고자 『노자』와 『논어』를 모순되지 않도록 변질시키기까지 했다. 그리하여 도가들도 유가들의 현실적인 인仁을 부차적인 수단으로 인정하는 경향이 많아졌다. 우리 학자들은 모두 이들 현학을 따르고 있다. 그러나 그것은 노장의 본래 사상이 아니다.

장자莊子/외편外篇/선성繕性

대저 덕德은 화和요, 도道는 이理다.	夫德和也 道理也.
덕은 용납하지 않는 것이 없으니 인仁하며,	德無不容 仁也.
도는 이치 아닌 것이 없으니 의義롭다.	道無不理 義也.
의가 밝아 만물이 친애하는 것이 충忠이다.	義明而物親 忠也.

장자莊子/외편外篇/재유在宥

비천하지만 사용하지 않을 수 없는 것이 사물事物이다.	賤而不可不任⁴¹⁾者 物也.
비루하지만 따르지 않으면 안 되는 것이 민중民衆이다.	卑而不可不因者 民也.
축소해야 하지만 다스리지 않으면 안 되는 것이 정사政事다.	匿⁴²⁾而不可不爲者 事也.
거칠지만 펴지 않으면 안 되는 것이 법法이다.	麤而不可不陳者 法也.
우원하지만 처하지 않으면 안 되는 것이 의義다.	遠而不可不居者 義也.
친족을 편애하지만 넓히지 않으면 안 되는 것이 인仁이다.	親而不可不廣者 仁也.
무늬이지만 후하지 않으면 안 되는 것이 예禮다.	節⁴³⁾而不可不積者 禮也.

---

41) 任(임)=用也.
42) 匿(익)=縮也.

중화中和이지만 높이지 않으면 안 되는 것이 덕德이다.   中而不可不高者 德也.

한결같지만 바뀌지 않을 수 없는 것이 도道다.   一而不可不易者 道也.

신령스럽지만 유위有爲하지 않으면 안 되는 것이   神而不可不爲者

자연(天)이다.   天也.

장자莊子/외편外篇/천도天道

이런 까닭으로 옛날 대도大道에 밝은 자는   是故 古之明大道者

먼저 자연自然을 밝히고 도덕道德은 그다음이다.   先明天 而道德次之.

도덕이 밝아지면 인의仁義는 그다음이다.   道德已明 而仁義次之.

인의가 밝아지면 분수分守는 그다음이다.   仁義已明 而分守⁴⁴⁾次之

분수가 밝아지면   分守已明

형刑과 명名을 일치시키는 것은 그다음이다.   而刑名⁴⁵⁾次之.

---

43) 節(절)=文也.

44) 分守(분수)=上下有分 庶職有守.

45) 刑名(형명)=物象과 名稱. 刑名法術은 黃老法家思想임.

노자의 삼보

사람들은 모두 나의 도는 커서 옛것을 닮지 않았다고 말한다.　　　天下皆謂 我道大似不肖

　김경탁 : 나의 도가 커서 불초한 듯하다고 한다.

　노태준 : 나의 도는 크기는 하지만 불초한 것 같다 한다.

　김용옥 : 내 길이 너무 커서 같지 않다고들 빈정댄다.

　오강남 : 나의 도는 크지만 똑똑하지 못한 듯하다고 합니다.

　김형효 : 천하가 다 내 도가 크다고 말한다. 그래서 내 도가 불초한 것 같
　　　　다.

큰 것이므로 옛것과 같지 않음이 당연하다.　　　夫唯大 故似不肖

　김경탁 : 대개 오직 크기만 한 것은 불초한 듯하다.

　노태준 : 오직 크기 때문에 불초한 것 같다.

　김용옥 : 그런데 오로지 크기 때문에 같지 않게 보일 수밖에 없는 것이다.

　오강남 : 크기 때문에 똑똑하지 못한 듯한 것입니다.

　김형효 : 대저 큰 것은 불초한 것과 같다.

만약 닮았다면 영구히 자질구레했을 것이다.　　　若肖 久矣其細也夫[46]

　김경탁 : 만일 초肖하면 큰 것이니, 그것은 세소한 것이다.

　노태준 : 만일 현명하다면 그 세소細小함이 오랬으리라.

　김용옥 : 만약 같은 것이라면 그것이 보잘것없는 것임은 두말할 나위도 없
　　　　는 것이다.

　오강남 : 만약 똑똑했다면 오래전에 작게 되고 말았을 것입니다.

　김형효 : 만약 불초하지 않았다면 오래전에 가냘프게 쇠약해졌으리라.

---

46) 백서 甲본은 '若肖 細久矣'로 됨.

나에게는 세 가지 보배가 있어 지키고 보존해 왔다.   我有三寶 持而保之

첫째는 자애(慈)⁴⁷⁾요,   一日 慈.

 김경탁 : 첫째는 자애慈愛요,

 김용옥 : 첫째는 부드러움이다.

 김형효 : 그 하나는 자비이고,

둘째는 검박(儉)⁴⁸⁾이요,   二日 儉.

 김경탁 : 둘째는 검약儉約이요,

 김용옥 : 둘째는 아낌이다.

 김형효 : 그 둘은 검소함이며,

셋째는 천하에 앞장서지 않는 것이다(不爲先).⁴⁹⁾ 三日 不敢爲天下先.

 김경탁 : 감히 천하에 앞서려고 하지 않는다.

 김용옥 : 하늘 아래 앞서지 않음이다.

 김형효 : 그 셋은 감히 천하에 잘난 체하면서 먼저 나서지 않음이다.

자애롭기에 재물을 공유하는 용기가 있고,   慈故能勇⁵⁰⁾

 왕필 : 자애로 진을 치면 이기고, 자애로 지키면 굳건하다. 그러므로 용감

   할 수 있다.⁵¹⁾

 김경탁 : 자애하므로 용감할 수 있고

 김용옥 : 부드럽기에 용감할 수 있고

 오강남 : 자애 때문에 용감해지고

 김형효 : 자비롭기에 용기를 낼 수 있고

---

47) 부처의 자비, 묵자의 겸애와 같다. 공자의 仁愛는 혈연적·차별적 사랑이므로 자비가 아니다.

48) 묵자의 절용과 비슷하다. 노자는 儉과 素를 공동체의 조건으로 보았다.

49) 무경쟁 사회인 원시 공산사회의 덕목이다. 세속은 앞선 자를 상주어 높여주는 경쟁 사회를 지향한다.

50) 勇(용)=猛也, 健也, 果決也, 共用之, 不疑之.

51) 夫慈以陳則勝 以守則固. 故能勇也.

검박하기에 많아질 수 있으며,　　　　　　　　　　　　儉故能廣[52]

　　김경탁 : 검약하므로 광대할 수 있고

　　김용옥 : 아끼기 때문에 널리 베풀 수 있고

　　오강남 : 검약 때문에 널리 베풀 수 있고

　　김형효 : 검소하기에 능히 광대해질 수 있으며

감히 내가 천하에 앞장서지 않기에　　　　　　　　　　不敢爲天下先

사물의 기량을 이루게 할 수 있다.　　　　　　　　　　故能成器[53]長

　　김경탁 : 감히 천하에 앞서려고 하지 않으므로 기장器長이 될 수 있다.

　　김용옥 : 앞서지 않기 때문에 온갖 그릇 중에 으뜸이 될 수 있는 것이다.

　　오강남 : 세상에 앞서려 하지 않음 때문에 큰 그릇의 으뜸이 될 수 있다.

　　김형효 : 감히 천하에 잘난 체하여 먼저 나서려고 하지 않기에 만물의 어
　　　　　른이 될 수 있다.

지금은 자애로움을 버리고 공용共用의 용기만을 승상하고　　今舍慈 且[54]勇

　　김경탁 : 이제 자비를 버리고 용감하려 하고,

　　김용옥 : 지금 부드러움을 버리고 용감하려고만 하고,

　　오강남 : 이제 자애를 버린 채 용감하기만 하고,

검박함을 버리고 많아지기만을 승상하고　　　　　　　　舍儉 且廣

　　김경탁 : 검약을 버리고 광대하려 하고,

　　김용옥 : 아낌을 버리고 널리 베풀기만 하려 하고,

　　오강남 : 검약을 버린 채 베풀기만 하고,

뒤에 서기를 버리고 앞장서기를 승상하니 죽음의 문이라고 한다.　舍後 且先 死矣[55]

---

52) 廣(광)=多也, 殿之大屋也.

53) 器(기)=皿也, 量也, 物也.

54) 且(차)=取也, 尚也(天且不違 : 周易/文言).

55) 死矣(사의)=부혁본은 '是謂入死門'로 됨.

김경탁 : 뒤로 물러남을 버리고 앞장서려고 하면 사멸된다.

김용옥 : 뒤를 버리고 앞서려고만 한다면 그것은 죽음의 짓이다.

오강남 : 뒤에 서는 태도를 버린 채 앞서기만 한다면 사람을 죽이는 일입
니다.

대저 자애로우면 싸운다 해도 이길 것이요, 지키면 견고할 것이다.　　夫慈以戰則勝 以守則固

김용옥 : 부드러움으로써 싸우면 이길 것이요,

오강남 : 자애로 싸우면 이기고, 자애로 방어하면 튼튼합니다.

하늘도 장차 그들을 구할 것이며 자애로써 보위해 줄 것이다.　　天將救之 以慈衛之.

김용옥 : 하늘이 장차 사람을 구원하려고 한다면 부드러움으로 그를 막아
줄 뿐일 것이다.

오강남 : 하늘도 사람들을 구하고자 하면 자애로 그들을 호위합니다.

검소

《 노자 · 29장 · 하단 》

만물은 혹은 앞서기도 하고 혹은 뒤따르기도 하며　　　　　　故物 或行或隨

혹은 코로 불기도 하고 혹은 입으로 불기도 하며　　　　　　或歔 或吹[56]

혹은 강하기도 하고 혹은 약하기도 하며　　　　　　　　　　或强 或羸

혹은 꺾이기도 하고 혹은 무너지기도 하기 마련이다.　　　　或挫 或隳[57]

그러므로 무위자연의 성인은　　　　　　　　　　　　　　　是以聖人

음락 · 사치 · 방종을 멀리한다.　　　　　　　　　　　　　去甚[58] 去奢 去泰.[59]

---

56) 백서본은 '或熱或剉' 로 됨.

57) 백서본은 '或培或墮' 로 됨. 隳(휴)=壞, 廢也.

58) 甚(심)=湛(淫樂)과 통용.

59) 泰(태)=縱也.

절검

《 노자 · 59장 》

사람을 다스리고 하늘을 섬기는 데는   治人事天
농부의 절검만 한 것이 없다.   莫若嗇[60]

    김경탁 : 농부와 같은 이가 없다.

    장기근 : 수렴收斂하는 것이 제일이다.

    노태준 : 검소만 한 것이 없다.

    김용옥 : 아끼는 것처럼 좋은 것은 없다.

    오강남 : 검약하는 일보다 좋은 것은 없습니다.

    김형효 : 마음을 적은 듯이 하는 것과 같은 것이 없다.

오직 농부의 절검만이 이로써 곡식을 부활하게 한다.   夫唯嗇 是以早[61]復[62]

    김경탁 : 그 오직 농부만이 이것으로 빨리 되돌아왔다.

    장기근 : 오직 수렴해야 빨리 도에 복귀 순복할 수 있고

    노태준 : 이것을 일찍 도道에 복종하는 것이라 한다.

    김용옥 : 대저 모든 것을 아낄 줄 알면 모든 것이 일찍 회복되는 것이다.

    오강남 : 검약하는 일은 일찌감치 (도를) 따르는 일입니다.

    김형효 : 무릇 마음을 적은 듯이 하면, 이것은 곧 일찍이 도로 복귀하게 된
        다.

곡식을 부활시키는 것을 일러 거듭 덕德을 쌓는 것이라 한다.   早復 謂之重積德.[63]

    김경탁 : 빨리 되돌아온 것을 거듭 덕을 쌓는다고 한다.

    장기근 : 빨리 도에 순종하는 것을 덕을 많이 쌓는 것이라 한다.

---

60) 嗇(색)=愛瀒也, 穡也. 嗇夫=承命主知廟事者(儀禮). 先嗇=神農氏. 司嗇=后稷氏. 穡夫=農夫, 種曰農, 收曰穡.
61) 부(조)=早(도토리, 열매). 皀(급)=곡식의 향기.
62) 백서본은 '蚤服', 죽간본은 '早備'로 되어 있으며, 왕필본은 '是謂早服', 오징본은 '是以早復'로 되어 있다.
63) 德(덕)=得也.

노태준 : 일찍 도道에 복종하는 것을 거듭하여 덕을 쌓는 것이라 한다.

김용옥 : 일찍 회복되는 것 그것을 일컬어 덕을 거듭 쌓는다고 한다.

오강남 : 일찌감치 (도를) 따르는 것은 덕을 많이 쌓는 일입니다.

김형효 : 일찍이 도로 복귀하는 것은 덕을 거듭 쌓는 것이 된다.

거듭 덕德을 쌓으면 이기지 못할 것이 없고   重積德 則無不克

이기지 못할 것이 없으면 그 다함을 알지 못한다.   無不克則莫知其極

그 다함을 알지 못하면 가히 나라를 소유할 수 있고   莫知其極 可以有國

나라의 어미인 절검節儉이 있으면 가히 장구할 것이다.   有國之母 可以長久

이것을 일러 뿌리가 깊고 기초가 견고하다고 하는 것이니   是謂深根固柢

장생불사의 도라고 말하는 것이다.   長生久視⁶⁴⁾之道.

불위선

《 노자 · 7장 》

성인은 몸을 낮추고 숨기지만 도리어 앞서고   是以聖人 後⁶⁵⁾其身而身先

몸을 돌보지 않지만 도리어 몸을 보존한다.   外⁶⁶⁾其身而身存.

《 노자 · 66장 》

강과 바다가 온 골짜기의 왕이 된 까닭은   江海所以能爲百谷王者

스스로 낮았기 때문이다.   以其善下之 故能爲百谷王

그러므로 민의 윗자리에 있으려면 반드시 말을 낮추어야 하며   是以欲上民 必以言下之

---

64) 視(시)=活也.

65) 後(후)=晩也, 下也.

66) 外(외)=棄也.

민의 앞에 서려면 반드시 몸을 뒤에 두어야 한다.
그러므로 무위자연인은 위에 있어도 민이 무겁다 하지 않고
앞에 있어도 민은 방해된다 하지 않는다.

欲先民 必以身後之
是以聖人 處上而民不重
處前而民不害.

노자의 도덕 강목

노자의 '삼보(慈·儉·不爲先)'는 공자의 사덕(仁·義·禮·智)을 거부하고 그것을 대체한 것으로 노자의 '삼덕三德'이라 말할 수 있다. 그런데 지금까지 우리 학자들은 이것을 노자의 덕목으로 주목하지 못했다. 도올은 이 삼보를 노자 개인의 장점을 자랑한 것으로 오해했다. 그러나 삼보는 기율紀律이란 의미가 덧붙을까 꺼렸을 뿐 사실상 노자의 도덕 강목이다.

장자莊子/외편外篇/추수秋水

하백이 물었다.
"자연은 무엇이고 인위人爲는 무엇입니까?"
북해약이 답했다.
"우마는 각각 네 발을 가졌다. 이것은 자연이다.
말에 굴레를 씌우고 소에 코뚜레를 뚫는 것은 인위다.
그러므로 이르기를 인위로 자연을 죽이지 말고(노자의 儉素)
기술로 천성(命)을 죽이지 말며(노자의 慈愛)

河伯曰
何謂天 何謂人.
北海若曰
牛馬四足 是謂天.
落[67]馬首穿牛鼻 是謂人.
故曰 無以人滅天
無以故[68]滅命

---

67) 落(락)=絡.

덕으로 명예를 좇지 말라고 했다(노자의 不爲先).

삼가 자연을 잘 지켜 잃지 않으면

이를 참된 나로 돌아간다고 말하는 것이다."

無以得⁶⁹⁾殉名

謹守而勿失

是謂反其眞.

　　이러한 노자의 삼덕은 모두가 원시 공산사회의 도덕률을 말한 것이다.

　　첫째, '자애'는 인성에 대한 내면의 도덕 강목으로 공자의 인仁과 묵자의 겸애兼愛를 자연으로까지 확대한 것이다. 이는 생명의 특징인 '유약柔弱'을 실천하는 것으로 만물을 아끼고 사랑하라는 석가의 '자비慈悲'와 같은 뜻이다. 이것은 '강자는 억누르고 약자는 들어 올리며 여유를 덜어 부족을 더해 주는, '약자들의 해방'의 덕목이 된다.

　　둘째, '검박'은 경제생활의 준칙으로 묵자의 절용節用에 대비되는 도덕 강목이다. 이는 자연의 특성인 '무위'를 실천하는 것으로 낭비와 과시 소비가 없는 반문명의 소박한 삶을 말한 것이다. 이것은 생산의 측면에는 '공동 소유제'로, 소비의 측면에서는 '절약과 나눔'의 덕목이 된다.

　　셋째, '불위선'은 사회생활의 관계론적 준칙으로 천하에 앞장서지 않는다는 강목이다. 이는 노자만의 특징으로 공동체적 삶의 특징인 '배려', '양보', '무경쟁無競爭'의 덕목이 된다.

　　우리는 여기서 한 가지 주목해야 할 것이 있다. 공맹이

---

68) 故(고)=事, 巧.

69) 得(득)=德也.

나 노장의 덕목에는 서양에서 강조하는 용기勇氣라는 덕목이 없다는 점이다. 그런데 노자는 첫째 덕목인 '자애'를 설명하면서 "자애롭기에 용감하다"고 말했으니 용기를 자애 속에 포함시켰다는 점에서 특이하다. 보통은 자애와 용기는 이질적으로 느껴지기 쉽다. 싸움에서 이기는 것을 용기라고 생각하기 때문에 용기와 자애는 정반대처럼 느껴진다. 이러한 느낌은 서양적 사고에 물들어 있기 때문이다.

그러나 동양에서 '용기'는 용감勇敢 즉 과감한 것을 의미하고, '이긴다' 함은 싸워서 굴복시키는 것이 아니라 견디고 감당해 내는 것을 의미한다. 우리 격언에 '지는 것이 이기는 것'이라고 하는 것도 같은 맥락이다. 『좌전』에서는 "용기란 불의에 싸워 죽는 것이 아니라 재화를 서로 나누어 쓰는 것"이라고 말한다(勇 死而不義非勇也 共用之謂勇. : 『좌전』「문공文公2년」). 정말 두려워하지 않고 주저하지 않는 것이 용기라면 그것은 사랑과 확신이 없어서는 안 되는 일일 것이다.

언젠가 늦봄 문익환文益煥(1918~1994) 목사가 나에게 '의義'와 '미美'라는 글자의 위에 붙어 있는 것이 '양羊'이라는 글자가 맞느냐고 묻기에 그렇다고 대답했더니 감탄하면서 다음과 같이 말했다.

"젊은이들과 어울려 같은 광장에 서서 민주화운동을 하면서 보고 느낀 것은 데모를 하고 민주화를 외치는 학생들은 대체로 수줍고 어린양 같은 학생들이라는 것이었어. 평소에는 그렇게 유약하게 보이는 학생들이 어떻게 그렇게 과감한지 늘 이상하게 생각했지. 그리고 분신자살을 한 대

학생들의 면모도 자세히 보면 대체로 양같이 순한 학생들
이었어. 그래서 십자가가 못 박혀 매달린 예수님도 저들 학
생들처럼 양같이 순한 사람이었을 것이라고 생각하게 됐
지. 그래서 예수님이 용감했음을 깨달았다네."

한비는 이것을 다음과 같이 해석했다.

『노자』 67장 해석

한비자韓非子/해로解老

자식을 아끼는 자는 자식을 자애하고	愛子者慈於子.
생명을 중히 여기는 자는 몸을 자애하며	重生者慈於身.
공공을 귀히 여기는 자는 정사를 자애롭게 한다.	貴功者慈於事.
자애로운 어미는 어린 자식의 행복을 이루기 위해 노력한다.	慈母之於弱子也 務致其福.
행복을 위해 노력하는 것은 재앙을 제거하는 일이다.	務致其福 則事除其禍.
재앙을 제거하는 일은 심사숙고해야 한다.	事除其禍 則思[70]慮熟.
심사숙고하면 사리를 알고	思慮[71]熟則得事理.
사리를 알아야만 공적을 이룰 수 있다.	得事理則必成功.
공적을 이루려면 그 행동이 두려움과 주저함이 없어야 한다.	必成功則其行之也不疑.[72]
이처럼 두려움과 주저함이 없는 것을 용기라고 말한다.	不疑之謂勇.
성인은 만사에 있어	聖人之於萬事也.
자애로운 어미가 자식을 염려하는 것처럼 한다.	盡如慈母之爲弱子慮也.

---

70) 思(사)=哀憐也, 謀慮不惌也.
71) 慮(려)=謀思也.
72) 疑(의)=猶豫不果也, 恐也.

그러므로 반드시 행해야 할 도리를 드러내야 하며
반드시 행해야 할 도리를 드러내면
일을 함에 주저함이 없는 것이다.
이처럼 주저함이 없는 것을 용기라 하고
그러한 확신은 자애에서 생긴다.
그러므로 (노자는) 이르기를
"자애롭기에 용감할 수 있다"고 말한 것이다.

故見必行之道.
見必行之道
則其從事亦不疑
不疑之謂勇
不疑生於慈.
故曰
慈故能勇.

20장 노자 도덕의 특징

원시 공산사회의 도덕

《 노자 · 19장 · 하단 》

기술과 편리한 기계를 버리면 도적이 없어질 것이다.　　　　絶巧棄利¹⁾ 盜賊無有
그러므로 유랑민을 지역 공동체(屬)에서 부양토록 하고　　　故令有所屬²⁾
자연의 본바탕을 드러내고 질박한 마음을 갖도록 하여　　　見素抱朴
사유私有를 작게 하고 욕구를 적게 한다.　　　　　　　　　少私³⁾寡慾.

《 노자 · 38장 · 중단 》

상덕上德은 무위無爲하며 무위로써 다스린다.　　　　　　　德無爲 而無以⁴⁾爲
하덕下德은 유위有爲이며 유위로써 다스린다.　　　　　　　下德爲⁵⁾之 而有以爲.

---

1) 利(리)=二刀和省. 銛也, 險要也.
2) 屬(속)=族也, 三鄕爲屬. 十縣爲屬.
3) 私(사)=禾主人, 不以公事行.
4) 以(이)=爲也(視其所以 人焉廋哉 : 論語/爲政).
5) 爲(위)=治也(能以禮讓爲國乎 何有 : 論語/里仁).

《 노자·81장·하단 》

무위자연의 성인은 재물을 사유私有하지 않는다.

남을 위할수록 자기는 더욱 부유하고,

남에게 덜어 줄수록 자기는 더욱 많아진다.

천天(자연)의 도는 이롭게 할 뿐 해롭게 하지 않으며

진인眞人의 도는 자연의 도를 펼 뿐 다투지 않는다.

聖人不積[6]

旣以爲人 己愈有[7]

旣以與[8]人 己愈多

天之道 利而不害

聖人之道 爲而不爭.

    앞서 13장 '원시 공산주의'에서 살펴본 바와 같이 공맹은 왕도 성인정치를 소망했고 노장은 원시 공산사회를 소망했다. 지향한 사회가 다르므로 그 도덕도 당연히 다르다. 노장이 지향한 원시 공산사회는 공동체에 의해 개개인이 소외되지 않는 천부자연의 자유와 해방을 중시한 반면, 공맹의 왕도주의는 왕천하王天下의 질서를 위한 신분차별과 그에 따른 직분을 국가와 사회의 존립 조건으로 중시한다. 왕도주의자인 공맹의 도덕은 무엇을 하지 말고 무엇을 하라는 하늘의 명령인 '천명天命'인 데 반해, 무정부주의자인 노장의 도덕은 구속이 없고 자연대로 방임하는 '천연天然'이 된다. 그러므로 "『노자』 곧 『도덕경』에는 '도덕률'이 없다"고 말하는 것이다.

    공동체의 가장 기본적인 특징은 개인 생명이 집단에 의해 구속되지 않는 소외疎外가 없는 사회라는 데 있다. 그러

---

6) 不積(부적)=虛而無有.

7) 有(유)=富也, 保也.

8) 與(여)=授也.

므로 공산사회의 도덕은 타율적인 기율紀律이 되어서는 안
된다. 그래서 노자는 이를 '삼보三寶'라고 했고, 장자는
'천방天放' 또는 '야생의 사슴'이라고 표현했다.

일이부당—而不黨

장자莊子/외편外篇/마제馬蹄

저들 민중에게는 자연의 변하지 않는 성품이 있다.	彼民有常性.
베를 짜서 입고, 밭을 갈아 먹으니(〈격양가〉)	織而衣 耕而食
이것을 '대동大同사회의 덕'이라고 말한다.	是謂同德.
하나같이 평등하고 집단에 묶이지 않으니(무소외)	一而不黨[9]
안동림 : 백성은 각기 동떨어져 있으며 무리를 짓지 않는다.	
이것을 '자연의 해방'이라고 말한다.	名曰 天放.

장자莊子/외편外篇/천지天地

지극한 다스림이 있었던 고대 원시 공산사회에서는	至治之世
어진 자를 높이거나 능한 자를 부릴 필요가 없었다.	不尚賢 不使能.
윗사람이란 표준일 뿐이었고 백성은 야생의 사슴이었다.	上如標枝 民如野鹿.

또한 원시 공산사회에서는 군주가 없으니 군주를 위해
공을 다툴 필요도 없고, 권력이 없으니 권력을 다투거나 천
하에 명성을 얻으려고 경쟁하지도 않았다. 그러므로 노자
의 도덕은 상벌賞罰로 공명功名을 경쟁하도록 권면하지 않
는다. 오히려 장자는 공명과 지혜를 '흉기'라고 비난했다.

---

9) 黨(당)=累也, 比也.

이것은 중대한 의미를 내포하고 있다.

유가의 사덕四德은 인의예지仁義禮智다. 유가들에게는 지혜를 다해 군주에 충성하고 민民을 다스려 공功을 이루어 명성名聲을 얻는 것이 삶의 목적이었다. 그런데 이것을 덕德이 아니고 흉기라고 했으니 혁명적인 발언이 아닌가? 왜 그런 막말을 했을까? 공자의 말은 입신출세를 바라는 선비 계급을 위한 가르침이고, 노장의 말은 벼슬과 상벌을 거부하고 자연을 따라 사는 패자와 약자를 위한 가르침이기 때문이다.

이것은 역으로 사회 구성원들이 남에게 앞서려 하지 않는 순박한 마음을 갖지 않는다면 공산사회는 불가능하다는 것을 일깨워 준다. 그러나 개인이나 국가나 경쟁이 없으니 남에게 뒤처질 것이며 뒤처지면 남의 지배를 받을 것인데 무경쟁의 공동체가 어찌 가능하겠는가? 이것은 유토피아일 뿐이다. 하지만 그 유토피아마저 없다면 이상사회의 꿈은 사라질 것이며 사회 진보의 방향도 상실될 것이다.

장자莊子/내편內篇/인간세人間世

덕은 명성에서 무너지고 지혜는 경쟁에서 나타난다.	德蕩[10]乎名 知出乎爭.
명성은 서로 헐뜯게 하고	名也者相軋也
지혜란 경쟁의 도구다.	知也者爭之器也.
이 둘은 흉기이니 함부로 행할 것이 못 된다.	二者凶器 非所以盡[11]行也.

---

10) 蕩(탕)=壞也.

11) 盡(진)=任也.

장자莊子/잡편雜篇/외물外物

덕은 공명심에서 잃고, 공명은 드러내는 데에서 잃는다.	德溢[12]乎名 名溢乎暴.
꾀는 다급한 데에서 생각하고, 지혜는 경쟁에서 나온다.	謀稽乎誸.[13] 知出乎爭.

장자莊子/외편外篇/천도天道

지인至人이 세상에 있으면	夫至人有世
역시 위대하다고 하지 않는다.	不亦大乎.
그러나 세상은 그를 다스려 묶을 수 없다.	而不足以爲之累.
천하가 온통 권력에 광분하지만	天下奮棅[14]
그들과 함께하지 않는다.	而不與之偕.[15]
살핌이 거짓이 없어 이利를 좇는 데 참여하지 않는다.	審乎无假 而不與利遷.
사물의 진실을 다해 능히 근본을 지킨다.	極物之眞 能守其本.
그러므로 천지를 표준으로 삼고 만물을 머물게 하니	故外[16]天地 遺[17]萬物
정신이 곤궁함이 없다.	而神未嘗有所困也.
도에 통하고 덕에 부합하며	通於道 合乎德
인의를 물리치고 예악禮樂을 배척한다.	退仁義 賓[18]禮樂
지인의 마음만이 안식할 수 있다.	至人之心 有所定[19]矣.

---

12) 溢(일)=沒也.
13) 誸(현)=急也.
14) 棅(병)=柄(자루)과 同字.
15) 偕(해)=同也, 竝處也.
16) 外(외)=表也, 上也, 威儀.
17) 遺(유)=亡也, 留也, 饋也.
18) 賓(빈)=擯의 誤.
19) 定(정)=安也, 息也. 正과 통용.

약자의 해방을 위한 도덕

《 노자 · 39장 · 중단 》

귀한 것은 천한 것을 뿌리로 하고,	故貴以賤爲本
높은 것은 낮은 것을 기초로 한다.	高以下爲基
그러므로 군왕은	是以侯王
스스로를 고아·홀아비·불선不善이라고 호칭한다.	自謂孤寡不穀.[20]

《 노자 · 76장 》

사람의 삶은 부드럽고 여림이요, 죽음은 굳고 강함이다.	人之生也柔弱 其死也堅强
만물과 초목도 살았을 때는 유약하며 부드럽고	萬物草木之生也柔脆
그것이 죽으면 굳고 마른다.	其死也枯槁
그러므로 굳고 강함은 죽음의 무리요,	故堅强者死之徒
보드랍고 약함은 삶의 무리다.	柔弱者生之徒
그러므로 병사가 강하면 이기지 못하고	是以兵强則不勝
나무가 강하면 도끼를 맞는다.	木强則兵[21]
뿌리처럼 강대한 것은 아래에 있고	强大[22]處下
잎사귀처럼 여리고 부드러운 것은 위에 있는 것이다.	柔弱處上.

《 노자 · 53장 》

만일 나에게 조그만 지혜가 있다면	使我介[23]然有知

---

20) 不穀(불곡)=諸侯謙以自稱. 穀=善也, 養也, 祿也.
21) 兵(병)=械也. 斤의 誤로 읽는다.
22) 强大(강대)=부혁본은 '堅疆'으로 됨.
23) 介(개)=小也, 微也(無介然之慮者 : 列子/楊朱).

무위자연의 대도大道를 행해

오직 (묶인 것들을) 풀어주는 해방을 공경할 것이다.

무위자연의 대도는 심히 평이한 길인데도

사람들은 소도小道(仁義)를 좋아하고,

조정은 민중을 심히 닦달하니(朝甚除)

농토는 황폐하고 창고는 비었다.

의복은 아름다운 수를 놓고, 허리엔 날카로운 칼을 차고

실컷 먹고 마시고 재화는 남아돈다면

이를 일러 '도둑의 사치'라 하니 도道가 아니지 않는가?

行於大道[24]

唯施[25]是畏[26]

大道甚夷[27]

而民好徑[28]

朝甚除[29]

田甚蕪 倉甚虛

服文綵 帶利劍

厭飲食 財貨有餘

是謂盜夸 非道也哉.

　　노장이 말한 자연의 도덕이란 무엇인가? 그것은 승자인 부귀한 자를 높이고 패자인 비천한 자를 내치는 자본주의 도덕률과는 정반대로, 패자와 약자를 해방하는 도덕이다. 노장은 '자연의 도'란 "높은 것은 억누르고 낮은 것은 들어 올리며, 여유 있는 자는 덜고, 부족한 자는 더해 주는 것"이라고 말했다. 이와 반대로 '사람의 도'는 "부족한 자를 덜어 여유 있는 자에게 보태준다"고 비판했다.

　　요약하면 공자의 인륜의 도덕은 '지배'를 위한 도덕이고 노자의 '자연의 도덕'은 '해방'을 위한 덕목이다. 해방의

24) 大道(대도)=無爲自然의 道. 大同社會의 통치이념인 '大道'와 같음(禮記/禮運).
25) 施(시)=舍也(永遏在羽山 夫何三年不施 : 楚辭/天問, 君子不施其親 : 論語/微子, 外本內末 爭民施奪 : 大學/第一十), 敉也.
26) 畏(외)=恐也, 心服也, 敬也(君子有三畏 畏天命 畏大人 畏聖人之言. : 論語/季氏).
27) 夷(이)=平易也.
28) 徑(경)=邪道也. 여기서는 공자의 仁義之道.
29) 除(제)=驅逐也(除陀其下 : 荀子/議兵), 誅也(判規 以除慝 以易行 : 周禮/冬官).

도덕만이 본래 노자의 도덕이다. 그런데 우리 학자들은 다음 예문의 번역에서 보여주듯이 이러한 해방의 도덕을 왜곡하고 은폐해 버린다.

장자莊子/내편內篇/대종사大宗師

법으로 몸을 위한다는 것은	以刑爲體者
죽일 자를 풀어주는 것이요,	綽[30]乎其殺也.

　안동림 : 형벌을 몸으로 삼는다 함은 여유 있게 죄인을 죽이는 것이다.

예로써 신하를 위한다는 것은	以禮爲翼者
세상을 받들게 하는 수단이요,	所以行[31]於世也.
지혜로 때를 살핀다는 것은 일을 놓치지 않으려는 것이요,	以知爲時者 不得已於事也.
덕으로 따르는 자를 위한다는 것은	以德爲循者
넉넉한 자를 따라 고을에 모여들게 함을 말한다.	言其與有足者 至於丘也.

장자莊子/잡편雜篇/칙양則陽

성인은 막히고 묶인 것을 풀고 통하게 하여	聖人達綢繆
두루 다 일체가 된다.	周盡一體矣

　안동림 : 성인은 만물의 분규를 달관하고 모든 것을 하나로 여긴다.

천명으로 돌아가 함부로 조작함을 두려워하고	復命搖[32]作
하늘을 스승으로 삼는다.	而以天爲師.

---

30) 綽(작)=仁於施舍也.
31) 行(행)=奉也.
32) 搖(요)=愮의 誤.

현자를 높이지 말라 <small>노장은 반자본주의적</small>

《 노자 · 3장 》

어진 자를 승상하지 않으면	不尙賢
민民은 다투지 않을 것이다.	使民不爭.
희귀한 재화를 귀하게 여기지 않으면	不貴難得之貨
민民은 도둑질을 하지 않을 것이다.	使民不爲盜.
욕심낼 만한 것을 보여주지 않으면	不見可欲
민의 마음이 어지럽지 않을 것이다.	使民心不亂.

《 노자 · 33장 》

남을 아는 자는 지혜롭고, 자기를 아는 자는 현명하다.   知人者智 自知者明

그러나 남을 이기는 것은 폭력[33]이요,   勝人者有力[34]

    김경탁 : 남을 이기는 이는 힘이 있고,

    장기근 : 남을 이기는 것을 힘이 있다고 하고,

    노태준 : 남에게 이기는 자는 힘 있는 자이며,

    김용옥 : 타인을 이기는 자를 힘세다 할지 모르지만,

    오강남 : 남을 이김이 힘 있음이라면,

    김형효 : 남을 이기는 자는 힘이 있고,

자기를 이기는 것은 (天氣에 화순하지 못한) 강포함이다.   自勝者强.[35]

---

33) '폭력'에 대해 『이아』에서는 "군사는 강압을 숭상하는 것(戎事齊力. : 爾雅/釋畜)"이라 했고, 묵자는 "겸애를 도로 삼으면 의로운 정치요, 차별을 도로 삼으면 폭력의 정치다(兼之爲道 義政. 別之爲道 力政. : 墨子/兼愛)"라고 했다.

34) 力(력)=强也.

35) 强(강)=暴也, 氣不和順也.

김경탁 : 저 스스로 이기는 이는 강하며,

장기근 : 자신을 이기는 것을 강하다고 한다.

노태준 : 스스로에 이기는 자는 강한 자이다.

김용옥 : 자기를 이기는 자야말로 강한 것이다.

오강남 : 자기를 이김은 정말로 강함입니다.

김형효 : 자기를 이기는 자는 강하다.

《 노자 · 52장 · 하단 》[36]

작은 것을 볼 수 있으면 밝다 하고
유약한 것을 지킬 수 있으면 강하다고 한다.

見小 曰明

守柔 曰强[37]

김경탁 : 작은 것을 보면 날로 밝아지고, 유柔한 것을 지키면 날로 강하여
진다.

김용옥 : 소小를 보는 것을 명明이라 하고, 유柔를 지키는 것을 강强이라
한다.

오강남 : 작은 것을 보는 것이 밝음입니다. 부드러움을 받드는 것이 강함입
니다.

김형효 : 거의 아무것도 아닌 것을 보는 것을 밝음이라 하고, 부드러움을
지키는 것을 강하다고 한다.

작음과 유약의 빛을 써서 그 밝음에 돌아가면
몸에 재앙이 없을 것이다.

用其光 復歸其明

無遺身殃

김형효 : 빛을 활용하고 지혜의 밝음으로 복귀하면 몸에 재앙을 남기는 일
이 없다.

---

36) 52장의 하단을 떼어내서 33장에 붙인다.

37) 强(강)=盛也, 勝也.

이를 일러 자연의 상도를 감추고 있다(襲)고 말한다.   是謂襲[38]常

김형효 : 이를 일러 습상襲常이라 한다.

　오늘날 자본주의 사회를 지탱하고 있는 것은 패자인 약자에게 빼앗아 승자인 강자에게 더해 주는 약육강식의 도덕률이다. 자본주의 사회에서는 이익과 효율이 최고의 가치로 군림하고 이를 위해 끊임없이 경쟁하고 그 결과에 승복하는 것이 정의가 된다. 그래서 '이긴 자는 이익(賞)을 얻고, 진 자는 불이익(罰)을 받아야 하며, 일하지 않은 자는 먹지 말라'는 규칙이 만들어진 것이다. 이러한 규칙은 고상한 도덕률은 아니지만 사실은 이것이 바로 자본주의 사회의 도덕률인 것이다. 다만 그것을 도덕률이라고 말하지 않고 자본가 정신이라고 말할 뿐이다. 그러나 자본주의 사회에서 자본가 정신은 최고의 덕목이다.

　학자들은 자본가 정신의 뿌리를 청교도 정신에서 찾고, 「마태복음」 25장의 '달란트 비유'를 제시한다.

　오랫동안 집을 떠났다가 돌아온 주인이 종들과 셈을 하게 됐는데, 다섯 달란트를 받은 종이 사업을 하여 돈을 두 배로 증식시켜 바쳤다. 주인은 기뻐하며 "착하고 충성된 종아! 네가 작은 일에 충성했으므로 내가 많은 것을 네게 맡기리니 네 주인과 함께 즐거움을 나누어라!"라고 말하며 상찬했다.

　반면 한 달란트를 받은 종은 두려운 나머지 돈을 땅에

---

38) 襲(습)=修爲也, 因也. '襲'으로 된 판본도 있음.

묻어두었다가 그대로 바쳤다. 그러자 주인은 "악하고 게으른 종"이라고 질책하며 "저놈에게서 한 달란트마저 빼앗아 열 달란트 가진 자에게 주어라! 누구든지 있는 사람은 더 받아 넉넉해지고 없는 사람은 있는 것마저 빼앗길 것이다. 이 쓸모없는 종을 바깥 어두운 곳에 내어 쫓아라! 거기에서 가슴을 치고 통곡할 것이다"라고 나무랐다는 이야기다.

우리도 부지불식간에 야훼를 하느님으로 모시면서 그들의 복음을 성서로 받아들여 유능한 놈은 상을 주어 더 잘살게 하고, 무능한 놈은 벌을 주어 더욱 못살게 하는 것이 하느님의 심판이라고 여기게 됐다. 이것이 오늘날 도덕률이다.

그러나 성경에는 이와 달리 자본주의와는 반대되는 말이 수없이 많다. "달라는 사람에게 주고, 꾸려는 사람의 청을 물리치지 말라(「마태복음」 5장 42절)", "너희가 거저 받았으니 거저 주어라(「마태복음」 10장 8절)", "너희는 하느님과 재물을 아울러 섬길 수 없다(「마태복음」 6장 24절)", "있는 것을 다 팔아 가난한 사람들에게 나눠 주어라(「누가복음」 18장 22절, 「마가복음」 10장 21절)", "부자가 하늘나라에 들어가는 것은 낙타가 바늘구멍으로 빠져나가는 것보다 어려울 것이다(「마태복음」 19장 24절)"와 같은 가르침은 분명히 자본주의와는 다르다. 오히려 성경은 공동체적 나눔을 강조했다. "착한 포도밭 주인은 일꾼들에게 늦게 온 자도 일찍 온 자와 똑같은 품삯을 주었다(「마태복음」 20장 1~10절)", "믿는 사람은 모두 함께 지내며 그들의 모든 것을 공동 소유로 내놓고 재산과 물건을 팔아서 모든 사람에게 필요한 만큼 나누어 주었다(「사도행전」 2장 44절, 4장 32절)"와 같은 말은 사회주의와 같은 맥락이다.

그러나 오늘날 교회와 자본주의자들의 귀에는 그런 말들은 들리지 않는다.

특히 주목되는 것은 노장은 승자를 찬양하지 않았다는 점이다. 오히려 불선자도 버리지 말라고 했다. 노자 도덕 강목의 제3덕에서 말한 "천하 만민에 앞서지 않는 것"은 이것을 의미한다. 그는 자연과 인간이 서로를 이기려 하지 않는 무위자연을 도道라고 한 것이다. 그러므로 노자는 강하고 이기는 것을 선이라고 하지 않고 반대로 약하고 지는 것을 선이라고 했다. 따라서 강한 자에게 상을 주지 말고 약한 자에게 벌을 주지 말라고 했으며, 이기는 자에게 상을 주지 말고 지는 자에게 벌을 주지 말라고 했다.

노자의 도덕률에서는 국가나 국민은 부정된다. 국가를 부정하므로 권력도 부정된다. 권력이 없는 곳에서는 상벌도 있을 수 없다. 그러나 이긴 자에게 상을 주지 말라는 것은 공자의 도덕에 어긋나며, 자본주의와 시장 원리에도 어긋나며, 운동경기의 규칙에도 어긋난다. 그렇지만 무지無知와 동심童心으로 돌아가 자애慈愛의 마음으로 보면 잘난 자와 이긴 자에게 상을 주고, 못난 자와 패배한 자에게 벌을 주는 것은 냉혹하고 비정한 정글의 법칙일 뿐이다.

장자莊子/내편內篇/대종사大宗師

일치되는 것은 자연과 더불어 무리가 되는 것이요,　　　　其一與天爲徒.

일치되지 않는 것은 사람과 더불어 무리가 되는 것이다.　　其不一與人爲徒.

자연과 사람이 서로를 이기려 하지 않아야만　　　　　　　天與人不相勝也.

이를 일러 진인이라 한다.　　　　　　　　　　　　　　是謂眞人.

장자莊子/잡편雜篇/천하天下

노담이 말했다.

"수컷을 알고 암컷을 지키면 천하의 계곡이 된다.

명예로움을 알고 오욕을 받아들이면 천하의 골짜기가 된다.

사람은 모두 앞서기를 취하는데

나만 홀로 뒤처지는 것을 취하니

이르기를 '천하의 오욕을 감수한다' 고 한다."

老聃曰

知其雄 守其雌 爲天下谿.

知其白[39] 守其辱 爲天下谷.

人皆取先

己獨取後

曰 受天下之垢.

---

39) 白(백)=彰明也.

불선자도 버리지 말라

〖 노자 · 27장 〗

선한 행동은 발자국이 없고, 선한 말씀은 티(瑕疵)를 남기지 않는다.   善行無轍迹 善言無瑕讁[40]

셈을 잘하는 자는 주판을 쓰지 않고,   善數不用籌策

잘 닫는 자는 열쇠를 잠그지 않아도 열지 못하고,   善閉無關鍵 而不可開

잘 묶는 자는 노끈으로 묶지 않아도 풀지 못한다.   善結無繩約 而不可解

그러므로 무위진인無爲眞人은   是以聖人[41]

항상 사람을 잘 구하므로 사람을 버림이 없고,   常善救人 故無棄人

항상 만물을 잘 구하므로 사물을 버림이 없다.   常善救物 故無棄物

이를 일러 만물을 살리는 습명襲明이라고 한다.[42]   是謂襲明[43]

그러므로 선인善人은 불선인不善人의 스승이요,   故善人不善人之師

불선인은 선인의 밑거름이니   不善人善人之資[44]

     김경탁 : 선인이란 불선인의 스승이요, 불선인은 선인의 자료가 된다.

     장기근 : 선인은 불선인의 스승이요, 불선인은 선인의 거울이라 하겠다.

     노태준 : 선인은 불선인의 스승이요, 불선인은 선인의 도움이다.

     김용옥 : 좋은 사람은 좋지 못한 사람의 스승이며, 좋지 못한 사람은 좋은
             사람의 거울이다.

     오강남 : 선한 사람은 선하지 못한 사람의 스승이요, 선하지 못한 사람은
             선한 사람의 감(資)입니다.

---

40) 讁(적)=謫=責也. 백서본은 '適'으로 됨. 뜻은 같다.

41) 聖人(성인)=無爲自然人. 공자의 聖人은 聖王.

42) 성리학에서 天을 生生心으로 보는 것과 유사하다.

43) 襲明(습명)=「주역」의 명이괘(䷣). 땅속의 해(☷=地, ☲=火). 襲=藏也.

44) 資(자)=用也, 藉也, 諮問也.

스승과 같은 선인을 높이지 않고 밑거름인 불선인을 아끼지 않으면,　　不貴其師 不愛其資

　　김경탁 : 그 스승을 높이지 않고, 그 자료를 아까워하지 않으니

　　장기근 : 스승을 높이지 못하거나, 제자를 사랑하지 않으면

　　노태준 : 그 스승을 귀히 여기지 않고, 그 도움을 사랑하지 않으면

　　김용옥 : 스승을 귀히 여지 않고, 거울을 아끼지 아니하면

　　오강남 : 스승을 귀히 여기지 못하는 사람이나 감(資)을 사랑하지 못하는 사
　　　　　람은

비록 지혜롭다 해도 크게 미혹될 것이다.　　　　　　　　　　雖智大迷

이를 일러 '종요로운 생명 작용(要妙)'이라고 한다.　　　　　　是謂要妙.[45]

　　김경탁 : 비록 지혜라도 크게 미혹되는 것을 요묘(切要微妙)라 한다.

　　노태준 : 그런데 이것을 현묘한 진리라고 한다.

　　김용옥 : 이것을 현묘한 요체라 한다.

　　오강남 : 이것이 바로 기막힌 신비입니다.

　　이석명 : 이를 일컬어 현묘한 요체라 한다.

《 노자 · 49장 》

무위자연의 성인은 '전법典法이 될 마음(常心)'이 없고　　　　　聖人[46] 無常[47] 心,[48]

　　김경탁 : 성인은 변하지 않는 고정된 마음이 없어

　　장기근 : 성인은 고정된 마음을 갖지 않고

　　노태준 : 성인은 상심이 없고

　　김용옥 : 성스러운 사람은 항상스런 마음이 없다.

　　오강남 : 성인에게 고정된 마음이 없습니다.

---

45) 妙(묘)=成也(神也者妙萬物 而爲言者也 : 周易/說卦). 왕필본은 '眇'로 됨.
46) 聖人(성인)=天地不仁 聖人不仁(老子/5장). 노자의 聖人은 공자의 聖人과는 전혀 다르다.
47) 常(상)=典法也.
48) 죽간본은 '聖人恒無心(성인은 항상 무심하다)'로 됨.

임채우 : 성인은 정해진 마음이 없으니

김형효 : 성인의 마음은 자기 마음으로 위주를 삼지 않고

백성의 마음을 자기 마음으로 삼는다.   以百姓心爲心

김경탁 : 백성의 마음으로 자기 마음을 삼는다.

김용옥 : 오로지 백가지 성의 사람들의 마음으로 그 마음을 삼을 뿐이다.

김형효 : 백성의 마음으로 마음을 삼는다.

선한 자는 나도 선하게 해주고   善者吾善之
불선자도 나는 역시 선하게 해준다.   不善者吾亦善之

김경탁 : 선한 사람도 나는 그를 선하게 하고, 불선한 사람도 내가 그를 선
         하게 하니

노태준 : 선한 자를 나도 이를 선하다 하고 불선한 자도 나는 이를 선하다
         고 한다.

김용옥 : 좋은 사람은 나도 그를 좋게 해주고 좋지 못한 사람이라도 나는
         또한 그를 좋게 해준다.

오강남 : 선한 사람에게 나도 선으로 대하지만 불선한 사람에게도 선으로
         대합니다.

덕은 항상 선하기 때문이다.   德善

김용옥 : 그러하므로 나의 좋음이 얻어지는 것이다.

오강남 : 그리하여 선이 이루어집니다.

신의 있는 자는 나도 신의로 대하고   信者吾信之
불신자도 나는 역시 신의로 대한다.   不信者吾亦信之
덕은 신뢰이기 때문이다.   德信.

〗 노자 · 62장 〖
도란 만물을 길러주는 조앙신이니   道者萬物之奧[49]

김경탁 : 도는 만물의 뒤에 가리어 있는 근원자다.

노태준 : 도는 만물의 가장 깊숙한 곳에 있는 것인데,

김용옥 : 길이란 것은 만 가지 것의 속 깊은 보금자리요,

오강남 : 도는 모두의 아늑한 곳

김형효 : 도라는 것은 만물의 오묘함인데,

선인에게도 보배롭고 불선인에게는 보신처가 된다.

善人之寶 不善人之所保⁵⁰⁾

김경탁 : 좋은 사람은 유일의 보물로 존중한다. 나쁜 사람도 그 안에 도를
보존하고 있는 것이다.

노태준 : 선인의 보배이며 불선인의 보배로 삼는 것이다.

김용옥 : 좋은 사람의 보배며, 좋지 못한 사람도 지닌 것이다.

오강남 : 선한 사람에게도 보배요 선하지 않은 사람에게도 은신처입니다.

김형효 : 선인이 보배롭게 여기고, 불선인도 의지하고 있는 바이다.

선한 말씀은 권면할 수 있고
존경스런 행실은 남을 유익하게 하지만

美言可以市⁵¹⁾
尊行可以加人

김경탁 : 참으로 착하고 아름답고 좋은 말은 여러 사람의 값없이 팔리는
물건이 될 수 있고, 존귀한 행실은 사람들에게 모범이 되어 보탬
이 될 수 있다.

노태준 : 미언은 진실로 팔 수 있고, 존행은 진실로 남에게 가할 수 있다.

김용옥 : 아름다운 말은 시장에서 사람을 홀리며, 고매한 듯한 행위는 사람
의 위선을 더할 뿐이다.

오강남 : 아름다운 말은 널리 팔리고, 존경스런 행위는 남에게 뭔가를 줄
수도 있습니다.

---

49) 奧(오)=主也, 烹和之名, 竈神也. 백서본은 '注'로 됨. 뜻은 같다.

50) 保(보)=백서본은 모두 '寶'로 됨.

51) 市(시)=買也, 勸也.

김형효 : 아름다운 말은 시장에서 팔릴 수 있고, 훌륭한 행위도 남에게 베풀어질 수 있다.

사람이 선하지 않다고 어찌 버릴 수 있겠는가?

人之不善 何棄之有

김경탁 : 깨닫지 못한 사람도 도를 보전하고 있으니 어찌 사람을 버릴 수 있겠느냐?

노태준 : 사람의 불선함도 무어 버릴 것이 있겠는가?

김용옥 : 사람의 이러한 좋지 못함도 모두 길에서 나온 것일진대 내 어찌 외면할 수만 있으랴?

오강남 : 사람 사이의 선하지 않다고 하는 것이라도 무슨 버릴 것이 있겠습니까?

김형효 : 사람의 불선이라고 어찌 버리는 일이 있겠는가?

그러므로 천자를 세우고 삼경을 두어　　　　　　　　故立天子置三公

옥을 받들게 하고 사두마차를 앞세우더라도　　　　雖有拱璧 以先駟馬

가만히 앉아 이 도道를 힘써 행하는 것만 못할 것이다.　不如坐[52]進此道

옛사람이 이 도道를 귀히 여긴 까닭은 무엇인가?　　古之所以貴此道者何

도로써 구하면 얻고　　　　　　　　　　　　　　不日 以求而得

죄에서 구속救贖된다고 하지 않는가?　　　　　　　有罪以免耶

그래서 천하가 귀한 보배로 삼는 것이다.　　　　　故爲天下貴.

　　하늘의 해는 선자도 불선자도 차별 없이 모두 비추어준다. 땅속의 해는 선자도 불선자도 다 길러준다. 자연은 선자도 불선자도 차별 없이 모두 먹여준다. 자연의 도덕은 불선자도 버리지 않는다. 땅속의 태양인 용암은 지구를 덥혀

---

52) 坐(좌)=백서본은 '坐而'로 됨.

만물을 기른다. 이처럼 도道는 만물을 기르는 조앙신이다. 그러므로 선인도 불선인도 길러주어야 한다.

　이처럼 성인의 임무는 어지러운 자도 불선인도 무능한 자도 버리지 않는 것이다. 지배자들의 도덕률은 유능하고 좋은 사람에게는 상을 주지만 무능하고 나쁜 사람에게는 벌을 주고 버린다. 그 벌은 가난과 감옥과 정신병원이다. 그 좋고 나쁨은 무엇을 기준으로 하는가? 그것은 성인 또는 군왕의 법이다. 그러나 노자는 다음과 같이 반문한다. "사람이 선하지 않다고 어찌 버릴 수 있겠는가?"

장자莊子/내편內篇/양생주養生主

좋은 일을 행해도 명예를 붙이지 말고	爲善無近[53]名
잘못을 행해도 형벌로 다그치지 말라.	爲惡無近刑.

장자莊子/내편內篇/인간세人間世

그가 어린아이가 되면 그와 더불어 어린아이가 되십시오!	彼且爲嬰兒 亦與之爲嬰兒.
그가 분수 없으면	彼且爲無町畦
그와 더불어 분수 없는 사람이 되십시오!	亦與之爲無町畦. [54]
그가 허물없이 굴면	彼且爲無崖
그와 더불어 허물없이 구십시오!	亦與之爲無崖. [55]
그와 소통하여 병통이 없는 경지로 들어야 합니다.	達之入於無疵.

---

53) 近(근)=附也.

54) 町畦(정휴)=밭의 경계.

55) 崖(애)=廉也.

일하지 않은 자도 먹여 주라!

〖 노자 · 23장 〗

그러므로 도道에 종사한다는 것은

도인에게는 도를 함께 하고, 덕인에게는 덕을 함께 하고

故從事於道者

道者同⁵⁶⁾於道 德者同於德

> 김경탁 : 도에 종사하는 자는 도와 같이하고, 덕에 종사하는 자는 덕과 같
> 이하고,
>
> 장기근 : 도를 따르면 도와 일치하고, 덕을 따르면 덕과 일치하고,
>
> 노태준 : 도가 있는 자에게는 도에 화동하고, 덕이 있는 자에게는 덕에 화
> 동하고,
>
> 김용옥 : 도를 구하는 자는 도와 같아지고, 얻음을 구하는 자는 얻음과 같
> 아지고,
>
> 오강남 : 도를 따르는 사람은 도와 하나가 되고, 덕을 따르는 사람은 덕과
> 하나가 되고,
>
> 김형효 : 도에서는 도와 동거하고, 덕에서는 덕과 동거하며,

어지러운 이에게는 어지러움을 함께 한다.

失者同於失.⁵⁷⁾

> 김경탁 : 잃은 물건에 종사하는 자는 잃은 물건과 같이한다.
>
> 장기근 : 모든 것을 잃으면 잃은 상태에 합치하게 된다.
>
> 노태준 : 실덕이 있는 자에게는 실덕에 화동한다.
>
> 김용옥 : 잃음을 구하는 자는 잃음과 같아진다.
>
> 오강남 : 잃음을 따르는 사람은 잃음과 하나가 된다.
>
> 김형효 : 도와 덕을 잃음에서는 그 잃음과 동거한다.

---

56) 同(동)=合會也, 共也.
57) 失(실)=喪也, 亂也.

《 노자 · 77장 》

하늘의 도는 마치 활을 쏘는 것 같지 않은가?

높은 것은 억누르고 낮은 것은 들어 올리고

여유 있는 자는 덜고, 부족한 자는 더해 준다.

하늘의 도(自然道德)는 이와 같으나

사람의 도(人倫道德)는 그렇지 않으니

거꾸로 부족한 자를 덜어 여유 있는 자에게 보태준다.

누가 있어 여유를 덜어 천하 만민에게 보태줄 것인가?

오직 무위자연의 도가 있을 뿐이다.

그러므로 무위자연의 성인은 생산하지만 가지려 하지 않고

   김경탁 : 성인은 하고서도 바라지 않고,

   노태준 : 성인은 큰일을 하고도 자랑하지 않고,

   김용옥 : 성스러운 사람은 하면서 기대지 아니하고,

   오강남 : 성인은 할 것 다 이루나 거기에 기대려 하지 않고,

   김형효 : 이로써 성인은 일을 하면서도 거기에 의지하지 않고

공적을 이루어도 거기에 머물지 않고

현명함을 드러내려 하지 않는다.

天之道 其猶張弓與

高者抑之 下者擧之

有餘者損之 不足者補之

天之道損有餘而補不足

人之道則不然

損不足而奉有餘

孰能[58]有餘以奉天下

唯有道者

是以聖人 爲[59]而不恃[60]

功成而不處

其不欲見賢.

   지배자의 도덕률은 '일하지 않은 자는 먹지 말라'는 것이다. 일하지 않은 자는 불선자不善者임이 분명하다. 그러나 약자의 도덕은 '불선자도 버리지 말라'는 것이다. 그러

---

58) 能(능)=損의 誤.

59) 爲(위)=作也, 造作也.

60) 恃(시)=持也.

므로 일하지 않은 자도 먹여주어야 한다.

　내 강의를 듣는 분 중에는 노숙자들을 돌보는 분이 계시다. 그런데 노숙자들 중에는 생을 포기한 사람이 많다고 한다. 그들은 일하려고 하지 않는다. 그들은 사회에 복귀하기 힘들다. 미국의 히피족들도 일하려고 하지 않는다. 그들은 스스로도 미국 사회에 적응하지 않으려 하고, 남이 억지로 복귀시킬 수도 없다. 오늘날 도덕과 상식으로는 일하지 않은 자는 먹지도 말라고 말한다. 그러니 일할 의욕이 없는 노숙자들은 선한 사람이라고 말할 수 없다. 그러므로 당연히 벌을 받아야 한다고 생각한다. 그 벌이 바로 노숙이다. 노숙은 감옥과 같다. 사회에서 격리된다는 점에서 노숙이나 감옥이나 정신병원은 모두 같다.

　그러나 영국의 러셀Bertrand Russell(1872~1970)은 '게으름의 철학'을 말했다. 그리고 프랑스 구조주의 철학자 푸코Michel Foucault(1926~1984)는 '감옥'과 '정신병동'에 대한 새로운 인식을 제시했다. 이는 자본주의 문명과 도덕률에 대한 도전이다. 나 역시 공자의 봉건 도덕과 오늘날 자본주의 도덕률 등 지배적인 담론에 반대되는 자들은 모두 사회에서 격리시켜야 한다는 주장에는 찬동할 수 없다.

　노장은 2천여 년 전 당시 전국시대에도 광인 취급을 받았으나 지금 태어나더라도 광인 취급을 받을 것이다. 노자는 일하지 않은 자는 먹지도 말라는 도덕률을 정면으로 비난했기 때문이다. 앞에서 읽은 것처럼 그는 "도란 만물을 길러주는 조앙신이니, 선인에게도 보배롭고 불선인에게는 보신처"라고 말했다. 그러므로 선인이든 불선인이든 길러

주어야 한다.

『노자』 23장의 "실자동어실失者同於失"은 '어지러운 것은 어지러움을 함께한다'는 뜻이다. 혹자는 "어지러움을 다스리는 것이 성인의 임무이거늘 이 어찌 망발인가?"라고 반문할지도 모른다. 아마 국가와 국민이라는 국가주의적인 굴레를 벗어나지 못하는 우리들의 의식구조로는 납득하지 못할 것이다. 우리나라 학자들도 똑같이 이 글을 납득하지 못한다. 하나같이 '실失'을 '난亂'으로 읽을 줄 모르고, '물건을 잃은 자'로 해석하니 뜻이 통하지 않는 글이 되어 버린다.

그러나 왕王의 법으로 보면 어지럽다고 생각되는 것도 자연의 법으로 보면 어지러움이 아니라 자연 그대로의 천리天理일 수 있다. 인간은 자연을 어지러운 것으로 보기 쉽다. 대체로 자연의 냇물과 강물은 꾸불꾸불 흘러 습지를 만들고 밭과 논을 침식한다. 또 유속이 느려 배를 타고 다니기에는 불편하다. 그래서 어지러운 물줄기를 곧게 만들고 남는 땅을 메워 집을 짓기도 한다. 그러나 이것은 시냇물을 썩게 하고 범람하게 한다. 이처럼 자연은 어지럽게 보이지만 어지러움 그 자체가 순리인 것이다.

더불어 편안하게 하다

장자莊子/잡편雜篇/칙양則陽

옛 성인은	故聖人
궁할 때는 가문 사람들에게 가난을 잊도록 하고	其窮也 使家人忘其貧
영달할 때는 왕공들로 하여금 작록을 잊고	其達也 使王公忘其爵祿

비천한 자들을 교화토록 한다.　　　　　　　　　而化卑

재물을 백성들에게 나눔으로써 더불어 즐겁게 하고　　其於物也 與⁶¹⁾之爲娛矣

사람들에게는 원하는 물자를 유통시켜　　　　　　其於人也 樂⁶²⁾物之通

자기를 보전케 했다.　　　　　　　　　　　　而保己焉.

고르게 나누면 복이 된다

장자莊子/잡편雜篇/도척盜跖

고르게 나누면 복이 되고　　　　　　　　平爲福

남아돌면 해가 되는 것은　　　　　　　有餘爲害者

만물이 그렇지 않은 것이 없지만　　　　物莫不然

재물의 경우는 더욱 심하다.　　　　　　而財其甚者也.

　오늘날 실업자는 자본주의가 자기 생존을 위한 필요에서 만들어낸 산업예비군이다. 그러므로 자본은 그들을 먹여야 할 책임이 있다. 자본주의가 무능하다고 버린 사람도 자본주의 아닌 사회에서는 유능할 수 있다. 그들도 자연의 눈으로 보면 쓸모가 있는 것이다.

장자莊子/잡편雜篇/칙양則陽

(백구가) 제나라에 도착하자　　　　　　　　　　至齊

형벌을 받아 기시된 시체를 보았다.　　　　　　見辜人焉

시체를 밀어 바로 누이고 조복을 벗어 덮어주었다.　　推而强之 解朝服而幕之.

---

61) 與(여)=愛民好施也.
62) 樂(락)=願也.

그리고 하늘을 우러러 곡하며 말했다.

"오! 그대여!

천하에는 피살자가 많은데 그대가 먼저 당했구려!

말끝마다 '도둑질하지 말라! 살인하지 말라!' 말하지만

영욕으로 핍박하여 이런 병통이 나타났고

재화가 한곳으로 모이니 이런 쟁투가 나타났다.

…무릇 힘이 부치면 꾀를 쓰고

지혜가 부족하면 속이고

재물이 부족하면 도둑질을 하는 것이다.

도둑이 횡행하는 것은 누구에게 책임을 물어야 옳은가?"

號天而哭之 曰.

子乎子乎

天下有大菑 子獨先離之.

曰 莫爲盜 莫爲殺人.

榮辱立 然後覩所病

貨財聚 然後覩所爭.

…夫力不足則僞

知不足則欺

財不足則盜

盜竊之行 於誰責而可乎.

용을 도살하는 기술을 배우다

장자莊子/잡편雜篇/열어구列禦寇

주평만朱泙漫은

지리익支離益으로부터 용龍을 도살하는 기술을 배웠다.

천금의 가산을 탕진하여 삼 년 만에 기술을 터득했으나

그 기술을 쓸 곳이 없었다.

朱泙漫

學屠龍於支離益

單千金之家 三年技成.

而無所用其巧.

장자莊子/잡편雜篇/외물外物

혜자가 장자에게 말했다.

"그대의 말은 쓸모가 없다."

장자가 말했다.

"그대가 무용無用을 안다니

비로소 유용有用을 더불어 말할 수 있겠네.

대저 지구는 넓고 크다고 하지 않을 수 없지만

惠子謂莊子 曰

子言無用.

莊子曰

知無用

而始可與言用矣.

夫地非不廣且大也.

사람이 사용하는 것은 발자국을 용납할 정도뿐이네. 人之所用容足耳.

그렇다고 쓰지 않는 발자국 주변의 땅을 廁足而墊[63]之

황천까지 굴착해 버리면 致黃泉.

사람들이 오히려 유용하다 하겠는가?" 人尙有用乎.

혜자가 말했다. "무용하다고 하겠지." 惠子曰 無用.

장자가 말했다. 莊子曰

"그런즉 然則

무용한 것도 유용한 것이 분명하다네." 無用之爲用也　亦明矣.

    이제 우리는 선하지 않은 자들과도 함께해야 한다고 말한 노장에게 도덕이 없다고 말할 수 없음을 알게 됐다. 여기서 우리는 사회의 지배적인 도덕률에 대해 회의하고 비판할 줄 알아야 한다. 지금 책방에 나와 있는 책들이 하나같이 『논어』와 『노자』의 도덕을 같은 것으로 번역하고 있어 잘못이라고 나무라는 것은 결코 당파적인 것이 아니다.

---

63) 墊(점)=堀也.

반성 물신의 시장으로부터 해방

이제 우리는 『노자』야말로 약자와 패자를 위한 복음이었음을 알게 됐다. 그렇기에 농민 반란인 황건의 난의 성전이 됐으며, 지금 중국이 지향하는 '조화사회調和社會'의 정신적 교본이 된 것이다.

문명에 소외된 인간의 해방 담론인 『노자』는 고도 문명으로 인해 더욱 고도화된 오늘날의 인간 소외 상황에서는 더욱 유효한 담론이다. 구체적으로 말하면 과거 인간을 소외시키는 기제로 지목됐던 국가보다도 더 강대한 인간 소외 기제인 자본과 시장으로부터 인간이 해방되기 위해서는 노장의 무위자연의 담론이 적실하다는 것이다.

자본과 시장이 인간 소외의 기제라 함은 그 아래서는 인간이 살과 피를 가진 인간으로서가 아니라 '노동 비용'이나 '유효 수요'로만 보기 때문이다. 즉 기업이 지배하는 사회구조는 인간을 노동 비용 항목으로서만 존재하게 하며, 시장이 지배하는 사회구조는 인간은 돈을 지불할 수 있는 유효 수요로만 참여하게 한다. 그러므로 인간은 자본과 시장의 작동을 위한 하나의 도구에 불과하며 그마저도 빈털터리나 실업자는 배제된다.

무한 경쟁과 약육강식을 요구하는 '시장'이 최고의 신으로 등장한 오늘날 신자유주의 사회에서 산업예비군을 두텁게 하여 노동력 충원에 편리하도록 강요된, 모든 생산 수단을 빼앗긴 실업자들에게 '일하지 않은 자는 먹지 말라!' '이기면 상을 받고 지면 벌을 받아야 한다'는 도덕률이 과연 타당한 것인가? 인간이 살기 좋은 나라가 아니라, 기업이 살기 좋은 나라를 만들자고 외치는 '시장市場 종교宗教'의 광신도들의 말이 과연 옳은 것인가? 지금 인간은 기업의 노예가 되어 있다. 기업이라는 리바이어던이 지배하는 자본주의 사회가 과연 언제까지 계속되어야 하는가?

기업이 인간을 지배하는 사회는 언젠가 반드시 지양될 것이다. 그러나 자본주의가 진화하는 생물이라고 말하는 사람들은 새로운 시대를 맞아 자본주의가 다시 한 번 진화할 것이라고 낙관한다. 자본가 정신은 창조적 파괴의 모험 정신이므로 새로운 기술과 메커니즘으로 위기를 극복하고 새롭게 발전할 것이라는 것이다. 실제로 세계 최고의 갑부인 빌 게이츠Bill Gates(1955~)는 새로운 '창조적 자본주의(creative capitalism)' 방식으로 지구상의 가난과 질병을 퇴치할 것이라고 선언하고 자본주의 구명 운동에 발 벗고 나섰다.

여기서 주목할 것은 빌 게이츠 같은 낙관론자도 자본주의가 죽음의 벼랑으로 치닫고 있다는 데는 공감하고 있다는 점이다. 다만 자본주의로 돈을 벌어 자본주의가 생산한 굶주림을 구제하겠다는 것은 자가당착이다. 자본주의가 아무리 창조적 파괴를 거듭한들 그것이 자본주의 체제인 한 인간의 얼굴을 할 수 없다. 그 근본적 메커니즘이 인간을 소외시키고 지구를 파괴하기 때문이다.

더욱이 아무리 새로운 기술이 나온다 해도 기술로는 인간을 구제할 수 없다. 기술이 발전한다면 오래지 않아 자동인형 로봇들이 플래카드를 들고 데모를 할지도 모른다. 감정도 얼굴도 없는 기업조차 법적으로 인간 대접을 받는데 하물며 인간을 빼닮은 로봇들은 왜 인간의 권리가 없는지 항의할 것이며, 언젠가는 로봇들이 기업을 대신하여 피와 살을 가진 인간들을 노예로 삼아 지배할 것이다.

인간이 인간 본연의 모습으로 살아가기 위해서는 자본주의 도덕률은 반드시 지양되어야 한다. 오늘날 현대인은 온갖 쾌락과 행복을 파는 백화점이 역사의 종말이요 천당이라고 착각하고 있지만, 그 백화점도 사실은 지구라고 하는 침몰하는 거대한 유람선 속에 있음을 잊고 있다.

마오이즘Maoism이 마르크스레닌주의를 중국화하려던 시도였다면 지금 중국 지도자들이 말하는 '조화사회'란 자본주의를 중국화하려는 시도라고 생각된다. 그렇기에 그들이 노장에서 찾으려 하는 '조화調和사회'를 나는 '조화調禾사회'로 표기할 것을 권한다. '조화調禾'란 '화和'와 '사私'의 조화를 뜻한다. 옛날 관자는 군자의 모습을 '화禾'란 글자로 풀이했다(『관자』 권16 「소문小問」). '화禾'는 '화和'라는 뜻과 '사私'라는 뜻을 아울러 가지고 있다. '화和'란 '벼(禾)'를 여러 식구食口들이 고루 나누어 먹음(禾+口)'이요, '사私'는 '벼(禾)의 주인(厶=自營, 姦衰)'을 말한다. '화和'는 곡식을 고루 나누어 먹는 질서이며 공동체의 평화요, '사私'는 개인이 소외되지 않는 자율성이다. 그러므로 조화調禾사회는 공동체성과 개인성이 조화되어 다 같이 존중되는 사회를 의미하며, 마르크스가 말한 유적 본질이 담보되는 사회를 의미한다고 볼 수 있다.

관자管子/권16/소문小問

환공桓公이 물었다.　　桓公曰

"어떤 물건이 군자의 덕에 비교될 수 있을까요?"　　何物可比于君子之德乎.

습붕隰朋이 대답했다.　　隰朋對曰

"대저 조粟는 안으로는 갑주에 둘러싸여 있고　　夫粟 內甲以處

가운데는 성을 둘렀고, 밖으로는 무기처럼 가시가 있습니다.　　中有卷城 外有兵刃

그러면서도 감히 자랑하지 않고　　未敢自恃

관속官屬이라는 이름을 가졌습니다.　　自命曰粟

이것이야말로 군자의 덕에 비교할 수 있을 것입니다."　　此其可比于君子之德乎.

관중管仲(관자)이 말했다.　　管仲曰

"벼 는 묘가 싹트고 어려서는　　苗始其少也

여린 모습이 꼭 젖먹이 같고　　朐朐乎何其孺子也

장성하면 의젓한 것이 꼭 선비 같으며　　至其壯也 莊莊乎何其士也

그것이 여물면 익을수록 머리를 숙이는 모습이　　至其成也 由由乎茲免

꼭 군자와 같습니다.　　何其君子也.

천하가 그것을 얻으면 편안하고 얻지 못하면 위태롭습니다.　　天下得之則安 不得則危

그러므로 그것을 평화(禾)라 이름 붙였습니다.　　故命之曰禾

이것이야말로 군자의 덕과 비교될 수 있을 것입니다."　　此其可比于君子之德矣.

이제 우리는 중국 공산당의 조화사회든 빌 게이츠의 창조적 자본주의든 반드시 새로운 희망을 줄 수 있는 새로운 종교개혁과 새로운 철학을 내놓아야 한다. 새로운 문명을 위해 새로운 정신혁명이 필요하다. 노장사상이 이를 위한 하나의 중요한 단서가 될 수 있을 것으로 믿는다.

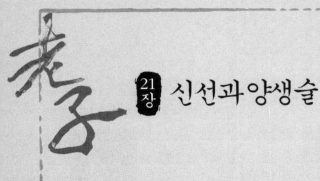

21장 신선과 양생술

노자 읽기

〖 노자 · 7장 〗

천지는 영원무궁하다.　　　　　　　　　　　　　　　天長地久

천지가 영원무궁할 수 있는 까닭은　　　　　　　　　天地所以能長且久者

스스로 살려고 하지 않기 때문이다(自生).　　　　　以其不自生

그러므로 오히려 영원한 삶을 살 수 있다(長生).　　故能長生

　　김경탁 : 그 까닭은 저절로 생성하지 않기 때문이다. 그러므로 영원히
　　　　　　 산다.

　　장기근 : 그 까닭은 자신을 위해 사는 존재가 아니기 때문에 영원히 살
　　　　　　 수가 있다.

　　노태준 : 그 까닭은 스스로 생성하지 않음으로써, 진실로 영원히 산다.

　　윤재근 : 그럼으로써 제 욕심을 내세워 살지 않는다. 그래서 오래 산다.

　　김용옥 : 그 까닭은 자기를 고집하지 않기 때문이다. 그러므로 오래 살
　　　　　　 수 있는 것이다.

　　오강남 : 그 까닭은 자기 스스로를 위해 살지 않기 때문이다. 그러기에
　　　　　　 참삶을 사는 것이다.

　　이석명 : 그 까닭은 나만 살겠다고 하지 않기 때문이니, 그러므로 길이
　　　　　　 존재하네.

김형효 : 그 까닭은 천지가 자가 생성하지 않기 때문이다. 그러므로 천
지는 능히 장생한다.

그러므로 무위자연의 성인은 자신을 뒷전에 두지만 도리어 앞서고   是以聖人 後其身而身先
자신을 소외시키지만 도리어 보존한다.   外其身而身存
이는 사사로운 자기가 없기 때문이 아니겠는가?   非以其無私耶
그러므로 오히려 사사로운 자기를 이룰 수 있는 것이다.   故能成其私.

《 노자 · 23장 》

들리지 않게 말하는 것이 자연이다.   希言自然[1]
회오리바람은 아침을 마치지 못하고   飄風不終朝
소나기는 하루를 마치지 못한다.   驟雨不終日
누가 이와 같이 하는 것인가? 천지다.   孰爲此自 天地
천지도 이처럼 영구하지 못하거늘 하물며 사람이랴?   天地尚不能久 而況於人乎.

《 노자 · 33장 · 하단 》

자신의 처지를 잃지 않는 것은 영구하고   不失其所[2]者久
  김경탁 : 제자리를 잃지 않는 이는 장구하고
  장기근 : 자기의 근원을 잃지 않으면 영원할 수 있고
  노태준 : 그 자리를 잃지 않는 자는 영구하고
  김용옥 : 바른 자리를 잃지 않는 잘해야 오래가는 것이요,
  오강남 : 제 자리를 잃지 않음이 영원입니다.[3]
  김형효 : 그 본바탕을 잃지 않는 자는 오래가고

---

1) 『노자』 41장의 "大音希聲", 14장의 "聽而不聞 名曰希" 참조.
2) 所(소)=處也, 地也.
3) 실재를 중시한 것이나 위의 우리 학자들은 명분이나 본성을 중시한 것으로 해석한다.

죽어도 잊혀지지 않는 자는 장수한 것이다.   死而不亡[4]者壽.

    김경탁 : 죽어도 멸망하지 않는 이는 수한다.

    장기근 : 죽어도 도를 잃지 않으면 장수할 수 있다.

    노태준 : 죽어도 망하지 않는 자는 장수한다.

    김용옥 : 죽어도 없어지지 않는 자래야 수하다 할 것이다.

    오강남 : 죽으나 멸망하지 않는 것이 수를 누리는 것입니다.[5]

    김형효 : 죽어서도 잊혀지지 않는 자는 오래 산다.

《 노자 · 55장 · 하단 》

조화를 아는 것을 상도常道라 하고   知和曰常

상도를 아는 것을 신명神明이라 한다.   知常曰明

    김경탁 : 화기를 극치케 함을 상도라 하고, 이 지극한 경지를 아는 것을 밝
           은 지혜라 한다.

    노태준 : 조화를 아는 것을 참이라 하고, 참을 아는 것을 명明이라 한다.

    김용옥 : 조화를 아는 것을 늘 그러함이라 하고, 늘 그러함을 아는 것을 밝
           음이라고 한다.

    오강남 : 조화를 아는 것이 영원입니다. 영원을 아는 것이 밝음입니다.

    김형효 : 충기의 조화를 아는 것은 상도이고, 상도를 아는 것을 밝음이라
           한다.

생명을 더하려는 것을 괴이하다 하고   益生曰祥[6]

    김경탁 : 생生만 이익 되게 함을 재災라 한다.

    장기근 : 삶을 무리하게 탐내는 것은 재앙이며

    노태준 : 생명을 억지로 유익하게 하는 것은 불길하다고 한다.

---

4) 亡(망)＝忘也.

5) 위의 우리 학자들은 가문이나 도덕을 중시하는 것으로 해석한다.

6) 祥(상)＝福也, 妖怪也.

김용옥 : 늘 그러한 삶에 덧붙이려는 것을 요상타 한다.

오강남 : 수명을 더하려 하는 것은 불길한 일이요

김형효 : 생을 더 보태는 것을 재앙이라 하고

마음으로 기氣를 부리는 것을 강포함이라 한다.　　　　　心使氣日强[7]

김경탁 : 마음이 기를 부림을 강하다고 한다.

장기근 : 욕심으로 정기를 부리는 것을 억지라 한다.

노태준 : 마음으로 기를 선동하는 것을 강행이라 한다.

김용옥 : 마음이 기를 부리는 것을 강하다 한다.

오강남 : 마음으로 기를 부리려 하는 것은 강포입니다.

김형효 : 마음이 기를 사용하는 것을 강하다고 한다.

사물이 강장强壯하면 늙기 마련이니 강장을 부도不道라고 말한다.　　物壯[8]則老 謂之不道

김경탁 : 사물이 장성하면 노쇠함은 영구불변의 도가 아니다.

장기근 : 만물은 억지와 포악을 부리면 노폐하기 마련이니, 이것이 바로 도
　　　　　에 어긋나는 일이다.

노태준 : 만물은 강장하면 곧 노쇠한다. 이것을 부도라 한다.

김용옥 : 사물은 강장하면 곧 늙어버리는 것이니 이를 길답지 않다고 한다.

오강남 : 기운이 지나치면 쇠하게 마련, 도가 아닌 까닭입니다.

김형효 : 만물은 강장하면 늙는다. 이것은 도가 아니다.

강하고 씩씩한 부도자不道者는 말단 무사武士에 그칠 뿐이다.　　　　不道早[9]已.

---

7) 强(강)=暴也, 氣不和順也.

8) 壯(장)=武力暴興也, 容體盛大也.

9) 早(조)=晨也, 皁(조)=下士.
　*字典 : 皁=俗字는 皂. 黑也, 早也(日未出時), 養馬之官下士也.
　*左傳/昭公七年(BC 535) : 天有十日. 人有十等. 下所以事上 上所以共神也. 故王臣公 公臣大夫 大夫臣士 士臣皁
　　皁臣興 興臣隷 隷臣僚 僚臣僕 僕臣臺.

김경탁 : 도답지 않은 것은 빨리 정지한다.

장기근 : 도에 어긋나면 일찍 사멸한다.

노태준 : 부도는 곧 앞길이 막힌다.

김용옥 : 길답지 않으면 일찍 사라질 뿐이다.

오강남 : 도가 아닌 것은 얼마 가지 않아 끝장이 납니다.

김형효 : 도가 아닌 것은 일찍 시든다.

---

*周禮/夏官：五隸(오예)=罪隸 蠻隸 閩隸 夷隸 貉隸.

*史記/列傳/鄒陽傳注：皁=黑也, 養馬之官下士也.

신선과 양생술은 노장사상이 아니다

우리는 흔히 노장을 말하면 신선술이나 양생술을 연상한다. 그러나 노장은 그런 것들을 말한 적이 없다. 신선이나 양생술은 훗날 도교를 창립하면서 민간에서 유행하는 방술을 끌어다 붙인 것이다. 그리고 방술의 권위와 효험을 선전하기 위해 노자의 이름을 빌린 것에 불과하다(이 책 2장 '노자와 도교' 참조).

앞의 『노자』 예문에서 7장과 23장은 언뜻 보면 모순되는 듯하다. 그러나 자세히 읽으면 그렇지 않다. 두 문장을 결합하여 읽으면 다음과 같은 취지임을 알 수 있다. 즉 '천지는 자생自生하려 하지 않으므로 장생長生하지만 그것도 항상 변한다. 하물며 사람은 장생할 수 없다. 그러므로 사람들이 생명을 연장하려 하거나 마음으로 기氣를 부리려 하는 등 자생하려 함은 부질없는 짓'이라는 취지다.

『노자』 7장의 핵심은 '자생'과 '장생'에 있다. 자생은 '스스로 살려고 노력함'이요, 장생은 육체적 불로장생不老長生이 아니라 '영원한 삶' 또는 '훌륭한 삶'이라는 뜻이다. 자생의 반대는 '외생外生(삶을 놓아버림)'이며, 장생의 반대는 '구생苟生(구차한 삶)' 혹은 '박생迫生(억압받는 삶)'이다. 이는 자생하지 않음으로써 장생할 수 있다는 역설이며, 난세에서 죽음을 모면할 길이 없는 절망한 민중의 삶에 대한 방법을 말한 것이다. 그러나 우리 학자들은 하나같이 자생을 '이기적인 삶'으로, 장생을 '불로장생'으로 왜곡하고 있다. 다만 오강남은 '장생長生'을 '참삶'으로 번역하고 있는데 이는 옳은 번역이다.

특히 도올은 자생을 '자기를 고집하는 삶'으로 오역하고 자기 고집을 버리고 관용해야 한다는 도덕론으로 읽는다. 물론 노자는 물아일체物我一體를 지향했으므로 자기만을 고집하는 것은 어리석음이라 비판할 것이다. 그러나 이 글은 그 수준을 넘는다. 절망적인 난세에 자기 고집대로 살아가는 사람들이 있다면 왕후장상뿐일 것이다. 그렇다면 노자는 왕후장상들에게 자기 고집을 버려야 오래 살 수 있다고 설교한 유세객이란 말인가? 도올의 이런 엉뚱한 착각은 이 문장에 국한되는 것이 아니다. 문명을 버리고 자연으로 돌아가라는 『노자』를 세속적인 유가의 도덕론으로 왜곡하는 근본적인 것이다. 오히려 왕필의 해석은 양호하다. 그는 "스스로 살려고 하면 만물과 다투고, 스스로 살려고 하지 않으면 만물이 귀의歸依한다(自生則與物爭 不自生則物歸也)"고 해석했다. 도올뿐 아니라 우리 학자들은 대체로 '장생'을 불로장생으로 해석한다.

그러나 노자가 말한 장생은 억지로 오래 살자는 것이 아니라, 생명을 온전히 한다는 '전생全生'과 같은 뜻임을 알아야 한다. 도올이 생각한 것처럼 자기를 내세우지 않고 죽은 듯이 살면 구차한 생명을 오래 살 수 있다는 통속적인 뜻이 아니다. 노자의 '장생(영원한 삶)'은 먼 훗날 도교에서 말한 '구생불사久生不死'가 아니라 '대생大生(위대한 삶)' 혹은 '선생善生(좋은 삶)'의 뜻을 내포한 말이다. 오래 사는 것은 장생이라 하지 않고 '구생久生'이라 한다. 우리만이 오래 사는 것을 장생이라 잘못 표기하고 있는 것이다.

노자는 결코 구생불사를 말하지 않았다. 그는 도리어 "타고난 생명을 더하려 하는 것은 흉한 일"이라고 말했다. 양자와 장자도 "불사不死의 방술이나 구생의 방법은 없으며 '자연을 따라 살아가는 삶'을 장생(좋은 삶)"이라고 말했다. 그러므로 노자·양자·장자 등이 말한 양생술은 불로장생이 아니라 '억압이 없는 자유로운 생명'을 보존하는 것이다.

열자列子/양주楊朱

(맹손양孟孫陽이 물었다.) "여기에 어떤 사람이	有人於此
생명을 귀하게 하고 몸을 아껴	貴生愛身.
죽지 않기를 바란다면 가능할까요?"	以蘄不死可乎
(양자가) 답했다. "죽지 않는 법은 없습니다."	曰 理無不死.
(맹손양이 말했다.) "오래 사는 것은 가능하겠지요?"	以蘄久生 可乎.
(양자가) 답했다. "오래 사는 법도 없습니다.	曰 理無久生.
또한 오래 살아서 무엇을 하겠습니까?	且久生奚爲.
백 년도 많다고 싫증이 날 터인데	百年猶厭其多
무엇 때문에 오래 사는 고통을 바란단 말입니까?"	況久生之苦也乎.

장자莊子/잡편雜篇/외물外物

고요하면 병을 낫게 하고	靜然可以補病.
눈가를 문지르면 늙음을 중지시키며	眥搣¹⁰⁾可以休老.
편안하면 조급증을 그치게 한다지만	寧可以止遽.¹¹⁾ 雖然

---

10) 眥搣(제멸)=눈가를 문지르다.
11) 遽(거)=卒也, 促也, 速也.

이런 양생법은 고통을 위로하려는 자들이 힘쓰는 것일 뿐   若是勞¹²⁾者之務也.

은둔자들이 할 일이 아니며   非佚¹³⁾者之所

일찍이 말한 적도 없다.   未嘗過¹⁴⁾而問¹⁵⁾焉.

장자莊子/외편外篇/지락至樂

천하에 지극한 안락이란 있을 수 없을까?   天下有至樂 無有哉.

몸을 살리는 신선술은 없을까?   有可以活身者 無有哉.

…사람이 살아가는 것은 근심과 더불어 살아가는 것이다.   …人之生也 與憂俱生

오래 사는 것은 눈이 어두워지고 정신이 혼미하며   壽者惛惛

오랫동안 근심하고 죽지 않으니 얼마나 괴로운가?   久憂不死 何苦也.

오래 사는 것은 몸을 위한다는 것과는   其爲形也

역시 거리가 먼 것이다.   亦遠矣.

내가 보기에는   吾觀

세속의 쾌락은 군중의 손짓을 따라   夫俗之所樂 擧¹⁶⁾群趣¹⁷⁾者

죽도록 달리며 그칠 수 없는 것 같다.   誙誙¹⁸⁾然如將不得已

그러면서 모두들 즐거움이라고 말하지만   而皆曰樂者.

나는 그것이 즐거움인지 또는 즐거움이 아닌지 알지 못한다.   吾未知樂也 亦未之不樂也.

---

12) 勞(로)=苦也, 慰問也.
13) 佚(일)=逸民.
14) 過(과)=歷也.
15) 問(문)=討論, 言也.
16) 擧(거)=企望之也.
17) 趣(취)=向也, 催促也.
18) 誙誙(경경)=趣死貌.

그렇다면 과연 즐거움은 없는 것인가?　　　　　　　　　果有樂無有哉

나는 무위無爲만이 진실로 즐거운 것이라고 생각한다.　　　吾以無爲誠樂矣.

속세는 크게 고통스런 곳이다.　　　　　　　　　　　　又俗之所大苦也.

그러므로 이르기를 지극한 쾌락은 즐거움이 없고　　　　故曰 至樂無樂

지극한 영예는 기림이 없다고 하는 것이다.　　　　　　至譽無譽.

천하에 시비는 정할 수 없다.　　　　　　　　　　　　至樂活身

그렇지만 무위만은 시비를 정할 수 있다.　　　　　　　唯無爲幾存.

지극한 안락은 몸을 살리는 것이며　　　　　　　　　　至樂活身

오직 무위에서만 있을 수 있다.　　　　　　　　　　　唯無爲幾存.

억압된 삶은 죽음보다 못하다

여씨춘추呂氏春秋/권2/중춘기仲春紀/귀생貴生

화자華子[19] 선생은 말했다.　　　　　　　　　　　　　子華子曰

"온전한 생명이 최상이고, 훼손된 생명은 그다음이고　　全生爲上 虧生次之

죽음은 그다음이며, 억눌린 생명은 최하다.　　　　　　死次之 迫生爲下.

따라서 생명 존중은 생명을 온전하게 하는 것을 말하며　故所謂尊生者 全生之謂

온전한 생명이란　　　　　　　　　　　　　　　　　所謂全生者

육욕六欲이 모두 적합함을 얻은 것이다.　　　　　　　六欲皆得其宜也.

훼손된 생명이란　　　　　　　　　　　　　　　　　所謂虧生者

육욕의 일부분만 적합함을 얻은 것이다.　　　　　　　六欲分得其宜也.

생명이 훼손되면 생명 존중심도 희박해져　　　　　　虧生則於其尊之者薄矣

생명 훼손이 더욱 심해지고　　　　　　　　　　　　其虧彌甚者也

생명을 가볍게 보는 풍조가 생긴다.　　　　　　　　　其尊彌薄.

---

19) 晉人. 본명 程本. 晏子와 同時代人.

이른바 죽음이란 所謂死者

지각의 수단이 없어져 無有所以知

태어나지 않은 상태로 되돌아가는 것이다. 復其未生也.

이른바 억눌린 생명이란 所謂迫生者

육욕이 그 적합함을 얻지 못하므로 六欲莫得其宜也

모두 싫어함만 남는다. 皆獲其所甚惡者.

굴복이 바로 이것이요, 수치가 바로 이것이다. 服是也 辱是也.

수치는 불의보다 큰 것이 없다. 辱莫大於不義

불의는 생명을 억압하기 때문이다. 故不義迫生也

그러나 그것만이 생명을 억압하는 것은 아니다. 而迫生非獨不義也.

그러므로 '억압된 생명은 죽음보다 못하다'고 말한다." 故曰 迫生不若死.

그러면 전생全生(온전함 삶), 장생長生(훌륭한 삶)은 어떤 삶인가? 한마디로 노장은 무위자연의 도를 따르는 삶을 장생이라 말했다. 장자는 '고금古今을 잊어버리는 것' 즉 삶도 죽음도 없는 경지, 또는 속세를 버리는 삶으로 갱생更生하는 것이 도를 이루는 길이라고 말한다.

여왜의 불사不死 불생不生

장자莊子/내편內篇/대종사大宗師

남백자규南伯子葵가 여왜 선인에게 물었다. 南伯子葵 問乎女偊[20] 曰

"당신은 나이가 많은데 子之年長矣

얼굴이 어린아이 같으니 어쩐 일이오?" 而色若孺子 何也.

---

20) 女偊(여우)=女媧氏. 女神.

여왜가 답했다. "나는 도를 알기 때문이오.

…복량의卜梁倚는 성인의 재능은 있으나

성인의 도가 없었소.

…나는 그에게 오직 스스로를 지키라고 가르쳐준 것뿐인데

사흘이 지나자 천하를 버릴 수 있었소.

이레가 지나자 외물을 잊어버릴 수 있었소.

…아흐레가 지나자 이제는 삶을 잊어버렸소.

삶을 놓아버리자 그 후로는 눈부시게 통달해 갔소.

통달한 이후로는 능히 자주독립할 수 있었고

자주독립하니까 능히 고금이 없어졌고

고금이 없어지니까

능히 죽음도 삶도 없는 경지에 도달했소."

曰 吾聞道矣.

…夫卜梁倚 有聖人之才

而無聖人之道.

…吾猶守而[21]告之

三日 而後能外[22]天下

七日 而後能外物.

…九日 而後能外生.

已外生矣 而後能朝[23]徹.[24]

朝徹而後能見獨.[25]

見獨而後能無古今.

無古今而後

能入於不死不生.

거듭나라!

장자莊子/외편外篇/달생達生

생명의 진실을 통달한 자는

생명이 할 수 없는 것에 힘쓰지 않는다.

…생명이 오는 것을 거부할 수 없고

생명이 가는 것을 그치게 할 수 없다.

슬프다! 세인들은

達生之情者

不務生之所無以爲.

…生之來不能卻

其去不能止.

悲夫. 世之人以爲

---

21) 而(이)=汝也.

22) 外(외)=棄也, 遺(忘失)也.

23) 朝(조)=見也.

24) 徹(철)=明也, 通達.

25) 獨(독)=自專也.

형체를 보양하면 생명을 보존할 수 있다고 생각한다.   養形足以存生.

그러나 몸의 보양은 생명을 보존하기에는 부족하다.   而養形 果不足以存生

그런데 세상은 어찌하여 인위를 만족스럽다고 하는가?   則世奚足爲哉.

비록 생명 보존에는 부족한 인위이지만   雖不足爲

그렇게라도 하지 않을 수 없는 것은   而不可不爲者

그런 인위를 벗어날 수 없기 때문이다.   其爲[26]不免矣.

무릇 형체를 위하는 것을 벗어나고자 한다면   夫欲免爲形者

속세를 버리는 것보다 좋은 것은 없다.   莫如棄世.[27]

속세를 버리면 묶이는 것이 없고   棄世則無累.

묶이는 것이 없으면 바르고 평안하다.   無累則正平.

바르고 평안하면 자연과 더불어 하는 삶으로 거듭난다.   正平則與彼更生.

거듭나면 거의 도를 이룬 것이다.   更生則幾[28]矣.

    일부 도교 사원이나 방술가方術家들이 이른바 기공술氣功術로 '불로장생'을 달성할 수 있다고 선전하고 있다. 우주의 기를 몸속에 끌어들여 단련하면 신선이 된다는 식이다. 이는 도교의 부적 등과 함께 하나의 거짓된 방술일 뿐 노장사상이 아니다.

장자莊子/외편外篇/산목山木

(안회가 물었다.) "하늘과 사람이 하나라 함은 무슨 말입니까?"   何謂天與人一邪.

---

26) 爲(위)=差擇也.

27) 世(세)=一身也.

28) 幾(기)=近也, 盡也.

공자가 답했다.

"사람도 자연이고 하늘도 자연이기 때문이다.
사람은 자연의 성품을 지키지 못할 뿐이다.
무위자연의 성인은 (자연에 맡기고) 편안한 마음으로
형체가 가면 생을 마칠 뿐이다."

仲尼曰

有人天也. 有天亦天也.

人之不能有天性也.

聖人晏然

體逝而終矣.

우리 학자들은 덩달아 방술가들을 따라서 '기를 부리면 강하다'라고 오역하여 기공술로 선전하고 있다. 『노자』 10 장의 "전기치유專氣致柔 능여영아호能如嬰兒乎"는 반문反問 형식의 부정문으로 '기氣를 부리고 몸이 부드러워지는 것으로는 어린이가 될 수 없다'는 뜻이다. 이는 마음이 지배 이념에 물들지 않은 어린이 같아야 한다는 뜻을 암시하고 있다. 그런데 도올은 이를 긍정문으로 착각하고 '기氣를 온전히 하면 어린아이로 돌아갈 수 있다'고 오역하고 기공술과 양생법으로 왜곡·해설하고 있다. 이처럼 엉터리 해석을 하는 것은 강하고 이기는 것이 선善이라는 자본주의 가치관에 물들어 '약함', '부드러움', '앞서지 않음'을 귀하게 여기는 노장의 가치관을 이해하지 못하기 때문이다.

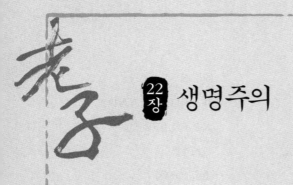

22장 생명주의

노자 읽기

《 노자 · 13장 · 하단 》[1]

천하를 위하는 것보다 생명을 귀히 여기고 위해 준다면
천하를 맡길 만하고

故貴爲身[2] 於爲天下
若可以寄天下.

　　김경탁 : 제 몸을 천하처럼 귀중히 여기는 사람에게는 천하를 줄 수 있고

　　노태준 : 몸을 귀하게 여기기를 천하같이 하면, 그에게 천하를 맡길 만하고

　　장기근 : 내 몸을 귀중히 여기는 태도로 천하를 다스리는 자에게는 천하를
　　　　　　 맡길 만하다.

　　김용옥 : 몸을 귀히 여기는 것처럼 천하를 귀히 여기는 자에겐 천하를 맡
　　　　　　 길 수 있고

　　오강남 : 내 몸 바쳐 세상을 귀히 여기는 사람, 가히 세상을 맡을 수 있고

　　윤재근 : 제 몸을 위하는 것보다 천하를 귀하게 하는 자는 천하와 더불어
　　　　　　 할 수 있고

　　이석명 : 천하를 위하는 것보다 제 몸을 더 위한다면 천하를 맡길 수

---

1) 금본의 한자 원문은 왕필본과 다르다. 백서본과 『장자』를 참조하여 정리했다. 본래 백서본과 『장자』, 『회남자』의
　 해석은 생명을 천하보다 중시하는 것이다. 하지만 죽간본과 왕필본의 해석은 생명보다 천하를 중시한다. 우리 학
　 자 중 장기근, 김용옥, 오강남, 윤재근, 이경숙, 김형호는 왕필의 해석을 따른다.
2) 身(신)=軀. 여기서는 육체적 생명.

있고

이경숙 : 몸을 귀하게 여기는 것으로 천하를 위하라! 가히 천하를 맡은 것
과 같고

김형효 : 천하를 위해 몸을 귀히 여기면 천하를 맡길 수 있다.

천하를 위하는 것보다 생명을 아끼고 위해 준다면
천하를 부탁할 만할 것이다.

愛爲身 於爲天下
若可託天下.

김경탁 : 제 몸을 천하같이 사랑하는 사람에게는 천하를 맡길 수 있다.

노태준 : 몸을 사랑하기를 천하같이 하면 그에게 천하를 기탁할 만하다.

장기근 : 내 몸을 사랑하는 태도로 천하를 다스리는 자에게는 천하를 맡길
만하다.

김용옥 : 몸을 아끼는 것처럼 천하를 아끼는 자에겐, 천하를 맡길 수 있을
것이다.

오강남 : 내 몸 바쳐 세상을 사랑하는 사람, 가히 세상을 떠맡을 수 있을
것이다.

윤재근 : 제 몸을 위하는 것보다 천하를 사랑하는 자는 천하를 맡을 수
있다.

이석명 : 제 몸을 바쳐 천하 위하기를 좋아한다면 어찌 천하를 맡길 수 있
겠는가?

이경숙 : 자기 몸을 아끼는 것으로 천하를 위하라! 가히 천하를 맡은 것과
같으니라.

김형효 : 천하를 위해 몸을 아끼면 천하를 맡길 수 있다.

죽간본 해석

몸 바쳐 천하를 위하는 것을 귀하게 여긴다면
천하를 부탁할 만하고
몸 바쳐 천하를 위하는 것을 아껴준다면

故貴以身爲天下
若可以託天下矣
愛以身爲天下

천하를 맡길 만하다.   若可以寄天下矣.

백서본 해석

천하를 위하는 것보다 생명을 귀히 여기고 위해 준다면   故貴爲身 於爲天下
천하를 부탁할 만하다.   若可以託天下矣
그러나 몸 바쳐 천하를 위하는 것을 아낀다면   愛以³⁾身爲天下
어찌 천하를 맡길 수 있겠는가?   如何以寄天下.

왕필본 해석⁴⁾

몸 바쳐 천하를 위하는 것을 귀하게 여긴다면   故貴以⁵⁾身爲天下⁶⁾
천하를 맡길 만하고   若可寄天下
몸 바쳐 천하를 위하는 것을 아껴 준다면   愛以身爲天下
천하를 부탁할 만하다.   若可⁷⁾託天下.

『장자』 해석⁸⁾

천하를 다스리는 것보다 몸을 귀하게 생각하면   故貴以身於爲天下
천하를 부탁할 만하고   則可以託天下.
천하를 다스리는 것보다 자기 몸을 사랑한다면   愛以身於爲天下
천하를 맡길 만하다.   則可以寄天下.

---

3) 以(이)=用也, 爲也.
4) 죽간본과 유사하다.
5) 以(이)=用也.
6) '於' 가 생략됨.
7) 可(가)=죽간본과 같다. 그러나 백서본은 '何' 로 됨.
8) 백서본과 유사하다.

천하를 다스리는 것보다 몸을 귀하게 생각하면
천하를 부탁할 만하고
천하를 다스리는 것보다 자기 몸을 사랑한다면
천하를 맡길 만하다.

貴以[10]身爲天下
焉[11]可以託天下.
愛以身爲天下
焉可以[12]寄天下矣.

《 노자 · 75장 》

백성이 굶주리는 것은
윗사람들의 식읍과 징수가 많기 때문이다.
백성이 다스리기 어려운 것은
윗사람들이 인위人爲를 부리기 때문이다.

民之飢
以其上[13]食稅之多 是以饑
民之難治
以其上之有爲 是以難治

　　김경탁 : 백성이 다스리기 어려운 것은 윗사람이 유위를 하기 때문이다.

　　김용옥 : 백성이 다스리기 어려운 것은 윗사람들이 너무 꾀를 부리기 때문
　　　　　　이다.

　　김형효 : 백성을 다스리기 어려운 것은 윗사람이 작위함이 있기 때문이다.

백성이 죽음을 가벼이 하는 것은
윗사람이 후한 삶을 추구하도록 부추기기 때문이다.

民之輕死
以其上求生之厚 是以輕死

　　김경탁 : 백성이 죽기를 가벼이 여기는 것은 윗사람이 후하게 살기를 구하
　　　　　　기 때문이다.

　　김용옥 : 백성이 죽음을 가벼이 여기는 것은 윗사람들이 너무 그 사는 것

---

9) 백서본과 유사하다.
10) 以(이)=用也, 爲也, 似也.
11) 焉(언)=그래서, 비로소. 連詞.
12) 以(이)=助詞.
13) 上(상)=백서본에는 이하 모두 '上' 자가 없음.

을 후하게 구하기 때문이다.

　　김형효 : 백성이 죽음을 가볍게 여기는 것은 위에서 살려고 하는 집착이
　　　　　　두텁기 때문이다.

대저 삶을 위해 인위가 없는 것이
삶을 귀히 여기는 것보다 낫다.

夫唯無以生爲者
是賢於貴生焉.

　　김경탁 : 왜냐하면 오직 생을 귀히 여기는 것보다 현명하기 때문이다.

　　김용옥 : 오로지 사는 것에 매달려 있지 아니하는 자가 사는 것을 귀하게
　　　　　　여기는 자보다 슬기로운 것이다.

　　김형효 : 살려고 작위함이 없는 것은 삶을 귀중하게 여기는 것보다 더 현
　　　　　　명하다.

귀생貴生주의

《 노자 · 50장 》

생명이 태어남은 죽음으로 들어가는 것이다.

出生入死

　　김경탁 : 나아가면 생生이요, 들어오면 사死이다.

　　노태준 : 사람들은 흔히 살 곳을 나와 죽을 곳으로 들어간다.

　　김용옥 : 삶을 떠나면 죽음으로 가게 마련이다.

　　오강남 : 태어남을 삶이라 하고 들어감을 죽음이라 한다면

　　김형효 : 살려고 나와서 죽음으로 들어간다고 말한다.

삶의 이승사자도 열셋이요,
죽음의 저승사자도 열셋이다.[14]

生之徒十有三
死之徒[15]十有三

　　김경탁 : 생生의 무리도 열에 셋이 있고, 사死의 무리도 열에 셋이 있고,

---

14) 四肢와 九竅를 합쳐 열셋이다(韓非子/解老 참조).
15) 徒(도)=步卒, 給使役者, 從者也.

장기근 : 타고난 삶을 다 사는 사람이 열 중에 셋이요, 단명으로 일찍 죽는
         사람이 열 중에 셋이요,

노태준 : 장생長生하는 사람도 십에 삼이요, 요사夭死하는 사람도 십에 삼
         이요,

김용옥 : 삶의 무리가 열에 셋이 있다면, 죽음의 무리도 열에 셋이 있다.

오강남 : 삶의 길을 택하는 사람이 십분의 삼 정도요, 죽음의 길을 택하는
         사람도 십분의 삼 정도요,

김형효 : 살려고 바둥거리는 무리가 열 명에 세 명이고, 죽음을 재촉하는
         무리가 그 열 명에서 또 세 명이 되며

사람이 태어나면 힘써 죽음으로 나아가는 것 또한 열셋 사자다.

人之生 動[16]之死地
亦十有三[17]

김경탁 : 사람의 생生이 동하여 사지로 가는 것도 열에 셋이 있다.

장기근 : 오래 살 사람이 사지로 들어가는 사람도 열 중에 셋이 있다.

노태준 : 살 수 있는 인생을 공연히 움직여 사지로 들어가는 사람도 십에
         삼은 있다.

김용옥 : 사람이 태어나 움직여 죽음의 땅으로 가는 기회 또한 열에 셋이
         있다.

오강남 : 태어나서 죽음의 자리로 가는 사람도 십분의 삼 정도입니다.

김형효 : 사람의 생명을 움직여서 사지에 들어가는 무리가 또 그 열 명에
         역시 세 명은 된다.

대저 어인 까닭인가? 타고난 삶을 더 보태려 하기 때문이다.

夫何故 以其生生之厚.[18]

김경탁 : 그것은 무슨 까닭인가? 그것은 생生을 생生으로 하는 것이 후하

---

16) 動(동)=行也, 變化也, 勉也.

17) 백서본은 "민중의 삶은 살림의 활동이지만 모두 사지인 열셋이다(而民生生動 皆之死地之十有三)" 부혁본은 "민중의 삶은 살림과 활동이지만 그 활동이 모두 사지인 열셋이다(民之生 生而動 動皆之死地十有三)"로 됨.

18) 백서본은 '以其生生也'로 됨. 厚(후)=益也.

기 때문이다.

노태준 : 왜 그러느냐? 그 인생을 사는데 너무 집착하기 때문이다.

장기근 : 왜 그런고 하니 지나치게 육체적 삶을 탐내고 억지로 봉양하기 때문이다.

김용옥 : 대저 웬 까닭인가? 그 삶을 살려고 하는 발버둥이 너무 후하기 때문이다.

오강남 : 왜 그럽니까? 모두 삶에 너무 집착하기 때문입니다.

김형효 : 어째서 그러한가? 생명의 애착이 너무 두텁기 때문이다.

들은 바로는 대개 섭생을 잘하는 자들은	蓋聞善攝生者
산길을 가면 외뿔소와 호랑이를 마주치지 않고	陸行不遇兕[19]虎
군에 들어가도 병기의 피해를 입지 않는다고 한다.	入軍不被甲兵
외뿔소는 그 뿔을 찌를 곳이 없고	兕無所投其角
호랑이는 그 발톱을 할퀼 곳이 없으며	虎無所措其爪
병사는 칼날을 들이밀 곳이 없다고 말한다.	兵無所容其刃[20]
대저 어인 까닭인가? 죽음의 자리가 없기 때문이다.	夫何故 以其無死地.

김경탁 : 그것은 무슨 까닭이냐? 사지가 없기 때문이다.

장기근 : 왜 그런고 하니 죽음을 의식하지 않기 때문이다.

노태준 : 어째서 그럴까? 그에게는 죽을 곳이 없기 때문이다.

김용옥 : 대저 어찌 이럴 수 있겠는가? 그 죽음의 땅이 없기 때문이다.

오강남 : 왜 그러합니까? 그에게는 죽음의 자리가 없기 때문입니다.

김형효 : 왜 그런가? 그런 이에게는 사지死地가 없기 때문이다.

---

19) 兕(시)=외뿔 야생소.

20) 刃(인)=칼날.

노장사상은 생명주의

인류는 문명 이전부터 해나 물을 숭배했는데 이는 그것들이 생명의 근원이라고 생각했기 때문이다. 그리고 짐승을 토템으로 신성시한 것은 생명 유지를 위한 먹거리이기 때문이라고 한다. 고대 신화시대의 신화는 모두 생명과 죽음의 문제를 다루는 것이다. 중세 종교시대의 관심사도 생명과 죽음이었다.

이처럼 인간에게는 생명 이상의 더 큰 관심사는 없었던 것이다. 그런데 근대 이후 인간이 생명 영혼 등 신성한 것에 대한 관심을 버리고, 먹고 입고 쉬는 일상사에 관심을 쏟다 보니 생명과 죽음을 잊어버렸다. 그래서 전쟁을 즐기고 사람을 서로 죽이는 것을 인간 본성의 놀이로 생각하게 됐다.

그러므로 인류가 생명을 경시한 것은 근대 이후부터 오늘날까지 약 300여 년 동안이었다고 말할 수 있다. 이처럼 인류가 잘못된 생명관生命觀을 가지게 된 것은 수만 년 인류 역사에 비하면 아주 짧은 동안이다. 그렇기에 생명을 경시하는 현대문명이 몇백 년 더 연장되지 않는 한 멸종을 면하고 살아남을 수 있는 반성의 시간이 인류에게 아직 남아 있을 것이라는 희망을 갖는다.

우리가 흔히 생명이라고 말하면 영혼과 신체를 아울러 표현한 것이다. 우리는 지금도 사람이 죽으면 '혼이 죽었다'고 말하지 않고 '혼이 나갔다'고 말하는데 이는 신체에서 영혼이 분리됐다는 것을 말한다. 또한 우리는 사람이 죽으면 '숨이 끊어졌다'고 말한다. 이는 물질인 신체에서 기氣가 끊겼다는 것을 표현한 것이다.

이것을 성리학으로 보면 생명은 심心과 물物이 합쳐진 것임을 암시한다. 이를 다시 말하면 생명은 '살아 있는 신체'를 말하는 것이다. 따라서 생명은 신체가 필수적이고 나아가 신체의 지속 조건이 갖추어진 상태를 말한다.

생명주의란 생명을 중시하고 그 생명의 지속을 제일의 가치로 삼는 것을 말한다. 좀더 나누어 말하면 아래의 네 가지로 설명할 수 있을 것이다.

첫째, 모든 것은 현재의 삶의 지속을 위한 것이어야 가치 있는 것이 된다.

둘째, 즉 생명 지속의 미래의 가능성을 무너뜨리지 않아야 가치를 부여할 수 있다는 뜻이다.

셋째, 인류 생명의 무한한 지속을 가능케 하는 지구적 조건들을 훼손하지 않는 것이어야만 가치 있는 것이 된다.

넷째, 억압된 생명은 죽음보다 못한 것이므로 개개인의 소망이 인류의 공통 목적과 더불어 보전될 수 있는 것이어야만 가치 있다.

대체로 서양의 특색은 합리주의나 낭만주의이며, 동양사상은 모두 생명주의라고 생각한다. 그런데 위에서 지적한 조건 중에서 앞의 세 가지 조건만을 생각한다면 유가·묵가·도가를 통틀어 동양사상은 모두 생명주의라고 말할 수 있을 것이다. 그러나 네 번째 조건에서는 서로 약간 다르다. 유가와 묵가는 공동체를 중시하므로 생명주의라고 말하지 않는 반면 도가는 공동체보다 우선하여 개인의 생명을 중시한다는 점에서 생명주의라고 말한다.

여기서 유의할 것은 생명론이라고 말하지 않고 생명주의라고 말한 점이다. 이는 노장도 아직 생명이 무엇인가라는 생명의 본질에 대해 말한 것은 아니며 생명의 현상과 실존에 대해서만 말했기 때문이다. 생명론은 묵자나 훗날 성리학에서 말하기 시작했다(졸저 『성리학개론』 권하 제5부 3장의 '인간론' 및 제6부 1장 '사칠 논쟁' 참조).

이처럼 노장은 생명론을 적극적으로 말하지는 않았다. 다만 그들의 생명관은 무위자연 사상에 연관되어 있다. 그러므로 그들의 생명관은 신체적 존재성을 초월한 생명의 지와 정신의 창조성과 능동성을 부정하는 경향이 짙다. 따라서 목적의식과 자유의지가 결여되고 허무주의로 흐른다는 점을 주목해야 한다. 그것은 『노자』라는 문서가 목적을 상실하고 절망한 민중의 소극적 저항의 문서이기 때문일 것이다.

공자는 천하를 위해 '극기복례' 하라고 가르쳤고, 묵자는 천하보다는 목숨이 귀중하지만 정의를 위해서는 자신의 목숨을 바칠 수 있다고 가르쳤다. 그러나 노장은 이에 반대했다. 노장은 도리어 천하보다도 생명이 귀중하며, 그 어떤 이념이나 정의보다도 생명이 귀중하다고 가르쳤다.

공자의 극기복례는 천하를 위해 자기를 절제하라는 것이고(생명〈천하〉, 노장의 무위자연은 천하보다 자기 생명이 중하다는 것이다(생명〉천하). 이러한 기본적인 차이를 모른다면 노장을 말할 자격이 없다. 그런데도 우리나라 학자들은 천하가 생명보다 중하다고 해석하고 있으니 공자를 위해 노자를 왜곡한 유교 근본주의자들인가?

묵자墨子/대취大取

어느 한 사람을 죽여 천하를 보존케 했다 해도   殺一人以存天下

그 살인은 천하를 이利롭게 한 것이 아니다.   非殺人以利天下.

다만 자기를 죽여 천하를 보존케 했다면   殺己以存天下

그것은 천하를 이롭게 한 것이라고 말할 수 있을 것이다.   是殺己以利天下也.

묵자墨子/귀의貴義

지금 남이 말하길   今謂人曰

"너에게 천하를 주겠으니 네 목숨을 바쳐라"라고 한다면   子予天下 而殺子之身

그렇게 하겠느냐? 반드시 하지 않을 것이다.   子爲之乎. 必不爲.

왜냐하면 아무리 천하라도 목숨보다는 못하기 때문이다.   何故 則天下不若身之貴也.

그러나 말 한 마디로 서로 죽이는 것은   爭一言以相殺

의義가 목숨보다도 귀하기 때문이다.   是義貴於其身也.

그러므로 만사는 의보다 귀한 것이 없다고 말하는 것이다.   故曰 萬事莫貴於義也.

장자莊子/잡편雜篇/양왕讓王

천하는 지극히 중요한 것이다.   夫天下至重也

그러나 이 때문에 생명을 해칠 수는 없다.   而不以害其生

하물며 명성과 재물 따위로 생명을 해치겠는가?   又況他物乎.

…해가 뜨면 일어나고 해가 지면 쉬며   …日出而作 日入而息

천지에 소요하니   逍遙於天地之間.

마음과 뜻이 만족하거늘   而心意自得

내 어찌 천하를 다스리겠는가?   吾何以天下爲哉.

『노자』 13장 하단을 다시 검토해 보겠다. 이 글의 상단은 상벌을 거부하여 권력에 굴복하는 노예 같은 둔민遯民이 되지 말고 자유로운 순민順民이 되라고 말했는데, 하단부는 천하를 맡을 사람은 천하보다도 생명을 우선시해야 한다는 내용이다. 그런데 왕필을 따르는 우리 학자들은 거꾸로 번역한다. 즉 상단부는 상벌에 복종하라는 내용으로, 하단부는 내 생명을 바쳐 천하를 위하라는 내용으로 왜곡한다.

어찌 됐든 내 생각으로는 『노자』 13장의 앞부분과 뒷부분은 뜻이 연결되지 않는 것 같다. 아마 후세 기록자들이 두 개의 문단을 하나로 합친 것 같다. 그것은 글의 내용이 일관되지 않고, 글자의 쓰임에서 앞부분의 '신身'은 '출신出身', '출사出仕'로 해석해야 뜻이 통하고, 뒷부분의 '신身'은 몸 또는 생명으로 해석해야 뜻이 통하기 때문이다.

여기서 주의할 것은 모든 장절의 말미에 '그러므로(故)'로 시작되는 글들은 대체로 후인이 덧붙인 것으로 보인다는 점이다. 어떤 것은 품격이 떨어지고, 어떤 것은 앞부분과 연결되지 않고, 심지어 어떤 것은 앞부분을 왜곡하는 군더더기를 붙여놓은 것도 눈에 띈다. 그러나 13장 하단은 앞부분과 직접적으로 연결되지는 않지만 품격이 떨어지는 글은 아니다. 그러므로 두 문단으로 나누어 읽어야 할 것이다.

그런데 앞에서 지적한 것처럼 이 글을 학자에 따라 정반대로 해석하고 있다. 왕필은 '자기 몸처럼 천하를 사랑하라'는 뜻으로 해석했으나, 『장자』와 『회남자』는 '천하보다도 생명을 사랑하라'는 뜻으로 해석된다. 나의 해석은 『장자』와 『회남자』의 해석과 일치하며, 반대로 도올과 우리 학자들의 해석은 왕필의 왜곡을 답습하고 있다.

노자는 결코 천하를 다스린다거나 사랑하라고 가르치지 않았다. 노장사상의 핵심은 천하를 다스리는 것을 반대한다는 점에 있다. 천하를 사랑하라고 가르친 것은 공자와 묵자이지 노자가 아니다. 그러므로 도올과 우리 학자들의 노자 해석은 노자의 말이 아니라 온통 공자의 말일 뿐이다.

『노자』 13장 해석

장자莊子/외편外篇/재유在宥

그러므로 군자가 부득이 천하에 군림한다면	故君子不得已而臨莅天下
무치無治보다 더 좋은 것은 없다.	莫若無爲.
무치만이 사람들의 본심을 안정시킬 수 있기 때문이다.	無爲也而後 安其性命之情.
그러므로 천하보다 몸을 귀하게 생각하면	故貴以身於爲天下
천하를 부탁할 만하고(생명)천하)	則可以託天下.
천하보다 몸을 사랑한다면	愛以身於爲天下
천하를 맡길 만하다(생명)천하).	則可以寄天下.

장자莊子/잡편雜篇/양왕讓王

첨자瞻子(마음이 넉넉한 사람)가 답했다.	瞻子曰
"생명을 무겁게 보라.	重生
생명을 무겁게 하면 이로움은 가벼워진다."	重生則利輕.

『노자』 13장 해석

회남자淮南子/도응훈道應訓

(주나라 문왕의 조부) 고공단보古公亶父가 빈邠 땅에 있을 때	大王亶父居邠

오랑캐 적인들의 침입이 있었다.

대왕(고공단보)은 주옥과 공물을 보냈으나

적인들은 받지 않고 영토를 요구했다.

대왕이 말했다.

"남의 형과 편안히 살기 위해 그 아우를 죽이거나

남의 아비와 살 곳을 위해 그 아들을 죽이는 일을

나는 하지 않겠다.

내 듣기로는 (기르는 수단인 땅을 위해)

기르는 목적인 사람을 죽이지 않는다고 했다."

이에 대왕이 영토를 포기하고 빈을 떠나자

백성들이 줄지어 그를 따랐고

드디어 기산岐山²¹⁾ 밑에 새 나라를 세웠다.

가히 대왕은 보생保生의 도를 이루었다고 할 수 있을 것이다.

이처럼 생명 보존(保生)의 도는

비록 부귀해도 그것을 기르기 위해 몸을 상하지 않고

빈천해도 이익을 위해 형체를 구속하지 않는다.

그래서 노자는 말하기를

"천하를 다스리는 것보다 몸을 귀하게 생각하면

천하를 부탁할 만하고(생명〉천하)

천하를 다스리는 것보다 자기 몸을 사랑한다면

천하를 맡길 만하다(생명〉천하)"고 했다.

翟人攻之.

事之以皮帛珠玉 而不受.

翟人所求者地也.

大王曰

與人之兄居 而殺其弟

與人之父處 而殺其子

吾不爲.

且吾聞之也

不以其所養害其養.

杖策而去

民相連而從之.

遂成國於岐山之下.

大王可謂能保生矣.

能保生

雖富貴 不以養喪身

雖貧賤 不以利累形.

故老子曰

貴以²²⁾身爲天下

焉²³⁾可以託天下.

愛以身爲天下

焉可以²⁴⁾寄天下矣.²⁵⁾

---

21) 陝西省 岐山縣 소재.

22) 以(이)=用也, 爲也, 似也.

23) 焉(언)= 그래서, 비로소. 連詞.

24) 以(이)=助詞.

자연인

　노장 이전까지는 인간을 권력관계의 공적 인간이나 공동 생활을 위한 도덕적 인간으로 말했을 뿐 누구도 생활 현장의 개인적이며 구체적인 인간을 말한 바 없다. 또한 인간의 본질을 말했다 해도 그것은 일반적인 인간을 말한 것일 뿐 살과 피와 눈물을 가진 실존적이며 주체적인 인간을 말한 것은 아니다. 그러나 노장은 권력관계나 질서의 관계 속에 묶여 있는 도덕적 인간이 아니라 생활세계의 현상학적이고 구체적이고 실존적인 인간을 주목하고 변호했다. 이것은 하이데거Martin Heidegger(1889~1976)의 이른바 '현존재(Dasein)' 즉 자기 의사와는 무관하게 지구에 던져져 삶을 영위해 가는 현상적 생존 단위로서의 나를 주목한 것이나, 사르트르Jean-Paul Sartre(1905~1980)의 이른바 "실존이 본질에 앞선다(L'existence precede et construit l'essence)"는 테제와 맥을 같이한다. 그러므로 노장은 인류 역사상 최초의 실존철학자라고 말할 수도 있을 것이다.

　앞서 2장 '노자와 도교'에서 지적한 것처럼 노자는 지배계급의 통치이념에 대한 저항의 문서다. 그러므로 거기에는 구체제에 대항하는 도덕 정치론과 우주론 및 인식론이 있으며 실존적인 인생론이 있다. 그리고 그 특색은 반反유가·반문명·반전쟁을 모토로 하는 무위자연이라고 할 수 있다. 그러므로 노자의 인생론의 지향은 억압이 없는 생명

---

25) 『장자』 「讓王」와 『여씨춘추』 권21 「審爲」에도 같은 내용의 글이 있다.

을 구현하는 자연인이었다. 속인들은 이를 신선神仙이라고
도 하나 노자와 장자는 성인聖人·도인道人·진인眞人이라고
말했을 뿐 신선을 말한 바 없다.

　신선이라는 말은 도교의 경전인 『태평경』에서 비롯됐는
데, 이 책에서는 신인神人·진인眞人·선인仙人·도인道人 등
신선의 계통을 설명했다. 6세기에 이르러 양梁나라의 도홍
경이 『태평경』을 기초로 하여 교인들이 믿는 각종 귀신과
각 교파가 말하는 신선을 종합하고 분류하여 이를 7등급으
로 정리한 『진령위업도眞靈位業圖』를 지음으로써 신선 개념
이 정리됐다. 그러므로 현재 중국의 사원들에 안치되어 향
불을 공양받는 수많은 신들을 알려면 도홍경의 『진령위업
도』를 제대로 알아야 한다.

　그러므로 노장은 도교의 신선사상의 원류는 될지언정
직접적인 관련이 없다. 또한 유가의 성인과 노장의 성인은
전혀 다르며, 노자의 자연인은 양자의 쾌락주의나 장자의
비관주의悲觀主義와도 다르며, 후세 도가들의 불로장생의
양생술養生術과도 다른 것임을 유의해야 한다.

　이처럼 노자의 귀생주의는 인위를 가해 생명을 연장하
려는 양생술과는 전혀 다르다. 이것은 자연에 반하는 것이
므로 노장이 반대한 것이다. '귀생'이란 양자의 특징이며,
노자는 생명을 존중했지만 다음 글에서 알 수 있듯이 귀생
을 강조하기보다는 구생久生을 위한 유위有爲를 반대했다.
이 점에 대해서는 앞에서도 언급한 바 있다.

『노자』 75장 해석

회남자淮南子/도응훈道應訓

연능延能의 계자季子는	延能季子
오吳나라 백성들이 왕이 되어줄 것을 간청했지만	吳人願一以爲王
승낙하지 않았고	而不肯.
허유는 천하를 물려주는데도 받지 않았다.	許由讓天下而不受.
안자는 최저催杼와의 맹세를	晏子與崔杼盟
죽을 지경에 임해서도 변치 않았다.	臨死地不變其儀.
이들이 모두 이렇게 한 것은 원대한 달관이 있었기 때문이다.	此皆有所遠通也.
정신이 사생을 달관하면	精神通於死生
외물이 어찌 미혹할 수 있겠는가?	則物孰能惑之.
그러므로 노자는 다음과 같이 말했다.	故老子曰
"무릇 삶을 위해 인위가 없는 것이	夫唯無以生爲者
생을 귀히 여기는 것보다 더 낫다."	是賢於貴生焉.

한비의 『노자』 50장 해석

『노자』 50장의 '십유삼十有三'에 대해서는 한비는 '10+3'으로, 왕필은 '10 중에서 3'으로 해석한다. 우리 학자들은 대체로 왕필의 해석을 따른다. 그러나 결론에서 크게 차이가 나는 것은 아니지만 한비의 해설이 더 보편적인 것 같다.

사람은 태어남으로 시작하고 죽음으로 끝마친다.	人始於生 而卒於死.
시작을 세상에 나온다고 말하고	始之謂出
끝마침을 시작한 곳으로 들어간다고 말한다.	卒之謂入.
그래서 노자는 생生에서 나와 사死로 들어간다고 한 것이다.	故曰 出生入死.
사람의 몸은 크게 삼백육십 개의 마디,	人之身三百六十節
네 개의 가지(四肢), 아홉 개의 구멍(九竅)으로 구성된다.	四肢九竅 其大具也.
사지四肢와 구규九竅(이·목·구·비·요도·항문)를 합해	四肢九竅
열셋이라 하는데	十有三者.
이 열셋 기관의 동정이	十有三者之動靜
모두 삶에 속하므로	盡屬於生焉
그 소속을 사자使者의 무리라 한다.	屬之謂徒也.
그러므로 노자는 "삶의 사자들도 열셋" 이라 말한 것이다.	故曰 生之徒十有三者.
또한 그것이 죽음에 이르면 열셋 기관들은	至其死也 十有三具者
모두 돌아가 죽음에 소속되므로	皆還而屬之於死
죽음의 사자들도 역시 그 열셋이다.	死之徒亦十有三.
그러므로 노자도 "삶의 사자들도 열셋이요,	故曰 生之徒十有三
죽음의 사자들도 열셋" 이라 말한 것이다.	死之徒²⁶⁾十有三.
무릇 민중이 삶을 살아가는데 그 살림살이는 원래 운동이며	凡民之生生 而生者固動.
운동이 다하면 이지러지기 마련이다.	動盡則損也.
운동이 그치지 않는 한 이지러지는 것도 그치지 않을 것이며	而動不止 是損而不止也.
이지러짐이 그치지 않는 한 생명은 다하기 마련이다.	損²⁷⁾而不止則生盡.

---

26) 徒(도)=涂 또는 塗와 통용.

생명이 다하는 것을 죽음이라 말한다.　　　　　　　　生盡之謂死.

그런즉 열셋 기관들은　　　　　　　　　　　　　　　則十有三具者

모두 죽음을 위한 사지死地인 셈이다.　　　　　　　皆爲死死地也.

그러므로 노자는 "민중의 살림살이는 운동이고　　故曰 民之生生而動

운동은 모두 사지死地로 가는 것이며　　　　　　　動皆之死地

그 역시 열셋"이라고 말한 것이다.　　　　　　　　亦十有三.

이런 까닭에 성인은 정신을 아끼고　　　　　　　　是以聖人愛精神

고요함에 처하는 것을 귀하게 여기는 것이다.　　　而貴處靜.

양자의 생명교의

운명론과 비관주의

맹자는 묵자와 양자에 대해 애비도 모르고 군주도 모르는 무리들이라고 비난하고 그것을 타도하는 것을 자기의 임무로 선언했다. 이로 볼 때 맹자 당시에는 양자가 도가류의 사상을 대표하고 있었던 듯하다. 다만 『묵자』·『맹자』라는 문서에는 '노자'라는 이름이 전혀 등장하지 않는다는 점으로 보아 노자는 가공인물이고 사실은 양자가 이른바 노자인지도 모른다. 어찌 됐든 노장의 생명주의를 알기 위해서는 양자의 생명주의를 참고할 필요가 있다.

---

27) 損(손)=減也, 失也, 傷也, 貶也.

양자는 도가류의 사상가이지만 노자보다 비관적이다. 그는 기원전 4세기경 전국시대 초에 활동한 사상가로서 당시 전쟁과 굶주림과 착취의 정치 상황과 인간의 문명에 대해 비관했다. 이것이 운명론을 낳았고, 운명론은 비관주의로 흘렀으며, 비관주의는 쾌락주의를 낳았다.

순자荀子/왕패王覇

양주가 네거리 교차로에서 울며 말했다.	楊朱哭衢涂曰
여기 반걸음을 잘못 디디면	此夫過擧蹞[28]步.
그것을 깨달았을 때는 이미 천 리里를 그르친 뒤다.	而覺跌[29]千里者夫.
나는 그들에게 애통하여 곡하노라!	哀哭之.
이것이 또한 영욕과 안위와 존망의 갈림길이라면	此亦榮辱安危存亡之衢已.
이것은 그 슬픔이 갈림길보다 심할 것이다.	此其爲可哀甚於衢涂.
오! 슬프다!	嗚呼哀哉
군주 된 자들이 천 년이 지나도록 깨닫지 못하는구나!	君人者千歲而不覺也.

이백李白의 〈고풍古風〉

양자는 갈림길에서 훌쩍훌쩍 울고	惻惻泣路岐
묵자는 흰 실이 물드는 것을 슬퍼하네!	哀哀悲素絲
길은 남북으로 갈리고	路岐有南北
흰 실은 쉽게도 변하는구나!	素絲易變移.

---

28) 蹞(규)=半步.
29) 跌(질)=差也.

열자列子/역명力命[30]

노력(力)이 말했다.

"그대 운명의 공적이 어찌 내 공적과 같겠느냐?"

운명(命)이 답했다.

"너는 사물에 무슨 공이 있다고 감히 나와 비교하느냐?"

노력이 말했다. "장수·요절, 빈궁·영달,

고귀·천출, 가난·부유 등 모두가 내 노력이 하는 일이다."

운명이 말했다. "만약 이것이 네 소행이라면

어째서 팽조彭祖는 장수하고

안연顏淵은 요절케 했으며,

성인인 공자(仲尼)는 빈궁하고

패역한 걸주殷紂는 영달케 했으며,

어진 계찰季札은 천하고

어리석은 전항田恒은 귀하게 했으며,

착한 백이夷齊는 가난하고

악한 계씨季氏는 부하게 했는가?"

노력이 말했다. "그대의 말대로라면

나는 진실로 사물에 아무런 공적이 없구나!

그렇다면 이렇게 된 것은

그대가 제어하는 것인가?"

운명이 말했다. "이미 운명이라면

어찌 따로 제어하는 자가 있겠는가?

나는 곧으면 곧은 대로 따르고

力謂命曰
若之功奚若我哉.
命曰
汝奚功於物而欲比朕.
力曰 壽夭 窮達
貴賤 貧富 我力之所能也.
命曰 若是汝力之所能
奈何壽彼
而夭此
窮聖
而達逆
賤賢
而貴愚
貧善
而富惡邪.
力曰 若如若言
我固無功於物.
而物若此邪
此則若之所制邪.
命曰 旣謂之命
奈何有制之者邪
朕直而推[31]之

---

30) 이 글은 양자의 글이라는 것이 정설이다.

굽으면 굽은 대로 맡겨둘 뿐이라네.

저절로 장수하고 요절하며, 저절로 빈궁하고 영달하며

저절로 귀하고 천하며, 저절로 부하고 가난할 뿐

내 어찌 그것을 알겠는가?"

曲而任之.

自壽自夭　自窮自達

自貴自賤　自富自貧

朕豈能識之哉.

열자列子/양주楊朱

양주는 말했다.

"인생 백 년은 크게 수한 것이다.

백 년을 사는 사람은 천 명에 한 사람도 안 된다.

설사 그렇다 해도

갓난아기 때와 늙은이로 사는 것이 그 절반이다.

밤에 잠자는 시간과

낮에 멍청한 시간이 또 절반이다.

아프고 병들고 슬퍼하고 괴로워하고

망신 떨고 실의에 빠지고 걱정하고 두려워하는 시간이

또 절반이다.

이것을 헤아리면 십 년을 산다고 해도

흡족한 마음으로 만족스럽고

아무 걱정 없는 시간은

楊朱曰

百年壽之大齊[32]

得百年者　千無一焉.

設有一者

孩抱以逮昏老　幾居其半矣.

夜眠之所弭[33]

晝覺之所遺　又幾居其半矣.

痛疾哀苦

亡[34]失[35]憂懼

又幾居其半矣.

量十數年之中

逌然[36]而自得

亡介[37]焉之慮者

---

31) 推(추)=順遷也, 行也.

32) 齊(제)=限也.

33) 弭(미)=息也.

34) 亡(망)=奔也, 輕蔑也.

35) 失(실)=失意也, 過也.

36) 逌然(유연)=自得貌.

37) 介(개)=芥, 微也.

한시도 없을 것이다.

그런즉 사람이 사는 동안 무엇을 하고 무엇을 즐길 것인가?

기껏 맛있고 풍성한 음식을 먹고

노래와 여색을 위하는 것뿐이다.

그렇지만 미후美厚도 언제나 만족할 수는 없고

성색聲色도 항상 빠질 수는 없는 것이다.

그런데 거기에 또다시 형벌로 금하고 상으로 권면하며

직분職分과 법도法度에 의해 진퇴하며

황황히 한때의 허망한 명예를 다투고

죽은 후의 영화에 규제당하여 허리를 굽실거린다.

남들의 이목에 따라

몸과 마음의 시비를 중히 여기며

부질없이 좋은 시절에 알맞은 지극한 즐거움을 잃고

한시도 자유로울 수 없으니

마치 형틀에 묶인 중죄인과 무엇이 다르단 말인가?"

亦亡一時之中爾.

則人之生也 奚爲哉 奚樂哉

爲美厚爾

爲聲色爾.

而美厚復不可常厭足

聲色不可常翫聞.

乃復爲刑賞之所禁勸

名法之所進退

遑遑爾競一時之虛譽

規死後之餘榮 偊偊[38]爾.

順耳目之觀聽

惜身意之是非

徒失當年之至樂

不能自肆於一時

重囚累梏 何以異哉.

귀생주의貴生主義

양자의 비관주의는 쾌락주의를 낳았고, 쾌락주의는 생명 제일 사상으로 발전했다. 묵자는 "목숨은 천하보다 귀하며, 의義는 목숨보다 귀하다"고 말했다. 양자는 대체로 묵자의 말을 받아들이지만 '목숨보다 의가 귀하다'는 테제

---

38) 偊(우)=曲躬獨行貌.

는 받아들이지 않았다. 양자는 죽음을 무릅쓰는 것은 의義를 위한 것이 아니라 자기 몸의 수치를 참을 수 없기 때문이므로 결국 자기 생명과 이익을 위한 것으로 생각했다.

당시 묵자·양자·노자·장자 등은 지배계급의 담론인 의義라는 것이 민중의 이利를 착취하고 생명을 억압하는 수단임을 폭로하고 저항했다. 특히 묵자는 "의義는 이利"라고 주장했고, 양자는 "억압된 생명은 죽음보다 못하다"고 설파했다. 이처럼 묵자·노자·양자·장자는 모두 공자의 인의仁義를 반대했다. 그들은 생명보다 더 가치 있는 것은 없다고 생각했기 때문이다.

양자가 말한 전성全性, 보진保眞, 물이물루형勿以物累形 등 이른바 '생명生命 삼교의三敎義'는 바로 귀생貴生주의를 표현한 것이다. 다음 예문들은 『열자』, 『회남자』, 『여씨춘추』 등에서 인용한 것이지만 모두 양자의 말이라고 인정되고 있다.

양자의 생명 삼교의

회남자淮南子/범론훈氾論訓

본성을 온전히 하고(全性), 참된 나를 보전하며(保眞)	全性 保眞
외물로 인해 몸을 얽매지 않는다(不累形).	不以物累形
양자가 세운 이 학설은 맹자가 비판했다.	楊子之所立也 而孟子非之.

여씨춘추呂氏春秋/권1/맹춘기孟春紀/본생本生

생명의 시작은 하늘이며	始生之者天也
그것을 양성하는 것은 사람이다.	養成之者人也.

하늘이 낳은 것을 양성하고

그것을 어지럽지 않게 하는 자를 천자天子라 한다.

천자의 활동은

천성天性을 보전하는 것을 본분으로 한다.

能養天之所生

而勿攖³⁹⁾之謂之天子.

天子之動也

以全天爲故⁴⁰⁾者也.

여씨춘추呂氏春秋/권2/중춘기仲春紀/귀생貴生

성인은 천하를 심려하지만 생명보다 더 귀한 것은 없다.

이목구비는 생명을 위해 봉사하는 노역자들이다.

귀는 비록 소리를 듣고 싶고, 눈은 색깔을 보고 싶고

코는 향기를 맡고 싶고, 입은 맛있는 음식을 먹고 싶지만

생명에 해로우면 마음이 이를 그치게 한다.

또한 이목구비가 하고 싶지 않을지라도

생명에 이로운 것이라면 마음이 이를 하게 한다.

이로 볼 때

이목구비가 함부로 할 수 없도록

반드시 제어가 필요하다.

관직이 함부로 할 수 없도록

반드시 제어가 필요한 것과 같다.

이것이 생명을 존귀하게 하는 방책이다.

聖人深慮天下 莫貴於生.

夫耳目口鼻 生之役也.

耳雖欲聲 目雖欲色

鼻雖欲芬香 口雖欲滋味

害於生則止.

在四官者不欲

利於生者則弗爲.⁴¹⁾

由此觀之

耳目口鼻不得擅行

必有所制.

譬之若官職不得擅爲

必有所制.

此貴生之術也.

---

39) 攖(영)=亂也.

40) 故(고)=使爲之也, 猶本也.

41) 弗爲(불위)=不治四官之欲. 衍字로 보임.

여씨춘추呂氏春秋/권1/맹춘기孟春紀/중기重己

내 생명은 나를 위해 존재한다.	今吾生之爲我有
그러니 나를 이롭게 하는 것은 역시 큰 것이다.	而利我亦大矣.
귀천을 논하자면	論其貴賤
천자의 높은 지위도 자기의 생명과 비할 바 아니요,	爵位天子 不足以比焉.
경중을 논한다면	論其輕重
천하를 소유할 재물도 자기 생명과 바꿀 수 없는 것이요,	富有天下 不可以易之.
안위를 논한다면	論其安危
하루아침에 생명을 잃으면	一曙[42]失之
죽어도 다시 돌이킬 수 없는 것이다.	終身不復得
귀천·경중·안위 이 세 가지는 도인이라면 삼가는 것이다.	此三者 有道者之所愼也.
그러나 아무리 세 가지를 힘써 한들 자기 몸을 해친다면	有愼之 而反害之者
천성과 생명의 실질을 달성하지 못한 것이다.	不達乎性命之情也.

위아주의爲我主義

양자의 귀생주의는 위아爲我주의로 흐른다. 이 점에서 양자와 노장은 갈린다. "천하를 위해 내 한 올의 종아리 털을 뽑지 않겠다"는 양자의 말은 위아주의를 표현하는 말로 인구에 회자되고 있다. 이 점에서 묵자의 겸애주의와는 반대편의 극단을 형성하며 노장과도 다르다. 오늘날의 개인주의는 위아주의다. 하지만 우리는 개인주의일 뿐 이기주

---

42) 曙(서)=아침.

의는 아니라고 변명한다. 양자의 위아주의도 마찬가지다. 그러나 그것이 그것이다. 그러므로 현대인은 모두가 양자의 추종자들이며 그의 신도들이다.

그런데도 그 누구도 자기가 양자의 제자라고 인정하지 않는다. 석가, 공자, 예수의 열렬한 제자임을 과시하며 자기를 위장한다. 일찍이 묵자가 그것을 꼬집었다. 어떤 사람이 모든 것에 우선하여 자기만 위하겠다는 말을 공공연히 한다면 사람들은 그 사람이 자기를 위하는 일이라면 남을 죽일 수도 있다고 경계할 것이다. 그러므로 사람들은 실상 자기만 위하는 위아주의자이면서도 그 사실을 숨기고 어짊과 자비와 사랑의 신도로 위장하며 살아가고 있다는 것이다.

양자의 무위無爲 무치無治

열자列子/양주楊朱

양주가 말했다.

"백성자고는

터럭 한 올도 사물을 위해 이롭게 하지 않으려 했으며

나라를 버리고 숨어 농사를 지었으며

우임금은 자기 몸으로 자기를 이롭게 하지 않았으므로

온 몸이 반쪽처럼 마를 정도로 천하를 위해 진력했다.

옛사람은 터럭 한 올을 뽑아서

천하를 이롭게 한다 해도 주지 않았고

천하로써 일신을 받드는 것도 수용하지 않았다.

사람마다 터럭 한 올도 뽑지 않고

楊朱曰

伯成子高

不以一毫利物

捨國而隱耕.

大禹不以一身自利

一體偏枯.

古之人損一毫

利天下不與也

悉天下奉一身不取也.

人人不損一毫

사람마다 천하를 이롭게 하지 않는다면   人人不利天下

천하는 다스려져 태평할 것이다.   天下治矣.

맹자孟子/진심盡心 상

맹자가 말했다. "양자는 위아주의이므로   孟子曰 楊子取爲我

털 하나를 뽑으면 천하를 이롭게 한다고 해도 하지 않았다.   拔一毛而利天下 不爲也.

묵자는 겸애주의이므로   墨子兼愛

천하가 이롭다면 머리가 닳고 장단지가 벗겨져도 한다."   摩頂放踵而利天下 爲之.

쾌락주의快樂主義

21세기 지구인은 몇몇 수도승을 제외하고는 모두 행복
주의자들이다. 행복주의는 바로 쾌락주의를 의미한다. 다
만 우리가 스스로를 변명하기 위해 쾌락은 비도덕적이지
만 행복은 도덕적이라는 궤변을 만들어냈을 뿐이다. 오늘
날 행복주의는 바로 쾌락주의인 것이다.

그런 점에서 보면 고대 그리스의 쾌락주의자인 에피쿠
로스는 오늘날 서양의 자유주의 내지 자본주의 사상의 근
원이다.

그러나 에피쿠로스는 양자의 후배일 뿐이다. 그러므로
오늘날 지구인은 모두가 양자의 열렬한 신도라고 말해도
과언이 아닐 것이다. 그리고 쾌락주의는 노자의 생명주의
와는 다르다. 이 점에서 양자는 노장과는 다른 유파로 분류
된다. 그러므로 오늘날 우리 학자들처럼 노자를 자본주의

로 왜곡하는 것도 죄악이려니와 쾌락주의로 오인하는 것
도 경계해야 한다. 그렇다고 도올처럼 고행을 감수하는 욥
을 들먹이거나 금욕주의로 오인하는 것도 잘못이다. 노장
은 그냥 자연으로 돌아가자고 말했을 뿐이다.

열자列子/양주楊朱

태고 사람들은 생은 잠시 온 것이며	太古之人知生之暫來
죽음은 잠시 가는 것임을 알았다.	知死之暫往.
그러므로 마음이 가는 대로 움직이고	故從心而動
자연이 좋아하는 것을 어기지 않았으며	不違自然所好
몸에 즐거운 것을 버리지 않았다.	當身之娛非所去也.
그러므로 명예를 구하지 않고 천성대로 노닐며	故不爲名所勸 從性而游
만물이 좋아하는 것을 거역하지 않았으며	不逆萬物所好
사후의 명예를 취하지도 않았다.	死後之名非所取也.
태고로부터 오늘날까지	太古至于今日
햇수는 다 셀 수조차 없다.	年數固不可勝紀.
단 복희씨 이래 삼십여만 년 동안	但伏羲已來三十餘萬歲
현우賢愚·호추好醜·성패成敗·시비是非는	賢愚好醜成敗是非
모두 소멸하지 않은 것이 없다.	無不消滅.
다만 늦고 빠른 차이가 있을 뿐이다.	但遲速之間耳.
한때의 비난과 명예에 곱송그리며	矜一時之毁譽
정신과 육체를 괴롭히고	以焦苦其神形
죽은 후 몇백 년까지 이름을 남기고자	要死後數百年中餘名
어찌 마른 해골을 윤택하게 하는 것을 만족하고	豈足潤枯骨

왜 삶은 즐기려 하지 않는가?

양주는 말했다.
"좋은 집, 아름다운 의복, 맛있는 음식, 어여쁜 여자
이 네 가지 외에 어찌 또 그 밖의 것을 구하겠는가?
이것 외의 것을 추구하는 것은
만족할 줄 아는 성품이 아닌 탓이다.
그것으로 만족할 줄 모르는 성품은 음양을 해치는 좀이다."

何生之樂哉.

楊朱曰
豊屋美服厚味姣色
有此四者 何求於外.
有此而求外者
無厭之性.
無厭之性 陰陽之蠹也.

반성 현대인의 위선

어느 신문에서(2001년 3월 31일자 《동아일보》 참조) 한국인과 미국인을 대상으로 설문조사를 했는데, 어떻게 사는 것이 옳은지 모르겠다는 대답이 한국인은 52퍼센트 미국인은 12퍼센트였다. 그리고 삶의 목표는 '자기가 하고 싶은 대로 하고 사는 것'이라고 대답한 사람이 한국인은 45퍼센트 미국인은 66퍼센트였다. 그리고 '20년 후 가장 중요한 것'으로 한국인은 58퍼센트가 건강을 꼽았는데, 미국인은 38퍼센트가 자식을, 33퍼센트가 배우자를 꼽았고, 건강을 꼽은 비율은 13퍼센트에 불과했다. 또 눈에 띄는 것은 사회를 위해 봉사하는 것이 좋은 삶이라고 생각하는 사람이 미국은 19.3퍼센트, 한국은 5.8퍼센트뿐이었다.
이것은 미국인보다 한국인이 더욱 위아주의요 쾌락주의

라는 뜻이다. 다시 말하면 한국인은 기독교든, 불교든, 유교든 모두가 한결같이 양자와 에피쿠로스를 교주로 추종하고 있다는 것을 보여주는 것이다. 더구나 오늘날 인류의 행복주의는 양자와 에피쿠로스의 쾌락주의보다 더욱 동물적이어서 맹목과 광기에 사로잡혀 있다고 해야 할 것이다.

이처럼 우리 모두가 위아주의요 쾌락주의자이면서도 그것을 고백하지 않는다. 그 누구도 나는 양자와 에피쿠로스의 신도라고 말하지 않는다. 오히려 자기는 이웃 사랑을 말하는 예수를 믿는 기독교도요, 자비를 말하는 부처를 믿는 불교도라고 속이고 산다. 일찍이 묵자가 말한 그대로다.

조사에 의하면 한국인들은 정부에 대해 44퍼센트가 경제 부흥을, 27퍼센트가 사회복지를 요구한다고 한다. 그러나 정부 관계자들이 모두 위아주의 또는 쾌락주의를 따른다면 과연 사회를 위해 봉사하겠는가? 한국인은 "나는 이기주의利己主義를 하겠지만, 남들은 이타주의利他主義를 해달라"는 모순 속에 살고 있는 것이다.

23 장 도인의 처세술

노자 읽기

《 노자 · 45 》

위대한 이룸은 흠결이 있는 듯하지만
그 유용함은 폐단이 없다.
위대한 충만은 빈 듯하지만, 그 유용함은 다함이 없다.
위대한 곧음은 굽은 것 같고, 위대한 기술은 졸렬한 듯하고
위대한 변론은 어눌한 듯하다.
운동은 추위를 이기고 고요함은 더위를 이긴다.
그러므로 청정淸淨함이 천하를 다스리는 바른 길이다.

大成[1]若缺
其用不弊
大盈若沖 其用不窮
大直[2]若屈
大巧若拙 大辯若訥
躁勝寒 靜勝熱
淸淨爲天下正.

《 노자 · 20장 · 하단 》

속인들은 모두 똑똑한데 나만 바보 같구나!
속인들은 깐깐한데 나만 흐리멍덩하구나!

俗人昭昭 我獨昏昏
俗人察察 我獨悶悶[3]

---

1) 大成(대성)=우주자연의 완결성.
2) 大直(대직)=햇빛도 직선도 휘어진 것이다.
3) 悶(민)=無所割截也.

바다처럼 담담하고 바람처럼 그칠 곳이 없으니,
뭇사람이 유용有用하나 나만이 어리석고 촌스럽다.
나 홀로 남들과 다른 것은
젖을 물린 어미를 귀하게 여기는 것이라네.

澹兮若其海 飂兮若無止
衆人皆有以[4] 而我獨頑似鄙
我獨異於人
而貴食母.

《 노자 · 9장 》
붙잡고 가득 채우기보다는 그치는 것이 낫다.
요량하고 날카롭게 하면 오래 보존할 수 없고,
집 안 가득한 금은보화는 지킬 수 없다.
부귀해지면 교만해져서 스스로 허물을 남길 것이니,
공을 이루면 몸은 물러나는 것이 자연의 도리다.

持而盈之 不如其已
揣[5]而銳之 不可長保
金玉滿堂 莫之能守
富貴而驕 自遺其咎
功遂身退 天之道.

《 노자 · 10장 · 하단 》
만물을 낳고 기르고 생산해도 소유하지 않으며,
위해 주어도 기대지 않으며, 길러주어도 주재하지 않는다.
이러한 자연이야말로 신묘한 덕이라고 말하는 것이다.

生之畜之 生而不有
爲而不恃 長而不宰
是謂玄[6]德.

《 노자 · 15장 · 하단 》
옛날부터 잘 다스리는 선비는
은미한 생성生成의 도道를 통하니 그 깊이를 알 수 없구나!

古之善爲[7]士者
微妙[8]玄[9]通 深不可識

---

4) 以(이)=用也.
5) 揣(췌)=量也, 度也.
6) 玄(현)=幽遠也, 天色也, 道也, 理之微妙者.
7) 爲(위)=治也, 成也(五穀不爲).
8) 妙(묘)=成也.

대저 알 수 없지만 굳이 형용을 그려본다.

한가롭구나! 겨울 내를 건너는 것 같고

느긋하구나! 이웃들을 공경하는 것 같고

자랑스럽구나! 손님과 같다.

물이 넘치는 듯! 얼음을 녹이는 듯하다.

신실하구나! 진실로 소박한 자연과 같다.

탁 틔었구나! 진실로 텅 빈 골짜기 같다.

《 노자 · 26장 》

무거운 것은 가벼운 것의 근본이 되고

고요함은 조급함의 중심이 된다.

그러므로 성왕은 종일 행군해도

짐수레를 떠나지 않는다.

비록 꽃다운 경관이 있어도 담담하고 초연하다.

어찌 만 대의 전차를 거느린 성왕이

자기 몸을 위해 천하를 가볍게 할 것인가?

夫唯不可識 故强爲之容

豫[10]焉 若冬涉川

猶[11]兮 若畏四隣

儼[12]兮 其若客

渙[13]兮 若氷之將釋

敦[14]兮 其若樸

曠[15]兮 其若谷.

重爲輕根

靜爲躁君[16]

是以聖人 終日行

不離輜[17]重

雖有榮觀 燕處[18]超然

奈何萬乘之主[19]

以身輕天下

---

9) 玄(현)=道也.

10) 豫(예)=佚也, 亦未定也.

11) 猶(유)=舒遲之貌.

12) 儼(엄)=矜莊貌.

13) 渙(환)=水盛皃.

14) 敦(돈)=信也.

15) 曠(광)=遠大也, 用志寬廣也.

16) 君(군)=尊也, 儀也. 天子諸侯卿大夫有地者 皆曰君.

17) 輜(치)=衣車, 重車, 靜也.

18) 燕處(연처)=燕居=無繫者也.

19) 萬乘之主(만승지주)=만 대의 전차를 가질 수 있는 王.

가벼우면 근본을 잃고 조급하면 중심을 잃는다.

輕則失根[20] 躁則失君.

《 노자 · 39장 · 하단 》

하늘이 맑지 않으면 장차 균열될 것이요,

땅이 안녕하지 않으면 장차 흩어질 것이요,

신이 신령하지 않으면 장차 끝날 것이요,

골짜기가 가득하지 않으면 장차 고갈될 것이요,

만물이 생성하지 않으면 장차 멸종할 것이요,

군왕이 고귀하지 않으면 장차 무너질 것이다.

그러므로 귀한 것은 천한 것을 근본으로 하고

높은 것은 낮은 것을 기초로 하다.

때문에 군왕은

자신을 낮추어 고孤, 과寡, 불곡不穀이라 칭한다.

그러므로 자주 기리면 기림이 없는 것이다.

차라리 반들거리는 옥이 되기보다는

거친 돌이 되어라!

天無以[21]清將恐裂

地無以寧將恐潑[22]

神無以靈將恐歇

谷無以盈將恐渴

萬物無以生將恐滅

侯王無以貴高將恐蹶

故貴以賤爲本

高以下爲基

是以侯王

自謂孤[23]寡[24]不穀[25]

故致數譽無譽

不欲琭琭[26]如玉

珞珞[27]如石.

---

20) 失根을 失本으로, 失君을 失臣으로 解하기도 한다.

21) 以(이)=죽간본은 '已'로 됨.

22) 潑(발)=水漏也, 四散注也.

23) 孤(고)=고아.

24) 寡(과)=홀아비.

25) 不穀(불곡)=不善.

26) 琭琭(록록)=옥의 모습.

27) 珞珞(락락)=조약돌 모양.

《 노자 · 41장 · 상단 》

상사上士가 도道를 들으면 힘써 행하려 하고

중사中士가 도를 들으면 반신반의하고

하사下士가 도를 들으면 크게 웃을 것이다.

오히려 크게 웃지 않는다면 도로 삼기에 부족할 것이다.

그러므로 옛 격언에 이런 말이 있다.

밝은 도는 어두운 것 같고, 진보적인 도는 퇴보적인 듯하고

간이한 도는 얽힌 듯하고, 훌륭한 도는 빈 골짜기 같고

크게 깨끗한 것은 더러운 듯하고, 광대한 덕은 부족한 듯하고

건실한 덕은 구차한 듯하고, 질박한 덕은 더러운 것 같다.

上士聞道 勤而行之

中士聞道 若存若亡

下士聞道 大笑之

不笑不足以爲道

故建言[28]有之

明道若昧 進道若退

夷道若纇[29] 上德若谷

太白若辱 廣德若不足

建德若偷[30] 質眞[31]若渝.[32]

반쾌락 · 자연인

《 노자 · 44장 》

명성과 몸은 어느 것이 좋은가?

몸과 재화는 어느 것이 중요한가?

얻는 것과 잃는 것은 어느 것이 걱정인가?

그런고로 지나치게 아끼면 반드시 소모가 클 것이요,

많이 소유하면 반드시 잃는 것도 많을 것이다.

만족할 줄 알면 욕되지 않고, 멈출 줄 알면 위태롭지 않을 것이니

名與身孰親

身與貨孰多[33]

得與亡孰病

是故甚愛必大費

多藏必厚亡

知足不辱 知止不殆

---

28) 建言(건언)=윗사람에게 건의하는 말.

29) 纇(뢰)=맺힌 실. 백서본은 '類'로 됨.

30) 偷(투)=盜也, 苟且.

31) 眞(진)=悳의 誤.

32) 渝(투)=變也, 汚也.

33) 多(다)=重也, 大也.

가히 장구할 수 있을 것이다.

可以長久.

《 노자 · 70장 》

내 말은 심히 알기 쉽고 행하기 쉽다.

吾言甚易知 甚易行

천하 사람들은 아직 알지 못하고 행하지도 않는다.

天下莫能知 莫能行

말에는 표준이 있고, 일에는 중심이 있다.

言有宗事有君

그것을 알지 못하기 때문에 나를 알지 못한다.

夫唯無知 是以不我知

나를 아는 자가 드물기에 나는 귀하다.

知我者希 則我者貴

그러므로 무위자연의 성인은 갈옷을 입고 옥을 품고 있다.

是以聖人被褐懷玉.

노자의 처세술

2천여 년 전의 공자의 처세술이 오늘날에도 팔리는 것을 보면 인간사회에는 세월의 무게보다도 더 강고한 상성常性 과 상도常道가 있는 것 같다. 어찌 됐든 나는 여기서 노장 의 처신술 내지 처세술이 오늘날에도 유효하다고 장광설 을 늘어놓으려는 것은 아니다. 그보다는 옛 선인들의 처신 과 처세에 관한 언급 속에는 그들의 인생관과 사회관이 터 잡고 있다는 점을 유의하고자 한다. 과연 고대의 사상가들 은 어떤 인간이 되고자 했으며 어떤 사회를 이상사회로 동 경했을까? 이것을 알아야만 그들의 처세술과 도덕론도 바 로 알 수 있기 때문이다. 이상형 인간 즉 인극人極을 알려 면 군자·성인·도인·지인·신선을 말해야 하며, 이상형 사 회는 대동사회·소강사회를 말해야 한다. 이러한 인극이야 말로 도덕론의 기초가 되며 도덕론이야말로 처세술의 기 초가 되는 것이다. 그러므로 노자의 삼덕三德인 자애慈愛· 검박儉朴·불위선不爲先은 공자의 사덕인 인의예지仁義禮智 와 비교되는 것으로 이것이야말로 최고의 처신술이라 할 것이다. 『노자』를 민중 저항의 담론이라는 관점에서 읽거 나 철학적 관심으로 읽으면 특별히 따로 처신술이라 할 만 한 것이 없는 것 같으나, 나만의 처신술에 관심을 두고 읽 으면 『노자』 전체가 온통 처신술이라 해도 과언이 아니다. 환언하면 노자의 캐치프레이즈인 무위자연이야말로 노자 의 처신술이라고 말할 수도 있다는 것이다. 사실 노자의 처 세술을 한마디로 말하라고 한다면 자연대로 따르는 삶이라고 말할 수 있을 것이다. 그러므로 어떤 번역서는 노자를 온통 처세술로 해석하는 책도 있는 실정이다.

다만 여기서는 딱히 도덕론이나 신선론이라고 말할 수 없는 도인의 이야기나 일상사에 대한 글들을 모았다. 그리고 노자를 계승한 장자의 처신술을 곁들임으로써 우리가 『노자』의 저자로 알고 있는 노담이라는 가공인물에 대한 인간상을 추론할 수 있도록 하겠다. 도덕론과 신선에 대해서는 이미 언급했고, 신선의 사상적 상징인 '동심론', '생명주의' 도 따로 말할 것이다.

장자莊子/외편外篇/천도天道

성인의 마음은 고요하여	聖人之心 靜乎
천지의 거울이요, 만물의 거울이다.	天地之鑑也. 萬物之鏡也.
대저 '허정', '염담', '적막', '무위' 는	夫虛靜 恬[34]淡 寂漠 無爲者
천지의 화평이요, 도덕의 지극함이다.	天地之平 而道德之至.
그러므로 제왕이신 성인은 한가할 뿐이다.	故帝王聖人休[35]焉.
한가하면 허虛하고, 허하면 실實하고, 실하면 서로 화락한다.	休則虛 虛則實 實則倫[36]矣.
허하면 고요하고, 고요하면 동動하고, 동하면 얻는다.	虛則靜 靜則動 動則得矣.
고요한 것은 무위함이요,	靜則無爲
무위하면 일을 맡아 책무를 다한다.	無爲也則任事者責矣.
무위하면 용모 화공和恭하고	無爲則俞俞

---

34) 恬(념)=安也, 靜也.
35) 休(휴)=息止也, 宥也, 暇也.
36) 倫(륜)=比(親輔)也, 類也.

화공하면 우환이 처할 수 없고
장수할 수 있다.
대저 '허정', '염담', '적막', '무위'는
만물의 근본이다.
이것을 밝혀 남면南面함으로써 요임금은 임금 노릇을 했고,
이것을 밝혀 북면北面함으로써 순은 신하 노릇을 했다.
이것으로 윗자리에 처하면 제왕 천자의 덕이며,
이것으로 아랫자리에 처하면
현성玄聖 소왕素王의 도이며,
이것으로 은거하여 강과 바다에 한가롭게 노닐면
산림의 선비가 복종하며,
이것으로 정사에 나아가 세상을 어루만지면
공이 크고 이름이 드날려 천하가 하나가 될 것이다.
허정으로써 말하고
천지를 따르고 만물을 통하는 것
이를 일러 천락天樂이라 말하는 것이다.
천락자는 성인의 마음으로
천하를 기르는 것이다.

愉愉者憂患不能處
年壽長矣.
夫虛靜 恬談 寂寞 無爲者
萬物之本也
明此以南鄕 堯之爲君也.
明此以北面 舜之爲臣也.
以此處上 帝王天子之德也.
以此處下
玄聖素王[37]之道也.
以此退居 而閒游江海
山林之士服.
以此進爲而撫世
則功大名顯 而天下一也.
言以虛靜
推[38]於天地 通於萬物
此之謂天樂.
天樂者 聖人之心
以畜天下也.

---

37) 素王(소왕)=영토와 제위가 없으면서 천하를 다스리는 자.
38) 推(추)=順遷也.

장자의 세속적 도인 도인의 민중 하방

　　노장은 군주도 상벌도 다스림도 없는 소규모 지역 공동체를 소망했으므로, 유가들이 지향하는 성왕과 군자를 반대했다. 노장이 말한 도인은 자연의 도를 따르는 사람이고, 군자는 군주와 명예를 따르는 사람이다. 그러므로 우리 선조들이 성리학을 도학道學이라 칭하고, 벼슬을 버리고 이학理學을 탐구하며 고고하게 살아가는 선비를 도인이라 한 것과는 다르다. 우리 선비들이 말한 도는 인륜이고 노장이 말한 도는 자연이다. 인륜은 시비·선악·미추를 분별하지만 자연에는 그런 차별이 없다. 어찌 공작새는 아름답고 악어는 추하다고 할 수 있는가? 나무 열매를 먹는 다람쥐는 옳고 곡식을 훔쳐 먹는 집쥐는 어찌 그르다고 할 수 있는가? 풀을 먹는 사슴은 선하고 짐승을 잡아먹는 호랑이는 악하다고 할 수 있는가? 자연에는 그러한 분별과 차별은 있을 수 없다.

　　또한 노장이 말한 도인은 도교에서 말하는 신비로운 신선이나 도인을 의미하지 않는다. 특히 장자는 속세를 버린 신선을 찬양하지 않았다. 오히려 그는 세속에서 평범한 삶을 살아가는 민초를 도인道人으로 부각시켰다. 그러므로 장자에게 출세간出世間은 도인의 필요조건이 아니었다. 오직 심재心齋와 좌망座忘만이 도인의 조건이었다. 그래서 세상에서 유유자적하며 남을 따르되 자기를 잃지 않는 '순인불실기順人不失己'를 지인至人의 삶으로 생각했다.

　　'심재'란 마음을 깨끗이 하여 비우는 것이고, '좌망'은 일체 사물에 얽매이지 않고 자연에서 소요하는 것이다. 그러므로 장자에게 도인은 세상을 버린 은둔자가 아니라 세속의 자연인 즉 마음을 비운 세속인이었다. 『장자』에는 꼽추·난쟁이·추남·백정 등 삼민三民(농農·공工·상商)과 천민賤民 등 하층 민民 계급이 도인의 주류를 이루며, 왕후장상이나 성인과 동열로 배치된다. 이러한 중대한 변화는 전국시대를 거치면서 도인의 민중화가 진행됐다는 것을 의미하는 것으로 주목되는 대목이다.

남을 따르면서도 자기를 잃지 않는다

장자莊子/잡편雜篇/외물外物

대저 옛것을 높이고 현재를 비하하는 것은 학자들의 유폐다.	夫尊古而卑今 學者之流也.
하물며 삼왕 이전의 희위狶韋씨의 눈으로 지금 세상을 본다면	且以狶韋氏之流 觀今之世.
누가 능히 파도에 휩쓸리지 않았다고 할 수 있을까?	夫孰能不波.[39]
오직 지인至人만이 세상에 유유자적하여 치우치지 않고	唯至人乃能 遊於世而不僻
남을 따르면서도 자기를 잃지 않는 것이다.	順人而不失己.

대인은 사욕이 없다

장자莊子/외편外篇/추수秋水

(북해약이 말했다.) "그러므로 대인의 행동은	是故大人之行
드러나지 않지만 남을 해치지도 않고	不出乎害人
인의와 은혜를 자랑하지도 않는다.	不多仁恩.
행동은 이익을 앞세우지 않으나	動不爲利

---

39) 波(파)=高下貌. 陂와 같은 글자.

이익을 찾는 노예를 천시하지도 않는다.　　　　　　不賤門隷.

재화를 다투지 않지만 사양한 것을 찬양하지도 않는다.　貨財不爭 不多辭讓

손수 일을 하며 남의 노동을 빌리지도 않지만　　　　事焉不借人

노동으로 먹고사는 것을 찬양하지도 않으며　　　　不多食乎力

탐하고 땀 흘리는 것을 천시하지도 않는다.　　　　不賤貪汗.

행동이 세속과는 다르지만 괴이한 것을 찬양하지도 않는다.　行殊乎俗 不多辟異.

다스림은 민중을 따르는 데 달려 있으니　　　　　　爲[40]在從衆

영합하고 아첨하는 자를 천시하지도 않는다.　　　　不賤佞[41]諂.

세상의 작록도 그를 권면할 수 없고　　　　　　　世之爵祿不足以爲勸

죽음과 부끄러움도 그를 욕되게 할 수 없으니　　　戮恥不足以爲辱.

그것은 시비를 분별할 수 없고　　　　　　　　　知是非之不可爲分

대소는 나눌 수 없음을 알기 때문이다.　　　　　細大之不可爲倪.[42]

속담에 이르기를 도인은 명성이 없고　　　　　　聞[43]曰 道人不聞

덕인은 뜻을 얻지 못하며 대인은 사욕이 없다고 한다.　至德不得 大人無己

이것은 절제와 분수의 극치라 할 것이다.”　　　　約[44]分之至也.

고요한 물을 거울로 삼으라

장자莊子/내편內篇/덕충부德充符

노나라에 발꿈치가 잘린 왕태王駘라는 자가 있었다.　魯有兀者王駘

그를 따르는 제자들이 공자와 맞먹을 정도였다.　　從之遊者 與仲尼相若.

---

40) 爲(위)=成也, 治也.
41) 佞(녕)=迎合, 僞善.
42) 倪(예)=分, 際也.
43) 聞(문)=顯名.
44) 約(약)=節也.

상계常季가 공자에게 물었다.

"왕태는 발꿈치 잘린 올자兀者에 불과합니다.

그런데 그를 따르는 제자가

선생과 노나라를 양분하고 있습니다.

서 있어도 가르치지 않고 앉아 있어도 토론하지 않으나

빈손으로 왔다가 가득 채워가지고 갑니다.

진실로 말 없는 가르침이요,

형체 없이 마음을 다스리는 자일까요?"

…공자가 답했다.

"사람은 흐르는 물을 거울로 삼지 말고

고요한 물을 거울로 삼으라고 했다.

고요한 거울만이 그림자를 고요하게 할 수 있고

거울에 비치는 사물도 고요하게 된다."

常季問於仲尼曰

王駘兀者也

從之游者

與夫子中分魯

立不敎 坐不議

虛而往 實而歸.

固有不言之敎

無形而心成45)者邪.

…仲尼曰

人莫鑑於流水

而鑑於止水.

惟止能止46)

衆止.

장자의 풍자와 처세술

장자는 삶과 죽음을 초개같이 여기고 속세의 권력과 부를 뜬구름처럼 여겼으니 천의무봉의 자유인이었다. 이미 설명한 바와 같이 장자의 목표는 속세의 신선이 되는 것이었다. 그러므로 그는 속세에 살면서도 몸을 감추고 자연처

---

45) 成(성)=治也.
46) 止(지)=靜而不動也.

럼 사는 잡초 같은 천민과 병신들의 삶을 찬양하고 그들을
도인道人이라 말했다. 그래서 그는 빈 배처럼 허심虛心으로
자연自然의 도道와 무위無爲의 덕德을 타고 소요유逍遙遊할
것을 권고했다. 그러므로 장자의 아래 글들은 노자의 무위
자연 사상을 처세술에 적용한 것이라고 볼 수 있을 것이다.

장자莊子/잡편雜篇/도척盜跖

무위無爲하면 소인小人도 도리어 자연을 따른다.   無爲小人 反殉於天.
무위하면 군자도 자연의 이치를 따른다.   無爲君子 從天之理.
곧은 것이든 굽은 것이든 자연의 지극함을 살펴   若枉若直 相[47]而天極.
사방을 눈으로 관찰하고 때와 더불어 소식영허消息盈虛하며   面觀四方 與時消息.
옳은 것이든 그른 것이든 원만함의 중심을 잡아   若是若非 執而圓機.
홀로 너의 뜻을 이루고 도와 더불어 배회하라.   獨成而意 與道徘徊.

장자莊子/잡편雜篇/칙양則陽

이들은 백성과 동고동락하고 밭두렁에 숨어 살며   是自埋於民 自藏於畔.
명성은 없지만 뜻은 무궁의 대도大道에 노닌다.   其聲銷 其志無窮.
입으로는 비록 말을 하지만 마음은 일찍이 말한 바 없으며   其口雖言 其心未嘗言.
도道를 취함은 속세와 어긋나지만 마음은   方且與世違
불초한 자들과 더불어 함께한다.   而心不肖[48]與之俱.

---

47) 相(상)=省視也.
48) 肖(소)=類也.

장자莊子/잡편雜篇/천하天下

홀로 천지와 더불어 정신을 왕래하여

함부로 만물을 분계分界하지 않고

시비를 따지지 않으며 속세와 더불어 거처한다(신선의 하방).

위로는 조물주와 노닐고

아래로는 삶과 죽음을 뛰어넘고

시작과 끝이 없는 초월자를 벗했던 것이다.

그것이 뿌리로 하는 것은 광대한 열림이요,

깊고 텅 빈 마음의 자유로움이다.

獨與天地 精神往來.

以不敖倪於萬物.

不譴是非 而與世俗處.

上與造物者

而下與外死生.

無終始者友.

其於本也 宏大而辟⁴⁹⁾

深閎而肆.⁵⁰⁾

장자莊子/외편外篇/변무駢拇

명예의 우상이 되지 말고, 꾀함의 중심이 되지 말며,

섬기는 관리가 되지 말며, 지혜(知)의 주인이 되지 말라.

무궁을 체현하고 내가 없는 경지에 노닐라.

하늘에서 받은 본성을 다할 뿐,

앎을 나타내지 말고 비어 있을 뿐이다.

지인至人의 마음 씀은 거울과 같아서

보내지도 않고 맞이하지도 않는다.

다만 변화에 응하되 마음에 두지 않는다.

그러므로 능히 외물外物을 극복하고 상하지 않는 것이다.

無爲名尸 無爲謀府.

無爲事任 無爲知主.

體盡無窮 而遊無朕.⁵¹⁾

盡其所受於天

而無見⁵²⁾得 亦虛而已.

至人之用心若鏡

不將不迎.

應而不藏.

故能勝物而不傷.

---

49) 辟(벽)=闢也.
50) 肆(사)=放縱也.
51) 朕(짐)=我也.
52) 見(현)=謁也.

임공자의 낚시

장자莊子/잡편雜篇/외물外物

임공자任公子가 커다란 낚싯바늘과 굵은 낚싯줄에   任公子爲大鉤巨緇

소 오십 마리를 미끼로 매달아   五十犗以爲餌

회계산에 앉아 동해에 낚싯대를 던져놓고 낚시를 했다.   蹲乎會稽 投竿東海.

날마다 낚시를 했으나 일 년이 되어도 물고기를 잡지 못했다.   旦旦而釣 期年不得魚.

이윽고 대어가 미끼를 물고   已而大魚食之 牽巨鉤

물속으로 들어갔다가   錎[53]沒而下

갑자기 솟구쳐 올라 지느러미를 치니   驚揚而奮鬐[54]

흰 파도가 산더미 같고 온 바다를 진동시키고   白波若山 海水震蕩

그 소리가 귀신 같아 천 리가 두려움에 떨었다.   聲侔[55]鬼神 憚[56]赫[57]千里.

임공자는 이 물고기를 잡아 포를 떴는데   任公子得若魚 離而腊之

절강浙江의 동쪽에서 창오의 북쪽까지   自浙河以東 蒼梧以北

온 백성들이 배불리 먹고 남았다.   莫不厭若魚者.

이로부터 작은 재주로 재담이나 떠벌리는 무리들은   已而後 世輇[58]才諷說之徒

모두 놀라 서로 수군거렸다.   皆驚而相告也.

가는 대나무 낚싯대로   夫揭竿累

도랑에서 붕어나 지키는 취향을 가진 그들에게   趣灌瀆守鯢鮒.[59]

대어를 낚는다는 것은 어려운 것이다.   其於得大魚難矣.

---

53) 錎(함)=陷字.
54) 鬐(기)=갈기, 물고기 지느러미.
55) 侔(모)=齊等.
56) 憚(탄)=懼, 怒.
57) 赫(혁)=顯, 恐, 怒.
58) 輇(전)=상여, 작은 재주.
59) 鯢鮒(예부)=붕어 새끼.

얕은 소견을 꾸며 이름을 날리려고 하는
그들에게 크게 영달한다는 것은 역시 먼 것이다.
이처럼 일찍이 임공자의 풍격을 들어 알지 못한다면
그들은 더불어 세상을 논하기에는 거리가 먼 사람이다.

飾小說以干⁶⁰⁾縣令
其於大達亦遠矣.
是以未嘗聞任氏之風俗
其不可與經於世 亦遠矣.

가난할 뿐 고달픈 것이 아니다

장자莊子/외편外篇/산목山木

장자는 옷은 많이 헐었으나 잘 기워 입었고
띠를 단정하게 매고 신발은 떨어졌으나 끈으로 잘 묶고
위나라 혜왕惠王을 알현했다.
혜왕이 물었다.
"선생은 어찌 이리도 고달픈 신세가 됐습니까?"
장자가 대답했다. "가난할 뿐 고달픈 것은 아닙니다.
선비가 도와 덕을 행할 수 없으면 고달픈 것이지만
옷이 해지고 신발이 구멍 난 것은 가난일 뿐
고달픈 것은 아닙니다.
가난은 이른바 때를 만나지 못한 것입니다."

莊子衣大布⁶¹⁾而補之
正緳⁶²⁾ 係履
而過⁶³⁾魏王.
魏王曰
何先生之憊⁶⁴⁾邪.
莊子曰 貧也 非憊也.
士有道德不能行 憊也.
衣弊履穿 貧也
非憊也.
此所謂非⁶⁵⁾遭時也.

---

60) 干(간)=간구함.
61) 大布(대포)=大廢의 錯簡.
62) 緳(혈)=帶也.
63) 過(과)=見也.
64) 憊(비)=困病也.
65) 非(비)=不의 뜻.

장자莊子/외편外篇/추수秋水

혜자가 양나라 재상으로 있을 때	惠子相梁
장자가 그를 찾아갔다.	莊子往見之.
어떤 자가 혜자에게 말했다.	或謂惠子曰
"장자가 오는 것은 그대의 재상 자리를 빼앗기 위함이오."	莊子來 欲代子相.
이에 혜자는 걱정이 되어	於是惠子恐
사흘 낮 사흘 밤 동안 그를 찾아 헤맸다.	搜於國中三日三夜.
장자가 혜자를 찾아가 말했다.	莊子往見之曰
"남방에 원추라는 봉황새가 있소.	南方有鳥 其名爲鵷鶵[66]
그대도 잘 알 것이오.	子知之乎.
그 원추는 남해에서	夫鵷鶵發於南海
북해까지 날아가는데	而飛於北海.
오동나무가 아니면 앉지 않고	非梧桐不止
대나무 열매가 아니면 먹지 않고	非練[67]實不食.
단 샘물이 아니면 마시지 않는다오.	非醴泉不飮.
이때 마침 올빼미가 썩은 쥐를 얻었는데	於是鴟[68]得腐鼠
원추가 그 곁을 지나갔소.	鵷鶵過之
올빼미는 원추를 올려다보고 썩은 쥐를 빼앗길까 놀라	仰而視之曰
'꽥!꽥!' 소리쳤소.	嚇.[69]
지금 그대는 그대의 재상 자리 욕심 때문에	今子欲以子之梁國

---

66) 鵷鶵(원추)=鸞鳳之屬.

67) 練(련)=竹實.

68) 鴟(치)=소리개, 올빼미.

69) 嚇(혁)=怒其聲 恐其奪已也.

나를 보고 '꽥! 꽥!' 소리치는 것이 아닌가?"

而嚇我邪.

치질을 핥아 마차를 얻다

장자莊子/잡편雜篇/열어구列禦寇

송나라에 조상曹商이란 자가 송왕의 사자로 진秦나라에 갔다.

왕진을 가면 여러 대의 마차를 얻는데

진나라 왕에게 유세하고는 백 대의 마차를 더 얻었다.

송나라로 돌아와 장자를 알현하고 말했다.

"대저 선생처럼 궁벽한 마을의 좁은 골목에서

곤궁하게 신발을 깁고

마른 목덜미에 누렇게 뜬 얼굴을 하는 짓은

저로서는 잘할 수 없습니다.

그러나 저는 만승의 군주를 한 번 깨우쳐주고

백 대의 수레를 따르게 하는 것이 장기입니다."

장자가 말했다.

"진나라 왕은 병이 나면 의사를 부르는데

종기를 째고 고름을 빼는 자는 마차 한 대를 얻을 수 있고

치질을 핥으면 다섯 대의 마차를 얻는다고 한다.

그리고 치료하는 곳이 아래로 내려갈수록

얻는 마차도 많아진다고 한다.

그대도 치질을 빨았는가?

宋人有曹商者 爲宋王使秦.

其往也 得車數乘.

王說之 益車百乘.

反於宋 見莊子曰

夫處窮閭阨[70]巷

困窘織屨

枯項黃馘[71]

商之所短也.

一悟萬乘之主

而從車百乘者 商之所長也.

莊子曰

秦王有病召醫

破癰潰[72]痤者 得車一乘.

舐痔者 得車五乘.

所治愈下

得車愈多.

子豈治其痔邪

---

70) 阨(액)=隘也.

71) 黃馘(황괵)=面黃熟.

72) 潰(궤)=壞散也, 爛也.

어찌 얻은 마차가 많은가?

당장 꺼져버리게!"

子行矣.

何得車之多也.

형체를 발라내어 가죽을 버리다

장자莊子/외편外篇/산목山木

시남의 의료가 노나라 제후를 알현했다.

…제후가 말했다.

"나는 선왕의 도를 배웠고 선왕의 유업을 닦았으며

나는 귀신을 공경하고 현인을 높이고

몸소 실행하여 잠시도 멈추지 않았다.

그러나 환난을 면할 수 없으니 걱정이네."

의료가 말했다. "군주님의 방법이 얕았습니다.

무릇 살찐 여우와 무늬 고운 표범이 산림에 숨어 살며

바위 굴 속에 엎드려 있는 것은 고요함이요,

밤에 다니고 낮에는 편안히 쉬는 것은 경계함이요,

비록 배고프고 목말라도 은인자중隱忍自重하고

멀리 강호에서

먹이를 구하는 것은 주거를 안정하고자 함입니다.

그러나 그것만으로는

그물과 덫의 환난을 피할 수 없습니다.

이것은 무슨 죄가 있기 때문이겠습니까?

그것은 가죽이 재난이 되는 것입니다.

지금 군주의 가죽은 노나라가 아닐까요?

市南宜僚見魯侯

…魯侯曰

吾學先王之道 修先王之業.

吾敬鬼尊賢

親而行之 無須臾離居.

然不免於患 吾是以憂.

曰 君之除患之術淺矣.

夫豊狐文豹 棲於山林

伏於巖穴 靜也.

夜行晝居⁷³⁾ 戒也.

雖飢渴隱約

猶且胥疎江湖之上

而求食焉 定也.

然且

不免於網羅機辟之患.

是何罪之有哉.

其皮爲之災也.

今魯國獨非君之皮邪.

---

73) 居(거)=止也.

소생이 권고하노니

군주께서는 형체를 발라내어 가죽을 버리고

마음을 씻어 욕심을 버리고

남이 없는 광야에 노닐기를 바랍니다."

吾願

君刳[74]形去皮

洒心去欲

而遊於無人之野.

빈 배

장자莊子/외편外篇/산목山木

마침 배로 황허를 건너는데

빈 배가 다가와 내 배를 부딪친다면

아무리 성질이 급한 사람이라도 성내지 않을 것이다.

그러나 배에 한 사람이라도 있었다면

소리치며 밀고 당기고 했을 것이다.

한 번 불러서 듣지 않으면 두 번 부르고, 그래도 듣지 않아

세 번째 부를 때는

반드시 악담이 따를 것이다.

앞서는 노하지 않았는데 지금은 노하는 것은

앞서는 배가 비었고(虛) 지금은 배가 찼기(實) 때문이다.

사람이 능히 자기를 비우고 세상에 노닐면

그 누가 그를 해칠 것인가?

方舟而濟於河

有虛船來觸舟.

雖惼[75]心之人不怒.

有一人在其上

則呼張歙之.

一呼而不聞 再呼而不聞

於是三呼邪.

則必以惡聲隨之.

向也不怒 而今也怒

向也虛 而今也實.

人能虛己以遊世

其孰能害之.

---

74) 刳(고)=도려내다.

75) 惼(편)=急也.

물고기가 육지로 뛰어올라 물을 잃다

장자莊子/잡편雜篇/경상초庚桑楚

경상자가 말했다. "제자들아 오너라!
무릇 수레를 덮치는 큰 짐승도 홀로 산을 벗어나면
그물의 재난을 면할 수 없고
배를 삼킬 만한 큰 고래도 육지로 뛰어올라 물을 잃으면
개미도 능히 해칠 수 있다.
그러므로 새와 짐승은 높은 곳을 마다하지 않고
물고기와 자라는 깊은 곳을 마다하지 않는다.
대저 형체와 생명을 온전히 하려는 사람은
몸을 감추는 데 깊고 먼 것을 마다하지 않는 것이다."

庚桑子曰 小子來.
夫函[76]車之獸 介[77]而離山
則不免於罔罟之患.
吞舟之魚 碭[78]而失水
則蟻能苦之.
故鳥獸不厭高
魚鱉不厭深.
夫全其形[79]生之人
藏其身也 不厭深眇而已矣.

유용과 무용

　노장은 세상이 무용하다고 외면하는 것을 도리어 주목
했으며 스스로 무용에 처하려 했다.
　『장자』의 우화에 나오는 '용 잡는 기술'을 배운 주평만朱
泙漫은 세속의 기준으로 보면 무용한 것을 배운 어리석은
사람이다. 그러나 장자의 의도는 그 반대다. 닭이나 돼지를

---

76) 函(함)=包也, 匵也.
77) 介(개)=獨也, 分.
78) 碭(탕)=文石, 溢也, 去水陸居也.
79) 形(형)=象形也, 形體也, 物質.

잡는 기술도 용 잡는 기술도 자연의 입장에서 보면 다를 바 없는 것이기 때문이다. 그러므로 세속의 유용 무용은 인간 위주의 판단일 뿐이다. 잘 울지 못하는 거위는 무용하기에 손님 밥상에 먼저 올려진다. 반면 옹이가 많은 산목은 무용하기에 목수에게 찍히지 않고 장수한다. 이때 무용과 유용의 판단은 사람의 욕망을 채워주는 이용도에 따른 기준일 뿐이다.

그러나 우주의 모든 사물은 아무리 미물이라도 자기 나름의 유용함이 있는 것이다. 인간에게는 아무리 추하고 무용하다고 생각되는 것도 우주적 입장에서 보면 자연의 균형을 위해 유용한 존재다. 그러므로 노장은 어리석은 자와 현명한 자를 차별하는 것을 반대했다. 이것은 사물을 동등하게 보지 않고 타자를 자기를 위한 수단으로 보는 것이기 때문이다.

그러나 오늘날 문명은 잘난 자에게는 상을 주고 못난 자에게는 벌을 줌으로써 잘난 놈은 더욱 부유하게 만들고 못난 놈은 더욱 가난하게 만든다. 그리하여 세상은 약육강식의 사회가 됐다.

인간은 자기의 탐욕을 위해 자연을 파괴한다. 급기야 인간의 생존 조건인 지구를 회복 불능의 파멸로 이끌고 있다. 지구의 생태 환경이 파괴되면 우주선을 타고 다른 별나라로 갈 것인가? 그런 경우에도 돈 많고 잘난 놈만 갈 수 있을 뿐, 가난하고 못난 민중은 끼지도 못할 것이다. 그러므로 우리는 자기중심의 유용 무용, 어짊과 어리석음을 단정하는 것을 반성해야 한다. 무엇으로 무용 유용을 구분할 것이며, 이를 차별할 수 있는 권한이 누구에게 있는가?

그뿐 아니다. 더 나아가 실재한다는 믿음도 인간 중심적인 것이다. 인간이 경험한 것, 자기 머릿속의 개념으로 재단할 수 있는 것만 실재라고 믿기 때문이다. 노장이 말한 무위자연은 이것까지도 모두 반성하는 넓은 담론임을 유의해야 한다.

용을 도살하는 기술을 배우다

장자莊子/잡편雜篇/열어구列禦寇

주평만은 지리익으로부터 용龍을 도살하는 기술을 배웠다.	朱泙漫學屠龍於支離益
천금의 가산을 탕진하여	單[80]千金之家
삼 년 만에 기술을 터득했으나	三年技成
그 기술을 쓸 곳이 없었다.	而無所用其巧.

목수조차 돌아보지 않는 가죽나무

장자莊子/내편內篇/소요유逍遙遊

혜자가 장자에게 말했다.	惠子曰
"우리 집에 아주 큰 나무가 있는데	吾有大樹
사람들은 가죽나무라 말하네.	人謂之樗.[81]
크기만 했지 옹이가 박혀 목수의 먹줄에 맞지 않고	其大本擁腫[82] 而不中繩墨
가지는 굽어 곱자와 그림쇠에 맞지도 않네.	其小枝卷曲 而不中規矩.

---

80) 單(단)=殫盡也.
81) 樗(저)=가죽나무.
82) 擁腫(옹종)=나무 혹.

그래서 길가에 서 있어도 목수들조차 돌아보지도 않는다네.
자네의 말은 이 나무처럼 크기만 했지 쓸모가 없으니
사람들로부터 버림을 받는 것이라네."
장자가 답했다.
"자네는 언젠가 족제비를 본 적이 있겠지.
몸을 잔뜩 웅크리고 엎드려 망을 보는 거만한 놈이네.
동서로 날뛰며 높고 낮은 데를 가리지 않지만
결국 덫에 걸리거나 그물에 걸려 죽게 마련이네.
저 검은 소는
그 크기가 하늘에서 구름이 내린 것 같으니
이야말로 크다고 하겠으나 쥐를 잡을 수도 없네.
그러니 자네의 나무가 크다고 걱정할 필요는 없다네!
어떤 인위人爲도 없는 고장의
광막한 들에 심고
그 곁을 할 일 없이 노닐고
그 밑에 누워보기도 하면 어떻겠나?
도끼로 찍힐 염려도 없고 아무도 해치지 않을 것이니
쓸모없다고 어찌 괴로워한단 말인가?"

立之塗 匠者不顧.
今子之言大而無用.
衆所同去也.
莊子曰
子獨不見狸[83]狌[84]乎
卑身而伏以候敖者
東西蹻梁不辟[85]高下
中於機辟[86] 死於罔罟.
今夫斄牛[87]
其大若垂天之雲
此能爲大矣 而不能執鼠.
今子有大樹 患其無用
何不樹之於 無何有[88]之鄕
廣漠之野.
彷徨乎無爲其側
逍遙乎寢臥其下.
不夭斤斧 物無害者
無所可用 安所困苦哉.

---

83) 狸(리)=살쾡이.
84) 狌(성)=성성이, 족제비.
85) 辟(피)=피하다.
86) 辟(벽)=刑也, 罔也.
87) 斄牛(모우)=犛牛(리우)=검은 소.
88) 有(유)=爲也. 在로 解하기도 한다.

무용한 것도 유용한 것이다

장자莊子/잡편雜篇/외물外物

혜자가 장자에게 말했다.　　　　　　　　　　惠子謂莊子 日

"그대 말은 쓸모가 없다."　　　　　　　　　　子言無用.

장자가 말했다. "그대가 무용無用을 안다니　　莊子曰 知無用

비로소 유용有用을 더불어 말할 수 있겠네.　　而始可與言用矣.

대저 지구는 넓고 크다고 하지 않을 수 없지만　夫地非不廣且大也.

사람이 사용하는 것은 발자국을 용납할 정도뿐이네.　人之所用容⁸⁹⁾足耳.

그렇다고 쓰지 않는 발자국 주변의 땅을　　　廁⁹⁰⁾足而墊⁹¹⁾之

황천까지 굴착해 버리면　　　　　　　　　　致黃泉.

사람들이 오히려 유용하다 하겠는가?"　　　人尙有用乎.

혜자가 말했다. "무용하다고 하겠지."　　　惠子曰 無用.

장자가 말했다. "그런즉　　　　　　　　　　莊子曰 然則

무용한 것도 유용한 것이 분명하다네."　　　無用之爲用也 亦明矣.

쓸모없기에 장수할 수 있다

장자莊子/내편內篇/인간세人間世

목수 석石이 제나라로 가다가 곡원에 이르렀을 때　匠石之齊 至乎曲轅

사직단의 상수리나무를 보았다.　　　　　　見櫟⁹²⁾社樹.

크기는 수천 마리 소를 가릴 만하고　　　　其大蔽數千牛

둘레는 백 아름쯤 됐다.　　　　　　　　　　絜⁹³⁾之百圍.

---

89) 容(용)=盛也, 包也, 寬也, 用也.
90) 廁(측)=측간, 側也.
91) 墊(점)=堀也.
92) 櫟(력)=상수리나무.

그 높이는 열 길 산을 내려다보고 뒤편의 가지는
가히 배를 만들 만한 것이 십수 개나 됐다.
구경꾼이 성시를 이루는데
석은 거들떠보지도 않고 갈 길을 멈추지 않았다.
제자는 구경에 정신을 팔다가 석에게 달려와 말했다.
"제가 도끼를 잡고 선생을 따른 이래
이같이 좋은 재목을 본 적이 없습니다.
그런데 선생은 본체만체하고 가던 길을 멈추지 않으시니
어쩐 일입니까?"
석이 말했다. "그만두어라!
그것은 말할 것도 없이 산목(쓸모없는 나무)이다.
배를 만들면 가라앉을 것이고
관곽을 만들면 곧 썩을 것이며
그릇을 만들면 곧 부서지고
창문을 만들면 송진이 흐르고
기둥을 만들면 좀이 슬 것이니 재목이 되지 못할 나무다.
아무짝에도 쓸모없으니 이렇게 장수할 수 있었던 것이다."
석이 돌아와 꿈을 꾸니 상수리나무의 신이 나타나 말했다.
"너는 어찌 나를 나쁜 쪽으로만 빗대느냐?
너는 어찌 나를 무늬목에만 비교하느냐?

其高臨山十仞 而後有枝
其可以爲舟者 旁[94]十數.
觀者如市
匠伯[95]不顧 遂行不輟.
弟子厭觀之 走及匠石 曰.
自吾執斧斤 以隨夫子
未嘗見材 如此其美也.
先生不肯觀 行不輟
何邪.
曰 已矣.
勿言之矣 散木也.
以爲舟則沈
以爲棺槨則速腐
以爲器則速毀
以爲門戶則液樠[96]
以爲柱則蠹 是不材之木也
無所可用 故能若是之壽.
匠石歸 櫟社見夢 曰.
女將[97]惡乎比子哉.
若將比子於文木邪.

---

93) 絜(혈)=재다.
94) 旁(방)=方=且也.
95) 伯(백)= 목수 石의 字.
96) 樠(만)=송진.
97) 將(장)=何也.

풀명자나무, 배나무, 귤나무, 유자나무 등

열매를 맺는 족속은 열매가 익으면 박탈을 당한다.

박탈은 욕보임이니

큰 가지는 꺾이고 작은 가지는 머리채를 잡힌다.

이는 그 나무의 재능 때문에 그런 고통이 생기는 것이다.

그러므로 천수를 마치지 못하고 중도에 요절하는 것이니

스스로 세속의 공격을 끌어들인 것이다.

세상 사물이란 이와 같지 않은 것이 없다.

그래서 나는 아무 데도 쓸모없기를 추구한 지 오래다.

거의 죽을 뻔한 적도 있었으나

이제야 뜻을 이루어 무용無用의 대용大用이 될 수 있었다.

나를 유용有用하게 했다면

어찌 이처럼 크게 될 수 있었겠는가?"

夫柤[98]梨橘柚

果蓏[99]之屬 實熟則剝.

剝則辱

大枝折 小枝泄[100]

此以其能 苦其生者也

故不終其天年 而中道夭.

自掊[101]擊於世俗者也.

物莫不若是.

且予求無所可用久矣.

幾死

乃今得之 爲予大用.

使子也而有用

且得有此大也邪.

사물을 위한 사물이 되지 않다

장자莊子/외편外篇/산목山木

장자가 산길을 가다가

가지와 잎이 무성한 큰 나무를 보았다.

벌목꾼도 그 옆에 머물지만 베지 않았다.

그 까닭을 물으니 쓸모가 없기 때문이라 했다.

장자가 말했다.

莊子行於山中

見大木枝葉盛茂

伐木者止其旁 而不取也

問其故曰 無所可用

莊子曰

---

98) 柤(사)=풀명자나무.
99) 蓏(라)=열매.
100) 泄(설)=枻의 借字.
101) 掊(부)=그러모으다.

"이 나무는 재목이 못 되어 천수를 다할 수 있구나!"
장자는 산에서 나와 친구의 집에서 묵게 됐다.
친구는 반가워
더벅머리 종에게 거위를 잡아 삶으라고 명했다.
종이 물었다.
"한 놈은 잘 울고, 한 놈은 울지 못하는데
어느 놈을 잡을까요?"
주인이 답했다. "울지 못하는 놈을 잡아라!"
이튿날 제자가 장자에게 물었다.
"어제는 산속의 나무가 재주가 없었기에
죽지 않고 천수를 다할 수 있었다고 말했으나
오늘은 주인집 거위가 재주가 없었기에
손님 음식상에 올려져 죽었습니다.
선생은 도대체 어찌 처신하라는 것입니까?"
장자는 웃으며 말했다.
"나는 재주 있는 것과 없는 것 중간에 처신할까?
재주 있는 것과 없는 것 사이란 그럴듯한 말이지만
사실은 그릇된 말이어서 허물을 면할 수 없는 것이다.
만약 자연의 도와 무위의 덕을 타고 노닌다면 그렇지 않다.
기림도 없고 비난도 없으며
한 번은 용이 되고 한 번은 뱀이 되어
때와 함께 조화할 뿐 마음대로 재단함을 좋아하지 않는다.
한 번 올라가면 한 번 내려오며 조화를 도량度量으로 삼는다.

此木以不材 得終其天年
夫子出於山 舍於故人之家
故人喜
命豎子殺雁而烹之
豎子請曰
其一能鳴 其一不能鳴
請奚殺.
主人曰 殺不能鳴者
明日 弟子問於莊子 曰
昨日山中之木
以不材得終其天年.
今主人之雁
以不材死.
先生將何處.
莊子笑曰
周將處乎 材與不材之間.
材與不材之間 似之
而非也 故未免乎累.
若夫乘道德而浮游 則不然.
無譽無訾
一龍一蛇
與時俱化 而無肯專[102]爲
一上一下 以和爲量[103]

---

102) 專(전)=擅也, 單也.

만물의 근원에서 노닐면
사물은 저마다 사물을 위한 사물이 되지 않으니
어찌 허물이 되겠는가?
이것이 황제黃帝와 신농씨의 법이다."

浮游乎萬物之祖
物物而不物於[104]物
則胡可得而累邪.
此黃帝神農之法則也.

---

103) 量(량)=度也.
104) 於(어)=爲也.

제8부

형이상학

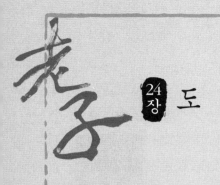

24 장 도

노자 읽기

《 노자 · 1장 · 상단 》[1)]

도道는 가르쳐 말할 수는 있지만   道[2)]可道[3)]
그 가르쳐 말한 도는 '상자연常自然의 도道'가 아니다.   非常道.

《 노자 · 42장 · 상단 》

도道(無極)는 하나(太極)를 낳고   道生一[4)]

   김경탁 : 도에서 일원一元의 기氣가 생기고

   장기근 : 절대적인 실체인 도道에서 하나인 기氣가 나오고

   노태준 : 도는 일一을 생하고

   김용옥 : 길은 하나를 낳고

   오강남 : 도는 하나를 낳고

   김형효 : 도는 일(抱一)을 상기시키고

---

1) 백서본 45장에 해당하며 죽간본에는 없다.
2) 道(도)=路也.
3) 可道(가도)=論說敎令也, 言也, 訓也.
4) 一(일)=장자는 '太極', 왕필은 '無'라 함.

하나(太極)는 둘(陰陽)을 낳고

一生二

김경탁 : 일원—元의 기氣에서 음양이 생기고

장기근 : 기氣가 둘로 나뉘어서 음과 양이 생기고

노태준 : 일은 이기二氣를 생하고

김용옥 : 하나는 둘을 낳고

오강남 : 하나가 둘을 낳고

김형효 : 일은 이(음양)를 상기시키며

둘(陰陽)은 셋(天地人)을 낳고

二生三

김경탁 : 음양陰陽의 기에서 화기和氣가 생기고

장기근 : 음양이 서로 조화됨으로써 화합체가 생기고

노태준 : 이기二氣는 충화沖和의 기氣를 생하고

김용옥 : 둘은 셋을 낳는데,

오강남 : 둘이 셋을 낳고

김형효 : 이는 삼(沖氣)을 상기시키며

셋(天地人)은 만물을 낳는다.

三生萬物.

김경탁 : 음양화陰陽和의 삼기三氣는 만물을 생한다.

노태준 : 삼기三氣는 만물을 생한다.

김용옥 : 셋은 만 가지 것을 낳는다.

오강남 : 셋이 만물을 낳습니다.

김형효 : 삼은 만물을 상기시킨다.

만물은 음양을 품고
그 기氣를 충만토록 화합한 것이다.

萬物 負陰而抱陽

沖氣以爲和.

김경탁 : 만물은 음을 업고 양을 안고서 충기沖氣로 화和를 삼는다.

노태준 : 삼(음 양 충기)은 만물을 생한다.

김용옥 : 만 가지 것은 어둠을 등에 업고, 밝음을 가슴에 안고 있다. 텅 빈
　　　　가운데 기를 휘저어 조화를 이룬다.

오강남 : 만물은 음을 등에 업고 양을 가슴에 안았습니다. 기氣가 서로 합

하여 조화를 이룹니다.

김형효 : 만물은 음을 업고 양을 안고 있고, 충기로 화합시킨다.

《 노자 · 25장 · 하단 》

도道도 크고, 하늘도 크며, 땅도 크며   故道大 天大 地大

사람 또한 크다.   人亦大[5]

  김경탁 : 왕 또한 크다.

  김용옥 : 왕 또한 크다.

  김형효 : 왕도 또한 크다.

이처럼 우주에는 네 개의 큰 것(道·天·地·人)이 있으니   域[6]中有四大

  김용옥 : 너른 세계 속에 이 넷의 큼이 있으니,

  오강남 : 세상에는 네 가지 큰 것이 있는데,

  김형효 : 이 세상에 네 가지 큰 것이 있는데

왕王은 무위청정無爲淸淨하여   而王居[7]

그 삼대三大(天地人)를 하나의 도道로 통합한다.   其一焉[8]

  김경탁 : 사람이 그중에 하나다.

  노태준 : 왕은 그중에 하나이다.

  윤재근 : 인간도 그중에 하나로 산다.

  김용옥 : 왕이 그중에 하나로다.

---

5) '人亦大'는 부혁본, 범응원본(范應元本)을 따른 것이다. 죽간본과 백서본 및 왕필본은 '王亦大'로 되어 있다. 말
   미의 '人法地'로 미루어 볼 때 '人亦大'가 가할 것이다.

6) 域(역)=죽간본은 '國'으로 됨.

7) 居(거)=處也, 安也, 無爲淸淨也.

8) 三者天地人也. 而三通之者王也(說文/王部).

오강남 : 사람도 그 가운데 하나입니다.

이석명 : 왕도 그중에 하나네.

김형효 : 왕이 그 가운데 하나이다.

사람은 땅을 본받고, 땅은 하늘을 본받고

하늘은 도를 본받고, 도는 자연을 본받는 것이다.

人法地 地法天
天法道 道法自然.

왕필 : 자연은 무無를 칭하는 말로 궁극적인 말이다.[9]

김용옥 : 자연은 도道는 스스로 그러함을 본받을 뿐이지.

오강남 : 자연은 도道는 스스로 그러함을 본받습니다.

김형효 : 하늘은 도와 연루의 법으로 얽혀 있고 그리고 도는 자연과 연루
　　　　의 법으로 얽혀 있다.

《 노자 · 51장 》

도道는 낳고, 덕德은 기르고

道生之 德畜之

김경탁 : 도는 생하고, 덕은 축하고,

노태준 : 도가 만물을 생하게 하고, 도의 공적이 만물을 기른다.

김용옥 : 길이란 있는 그대로의 것이다. 덕은 얻어 쌓는 것이다.

오강남 : 도는 모든 것을 낳고, 덕은 모든 것을 기른다.

김형효 : 도가 만물을 생기시키고, 덕이 만물을 키운다.

물상物象은 형태를 지우고, 세력勢力은 그것을 이룬다.

物[10]形之 勢[11]成之

김경탁 : 물건이 되어 형체를 갖추고, 세력으로 인하여 형성된다.

장기근 : 만물이 음양의 기로 형성되고, 자연의 힘이 자라게 한다.

노태준 : 만상의 형태가 나타나고, 그 형태 있는 것의 질서가 이루어진다.

---

9) 自然者無稱之言 窮極之辭也.

10) 物(물)=物象.

11) 勢(세)=力也. 백서본은 '器' 로 됨.

김용옥 : 물이란 드러내는 것이다. 세란 이루는 것이다.

오강남 : 물物은 모든 것을 꼴 지우고, 세勢는 모든 것을 완성시킵니다.

이석명 : 사물이 형성되고 형태가 이루어지네.

김형효 : 그래서 만물이 형체를 이루게 되고, 그 형세가 성장한다.

그러므로 만물은 도와 덕을 존귀하게 여기지 않음이 없다.　　是以萬物 莫不尊道 而貴德

도가 존숭되고 덕이 귀하다 해도　　道之尊而德之貴

그것은 천명天命이 아니라　　夫莫之命[12)]

'변함없는 자연自然'일 뿐이다(신본주의→자연주의).　　而常自然

김경탁 : 그것은 사물에 작위하지 않고서도 항상 저절로 그러하게 한다.

노태준 : 누가 명령해서 그런 것이 아니라 언제나 자연히 그렇다.

김용옥 : 대저 명령을 내리지 않아도 늘 스스로 그러한 것이다.

오강남 : 명령 때문이 아니라 저절로 그렇게 되는 것이다.

이석명 : 누가 부여해서가 아니라 늘 그러한 본질이라네.

김형효 : 만물이 벼슬을 내렸기에 그런 것이 아니라, 항상 자연이 그런 것
　　　　이다.

그러므로 도는 낳지만 소유하지 않으며　　生而不有

다스리지만 자랑하지 않고　　爲而不恃[13)]

김경탁 : 사물을 생성하고도 차지하지 않고, 하고서도 자랑하지 않고

노태준 : 만물을 낳지만 소유하지 않으며, 만물을 육성하지만 뽐내지 않고

김용옥 : 낳으면서도 자기 것으로 아니하고, 되게 해주면서도 거기에 기대
　　　　지 아니하며

오강남 : 낳으나 가지려 하지 않고, 이루나 거기에 기대려 하지 않고

---

12) 命(명)=백서본은 '爵'으로 됨.

13) 恃(시)=賴也, 依也, 待也, 持也, 矜恃也.

이석명 : 행하되 자랑하지 않으며

김형효 : 도는 만물을 생기시키지만 소유하지 않고, 작용하지만 거기에 의
지하지 않으며

키우지만 주재하지 않는다(道는 인격신이 아니다). 　　　　　　　　長而不宰

김경탁 : 자라게 하고서도 주재하지 않으니.

노태준 : 생장시키지만 지배자로 자처하지 않는다.

김용옥 : 자라게 하면서도 다스리려고 하지 않는다.

오강남 : 기르나 지배하려 하지 않습니다.

이석명 : 길러주되 주재하지 않네.

김형효 : 자라게 하지만 지배하지 않는다.

이를 일러 현묘한 덕이라 한다. 　　　　　　　　　　　　　是謂玄德.

김용옥 : 이것을 일컬어 가믈한 덕이라 하는 것이다.

《 노자 · 16장 · 하단 》

대저 만물이 무성하지만 　　　　　　　　　　　　　　　　夫物芸芸

각각 생명의 뿌리로 되돌아가는 것이다. 　　　　　　　　各復歸其根[14]

뿌리로 돌아감을 고요함이라 하고 　　　　　　　　　　　歸根曰靜

고요함을 천명天命(天道)으로 돌아간다고 한다. 　　　　是謂復命[15]

김경탁 : 근본으로 돌아감을 정정靜이라 하고, 정정靜으로 돌아감을 명명命으로
돌아왔다 한다.

김용옥 : 그 뿌리로 돌아감을 고요함이라 하고, 이를 제명으로 돌아간다고
한다.

---

14) 죽간본은 '天道員員 各復其根'로 됨.

15) 죽간본에는 '歸根曰靜 是謂復命' 두 구절이 없다.

命(명)=道也(天之命也 : 周易/无妄), 性命也(民受天地之中以生 所謂命也. : 左傳/成公十三年).

김형효 : 뿌리에로 복귀함을 일컬어 고요함이라 부르고, 그 고요함을 일컬
어 자연의 명령을 반복한다고 말한다.

천명으로 돌아감을 상도常道라 하고

상도를 아는 것을 신명神明이라 한다.

復命日常

知常日明

김경탁 : 명命으로 되돌아옴을 상常이라 하고, 상常을 앎을 명明이라 한다.

김용옥 : 제명으로 돌아감을 늘 그러함이라 하고, 늘 그러함을 아는 것을
밝음이라 한다.

김형효 : 그 명령을 반복함을 불변의 상도라고 부른다. 불변의 상도를 아는
것을 자명하다고 말한다.

상도를 모르면 망령되어 흉하다.

상도를 알면 포용하고, 포용하면 공평하다.

不知常妄作凶

知常容 容乃公

김경탁 : 상常을 알면 포용성이 있고, 포용성이 있으면 공평하고

김용옥 : 늘 그러함을 알면 포용하게 되고, 포용하면 공평하게 되고

김형효 : 불변의 상도를 알면 만물을 종용하고, 종용하게 되면 공평해지며

공평하면 천·지·인을 관통하는 왕王이요, 왕은 곧 자연(天)이다.

公乃王[16] 王乃天

김경탁 : 공평하면 바로 보편성이 있고, 보편성이 있으면 광대하게 되고

김용옥 : 공평하면 천하가 귀순한다, 천하가 귀순하면 하늘에 들어맞고

김형효 : 공평하면 왕답게 되며, 왕답게 되면 하늘이 되고

자연(天)은 도道요, 도道는 영구한 것이니

天乃[17]道 道乃久

김경탁 : 광대하면 바로 그것이 도이니, 도는 바로 영원성이 있어,

김용옥 : 하늘에 들어맞으면 도에 들어맞고, 도에 들어맞으면 영원할 수 있다.

김형효 : 하늘이 되면 곧 도가 되며, 도가 되면 영구하다.

---

16) 王(왕)=三者 天地人也, 三通之者王也.

17) 乃(내)=곧.

죽을 때까지 피로하지 않을 것이다.

    김경탁 : 종신토록 위험한 일이 없다.

    김용옥 : 내 몸이 다하도록 위태롭지 아니하다.

    김형효 : 몸을 잊으면 위험성도 없고 지치지도 않는다.

沒身不殆.[18]

《 노자 · 60장 · 중단 》

도道로써 천하에 군림하면 귀신도 신령스럽지 않다.

귀신이 신령스럽지 않은 것이 아니라

사람을 상하지 못한다.

以道莅[19]天下 其鬼不神

非其鬼不神

其神不傷人.

---

18) 殆(태)=危也, 疲也, 通怠. 백서 갑본은 '怠'로 됨. 怠=慢也.

19) 莅(리)=臨也.

도의 발견

거듭 말하지만 우선 노자가 말한 도道는 유가들의 도학 道學에서 말하는 도道와는 전혀 다른 것임을 유의해야 한 다. 보통 유가의 도를 '인륜人倫의 도'라고 말하고 노자의 도는 '자연의 도'라고 말한다. 다시 말하면 인륜의 도는 당 위법칙이요, 자연의 도는 존재법칙이다.

그러나 오늘날 일컬어지는 도학이란 위진대魏晉代에 공 자와 노자를 종합하기 위해 노자를 끌어다가 유가에 붙인 이른바 원노입유援老入儒의 현학玄學를 달리 표현한 이름이 다. 이로써 노자의 '진리眞理로서의 도'는 '인륜의 도'와 같은 것으로 해석되고, 공자의 '인륜의 도'는 '진리의 도' 로 해석됨으로써 공자도 노자도 모두 도학이 되어 하나로 결합된 것이다.

인류가 처음으로 '신화에서 자연으로'의 전화轉化를 경 험한 것은 노자를 통해서였다. 다만 노자에게서 그 자연은 물질로서의 자연에 머물지 않고 다시 '영혼을 내재한 자 연'으로 발전했다. 즉 자연도 인간도 모두 영성을 품었다 는 범심론汎心論이 그것이다. 그리고 그 영성이 기氣라고 하는 형이상학적 개념으로 발전한 것이다(이 책 26장 '기론' 참조).

도는 사물의 본질이며 질서다. 이를 '상자연常自然'이라 고 표기하는데 이는 자연법自然法이라는 뜻이다. '상常'은 항구하다는 뜻에서 법전法典의 뜻으로 발전한 글자다.

그런데 도올 등 일부 학자들은 자연을 '스스로 그러함'

이라고 번역하고 상자연을 '늘 스스로 그러함'이라고 번역하고 있다. 또한 무위無爲를 '함이 없음'으로 번역하고 새로운 발명인 것처럼 과시한다. 이런 번역은 언뜻 보기엔 한글을 살리는 좋은 태도처럼 보인다. 그러나 우리는 '자연自然'을 '자연'으로 번역하는 것과 '스스로 그러함'이라고 풀어 번역하는 것이 왜 크게 다른지를 생각해 보아야 한다.

'자연自然'을 글자대로 풀이한다면 '스스로 그러함'이 맞다. '자연自然'이란 글자에는 누가 시킨 것이 아니라 선행되는 원인이 없이 '스스로 조화造化한 것'이므로 스스로 근원적이라는 뜻을 내포하고 있기 때문이다. 서진西晉의 현학가玄學家 곽상은 노장의 무위자연설을 '독화론獨化論'으로 해석했는데 여기서 독화는 바로 '자화自化'의 뜻이다. 즉 조물주造物主는 무無도 유有도 아니며 만물은 각각 저 혼자 스스로 생겨난 것이라는 말이다. 나 또한 노장의 의도는 분명 '자연自然'이란 개념에서 자화자생自化自生이라는 의미를 강하게 제시하고 있다고 본다.

그러나 '스스로 그러함'은 '자연自然'의 한 측면에 대한 본질일 뿐 목적 대상은 아니다. 자연이라 하면 문명의 때가 묻지 않은 숲과 냇물과 거기에 사는 짐승과 벌레들과 온갖 꽃들은 지칭한다. 그러므로 자연이라 하면 그와 대조되는 문명文明을 연상시킨다. 그러나 '스스로 그러함'이라고 번역하면 자연과 문명의 대칭적 함의를 놓치고 만다. 구태여 자연을 '스스로 그러함'이라고 번역한다면, 문명도 '무늬가 밝음'이라고 번역해야 균형이 맞다. 그러나 그렇게 하면 자연과 문명이란 개념이 지칭하고자 하는 대상을 바로 떠올릴 수 없다. 예컨대 자연과학自然科學을 '스스로 그러함을 과목으로 하는 학문'이라 번역한다면 학문의 대상을 곧바로 연상하기 힘들다. 이는 마치 '대통령'을 '나라를 다스려 통섭하는 큰 어른'이라 번역하고, '자동차'를 '스스로 움직이는 수레'라고 번역하는 것과 같이 한참 잘못된 것이다.

'무위無爲'도 마찬가지다. 도올과 그를 따르는 학자들은 무위를 '함이 없음'이라고 번역하지만 그것은 오역이다. 글자풀이로서도 '위爲'는 행위行爲라는 뜻 외에도 '작作'의 뜻과 함께 '치治'의 뜻을 내포하고 있다. 때문에 그런 번역은 충분하지 못하다. '무위'란 노장사상의 핵심개념어인데 노장이 말하고자 한 무위의 본래 취지는 '행위 없음'이 아니라 '조작造作 없음'의 뜻이다. '조작 없음'이란 '지어냄 없음', '인위人爲 없음', '위僞 없음'의 뜻이다. 장자가 지적한 대로 '함' 즉 '행위'는 생명의 본성적 활동이다(이 책 11장의 '무위는 무치의 자연' 참조).

그러므로 '함이 없음'은 죽음을 의미한다. 노장의 철학은 생명의 철학이지 죽음의 철학이 아니다. 그러므로 도올의 번역은 완전히 오역이다. 설령 '함이 없음'을 '조작 없음' 또는 '인위 없음'의 뜻으로 사용한 것이라고 변명할지라도 그렇게 풀어 번역하면 무위와 인위의 대칭 구조가 사라지고 무위가 곧 무치無治임을 모르게 되므로 옳지 않다. 또한 그렇게 번역하면 '무위자연無爲自然'은 '함이 없는 스스로 그러함'이라고 번역해야 한다. 그러나 그런 풀어쓰기는 내포와 외연이 공인된 학술적 명사로서 적합하지 않다.

그뿐만 아니라 모순된 말이 된다. 함이 없는데 어떻게 그렇게 됐단 말인가?

왜 이미 우리말이 된 '자연自然'을 구태여 글자풀이로 번역할까? 그 의도는 무엇인가? 그것은 노장의 무위자연이 바로 '반국가적 반전反戰'과 '무정부적 무치無治'와 '반문명적 기계 거부 운동'임을 은폐하려는 반동적 음모다. 그래서 노장사상을 면벽 십 년의 선禪공부로 착각하도록 만들어 죽림칠현의 현실 도피와 은둔을 조장하는 청담으로 계속 남아 있도록 무덤에 가두어두려는 고도한 음모인 것이다. 허기야 도올은 "『논어』는 선禪이다"라고 단언하는 사람이니 "노장이야말로 선이다"라고 말해도 이상할 것이 없을 것이다. 그러나 이것은 고염무 선생이 이미 지적한 대로 혹세무민의 죄악이다.

과연 노장의 자연의 법은 유가들의 천명天命의 법과 무엇이 다른가? 우리가 알고 있다고 생각하는 자연법은 주체의 의식 단계를 거치면서 인간이 가공한 조형물일 뿐이다. 사물의 본질이란 오직 자신의 순수의식에 비쳐진 '사상事象'을 언어로 가공하여 설명한 것이다. 그러므로 우리 의식이 물질 속으로 침투하는 것이 아니라 물질이 우리 의식의 선험적인 형식(이데아) 속에 각인되는 것이다. 노자는 그 형식을 도道 또는 대상大象이라고 말했다. 노자의 의도는 천명天命이라고 말하는 성왕聖王의 도道를 백지화시키고 선험적인 사상事象 속에서 체득되는 자연법으로서의 천지의 질서를 복원하고자 하는 것이었다.

여기서 유의할 것은 '자연自然'에 대한 이해가 서양의 자연관과 다르다는 점이다. 앞서 말한 대로 노자의 자연은 '범심론汎心論적인 자연'이다. 오늘날 서양화된 우리에게 자연이라고 말하면 물질적이고 물리적인 자연으로 생각하기 쉽다. 그리고 자연은 인과법칙만이 적용된다고 생각하는 것이 보통이다. 그러나 노장의 자연은 영감이 깃든 자연을 말하는 것이고, 이른바 자연법은 인과법칙만이 아닌 천지·우주·자연·생명 간의 질서를 말하는 것이다. 그러므로 노장의 자연은 우리가 생각하는 물질과 정신이라는 이원론적인 의미에서의 물질계를 말하는 것이 아니다.

원래 도道라는 글자는 길(路)을 가는 모습을 상형한 문자다. '착辵'은 사행사지'乍行'乍止를 회의會意한 것이며, '수首'는 머리를 상형한 글자로 수령首領 또는 선도先導의 뜻이 있다. 즉 도라는 글자는 수령이 앞장서서 길을 인도하는 의미를 가진다. 그러므로 여기서 도는 '길'이라는 '경經'자와 '길을 따라간다'는 '적迪'자를 아우른 의미로 사용된 것임을 알 수 있다. 이처럼 길은 자연이면서도 문명이다. 이로부터 질서, 규율, 우주적 본원 등의 의미로 확장됐다. 그리고 이러한 도를 정치적 신념으로 가지면 왕도주의, 패도주의, 겸애주의, 위아주의, 박애주의 등으로 불리기도 한다. 이때의 도는 신념과 같은 뜻으로 변해 버린다. 그러나 원래 도道(길)나 주의主義(신념)는 선善한 길도 있고 악惡한 길도 있으며, 길吉한 길도 있고 흉凶한 길도 있다. 우리는 왕도王道와 패도覇道, 군도君道와 신도臣道, 정도正道와 역도逆道, 군자지도君子之道와 소인지도小人之道, 혹은 요순의 도, 공자의 도, 묵자의 도, 노자의 도를 예사롭게 말하고 있으면

서도 흔히 도라고 하면 선한 것으로 착각한다. 그것은 도라
고 하면 '성인聖人의 도' 즉 '왕도주의'만을 연상하고, 인
의仁義를 도리道理라고 인식하기 때문이다. 그러나 이는 달
을 가리키는 손가락을 달이라고 말하는 것과 같다. 도는 정
도도 있고 역도도 있음을 잊은 것이다.

서경書經/우서虞書/대우모大禹謨

우임금이 말했다.   禹曰
"정도正道를 따르면 길하고, 역도逆道을 따르면 흉하다.   惠[20]迪[21]吉 從逆凶
그림자와 메아리처럼 떨쳐버릴 수 없는 것이다."   惟影響.

묵자墨子/천지天志 상

하느님의 뜻을 따르는 것은 평등주의(兼)요,   順天意者 兼也.
하느님의 뜻을 거역하는 것은 차별주의(別)이다.   反天意者 別也.
평등을 도道로 삼으면 의로운 정치요,   兼之爲道也 義政也.
차별을 도로 삼으면 폭력 정치다.   別之爲道也 力政也.

논어論語/이인里仁 15

공자는 말했다.   子曰
"증참曾參아! 나의 도道는 하나로 일관되어 있다."   參乎 吾道一以貫之.
증자曾子(증참)는 말했다.   曾子曰
"선생님의 도道는 '충서忠恕' 뿐이란 뜻입니다."   夫子之道 忠恕而已矣.

---

20) 惠(혜)=順也.
21) 迪(적)=道也, 進也, 導也, 正也.

논어論語/자장子張 4

비록 소도小道(小人의 道)라 해도   雖小道[22]

반드시 볼 만한 것이 있겠지만   必有可觀者焉

심원한 도(治道)를 이루는 데 방해될까 염려된다.   致遠[23]恐泥.

그러므로 군자는 소도를 행하지 않는 것이다.   是以君子不爲也.

맹자孟子/등문공滕文公 하

양자는 개인주의니 이는 군주가 없는 것이요,   楊氏爲我 是無君也.

묵자는 평등주의니 이는 아비가 없는 것이다.   墨氏兼愛 是無父也.

양자와 묵자의 도道가 그치지 않는다면   楊墨之道不息

공자의 도는 드러나지 않을 것이다.   孔子之道不著.

맹자孟子/이루離婁 상

곱자와 그림쇠는 직각과 원의 지극함이요,   規矩 方圓之至也.

성인은 인륜의 지극함이다.   聖人 人倫之至也.

군주가 되려고 하면 군주의 도道(도리)를 다해야 하고   欲爲君 盡君道

신하가 되려고 하면 신하의 도(도리)를 다해야 한다.   欲爲臣 盡臣道.

군도君道와 신도臣道는 모두 요순을 본받는 것일 뿐이다.   二者皆法堯舜而已矣.

    다만 여기서 우리는 적어도 유가들이 말하는 도道는 치도治道일 뿐 인류이나 자연의 질서를 지칭한 것이 아님을 알 수 있다. 그러나 치도는 성왕의 '인의仁義의 치도'도 있

---

22) 小道(소도)=如農圃醫卜之屬.

23) 遠(원)=大道=修身齊家 治國平天下.

고, 걸주의 '폭압의 치도'도 있으므로 선善도 악惡도 아니다. 다만 성왕의 도는 선하고 걸주의 도는 악하다고 말할수 있을 뿐이다. 마찬가지로 도는 인애仁愛도 아니고 겸애兼愛도 아니고 자애慈愛도 아니다. 다만 공자의 도는 인애이고, 묵자의 도는 겸애이고, 노장의 도는 자애라고 말할뿐이다. 그러므로 공자가 말한 도와 노장이 말하는 도는 글자는 같지만 지칭하는 목적물이 다르다는 것을 반드시 알아야 한다.

예기禮記/악기樂記

예禮로써 뜻을 인도하고, 악樂으로써 소리를 화락하게 하고,　禮以道其志. 樂以和其聲.
정사政事로써 행동을 한결같이 하고,　　　　　　　　　　政以一其行.
형벌로써 간사함을 막는다.　　　　　　　　　　　　　　刑以防其姦.
그러므로 예·악·형刑·정政은 궁극적으로 하나이니　　　　禮樂刑政其極一也.
미심民心을 화동케 하고 '치도治道'를 행하는 수단이다.　　所以同民心 而出治道也.

『서경書經』〈우서虞書〉를 보면 순임금이 우禹에게 이르기를 "인심人心은 위태롭고 도심道心은 희미하다"고 말했다. 여기서 인심은 육체에서 나온 마음이고 도심은 천명에서 나온 마음이다. 『좌전』을 보면 정鄭나라 재상 자산子産(?~BC 523)은 처음으로 천도天道와 인도人道를 구분하여 말했다. 여기서 도道는 천지와 인간의 질서와 규율의 뜻으로 쓰였다. 관자도 자산과 마찬가지로 자연의 천天과 사람의 마음을 구분했다.

다만 관자는 자연과 인간은 하나의 기氣의 현상적 존재

로 파악했다. 노장도 관자와 마찬가지로 천도와 인도를 별
개로 보지 않고 하나의 자연의 도로 보았다. 이로써 알 수
있듯이 공맹의 도와는 달리 관자와 노자의 도는 『주역』에
서 말한 음양陰陽의 운동법칙과 같은 의미의 자연법自然法
을 의미한다. 이처럼 『주역』과 『노자』에서 비로소 도의 범
주는 신神을 대신하여 우주의 본원이란 개념으로 확장되고
정립된다. 그러나 형이상학적인 의미의 도는 『노자』에서
시작된 것으로 보아야 할 것이다.

서경書經/우서虞書/대우모大禹謨

인심人心은 위태롭고 도심道心은 은미하니   人心有危 道心有微.
인심을 정성스럽게 하여 도심으로 전일시켜   惟精惟一
진실로 그 황극의 중정中正함을 잡고 지켜야 한다.   允執厥中.

좌전左傳/소공昭公18년(BC 524)

천도天道는 멀고 인도人道는 가까우니   天道遠 人道邇
서로 미치지 않는다.   非所及也.

좌전左傳/소공昭公32년(BC 510)

『주역』에서는 우레가 하늘을 탄 것을 대장大壯이라 한다.   天道遠 人道邇
이것이 하늘의 도道다.   非所及也.

관자管子/권4/추언樞言

도道가 하늘에 있으면 태양이요,   道之在天者 日也.
도가 사람에게 있으면 마음이다.   其在人者 心也.

그러므로 기氣가 있으면 살고
없으면 죽는다고 말한다.

故曰 有氣則生
無氣則死.

관자管子/권13/심술心術 상

덕德은 도道의 집이다.
만물은 그것을 얻어야 산다.
그러므로 덕은 득得이니
득이란 도를 얻어 마땅함을 말한다.

德者 道之舍.
物得以生.
故德者得也.
得[24]也者其謂所得以然也.[25]

관자管子/권15/정正

덕德은 사랑하고 살리고 기르고 이루게 하여
백성을 이롭게 하지만 자랑하지 않으므로
천하가 그를 친애하는 것을 '덕' 이라 한다.
도道는 덕도 원망도 없고, 좋아하고 싫어함도 없이
만물을 하나같이 존숭하여
음陰과 양陽이 함께하는 길을 도라 한다.

愛之生之 養之成之
利民不德
天下親之 日德.
無德無怨 無好無惡
萬物崇一
陰陽同途 日道.

주역周易/설괘說卦/2장

천天의 도道를 세워 음陰과 양陽이라 하고
지地의 도를 세워 유柔와 강剛이라 하고
인人의 도를 세워 인仁과 의義라 한다.

立天之道 日陰與陽.
立地之道 日柔與剛.
立人之道 日仁與義.

---

24) 得(득)=事之宜也, 足也.
25) 然(연)=宜也.

장자莊子/외편外篇/천지天地

형체는 도道가 아니면 태어나지 못하고,

생명은 덕德이 아니면 발현되지 못한다.

形 非道不生.

生 非德不明.

『논어』에서 도道라는 글자는 '노路', '경經', '예법禮法' 등 인륜人倫 또는 치도治道라는 뜻으로 사용됐을 뿐 천도天道의 뜻으로 사용되지 않았다. 공자는 대부를 지낸 정치가로서 평생 치국만을 생각한 사람이다. 그러므로 그가 말한 도는 치도를 말한 것이다. 공자의 인仁이란 것도 치도를 의미하는 것이다. 이로써 공자는 천도 즉 우주 자연의 질서에 대해서는 말하지 않았음을 알 수 있다.

논어論語/공야장公冶長 13

공자께서 인성人性과 천도天道에 대해 말하는 것을

들어본 적이 없다.

夫子之言性與天道

不可得而聞也.

논어論語/자한子罕 29

함께 배울 수는 있어도

다 함께 도道(治道)를 행하는 것은 아니며,

함께 도를 행할 수는 있어도

다 함께 입신하는 것은 아니며,

함께 입신할 수는 있어도 권력을 함께할 수는 없다.

子曰 可與共學

未可與適道

可與適道

未可與立

可與立 未可與權.[26]

---

26) 權(권)=勢也. 權道. 權柄.

논어論語/헌문憲問 1

나라에 도道(王道 혹은 仁政)가 있으면 녹을 먹지만

도가 없는 나라에서 녹을 먹는 것은 수치다.

邦有道穀

邦無道穀 恥.

논어論語/팔일八佾 16

공적을 균등하게 부과하지 않는 것이

옛사람의 도道(治道)다.

爲力[27]不同科[28]

古之道也.

논어論語/헌문憲問 30

군자(관장)의 도道(治道)는 세 가지인데

나는 능하지 못하다.

인仁하면 근심하지 않고

지혜로우면 의혹되지 않고

용기 있으면 두려워하지 않을 것이다.

君子道者三

我無能焉

仁者不憂

知者不惑

勇者不懼.

논어論語/공야장公冶長 6

도道(治道)가 행해지지 않으니

나는 뗏목을 타고 바다로 떠나야겠다.

子曰 道不行

乘桴[29] 浮于海.

논어論語/이인里仁 9

사士는 도道(治道)에 뜻을 두는 사람이다.

子曰 士志於道.

---

27) 力(력)=筋也, 徭役也, 治功.

28) 科(과)=課也.

29) 桴(부)=筏也.

아침에 도道(治道)를 들을 수 있다면   子曰 朝聞道
저녁에 죽어도 좋을 것이다.   夕死可矣.

　이처럼 공자는 천도天道를 말하지 않았으나 공자의 손자
인 자사子思(BC 483?~402?)가 천도와 인도人道를 구분하고
이를 종합했다. 그리고 주희가 자사의 글인『예기』「중용」
편을 중시하여 이를 떼어내어 사서四書로 격상시켜 경전으
로 삼은 이후부터 유가들이 천도를 말하기 시작했다.

중용中庸/20장

성誠은 하늘의 도道(天道)요,   誠者天之道也
이 천도天道를 성誠실하게 하는 것은 사람의 도(人道)다.   誠之者人之道也.

불변의 자연법

　이상 설명한 것처럼『노자』에서 도는『주역』의 용례처럼
'자연법'을 의미한다. 즉 도는 시대와 필요에 따라 변하는
성왕의 법이 아니라 항상 변하지 않는 자연의 법을 말하는
것이므로 '상자연'이라고 표기한다. 그리고 장자에 이르러
도는 이리로 해석되기 시작한다. 이처럼 노자의 도는 인륜
의 도리라는 의미를 넘어 신을 대신하는 우주의 본원이라
는 의미로 사용된 것이다.

한비는 노자의 도를 '만물의 본체'이며 '이理의 주체'로 설명했다. 즉 도는 체體(본체)요, 이理는 용用(작용)이라는 뜻이다. 그러므로 도는 변화의 주체요, 이理는 변화의 법칙이다. 변화란 변하지 않는 주체를 상정하지 않으면 그 의미가 없다. 그 변하지 않는 주체를 도라고 한 것이다.

도道와 이理

한비자韓非子/해로解老

도道는 만물이 그렇게 된 주체이며	道者 萬物之所然也
만 가지 이理가 모이고 머무는 곳이다.	萬理之所稽[30]也.
이理는 만물을 이루는 무늬이며	理者 成物之文也.
도는 만물이 이루는 원인이다.	道者萬物之所以成也.
그러므로 도는 만물을 다스리는 존재다.	故曰 道 理之者也.
만물에는 이理가 있어 서로 침범하거나 덜 수 없으며	物有理不可以相薄.[31]
그러므로 이理는 만물을 다스리는 법도다.	故理之爲物之制[32]
만물은 각각 이理가 다르며	萬物各異理.
그래서 도는 만물의 이理를 다 모이게 한다.	而道盡稽萬物之理.
그러므로 조화造化하지 않을 수 없는 것이다.	故不得不化.

이처럼 도를 인간이 만든 인륜이 아니라 자연의 질서로

---

30) 稽(계)=留止也, 合計也, 考也.
31) 薄(박)=侵也, 損也.
32) 制(제)=法度也.

이해한 것은 노자로부터 시작됐다. 그리고 그 자연법칙은 인간이 만든 인륜과는 달리 영원히 반복된다는 데 그 특색이 있다. 그러므로 '상常'이라고 한다. 즉 자연의 법칙은 '상도常道'다. 반면 인도人道는 시대 상황과 사람에 따라서 변하는 것이니 '권도權道'다. 그래서 『노자』에서는 인도는 상도가 아니므로 도가 아니라고 주장하고, 지배자들이 천리天理라고 말하는 성왕聖王의 법法은 권도일 뿐, 상도인 자연의 도에 배반되는 것이라고 주장한다.

물론 유가들은 이에 반발하여 이르기를 공자가 말한 인도는 상도인 천도天道를 본받은 것이므로 역시 상도라고 변명한다. 그래서 부자父子 사이의 효孝를 천륜天倫이라고 말한다. 하지만 유가들이 말하는 천륜은 인간적 기준에서 자연을 재단한 것일 뿐, 우주적 자연 질서의 일환으로 인간을 포섭시키는 것과는 거리가 멀다. 달리 말하면 유가들이 인간 본위라면 노장은 자연 본위라고 표현해야 할 것이다. 그래서 노장은 염세적이고 주체 상실의 함정이 도사리고 있다는 비판을 받는다.

장자莊子/외편外篇/지북유知北遊

동곽자가 장자에게 물었다.
"이른바 도는 어디에 있소?"
장자가 답했다. "없는 곳이 없소."
동곽자가 말했다. "요약해 주시면 좋겠소."

東郭子問於莊子曰
所謂道惡乎在.
莊子曰 無所不在.
東郭子曰 期[33]而後可.

---

33) 期(기)=要也, 約也.

장자가 말했다. "도는 땅강아지와 개미에게 있소."

동곽자가 말했다. "어찌 그처럼 낮은 것에 있단 말이오?"

장자가 말했다. "도는 돌피와 참피에 있소."

동곽자가 말했다. "어찌 더욱 낮아지는 것이오?"

장자가 말했다. "도는 기와와 벽돌에도 있소."

동곽자가 말했다. "어찌 더욱 심해지시오?"

장자가 말했다. "도는 똥과 오줌에도 있소."

동곽자는 아예 입을 다물어버렸다.

莊子曰 在螻蟻.

曰 何其下邪.

曰 在稊稗.

曰 何愈其下邪.

曰 在瓦甓.

曰 何愈甚邪.

曰 在屎[34]溺.[35]

東郭子不應.

장자莊子/외편外篇/달생達生

공자가 여량을 관람했는데

폭포는 삼천 길이요, 소용돌이는 사십 리나 되는 급류였다.

…공자는 한 장부가 거기서 수영하는 것을 보고

…다가가 물었다.

"나는 당신을 귀신이라고 생각했는데 이제 보니 사람이군요.

한마디 묻겠는데 수영에도 도道가 있겠지요?"

수부水夫가 대답했다. "없습니다.

나에게는 도라는 것이 없습니다.

다만 근본(故)에서 시작해서

천성(性)을 기르고 천명(命)을 이룰 뿐입니다.

나는 소용돌이와 더불어 물속에 들어가고

孔子觀於呂梁.

縣水三千仞 流沫四十里

…見一丈夫游之

…從而問焉.

吾以子爲鬼 察子則人也.

請問 蹈水有道乎.

曰 亡.

吾無道.

吾始乎故[36]

長乎性 成乎命.

與齊[37]俱入.

---

34) 屎(시)=똥.
35) 溺(뇨)=屎也.
36) 故(고)=素 本也.
37) 齊(제)=回水.

솟구치는 물과 함께 나오며	與汩[38]偕出
'물의 도'에 따를 뿐	從水之道
결코 '나의 도(人爲)'를 강요하지 않습니다.	而不爲私焉.
이것이 나의 수영 방법입니다."	此吾所以蹈之也.

　다만 장자는 노자를 계승했지만 종합주의적 입장이었다. 그는 노자가 말한 자연의 본질과 주체인 도道와 이理를 중심으로 하고, 여기에 공자가 말한 인간의 심심과 행行인 인仁과 의義를 종합했다. 이를 '양행론兩行論'이라고 한다.

도덕과 인의

장자莊子/외편外篇/선성繕性

대저 덕은 화평이요, 도道는 이理다.	夫德和也 道理也.
덕은 용납하지 않는 것이 없으니 인仁하며,	德無不容 仁也.
도는 이치 아닌 것이 없으니 의義롭다.	道無不理 義也.

　여기서 '자연법'이라는 개념에 대해 잠깐 해명이 필요한 것 같다. 원래 서양에서 실정법實定法의 근본이 되어야 한다고 생각한 '자연법'이란 개념은 헬레니즘 시대에 스토아학파에서 나온 것으로 이는 노자의 '자연법'과는 다르다. 노자가 말한 자연법은 자연의 존재적 질서 관계이고, 스토아가 말한 자연법은 인간의 본성에 근거한 당위적 규범을 의미한다. 훗날 중세의 스콜라철학에서 말한 '신으로부터

---

38) 汩(골)=涌波.

주어진 규범'이라는 의미의 자연법과도 물론 다르다. 굳이 말한다면 유가들이 말한 천리天理로서의 주례周禮 또는 인의仁義의 법이야말로 스토아학파의 자연법과 비슷하다고 말할 수 있을 것이다.

도는 변화인가 영원인가?

우리들의 상식으로도 천天과 도道는 영원불변이라고 알고 있다. 그런데 도올은 노자는 상도常道를 부인했다고 주장한다. 그에 의하면 동양인들에게는 '불변'이란 것이 도무지 존재하지 않으며, 서양인들이 '불변의 영원'을 추구했다면 동양의 지혜는 '변화의 영원'을 추구한다는 것이다. 그가 말한 서양의 '불변의 영원'은 신 또는 이데아를 말한 것 같고, 동양의 '변화의 영원'은『주역』의 역易을 말한 것 같다. 즉 역은 곧 '바뀐다', '변화한다'는 뜻이므로 '역이 곧 도'라면 도는 변화이므로 영원이 아니라고 생각한 것 같다. 이것은 중대한 문제이므로 짚고 넘어가야 한다.

도올의『노자』1장 해설

노자와 21세기/권상/106

'늘 그러한(常)'이란 말을 많은『노자』의 번역자들이

'영원불변'이라는 말로 잘못 해석한다.

첫 장부터 이렇게『노자』를 잘못 해석하면

노자의 지혜는 마치 영원불변의 이데아적인
그 무엇을 추구하는 서양철학이나
잠정적이고 덧없는 이 세상을 거부하고
천국의 도래를 갈망하는 기독교의 초월주의가 되기가 쉽다.
기독교의 본의가 원래 그런 것이 아니지만
후대의 헬레니즘과의 잘못된 결합으로
결국 서양의 초월주의는 기독교문명의 상식이 되고 말았다.
그러나 노자는 '항상 그러함' 만을 말하지
'불변' 을 말하지는 않는다.
동양인들에게 '영원' 이란 변화의 지속일 뿐이다.
변하지 않는 것은 없다.
단지 변하지 않는 것은 변하지 않는다고 생각하는
우리의 생각이다.
그 생각을 노자는 여기서 '말' 이라고 표현한 것이다.
'도를 도라고 말한다' 는 것은
곧 시시각각 변하지 않을 수 없는 도道를
변하지 않는 우리의 생각 속에 집어넣는다는 뜻이다.
그렇게 생각 속에 집어넣어져 버린 도(可道之道)는
항상 그러한 실제의 도일 수 없다는 것이다.
서양인들이 불변의 영원을 추구했다면
동양의 지혜는 변화의 영원을 추구하고 있는 것이다.

그러나 이것은 동서양을 막론하고 유일자唯一者라 함은
'부동不動의 동자動者' 라는 것을 모르고 하는 말이다. 물론
태극太極과 도道 등 동양의 유일자도 '부동의 동자' 다. 그

러므로 동動을 보면 변화變化요, 부동不動을 보면 불변의 영원함이다. 역易과 상常은 모순개념이 아니다. 다시 말하면 태극과 역은 모순이 아니라 정靜인 주체와 그 동動인 작용을 표현한 것으로 도道의 다른 명칭일 뿐이다. 즉 동動과 정靜, 주체(體)와 작용(用)이 하나이듯 태극과 역은 하나다. 도올의 주장은 치졸한 말재간에 불과하다.

『주역』의 역은 변화다. 역은 체體가 아니다. 그러므로 역 즉 변화가 도道라는 뜻이 아니다. 그 변화의 주체와 변화의 법칙을 도道라고 하는 것이다. 즉 역의 주체인 태극과 그 운동법칙인 이理를 합쳐 도라고 하는 것이며 그것은 변하지 않는 상도다.

변화란 변화의 주체가 있음을 전제로 하는 것이다. 『주역』은 그 변화의 주체인 시원始原을 알고 그 변화 즉 역을 보며 그 운동의 추세를 추적하여 점을 치는 책이다. 그리고 그 시원은 불변의 동자인 도道이며 그 운동은 역이며 그 추세는 이理다.

주역周易/계사繫辭 상/5장

태어나고 살리는 생명 작용을 역易이라 한다.　　生生之謂易.

한 번 그늘지고 한 번 햇볕 드는 것을 일러 도道라 한다.　　一陰一陽之謂道.

주역周易/계사繫辭 상/11장

(변화 생성의) 역易에는 (부동의 동자인) 태극太極이 있으며　　易有太極

이 태극은 음양을 낳는다.　　是生兩儀.

인간의 언어구조, 특히 동양의 언어구조는 항상 대칭적이다. 변화란 항상 변하지 않는 것을 전제로 한다. 그러므로 정靜·항恒·상常이 없으면 동動·역易·화化도 없다. 이것은 동서양이 다 같다. 다만 서양은 이를 모순·대립으로 보지만, 동양은 상보적·통일적으로 본다는 데 차이가 있을 뿐이다.

도는 그 체體에서 보면 정이며 영원불변한 항과 상이지만, 그 용用에서 보면 동이요, 항상 변하는 역과 화다. 그러나 그것은 하나의 도를 표현한 양면에 지나지 않는 것이다. 동양에서는 동과 정, 항과 역, 상과 화는 하나일 뿐이다. 도올이 동양에는 "불변의 영원이란 없다"고 말한 것은 동양 사상을 전혀 모르는 소치다.

주역周易/항괘恒卦/단象

항恒은 구久(永遠)하다는 뜻이다.　　　　　　　　　　　　恒 久也.
천지의 도道는 영원(恒久)하여 그치지 않는다.　　　　　　天地之道 恒久而不已也.
해와 달은 하늘을 얻어 영구히 비추고,　　　　　　　　　日月得天 而能久照.
사시는 변화하여 영구함을 이루며,　　　　　　　　　　　四時變化 而能久成
성인은 이러한 도를 영구히 하여　　　　　　　　　　　　聖人久於其道
천하를 교화하고 안정시킨다.　　　　　　　　　　　　　　而天下化成.
그러므로 항구한 도를 관찰해야만　　　　　　　　　　　　觀其所恒
천지 만물의 변화의 실상을 볼 수 있는 것이다.　　　　　　而天地萬物之情可見矣.

여기서 우리는 잠시 변화는 무엇이고 영원은 무엇인가를 살펴보기로 하자.

첫째, 일반적으로 변화란 공간적인 측면을 말하고 영원은 시간적인 측면을 말하는 것이 보통이다. 그러나 객관적이며 구체적인 물리적 시간은 공간의 변화를 의미한다. 그러므로 물리적 시공론時空論에서는 생명이 있는 것이라면 변화만 있을 뿐 영원이란 없다. 영원은 죽음일 뿐이다. 생명은 늘 종말적이고 창조적이다. 창조가 없는 종말은 변화가 없는 영원이며 죽음이다. 생물은 진화하므로 종말적 시간이지만 화석은 진화가 없으므로 영원한 시간이다.

칸트는 뉴턴Isaac Newton(1642~1727)의 '자연적 시간론'을 거부하고 '주관적 시간론'을 주장했다. 칸트에 의하면 공간은 외감外感의 형식形式이며, 시간은 내감內感의 형식이다. 그런데 형식은 플라톤의 이데아와 비슷한 것으로 경험에 의존하지 않는다는 의미에서 선험적先驗的이다. 이것은 감성感性의 순수형식이므로 이것을 감각感覺과 구분하기 위해 '순수직관純粹直觀'이라고 말한다. 즉 공간은 외물에 대한 지각과 선험적인 형식이 합해져야만 인식할 수 있고, 시간은 외물의 지각이 없이 선험적인 주관만으로 인식할 수 있다는 것이다. 그러나 내감이든 외감이든 형식(form) 또는 이데아(idea)는 변화가 없는 영원이다.

어찌 됐든 서양에서는 신神이나 플라톤의 이데아를 영원한 실체라고 보았다. 그러므로 서양은 '불변의 영원'을 추구한다는 도올의 말은 한편 타당한 말이다. 다만 서양의 근대철학에서는 대체로 불변의 영원한 실체(substance)는 인정하지 않는다.

그러나 동양은 '불변의 영원'이 없고 오직 '변화의 영원'

을 추구한다는 도올의 말은 잘못이다. 무엇보다 서양이나 동양이나 신은 모두 똑같이 '불변의 영원'이며, 또한 앞의 『주역』 예문에서 보았듯이 동양의 도道는 '불변의 영원'이기 때문이다. 다만 도는 체體로 보면 '불변의 영원'이지만 용用으로 보면 '변화의 영원'이다. 동양에서는 '불변의 영원'이야말로 '변화의 영원'의 주체다. 불변인 체와 변화인 용은 떨어져 있는 별도의 존재가 결코 아니다. 동動과 정靜은 언제나 하나다. 이 점에서 동양과 서양은 다를 뿐 불변의 영원을 추구함은 마찬가지다. 동양의 '체용일체론體用一體論'을 물리학적으로 표현하면 빛은 입자粒子이며 동시에 파동波動이라는 현대물리학의 결론과 비슷한 것이다.

둘째, 또한 일반적으로 보편자는 영원하고 개물은 변화하고 소멸한다고 생각한다. 그리고 근원적 존재는 보편자라고 생각한다. 그러므로 동양의 도라는 것도 만유의 근원이므로 보편자이며 영원한 것이어야 한다고 생각한다. 따라서 도는 형이하의 존재가 아니고 형이상의 실체며, 개물個物이 아니고 보편자普遍者이며, 자연(實)이 아니라 이름(名)이라고 생각한다. 이것을 서양에서는 '실재론實在論'이라고 말한다. 반면 개물과 자연만이 실체이고 보편자나 이름은 실체가 없는 명목名目일 뿐이라고 말하는 것을 '유명론唯名論'이라고 한다. 그리고 실재론과 유명론의 논쟁을 '보편논쟁'이라 한다. 서양에서는 유명론의 승리로 중세의 신본주의神本主義가 막을 내렸다.

그러나 노장은 이런 통속적 구도와는 달리 도道란 명名(이름)이 아니라 실체인 자연自然이며, 따라서 보편자이면서 개개 사물에 내재한 것이라고 말했다. 보편논쟁에서 보면 이것은 모순인 것 같다. 이것은 보편자는 이름뿐이라는 유명론도 아니고, 개물만이 실재라는 실재론도 아니기 때문이다.

이처럼 '자연'이 곧 '보편자'라는 노장의 테제는 논리적으로는 모순처럼 보인다. 그러나 그렇게 느끼는 것은 자연은 개물로서만 존재한다고 믿기 때문이다. 그러나 그것은 언어구조의 모순일 뿐 자연에서는 고립된 절대적인 개물은 존재하지 않는다. 우주 만물은 하나의 유기체처럼 항상 관계 속에서만 존재하며 개물은 항상 상호 의존하여 생성되고 변화하므로 본질적 관련성을 벗어날 수 없다. 또한 동양사상에서는 음과 양처럼 모순은 언제나 상보적이다.

노자는 도道를 『주역』의 복復괘(䷗)로 표현했다. 그리고 한편으로는 귀근歸根이라고도 말했다. 즉 도를 '돌아옴'이라고도 하고 '돌아감'이라고도 말하는 것이다. 탄생은 돌아옴이요, 죽음은 돌아감이다. 우리가 보통 현상적으로 보면 돌아옴은 개물로 변한 것이요, 돌아감은 보편자로 변한 것이다. 그러나 개물이라거나 보편자라거나 하여 나누는 것은 인간의 독단적인 가설일 뿐이다. 노장은 도를 '혼돈'이라 말할 뿐 보편자라고 말하지 않았다. 오고 가는 것은 그 시발점이 고정된 경우는 구분되지만 시발점이 없으면 구분되지 않기 때문이다. 노장의 도는 시발점도 종착점도 없다. 돌아온 것이 고향인지 돌아간 곳이 고향인지 알 수 없다. 모든 변화는 탈바꿈의 순환이며, 대동大同으로 보면 소이小異일 뿐 변한 것은 아무것도 없다.

장자가 이야기한 '나비 꿈'은 이것을 말한 것이다. 그래서 이것에 '제물론齊物論'이라는 제목을 달았다. 도올은 이를 '변화의 영원'이라고 말하는 것 같다. 그러나 '변화의 영원'과 '불변의 영원'으로 동서양을 구분하는 것은 어린애의 말재간에 불과할 뿐 혼란스럽기만 하다. 동양의 신선술은 '불변의 영원'을 추구하고 기독교의 부활은 '변화의 영원'을 추구하기 때문이다. 구태여 말한다면 서양은 '직선적 시간관'이며 동양은 '순환적 시간관'이라는 일반적으로 통용되는 구분 방법이 더 타당할 것이다.

　　셋째, 노자의 도는 형이상이면서 동시에 형이하의 실재라고 한다. 그런데 실재라면 공간과 시간을 내포한다. 즉 공간과 시간은 실재의 필요조건이기 때문이다. 그리고 시간은 공간의 운동이므로 실재는 변화가 불가피하다. 이처럼 물리적 시공론으로 보면 동양의 도는 불변이 아니다.

　　그러나 노자는 도를 "명名목이 아니라 실實재이면서도 무소부재無所不在하고 시작도 끝도 없다"고 말했다. 즉 도는 물리적 시공이 아니라 절대공간과 절대시간이라는 뜻이다. 이 점에서 보면 도道는 영원이다. 즉 도는 천天과 신神처럼 영원이며 동시에 조화造化인 것이다. 그러기에 '부동不動의 동자動者'라고 말하는 것이다. 그러므로 도는 만물만사를 조화하지만, 만물만사에 내재한 도道인 성명性命은 변하지 않는 근원적 본本이 된다고 한다.

주역周易/계사繫辭 상/4장

신神은 구체적 공간이 없으며[39] 역易은 형체가 없다.　　　　　神無方 易無體.

주역周易/건괘乾卦/단彖

위대하도다! 건乾의 으뜸이여!

만물은 이로써 비롯되니 천덕天德을 통합한다.

건의 도道는 변하고 조화造化하나 성명性命은 각각 온전하다.

위대한 조화調和를 보존 통합하니 이롭고 곧다.

大哉 乾元.

萬物資始 乃統天.

乾道變化 各正性命

保合大和 乃利貞.

그러므로 노자는 도란 "변화를 일으키면서도 스스로는 변하지 않는 것, 운동의 원인이지만 스스로는 운동하지 않는 것, 시작도 없으니 끝도 없는 것"이라고 말했다. 이를 종합하면 도는 초공간적이요, 초시간적인 영원이며, 동시에 변화가 불가피한 실재다. 그러므로 도를 '부동의 동자'라고 한 것은 이것을 표현한 것이다. 예컨대 세포가 자기를 나누어 새로운 온전한 세포를 복제 생성하면서도 자기는 이지러짐이 없이 언제나 온전한 것과 같다.

이를 요약하면 동양의 도는 시간과 공간이 있는 실재이며, 동시에 절대공간 절대시간인 형이상자形而上者를 의미한다. 시공적인 실재이므로 변화를 낳지만 스스로는 변화하지 않는 절대시공絶大時空적인 '원동자原動者'이며 '부동의 동자'다. 이러한 말은 언어구조로는 모순이지만 실재 세계에서는 모순만이 생명 작용이다. 이것이 동양인의 생각이다.

원동자인 도를 왜 영원이라고 말하는가? 그것은 시작도 끝도 없기 때문이다. 또한 그것은 만물이 운동하도록 힘을

---

39) 神과 道는 無所不在의 절대적 공간이다.

주지만 스스로는 운동하지 않으므로 줄지도 늘지도 않기 때문이다. 이러한 '영원성'이야말로 존재의 근원이 될 수 있는 조건이다. 그러므로 "동양인들에게는 불변이란 도무지 존재하지 않는다"는 도올의 말은 엉터리 같은 중학생 정도의 논리일 뿐이다.

이처럼 동양철학에서는 변화와 영원은 모순·반대개념이 아니다. 불변 또는 영원은 근본을 말하고 변화는 근본의 운동 현상을 지칭하는 것이기 때문이다. 그러므로 도는 영원이며 동시에 변화다. 즉 '불변의 변화'인 것이다.

이처럼 동양의 도는 서양의 이데아와는 비슷하지만 다르다. 노자의 도는 객관적인 자연일 뿐 주관적인 형식이 아니기 때문이다. 그러므로 주관적으로는 인식이 불가능하다고 말한 것이다(道可道 非常道). 이처럼 서양의 형식은 변화가 없으나 동양의 도는 변화이면서 동시에 영원이다. 그러므로 노자의 도는 칸트의 시공론으로는 설명할 수 없다.

다시 말하면 시공으로는 변화 아닌 것이 없으나 시공을 벗어난 본체인 도리는 언제나 불변인 것이다. 그러므로 자연의 본체를 도라고 하고, 도의 현상을 상常이라고 말한다. 자연은 항상 변하지만 언제나 그대로다. 그 운동을 복復이라 하고 또는 귀근이라 말한다.

열자列子/중니仲尼

말미암은 바가 없이 항상(常) 생성하는 것이 도道다.　　　　　無所由而常[40]生者 道也.

---

40) 常(상) = 恒也, 典法也.

생성으로 말미암아 생성되므로

비록 끝나도 없어지지 않으니 상常이라 한다.

생성으로 말미암아 없어지면 불행不幸이라 한다.

(반대로) 말미암은 바가 있어 늘 죽는 것 역시 도다.

죽음으로 말미암아 죽으므로

비록 끝나지 않아도 저절로 없어지는 것 역시 상이라 한다.

죽음으로 말미암아 살아나면 다행多幸이라 한다.

그러므로 작용이 없이 생성되는 것을 도라고 말하고

도의 작용으로 끝남을 얻는 것을 상이라 한다.

(반대로) 작용이 있어 죽는 것 역시 도라고 말하고

도의 작용으로 죽음을 얻는 것도 역시 상이라 한다.

由生而生

故雖終而不亡 常也.

由生而亡 不幸也.

有所由而常死者 亦道也.

由死而死

故雖未終而自亡者 亦常也.

由死而生 幸也.

故無用而生 謂之道.

用道得終 謂之常.

有所用而死者 亦謂之道.

用道而得死者 亦謂之常.

고대 그리스의 철학자 헤라클레이토스Herakleitos(BC 540?~480?)는 "우주에 불변이란 없다"고 갈파했다. 그리고 그는 우주의 근원은 영원한 불(火)이라고 말했다. 그는 서양 사람이지만 도올의 말과는 반대로 '늘 변화하는 영원'을 추구한 것이다. 한편 동양의 성리학에서는 이성理性을 '부동의 동자'라고 말한다. 이성은 '정靜이면서 동動하고, 동이면서 정한다'는 것이다. 동양의 성리학은 도올의 말과는 반대로 불변의 이理가 변화의 근원이라고 말한다. 이로 볼 때 도올의 노장 강의는 모두 거짓말과 말재간으로 꾸민 신판 춘향전에 불과하다는 것을 알 수 있다.

넷째, 만약 불변의 도가 없다면 우리는 정체성을 가질 수 없다. 인간은 늘 변화한다는 측면으로만 보면 오늘의 나는 내일의 내가 아니다. 그러면 나라는 존재는 없는가? 만일 그렇다면 나는 아무런 도덕적 인륜적 법률적 책임도 없을 것이다. 또한 오늘의 나는 몇십 년 전에 부모가 낳은 내가 아니므로 지금의 나에게는 부자의 정이나 의리는 있을 수 없을 것이다. 지난날 나는 사람을 죽였으나 지난날의 나는 이미 오늘의 내가 아니므로 내게는 아무런 책임도 없을 것이다. 그러나 만약 그 변화를 가능하게 하는 나의 불변의 본질이 있다고 한다면 나라는 존재는 동일성을 유지하며 항상 있었다고 보아야 한다. 이 문제는 31장 '혼돈과 동이론'에서 다시 다룰 것이다.

그러므로 동양이나 서양이나 영원불변의 도를 추구하는 것은 마찬가지다. 다만 기독교적 시간관은 미래 규정적이고 직선적인 반면 동양의 시간관은 과거 규정적이고 순환적이라는 점에서 다를 뿐, '부동의 동자' 혹은 '절대자' 혹은 '영원'을 추구하는 것은 다 같다.

다섯째, 또한 『노자』 51장에서는 도올의 주장과는 반대로 자연을 분명하게 '상자연'이라 말하고 있으며 상常은 변하지 않는 영원을 의미한다. 또한 『노자』 16장에서는 상이란 복명復命 즉 변화(易) 속에서 변하지 않는 처음 비롯됨인 불변의 천명天命으로 돌아오는 것이라고 말하고 있다. 그러므로 상은 영원불변의 천명 즉 천리天理로의 귀근을 의미한다. 그리고 분명하게 "천天은 곧 도道요, 도는 곧 영원하다(天乃道 道乃久)"고 말하고 있다. 도올 자신도 이것을 "하늘에 들어맞으면 도에 들어맞고, 도에 들어맞으면 영원할 수 있다"고 번역하고 있다. 번역은 엉터리이지만 "도는 영원하다"는 노자의 말을 전하고 있다. 그런데도 해

설에서는 반대로 '상常'이란 글자는 '항상 그러함(自然)'
을 의미할 뿐 '불변不變'을 말한 것이 아니라고 강변하면서
동양사상은 '불변의 영원'을 추구하지 않는다고 말한다.
　왕필도 도道를 상常이라 했고 상을 불변이라 해석했다.
도올은 왕필을 신봉하지만 그마저도 제대로 해석하지 못
한 것이다.

왕필

노자지략老子指略

비록 고금이 다르고 시간이 변하면 풍속이 달라지지만	雖古今不同 時移俗易
도道는 불변不變이다.	此不變也.
이른바 예부터 지금까지	所謂自古及今
그 이름이 버려지지 않는 것은	其名不去者也.
하늘은 이것으로 말미암지 않으면 만물을 낳을 수 없고	天不以[41]此 則物不生.
다스림은 이것으로 말미암지 않으면	治不以此
공功을 이룰 수 없기 때문이다.	則功不成.
그러므로 고금이 통하고 끝과 시작이 같으니	故古今通 終始同.
옛것을 잡아 지금을 다스릴 수 있으며	執古可以御今
지금을 살피고 분별하여 옛 비롯됨을 알 수 있는 것이다.	證今可以知古始.
이것을 일러 상常이라 말하는 것이다.	此所謂常者也.

---

41) 以(이)=由也.

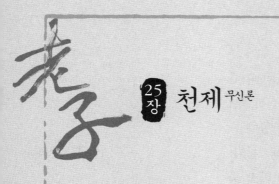

노자읽기

《 노자 · 4장 · 하단 》

도道는 비어 있어   道沖[1]

맑은 물처럼 고요한 것이 존재하지 않는 것 같다.   湛兮 似或[2]存

나는 누구의 자식인지 모르지만   吾不知誰之子

형상形相(이데아)은 천제天帝보다 앞선다네.   象[3]帝之先.

《 노자 · 5장 · 상단 》

하늘과 땅은 어질지 않아 만물을 추구처럼 여긴다.   天地不仁 以萬物爲芻狗

   김경탁 : 천지는 인하지 아니하여 만물을 추구로 여긴다.

   김용옥 : 천지는 인자하지 않다. 만물을 풀강아지처럼 다룰 뿐이다.

   오강남 : 하늘과 땅은 편애하지 않습니다. 모든 것을 짚으로 만든 개처럼

           취급합니다.

   김형효 : 천지가 불인不仁하므로 만물로 추구를 삼았다.

---

1) 沖(충)=虛也.

2) 或(혹)=不定, 不必(從或戕之 : 周易/小過). 惑과 통용.

3) 象(상)=장자가 말한 形相 즉 이데아.

성인은 어질지 않아 백성을 추구처럼 생각한다.　　　　　聖人不仁 以百姓爲芻狗.

　김경탁 : 성인도 인하지 아니하여 백성을 추구로 생각한다.

　김용옥 : 성인은 인자하지 않다. 백성을 풀강아지처럼 다룰 뿐이다.

　오강남 : 성인도 편애하지 않습니다. 백성을 짚으로 만든 개처럼 취급합니
　　　　　다.

　김형효 : 성인도 불인不仁하므로 백성으로 추구를 삼았다.

《 노자·34장·상단 》

대도는 보편적인 것이라서 좌라고도 우라고도 할 수 있다.　　　大道汎[4]兮 其可左右

만물은 이것을 의지하여 생겨났지만 말해 주지 않는다.　　　　萬物恃之以生 而不辭[5]

공효를 이루지만 명칭이 있지 않고　　　　　　　　　　　　　功成不名有

만물을 입히고 길러도 주재하지 않는다(無神論).　　　　　　衣養萬物[6] 而不爲主.

---

4) 汎(범)=浮也, 廣也, 普也, 同氾(범람).

5) 辭(사)=說也, 告也.

6) 衣養萬物(의양만물)=백서본은 '萬物歸焉'으로 됨.

도와 하느님

노장은 천제天帝를 말했다. 그러나 노장에게 창조자는 도道의 작용일 뿐 천제는 창조주가 아니다. 또한 도는 인격을 가진 주재자가 아니다. 그러므로 혹자는 노장을 무신론자라고 말한다. 이는 마치 불교를 무신론이라고 말하는 것과 같다.

우선 우리는 무신론이라는 말에 대해 좀 검토해 보아야 한다. 무신론이란 글자대로라면 신이 없다는 뜻이지만 그 신이 무엇을 말하는가에 따라 의미가 달라진다. 유물론唯物論의 다른 명칭으로 무신론無神論이라 말할 때는 모든 귀신과 정신까지도 물질의 작용으로 본다. 그러나 노장은 유물론적 무신론자가 아니다. 오히려 노장은 범심론汎心論이다. 즉 귀신을 부인한 것이 아니라 창조주로서의 인격신인 천제天帝를 부인한 것뿐이다. 노장은 천天을 자연自然으로 보았다. 그러므로 천은 공자가 말한 것처럼 천자天子에게 천명天命을 내려주는 것도 아니고 우리를 부하게 하거나 가난하게 하는 것도 아니다. 또한 천은 묵자가 말한 것처럼 인민을 사랑하는 것도 아니고, 악한 자에게 벌을 주는 것도 아니다.

그러므로 그의 무신론은 천제를 말하는 공자와 묵자에 대한 안티테제다. 공자에게 천제는 천자에게 천명을 내려주는 지배자의 수호신이었다. 묵자에게 천제는 억압받는 민중을 미쁘게 여기는 해방의 신이었다. 그러나 노장은 "신은 죽었다"고 말한 것이다. 노장에게 천天은 자연일 뿐이며 또한 그것은 근원적인 것이므로 더 이상 분석하거나 설명할 수 없는 것이다.

그러나 천제를 부인하는 것은 가치표준의 상실을 의미한다. 공통의 가치표준은 씨족과 가문 등 소집단을 부족 또는 국가라는 큰 집단으로 만드는 매개체였다. 그러므로 2,400년 전 천제의 상실은 국가의 해체를 초래하는 것이었다. 또한 이는 구체제의 혁명을 감당해야 하는 중대한 문제였다. 그러므로 노장은 모든 가치표준으로서의 천제가 없어도 살아가는 방법을 제시해야 했다. 국가를 소국과민小國寡民의 지역 자치 공동체인 속屬의 연합체로 대체하려는 무정부주의, 권력에 복종해야 하는 신민臣民의 삶 대신에 자연에서 살아가는 신선神仙 등이 바로 그것이다.

장자莊子/외편外篇/천지天地

무위無爲로 다스리는 것을 천天(자연)이라 한다.

無爲爲之之謂天.

장자莊子/내편內篇/대종사大宗師

하늘은 사사로이 덮어주지 않고
땅은 사사로이 실어주지 않는 것이니,
천지가 어찌 사사로이 나를 가난하게 하겠는가?

天無私覆
地無私載
天地豈使貧我哉.

그렇다면 인류가 수천 년 동안 믿어왔던 천제라는 인격신과 인간과의 관계 설정은 어떻게 되는가? 그래서 노장도 내키지 않지만 부득이 천과 자연을 설명해야 했다. 노자는 그 천과 자연을 하나로 보고 그것을 '도道'라고 하기도 하고 '혼돈'이라 하기도 하고 '형상'이라 하기도 했다. 그러나 설명하면 할수록 복잡해지기만 하고 더욱 혼란스럽기만 하다. 왜냐하면 도를 설명하면 할수록 기존의 천명이니 천리天理니 인륜이니 하는 옛 왕들이 가르친 것들만을 연상하기 때문이다. 아무리 설명해도 수천 년 동안의 천제에 대한 믿음 때문에 도道까지도 새로운 신처럼 생각한다. 그래서 노자는 이러한 선입견을 타파하기 위해서 "도는 곧 무명無名"이라고까지 말했다.

이처럼 노장이 무명을 말한 것은 천제나 신이나 기타 모든 위대한 가치들이 사실은 하나의 헛된 이름에 지나지 않는, 존재하지 않는 허구라는 것을 설명하기 위한 것일 뿐, 무명이 곧 도라는 것은 결코 아니다. 그런데 현학가玄學家들은 도는 곧 무無라고 말하기 시작했다. 그러나 그것은 천제가 없다는 것이 아니라 도가 없다는 말이 되므로 자가당착이다.

노자는 도를 무명이라고 말했지만 2,400년이 지난 오늘날 우리들 대부분은 하느님을 부인하지 못한다. 인간은 자기 스스로를 가치의 근원이라고 믿지 못하는 존재인 것 같다. 그러므로 항상 그것을 대신할 가치의 근원을 제시하려고 한다. 그러므로 모든 존재의 시원이고 가치의 근원인 천제를 부인한다는 것은 당시에도 너무도 큰 모험이었던 것이다. 이러쿵저러쿵 말하다 보니 더욱 복잡해지고 말았다. 그래서 장자는 다시 말했다. "도는 그냥 자연이며 무위일 뿐"이라고. "천이란 인위가 없어도 저절로 이루어지는 자연 즉 무위자연일 뿐"이라고.

무릇 도道는 스스로 근본이요, 스스로 뿌리다.

천지가 있기 전에 옛날부터 이미 존재하여

귀신과 천제天帝를 신령스럽게 하고 천지를 낳았다.

태극보다 먼저 있었으나 높다고 하지 않고

육극의 아래에 있으나 깊다고 하지 않으며

천지보다 먼저 살았으나 장구하다고 하지 않으며

상고上古보다도 오래됐지만 늙었다고 하지 않는다.

夫道 自本自根 未有天地

自古以固存.

神鬼神帝 生天生地

在太極之先 而不爲高

在六極之下 而不爲深

先天地生而不爲久

長於上古而不老.

노장이 천天을 신神이 아니라 자연으로 본 것은 놀라운 발전이다. 오늘날 우리는 자연을 친근하게 생각하고 개척과 개발의 대상으로 생각한다. 그러나 고대 인류는 수천만 년 동안 자연을 무섭고 두려운 존재로 여겼고 그래서 자연은 경외敬畏로운 신적 존재였다.

오늘날처럼 자연을 무서워하지 않게 된 것은 인류가 자연을 과학적인 방법으로 접근하기 시작한 17세기 이후부터였다. 그런데 노장은 과학적 방법을 모르던 기원전 4세기에 자연으로 돌아가자고 말한 것이다. 이것은 당시 사정으로 보면 상식을 뒤엎는 혁명적인 사건이다.

고대 인류가 자연력을 신격화하는 경향은 동서양을 막론하고 다 같았다. 또한 동서양을 막론하고 인류는 대체로 존재의 근원에 대한 사유를 신에서 자연으로, 자연에서 이성으로 발전시켰다.

춘추전국시대의 제자백가 중에서 가장 대표적인 사상가라면 공자와 묵자라고 하지만, 이단적 존재인 노자를 빼놓을 수 없다. 이단적 존재라고 하는 것은 공묵은 모두 하느님을 가치의 표준으로 삼고 그를 대표하고 표상하는 군왕과 그의 말씀인 인륜 도덕을 말했으나, 노자는 그 표상을 자연에서 찾은 자연주의의 원조이기 때문이다.

여기서 자연주의란 자연만이 존재와 가치의 원천이라고 보는 입장을 말한다. 그들에게 자연은 자기 완결적인 것이며, 따라서 자연은 분석적인 설명이 불가능하다고 말한다. 이런 점에서 유물론은 자연주의 중에서도 하나의 극단적인 입장이다. 다만 노장의 자연주의는 서양의 자연주의(naturalism)와는 다르다. 서양에서는 물질과 정신을 이원론二元論적으로 보지 않고 물질이 정신의 근원이라고 보는 유물론자들이 정신까지도 인과법칙으로 설명하려는 것을 자연주의라고 말하지만, 노장의 자연주의는 자연도 영감을 가지고 있다는 범심론汎心論자들이 자연법이야말로 인류의 근원이라고 주장하는 것을 지칭한다. 그러므로 서양 자연주의자들의 인식론은 지각과 경험에 의해 인지된 인과론을 기술하는 합리주의이며, 동양의 자연주의자들의 인식론은 자연과 생활세계를 통일적으로 체득하는 직관주의다.

인류가 자연을 보는 입장은 두 가지 상반된 입장으로 갈린다. 한쪽은 자연을 부정적으로 보는 반면 다른 한쪽은 긍정적으로 본다. 예컨대 기원전 5세기의 묵자와 17세기의 홉스는 똑같이 자연을 '만인 대 만인의 투쟁'의 불행한 상태로 인식한 반면, 기원전 4세기의 노장과 18세기의 루소는 자연을 행복한 것으로 인식했다.

노장의 자연주의의 역사적 의의는 진리의 세속화에 있다. 진리의 세속화란 진리가 높은 데 있는 것이 아니라 낮은 데 있다는 것이다. 즉 진리는 신성한 신의 영역이 아니라 세속적인 인간과 자연의 영역이라는 것이다. 그 결과 신의 대리자였던 왕과 귀족은 진리의 독점자라는 지위를 상실한다. 이것은 19세기의 근대화로 완성된다.

공자의 가치표준인 천제는 높은 꼭대기에 있어 굽어 살피는 권력의 상징이다. 그러나 노자의 가치표준인 도는 낮은 자리에 있다. 그것은 낮고 천하고 약한 민중의 생활 속에 있다. 그러므로 "높은 것은 낮은 것을 시원으로 삼아야 한다"고 말했다. 하늘보다 땅을(天→地), 수컷보다 암컷을(雌→雄), 봉우리보다 골짜기를(峰→谷), 광명보다 흑암을(白→黑), 지자보다 영아를(知→嬰), 강자보다 약자를(强→弱), 강경함보다 유약을(剛→柔), 꽃의 아름다움보다 뿌리의 곤욕을(榮→根), 무늬보다 소박을(文→樸) 중시하는 것도 같은 맥락이다.

장자莊子/외편外篇/지북유知北遊

동곽자가 장자에게 물었다.

"이른바 도道는 어디에 있소?"

장자가 답했다. "없는 곳이 없소."

동곽자가 말했다. "요약해 주시면 좋겠소."

장자가 말했다. "도는 땅강아지와 개미에게 있소."

동곽자가 말했다. "어찌 그처럼 낮은 것에 있단 말이오?"

장자가 말했다. "도는 돌피와 참피에 있소."

東郭子問於莊子曰

所謂道惡乎在.

莊子曰 無所不在.

東郭子曰 期而後可.

莊子曰 在螻蟻.

曰 何其下邪.

曰 在稊稗.

동곽자가 말했다. "어찌 더욱 낮아지는 것이오?"

장자가 말했다. "도는 기와와 벽돌에도 있소."

동곽자가 말했다. "어찌 더욱 심해지시오?"

장자가 말했다. "도는 똥과 오줌에도 있소."

동곽자는 아예 입을 다물어버렸다.

曰 何愈其下邪.

曰 在瓦甓.

曰 何愈甚邪.

曰 在屎溺.

東郭子不應.

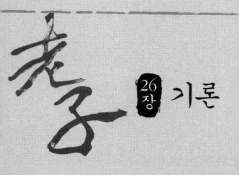

26장 기론

노자 읽기

《 노자·42장·상단 》

도道는 유일자인 태극太極을 낳고

유일자인 태극은 음양陰陽 양의兩儀를 낳고

음양 양의는 천지인天地人 삼재三才를 낳고

천지인 삼재는 만물을 낳는다.

이처럼 만물은 음陰을 업고 양陽을 안았으니

기氣를 충만케 하여 조화를 이룬다.

道生一[1]

一生二

二生三

三生萬物

萬物負陰而抱陽

沖[2]氣以爲和.

김경탁 : 충기沖氣로 화和를 삼는다.

노태준 : 혼연히 하나로 풀려 화합한다.

김용옥 : 텅 빈 가운데 기를 휘저어 조화를 이룬다.

오강남 : 기가 서로 합하여 조화를 이룹니다.

김형효 : 충기로 화합시킨다.

---

1) 一(일)＝왕필은 無로 해석한다.

2) 沖(충)＝虛也, 涌也.

만물은 만형萬形이나 하나로 귀일된다.　　　　　　　　　萬物萬形 其歸一也.

무엇으로 인해 하나로 되는가?무無로 인한 것이다.　　　　何由致一 由於無也.

무로 인해 하나로 됐으므로 일一은 무라고 말할 수 있다.　由無乃一 一可謂無.

왕필의 도道 왜곡

논어석의論語釋疑

도道는 무無를 말한 것이다.[3]　　　　　　　　　　　　道者 無之稱也.

　통하지 않는 것이 없고 말미암지 않은 것이 없으니　　無不通也 無不由也.

　이러한 정황으로 미루어 도道라고 말하지만　　　　　況之日道

　고요하여 형체形體가 없으니 형상形象이라고 할 수 없다.　寂然無體 不可爲象.[4]

《 노자 · 10장 · 상단 》

혼백을 싣고 태일太一(太極=天理)을 품으면　　　　　　　載營魄[5]抱一

생명이 떠나지 않을 수 있을까?　　　　　　　　　　　　能無離乎

자연의 기氣에 맡기고 지극히 유약하면　　　　　　　　專[6]氣致柔

갓난아기처럼 될 수 있을까?　　　　　　　　　　　　　能如嬰兒乎.

《 노자 · 55장 · 하단 》

생명을 더하려는 것을 괴이하다 하고　　　　　　　　　益生日 祥[7]

---

3) 이처럼 왕필은 엉뚱하게 아무 관련 없는 無를 들고 나온다.

4) 『노자』 4장의 "象帝之先"과 모순된다.

5) 營魄(영백)=魂魄.

6) 專(전)=任也.

7) 祥(상)=福也, 妖怪也.

마음으로 기氣를 부리는 것을 강포함이라 한다.

心使氣曰 强.[8]

《 죽간본 · 35장 · 상단 》[9]

태일太一은 물을 낳고

물은 되돌아 태일을 도우니 이로써 하늘(天)을 낳는다.

하늘은 되돌아 태일을 도우니 이로써 땅(地)을 낳는다.

천지는 서로 도우니 이로 신명神明을 낳는다.

신명은 서로 도우니 이로써 음양陰陽을 낳는다.

大一生水

水反輔大一 是以成天

天反輔大一 是以成地

天地相輔也 是以成神明

神明相輔也 是以成陰陽.

---

8) 强(강)=暴也, 氣不和順也.

9) 백서본에는 없다.

노자의 기론

　노자에게 자연은 구체적 개물에서 형이상적 개념으로 발전한다. 즉 자연을 '기氣'라고 말한 것이다. 노자는 "도道는 하나를 낳고, 하나는 둘을 낳고, 둘은 셋을 낳고, 셋은 만물을 낳는다"고 말했다. 이어서 만물은 음양陰陽 이기二氣의 조화로 이루어진 것이라고 덧붙였다.

　그런데 노자는 앞서 "하늘은 도를 본받고, 도는 자연을 본받는다"고 말했다. 그리고 도를 혼돈混沌·대상大象·무위無爲·무명無名·명이明夷로 표현했다. 이것을 어떻게 연결하고 해석해야 하는가?

　이런 일련의 담화 속에서 알 수 있는 것은 도는 음양을 낳고 음양은 만물을 낳는다는 것이다. 그리고 도는 자연을 본받은 혼돈의 대상大象이라는 것이다. 여기서 우리는 도가 이데아인지 혼돈의 물질인지 혼란스럽다. 이 문제는 다음에 다시 상론하겠지만 우선 잠정적으로 말한다면 도는 이데아이면서 동시에 형질이라고 이해할 수 있다. 그러므로 최종적으로 도는 자연을 본받는 존재라는 것과 그 자연은 음양 이기로 이루어졌다는 것을 확인할 수 있다. 결국 도와 기는 서로 환원적이라는 것이다. 이를 도식화하면 '자연↔도↔음양의 운동'으로 표시할 수 있을 것이다. 쌍방향 화살표는 환원적임을 나타낸 것이다.

　이로써 확인할 수 있는 것은 노자의 우주론은 음양陰陽 이기二氣론에 기초하고 있으며, 그가 말한 도의 상위개념은 '자연'이라는 것을 알 수 있다. 그러므로 그의 우주론은 유물론적이라는 것을 알 수 있다.

　이러한 노장의 음양 이기론은 기원전 8세기경부터 논의
되던 전통적 정기론精氣論을 계승한 것이며, 훗날 성리학의
이기理氣론으로 발전한다. 정기론이란 '물질의 정미한 것
은 기운이며 이러한 정기가 운행하는 것이 정신精神'이라
는 소박한 유물론이다.

장자莊子/외편外篇/지북유知北遊

삶은 죽음의 징역살이이며 죽음은 삶의 시작이니	生也死之徒[10] 死也生之始
누가 그 실마리를 알 수 있겠는가?	孰知其紀.
사람이 태어남은 기氣가 모인 것이다.	人之生氣之聚也.
모이면 태어나고 흩어지면 죽게 된다.	聚則爲生 散則爲死.
만약 사생死生이 이사 가는 것이라면	若死生爲徒
우리는 또 무엇을 걱정하랴?	吾又何患.
그러므로 만물은 하나(氣)지만	故萬物一也.
이것이 신기하면 아름답다 하고	是其所美者爲神奇.
냄새나고 썩으면 밉다 한다.	其所惡者爲臭腐.
그러나 썩은 것은 다시 신기해지고	臭腐復化爲神奇
신기한 것은 다시 썩는다.	神奇復化爲臭腐.
그러므로 천하란 통틀어 하나의 기氣일 뿐이라고 말한다.	故日 通天下一氣耳.

---

10) 徒(도)=步行也, 從者也, 給使役者也(用刑者有五 其三曰徒者. 今刑法 犯徒刑者 監禁於獄 令服法定勞役∶唐書/刑
法志).

장자莊子/외편外篇/전자방田子方

음陰이 지극하면 엄정 조밀해지고

양陽이 지극하면 성대히 드러난다.

엄밀해진 음은 하늘로 진출하고

창성해진 양은 땅으로 발양한다.

음과 양, 천과 지가 교통하며 조화를 이뤄 만물이 생겨난다.

至陰肅肅[11]

至陽赫赫.[12]

肅肅出[13]乎天

赫赫發[14]乎地.

兩者交通成和 而物生焉.

장자莊子/잡편雜篇/칙양則陽

소지少知가 물었다. "사방 육합에서

만물이 생기는 작용이 어째서 일어날까요?"

대공조大公調가 답했다.

"음양이 서로 비춰주고 덮어주고 바로잡아 주기 때문이다."

少知曰 四方之內

六合之裏 萬物之所生惡起.

大公調曰

陰陽相照相蓋相治.[15]

그런데 『노자』라는 텍스트에서 '기氣'에 대한 언급은 단세 번뿐이며 기론氣論적 우주관을 말한 것은 그중에서 한번이며 그것도 상세한 설명이 아니다. 기가 곧 천天인지, 아니면 곧 자연인지 언급이 없다.

이에 대해 도올은 노자가 무신론적 유기론자唯氣論者임을 부인한다. 도올에 의하면 본격적인 기론적 세계관은 전국 말기에서 한漢 초에 걸쳐 형성됐으나, 『노자』는 그 이전

---

11) 肅肅(숙숙)=嚴正之貌.

12) 赫赫(혁혁)=顯盛貌.

13) 出(출)=進也, 生也.

14) 發(발)=揚也, 生也.

15) 治(치)=正也, 作也, 相也.

에 기록된 것이므로 『노자』에서 기론적 세계관이 정착됐다
고 말하기는 어렵다는 것이다.

도올

노자와 21세기/권상/232

땅이나 하늘이나 동양적 세계관에 있어서는 모두 기氣다.
노자에게서 이러한 기론적氣論的 세계관이
정착되었다고 말하기는 어렵다.
노자는 그 이전의 어떤 프로토적 모델만을 가지고 있다.
본격적인 기론적 세계관은
전국 말기에서 한 초에 걸쳐 형성된 것이다.

그러나 도올이 말한 '기론적 세계관' 이란 것이 굳이 기
氣를 형이상학적 개념으로 사용한 것을 의미한다면 그 시
기를 다소 늦게 잡는다 해도 한 초보다는 훨씬 앞선다. 『국
어國語』 「주어周語」에 의하면 기원전 780년에 이미 기를 도
道라고 말했으며, 각각 기원전 7세기와 5세기 사람인 관자
와 묵자도 음양 이기二氣를 인간과 도리와 질서에 연관시
켜 말했다. 이로 볼 때 기론적 세계관이 전국 말기 내지 한
초에 형성됐다는 도올의 전제는 잘못된 것이다. 아래 예문
들이 이를 증거하고 있다.

주유왕周幽王2년(BC 780)

국어國語/주어周語 상

삼천三川(涇水 · 渭水 · 洛水)에서 지진이 일어났다.　　　　　　西周三川皆震

대부 백양보伯陽父는 다음과 같이 말했다.   伯陽父曰

"주나라는 망할 것이다.   周將亡矣

대저 천지의 기氣는 그 질서를 잃지 않는다.   夫天地之氣 不失其序

만약 그 질서를 경륜으로 삼으면 백성이 살아난다.   若過其序 民亂之也.

다만 양기陽氣가 엎드려 출현하지 못하거나   陽伏而不能出

음기陰氣가 눌려 김을 품지 못하면   陰迫而不能蒸

이때 지진이 일어나는 것이다.   于是有地震.

지금 삼천에서 지진이 발생한 것은   今三川實震

양기가 올바른 자리를 잃고 음기에 눌린 탓이다."   是陽失其所而鎭陰也

결국 십일 년에 유왕은 멸망하고   十一年 幽王乃滅

주나라는 동쪽으로 천도遷都했다(BC 770).   周乃東遷.

좌전左傳/희공僖公16년(BC 644)

희공僖公 십육 년 봄에   十六年春

송나라에 다섯 개의 운석이 떨어졌는데   隕石于宋五

이것은 운성隕星이었다.   隕星也.

주나라 내사內史 숙홍叔興이 말했다.   周內史叔興曰

"이것은 음양의 일일 뿐 길흉이 생기는 것은 아니다.   是陰陽之事 非吉凶所生也.

길흉은 사람에 달린 것이다."   吉凶由人.

관자管子/권1/승마乘馬[16)

춘하추동 사시는 음양의 추이이며   春秋冬夏 陰陽之推移也.

---

16) 『관자』는 전국시대 제나라 직하학자들의 저작을 모아 엮은 것이며, 단 「乘馬」편은 관자의 遺說이라는 것이 통설이다.

시절의 장단은 음양의 이용이며

낮과 밤이 바뀌는 것은 음양의 조화다.

그런즉 음양은 바른 것이다.

비록 바르지 않다 해도

남는 것을 덜어낼 수 없고 모자란 것을 더할 수 없다.

이처럼 천지는 덜고 더할 수 없는 것이다.

그런즉 정사로 바르게 다스릴 수 있는 것은 오직 땅뿐이니

토지의 경계를 바르게 하지 않을 수 없는 것이다.

時之短長 陰陽之利用也.

日夜之易 陰陽之化也.

然則陰陽正矣.

雖不正

有餘不可損 不足不可益也.

天地莫之能 損益也.

然則可以正政者地也.

故不可不正也.

관자管子/권4/추언樞言

관자가 말했다.

"도가 하늘에 있으면 해요,

사람에게 있으면 마음이다.

그러므로 기氣가 있으면 살고 기가 없으면 죽는다."

管子曰

道之在天者日也.

其在人者心也.

故曰有氣則生 無氣則死.

좌전左傳/소공원년昭公元年(BC 541)

하늘에는 육기六氣가 있으니

음陰·양陽·풍風·우雨·회晦·명明이다.

나뉘어 춘하추동 사시를 이루고

차례 지어 금·목·수·화·토의 오행을 이룬다.

그것이 지나치면 재해가 나타난다.

天有六氣.

六氣曰陰 陽風雨晦明也.

分爲四時

序爲五節.

過則爲菑.

묵자墨子/사과辭過

무릇 천지를 두르고

사해를 감싸는 우주에는

凡回於天地之間

包於四海之內

하늘과 땅의 마음인 음양의 조화가
있지 않은 곳이 없다.
이것은 비록 성인이라도 바꿀 수 없는 것이다.
무엇으로 그것을 알 수 있는가?
성인들이 전해 주었다.
천지는 상하上下라 하고
사시는 음양이라 하고
인정은 남녀男女라 하고
금수는 암수라 말하는 것이니
진실로 천지의 본질은
비록 선왕들도 바꿀 수 없었던 것이다.

天壤之情[17] 陰陽之和
莫不有也.
雖至聖不能更也.
何以知其然
聖人有傳
天地也則曰上下
四時也則[18]曰陰陽
人情也則曰男女
禽獸也則曰牝牡雌雄也.
眞天壤之情
雖有先王不能更也.

　무엇보다 『노자』에는 『주역』의 괘가 등장하고 있는데, 『주역』은 춘추시대에 만들어진 것이며 음양론陰陽論을 기본으로 한다. 그런데 『좌전』에 의하면 『주역』은 기원 7~6세기에 책으로 정리됐음을 알 수 있다. 이로 본다면 도올이 말한 기론적 세계관은 적어도 춘추 초기에 이미 정착되어 있었음을 알 수 있다. 『노자』도 이러한 기론적 세계관에 터 잡고 있었던 것이다. 그러므로 만약 도올이 『좌전』·『주역』·『노자』 등을 제대로 읽었다면 그런 터무니없는 주장은 하지 않았을 것이다.
　『주역』의 〈효사爻辭〉보다는 늦은 시기지만 『주역』「계사

---

17) 情(정)=本性, 理也.
18) 則(즉)=天理不差忒者.

전」에서는 음양의 운동을 도道라고 규정했다. 또한 설사 「계사전」이 공자의 저술이 아니고 후대의 저술이라 해도, 『노자』에서 『주역』의 괘를 여러 곳에서 언급하고 있는 점으로 볼 때, 『노자』는 『주역』 이후의 기록이며 『주역』의 기론적 세계관을 기초로 저술됐음을 짐작할 수 있다.

주역周易/계사繫辭 상/5장

한 번은 음陰이고 한 번은 양陽인 것을 도道라고 한다.

一陰一陽之謂道.

주역周易/설괘說卦/2장

그러므로 하늘의 도道를 세워 음양陰陽이라 하고
땅의 도를 세워 강유剛柔라 하고
사람의 도를 세워 인의仁義라 한다.

是以 立天之道 曰陰與陽.
立地之道 曰柔與剛.
立人之道 曰仁與義.

점서의 작자에 대해서는 여러 견해가 갈린다. 옛날에는 복희伏羲씨가 8괘를 짓고 주 문왕文王이 이를 늘려 64괘 384효를 짓고 사辭를 붙였다는 설과, 〈괘사卦辭〉는 문왕이 지었고 〈효사〉는 주공이 지었다는 설을 의심하지 않았다. 그러나 최근의 연구 결과는 이러한 설을 부정하고, 각각 다른 시대 여러 사람의 작품으로 보는 것이 정설이다. 그리고 시기에 대해서도 은殷·주周 시대, 주周 초, 춘추 중기, 전국 시대라는 주장 등 다양하다. 그러나 다음 『서경』의 기록을 따르면 '주 초' 설이 타당할 것이다.

그대가 큰 난관에 봉착했을 때는 네 마음에 물어보고 　　　　汝則有大疑[19] 謀[20]及乃心

귀족이나 관리들에게 물어보고, 　　　　　　　　　　　　謀及庶人

그래도 풀리지 않으면 거북점이나 역점易占(筮)에 물어보라. 　　謀及卜筮.

그대가 좋고 거북점도 좋고 　　　　　　　　　　　　　汝則從[21] 龜從

역점도 좋고 서민들이 좋다 하면 　　　　　　　　　　　筮從 庶民從.

이것을 일러 대동이라 한다. 　　　　　　　　　　　　是之謂大同.

그리하면 자신도 평안하고 자손들도 길조를 만날 것이다. 　　身其康彊 子孫其逢吉.

그대가 좋다 하고 거북점도 역점도 좋다 하면 　　　　　　汝則從 龜從 筮從.

관리와 서민이 반대해도 길할 것이다. 　　　　　　　　　卿士逆 庶民逆 吉.

관리도 좋다 하고 거북점도 역점도 좋다 하면 　　　　　　卿士從 龜從 筮從.

그대와 서민이 반대해도 길할 것이다. 　　　　　　　　　汝則逆 庶民逆 吉.

서민이 좋다 하고 거북점과 역점이 좋다 하면 　　　　　　庶民從 龜從 筮從.

그대와 관리들이 반대해도 길할 것이다. 　　　　　　　　汝則逆 卿士逆 吉.

그대와 거북점이 좋다 해도 　　　　　　　　　　　　　汝則從 龜從.

역점과 관리와 서민이 싫다 하면 　　　　　　　　　　　筮逆 卿士逆 庶民逆

내사內事는 길하지만 외부의 일은 흉할 것이다. 　　　　　作內吉 作外凶.

거북점과 역점이 모두 관리들과 어긋나면 　　　　　　　龜筮共違于人

조용히 있으면 길하고 움직이면 흉하다. 　　　　　　　　用靜吉 用作凶.

---

19) 疑(의)=難也.

20) 謀(모)=議也, 察也.

21) 從(종)=隨也, 合也.

『좌전』은 전쟁의 승패를 점치는 이야기가 전부라고 할 정도지만 그 점은 『주역』 점인 서점筮占보다는 거북점인 복점卜占이 주종을 이루고 있다. 물론 거북이를 태워 점을 치는 복점이 『주역』의 산대 점인 서점보다 훨씬 앞서므로 기록도 복점이 많다. 춘추 242년간의 역사를 기록한 『좌전』에서 서점에 대한 기록은 19번뿐이다. 이것은 『주역』으로 점치는 일은 극히 드물었다는 것을 말해 주고 있다.

『좌전』에서 최초의 서점, 즉 역점易占에 대한 기록은 기원전 672년이며, 기원전 645년에 처음으로 점사占辭의 기록을 인용 언급하고 있다. 이는 기원전 645년경에는 괘卦에 대해 해설한 점사가 기록되어 있었음을 증거하고 있다. 그러나 『주역』이란 책 이름은 기원전 603년에 처음으로 언급됐다. 또한 진晉의 집정자인 한선자韓宣子가 기원전 540년에 노나라에 갔을 때 '역상易象'에 관한 책을 보았다는 기록으로 볼 때 기원전 600년경에는 점서占書로서 『주역』이 완성된 듯하다.

좌전左傳/장공莊公22년(BC 672)

주나라 태사가 『주역』으로 점을 쳐주겠다고   周史有以周易
진陳 제후를 알현했다.   見陳侯者.
진후는 점을 치게 했는데   陳侯使筮之.
관觀(▤)괘가 비否(▤)괘로 변하는 점괘를 얻었다.   遇觀[22]之否.[23]

---

22) 觀(관)=外風 內地의 卦.
23) 之否(지비)=관괘가 비괘로 변해 나간다. 否는 '막힐 비'로 읽는다.

태사가 말했다. "곤坤(☷)은 흙(土), 손巽(☴)은 바람(風),   曰 坤土也 巽風也

건乾(☰)은 하늘(天)입니다.   乾天也.

바람이 하늘로 변해, 흙 위에 산이 있는 모습입니다.   風爲天 於土上山也.

산에 재목이 있고 하늘의 빛이 그것을 비추고 있는 상입니다.   有山之材 而照之以天光.

그러므로 나라에 빛을 볼 수 있어 이로울 것이며   故曰 觀國之光

천자의 빈객이 될 것입니다."   利用賓于王.

좌전左傳/희공僖公15년(BC 645)

진晉나라에 기근이 있을 때 진秦나라는 조를 수출해 주었으나   晉飢 秦輸之粟.

진秦이 기근이 들자 진晉은 곡식의 수출을 막았다.   秦饑 晉閉之糴.

그래서 진秦이 진晉을 쳤다.   故秦伯伐晉.

이때 진秦의 복관卜官 도보徒父가 역점을 쳤다.   卜徒父筮之.

"길합니다. 고蠱(☶)괘가 나왔습니다.   吉. 其卦遇蠱.[24]

〈괘사〉에 이르기를 '천승의 제후국을 세 번 물리치고   曰 千乘三去 三去之餘

물리친 후에는 숫여우를 잡는다' 고 했습니다.   獲其雄狐.

무릇 여우는 속이는 동물인데   夫弧蠱

(진공晉公이 속였으니) 반드시 진공을 잡을 것입니다.   必其君也.

고괘의 내內괘는 바람이고   蠱之貞[25] 風也.

외外괘는 산입니다.   其悔[26] 山也.

시절은 가을인데   歲云秋矣.

우리가 그 과실을 떨어뜨리고 그 재목을 베는 격이오니   我落其實 而取其材

---

24) 蠱(고)=外山 內風의 괘.

25) 貞(정)=內卦.

26) 悔(회)=外卦.

우리가 이길 것입니다."

所以克也.

진픕 헌공獻公이

晉獻公

딸 백희伯姬를 진秦에 시집 보내는 일에 대해 역점을 치게 했는데

筮嫁伯姬於秦也.

귀매歸妹(☳☱)괘를 얻었고 지괘之卦는 규睽(☲☱)괘였다.

遇歸妹 之睽.

태사 사소史蘇가 말했다. "불길합니다.

史蘇占之曰 不吉.

점사占辭에 이르기를 '남자가 양을 찌르니 피가 없고

其繇[27]日 士刲羊亦無衁[28]也

여자가 바구니를 들어도 줄 것이 없다' 고 했습니다."

女承筐亦無貺[29]也.

좌전左傳/소공昭公2년(BC 540)

소공 이 년 봄에 진픕의 제후가

二年春 晉侯

집정자로 임명된 한선자로 하여 노나라에 조빙하도록 했다.

使韓宣子 來聘.

이렇게 집정자가 됐음을 고하기 위해

且告爲政

내빙하여 알현하는 것이 통상적인 관례였다.

而來見 禮也.

그는 태사의 집에서 책을 관람하다가

觀書於大史氏

『주역』의 「상전象傳」과 노나라 『춘추』를 발견하고 말했다.

見易象[30] 與魯春秋. 曰

"주례周禮는 모두 노나라에 있습니다."

周禮盡在魯矣.

좌전左傳/소공昭公5년(BC 537)

숙손씨 가문의 후계자인 숙손목자叔孫穆子가 출생함에

穆子之生也

그의 부친 장숙莊叔이 『주역』으로 산가지 점을 치게 했다.

莊叔. 以周易筮之.

---

27) 繇(요)=卦兆之占辭. 歸妹卦 上六의 爻辭.
28) 衁(황)=血也.
29) 貺(황)=賜也.
30) 象(상)=『주역』의 卦象과 爻象.

점괘는 명이明夷(䷣)의 괘가

겸謙(䷎)의 괘로 변하는 것으로 나왔다.

"때가 명이에서 겸으로 바뀐 것은 새(鳥)가 나는 때이므로

『주역』〈효사〉[31]에 이르기를 '새벽에 난다' 고 했고

날이 밝지 않았으므로

'날개를 축 늘어뜨린다' 라고 한 것입니다.

또한 해가 뜨면 활동하는 것이므로

'군자가 길을 떠난다' 고 말한 것이고

구삼九三의 양효가 아침에 있으므로

'사흘 굶주려 죽는다' 고 말한 것입니다.

명이괘의 이離는 불이며, 겸괘의 간艮은 산입니다.

이離로 불을 붙여

화火로 산을 태우니 산이 무너지는 모습입니다.

이를 사람에게는 언言이 되며, 무너지는 언은 참언이 됩니다.

그래서 『주역』〈효사〉에서 이르기를

'가는 곳이 있고 주인에 대해 말이 있다' 고 한 것입니다."

遇明夷

之謙.

日之謙 當鳥故

曰 明夷于飛.

明而未融故

曰 垂其翼.

象日之動故

曰 君子于行.

當三在旦故

曰 三日不食.

離火也 艮山也.

離爲火

火焚山 山敗.

於人爲言 敗言爲讒.

故曰

有攸往 主人有言.

또한 이미 전국 말에는 추연鄒衍(BC 340?~260?)이 음양론에 오행五行을 결합하여 '오덕종시설五德終始說' 이라는 역사 발전 법칙을 주장했고 이것이 크게 유행하기도 했다. 그러므로 『노자』의 기록자들도 이러한 기론氣論적 우주관을 가지고 있었던 것이 분명하다.

『노자』에서 기를 말한 것은 세 번뿐이지만 우연이라기보

---

31) 여기서 인용한 〈효사〉는 현재 전해지는 『주역』의 〈효사〉와 일치한다.

다 앞에서 설명한 것처럼 무신론적 자연주의 세계관으로서는 당연한 것이다. 다만 『노자』란 문서는 형이상학을 논하는 철학서가 아니라 인간의 존재 상황에 대한 실존적 현상에 주목한 민중적 인생론이다. 그러므로 기氣에 대한 상세한 언급이 없는 것은 이상할 것이 없다.

그러므로 '기론이 전국 말기에서 한 초에 걸쳐 형성됐고, 『노자』는 그 이전에 기록됐으므로 『노자』는 기론적 세계관에서 쓴 것이 아니다'라는 도올의 주장은 모두 잘못이다. 왜냐하면 『노자』라는 책은 전국 말에 정형화됐고, 기론적 세계관은 이보다 훨씬 앞서 이미 춘추시대부터 일반화됐기 때문이다.

이러한 시기 문제는 『노자』 해석에 중대한 의미를 내포하고 있다. 첫째, 『노자』에서 언급한 기론氣論은 이보다 훨씬 앞선 『주역』의 기론을 계승한 것으로 추론할 수 있으며, 둘째, 『노자』에서 말한 무無 또는 무유無有는 기氣를 말한 것이 된다. 셋째, 그렇다면 기론적 세계관에서 쓰인 『노자』를 '무無'로 해설한 왕필 등의 귀무론貴無論은 전혀 근거 없는 날조임이 분명해진다. 왜냐하면 기를 무라고 말한 것이기 때문이다.

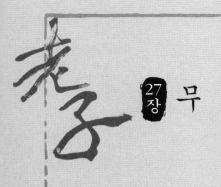

노자 읽기

《노자·40장》

돌아옴은 도道의 운동이며, 쇠약하여 없어짐은 도의 쓰임이다.

천하 만물은 유有에서 생기고

유는 무無(無爲·無有)에서 생긴다.

反者道之動 弱¹⁾者道之用

天下萬物生²⁾於有

有生於無.

《노자·5장·하단》

하늘과 땅 사이는 진실로 풀무와 같아

비어 있지만 다함이 없고 움직일수록 더욱 나온다.

말이 많을수록 이치는 궁하니

중앙中央(無爲自然)을 지키는 것만 못하다.

天地之間 其猶槖籥

虛而不屈³⁾ 動而愈出

多言數⁴⁾窮

不如守中.

　　김경탁 : 말이 많으면 자주 궁하게 되니 중도中道를 지키는 것만 못하다.

　　장기근 : 말이 많으면 이내 막히고 만다. 허정한 도道를 지키는 것이 가장

---

1) 弱(약)=喪也, 衰也.

2) 生(생)=成形謂之生(周易/象上/傳).

3) 屈(굴)=無尾也, 短也, 竭也, 窮也, 廢也.

4) 數(수)=理也.

좋다.

노태준 : 말이 많으면 반드시 궁하다. 중허中虛를 지키는 것이 좋다.

김용옥 : 말이 많아지면 자주 궁해지네. 그 속에 지키느니만 같지 못하네.

오강남 : 말이 많으면 궁지에 몰리는 법, 중심을 지키는 것보다 좋은 일은
없습니다.

김형효 : 그래서 말을 많이 하는 것은 가운데의 비어 있음을 지키는 것만
못하다.

〘 노자·11장 〙

서른 개의 바퀴살이 하나의 바퀴통을 지지한다.	三十幅共⁵⁾一轂⁶⁾

서른 개의 바퀴살이 하나의 바퀴통을 지지한다.   三十幅共⁵⁾一轂⁶⁾

통이 비어 있는 것이 무無에 해당되므로   當⁷⁾其無

유有인 수레가 쓸모 있게 된다.   有車之用

흙을 반죽하여 그릇을 만들 때 그릇이 비어 있어   埏⁸⁾埴⁹⁾以爲器

무無이기에 유有인 그릇이 쓸모 있게 된다.   當其無 有器之用

창문과 바라지를 뚫어 방을 만들 때 방이 비어 있어   鑿戶牖以¹⁰⁾爲室

무無에 합당하므로 방이 쓸모 있게 된다.   當其無 有室之用

그러므로 유有가 이롭게 된 것은   故有之以爲利

무無를 사용한 때문이다.   無之以¹¹⁾爲用.

---

5) 共(공)=供(設).

6) 轂(곡)=바퀴통.

7) 當(당)=合也, 對偶也.

8) 埏(선)=질그릇 만들다.

9) 埴(식)=진흙 반죽하다.

10) 以(이)=及也, 至也(以正治國 : 老子/第五十七章).

11) 以(이)=因也, 由也.

《 노자 · 16장 · 상단 》

허虛를 이룸이 지극하고 정靜을 지킴이 돈독하면   致虛極 守靜篤

만물이 아울러 일어나니,   萬物竝作

나는 양기陽氣가 돌아오는 복復(䷗)의 괘卦를 본다.   吾以觀其復也

만물이 무성히 자라면 각자 자기의 뿌리로 다시 돌아간다.   夫物芸芸 各復歸其根

뿌리로 돌아가는 것을 정靜이라 하고   歸根曰靜

정靜하다 함은 천명天命으로 돌아간 것을 이른다.   靜是謂復命

천명으로 돌아가는 것을 자연의 상도라고 하고   復命曰常

상도를 아는 것을 신명神明이라 한다.   知常曰明.

《 노자 · 43장 · 하단 》

무유無有(有가 없음)는 틈이 없는 곳을 들어간다.   無有入無間

나는 이로써 무위無爲가 유익함을 안다(無有=無爲).   吾是以知 無爲之有益[12]

말 없는 가르침과 무위無爲의 이로움은   不言之敎 無爲之益

세상에 당할 자가 없다.   天下希及之.

《 노자 · 78장 · 상단 》

천하에 물보다 유약한 것은 없다.   天下莫柔弱於水

그러나 물로써 단단하고 강한 것을 공격하면 이길 자 없으니   以攻堅强者 莫之能勝

     김경탁 : 건강한 것을 공격하는 데는 이것보다 나은 것이 없으니

     장기근 : 그러나 굳고 센 것을 꺾는 데는 물보다 더 뛰어난 것이 없다.

     김용옥 : 그런데 단단하고 강한 것을 치는 데 물을 이길 것은 없다.

     김형효 : 그런데 건강한 것을 공격하는 데 이보다 앞선 것은 없다.

---

12) 여기서 우리는 無有와 無爲가 같은 뜻으로 쓰였음을 알 수 있다.

무無(無爲)로써 그것을 변화시켜 버리기 때문이다.

其無以易之.[13]

김경탁 : 그것으로 이것과 바꿀 수 없다.[14]

장기근 : 아무것도 물의 본성을 바꿀 수 없기 때문이다.

김용옥 : 물의 쓰임을 대신할 게 없는 것이다.

김형효 : 그것은 물의 본성을 바꿀 수 없기 때문이다.

---

13) 여기서 우리는 無가 無爲의 뜻으로 쓰였음을 알 수 있다.

14) 無를 형용사로 읽었다.

노자의 무

앞의 『노자』 예문들에서 주목되는 것은 무無와 무유無有와 무위無爲가 같은 뜻으로 혼용되고 있다는 점이다. 『노자』에는 무위·무유·무명無名·무극無極·무형無形·무성無聲·무시無始·무종無終 등 '무'라는 글자가 많이 나온다. 이처럼 노자의 무는 명사로 쓰이지 않고 부정사不定詞로 쓰였다. '무'라는 부정사는 모든 기존의 규정들을 부정하는 '무규정無規定'의 뜻을 포함하고 있다. 그런데 단 한 번, 40장에서 '무無'라는 글자를 독립적으로 실체를 지칭하는 명사처럼 쓰고 있다. 그러나 나는 이 무라는 글자도 어떤 실체를 지칭한 주어로 쓰인 것이 아니라 술어로 쓰인 것으로 본다. 즉 무는 '무엇이 없는 것'이라는 주어를 설명하는 부정사인 것이다. 그 단적인 사례인 『노자』 78장의 "무이역지無以易之"에서 '무無'는 한 글자로 표기했으나 분명히 '무위無爲'라는 뜻으로 쓰였다. 즉 "무이역지"는 '무위한데도 상대를 변화시켰다'는 뜻이다. 그러므로 40장의 '무'라는 글자도 '무위'라는 뜻으로 쓰였다고 보는 것이 타당하다.

장자는 이러한 왜곡을 미리 예견한 듯이 분명하게 "도道를 유有라거나 무無라고 말하는 것은 가설假說일 뿐"이라고 밝혔다.

장자莊子/잡편雜篇/칙양則陽

다함이 없다거나 그침이 없다거나 함은   無窮無止
'무엇이 무無하다'는 부족不足을 말하는 것이다.   言之無也

사물에 대해서도 같은 이치이니   　與物同理
누가 부린다거나(實在論) 함이 없다거나(虛名論) 함은   　或使莫爲
그 끝을 말함이다.   　言之末也.
사물에 대해서도 처음과 끝이 시작이니   　與物終始
도를 유有라고도 할 수 없고 또한 무無라고도 할 수 없다. 　道不可有 有[15]不可無
도라고 억지로 이름 붙인 것도 가설로 유행한 것이다.   　道之爲名 所假而行
누가 부린다거나 함이 없다거나 하는 것도   　或使莫爲
둘 다 사물의 일면에 매여 있는 것이니   　在物一曲
어찌 훌륭한 도술이라 하겠는가?   　胡爲於大方.[16]

장자莊子/외편外篇/추수秋水

공용功用의 관점에서 볼 때는   　以功觀之.
유有의 측면에서는 유라고 할 것이니   　因其所有之有之
만물은 유 아닌 것이 없고,   　則萬物莫不有.
무無의 측면에서는 무라고 할 것이니   　因其所無之無之
만물은 무 아닌 것이 없을 것이다.   　則萬物莫不無.
이처럼 동東과 서西는 상반되나   　知東西之相反
서로 없어서는 안 된다는 것을 안다면   　而不可以相無
공용의 분별이 정해질 것이다.   　則功分定矣.

  도道를 무無라고 할 수 없다는 장자의 해석이 옳은가?
아니면 도가 곧 무라는 왕필의 해석이 옳은가? 우리 학자

---

15) 有(유)=又也.
16) 方(방)=法術也.

들은 모두 장자를 버리고 왕필을 따르고 있다. 그러나 나는 왕필의 귀무론貴無論은 노자의 무위無爲를 불교의 공허空虛로 해석한 것이므로 옳지 않고, 장자의 해석이 바른 해석이라 생각한다. 그렇다면 과연 '무無'는 무슨 뜻인가? 대체로 무라는 글자는 다음과 같이 네 가지 뜻으로 쓰인다.

첫째, '망亡' 또는 '허무虛無'의 뜻이다. 불교에서는 대체로 그런 뜻으로 쓴다. 이것은 아무것도 없는 결핍을 의미하며 비관주의로 흐른다. 그 대표적인 사례가 왕필 등 귀무론자들이다. 그러나 『노자』의 무는 허무의 뜻이 아니다.

둘째, '무유無有' 또는 '비존재非存在'의 뜻으로 쓰인다. 무는 '비유非有'의 다른 표현으로 현상적인 존재가 아니라는 뜻이며, '존재 없음'을 말하는 것은 아니다. 존재는 공간과 시간을 필요조건으로 한다. 그런데 형이상의 보편자는 형체도 없고 시작도 끝도 없다. 이처럼 장소도 시간도 없는 보편자를 '존재의 조건을 갖추지 않은 존재' 즉 비유라고 말한다. 그러므로 무는 비존재 즉 비유인 것이다. 다시 말하면 즉 유有는 무의 출현이고 무는 유의 복귀다. 결국 유와 무는 하나인 것이다. 『노자』 40장의 "유생어무有生於無"에서 무는 바로 이처럼 비유 또는 무유의 뜻으로 사용된 경우다. 즉 "유생어무"란 '만유萬有는 무유無有에서 생긴다'는 뜻이다.

불교에서 부처를 '공空'이라 말하는 것도 이러한 보편자인 무를 의미하는 것이다. 공이란 존재하지 않는 결핍이 아니라 '형이상形而上'이라는 뜻이다. 플라톤의 이데아도 이러한 무의 범주에 들 것이다. 전국시대 한비 등 법가들은 노

자의 무를 '국가國家'라는 보편 절대자를 설명하는 근거로
이용했다. '국가'라는 것은 인간이 만들어낸 가공의 단체일
뿐 보이지도 들리지도 않으며 만져볼 수 없기 때문이다.

셋째, '무규정無規定'의 뜻으로 쓰인다. 즉 '규정할 수 없
다'는 뜻이다. 존재의 시원은 드러나지 않고 숨어 있는 것
이므로 분별이 있을 수 없다는 말이다. 플라톤과 노장의
'혼돈', 『구약성경』「창세기」의 '흑암'이 바로 이러한 무
다. 이 무는 분별이 없을 뿐 '아무것도 없다'는 허무虛無는
아니다. 무는 숨어 있어 볼 수는 없지만 공간과 시간으로
규정할 수 없는 실체다. 또한 무의 운동은 원인이 없는 자
주적 운동이라는 특성이 있다. '신이 무에서 유를 창조했
다'는 기독교 신학도 이러한 무를 의미한다.

넷째, '불不' 또는 '비非' 등 부정否定의 뜻으로 쓰인다.
노자가 말한 무위無爲 · 무명無名 · 무극無極의 무無는 부정을
의미한다. 헤겔Georg Hegel(1770~1831)의 변증법에서는
타자로 소외되는 것을 부정하는 것은 '상대적 무無'이며,
자기로 돌아가는 것은 '절대적 무無'라고 말한 것도 비슷
한 용례다.

다섯째, 무無 한 글자로 '임금이 없는 것 같다'는 '사무
似無', '인위적인 조작이 없다'는 '무위無爲', '다스림이 없
다'는 '무치無治'의 뜻을 표현한다. 『공양전公羊傳』「장공莊
公4년」조의 "상무천자上無天子 하무방백下無方伯"에서 '무
無'자를 "유이무익어치有而無益於治 왈무曰無(無는 있어도 다
스림을 더하지 않는 것을 말한다)"라고 주석했는데, 이때의
무는 실제로 '천자도 없고 방백도 없다'는 뜻이 아니라

'없는 것 같다'는 뜻이다.

　이처럼 『노자』에서 무의 용법은 위 다섯 가지가 혼용되고 있으나 존재론이나 인식론 등 철학적 담론에서는 첫 번째 의미인 '아무것도 없다'는 '허무'의 뜻으로 쓰인 것이 아니다.

　그렇다면 무와 도道는 어떤 철학적 의미로 연결되고 있는가?

　첫째, 무無는 항상 유有의 대칭개념으로 쓰인다. 즉 유가 없으면 무도 없고, 무도 없으면 유도 없다는 것이다. 바꾸어 말하면 '유'가 있어야 '무'도 있을 수 있다는 말이다. "유는 무에서 생긴다(有生於無)"는 『노자』 40장의 글은 이것을 말한 것이다. 그러므로 이것은 '유는 무에서 생기고, 무는 유에서 생긴다'는 뜻을 함의하고 있는 것이다. 그러므로 유도 무도 독립적인 두 물건이 아니라 일물一物의 양면에 불과한 것이다. 숨어 있으면 무라 하고 드러나면 유라고 말할 뿐이다. 다시 말하면 유무는 그 자체가 도의 실체가 아니라 그 도를 표현하는 대칭적인 언어구조일 뿐이다. 도는 독립 유일의 실체이므로 대칭으로 말할 수 없다. 즉 무의 대칭은 유이지만 도의 대칭은 없다는 뜻이다. 도는 대칭도 없을 뿐 아니라 시작도 없다. 시작이 있다면 그 시작 이전이 있어야 하므로 근원이 될 수 없기 때문이다. 또한 시작이 없다면 끝도 없을 것이다. 그러므로 '도즉무道卽無'는 성립될 수 없다. 장자는 다음과 같이 유와 무는 대칭개념일 뿐이라고 강조했다.

장자莊子/내편內篇/제물론齊物論

시작이 있다면

그 시작이 있기 전의 시작이 있을 것이다.

또한 시작이 있기 전의 전의 시작이 있을 것이다.

유有가 있고 무無가 있다면

유무有無가 있기 이전이 있을 것이다.

또한 유무가 있기 이전의 이전이 있을 것이다.

잠시 유다 무다 하지만

그 유무는 과연 무엇이 유이고

무엇이 무인지 알 수 없다.

有始也者

有未始有始也者.

有未始夫未始有始也者.

有有也者 有無也者.

有未始有無也者.

有未始夫未始有無也者.

俄而有無矣

而未知有無之果孰有

孰無也.

또한 『노자』 40장의 "반자도지동反者道之動 약자도지용弱者道之用"에서 유무의 대칭 구조를 보면 무는 도의 운동(反者)으로 표현되고, 유는 도의 쓰임(弱者)으로 표현된다. 즉 유무는 도의 운동의 한 단면적 현상에 불과한 것이다. 이때 '반反'은 '돌아감(歸)'과 '돌아옴(復)'을 동시에 말한 것이다. 무 쪽에서 보면 돌아감이요, 유 쪽에서 보면 '돌아옴'이다. 그러나 그 둘 모두 하나인 도의 운동일 뿐이다. 이러한 자연의 운행 또는 도의 운동을 『노자』 16장에서는 '귀근歸根 = 정靜 = 복명復命 = 상常'이라고 말한다. 여기서 정靜은 무無의 동動이다.

『주역』의 복復(䷗)괘는 양陽(─) 또는 하늘의 씨앗이 음陰(--) 또는 땅으로 돌아온다는 뜻인데 이때의 씨앗이 돌아옴은 유有로의 운동이다. 그리고 음陰(--) 하나가 떨어져 나감은 무無로의 운동이다. 여기서 '무'는 '정靜'을 말하는

것이며 이는 자연의 상도로 돌아가는 복명일 뿐 '허무'가
아니다. 다시 부연하면 음은 그늘인데 그늘은 주체인 양이
가려진 것뿐이다. 과학적으로 말하면 그늘과 양지는 하나
이듯이 음극과 양극은 하나이며 그 하나는 우주 또는 지구
또는 개개 사물이다. 고대인은 그 하나를 태극太極이라고
말한 것이다.

둘째, 유有·무無의 대칭개념은 일자一者와 다자多者의 대
칭개념과 조응하는 것이다. 따라서 도가 존재의 근원이라
면 그것은 스스로 근원이 되는 원동자原動者여야 하므로 눈
에 보이는 유有일 수 없고, 보이지도 들리지도 않는 형이상
의 무유無有일 수밖에 없다는 것이다. 그래서 다자인 만유
萬有의 근원을 일자인 무유라고 말하는 것이다. 다시 말하
면 무란 드러나지 않아 보이지 않는 일자를 말한 것이고,
유란 드러나 볼 수 있는 다자를 말한 것으로 이해해야 한
다. 분별이 없으므로 일자이고, 분별이 있으므로 다자가 된
다. 그러므로 무란 아무것도 없다는 결핍이 아니라 '무유'
를 말한 것이다. 그래서 장자는 "유有(만물)는 무유無有에서
나온다"고 말했다. 이로써 장자는 노자의 무無를 '무유'로
해석했음을 알 수 있다. 또한 『회남자』에서도 적절한 비유
를 들어 도의 모습이 '무유'임을 설명하고 있다.

장자莊子/외편外篇/지북유知北遊

광요光曜가 무유無有(有가 없음)에게 물었다.
"무유! 그대는 있는 것이오, 있지 않는 것이오?"
광요는 질문의 대답을 듣지 못했다.

光曜問乎無有 日
夫子有乎 其無[17]有乎
光曜不得問

그래서 자세히 살펴보니 그 모양이

심원한 듯! 공허한 듯!

종일 들여다보아도 볼 수 없고

들으려 해도 들리지 않고, 잡으려 해도 잡히지 않았다.

광요가 말했다. "무유는 지극하구나!

누가 이런 경지에 이를 수 있겠는가?

나는 무가 있는(有無) 경지는 알았으나

무도 없는(無無) 경지는 이루지 못했다.

유가 없는(無有) 경지를 겨우 이룬 내가

어떻게 무도 없는(無無) 경지에 이르겠는가?"

而孰[18]視其狀貌

窅[19]然空然

終日視之而不見

聽之而不聞 搏之而不得也.

光曜日 至矣.

其孰能至此乎

予能有無矣

而未能無無也.

及爲無有矣

何從至此哉.

장자莊子/잡편雜篇/천하天下

근본(無)을 정미한 것(精神)이라 하고

사물事物(有)을 조잡한 것이라 하며

재물이 아무리 쌓여도 만족하게 여기지 않고

맑은 물처럼 홀로 신명과 더불어 산다.

옛 도술에 이런 것이 있었는데

관윤과 노담이 그것을 듣고 설복당했다.

以本[20]爲精.[21]

以物[22]爲粗.[23]

以有[24]積爲不足

澹然獨與神明居

古之道術有在於是者

關尹老聃 聞其風 而說之.

---

17) 無(무)=有의 否定詞.
18) 孰(숙)=精審也.
19) 窅(요)=深遠貌.
20) 本(본)=無也.
21) 精(정)=정미한 精神과 道.
22) 物(물)=有也.
23) 粗(조)=조잡한 事物.
24) 有(유)=富也, 所有也.

도술을 세워

천명天命에 돌아가는 무유無有(有가 없음)에 이르고

무유를 주인으로 삼아 태일太一에 이르렀다.

유약 겸양을 의표로 삼고

공허함으로써 만물을 훼방하지 않는 것을 내실로 삼았다.

관윤과 노담은

옛날의 넓고 큰 진인이다.

建之

以常²⁵⁾無有.²⁶⁾

主之以²⁷⁾太一.

以濡弱謙下爲表.

以空虛不毀萬物爲實.

關尹老聃乎

古之博大眞人哉.

회남자淮南子/설산훈說山訓

넋(魄)이 혼(魂)에게 물었다.

"도는 어떤 몸을 하고 있을까?"

혼이 답했다. "무유無有란 것이 그 몸이지."

넋이 물었다. "무유는 형체가 있는가?"

혼이 답했다. "있을 리 없지."

넋이 물었다. "무유인데 어찌 들었는가?"

혼이 답했다. "나는 다만 우연히 마주쳤을 뿐이야.

보려 해도 형체가 없고 들으려 해도 소리가 없으니

그것을 유명幽冥이라 하지.

그러나 유명이란 것도

도를 일깨워 주려는 수단이지 도는 아니야."

魄問於魂曰

道何以爲體

曰 無有爲體

魄曰 無有有形乎

魂曰 無有

魄曰 無有何得而聞也.

魂曰 吾直有所遇之耳.

視之無形 聽之無聲

謂之幽冥.

幽冥者

所以喩道而非道也.

---

25) 常(상)=復命曰常(老子).

26) 無有(무유)=無物, 混沌, 形相.

27) 以(이)=爲也(觀其所以 : 論語), 至也(以正治國 : 老子).

셋째, 무無는 형체(공간)와 시작(시간)이 없는 것을 표현한다. 즉 형이하를 유有라 하고 형이상을 무라 한 것이다. 즉 도道는 형이상의 존재이므로, 시간과 공간이 필요조건이 되는 현상적 존재 즉 형이하의 존재가 아니라는 뜻이다. 플라톤과 아리스토텔레스가 형상(이데아)과 질료를 구분했을 때, 이데아는 무이며 질료는 유다. 노자가 도를 혼돈이라 한 것은 아직 물질이 생기기 이전의 기氣가 엉켜 있는 무규정의 시원始原을 의미한다.

예컨대 물질은 유이며, 물질의 운동 원리는 무다. 이처럼 노자가 말한 무는 아무것도 없다는 허무가 아니라 시간과 공간이 없는 형이상의 이데아를 말한 것이다. 즉 무는 형체가 없다는 뜻이지 형체가 없는 이理와 기를 부인한 것이 아니다.

주돈이周敦頤(1017~1073)의 『태극도설太極圖說』에서 "무극이태극無極而太極"이 바로 이런 개념을 말한 것이다. 즉 '무의 지극한 것이 곧 태太의 지극한 것' 이라는 뜻이다. 주희는 이것은 "무형이유리無形而有理" 즉 '형체 없는 것이 바로 이理 있음' 이라고 해석했다.

이상과 같이 노자가 말한 무라는 개념은 아무것도 존재하지 않는다는 공허와 결핍의 의미가 아니라 도의 특성인 일자一者와 무위를 달리 표현한 것으로 읽어야 한다.

도는 존재론적으로는 일자다. 이를 태일太一이라고도 말한다. 유일무이하여 그를 비교할 수 있는 대칭이 없다는 뜻이다. 또한 도는 인식론적으로는 무형無形·무성無聲·무위

無爲하여 눈과 귀와 감촉으로는 분별할 수 없어 혼돈이라는 뜻이다. 이를 합해 도를 태허太虛라고 표현한다. 그러므로 태일이나 허무가 도는 아니다. 지금까지 도를 무라고 말하는 이들은 명名을 실재로 착각하는 귀명론에 사로잡혀 있는 것이다.

다음 장자의 글은 무를 공허나 결핍의 뜻으로 오해하는 것을 경고하고 있다. 그래서 장자는 '무무無無'라고 표현했다. 무무란 '무도 없다'는 뜻으로, 결핍과 공허는 있을 수 없다는 의미다.

장자莊子/외편外篇/천지天地

태초에는 무無도 없었고(無無), 명名도 없었다(無名).	泰初 有無無 有無名.
여기에서 하나(太一)가 생겼으며	一之所起
하나이므로 아직 형체가 없었다.	有一而未形.
이 하나를 얻어 만물이 태어나는데 이것을 덕德이라 한다.	物得以生 謂之德.
이때 형체가 없던 것이 분별이 생기는데	未形者有分
또 그것이 끊임이 없이 이어지니 명命이라고 한다.	且然無間 謂之命.
그 하나가 머물기도 하고 운동하기도 하며 사물을 낳고	留動而生物
사물이 이루어지면 무늬가 생기는데 그것을 형체라 한다.	物成生理 謂之形.
형체가 정신을 보존하여 각각 형상(이데아)을 가지게 되는데	形體保神 各有儀[28]則
이것을 성품이라 한다.	謂之性.
성품을 닦으면 덕으로 돌아가며	性修反德
덕이 지극하면 태초와 같아진다.	德至同於初.

---

28) 儀(의)=標準也≒形象.

태초와 대동하면 허虛하고, 허하면 크다.   同乃虛 虛乃大.

…이를 일러 현덕이라 하나니   …是謂玄德

위대한 순응(自然)에 대한 동화同化라고 한다.   同乎大順.

위 장자의 글을 요약하면 다음 도식으로 설명될 수 있을 것이다.

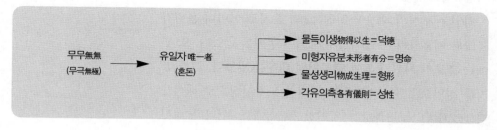

하안 · 왕필의 무 자연을 무로 변질시킨다

이처럼 장자는 무無가 공허가 아님을 강조했음에도 불구하고, 훗날 허무주의자들은 만유萬有의 근원은 무위자연이 아니라 무라고 주장했다. 이들을 귀무론貴無論이라고 부르는데 그 대표자는 왕필이다. 귀무론이란 무는 존재의 근원이므로 존귀하다는 뜻이다. 그는 이질적인 공자와 노자를 결합하기 위해 무와 본本을 노자로, 유와 말末을 공자로 대비하여 설명했다. 이것을 현학玄學이라 한다. 현학은 위진 남북조시대에는 고관대작과 부호 등 유한계급의 청담을 위한 사치품으로 널리 유행했다. 그들은 『노자』·『장자』·

『주역』을 즐겨 읽으며 삼현三玄이라 부르고 존숭했다. 이들 삼현을 강론하는 학자들을 현담玄談 또는 청담淸談이라 불렀는데, 청담은 한량 계급의 징표처럼 되어 너도나도 청담을 자처했다. 이 무렵 이들 현학자들 중에서 특별히 유학을 중심으로 여기에 『주역』과 『노자』를 끌어들인 것을 도학道學이라 불렀다.

하안은 후한의 대장군 하진何進의 손자로 어머니 윤씨가 조조와 재혼하여 조조의 양자가 되어 총애를 받았다. 또 후에는 조조의 사위가 되어 태자처럼 대우를 받았다. 그는 공자를 성인으로 숭상하면서도 공자를 노장사상으로 해석했다(以老釋儒). 『진서晉書』「왕연전王衍傳」에는 "위나라 정시正始 연간(240~249)의 하안과 왕필은 노장을 조술하고 천지 만물이 모두 무를 근본으로 삼는다고 주장했다"고 기술하고 있다. 왕필은 '천재 소년'으로 하안이 발탁하여 앞장세운 사람이다. 오늘날 우리가 읽는 『논어』 판본은 하안의 『논어』 주석서를 저본으로 한 것이고, 『노자』의 판본은 왕필의 주석서를 저본으로 한 것이다.

이러한 현학자들의 귀무론이 정설로 굳어지면서 노자는 무無의 종주宗主가 되어버렸다. 이로써 『노자』는 민중의 저항 문서가 아니라 허무주의의 원조로 변질됐다. 하지만 불가와는 달리 도가는 유가와 마찬가지로 중국 전국시대 음양사상의 풍토에서 자란 것이고 『주역』의 도道 개념을 공유하고 있었다. 즉 도는 일음일양一陰一陽하는 원동자라는 것이다. 특히 성리학은 노자를 유가에 끌어들여 이른바 원노입유援老入儒함으로써 철학으로 변신한 학문이다. 그런데도 성리학을 신봉한 조선의 선비들은 너나없이 노장을 인정하면서도 도가를 비판했다. 이는 『노자』를 공허空虛를 말하는 공담空談으로 착각하여 불가와 같은 것으로 보았기 때문이다. 물론 그렇게 착각하게 된 원인은 단지 하안과 왕필의 귀무론 때문이다.

하안의 귀무론

열자列子/천서天瑞 주注

하안은 무위無爲의 도道에 대해 논하며 말했다.
"유有가 유有로 될 수 있는 것은
무無로써 생生함을 의지해야 하며
사물이 사물로 될 수 있는 것은
무無로써 이룸을 의지해야 한다.
대저 그것을 도道라 하자니 말이 없고
명名이라 하자니 명名이 없고
보려 해도 형체가 없으며 들으려 해도 소리가 없으니
도道는 작위作爲를 온전히 할 수 있는 것이다."

何晏道論 曰
有之爲有
恃無以生
事而[29]爲事
由無以成.
夫道之而無語
名之而無名
視之而無形 聽之而無聲
則道之全爲.

왕필의 귀무론

노자老子/40장 주注

천하 만물은 모두 유有에서 생겨난 것이며
유가 비롯된 곳은 무無를 그 뿌리로 한다.
장차 유는 스스로를 온전하게 하려고

天下之物 皆以有爲生.
有之所始 以無爲本.
將欲全有

---

29) 而(이)=須也, 若也, 能也.

반드시 무로 돌아가는 것이다.　　　　　　　　　　　必反于無也.

노자老子/42장 주注

만물은 만형萬形이나 하나로 귀일된다.　　　　　　萬物萬形 其歸一也.

무엇으로 인해 하나로 되는가?무無로 인한 것이다.　何由致一 由於無也.

무로 인해 유일자가 됐으므로　　　　　　　　　　由無乃一

유일자는 바로 무라고 말할 수 있다.　　　　　　　一可謂無.

논어석의論語釋疑

도道란 무無를 지칭한 것이다.　　　　　　　　　　道者 無之稱也.

통하지 않는 것이 없고, 말미암지 않은 것이 없다.　無不通也 無不由也.

정황상 도라고 말하지만　　　　　　　　　　　　　況之曰道

조용하여 형체가 없으니 형상이라고 할 수 없다.　寂然無體 不可爲象.

　이미 설명한 대로 원래 노장의 도는 무위자연이다. 무위란 '인위人爲가 무無한 자연의 위爲'를 뜻한다(이 책 11장 '무위자연' 참조). 즉 무위는 '함이 없다'는 것이 아니라 인위적인 조작이 없는 '자연스런 다스림'을 뜻한다. '위爲'라는 글자는 '행行(운동)', '작作(조작)', '치治(다스림)'의 뜻이 있으나 노자가 말한 무위는 무행無行의 뜻이 아니라 무작無作·무치無治의 뜻이다. '작'이란 글자는 지어낸다는 뜻으로 작이 지나치면 위僞가 된다. 공자가 말한 "술이부작述而不作"의 작도 같은 뜻이다. 공자 자신은 성인의 말씀을 조술할 뿐이지 자기 맘대로 지어내지 않았다는 뜻이다. 다만 공자가 말한 작作은 '문文'에 대한 것이지만 노자가 말

한 '위爲'는 자연에 대한 것이라는 점에서 차이가 있을 뿐
이다. 그러므로 무위는 인법人法이 없는 자연, 또는 다스림
이 없이 저절로 다스려진 것을 말한다.

그러므로 '무위자연'이란 테제는 '인법이 아닌 자연법'
또는 '인치人治가 없는 무치의 자연'이라는 의미다. 그런데
도 우리 학자들은 하나같이 무위를 무행으로 번역하고 해
석한다. 이는 왕필의 귀무론을 추종한 때문이다.

그러나 '자연은 무이며 무는 곧 도'라고 주장하는 왕필
의 귀무론은 환원의 오류를 범한 왜곡이다. 이는 '자연은
무조작이며 도는 무유'라는 명제에서 환원 불가한 무와 도
를 환원 일치시킨 것이다. 노자에게 무는 '위爲'가 없다는
설명어에 불과했으나, 왕필에게 무는 주어가 되어버린 것
이다. 이로써 노장철학의 핵심을 '무위자연'에서 '무'로
옮겨버린다. 요약하면 노자의 도는 '무위의 자연'이었으나
왕필의 도는 무다. 따라서 자연법이었던 노자의 '자연'은
결핍인 허무로 변질된 것이다.

이것은 중대한 정치적 함의를 내포한다. 노자의 무는 구
체제에 대한 민중의 절박한 '거부'를 뜻했으나, 왕필의 '허
무'는 구체제에 대한 가치판단을 유보하는 것이 된다. 노
장의 무위자연설은 인위가 없는 자연적인 질서를 소망하
는 것이었으나, 왕필의 귀무론은 소망도 가치도 없는 허무
를 귀하게 여기는 비관주의로 흐른다.

그러나 노자는 도를 무위無爲하고 무명無名한 자연自然이
라고 말했을 뿐 '무'가 도라고 말한 적이 없다. 이것은 왕필
이 노자를 왜곡한 것이다. 『노자』 전편全篇에서 '무無'자는

40장에서 단 한 번 나올 뿐이다. 이 글의 취지는 "유有는 무에서 생긴다(有生於無)"고 말하고, "유가 무로 돌아가는 운동인 '귀歸'와, 무가 유로 돌아오는 '복復'을 다 같이 도의 운동과 작용"이라고 설명했다(反者道之動). 이에 따르면 거꾸로 '무는 유에서 생긴다'는 명제도 가능하다. 도는 시작도 끝도 없기 때문이다. 그러므로 노자는 무를 도라고 말한 것이 아니다.

『노자』 40장의 근본 취지는 음陰이 물러나고 양陽이 돌아오는 것을 상징하는 『주역』의 '복復' 괘를 유有로의 운동과 무無로의 운동으로 설명한 것이다. 그러므로 귀歸와 복復은 하나의 운동 즉 반反이며 이러한 변증법적 운동을 도라고 말한 것이다. 무가 유라는 취지는 결코 아니다. 이것은 음양이 도가 아니라, 한 번 음하고 한 번 양하는 일음일양一陰一陽의 운동이 도라고 말한 『주역』 「계사전」과 같은 맥락이다.

귀무론에 대한 비판

장자의 무유無有

위의 『노자』 5장, 11장, 43장은 무無와 허虛의 효용성을 강조한다. 『노자』 5장에서는 이를 대장간에서 쓰는 풀무에 비유하여 설명한다. 그러나 이 비유에서 허는 기氣를 지칭한 것이며 글의 취지는 기의 운동을 유용하다고 찬양한 것일 뿐, 도를 말하고자 한 것이 아니다.

앞에서 설명한 것처럼 『노자』 78장에서 말한 '무'는 '무위' 또는 '무유無有'를 말하는 것이다. 인위人爲가 지나쳐 자연을 숨 막히게(氣塞) 하지 않고 자연의 숨통(氣)을 터놓아야 한다는 뜻일 뿐 결코 아무것도 없다는 허무를 말한 것이 아니다.

다음 『장자』의 글에서도 '무'라는 글자는 무위의 뜻을 표현하고 있음을 알 수 있다. 다시 말하면 무는 '유위'의 부정일 뿐, '실체가 없다는 결핍'을 말하는 것이 아니다.

그러므로 노장의 '무'는 존재론적으로는 독자적인 실체가 아니라 '비유非有' 또는 '무유' 즉 형이상자形而上者의 뜻으로 쓰인 것이다. 그래서 장자는 유일자는 '무'가 아니라 '무유'라고 고쳐 설명한 것이다. 아래 『장자』의 글은 이를 증거하고 있다. 물리학적으로 비유를 들자면, 예컨대 실체인 광자光子는 무유이고, 그 파동인 광光은 유다. 그러나 광자와 광이 하나이듯이 무와 유는 하나이며, 무극無極과 태극太極은 하나다. 그런데도 우리 학자들은 불교의 허무론과 왕필의 귀무론에 사로잡혀 장자의 '무유'를 이해하지 못한다. 다음의 안동림의 번역도 '무유'를 '무'로 고쳐 왜곡하고 있다.

장자莊子/잡편雜篇/경상초庚桑楚

나온 곳이 있으나 돌아갈 구멍이 없지만 실체가 있다.

실체이지만 처한 곳이 없는 것을 공간(宇)이라 하며

有所出而無竅者 有實.

有實而無乎處者 宇也.

오래지만 그 근본을 표시할 수 없는 것을 시간(宙)이라 한다.	有長而無本剽者 宙也.
살리기도 하고 죽이기도 하며	有³⁰⁾乎³¹⁾生 有乎死
나가게도 하며 들게도 하지만	有乎出 有乎入.
그 들고 남이 그 형체를 나타내지 않는다.	入出而無見其形
이것을 이른바 '하늘 문(天門)'이라 한다.	是謂天門.³²⁾
그러므로 천문은 '무유無有'이며	天門者無有也
만물은 이 '무유'에서 나온다.	萬物出乎無有.

안동림 : 천문天門이란 무無 자체이며, 만물은 이 무無에서 생겨난다.

유有는 유위有爲할 수 없으니	有不能以有爲³³⁾
유는 반드시 '무유'에서 나온다.	有必出乎無有.

안동림 : 모든 형체를 지닌 유有는 본래부터 형체를 갖추고 있었던 유有
　　　　가 아니고

그러므로 '무유'는 유일자唯一者인 '무유'다.	而無有一無有.

안동림 : 그리하여 여기에는 모든 것이 무無이며 유有는 하나도 없다.

성인은 이 유일자인 '무유'를 간직한다.	聖人藏乎是.

안동림 : 성인은 이런 경지에 몸과 마음을 맡기고 있다.

장자莊子/외편外篇/지락至樂

하늘은 무위이므로 맑고	天無爲以之淸
땅은 무위이므로 평안하다.	地無爲以之寧.
그러므로 천지의 무위가 서로 합해 만물이 조화한다.	故兩無爲相合 萬物皆化.

---

30) 有(유)＝又也.
31) 乎(평)＝語氣辭.
32) 天門(천문)＝衆妙之門(온갖 生成의 문).
33) 有爲(유위)＝有를 창조하다. 爲＝治也, 造作也.

형상形象이 없는 듯 어렴풋한데
무(無爲)를 따라 출생하고
어렴풋하여 형상이 없는 듯한데
무위(無)에서 형상이 나온다.
만물은 끊임없이 번식하되 모두 무위를 따라 증식된다.
그러므로 이르기를
천지는 '무위'지만 '무불위無不爲'라고 하는 것이다.
사람들은 누가 이 무위를 알 수 있을까?

芒[34]乎芴乎
而無從出乎.
芴[35]乎芒乎
而無有象乎.
萬物職職[36] 皆從無爲殖.
故曰
天地無爲也 而無不爲也.
人也 孰能得無爲哉.

　　그러나 귀무론자들은 풀무의 비유를 아무것도 없는 허무에서 만유萬有가 생산된다고 해석한다. 또한 도올은 이 비유가 마치 큰 진리를 암시하는 주술인 양 "얼마나 지혜롭고 탁월한 발견인가!"라고 예찬하며 수선을 떤다. 그러나 이는 『노자』의 저자들은 공기空氣가 있는 줄도 모르는 바보들이었다고 선전하는 꼴이다.

　　다시 말하지만 노자가 말한 풀무의 비유는 존재론적으로 허무가 생성의 근원이라고 보는 귀무론을 말한 것이 아니라 기氣의 효용을 말한 것뿐이다. 『노자』라는 책이 만들어진 당시 현명한 지식인들은 모두 자연현상의 근원을 기라고 알고 있었다. 『노자』의 기록자들도 기를 알고 있었다. 그런데 노자로부터 700여 년 뒤인 위진시대에 왕필 등 귀

---

34) 芒(망)=不曉識之貌, 無形之象.
35) 芴(홀)=어렴풋한 모양.
36) 職職(직직)=繁殖貌.

무론자들은 기를 몰랐을까? 알고도 왜곡한 것일까?

배위의 숭유론

그러나 이러한 반동적인 귀무론은 왕필 당시에도 비판 받은 바 있다. 그 대표자는 서진西晉의 학자 배위裴頠 (267~300)로 그는 왕필의 귀무론에 대항하여 '숭유론崇有論'을 주장했다. 그런데 공교롭게도 그 역시 왕필처럼 젊어서 요절한 천재였다. 그러나 왕필의 귀무론이 노자를 무無로, 공자를 유有로 삼아 유가와 도가를 결합하려는 '원노입유援老入儒'였다면, 배위의 숭유론은 공자의 예교禮敎를 허무주의적으로 해석함으로써 부패와 향락에 빠져 있는 유교를 옹호한 '유리론有理論'이었으므로 반동적이기는 마찬가지다. 유리론은 유는 모두 이理라는 현상긍정론이기 때문이다.

다만 그는 고위 관료를 지냈으나 의학醫學자였으므로 유물주의적이었다. 그의 숭유론의 요지는 허무는 사물을 생성할 수 없고 만물의 탄생은 '유有의 자생적인 운동'이라는 것이었다. 그러므로 무는 유의 한 표현 형식 즉 '유의 유실상태遺失狀態'를 말하는 것일 뿐이며, 유를 생성하는 것도 다스리는 것도 유다. 또한 마음은 사물이 아니라 그것을 주관 제어하는 것이지만 그렇다고 무위라고 말할 수는 없다는 것이다. 따라서 그는 『장자』를 왜곡한 곽상의 '무인독화론無因獨化論'도 반대했다. 배위에 의하면 만물은 곽상

이 말한 것처럼 자족 독립적인 것이 아니라 이理에 의해 상
호 의존적인 존재다.

배위

숭유론崇有論

자연의 생명은 유를 본체로 한다.
그러므로 유有를 잃는 것은 생을 저버리는 것이다.

自生而必體有
則有遺而生虧矣.

생은 유에서 갈라져 나온 자기 분체며
허무는 유有의 잃음을 말하는 것뿐이다.

生以有爲己分
虛無是有之所謂遺者也.

마음은 사물이 아니며
사물을 제어하는 것은 반드시 마음으로 인한 것이다.
그러므로 사물을 제어하는 마음이 사물이 아니라 해도
마음이 없다고 말할 수는 없다.
장인은 그릇이 아니며
그릇을 만들기 위해서는 반드시 장인이 있어야 한다.
그러므로 그릇을 만드는 장인이 그릇이 아니라 해도
장인을 없다고 말할 수는 없다.

心非事也
而制事必由于心
然不可以制事以非事
謂心爲無也.
匠非器也
而制器必須于匠.
然不可以制器以非器
謂匠非有也.

대저 복잡한 생물 현상의 근본을 총괄하는 것은
궁극적인 도道이며
장소에 따라 족속이 다른 것은 각자 다른 품성品性 때문이다.
그러므로 형상이 각각 다른 것은 생명의 형체이며
서로 얽히고 감화하는 것은 이理의 작용 때문이다.

夫總混群本
宗極之道也.
方以族異 庶類之品也.
形象著分 有生之體也.
化感錯綜 理迹之原也.

이처럼 생명이 자라는 것은 이理이며
이理의 본체는 유有다.

是以生而可尋 所謂理也
理之所體 所謂有也.

기철학의 귀무론 비판

그런데도 귀무론은 반동적인 호화 귀족들의 사치품으로
수백 년 동안 번성했다. 그리고 그것은 '태극은 이理이며
그 이理가 이기二氣를 낳는다'는 정주학의 주리론主理論자
들에게 기생하여 생명력을 유지할 수 있었다. 그러나 성리
학의 퇴조와 함께 기철학氣哲學이 일어나면서 귀무론은 다
시 비판의 대상이 됐다. 16세기 조선의 화담花潭 서경덕徐
敬德(1489~1546)과 17세기 청의 왕부지는 원기元氣불멸설을
주장하고 왕필의 귀무론에 대해 다음과 같이 비판했다. 특
히 19세기 조선의 혜강惠崗 최한기崔漢綺(1803~1875)는 유
물론적 입장에서 귀무론을 비판했다.

서경덕

화담집花潭集/태허설太虛說

노자가 "무無에서 유有가 생긴다"고 말한 것은
허虛가 곧 기氣임을 몰랐기 때문이다.
또한 "허가 기를 낳는다"고 말하는 것도 잘못이다.
만약 허가 기를 낳을 수 있다면
그것을 낳기 전에는 기가 없는 것이므로
허는 아무것도 없는 무無가 된다.

老氏曰 有生於無
不知虛卽氣也.
又曰 虛能生氣 非也.
若曰 虛能生氣
則方其未生 是無有氣
而虛爲無也.

또한 이미 무에 기가 있다면 또 어찌 무 스스로 낳을 것인가?　　旣無有氣 又何自而生.

기는 시작이 없으므로 기를 낳는 자가 없다.　　氣無始也 無生也.

또한 시작이 없으니 어찌 끝이 있겠으며　　旣無始何所終

생生이 없으니 어찌 멸이 있겠는가?　　旣無生何所滅.

왕부지

선산유서船山遺書/장자정몽주張子正蒙注/태화太和

노자에 의하면 천지는　　老氏以天地

풀무가 움직여 바람을 낳는 것과 같다.　　如橐籥 動而生風.

이는 허공虛空인 무無에서 유有를 낳고　　是虛能于無生有

그 변환이 끝이 없다는 말이다.　　變幻無窮.

그러나 기氣가 고동치지 않으면　　而氣不鼓動

무라는 것도 한계가 있을 것인데　　則無是有限矣.

그렇다면 무엇이 풀무를 고동치게 하여　　然則孰鼓其橐籥

기를 낳게 한다는 말인가?　　令生氣乎.

허공은 기를 헤아려 표현한 말이다.　　虛空者氣之量.

기는 가득 차서 끝이 없으나 희미하여 형체를 이루지 않는다.　　氣彌淪無涯 而稀微不形

그러므로 사람들은 허공을 볼 뿐 기를 보지 못한다.　　則人見虛空 而不見氣.

무릇 허공은 모두 기다.　　凡虛空皆氣也.

모이면 드러나고, 드러나면 사람들은 유有라고 말한다.　　聚則顯 顯則人謂之有.

흩어지면 숨고, 숨으면 사람들은 무無라고 말한다.　　散則隱 隱則人謂無.

기가 흩어져 태허로 돌아가는 것은　　氣散而歸于太虛.

그 원기의 본체로 복귀하는 것이지　　復其絪縕[37]之本體

소멸하는 것이 아니다.   非消滅也.

그러므로 기가 모여 모든 생명을 낳는 것은   聚以爲衆庶之生

스스로 원기의 불변적 성품이며 환각이 아니다.   自絪縕之常性 非幻成也.

최한기

추측록推測錄/권2/노씨무불씨공老氏無佛氏空

노자의 무無와 석가의 공空은   老子之無 佛氏之空

대체로 형질과 막힘이 없는 특성만 보았을 뿐   蓋見無形質無窒礙.

우주를 가득 채우고 만물을 재배하며   未見其充塞宇宙 裁和萬物

스스로 존재하는 기氣를 알지 못한 까닭이다.   良有以[38]也.

처음 한 칸을 통달하지 못한 것이   始未達一間

끝내는 공적과 허무의 함정에 빠지고 만 것이다.   終致空寂虛無之科.[39]

노자가 이른바 "유有는 무無에서 생기고   老子所謂 有生於無

찰흙을 이겨 그릇을 만들어   搏[40]埴以爲器

그 무를 이용한다"는 등의 말은   而用其無 等語

'무' 자를 '기氣' 자로 바꾸면   以其無字 換作氣字

그 뜻이 옳게 통할 것이다.   乃不害義也.

석가가 "산하 대지는 공허하고   佛氏所謂 山河大地之虛空

빈가공병嚬笴空瓶" 이라 한 것은   嚬[41]笴[42]空瓶之空

---

37) 絪縕(인온)=氤氳, 元氣.
38) 以(이)=故也, 因也.
39) 科(과)=坎也, 法也.
40) 搏(박)=두드리다.
41) 嚬(빈)=矉과 통용.

여기서 '공空' 자를 '기氣' 자로 바꾸어도   皆以氣字換之

뜻이 불통하지 않는다.   義亦無不可也.

처음에 실오라기의 차이가   始緣毫釐[43]之差

끝내는 천 리의 오류가 되어   而終致千里之繆

성실誠實 진정眞正한 기氣를   以此誠實眞正

도리어 공적과 허무로 만들어버렸다.   反作空寂虛無也.

인정人政/권11/공허空虛

기氣를 보지 않고 공空이라 여기고   不見氣爲空

기를 망각하고 허虛라 여기지만   忘是氣爲虛.

공허 두 글자는 자기 마음을 말한 것일 뿐   空虛二字 從心發言而已.

우주는 터럭만큼도 공허가 없다.   上下四方 實無一毫虛無.

마음이 영명한 것을 허라 함은   以心之靈明爲虛者

기를 못 본 데서 나온 것이고   出於不見氣也.

몸이 귀화歸化하는 것을 무無라 함은   以身之歸化爲無者

기를 망각한 데서 나온 것이다.   出於忘是氣也.

노자와 석가는 공과 허를 지극한 도道로 삼는다지만   老佛以空虛爲至道

허에는 터럭 한 올의 실實도 더하기를 용납하지 않으며   虛上不容加得一毫實.

무에는 터럭 한 올의 유有도 더하기를 용납하지 않는다.   無上不容加得一毫有.

인정人政/권10/유이무무有而無無

유有와 무無란 두 글자는   有無二字

---

42) 嘉(가)=嘉也.

43) 釐(리)=털끝, 다스리다.

고금의 학자들이 반복하여 논한 난제였다.

이는 모두 기氣가 내외에 충만하여

활동 운화運化함을 모르고

단지 허명한 마음을 따라

만물의 실상을 미루어 구명했기 때문이다.

무라고 하자니 유를 포괄하기 어렵고

유라고 하자니 마음은 본디 형체가 없다.

유는 물에 소속시키고 무는 심에 소속시켜

마음을 사물과 비교하니

유무가 혼잡해지고 일정한 표준이 없게 된 것이다.

생각해 보면 우주에는

한 점의 공空도 일호의 무無도 없으며

오직 충만한 기氣가 물체를 흠뻑 적시고 있어

물체 속에는 한 점의 공허도 없이 기에 젖어 있는 것이다.

사람의 신기는 물처럼 맑고 영혼처럼 투철하면서도

형질이 있는 기운이며

감관(九竅)을 통해 소통한다.

천지 만물의 유형의 기는

유有로써 유를 증험하는 것이니

부합됨을 얻으면 지각知覺을 한다.

古今學問之反覆辨難.

皆出於不見氣之內外充塞

活動運化.

只從心之虛明

推究物之實象.

言無則 難掩其有

言有則 心本無形.

有屬于物 無屬于心

以心較物

有無相雜 迄[44]無定準.

竊想宇宙間

無一點空一毫無.

惟有充塞之氣 漬洽物體.

物體之中 無點空有漬氣.

人之神氣 卽澄明靈澈

有形之氣.

從九竅而通達

天地萬物有形之氣.

以有驗有

得其符合 以爲知覺.

---

44) 迄(흘)=이르다, 마침내.

만물을 생육할 뜻이 없으나	無意於生養萬物
만물은 기운화氣運化를 따라 생육한다.	萬物從運化而生養.
만물을 수장할 생각이 없으나	無思於收藏萬物
만물은 운화에 따라 수장된다.	萬物隨運化而收藏.
어째서 기운화의 본성을	何以運化由於本性之
활동이라고 말하는가?	活動也.
만약 조화라거나 조물주라고 말하면	若謂之造化 謂之造物
제작의 뜻이 있게 되어	則有制作之意
주재자主宰者나 신神이나 이理의 뜻으로 오해하기 때문이다.	而歸屬於主宰也神也理也.
이것들은 모두 형태도 형질도 없는 것들이니	是皆無形無質也
이러한 무형의 것으로서 유형의 사물을 창조한다는 것은	以無形之物 造有形之物
어느 누구도 그것이 사실인지 밝힐 수 없을 것이다.	誰能明其實然也.
이미 대기의 활동 운화는	旣有此大氣之活動運化
적실하고 증거가 있으므로	的實可據
무無에서 창조한다는 조화造化·조물造物의 '조造'자는	則造化造物之造字
결코 실상이 아니다.	決非實象也.

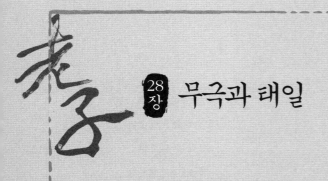

28장 무극과 태일

노자 읽기

《 노자 · 28장 · 중단 》

밝음(分別)을 알고 흑암(混也=무극)을 지키면   知其白[1] 守其黑[2]

   김경탁 : 그 흰 것(광명)을 알아서 그 검은 것(암흑)을 지키면

   노태준 : 백白은 로고스의 명석으로, 흑은 카오스의 혼탁으로 해석한다.

   김용옥 : 밝음을 알면서도 그 어둠을 지키면

   오강남 : 흰 것을 알아서 검을 것을 유지하십시오.

   김형효 : 아는 것은 흰 것과 통하고 지키는 것은 검은 것과 통한다.

천하에 천문天文을 펼 것이다.   爲[3]天下式[4]

   김경탁 : 천하의 법식法式(자연법칙과 도덕률)이 되니,

   장기근 : 천하의 모범이 될 수 있다.

   노태준 : 천하 만민의 모범이 된다.

   김용옥 : 천하의 모범이 된다.

---

1) 白(백)=明也.

2) 黑(흑)=暗也.

3) 爲(위)=敷也, 施也.

4) 式(식)=占文, 天文.

오강남 : 세상의 본보기가 될 것입니다.

김형효 : 이것이 천하의 법식이 된다.

천하에 천문天文을 펴게 되면

爲天下式

상덕常德(불변 자연법)을 잃지 않아

常德不忒

김경탁 : 천하에 법식이 되면 영구불변의 덕이 어긋나지 아니하여

노태준 : 천하 만민의 모범이 되면 참 덕에서 어긋나지 않는다.

김용옥 : 천하의 모범이 되면 항상스런 덕이 어긋나질 아니하니

오강남 : 세상의 본보기가 되면 영원한 덕에서 어긋나지 않고

김형효 : 천하의 법식이 되면 상덕이 변하지 않아서

다시 무극無極으로 돌아갈 것이다.

復歸於無極.

김경탁 : 다시 무극으로 돌아간다.

노태준 : 무無의 극치인 도道에 복귀한다.

김용옥 : 다시 가없는 데로 돌아간다.

오강남 : 무극의 상태로 돌아가게 될 것이다.

김형효 : 그것은 무극으로 복귀한다.

《 노자 · 22장 · 상단 》

치우치면 온전해지고, 굽으면 곧아지고

曲[5]則全 枉則直

김경탁 : 고부라지면 온전하게 되고, 굽히면 곧게 되고

노태준 : 구부러지면 보전한다. 굽으면 곧 펴고

김용옥 : 꼬부라지면 온전하여지고, 구부리면 펴진다.

오강남 : 휘면 온전할 수 있고, 굽으면 곧아질 수 있고

김형효 : 구부러짐은 온전히 보전됨과 동거하고, 휘어짐은 곧음과 동거하며

---

5) 曲(곡)=局也, 一偏也.

빈 웅덩이는 물이 차고, 해지면 새로워지고

窪⁶⁾則盈 枉則新

　김경탁 : 움푹하면 차게 되고, 해지면 새롭게 되고

　노태준 : 우므러지면 곧 차고, 해지면 곧 새로워지고

　김용옥 : 파이면 고이고, 낡으면 새로워진다.

　오강남 : 움푹 파이면 채워지게 되고, 헐리면 새로워지고

　김형효 : 비어 있음은 가득참과 동거하고, 낡은 것은 새것과 동거하며

적으면 얻고, 많으면 미혹된다.

小則得 多則惑⁷⁾

　김경탁 : 적어지면 얻게 되고, 많아지면 혹하게 된다.

　노태준 : 적으면 곧 얻고, 많으면 곧 미혹된다.

　김용옥 : 적으면 얻고, 많으면 미혹하다.

　오강남 : 적으면 얻게 되고, 많으면 미혹을 당하게 됩니다.

　김형효 : 줄이는 것은 얻는 것과 동거하고, 많은 것은 미혹됨과 동거한다.

이로써 무위자연의 성인은 태일太一(唯一者인 태극)을 품어

천하에 천문天文(天命→天理)를 편다.

是以聖人抱一⁸⁾
爲天下式.⁹⁾

　김경탁 : 이러므로 성인은 도道를 품고서 천하의 양식樣式이 된다.

　노태준 : 이런 관계로 성인은 하나(道)를 지녀, 천하의 법식法式이 된다.

　김용옥 : 그러하므로 성인은 하나를 껴안고, 천하의 모범이 된다.

　오강남 : 그러므로 성인은 하나를 품고 세상의 본보기가 됩니다.

　김형효 : 이로써 성인은 포일抱一로 천하의 법식으로 삼는다.

---

6) 窪(와)=牛蹄跡水也.

7) 惑(혹)=悖也, 迷惑也.

8) 一(일)=唯一者. 『주역』의 太極, 죽간본의 太一. 왕필은 반대로 一을 적음의 극치로 보았다(一 小之極也).

9) 式(식)=백서본은 '牧'으로 됨. 왕필은 式을 則과 같은 것으로 보았다(式猶則也).

《 노자·39장·상단 》

시원은 하나(唯一者=太一=太極=道)를 얻은 것이다. 　　　　昔[10]之得一者

　김경탁 : 옛날 하나를 얻은 것들이 있다.

　김용옥 : 옛날에 하나를 얻은 사람들은 그 하나로 다음의 이치에 도달했다.

　김형효 : 옛날에 표일抱一을 얻은 것이 있었다(상호 얽힘의 덕은 포일이다).

하늘은 하나를 얻어 맑고, 땅은 하나를 얻어 편안하고 　　天得一以淸 地得一以寧

　김경탁 : 하늘이 일一을 얻어서 맑고 땅이 일을 얻어서 편안하고

　김용옥 : 하늘은 하나를 얻어 말갛고, 땅은 하나를 얻어 편안코

　김형효 : 하늘은 그 포일을 얻음으로써 맑고, 땅은 그 포일을 얻음으로써
　　　　　평안하며

신神은 하나를 얻어 신령하고, 골짜기는 하나를 얻어 가득하고 　神得一以靈 谷得一以盈

　김경탁 : 신神은 일一을 얻어서 영靈하고, 계곡은 일一을 얻어서 채우고

　김용옥 : 하늘의 기운은 하나를 얻어 신령하고, 땅의 골은 하나를 얻어 빔
　　　　　으로 차고

　김형효 : 정신은 포일을 얻어서 신령하고, 골짜기는 포일을 얻어서 가득 차며

만물은 하나를 얻어 생성하고 　　　　　　　　　　　　　萬物得一以生[11]
군왕은 하나를 얻어 천하를 바르게 한다. 　　　　　　　侯王得一 以爲天下貞

　김경탁 : 만물은 일一을 얻어서 생生하고, 후왕은 일一을 얻어서 공정하다.

　김용옥 : 만가지 것은 하나를 얻어 생겨나고, 제왕은 하나를 얻어 하늘 아
　　　　　래를 평안히 다스린다.

　김형효 : 만물은 포일을 얻어서 생기하고, 후왕이 포일을 얻어서 천하가 곧
　　　　　게 되었다.

---

10) 昔(석)=始也.
11) 이 구절은 백서본에는 없음.

또한 그것들(淸·寧·靈·盈·生·貞)은 태일太一을 이루는 것이다.　　　　其致之一也.[12]

　김경탁 : 그것이 극치에서는 하나다.

　김용옥 : 이는 모두 하나로써 이룰 뿐이다.

　김형효 : 그런데 그 이루어짐의 근거는 다 포일抱一이다.

〖 죽간본 · 35장 · 중단 〗[13]

태일太一은 물을 낳고　　　　　　　　　　　　　　　大一生水

물은 되돌아 태일을 도와서 하늘을 낳게 한다.　　　　　水反輔大一 是以成天

하늘은 되돌아 태일을 도와서 땅을 낳게 한다.　　　　　天反輔大一 是以成地.

---

12) 백서본과 하상공본(河上公本) 모두 '一' 자가 없고, 끝에 '謂' 자가 붙어 있다. 왕필은 "각본에 모두 '一也' 가 있
　　으나 개원본(開元本)에는 없다" 했다.

13) 백서본과 왕필본에는 없다.

무극과 태극

무극과 태극은 주돈이의 『태극도설』에서 "무극이태극無極而太極(무극이 곧 태극이다)"이라 말한 것을 성리학이 강령으로 받아들임으로써 널리 알려졌다. 그러나 그 유래는 『노자』 28장의 '무극無極'이다. 여기서 노자는 "도道는 무극이며, 무극은 태일太一을 낳는다"고 말했다. 또한 노자는 "혼돈混沌(카오스)에서 대상大象(이데아)이 나온다"고 말했다. 또한 "일一(唯一者)은 이二(兩儀)를 낳는다"고도 말했다. 이를 종합해 보면 노자의 '태일太一'과 주돈이의 '태극太極'은 같은 것임을 알 수 있다. 태극은 중앙이 큰 것을 강조한 것이고, 태일은 태극이 유일자임을 강조한 것뿐이다.

'극極'이란 글자는 '동棟(용마루)'이란 뜻에서 고高·중中·정正·종終·궁窮·지至·본本의 뜻으로 확장된 것이다. 그러므로 '태극太極'의 원뜻은 '큰 용마루' 또는 '큰 뿌리'란 뜻으로 천天을 표현한 것이다. '무극無極'은 '다함이 없는 것' 또는 스스로 뿌리이면서도 '자기가 나온 뿌리가 없는 것'이란 뜻으로 창조주를 표현한 것이다.

이들 개념을 어떻게 연계시킬 수 있는가? 무극과 태극의 관계는 혼돈과 대상大象의 관계와 조응하는 것이다. 억지로 도식화하면 다음과 같을 것이다.

> 무극無極 = 혼돈混沌 = 무유無有 = 일자一者
> ↓   ↓   ↓   ↓
> 태극太極 = 대상大象 = 유有 = 양의兩儀

다만『태극도설』의 강령인 "무극이태극無極而太極"을 해석함에 있어서는, '무극이 곧 태극이냐?', 아니면 '무극이 태극을 낳는 것이냐?'로 학설이 갈린다. 두 학설 모두 옳지만 일면적인 것 같다. 즉 "무극은 태극을 낳는데 둘은 합동이다"라고 말해야 옳을 것이다.

노자가 말한 무위無爲의 도는 '부동의 동자'인 창조주다. 그리고 도는 시작도 없는 무근원無根原이며, 끝도 없는 무궁無窮이므로 '무극無極'이라고 한다. 그러나 무극은 아무 것도 존재하지 않는 허무虛無가 아니다. 그러므로 그것을 경계하고자 다시 '태극太極' 또는 '태일太一'이라고 이름 붙인 것이다.

이처럼 노자는 도道를 여러 가지 다른 말로 표현했다. 즉 노자가 말한 태일太一·무극無極·무위無爲·자연自然·박樸·혼돈混沌·형상形相·대상大象·무無·영아嬰兒는 모두 도를 표현한 말이다. 다 같은 도라는 뜻이지만 특히 '혼돈'과 '암흑暗黑'과 '무극'은 '드러나지 않음', '분별이 없음', '다함이 없음'을 강조하여 표현한 것이다.

'무극'이란 개념은 '스스로 근본이지만 자기가 나온 근본이 없는 도'를 뜻하는 말로『노자』28장에서 처음으로 그것도 단 한 번 언급된 것인데, 훗날 주돈이가 '무극이 곧 태극'이라는 '태극도설太極圖說'로 발전시킨 것이다.

『노자』28장의 무극론을 정리하면 다음과 같을 것이다.

1절	암컷(母·地)	+	수컷(父·天)	→	냇물(자연·생명)	→	상덕	→	영아
	↕		↕		↕		↕		↕
2절	흑黑(암흑·혼돈)	+	백白(광명·분별)	→	식式(천명·천리)	→	상덕	→	무극

여기서 '백白'은 광명과 분별을 의미하고 '흑黑'은 암흑과 혼돈을 의미한다. 혼돈이란 물질의 원시적 미분화 상태 혹은 무질서한 혼란을 의미한다. 플라톤은 카오스(혼돈)라고 말했고, 기독교 성경에서는 흑암이라고 말한다. '흑암'은 빛이 없으므로 아무것도 분별할 수 없다는 인식론적 혼란을 의미하고, 또한 물질의 원시적 미분화 상태를 의미한다.

주역周易/계사繫辭 상/11장

만유의 변화(易)에는 태극太極이 내재해 있다.

이 태극이 음양陰陽을 낳고 음양은 사상四象을 낳고

사상은 팔괘八卦를 낳는다.

易有太極

是生兩儀 兩儀生四象

四象生八卦.

장자莊子/내편內篇/대종사大宗師

무릇 도道는

…스스로 근본이요, 스스로 뿌리다.

천지가 있기 전에 옛날부터 이미 존재하여

귀신과 천제天帝를 신령스럽게 하고, 천지를 낳았다.

태극보다 먼저 있었으나 높다고 하지 않고

육극의 아래에 있으나 깊다고 하지 않으며

천지보다 먼저 살았으나 장구하다고 하지 않으며

상고上古보다도 오래됐지만 늙었다고 하지 않는다.

夫道

…自本自根

未有天地自古以固存.

神鬼神帝 生天生地

在太極之先 而不爲高

在六極之下 而不爲深

先天地生而不爲久

長於上古而不老.

회남자淮南子/원도훈原道訓

'태상太上의 도道'는 만물을 낳지만 소유하지 않으며

太上之道 生萬物而不有

조화와 형상을 이루지만 주재하지 않는다.

이 도가 나뉘어 음양이 되고

음양이 결합 조화하여 만물을 낳는다.

하늘을 덮고 땅을 실으며 우주를 가득 채우지만

끝도 없고 형체도 없는 것이 음양을 품은 기氣다.

成化象而弗宰.

道分而爲陰陽

陰陽合化而萬物生.

覆天載地 充塞宇宙

無限無形 含陰陽的氣.

소옹邵雍

황극경세皇極經世/관물외편觀物外篇

태극은 하나이며, 동動이 없어도 둘을 낳는다.

둘로 갈라지는 것을 신神이라고 말한다.

신神은 수리數理를 낳고, 수리는 형상形象을 낳고

형상은 기물器物을 낳는다.

太極一也 不動生二.

二則神也.

神生數 數生象

象生器.

주돈이

태극도설太極圖說

무극이 곧 태극이다.

태극이 동動하면 양을 낳고

동이 극하면 정靜하고, 정하면 음을 낳는다.

양이 변하고 음이 합해 오행五行을 낳는다.

이 오기五氣가 순리대로 펴니 사시四時가 운행된다.

오행은 하나의 음양이며

음양은 태극이다.

無極而太極

太極動而生陽

動極而靜. 靜而生陰

陽變陰合而生水火木金土.

五氣順布 四時行焉.

五行一陰陽也

陰陽一太極也.

태극설太極說

주돈이가 무극無極이라고 말한 것은

그것이 공간도 형상도 없으나

사물이 존재하기 이전에도 존재하고

사물이 있은 후에도 없어지지 않으며

음양의 밖에도 존재하고

음양의 안에서도 운행하지 않음이 없기 때문이다.

이처럼 전체를 관통하여 있지 않은 곳이 없으며

처음부터 소리나 냄새나 그림자나

메아리로 말할 수도 없기 때문이다.

周子所以謂之無極

正以其無方所無形狀

以爲在無物之前

而未嘗不立於有物之後.

以爲在陰陽之外

而未嘗不行乎陰陽之中.

以爲通貫全體無乎不在.

則又初無聲臭影

響之可言也.

주자대전朱子大全/권78/강주중건염계선생서당기江州重建濂溪先生書堂記

대저 이른바 태극太極이란

천지 만물의 이理를 통합하여 하나로 이름 붙인 것이다.

그것은 그릇과 형체가 없으나

천지 만물의 이理는 있지 않은 곳이 없으므로

"무극無極이 곧 태극"이라고 말한다.

또 그것은 만물의 이理를 갖추고 있으나

그릇과 형체가 없으므로

"태극이 곧 무극"이라고 말한다.

蓋其所謂太極者

合天地萬物之理 而一名耳.

以其無器與形

而天地萬物之理無不在

是故曰 無極而太極.

以其具天地萬物之理

而無器與形

故曰太極本無極也.

태극은 창조주이므로 다자多者가 아닌 일자一者다. 일一인 태극은 음양의 이기二氣를 낳고, 이기는 상생·상극하여 삼三인 합合을 낳고, 합은 다자인 만물을 낳는다. 이것은 야훼라는 이름의 신神이 7일 동안에 천지 만물을 창조했다는 유대 민족의 신화보다도 지혜롭고, 그리스 사람들의 형이상학보다도 합리적이기까지 한 동양 민중들의 위대한 상상력이라고 하지 않을 수 없다.

존재의 근원인 원동자原動者, 혹은 능산자能産者는 더 이상의 원인이 없는 무극無極이며, 최초의 원인인 태극이므로, 고대 그리스 사람들처럼 창조주를 물(水)이나 불(火) 같은 형이하의 물체로 말할 수는 없다고 생각했을 것이다. 그러므로 그것은 보이지도 않고 들리지도 않는 신과 같은 정미精微한 기운氣運(精氣)일 것이라고 여겼으며, 그것은 또한 인간의 길이 되어야 할 것이므로 '도道'라고 이름 붙였다.

이처럼 도는 보이지 않을 뿐 분명히 모든 존재의 근원이 되는 실재實在다. 자기 스스로 근원이므로 무극이라고 말하고, 분별을 붙일 수 없으므로 무명無名이라고 말하며, 그렇다고 무실재無實在가 아니므로 태극이라고 말하며, 운동을 낳는 동자動者이지만 스스로 운동하지 않으므로 무위無爲라고도 말할 뿐 실체가 없는 무無가 아니다.

이러한 노자의 도는 공자와 묵자의 천제天帝를 대체한 것이다. 천天을 비인격적으로, 유물론적으로, 은유적으로 해석한 것이다. 공자는 천제를 지배자의 신으로 해석했고, 묵자는 천제를 민중의 신으로 해석했다. 이는 인간의 운명을 목적적이며 희망적으로 본 것이다. 그러나 노자는 인격신을 부인하고 그것을 자연의 도로 대체함으로써 목적성이 사라진다. 다만 노자에게도 아직 가치의 기준인 도가 있

으므로 허무에 비관하거나 판단중지判斷中止로 자포자기하
는 것은 아니다.

　이처럼 노자의 도는 천제를 범신론적 유물론으로 해석
했다는 점에서는 진보적이지만, 궁극적으로는 운명론적이
며 절망적이다. 그들의 도는 목적도 해방도 약속도 없기 때
문이다.

열자列子/중니仲尼

말미암는 것도 없이 항상 생성하는 것이 도道다.　　　　無所由而常生者 道也.
생명을 인연하여 태어나는 것인즉　　　　　　　　　　由生而生
비록 마쳐도 없어지지 않는 것은 상常이다.　　　　　　故雖終而不亡 常也.
생명을 인연하여 없어짐은 불행不幸이다.　　　　　　　由生而亡 不幸也.

말미암는 것이 있어 항상 죽는 것 역시 도다.　　　　　有所由而常死者 亦道也.
죽음을 인연하여 죽는 것인즉　　　　　　　　　　　　由死而死
비록 마치지 못하고 스스로 없어지는 것 역시 상이다.　故雖未終而自亡者 亦常也.
죽음을 인연으로 태어남은 행幸이다.　　　　　　　　　由死而生 幸也.

그러므로 작용이 없이 생성되는 것을 도라고 말하고　　故無用而生 謂之道.
도의 작용으로 끝마치는 것을 상이라 한다.　　　　　　用道得終 謂之常.
작용이 있어 죽는 것도 역시 도라고 말하고　　　　　　有所用而死者 亦謂之道.
도가 작용하여 죽는 것도 역시 상이라 한다.　　　　　　用道而得死者 亦謂之常.

　노자는 천제를 부인하지만 신을 부인하지는 않았다. 다
만 그에게 신은 도에 지배되는 하위의 존재일 뿐이었다. 동

양에서는 옛날부터 신농씨·후직씨·고시씨 등을 생산의 곡신穀神으로 숭배하여 고사告祀를 지내왔다. 이들은 모두 남신男神이다.

그러나 노자는 생산과 풍요의 신으로 신농씨나 후직씨가 아니라 암컷(玄牝)과 생식기(谷神)를 숭배했다. 그것을 온갖 물이 모여드는 텅 빈 골짜기로 형상화했다. 이것은 동양에서는 보기 드문 일이다. 아마도 주로 강과 물가에서 어렵 생활을 했던 지역의 난생신화의 산물일 것이다. 노자사상의 근거지인 중국 남방의 용신龍神 문화에는 북방의 천신天神 문화와는 달리 여신들이 많이 등장한다.

제9부

인석론

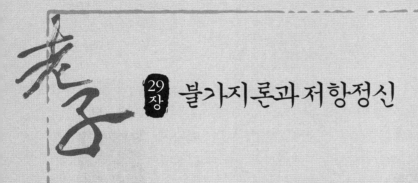

老子

29장 불가지론과 저항정신

노자 읽기

《 노자 · 1장 · 상단 》[1]

도道는 가르쳐 말할 수는 있지만   道[2]可道[3]
그 가르쳐 말한 도는 '상자연常自然의 도道'가 아니다.   非常道

　　김경탁 : 말할 수 있는 도는 상도가 아니다.

　　장기근 : 말로 표상해 낼 수 있는 도는 항구불변한 도가 아니고,

　　노태준 : 도로서 도(유교의 인륜의 도)라고 할 것은 참 도가 아니고,

　　윤재근 : 도라고 말할 수 있는 도는 변함없는 도가 아니다.

　　김용옥 : 도道를 도道라고 말하면 그것은 '늘 그러한 도道'가 아니다.

　　오강남 : 도라고 할 수 있는 도는 영원한 도가 아닙니다.

　　임채우 : 도라 할 수 있는 도는 항상된 도가 아니다.

　　이석명 : 도라고 말할 수 있는 도는 늘 그러한 도가 아니다.

　　이경숙 : 도를 도라고 할 수 있지만 언제나 참 도는 아니다.

　　김형효 : 말할 수 있는 도는 불변의 도가 아니고,

---

1) 백서본 45장. 죽간본에는 없음.

2) 道(도)=路也.

3) 可道(가도)=論說敎令也, 言也, 訓也.

이름(名)을 불러 분별(名分)할 수는 있으나

그것은 상자연의 명분名分은 아니다.

名$^{4)}$可名

非常名.

　　김경탁 : 부를 수 있는 이름은 상명常名이 아니다.

　　장기근 : 이름 지어 부를 수 있는 이름은 참다운 실재의 이름이 아니다.

　　노태준 : 이름으로서 이름이라 할 것은 참 이름이 아니다.

　　김형효 : 말할 수 있는 이름은 상명常名이 아니다.

　　김용옥 : 이름을 이름 지으면, 그것은 늘 그러한 이름이 아니다.

　　오강남 : 이름 지을 수 있는 이름은 영원한 이름이 아니다.

　　김형효 : 명명할 수 있는 이름은 불변의 이름이 아니다.

---

4) 名(명)=夕+口(어두운 저녁에 입으로 부르다). 事物之號也, 分也, 明也.

제1장의 의의

『노자』는 한마디로 민중의 저항 문서다. 기존의 모든 가치에 대해 저항하고 이를 전복시킨다. 『노자』는 상하편으로 되어 있는데 상편 1장에 해당하는 「도경」 1장과 하편 1장에 해당하는 「덕경」 1장(38장)은 이러한 안티테제로 시작한다. 백서본 역시 「덕경」이 상편으로 「도경」이 하편으로 배치되어 있고 일부 장의 순서만 약간씩 다를 뿐 이러한 안티테제로 시작한다는 점은 동일하다. 「도경」 1장에서는 이미 말해진 기존의 도道는 도가 아니라고 부정한다. 「덕경」 1장에서는 세상의 덕인德人은 덕이 없다고 부정한다. 노자는 그것으로 끝내지만 장자에 이르면 한발 더 나아가 안티테제를 새로운 테제로 지양 종합(aufheben)하려 한다.

　다만 여기서 주목해야 할 점이 있다. 첫째 죽간본에는 「도경」 1장과 「덕경」 1장이 없다는 점이다. 이로써 우리는 지금까지 2천여 년 동안 우리가 읽어온 백서본과 최근에 초묘楚墓에서 발견된 죽간본은 그 성격이 전혀 다르다는 것을 알 수 있다. 둘째 부정과 저항의 글을 맨 앞에 배치했다는 점이다. 이로써 『노자』를 편집·기록한 사람의 의도를 알 수 있다.

　기록자가 전하고자 했던 민중의 의도는 무엇인가? 구체제를 전복하는 것이다. 그것은 기존의 체제를 지탱하는 기득권 세력을 갈아치우는 것이다. 그러나 기득권 세력은 지식인들이고 속칭 잘난 사람들이다. 이들에게 대항하는 세력은 무식하고 못난 민중 세력이다. 이들 민중 세력은 대안을 제시할 수 있는 잘난 사람들이 아니다. 설령 대안을 제시하더라도 씨가 먹히지 않는다. 믿음이 사라진 세상에서 대안은 효력이 없다. 그러나 인류의 역사는 항상 이들 민중 세력에 의해 변화했다. 특히 중국은 항상 민란을 계기로 지배 세력이 교체됐다. 민중 세력은 스스로 지배 세력이 될 수는 없었지만 지배 세력을 교체할 수는 있었던 것이다. 그들은 우선 '못살겠다 갈아보자'는 식이다. 그놈이 그놈일망정 갈아보자는 것이다. 이것은 부정이며 불가지론이다. 민중들은 "지금의 도는 도가 아니다"라고 외친다. "오늘날 너의 덕은 덕이 아니라 위선이다"라고 외친다. 「도경」 1장과 「덕경」 1장은 이것을 말하는 것이다. 바로 무지한 자들의 혁명 선언이다. 그래서 『노자』는 황건의 난의 성전이 될 수 있었던 것이다.

그렇지만 나는 경전에 대해 기록자의 본래 의도를 초월하여 새롭고 심층적으로 확대 해석하는 것을 반대하지 않는다. 이것은 유식한 자들이 해야 할 일이기 때문이다. 특히 『노자』 1장에서 기존의 도와 덕을 부정하는 그 접근 방법이 인식론적이라는 관점은 주목해야 한다. 2,400년 전 문서를 인식론으로 말하는 것은 견강부회라고 힐문하는 사람도 있을 것이다. 그러나 『노자』보다 앞선 『묵자』에서 이미 명실상부론名實相符論과 정교한 논리학論理學을 말했다는 점을 기억해야 한다(졸저 『동양고전 산책』 권2 28장 '묵자의 인식론과 논리학' 참조). 그리고 전국시대에는 소피스트와 비슷한 이른바 명가名家들이 크게 유행했다는 점을 생각하면, 『노자』의 저술가들이 부정과 저항을 설득하려 함에 있어 인식론적인 명가의 이론을 차용했을 것이란 가정은 너무도 현실적이다.

그러므로 「도경」과 「덕경」의 맨 앞에 내세운 글들을 모두 수양론이나 처세술로 해석하는 것은 찬성할 수 없다. 왜냐하면 이 글들은 유가들의 예교禮教·명교名教에 대한 안티테제를 말한 『노자』의 기본 강령이기 때문이다.

그런데 위에 적시한 것처럼 우리 학자들은 하나같이 애매한 번역과 엉뚱한 해설로 본래의 뜻을 왜곡한다. 그리하여 한량 계급의 청담을 위한 엉뚱한 허무虛無의 넋두리로 전락시키거나, 속물들을 위한 현실 영합의 처세술로 전락시킨다. 처음이 잘못되면 실 한 올의 차이가 끝내는 천 리里로 어긋나게 마련이다.

항상 경전의 제1장은 그 경전의 이미지를 결정한다. 『노자』 첫 장을 다시 읽어보라! 그것이 처세술인가? 레지스탕스인가? 『논어』의 첫 장은 "학이시습學而時習"으로 시작한다. 이것은 글쟁이인 선비를 찬미하는 말이고, 성왕의 말씀을 열심히 읽고 익히라는 권고다. 이것은 『논어』가 출세를 위한 교과서임을 말해 준다. 그런데 『노자』 첫 장은 옛 성왕들이 말한 도는 도가 아니라고 말한다. 심지어 성왕과 학문을 단절하라고 말한다. 이것은 글쟁이들의 말이 아니고 민중의 말이다. 지배자들에게 봉사하며 출세하기 위한 교과서가 아니고 저항 문서라는 것을 말해 준다. 그런데 우리 학자들은 『노자』를 한량 계급인 글쟁이를 위한 현학玄學으로 변질시킨다. 더 이상 설명이 필요치 않다. 지금 책방에 나와 있는 『노자』의 번역서는 이러한 노자의 기본 성격부터 왜곡된 것이므로 폐기되어야 마땅하다.

도는 혼돈이므로 언표가 불가능하다

『노자』1장을 인식론으로 읽어보기로 하겠다. 인식론은
고대에도 있었지만 계몽주의가 유행한 17세기 이후부터는
형이상학을 대체하여 철학의 중심적 담론으로 발전했다.
형이상학이란 인간과 만물, 세계와 우주의 존재적 근원이
무엇인가를 묻는 것이다. 인류사에서 처음으로 형이상학
을 말한 사람은 동양의 관자管子이고, 다음은 서양철학의
시조로 불리는 탈레스Thales(BC 624?~546?)다. 그들은 모두
똑같이 만물의 근원은 물(水)이라고 주장했다. 12세기 성
리학의 태극도설太極圖說과 이기론理氣論도 형이상학이다.
근대 이전까지는 학문이라면 형이상학이나 도덕론이 전부
였던 것이다. 그런데『노자』는 첫 장을 인식론으로 시작하
고 있으니 이것 하나만으로도 획기적인 사건이다.

인식론은 '인간이 어떻게 사물을 인식할 수 있는가, 형
이상학에서 말하는 우주의 근원이 과연 참인가'를 묻는다.
그러나 공자, 맹자 등 유가들은 '인간이 어떻게 행동하는
것이 올바른가, 무엇이 인간에게 가치 있는가'를 묻는다.
그들은 도덕론 내지 가치론을 말했을 뿐 형이상학이나 인
식론에는 관심이 없었다. 그들은 천리天理란 선천적으로
마음속에 있으며 또한 이미 성인들이 다 말해 놓은 것이므

로 오직 그것을 학습하는 것뿐이라고 생각했기 때문이다.

서양도 마찬가지다. 중세까지는 만물의 창조주인 신을 의심한다는 것은 불경스러운 일이었으며 죽음을 자초하는 일이었다. 서양에서 인식론이 철학의 주류 담론이 된 것은 17~18세기 로크John Locke(1632~1704)의 『인간오성론An Essay Concerning Human Understanding』(1690)과 칸트의 『순수이성비판Kritik der reinen Vernunft』(1781) 이후의 일이다. 이러한 점에서 본다면 16세기 조선에서 퇴계退溪 이황李滉(1501~1570)과 고봉高峯 기대승奇大升(1527~1572)이 이른바 격물格物논쟁이라고 일컬어지는 인식론에 대한 논쟁을 벌였다는 것은 획기적인 사건이다.

고대철학에서 인식론에 관심을 가진 최초의 사상가는 동양의 묵자와 서양의 소크라테스일 것이다. 소크라테스는 선험론先驗論인 상기설想起說을 주장했다.

메논Menon

영혼은 불멸이므로 여러 번 태어나며
이승과 저승에서 모든 것을 보았기 때문에
영혼이 배우지 않은 것은 없다.
그러므로 덕과 다른 것들에 대해서
회상한다는 것은 전혀 놀랄 일이 아니다.

소크라테스와 비슷한 시기에 묵자는 선험론을 거부하고 경험론적 인식론을 말했고, 노자는 불가지론적 인식론을 말했다. 이것은 놀라운 일이다. 『노자』 1장은 존재의 인식에 대한 회의를 말한 것이다. 우리가 너무도 잘 알고 있는 장자의 나비 꿈 이야기도 같은 맥락으로 읽을 수 있다. 철학이 의심과 회의로부터 비롯된다고 한다면 노자는 동양철학의 시작이라고 해야 할 것이다.

장자莊子/내편內篇/제물론齊物論

어느 날 장주는 꿈에 나비가 됐다.	昔者 莊周夢爲胡蝶.
훨훨 나는 나비가 된 것이 기뻤고	栩栩然胡蝶也
흔쾌히 스스로 나비라고 생각했으며	自喻[5]適志與
자기가 장주라는 것은 알지 못했다.	不知周也.
그러나 금방 깨어나자 틀림없이 다시 장주였다.	俄然覺 則遽遽然周也.
장주가 꿈에 나비가 됐는지	不知 周之夢爲胡蝶與
나비가 꿈에 장주가 됐는지 도무지 알 수가 없다.	胡蝶之夢爲周與.
그러나 장주와 나비는 반드시 분별이 있다.	周與胡蝶則必有分矣.
이와 같은 것을 사물의 탈바꿈이라고 말하는 것이다.	此之謂物化.

노자가 말한 도道는 우리 눈으로 볼 수 있는 현상이 아니라 무색·무성·무형의 혼돈混沌(Chaos)이다. 혼돈은 아직 분화되지 않은 생명의 시원이다. 『구약성경』「창세기」에서 나오는 빛이 있기 이전의 이른바 '흑암黑暗'과 같은 것이다. 빛이 있어야 분별이 생기는 것이니 흑암은 분별이 없다. 그러나 노자는 흑암이라고 말하지 않고 '감추어진 빛'

---

5) 喻(유)=快也.

으로 비유했다. 노장은 여러 군데서 도道를 지구(☷) 속에 들어 있는 불(☲) 즉 『주역』의 명이괘明夷卦(䷣)로 표상했다. 땅속의 불은 하늘의 태양을 품은 것이다. 그러나 빛을 숨기고 있다. 그러므로 흑암의 태양이다. 또한 이 불은 용암의 뜨거움으로 만물을 덥혀주고 적셔주지만 제 공로를 말하지 않는다. 이처럼 도는 볼 수도 없고 흔적도 드러내지 않는 혼돈이다. 그러나 혼돈은 빛이지만 숨어 있어 분별을 거부한다. 그것을 억지로 분별하여 도道라고 이름 붙인 것뿐이다. 그러므로 도는 빛이라고도 말할 수 있고 어둠이라고도 말할 수 있으며, 크다고 말할 수도 있고 작다고 말할 수도 있다. 그래서 『노자』 1장은 도란 말로 전할 수 없다는 말로 시작하는 것이다.

이처럼 노자의 도는 혼돈이므로 분석과 규정이 불가능하다. 그러므로 도는 언표가 불가능하다. 따라서 이미 언표된 도는 참된 도가 아니다. 당연히 성왕이 지어낸 윤리 도덕이라는 것도 사람의 자의적인 권도權道일 뿐 자연의 도가 아니다. 그러므로 성왕의 도는 참된 도가 아니다.

이처럼 『노자』 1장은 기존에 이미 일컬어진 도는 모두 참된 도가 아니라는 혁명적인 선언으로 시작한다. 그런데 우리나라 학자들의 번역은 앞에서 적시한 것처럼 천태만상이다. 그들의 번역은 무슨 뜻인지조차 알 수 없는 것이 태반이다.

혹자는 이것을 메타언어의 구조로 설명하는 이도 있으나 적절한 것인지는 의심스럽다. 더구나 그들은 원전을 정확히 번역하지 못하고, 대상언어와 메타언어를 반대로 대입시키는 오류를 범하고 있다. 굳이 "도가도道可道"를 언어 문제로 해석한다면 앞의 '도道'는 대상언어(object-language)이고 뒤의 '가도可道'는 메타언어(meta-language)로 볼 수 있을 것이다. 이로써 "도가도道可道 비상도非常道"를 풀이하면 '자연의 도(대상언어)는 인간의 언어로 해석할 수는 있겠지만(메타언어), 그 해석한 도는 (자연의) 상도常道가 아니다'라는 뜻이 된다. 그러나 『노자』1장은 언어와 언어 간의 소통의 문제가 아니라 명名과 실實의 문제다. 명실名實의 문제는 이미 기원전 5세기에 묵자가 깊이 있게 다루었으며, 12세기 서양에서 시작된 이른바 '보편논쟁'의 주제도 '신의 존재가 실재인가, 아니면 명목에 불과한 것인가?'였다.

『열자』에서는 "만물의 시원은 그 끝이 없으므로 그비롯됨을 알 수 없다"고 말한다.

열자列子/탕문湯問

은殷나라 탕湯임금이 말했다.

"그렇다면 만물은 선후가 없다는 말입니까?"

하혁夏革이 말했다.

"만물의 시작과 끝은

처음부터 그 궁극이 없습니다(無極).

시작이 끝이 되기도 하고

혹은 끝이 시작이 되기도 하는 것이므로

어떻게 그 실마리를 알 수 있겠습니까?"

殷湯曰

然則物無先後乎.

夏革曰

物之終始

初無極已.

始或爲從

終或爲始

惡知其紀.

장자는 "도道란 형체가 없는 형이상形而上이므로 정조精粗의 개념도 있을 수 없다"고 말했다. 또한 "도는 너무 커서 두를 수 없으므로 계량하여 수數로써 헤아릴 수 없다"고 말했다. 언言의 한계로 인해 도를 표상表象할 수 없다는 뜻이다. '언言'은 조야粗野한 것만 논할 수 있으므로 정미한 도를 말할 수 없다는 것이다.

장자의 『노자』 1장 해설

장자莊子/외편外篇/지북유知北遊

도는 귀로 들을 수 없다. 들었다면 도가 아니다.	道不可聞. 聞而非也.
도는 눈으로 볼 수 없다. 보았다면 도가 아니다.	道不可見. 見而非也.
도는 입으로 말할 수 없다. 말했다면 도가 아니다.	道不可言. 言而非也.
형체는 지각할 수는 있지만, 지각된 형체는 형체가 아니다.	知形 形之不形乎.
그러므로 도를 언명하는 것은 마땅치 않다.	道不當名.

장자莊子/외편外篇/추수秋水

정미精微하다 조잡粗雜하다는 것은	夫精粗者
형체가 있는 것에만 합당한 것이며	期[6]於有形者也.
형체가 없는 것은 계량으로 분별할 수 없다.	無形者 數之所不能分也.
너무 커 둘러쌀 수 없는 것도 수량으로 헤아릴 수 없다.	不可圍者 數之所不能窮也.
언言으로써 논할 수 있는 것은 사물 중에서 조잡한 것이며	可以言論者 物之粗也
생각으로 헤아릴 수 있는 것은 사물 중에서 정미한 것이다.	可以意致者 物之精也.
언言으로 논할 수 없고	言之所不能論

---

6) 期(기)=會也, 當也.

생각으로 살필 수 없는 것에 이르면

조粗나 정精의 개념으로는 헤아릴 수 없다.

意之所不能察致⁷⁾者.

不期⁸⁾精粗焉.

전국시대의 한비는 '도道'와 '이理'를 구분했다는 점에서 특이하다. 그는 "도는 사물의 생성과 운동의 원인이며, 이理는 그 무늬(文)"라고 말했다. 그래서 인간은 도를 보지 못하고 그 흔적인 이理를 보고 도라고 말한다는 것이다. 즉 이理는 도의 흔적이므로 모나고 둥글다거나, 짧고 길다거나, 매끄럽고 거칠다거나, 견고하고 취약하다거나 하는 분별分別이 가능하므로 언표가 가능하지만, 그 언표는 도의 허물일 뿐 살아 있는 도가 아니라는 것이다. 그래서 그는 "노자는 '도는 언표가 불가능하다'고 말했다"라고 했다.

한비의 『노자』 1장 해설

한비자韓非子/해로解老

이理는 사물을 이루는 무늬이며

도道는 만물을 이루는 원인이다.

무릇 이理란 모나고 둥글며, 짧고 길며,

거칠고 다듬어지며, 견고하고 취약함의 분별分別이다.

그러므로 이理가 정해진 뒤에야 말로 표현할 수 있다.

理者成物之文也.

道者萬物之所以成也.

凡理者 方圓 短長

麤⁹⁾ 靡¹⁰⁾ 堅脆之分也.

故理定而後 可得道¹¹⁾也.

---

7) 致(치)=至, 歸也.
8) 期(기)=當也, 度也.
9) 麤(추)=不精也.
10) 靡(미)=偃也, 磨切也, 美也.
11) 道(도)=訓也.

그러므로 정해진 이理는	故定理
존망과 사생과 성쇠가 있기 마련이다.	有存亡 有死生 有盛衰.
사물은 한 번 흥하다가 한 번 망하며	夫物之一存一亡
금방 죽었다가 살아나고	乍12)死乍生
처음은 무성했다가 후에는 시드는 것이니	初盛而後衰者
상常이라 말할 수 없다.	不可謂常.
오직 천지가 비롯됨과 더불어 태어나서	唯夫與天地剖判也俱生
천지가 소멸할 때까지	至天地之消散也.
죽지 않고 쇠하지 않는 것을 상이라고 말하는 것이니	不死不衰者 謂常者
상이란 것은 바뀌는 바가 없고 고정된 이理가 없다.	而常者無攸易 無定理.
고정된 이理가 없다는 것은	無定理
자연의 공간에 있지 않다는 것이다.	非在於常所.
그러므로 인도하여 언명할 수 없다.	是以不可道也.
성인께서 그 현묘한 공허를 관찰하고	聖人觀其玄虛
그 두루 작용함을 통해	用13)其周行
억지로 이름을 붙여 도道라고 말함으로써	强字之曰道
논의가 가능해졌다.	然而可論.
그러므로 (노자는) 말하기를	故曰
"도는 말로 가르칠 수는 있어도	道之可道
그 가르침은 상도常道가 아니다" 라고 했다.	非常道也.

---

12) 乍(사)=잠깐, 별안간.
13) 用(용)=通也.

도는 감성으로 인식 가능한가?

앞에서 보았듯이 『노자』 1장의 번역과 해설은 역자마다 다르다. 특히 도올의 해설은 엉뚱하다. 그는 "동양의 지혜는 언어에 대한 깊은 거부감이 있다"고 전제하고, "도가도道可道"를 "시시각각 변하는 도를 시시각각 변하지 않는 생각 속에 집어넣는 것"이라고 해석했다. 그러나 이것은 반대로 해석한 것이다. 그는 또 "사랑은 말로 하는 것이 아니다"라는 비유로 설명했다. 그래서 나의 설명을 듣던 어느 화백께서 나에게 이런 질문을 했다. "도올의 말은 '도는 느낌에 있다'는 뜻인데, 노자가 정말 낭만주의를 말한 것입니까?"

우선 답변에 앞서 "도가도道可道 비상도非常道"는 실재인 도道와 명목뿐인 언표言表의 문제를 말한 것일 뿐 '생각'이나 '감성'과는 아무 상관이 없다는 것을 명심해야 한다. 즉 도란 생명生命의 원천인 자연이며, 자연은 무위無爲이며 혼돈이므로, 도는 말로 분별되는 것이 아님을 말한 것이다.

"시시각각 변하는 도를 시시각각 변하지 않는 생각 속에 집어넣는 것"이라는 도올의 해석은 정반대로 틀린 말이다. 반대로 '시시각각 변하지 않는 도를 시시각각 변하는 생각 속에 집어넣는 것'이라고 말해야 한다. 또한 역으로 '시시각각 변하는 도를 변하지 않는 글자(名)나 관념에 집어넣는 것'이라고 말해야 한다. 앞의 말은 도의 '체體'를 말한 것이고 뒤의 말은 도의 '용用'을 말한 것이다. 도는 스스로는 변하지 않지만 변화의 근원이 되는 원동자原動者이기 때문이다.

다시 말하면 도는 '부동不動의 원동자'다. 즉 도는 상常이면서 동시에 변화운동이다. 그러므로 정靜 또는 체體에서 보면 영원히 변하지 않으며, 동動 또는 용用에서 보면 언제나 변하는 것이다. 그러므로 도올의 말은 원래부터 성립이 안 되는 말이다.

질문자의 말대로 도올이 '사랑'과 '느낌'을 말한 것은 이성주의 내지 합리주의를 반대하고 감성주의 내지 낭만주의를 말한 것 같다. 그러나 『노자』는 도올의 말과는 달리 낭만주의와는 상관이 없다. 『노자』1장은 이성이나 감성의 문제를 말한 것이 아니다. 더구나 "사랑은 말로 하나?"라는 노랫말은 『노자』와는 아무 연관도 없는 엉뚱한 비유다.

노장사상은 자연이며 무위다. 그 대칭개념은 문명文明이며 유위有爲다. 노자는 문명을 '위爲'라고 말했다. 위爲는 '위僞'와 '치治'의 뜻이다. 그러므로 무위는 반反문명이다. 감성적 낭만주의니 이성적 합리주의니 하는 것은 모두 자연이 아니고 주관의 문제다. 그러므로 노장은 합리주의뿐 아니라 낭만주의도 거부한다. 자연은 소박일 뿐 감성주의도 이성주의도 아니기 때문이다.

이러한 이분법을 적용한다면 사랑은 아폴론적인 것이 아니라 디오니소스적인 것이지만 다 같이 자연이 아니라 주관이다. 다만 디오니소스적인 것이 자연에 더 가까울 뿐이다. 마찬가지로 예술은 이성적인 것이 아니라 감성적인 것이지만 그렇다고 자연은 아니다. 오히려 예술은 반자연이며 문명이다. 즉 예술은 자연을 죽이는 것이다. 자연은 무위이고 예술은 인위다. 예술은 원래 기술 또는 과학에서 갈라져 나온 것이다. 그래서 기술과 예술을 모두 아트art라고 말하는 것이다. 예술 기법 또는 화풍을 테크닉technique이라 하는 것도 마찬가지다.

낭만주의 시조라고 불리는 루소는 과학과 예술은 도덕의 가장 나쁜 적이며 노예의 근원이라고 말한 바 있다. 루소는 낭만주의의 시조이지만 자연으로 돌아가라고 말한 반예술가였던 것이다. 루소는 노장의 제자였기 때문이다.

그러나 루소는 노장을 제대로 알지도 못하면서 노장의 말을 흉내만 냈을 뿐이다. 노장은 결코 사랑이나 느낌을 중시한 낭만주의자가 아니며 그렇다고 인류 도덕을 중시한 문화주의자도 아니다. 노장은 자연이며 야만이다. 통속에서 개처럼 살았다는 디오게네스로 대표되는 견유학파를 연상하면 맞을 것이다. 노장이나 디오게네스에게 예술과 사랑은 너무도 거리가 먼 것이다(이 점에 대해서는 다음에 설명할 직관주의에서도 언급할 것이지만 상세한 것은 졸저 『성리학개론』 권하 제8부 1장의 '흄의 정념과 성리학'과 '루소의 낭만주의와 성리학'을 참고하기 바란다).

이처럼 도올의 『노자』 1장 해설은 정반대로 착각한 것이다. 아마 그는 변화와 그 변화의 근원이 하나임을 모르고, 심心과 명名, 사思와 언言을 구별하지 못하는 것 같다.

첫째, 우리는 도와 덕이라고 말하면 인류 도덕을 상상하지만, 그것은 우리가 공맹이나 석가와 예수에 의식화됐기 때문이다. 그들의 도덕은 문명인 데 반해 노장의 도덕은 자연이며 야만이다. 명名과 언言은 문명이며 심心과 사思는 주관일 뿐 자연은 아니다. 구체적으로 "도가도道可道"에서 앞의 '도道'는 공맹의 인륜의 도가 아니라 노자의 무위자연의 도이며, 뒤의 '도道'는 '표현'이라는 뜻보다 의미를 부여하는 '해석'과 '훈육訓育'이라는 뜻이 강한 말이다. 즉 "도가도 비상도"의 취지는 '무위자연의 도를 명名(언어와 문자)으로 해석하면 그것은 자연의 도가 아니다'라는 뜻이다.

둘째, "도가도"의 의미는 도올이 말한 것처럼 "도를 '생각(思)' 속에 집어넣는 것"이 아니라 도를 '문자나 언어(名)' 속에 가두는 것으로 해석해야 한다. 그래서 바로 다음 구절을 "명가명名可名"으로 받은 것이다. 생각과 마음은 생명의 발현이므로 시시각각 변하지만, 문자나 개념은 변하지 않는 죽은 물건이다. 그러므로 이 글은 만상만화의 변화를 낳는 부동不動의 원동자이며 영원한 생명인 도를 '죽은 관념의 틀'에 가두지 말라는 뜻이다.

셋째, "동양인은 언어에 대한 거부감이 있다"는 도올의 말은 틀린 것이다. 공자는 오히려 실實보다 명名을 중시하여 정명론正名論을 통치의 기본으로 생각했다. 이런 연유로 동중서가 유교를 창립하면서 공자의 정명론을 귀명주의貴名主義로까지 강화했으므로 유교를 '명교名敎'라고 부르게 됐던 것이다. 그래서 하느님(天帝)을 믿던 유학이 이제 공자의 말씀을 믿는 경서經書 중심주의로 바뀌고 학문의 종교가 됐다. 이는 마치 야훼 하느님을 믿던 기독교가 성경 말씀을 믿는 복음주의로 변질된 것과 비슷하다. 이처럼 동서양을 막론하고 언어·문자·기호 이른바 명名을 숭상한 것은 마찬가지인 것이다. 도올은 공자가 직분에 넘는 말이나 실천이 없는 말을 교언巧言으로 경계한 것을 두고 "언어에 대한 거부감"으로 오해 한 것 같다. 다만 유독 묵자와 노자만은 명보다 실을 중시했으므로 이단자가 된 것이다.

공자

논어論語/학이學而 3, 논어論語/양화陽貨 17

말을 잘하고 얼굴빛을 꾸미는 자는
인자仁者가 드물다.

巧言令色
鮮矣仁.

논어論語/헌문憲問 5

유덕자有德者는 말이 곧지만
말이 곧다고 반드시 유덕자는 아니다.

有德者必有言[14]
有言者不必有德.

이처럼 노자는 공자의 명교에 대항하여 무명無名을 말했다. 하지만 이것은 언어에 대한 거부감과는 아무 상관이 없다. 노자의 무명은 명名보다 실實을, 문화文化보다 자연自然을 중시한 안티테제일 뿐 굳이 언어 문제만 말한 것이 아니다. 오히려 여기서 '명名'은 언어·문자뿐 아니라 문명을 상징하는 기호로 읽어야 한다. 이 문제는 30장 '무명'에서 다시 언급할 것이다.

그렇다면 형체가 없는 것은 알 수 없다는 말인가? 마음은 형체가 없지만 표현할 수 있는 것 아닌가? 이렇게 반문하는 독자도 있을 것이다.

---

14) 言(언)=直言.

장자는 "형체形體가 있는 것으로 형체 없는 도道를 표상하면 변화와 운동 즉 생명이 정지된다"고 말했다. 즉 생명체를 문자로 말하고 그림으로 그리면, 운동이 중지된 죽음과 해골일 뿐 이미 생명체는 아니라는 뜻이다. 아마 화백들이 가장 고심하는 부분일 것이다. 산과 강의 그림 속에 정기가 살아 있는가? 초상화 속에 그 사람의 혼이 들어 있는가? 과연 그림 속에 생명이 들어 있는가? 어쩌면 생명체를 죽은 시체로 그린 것은 아닌가?

　우스운 이야기를 하나 하겠다. 옛날 우리 집은 서당이라 뜨내기손님이 오면 유숙하는 경우가 많았다. 어느 날 그림쟁이를 자처하는 목수와 소리꾼을 자처하는 상여꾼과 시인을 자처하는 풍수쟁이가 한 방에 묵게 되어 막걸리 한 사발을 놓고 자랑이 시작됐다.

　자칭 시인이 한 수 읊었다. "등잔불은 후리는데! 가위 잡은 손이 차다, 비가 오려나? 오동잎 뚝뚝 떨어지는 소리!" 그리고 자랑했다. "이 시 속에는 등잔불을 후리는 바람과 오동잎 떨어지는 소리와 빗방울 떨어지는 소리가 담겨 있다. 당신네 그림쟁이가 바람을 그릴 수 있소? 오동잎 지는 소리를 그릴 수 있소?"

　그림쟁이가 받았다. "풍종호風從虎요, 운종용雲從龍이라! 대숲에 몸을 가린 호랑이 그림을 보고, 댓잎을 쏠리는 바람 소리를 뚫고 산야를 진동하는 호랑이의 포효하는 소리를 듣지 못한단 말인가? 시커먼 구름 속에 숨은 용 그림을 보고, 승천하는 용의 경천동지하는 천둥소리를 듣지 못한단 말인가?"

가만히 듣고 있던 소리꾼이 한마디 거들었다. "이 사람들아! 소리꾼의 〈적벽가赤壁歌〉보다 영웅호걸의 기상을 더 잘 그린 환쟁이가 있었던가? 〈심청가沈淸歌〉보다 생명의 소리를 더 잘 읊은 시인이 있었던가? 그만들 두고 술잔이나 비우세나!"

이들 시골의 떠돌이들은 이미 인식론을 토론하고 있었던 것이다. 그들의 결론은 보이지 않는 것도 우리가 알 수 있고 표현할 수 있다는 것이었다. 그러나 장자는 이들과는 달리 불가지론에 기울어져 있었다.

장자莊子/잡편雜篇/경상초庚桑楚

도道는 분별한 것을 총합總合하고	道通[15]其分也
완성과 훼손을 총합한다.	其成也毁也.
분별分別을 싫어하는 것은	所惡乎分者
그 분별을 충분하다고 생각하는 폐단이 있기 때문이다.	其分也以備.[16]
충분한 것을 싫어하는 까닭은	所以惡乎備者
자기 존재를 충분하다고 생각하기 때문이다.	其有以備.
그러므로 출현하여 돌아오지 않으면 귀신으로 나타나고	故出而不反見其鬼
출현한 것을 얻으면 이는 죽음을 얻었다 말하는 것이니	出而得是謂得死
소멸했는데도 실재가 있다면 귀신의 하나일 뿐이다.	滅而有實鬼之一也.
형체가 있는 것으로 형체 없는 것을 표상하면	以有形者 象無形者
고정되어 버릴 것이다.	定[17]矣.

---

15) 通(통)=總也.
16) 備(비)=具也, 盡也, 豊足也.

이성과 감성이 아니라 생명의 직관

독자들은 우주宇宙라고 말하면 플라톤의 코스모스 (cosmos)를 생각할지도 모른다. 그는 그의 저서 『티마이오스Timaios』에서 "신이 혼돈(chaos)에 질서(order)를 넣어 우주(cosmos)를 만들었다"고 말했다. 그러나 그는 우주를 공간적으로만 보았고 공간의 운동을 시간이라고 설명하지 못했다. 그러므로 그의 코스모스는 우주라기보다는 '세계'로 번역하는 것이 타당할 것이다. 정작 '우주'라는 개념을 처음 말한 사람은 플라톤보다 100여 년 앞선 묵자였다. 묵자는 대체로 생명을 다음과 같이 말했다.

첫째, 시간은 공간의 운동이다(宇徙[18] 久).

둘째, 생명은 시간적인 우주(宙)에 충만하려는 운동이며 (生 盈久), 따라서 공간적인 우주(宇)와 분리될 수 없다(生 宇不可必也).

셋째, 생명의 시작은 시간과 마주침이다(時 當時也).

넷째, 시간에는 유有의 시간과 무無의 시간이 있는데(時 或有久 或無久), 생명의 시작은 이미 주어지지 않은 무無의 시간과 마주침이다(始 當無久).

다섯째, 생명이 다하는 것은 다만 운동의 정지를 말할 뿐이다(盡 但止動 : 『묵자』「경설」).

장자도 도道를 공간과 시간이라는 형식으로 설명했다.

---

17) 定(정)=止, 息也, 不易也.
18) 徙(섭)=趨行也.

그리고 시간과 공간의 결합을 우주라고 명명했다. 이러한 장자의 우주생명론은 묵자의 우주론을 계승한 것으로 보아야 한다.

장자莊子/잡편雜篇/경상초庚桑楚

(도는) 출현하지만 그 뿌리가 없고	出無本
들어가지만 구멍이 없으며	入無竅
실체實體가 있으나 처한 곳이 없고	有實而無乎處[19]
오랜 것이나 시간의 근본을 표할 수가 없다.	有長[20]而無本剽[21]
나온 곳이 있으나 돌아갈 구멍이 없는 것이 실체다.	有所出而無竅者有實.
실체이지만 처한 곳이 없는 것을 공간(宇)이라 하며,	有實而無乎處者 宇也.
오랜 것이지만 그 근본을 표시할 수 없는 것을	有長而無本剽者
시간(宙)이라 한다.	宙也.

이 글의 요점은 도는 절대공간과 절대시간이라는 뜻이다. 이처럼 도는 공간과 시간이 있으므로 무無가 아니라 실체다. 다만 처할 곳이 없는 절대공간이며 표시할 수 없는 절대시간이므로 형체가 아니다. 그러므로 이성으로는 알 수 없고 언어로는 표시할 수 없다는 뜻이다.

장자의 말을 부연하면 생명의 시원인 '혼돈'을 공간적인 이해를 위주로 하는 이성理性으로 규정하려고 하면 닫힌

---

19) 處(처)=處所 즉 空間.
20) 長(장)=久遠也.
21) 剽(표)=末也, 削也.

공간에 갇혀 시간적인 생명이 죽어버린다는 뜻이다. 예컨대 화가가 꽃을 그려 액자 속에 넣어두면 그 꽃은 액자라는 닫힌 공간에 갇혀 생명이 시들어버리는 것과 같다.

바꾸어 말하면 생명은 운동이며 그 운동은 공간의 운동 즉 시간이기 때문에, 공간적인 인식기관인 감각과 이성만으로는 생명을 완전하게 인식할 수 없다는 뜻이다. 따라서 감각, 이성, 경험, 영감 등이 함께 열린 이른바 생명의 직관만이 도를 인식할 수 있다는 뜻이기도 하다. 노장은 직관주의자였던 것이다.

서양에서는 이러한 시공론時空論이 18세기에 이르러 칸트에 의해 부각된다. 칸트는 그의 『순수이성비판』에서 공간과 시간을 선험적 형식이라고 주장했다. 이 형식은 경험에 의존하지 않는 감성의 순수형식이므로 이를 '순수직관' 이라고 말했다. 그리고 이 순수직관을 공간이라는 외감外感 형식과 시간이라는 내감內感 형식으로 구분했다. 그러나 그의 감성 형식은 여전히 이성주의에 머물러 있을 뿐 생명 형식이 아니었다(졸저 『성리학개론』권하 제8부 1장의 '성리학과 서양철학' 중 '칸트의 이성 비판과 성리학' 참조).

우리는 흔히 동양사상을 비합리적이라고 매도하는 데 익숙해져 있다. 그러나 낭만주의 이래 서양의 생철학자生哲學者들도 대체로 비합리주의자들이다. 잠시 베르그송Henri Bergson(1859~1941)의 비합리적 직관주의直觀主義에 대해 살펴보자. 베르그송은 20세기 프랑스의 기독교적 생철학자이며 반이성적인 직관주의로 유명하다. 그는 우주를 위로 올라가는 즉 형이상形而上의 생명生命과 아래로 떨어지는 즉 형이하形而下의 물질物質이 반대로 작용하는 생명의 진화운동으로 보았다. 그리고 그 진화는 적응이 아니라 창조創造적이라고 했다. 따라서 진화는 예정되어 있지 않다. 이에 반해 기계적 우주관은 미래가 과거 속에 이미 들어 있다고 본다. 여기서는 도달할 목적지가 이미 알려져 있다고 믿기 때문에 창조가 발붙일 수 없다. 한편 종말론처럼 결정론적 우주관은 베르그송의 창발론創發論에 동정적이지만 자유의지가 발붙일 수 없다.

생명은 커다란 힘이다. 그것은 진화하는 과정에서 식물과 동물로 분화된다. 식물은 힘을 저장하는 것을 목적으로 삼고, 동물은 힘을 운동에 사용하는 것을 목적으로 삼는다. 그리고 힘의 운동 과정에서 본능本能과 지성知性이 분기分岐된다. 이것은 서로 없어서는 존재할 수 없으나(不相離) 대체로 지성은 불행한 특질이고 본능은 최상의 것이다. 지성은 물질을 생명이 없는 것으로만 보는 것이므로 창조와 진화에 적극적이지 않기 때문이다. 이를테면 선한 소년은 본능적이요, 악한 소년은 지성적이다. 본능이 최상의 상태에 있을 때 이를 직관直觀이라고 한다.

지성은 공간과 관계가 있고, 본능과 직관은 시간과 관련을 가진다. 그러므로 시간과 공간은 근본적으로 다른 것이다. 시간은 생명과 마음의 본질적 특성이다. 어떤 것이나 살아 있는 것은 시간에 그 생명의 형적形迹을 남긴다. 베르그송은 생명의 본질을 이루는 시간을 지속持續(duration)이라 부른다. 순수지속純粹持續이란 우리의 자아가 그 자신을 살아 있게 했을 때, 즉 자아가 현재 상태를 과거의 상태에서 분리하지 않게 됐을 때 우리의 의식이 가지는 상태를 의미한다. 그러므로 지속은 기억에서 잘 나타난다. 왜냐하면 과거는 기억으로 인해 현재 안에 살아 있기 때문이다. 기억은 바로 마음과 물질의 교차인 것이다.

뇌의 기능은 우리의 정신생활을 실제적으로 유용한 것에 국한시키는 것이다. 뇌에는 모든 것이 지각된다. 그러나 실제 우리는 우리에게 흥미 있는 것만 지각할 뿐이다.

지성은 사물들을 서로 분리된 것으로 보는 힘이다. 사물은 지성에 의해 이처럼 분리된 물질로 이해된다. 그러나 사실 고체固體까지도 분리되는 물체는 존재하지 않는다. 다만 생성의 무한한 흐름만이 존재할 뿐이다. 이 생성의 흐름이 상향 운동일 때는 그것을 생명이라 부르고, 하향 운동일 때는 지성에 의해서 잘못 이해된 결과로 물질이라 부르는 것이다.

이처럼 지성은 다만 불연속적인 것, 움직이지 못하는 것에 관해서만 명백한 관념을 형성할 뿐이다. 지성은 생성의 흐름을 공간에 있어서는 분리시키고, 시간에 있어서는 고정시킨다. 그것은 진화를 생각할 수 없게 하고, 생성을 상태들의 한 계열로서밖에 표상할 수 없게 한다. 그러므로 지성의 특성은 생명 이해의 자연적 불가능성에 있다.

본능적 직관은 지성처럼 세계를 사물들로 분리하지 않는다. 직관은 무사無私하고, 자각적自覺的이며, 내성內省적이며, 대상을 무한히 확대擴大시킬 수 있는 본능을 의미한다.

혹자는 노장의 도道를 후설의 현상학에서 말하는 순수의식 또는 무의식의 세계와 같은 것으로 해석하는 이도 있다.

그러나 후설이 말하는 세계는 정신현상학이라는 말처럼 주관적 정신의 세계일 뿐 노장이 말하는 객관적 자연의 세계가 아니다. 다만 그의 이른바 '순수환원'은 노장과 일맥상통하는 바가 있다. 그가 말한 순수환원이란 인간 이성의 선험적 형식을 통해 계량적으로 객관화·인공화한 문화적·역사적인 모든 의미를 배제함으로써 은폐된 세계를 회복하려는 기획이며, 이를 위해 이성적·객관적·과학적 판단을 중지하고 순수경험의 세계 혹은 고유한 생활세계로 귀환할 것을 요구하는 것이다. 이는 문화·제도와 역사적인 의미를 제거하고 동심童心으로 돌아가 반문명적인 원시 생활세계를 회복할 것을 요구한 노자의 원시 자연 환원사상과 일맥상통한다. 그러나 노장은 이목구비의 감각도 마음의 경험과 이성도 신뢰하지 않는다는 점에서 후설과는 구분되어야 한다.

그러므로『노자』1장의 글에서 도道란 주관이 배제된 자연과 생명의 법칙을 의미하며, 그것을 성왕聖王이란 권위로 인위人爲를 덧칠하고 지자智者의 지혜로 관념화시키면 자연의 도를 잃는다. 그러므로 문명화하지 않은 생명의 본능적 직관만이 도를 체득할 수 있다는 뜻으로 읽어야 한다.

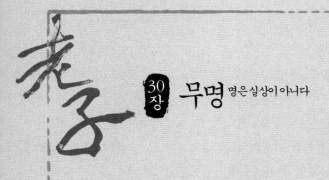

노자 읽기

《 노자 · 1장 · 중단 》

무명無名(名分이 없는 혼돈)은 천지의 비롯됨이요,　　　　　　　　無名[1] 天地之始

　　김경탁 : 이름이 없을 때에는 천지의 근원이요,

　　장기근 : 무無는 천지의 시초이고,

　　노태준 : 이름이 없는 것은 천지의 시작이요,

　　김용옥 : 이름이 없는 것을 천지의 처음이라 하고,

　　오강남 : 이름 붙일 수 없는 그 무엇이 하늘과 땅의 시원,

　　임채우 : 무無는 천지의 시작을 이름이고,

　　김형효 : 무명無名은 천지의 시작이고

유명有名(이름으로 분별함)은 만물의 어미다.　　　　　　　　有名 萬物之母.

　　김경탁 : 이름이 있을 때에는 만물의 어머니다.

　　장기근 : 유有는 만물의 근원이다.[2]

　　노태준 : 이름이 있는 것은 만물의 어머니다.

---

1) 名(명)＝名分(이름을 붙여 分別함).
2) '有 名萬物之母'로 읽음으로써 名을 소홀히 취급했다.

김용옥 : 이름이 있는 것을 만물의 어미라 한다.

오강남 : 이름 붙일 수 있는 것은 온갖 것의 어머니.

임채우 : 유有는 만물의 어미를 말한다.

김형효 : 유명有名은 만물의 어머니이다.

《 노자 · 32장 》

도는 자연自然의 상도常道이므로 무명無名이다.　　　　道常無名

김경탁 : 도는 항상 이름이 없다.

장기근 : 도는 본시 이름 지을 수 없으며, 원생목의 소박 그대로다.[3]

노태준 : 참된 도에는 이름이 없다.

김용옥 : 도는 늘 이름이 없다.

오강남 : 도는 영원한 실재, 이름 붙일 수 없는 그 무엇

김형효 : 도는 항상 무명이다.

소박한 자연은 작은 것들이지만 천하도 신하로 삼을 수 없다.　　　　樸雖小 天下莫能臣也

김용옥 : 통나무는 비록 작지만 하늘아래 아무도 그를 신하로 삼을 수 없다.

군왕이 자연의 소박함을 지키면　　　　侯王若能守之

천하 만물이 스스로 경복할 것이며,　　　　萬物將自賓[4]

김용옥 : 제후와 제왕이 이 통나무를 지키면 만물이 스스로 질서 있게 될
　　　　것이다.

천지가 서로 합해 감로를 내리듯이　　　　天地相合 以降甘露

민중은 명분의 법령이 없어도 스스로 고르게 될 것이다.　　　　民莫之令而自均

김용옥 : 백성은 법령을 내리지 않아도 스스로 제 길을 찾는다.

---

3) 아래 樸을 붙여 읽었다.

4) 賓(빈)=敬也, 服也.

왕명으로 법령과 제도가 생기고부터   始制[5]

비로소 차별의 명分(名分)이 있게 된 것이다.   有名.

    김경탁 : 처음으로 제한되어 있고 이름도 이미 있으면,

    장기근 : 만물은 만들어짐으로써 비로소 이름을 갖게 되고,

    노태준 : 소박한 통나무를 잘라 여러 가지 이름이 붙는 그릇을 만들듯이,

                무위자연의 도를 세상에 전개하면 이름이 붙는다.

    김용옥 : 통나무에 제한을 가해서 비로소 이름이 생겨나게 되는 것이니,

    오강남 : 다듬지 않은 통나무가 마름질당하면 이름이 생깁니다.

    임채우 : (세상의 일들을) 짓기 시작하면 이름(혹 명예)이 생기고,

    이석명 : 재단하기 시작하면 이름이 생겨나네.

    이경숙 : 법도가 시작될 때 이름이 만들어졌고,

    김형효 : 시작에 도는 유명으로 쪼개져 나누어졌다.

혹자는 "명분이 있게 되면 역시 그쳐야 할 곳을 알고,   名亦旣有 夫亦將知止

    김용옥 : 이름이 일단 생겨난 후에는 또한 그침을 알아야 한다.

    김형효 : 그래서 이름 또한 이미 있었다.

그쳐야 할 곳을 알면 위태롭지 않게 된다"고 말한다.   知之所以不殆

    김용옥 : 그침을 알아야 위태롭지 않을 수 있다.

    김형효 : 대저 이름은 자기 존재의 그침의 한계를 알게 한다. 그 앎이 만물

                이 지치지 않는 까닭이다.

그러나 비유컨대 자연의 도가 천하에 있으면(名分이 없어도)   譬道之在天下

냇물과 골짜기가 강과 바다로 흘러가는 것과 같이 될 것이다.   猶川谷之於江海.

    김용옥 : 온갖 계곡의 시내들이 강과 바다로 흘러들어 가는 것과 같다.

    김형효 : 골짜기의 냇물이 모두 강이나 바다로 흘러들어 가는 것과 같다.

---

5) 制(제)=法度也, 君命也.

《 노자 · 41장 · 하단 》

위대한 형상形象(이데아)은 형체가 없고,

도道는 드러나지 않고 '무명無名'이다(名分이 없다).

    김경탁 : 도는 은폐되어 이름이 없다.

    장기근 : 도는 은미하고 이름이 없다.

    노태준 : 도는 숨겨져 무어라 이름 붙일 수 없다.

    김용옥 : 길이란 늘 숨어 있어 이름이 없다.

    오강남 : 도는 숨어 있어서 이름도 없는 것.

    이석명 : 도는 거대하여 이름이 없네.

    김형효 : 도는 은적되어 이름이 없다.

大象[6]無形

道隱無名

오직 도道만이 잘 베풀고 이룬다.

    김경탁 : 오직 도만이 잘 꾸어주고 또 잘 양성한다.

    노태준 : 대저 도는 아낌없이 시여하고 또 만물을 성취시킨다.

    김용옥 : 대저 길처럼 자기를 잘 빌려주면서 또한 남을 잘 이루게 해주는

             것이 있을손가?

    오강남 : 그러나 도만이 온갖 것을 훌륭히 가꾸고 완성시켜 줍니다.

    이석명 : 오직 도를 채득한 사람만이 시작도 잘하고 마무리도 잘하네.

    김형효 : 대저 도는 아낌없이 시여해 주어서 또한 만물을 이룬다.

夫唯道善貸[7]且成.[8]

《 노자 · 37장 · 상단 》

도는 항상 무명이다.

道恒無名[9]

---

6) 大象(대상)=죽간본과 백서본은 '天象'으로 됨.

7) 貸(대)=施也.

8) 백서본은 '夫唯道善始且善成'으로 됨. 궈덴 초묘 죽간본에는 이 구절이 없다. 후인이 붙인 사족인 듯하다.

군왕이란 자연을 따르고 무명의 도를 지키는 자다.

만물은 저절로 변화한다(창조자나 주재자가 없다).

    김형효 : 만물은 장차 저절로 운화되리라.

인위로 교화하려는 욕심이 일어나면

    김경탁 : 화화하지만 작위하려고 하면,

    김용옥 : 그러나 교화와 더불어 또 욕망이 치솟을 것이다.

    오강남 : 저절로 달라지는데도 무슨 일을 하려는 욕심이 생기면

    김형효 : 운화하여 욕망이 생기면

나는 무명의 자연으로 진정할 것이다.

    김경탁 : 나는 장차 이를 무명의 박樸으로 진정시킬 것이다.

    김용옥 : 그러면 나는 무명의 통나무로 누를 것이다.

    오강남 : 이름 없는 통나무로 이를 누를 것이다.

    김형효 : 나는 장차 이를 무명의 통나무로 진정시킬 것이다.

侯王若[10]能守之

萬物將自化

化而欲作[11]

吾將鎭之 以無名之撲也.

《 노자 · 34장 》

대도는 보편적인 것이라서 좌左라고도 우右라고도 할 수 있다.

    김경탁 : 대도는 범람하여 그것이 좌우에 있을 수 있다.

    김용옥 : 큰 도는 범람하는 물과도 같다. 좌로 우로 갈 수 있다.

    김형효 : 큰 도는 무애해서 좌우로 가도 걸림이 없다.

만물은 이것을 의지하여 생겨났지만 말하지 않는다.

大道汎[12]兮 其可左右

萬物恃之以生 而不辭[13]

---

9) 백서본을 따름. 죽간본과 왕필본은 '道常無爲 而無不爲'로 됨. 우리 학자들은 모두 왕필본을 따라 '道常無爲'로 읽는다.

10) 若(약)=順也.

11) 作(작)=起也, 爲也.

12) 汎(범)=浮也, 廣也, 普也, 同氾.

김경탁 : 만물은 이것을 얻어 생生하면서도 사양하지 않고,

김용옥 : 만물이 도에 의지하여 생겨나는데도 도는 사양하는 법이 없다.

김형효 : 만물이 그 도에 의지해서 생기해도 결코 아무런 걸림이 없다.

공을 이루어도 이름을 가지려 하지 않고,　　　　　　　功成不名有

김경탁 : 공이 이루어져도 유有라 이름하지 않고,

김용옥 : 공을 이루어도 이름을 가지려 하지 않는다.

김형효 : 공을 이루어도 도는 이름을 내지 않는다.

만물을 입히고 길러도 주재하지 않는다(無神論).　　　衣養萬物¹⁴⁾ 而不爲主

이처럼 항상 인위人爲의 욕망이 없으니 작다고 이름 붙일 수도 있고,　　常無欲 可名於小

만물이 귀의해도 주재하지 않으니　　　　　　　　　萬物歸焉 而不爲主

크다고 이름 붙일 수도 있다.　　　　　　　　　　　可名爲大

그러므로 무위자연의 성인은 끝내 스스로 크다 하지 않는다.　是以聖人 終不爲大¹⁵⁾

그러므로 큰 것을 이룰 수 있다.　　　　　　　　　故能成其大.

---

13) 辭(사)=說也, 告也.

14) 백서본은 '萬物歸焉'로 됨.

15) 왕필본은 '以其終不爲自大'로 됨.

명교 반대

귀무주의자들의 오역

'무명無名'은 노자의 핵심 논제이며 공자의 명교名教(유교의 별칭)에 대한 안티테제다. 현학玄學을 창시한 제1인자로 하안은 도덕론道德論, 무명론無名論, 무위론無爲論을 지었다. 그런데 우리 학자들은 현학을 추종하면서도 무명을 '무명론'으로 주목하지 못하고 이름이 없다는 일반적인 형용사로 번역하고 지나쳐버린다.

현학자들은 무無를 본본本本으로, 유有를 말末로 삼고, 노자를 본본本本으로 공자를 말末로 대입하여 이를 결합하려 했다. 이들 귀무주의貴無主義자들은 '이노석유以老釋儒', '원노입유援老入儒'하기 위해 우선 노자의 반유가反儒家적 저항성을 탈색시켰다. 즉 노자를 허무학으로 변질시켜 노자의 '도학道學' 내지 '자연교自然教'를 '무학無學'으로 고쳐 이를 본본本本으로 삼고, 공자의 '인학仁學' 내지 '명교名教'를 '유학有學'으로 고쳐 이를 말末로 삼아 결합했던 것이다. 그러므로 귀무주의자들은 노자의 무명론無名論도 '명名'은 빼버리고 '무無'만으로 해석했다. 즉 유는 명名이 가능하지만 무는 명이 불가능하다. 그러므로 무명은 곧 무를 표현한 것으로 해석해야 한다는 것이다.

그러나 본래 『노자』 1장의 취지는 명칭名稱이란 자연적 사실事實이 아니고 인간의 자의적인 것이므로 자연인 도道를 지시할 수 없다는 인식론을 말한 것이다. 그러므로 『노

자』1장은 '도道와 명名' 또는 '자연과 인위', '실實과 명名'
을 대립적으로 말한 것이지 '도道와 무無'에 대해 말한 것
이 아니다. 즉 이 글의 취지는 명名에 있지 무無에 있는 것
이 아니다.

노자老子/1장 주注

무릇 유有는 모두 무無에서 비롯된 것이다.   凡有皆始於無
그래서 노자는 "형체가 없고 이름도 없을 때   故未形無名之時
만물이 시작됐다"고 말한 것이다.   則爲萬物之始.
형체가 있고 이름이 있을 때는   及其有形有名之時
키우고 기르는 것이므로 그 어미라고 말한 것이다.   則長之育之. 爲其母也.

노자지략老子指略

무형無形·무명無名은 만물의 종주다.   無形無名 萬物之宗也.
…명名(이름)은 반드시 분별이 있고   …名必有所分
칭稱(부름)은 반드시 본뜬 대상이 있으니   稱必有所由.
분별하는 것은 아우르지 못함이 있고   有分則有不兼
대상은 다 부르지 못함이 있다.   有由則有不盡.

도道는 자연이고, 명名은 허상이다

노자의 도道는 무위의 상자연常自然이므로 성인의 인위
인 인류의 예禮가 아니다. 성인의 인류 도덕은 명분이고,

노자의 도는 무명이다. 명분은 인위요 문명文明이며, 무명은 무위요 자연이다.

무위자연의 도는 인위가 닿기 이전의 본원本原이다. 시원은 더 이상 쪼개고 분석하고 분별할 수 없다. 그러므로 오색五色, 오성五聲, 오취五臭, 오미五味와 시비是非, 선악善惡, 미추美醜, 호오好惡의 취사선택이 용납되지 않는다. 오히려 이로써 분별의 명名은 허상일 뿐 실상實相인 자연의 도를 덮어 가리고 스스로 실상인 것처럼 행세하게 된다. 더구나 성왕이 제정한 예禮라는 명분론名分論이 거기에 있을리 없다. 그러므로 자연의 도에 사람이 멋대로 이름을 붙이고 의미를 부여하고 그것을 분별하면 이미 자연의 실체가아니다. 그러므로 도는 언명할 수 없다는 것이다. 따라서 성왕이 이미 말한 도는 참도가 될 수 없다. 자연의 도는 부동不動의 동자動者인 상도常道이며, 인간의 도는 자의적으로 변하는 권도權道일 뿐이다.

우리는 여기서 먼 훗날 중세 스콜라철학을 붕괴시킨 보편논쟁을 상기하게 된다. 이 논쟁에서 유명론唯名論은 스콜라철학에 대한 안티테제라는 점에서 노자의 무명론과유사하다. 그러나 노장의 무위자연은 인위를 거부할 뿐 유명론처럼 보편자를 거부하는 것이 아니고 보편자의 실재를 인정하는 실재론이다. 노자가 말한 자연의 도는 보편자이면서도 실재이므로 이름뿐인 허상이 아니다. 이와 달리노장의 무명無名은 허상인 명名을 실상으로 믿는 유가들의귀명주의貴名主義를 비판하고, 명名을 버리고 실상인 자연을 보라고 말하는 것이다. 이 점에서 노자의 '무명론'은 중세의 '유명론'과는 다르다.

장자莊子/잡편雜篇/칙양則陽

소지가 말했다. "계진은 함이 없다(莫爲) 하고   少知曰 季眞之莫爲

접자는 누가 시킨다(或使) 하는데,   接子之或使

두 가문의 인식 중   二家之識

누가 실정에 바르고 이치에 마땅합니까?"   孰正於其情 孰徧於其理

태공조가 말했다.   太公調曰

"닭이 울고 개가 짖는다는 것은 사람들이 알지만,   雞鳴狗吠 是人之所知.

그러나 비록 큰 지혜가 있다 할지라도   雖有大知

개와 닭이 저절로 그렇게 우는 조화를 말로는 설명할 수 없다.   不能以言讀其所自化

또 그것들이 장차 어찌 행동할지 마음으로는 헤아릴 수 없다.   又不能以意其所將爲.

누가 부린다거나(有爲論) 또는 함이 없다거나(無爲論)   或之使 莫之爲

둘 다 모두 외물外物에서 벗어나지 않는 것이므로   未免於物

결국은 오류에 빠지고 만다.   而終以爲過.

누가 부린다는 유위론은 실재론實在論이요,   或使則實

함이 없다는 무위론은 허명론虛名論이다.   莫爲則虛.

명名도 있고 실實도 있다 함은 물질에 거처함이요,   有名有實 是物之居.[16]

명도 없고(無名) 실도 없다 함(無實)은   無名無實

물질이 공허하다는 입장이다.   在物之虛.

이처럼 말할 수 있고 생각할 수 있지만   可言可意

말을 하면 할수록 도道와 멀어진다.   言而愈疏.

따라서 무엇이 시킨다든지, 함이 없다든지 하는 말은   或之使 莫之爲

---

16) 居(거)=處也, 淸淨無爲也.

그럴 수 있다는 가설假說에 불과한 것이다."

疑¹⁷⁾之所假.

인간은 언제나 자연에 이름을 붙여 차별하고 의미를 붙여 해석하고 이해하려고 한다. 그러나 그것은 인간이 만들어낸 가상일 뿐, 자연의 참된 모습은 아니다. 마치 아무리 위대한 화가가 그린 산수화일지라도 살아 있는 산과 물이 아니고 액자 속에 갇힌 그림일 뿐인 것과 같다.

그런데도 인간은 명칭과 글자에 매달리다 보면 명名을 실實로 착각하게 된다. 명은 상象과 마찬가지로 인간이 실을 모방하여 만들어낸 기호 체제일 뿐 결코 실은 아니다.

노자가 말한 도道는 자연의 인과법칙이지만, 그 도가 언어로 표현되고 문자화되면 사실은 숨어버리고 언어와 문자를 실제의 도라고 믿게 된다. 이것을 경계한 것이 바로 『노자』 첫 장의 "도가도道可道 비상도非常道. 명가명名可名 비상명非常名"이라는 명제다. 즉 성현이 가르쳐준 도는 자연의 도가 아니고 신앙일 뿐이며, 자의적인 언어나 성인이 만든 문자는 자연의 실상實相이 아니고 허상虛相일 뿐이라는 것이다.

이름이 붙으면 다른 것과 차별이 생기고 이름에 따른 의미가 규정되며 의미로 규정된 만큼의 직분이 주어지고 직분은 책임과 구속력이 된다. 군君과 신臣, 부父와 자子, 사師와 제弟, 부夫와 부婦, 형兄과 제弟란 이름이 붙으면 그에 따른 책임 즉 분수分數가 따른다. 사士, 농農, 공工, 상商이란

---

17) 疑(의)=猶豫不果也, 似也.

이름이 붙으면 그에 따른 직분이 갈라진다. 이처럼 동양철학에서 명이란 글자에는 명분名分이란 의미가 따라다닌다.

어느 날 자로子路(BC 543~480)가 공자에게 "정치를 맡게 되면 제일 먼저 무엇을 하겠습니까?" 하고 물었다. 이에 공자는 "정명正名(名을 바르게 한다)"이라고 대답했다(『논어』「자로子路」). 이때 '명名'이란 글자는 명분이라는 의미를 내포한 명사다. 그러나 노장의 도는 자연일 뿐 문명과 제도와 인륜이 아니다. 그러므로 노장의 도는 공자의 시비선악 등 명분을 용납하지 않는다. 그러므로 공자는 '명교名教'이고 노자는 '무명교無名教'다.

장자莊子/내편內篇/제물론齊物論

말이란 숨을 불어 내는 것만으로 이루어지는 것이 아니다.	夫言非吹也.
말하는 자는 말하고자 하는 것이 있다.	言者有言.
말하고자 하는 것을 특수하게 지정하지 못하면	其所言者特[18]未定也
과연 말이라고 할 수 있을까?	果有言邪.
진실로 말이 아닐 것이다.	其未嘗有言邪.
새 새끼는 알에서 깨어날 때 우는 소리가 다르니	其以爲異於鷇[19]音
역시 분별이 있을까?	亦有辨乎.
분별이 없을 것이다.	其無辨乎.
도道는 무엇이 숨겨져 있어 진실과 거짓이 있을까?	道惡乎隱而有眞僞.
말(言)은 무엇이 숨겨져 있어 시是와 비非가 존재할까?	言惡乎隱而有是非.

---

18) 特(특)=獨也, 殊也.

19) 鷇(구)=새 새끼.

도는 무엇을 하면 존재하지 않는다고 하는가? 道惡乎往而不存.
말은 무엇이 있으면 옳지 않다고 하는가? 言惡乎存 而不可.
도는 조금 이룬 데서 가려지고 道隱於小成
말은 부화한 데서 가려진다. 言隱於榮華.
그래서 유가와 묵가의 시비是非가 생겨 故有儒墨之是非
옳다고 하는 것을 그들은 그르다 하고 以是其所非
그르다고 하는 것을 그들은 옳다고 한다. 以非其所是.

『노자』1장에서는 "무명無名은 천지의 비롯됨이요, 유명有名은 만물의 어미"라고 말한다. 그렇다면 명名은 천지와 만물의 근원인가? 문맥은 그렇지만 그런 뜻이 아니다. 여기서 만물은 나 밖에 내가 관여하지 않는 자연 그대로의 천지와 만물을 지칭하는 것이 아니라 내가 자연을 끌어다가 관여하여 이름을 붙여 차별 지은 주관화한 모상模像을 지칭하는 것에 불과하다. 이 점에서는 "언어는 존재의 집"이라고 갈파한 하이데거의 명제와 일치한다. 다만 노장과 하이데거는 그 강조점이 다를 뿐이다. 노장은 무명으로 복귀하려 하고, 하이데거는 유명의 실존에 주목하기 때문이다.

이처럼 이 글은 만물이 차별 지어진 근원은 명名 때문이라는 의미로 읽어야 한다. 명이 물物의 근원이라는 뜻이 아니라, 명이 있어(有) 물物이 만萬으로 갈라졌다는 뜻이다.

명名이란 사람이 사물을 자기에게 끌어당겨 분별하기 위해 제멋대로 주관화하여 명명命名한 하나의 기호일 뿐이므로, 명 그 자체가 자연이 아니다. 명이란 글자는 저녁(夕)에 어두워 누구인지 보이지 않을 때 입으로 불러내는 것

(口)을 상형한 글자다. 입으로 불러내기 위해서는 미리 약속한 이름이 주어져야 한다. 그런데 그 주어진 이름을 '갑동'으로 할 수도 있고 '을동'으로 할 수도 있다. 이처럼 이름은 자의적인 것이다. 더 나아가 '언어'라는 것도 자의적이고 임의적인 약속과 관습에 불과한 것이다. 그러므로 명과 언어가 사물을 규제하는 것은 자연과는 상관없는 허구에 불과하다. 그러므로 장자는 「제물론齊物論」에서 만물의 분별과 차별은 허상이고, 만물은 본원인 무명에서 보면 평등하다는 것을 논증한 것이다.

이것은 오늘날 언어인류학과 기호학의 주제이며, 노장은 2,400년 전에 이미 이것을 간파했던 것이다.

이처럼 명名의 분별은 저 혼자 있는 것이 아니라 다른 것과 비교되어야만 가능하다. 그러나 도道 또는 자연의 실체는 저 혼자 자족적이고 독립적인 것이다. 그런데 명으로 분별되면 이미 인연으로 묶여버려 독립성을 잃어버린다. 그러므로 지명된 도는 자연의 도가 아니다.

그러므로 노장의 무명無名은 유가들이 강조하는 도덕적 명분은 자연이 아니라 자의적인 인위임을 폭로한 것이다. 식물과 동물 등 자연은 본래 이름이 있을 리 없고, 군신·부자라는 이름이 있을 리 없다. 그러므로 명과 실實이 반드시 일치될 리도 없고 영원한 것도 아니다. 명은 인간의 관념이 만들어낸 자의적이고 일시적인 것이다. 따라서 명이 부정되면 명으로 이루어진 제도와 문명도 부정된다. 이처럼 무명은 무위와 자연의 다른 표현형이며, 문명 거부라는 중대한 의미를 내포한다.

귀명주의와 그 반론들

일반적으로 명名이라면 '이름', '명칭', '명성'으로 해석된다. 그러나 여기서는 실재와 대립되는 혹은 실재를 호칭하여 규정하는 언어와 문자의 규정력을 말한다. 그러므로 명은 '명분'의 뜻을 내포하고 있다.

유교의 창립자라 할 수 있는 동중서는 명호名號를 심찰審察할 것을 제안했다. 그는 금문학今文學의 시조로 불리는 학자이기도 한데 그의 저서『춘추번로春秋繁露』「심찰명호審察名號」에서 "명에 도리가 있다"고 말함으로써 실보다 명을 중시하는 귀명貴名주의를 주창했다. 이는 공자의 '정명正名'을 해석한 것으로 교리화됐으므로 후세의 학자들은 유교를 '명교'라고 부르게 된 것이다.

동중서의 명名

춘추번로春秋繁露/권10/심찰명호深察名號

천하를 다스리는 실마리는 큰 것을 살펴 분별하는 데 있다.	治天下之端 在審辨大.
큰 것을 분별하는 실마리는 명名을 살펴 밝히는 데 있다.	辨大之端 在審察名號.
명이란 큰 도리의 머리글자다.	名者 大理之首章也.
그 머리글자의 뜻을 취해	錄[20]其首章之意
이로써 그 속의 사물을 규정하면	以規[21]其中之事
시비를 알 수 있고 역리와 순리가 저절로 드러날 것이니	則是非可知 逆順自著

---

20) 錄(록)=抄寫也, 檢束也.
21) 規(규)=正也.

진실로 천지를 통창함에 이를 것이다.

시비는 취함이 역리냐 순리냐에 따라 정해진다.

역리와 순리는 명을 취하는 데 따라 정해진다.

명은 천지를 취해 정해진 것이니

천지는 명을 짓는 대의大義다.

명은 성인이 하늘의 뜻을 발현한 것이니

깊이 살피지 않으면 안 되는 것이다.

그러므로 직분(혹은 政事)은 각각 명을 따르고

명은 각각 하늘을 따르면

하늘과 사람 사이는 합해 하나가 되고

다함께 이理를 통창하고 감동하여 서로 더해 주고

따르며 서로 받게 되나니

그것을 일러 덕으로 인도한다고 말하는 것이다.

『시경』에 이르기를

"이름은 곧 말이니

무리가 질서 있게 좇는구나"라고 노래한 것은

이것을 말한 것이다.

其幾通於天地矣.

是非之正[22]取之逆順.

逆順之正取之名號.

名號之正取之天地

天地爲名號之大義也.

名則聖人所發天意.

不可不審觀也.

是故事各順於名

名各順於天.

天人之際 合而爲一.

同而通理 動而相益

順而相受

謂之德道.

詩曰

維號斯言

有倫有迹

此之謂也.

사마광의 명名

자치통감資治通鑑/권1/주기周紀 1

천자의 직職분은 예禮보다 큰 것이 없고

예는 분分보다 큰 것이 없고

天子之職 莫大於禮.

禮莫大於分.

---

22) 正(정)=定也, 決也.

분은 명名보다 큰 것이 없다.

무엇을 예라 하는가? 기강紀綱이 그것이다.

무엇을 분이라 하는가? 군신君臣이 그것이다.

무엇을 명이라 하는가?

공公·후侯·경卿·대부大夫가 그것이다.

分莫大於名.

何謂禮紀綱是也

何謂分君臣是也.

何謂名

公侯卿大夫是也.

순자는 공자를 옹호하여 공자의 명교를 반대한 노자의 무명을 비난했다. 순자는 인간의 성품이 악하다고 생각했으므로 자연으로 돌아가자는 노자의 반문명적인 무위도 그에게는 악惡으로 돌아가자는 것에 지나지 않았다. 그러므로 그는 무위를 반대하고 '위僞'야말로 선한 것이라고 주장했다. 따라서 노장의 무명을 야만적인 것으로 간주했고 도리어 "명名이야말로 '위僞'의 위대한 문채요, 왕업의 출발점"이라고 말했다. 제왕만이 제정할 수 있는 명은 세상을 통일하는 수단이며 심지어 명을 어지럽힌 자는 죄로 다스려 강제해야 한다고 주장하기도 했다.

순자의 정명론

순자荀子/정명正名

그러므로 제왕帝王이 '명名'을 만드는 것은

명을 안정시켜 사실을 분별하고

도를 행하고 뜻이 통하게 함으로써

백성을 삼가도록 통솔하여 통일하고자 함이다.

그런데 명을 쪼개고 함부로 '명'을 지어

'정명正名'을 어지럽히는 것은

故王者之制名

名定而實辨.

道行而志通

則慎率民而一焉.

故析辭擅作名

以亂正名

백성을 의혹시키고 사람들에게 쟁송을 많게 하는 것이므로 '대간大姦'이라 말하고
그 죄는 부절과 도량형의 죄와 같게 하는 것이다.

使民疑惑 人多辯訟
則謂之大姦.
其罪猶爲符節度量之罪也.

다만 여기서 논의하는 명名은 반드시 공자의 '정명론正命論'의 명분만을 지칭한 것은 아니다. 공자가 말한 '명분'은 '이름에 따른 신분적인 직분職分'을 강조한 것이지만, 여기서 말한 '명'은 공자의 좁은 의미의 명분뿐만 아니라 '명은 사물을 분별하고 차별하는 것'이라는 일반적인 언어의 규정력을 포괄하는 뜻으로 쓴 것이다. 장자는 이 점을 잘 설명하고 있다.

장자莊子/외편外篇/천지天地

태초에는 무無도 없었고 명名도 없었다(無名이 있다).

泰初 有無無 有無名.[23]

김동성 : 천지가 창조될 때 아무것도 없어 있는 것도 없고 이름도 없었다.

안동림 : 천지의 시초에는 무無가 있었다. 존재하는 것이란 아무것도 없고 이름(名)도 없었다.

김달진 : 태초에 무가 있었다. 거기에는 유가 없었기 때문에 물의 이름이 없었다.

김학주 : 태초에는 무만이 있었다. 유도 없었고 명칭도 없었다.

여기에서 하나가 생겼으며(泰一) 그것은 아직 형체가 없었다.
이 하나를 얻어 만물이 태어나는데 이것을 덕德이라 한다.

一之所起 有一而未形.
物得以生 謂之德.

---

23) 우리 학자들은 '太初有無 無有無名(태초는 無이고, 無는 無名이다)'으로 읽기도 한다. 그러나 이것은 귀무론자들의 억지 해석이다.

이때 형체가 없던 것이 분별이 생기는데   未形者有分
또 그것을 떨쳐버릴 수 없으니 명命(명령)이라고 한다.   且然無間[24] 謂之命.

장자莊子/잡편雜篇/칙양則陽

만물은 이理가 다르지만   萬物殊理
도道는 보편적일 뿐 사사로움이 없으므로 무명이다.   道不私故無名.
무명이므로 무위이고   無名故無爲
무위이므로 다스려지지 않음이 없다.   無爲而無不爲.

위 글에서 장자가 "형체가 없던 것이 분별이 생기면 그
것을 떨쳐버릴 수 없으므로 명命이라고 한다(未形者有分 且
然無間 謂之命)"고 말했는데, 여기서 '명命'은 '명名'을 지칭
한 것이지만 언어 또는 문자의 규정력(표준의 구속력)을 부
각시킨 표현이다. 장자가 '명名'을 '명령命令'으로 표현한
데는 두 가지 의도가 숨어 있다.

첫째, 노장의 불가지론은 혜시 등 명가名家들의 불가지
론과는 다르다는 것을 부각시키려는 것이다. 명가들은 명
名과 실實의 관계보다도 언어의 이중성, 대칭성, 상징성,
논리성 등 언어구조에 집착함으로써 궤변으로 논리적 불
가지론을 말했지만, 이에 비해 장자는 언어의 허구성을 주
목하고 실實을 중시하는 경향이며 이에 따라 기존의 모든
앎을 부정하는 뜻에서 불가지론을 말했다고 볼 수 있다.

둘째, 오늘날 우리는 『노자』라는 책 속에서 철학적 함의

---

24) 間(간)=息也, 離也.

를 찾아내려 노력하지만 원래 『노자』는 철학적 담론이 아니라 절실한 현실적 삶의 무게를 고통스럽게 느끼고 이를 벗어나려는 고민을 역설로 표현한 저항적 담론이라는 것이다. 그러므로 노자의 명名은 오늘날 우리가 생각하는 언어학적 '언어'가 아니라 '문자文字'를 의미하며(『대진집戴震集』 『서언緖言』 권상 참조) 당시 문자는 기존의 모든 가치 체계와 관념론적 지식을 총괄하는 것이었다. 바꾸어 말하면 노자의 명名은 기존의 문명과 가치 체계의 구조적 상징체계이고, 무명無名은 그 반대편인 혼돈의 자연 상태를 부각시키고 이를 동경한 것이다.

『노자』 32장도 이를 뒷받침한다. 명名은 무위자연과는 대립되는 "제도와 문명에서 생긴 것(始制有名)"이라고 밝히고 있기 때문이다. 다음 『중용中庸』 28장은 왕王이 아니면 예禮와 법法과 문文에 관여할 수 없음을 천명하고 있는데 그 예와 법과 문은 모두 명의 다른 세목細目일 뿐이다. 그러므로 명은 '왕명王命'과 같은 것이다. 노자가 말한 "시제유명始制有名"도 바로 그것을 말한 것이다. 다시 말하면 "시제유명"은 왕이 생기고 나서 명이 생겼다는 뜻이다.

중용中庸/28장

공자가 말했다.

"천자天子가 아니면 예禮를 만들 수 없으며

법을 제정할 수 없으며

子曰

非天子 不議[25]禮

不制度

---

25) 議(의)=作也.

문文(선왕의 말씀)을 해석할 수 없다."

不考文.²⁶⁾

장자莊子/외편外篇/마제馬蹄

이에 성인(군왕)이 나타나 절름발이가 뛰듯 인仁을 만들고
발꿈치를 들고 달리듯 의義를 만들어
천하에 갈등이 시작된 것이다.
방종하게 음악을 만들고, 번쇄하게 예禮를 만들고부터
천하에 비로소 분分(명분)이 생긴 것이다.

及至聖人 蹩躠²⁷⁾爲仁
踶跂²⁸⁾爲義.
而天下始疑也
澶漫²⁹⁾爲樂 摘僻³⁰⁾爲禮
而天下始分矣.

그러나 왕필은 『노자』 32장의 "시제유명"을 왜곡했다.
그는 다음과 같이 명을 명분이라고 해석했지만 글의 본래
취지와는 정반대로 공자의 명분론을 긍정하는 내용으로
해석했다.

왕필

노자老子/32장 주注

(위 『노자』의 글에서) "시제始制(제도가 비롯됨)"라 한 것은
질박함이 사라져
관장官長을 두면서부터 비롯됐다는 것을 말한 것이다.
제도와 관장이 시작됨으로써

始制
謂樸散
始爲官長之時也.
始制官長

---

26) 不考文(불고문)=稽考遺文.
27) 蹩躠(별설)=절름발이 뜀.
28) 踶跂(제기)=발꿈치를 들고 뜀. 强用心·力貌.
29) 澶漫(단만)=猶放縱.
30) 摘僻(적벽)=摘擗=摘取分析.

명분名分을 세워 존비를 정하지 않을 수 없었던 것이다.

不可不立名分 以定尊卑.

일찍이 묵자와 관자도 명실론名實論에 깊은 관심을 가졌다. 관자의 명실일치론名實一致論에서 명은 명분 내지 법도를 뜻하고, 실實은 재화를 뜻한다. 반면 묵자의 명실상부론名實相符論은 논리학적 의미로 발전했다. 그러므로 노자가 무명론을 거론할 당시는 이처럼 명실론이 깊이 있게 토론되던 시기였고 전국시대는 이른바 명가들이 크게 유행했음을 염두에 두어야 한다.

관자管子/권18/구수九守

명名을 갖추어 실實을 나타내고
실에 의거하여 명을 정한다.
그러므로 명실名實은 상생相生하고
서로를 반성하여 마음을 다스린다.
명실이 합당하면 다스려지고, 부당하면 어지럽다.
명은 실질에서 생기고, 실질은 덕德에서 생기며
덕은 이리에서 생기고, 이리는 지혜에서 생기며
지혜는 합당한 것에서 생긴다.

修[31]名而督[32]實
按[33]實而定名.
名實相生
反[34]相爲情.
名實當則治 不當則亂.
名生於實 實生於德
德生於理 理生於智
智生於當.[35]

---

31) 修(수)=備也.
32) 督(독)=察視也.
33) 按(안)=依也, 據也.
34) 反(반)=悔也, 報也.
35) 當(당)=事理合宜也.

관자管子/권12/치미侈靡

민民이 불복하는 것은 인성 때문이 아니라   民不服非人性也
민생이 피폐하기 때문이다.   敝也.
땅은 무거워 사람을 실어주지만   地重人載
훼손되고 피폐하면 사람을 기를 수 없다.   毀敝而養不足.
사업이 일어나지 않으면 백성이 그것을 일으킨다. 事未作而民興之.
그러므로 명분을 낮추고 실질을 높이는 것이 성인聖人이다.   是以下名而上實也 聖人者.
근본인 산업을 소홀히 하고 음악으로 놀면   省諸本而游諸樂
이것은 어둠을 크게 하고 밤을 길게 하는 것이다. 大昏也博³⁶⁾夜也.

묵자墨子/대취大取

성인의 급선무는   諸聖人所先
사람들로 하여금 명과 실이 따르도록 하는 것이다. 爲人效名實.
명은 반드시 실이 아니며 실은 반드시 명이 아니기 때문이다. 名不必實 實不必名.

묵자墨子/소취小取

대저 변론은 시비是非의 명분을 밝히고   夫辯者 將以明是非之分
치란治亂의 벼리를 살피고   審治亂之紀
동同과 이異의 분별을 밝히고, 명名과 실實의 조리를 찾고   明異同之處 察名實之理
이해利害를 결정하고, 혐의嫌疑를 해결하는 것이다. 處利害決嫌疑.

  또한 이른바 직하稷下학파들 특히 송견과 윤문은 형形과
명名에 대해 많은 견해를 말했다. 청대 고증학자인 대진은

---

36) 博(박)=大, 廣也.

이를 계승하여 명을 실체實體·실사實事의 명과 순미純美·정호精好의 명으로 분류했다. 노자가 거부한 명은 두 가지를 모두 포함하지만 특히 순미·정호의 명, 즉 유가들이 숭상하는 성왕의 가르침을 거부한 것으로 이해되어야 한다.

윤문의 명名

윤문자尹文子/대도大道 상

대도大道는 형체가 없으니	大道無形
그 기器를 지칭하고자 명名이 생긴 것이다.	稱器有名.
그러므로 명이란 형체를 바르게 규정하는 것이다.	名也者 正形者也.
형체가 명으로 말미암아 바르게 됐다면	形正由名
그 명은 어긋나지 않은 것이다.	則名不可差.
그러므로 공자는 "반드시 명을 바르게 해야 하며	故仲尼云 必也正名乎
명이 바르지 못하면 말이 불순하다"고 말한 것이다.	名不正則言不順也.
명名은 세 조목이 있다.	名有三科 法有四呈.
첫째, 사물을 명명하는 명이 있다.	一曰 命物之名
모나고 둥긂과 흑백이 이것이다.	方圓白黑是也.
둘째, 비난하고 기리는 명이 있다.	二曰 毀譽之名
선악과 귀천이 이것이다.	善惡貴賤是也.
셋째, 상황을 이르는 명이 있다.	三曰 況謂之名
어질고 어리석음과 애증愛憎이 이것이다.	賢愚愛憎是也.

대진집戴震集/서언緒言 상

학자가 옛 성현의 말씀을 체득하려면	學者體會古聖賢之言
의당 먼저 그 글자의 허虛와 실實을 판단해야 한다.	宜先辨其字之虛實.
지금은 글자(字)라고 말하지만	今人謂之字
옛사람들은 이름(名)이라고 말했다.	古人謂之名.
글자로 이름을 정함에는	以字定名
실체實體와 실사實事를 지칭하는 명名이 있고	有指其實體實事之名.
순미純美와 정호精好를 지칭하는 명이 있다.	有稱夫純美精好之名.
이른바 인人·말言·행行·도道·	如曰人 曰言 曰行 曰道
성性·중中·명命 등은	曰性 曰中 曰命
형상形象에 대한 것이거나 언어에 대한 것으로	在形象 在言語
실체·실사를 지칭하는 명이다.	指其實體實事之名也.
이른바 성聖·현賢·선善·이理 등은	曰聖 曰賢 曰善 曰理
마음으로 살피고 고찰해야만 발견할 수 있는	在心思之審察
바꿀 수도 없고 멀리할 수도 없는 것으로	能見於不可易不可踰
순미·정호를 지칭하는 명이다.	指其純美精好之名也.

조선의 과학철학자 최한기는 명학名學과 아울러 상학象學까지 비판하고 자연운화自然運化의 학문만이 진리하고 강조했다. 여기서 주목할 것은 그도 '명名'을 '문자文字'로 풀이했다는 점이다.

인정人政/권13/무탈우명상毋奪于名象

사람들이 명목名目을 만든 것은	人所設之名目
사람과 사람의 소통을 위해	但爲人與人
사물을 구별하기 위한 지시 기호일 뿐,	指別乎事物.
실제로 기질氣質의 운행·조화와는 상관없는 일이다.	實無關於氣質之運化.
물이 습하고, 불이 건조한 것은	水之濕 火之燥
물의 기질, 불의 기질이지	在於水氣質火氣質.
물과 불이라는 명칭에 달려 있는 것은 아니다.	不在於水火之名火之名.
그런데 후인들은 명칭과 표상에 마음을 빼앗겨	後人之奪於名象
명칭을 진실로 착각하여	以名象爲眞
습한 것을 '수水'자에서, 건조한 것을 '화火'자에서 찾는다.	求濕於水字 求燥於火字.
어찌 '수水'자로 화재火災를 구하고	豈可以水字求火災
'화火'자로 수해水害를 막을 수 있겠는가?	以火字壓水災乎.
명칭과 표상의 학문이 사람의 이목을 가리고	名象學問 蔽人耳目
사람의 심지를 어지럽힌 지가 너무 오래고 심하다.	渾人心志 愈久愈甚.
문자를 만들어 사물에 이름을 붙이는 일은	造設文字 事物名目
폐지할 수 없는 일이다.	所不可廢.
그러나 만약 명名과 상象에 구속되어	若泥着于名象
어리석게 운화運化를 잊는다면	頓[37]忘運化
성誠과 실實의 교학敎學은 스스로 단절되고 말 것이다.	乃自絕于誠實敎學.

---

37) 頓(돈)=조아리다, (둔)=鈍也.

명名에 대한 반성

　이상 노장의 '무명無名'에 대해 설명했지만 이는 고대의
논쟁으로 끝나는 것이 아니다. 오늘날 명名(언어, 문자, 기
호)은 권력이 되어 인간을 더더욱 규제하고 있기 때문이다.
명의 규정력에 대해 쉽게 이해가 되지 않을 수도 있다. 그
러나 2천여 년 전 노자가 말한 명을 오늘날 기호학에서 말
하는 기호로 바꾸어 생각하면 쉽게 이해된다. 기호는 사물
을 호출하여 재현하는 기능을 갖는다. 그리고 사물이 없을
때는 그것을 설명해 주는 기능을 한다. 그러자면 다른 것과
차이를 말하게 되는데, 이때 기호는 가치를 나타내는 기능
을 한다. 이러한 기호의 기능은 바로 힘이 되고 나아가 규
제하고 차별하는 권력으로 변한다. 그래서 푸코는 "담론은
권력"이라고 말했던 것이다. 그러나 현대 문명에서 사물은
상품이 되고 도구적 유용성 외에 교환가치로 평가됨으로
써 화폐와 등가물等價物이 됐다. 여기에 상표와 광고가 붙
어 상징과 기호가 되어버린다. 그래서 이제는 담론보다 상
품의 기호성이 더욱 강조된다. 그렇기 때문에 보드리야르
Jean Baudrillard(1929~2007)는 "사물은 기호"라고 말한 것
이다. 오늘날 우리는 모든 사물을 화폐로 평가되는 상품으
로 보고, 그 상품의 유용성보다는 기호성을 중시하고, 그
기호를 소비한다. 이러한 기호의 소비는 바로 권력을 소비
하는 것이 된다. 이제 상품은 기호가 됐고 기호는 권력적
지위를 차지한 것이다.

　노자로 돌아가면 사물에 명칭을 부여하고 호출하여 재

현한다는 것은 바로 그 사물을 다른 사물과 차별 짓는 것이다. 그러므로 명이 없으면 그 물건을 차별 지을 수 없으므로 호출할 수 없다. 다시 말하면 사물은 명이 있음으로써 비로소 자기 정체성을 가질 수 있는 것이다. 예컨대 참나무는 그 이름이 있기 전에는 그냥 나무이거나 식물일 뿐이며, 바둑이는 그 이름이 있기 전에는 그냥 강아지이거나 동물일 뿐이다. 노자가 말한 "유명有名은 만물의 모태"라는 명제에는 이런 의미가 숨어 있는 것이다. 만약 명이 없으면 만물의 분별은 없고 일물一物만 있다. 그것은 바로 혼동混同이다. 그리고 도道는 명이 있기 전이므로 혼돈이라고 표현한 것이다.

또한 만물의 명뿐만 아니라 제도, 미추, 호오, 시비 등의 명도 아울러 생각하면 명의 가치 규정력은 더욱 구체적이고 일반적임을 쉽게 짐작할 수 있다. 특히 제도와 신분의 명칭은 직분을 분별하는 '명분名分'이 됨으로써 사람을 차별하고 구속한다. 이것은 아무런 분별이 없는 혼돈인 자연의 도와 대립된다. 그러나 무엇보다 명 또는 명분은 공자가 말하는 인륜人倫이므로 노자의 무위자연이나 혼돈의 도와는 대립적이다.

우리는 20세기를 사상사적으로 구조주의(structuralism) 시대라고 말한다. 20세기에 들어와서 음성학·언어학·기호학 등으로 촉발된 언어의 규정력에 대한 관심은 정신분석학·인류학·사회학 등 인문과학 전반으로 파급됐고 마르크스주의와 실존주의에 대한 재검토로 이어지는 등 구조주의는 큰 조류를 형성했다. 결국 이런 흐름은 '인간이란 자의적인 언어구조에 불과하다'는 근대적 인간주의를 해체해 버린다. 그래서 '인간은 죽었다'는 선언이 근대의 종말을 고하는 묘지석이 됐고, 이러한 포스트모던을 마치 훈장처럼 자랑하며 모든 가치와 권위와 고귀함을 짓밟고 파괴하는 야수주의·악마주의·해체주의로 치닫게 된 것이다.

그러나 이보다 앞서 19세기 초반에 출판된 영국 작가 셸리Mary Shelley(1797~1851)의 과학소설 『프랑켄슈타인 Frankenstein』(1818)은 이름(名)을 갖지 못해 괴물로 불리고 인간으로 살 수 없는 인조인간의 비극을 다루었는데, 이것이야말로 구조주의를 미리 예고한 것으로 볼 수 있다. 청년 과학도인 프랑켄슈타인이 흩어진 신체의 각 부위를 접합해서 인간을 닮은 생명체를 창조했는데 미처 이름을 지어주지 못한 것이 이 괴물의 비극적 삶의 발단이 된다는 이야기다.

그런데 이름을 지어주지 못한 이유는 이 과학도의 실수라기보다는 적당한 이름을 붙여줄 수 없었기 때문인지도 모른다. 고물상에서 부품을 구해 조립하여 자동차를 만들었다 해도 '고물자동차'라는 이름을 붙여줄 수 있을 것이다. 그렇다면 이 괴물은 신체의 각 부품들을 빠짐없이 조합했고 각 부품들의 위치도 제 위치에 들어가 있고 더구나 그 구조도 기능도 모습도 인간과 다를 바 없으므로 '인간'이란 이름을 붙여주어도 무방하지 않을까? 그런데 이 과학도는 왜 이름을 지어주지 못했을까? 혹시 조합한 신체의 각 부위가 이름이 다른 여러 사람의 것이었기에 어느 한 사람의 이름을 따르지도 못하고 새로운 이름을 짓는 것도 곤란하다고 생각한 것이 아닐까? 또 혹시 구조적으로는 인간과 다름이 없지만 인간과는 심성이 다른 생명체라고 판단한 것이 아닐까?

어떻든 소설 속의 이 사건은 구조주의와 명칭(名)에 대한 의문과 관심을 불러일으켰고 오늘까지도 회자되고 있다. 그러므로 공자의 '정명'과 노장의 '무명'이란 테제는 고대의 쟁점으로 끝나는 것이 아니다. 지금도 유효하며 주목할 가치가 있는 것이다.

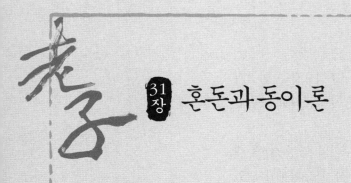

31
혼돈과 동이론

노자 읽기

《 노자·14장·상단 》

도道는 보아도 보이지 않으니 땅속의 해(明夷)라 하고 　　　　　　　視之不見 名曰夷[1]

　김경탁 : 이것을 보아도 보이지 않음을 이夷(無象 無色)라 이름하고

　장기근 : 눈으로 보아도 보이지 않으므로 이夷(形色이 없음)라 하고

　노태준 : 보아도 보이지 않는데, 이름하여 이夷(易=형기가 없는 시초)라 하고

　김용옥 : 보아도 보이지 않는 것을 이름하여 평탄함(夷)이라 하고

　오강남 : 보아도 보이지 않는 것, 이름하여 이夷(아리송함)라 하여 봅니다.

　임채우 : 보아도 볼 수 없으므로 이夷라 하고

　이석명 : 보려 해도 볼 수 없으니 미微라 하고

　이경숙 : 보이지 않는 것을 보는 것을 이름하여 이夷라 하고

　김형효 : 보려고 해도 보이지 않는 것을 일컬어 이夷(막막하고 편이함)라고
　　　　　하고

들어도 들리지 않으니 희미함이라 말하고 　　　　　　　　　　聽之不聞 名曰希[2]

잡아도 잡히지 않으니 미세함이라 말한다. 　　　　　　　　　　搏之不得 名曰微[3]

---

1) 夷(이)=明也, 無色, 明夷. 백서본은 '微'로 됨. 『주역』의 명이(明夷, ䷣)괘로 읽는다.
2) 希(희)=無聲也, 稀少.

이 세 가지는 더 이상 분석 계량할 수 없다.

그러므로 혼돈混沌이지만 오히려 태일太一이 된다.

> 김경탁 : 혼합하여 일一이라고 한다.

> 노태준 : 혼합하여 일一이라고 한다.

> 김용옥 : 그러므로 뭉뚱그려 하나로 삼는다.

> 오강남 : 이 세 가지가 하나로 혼연일체를 이룬 상태

> 김형효 : 그러므로 섞어서 하나로 만든다.

此三者不可致詰[4]

故混而爲一.

《 노자·15장·하단 》

옛날부터 잘 다스리는 선비는

은미하게 생성하고 현묘하게 소통하니 그 깊이를 알 수 없다.

혼돈混沌한 모습이여(混兮)! 진실로 혼탁한 것 같다.

> 김경탁 : 흐린 모습은 탁한 것과 같다.

> 노태준 : 혼연渾然하여 탁수 같다.

> 김용옥 : 혼돈스런 모습이여! 그것이 흐린 물과도 같도다!

> 오강남 : 흙탕물처럼 탁합니다.

> 김형효 : 그 마음은 웅덩이처럼 탁한 것 같다.

古之善爲[5]士者

微妙[6]玄[7]通 深不可識

混[8]兮 其若濁

누가 능히 혼탁함을 허정으로써 다 같이 맑게 할 수 있을까?

> 김경탁 : 누가 탁함으로써 이것을 고요하여 천천히 맑게 할 수 있으며,

孰能濁 以靜之徐[9]清

---

3) 微(미)=無形也.

4) 詰(힐)=問責, 彈正糾察, 窮治也, 實也.

5) 爲(위)=治也, 成也(安民立政也).

6) 妙(묘)=成也.

7) 玄(현)=道也.

8) 混(혼)=大同也, 無分別之貌, 混沌(陰陽未分也).

9) 徐(서)=安行也, 皆也(魯語).

장기근 : 누가 능히 혼탁하고 동탕動蕩하는 것을 조용히 멈추어 점차로 맑
게 할 수 있으랴?

노태준 : 누가 진실로 탁濁으로써 이를 진정하여 서서히 맑게 할 것인가?

김용옥 : 누가 능히 자기를 흐리게 만들어 더러움을 가라앉히고 물을 맑게
할 수 있겠는가?

오강남 : 탁한 것을 고요히 하여 점점 맑아지게 할 수 있는 이 누구겠습니
까?

김형효 : 누가 능히 탁함을 고요히 진정시켜 서서히 맑게 할 수 있으며

누가 능히 안정된 것을 영구한 운동으로써 다 같이 살릴 수 있을까? 孰能安 以久動之徐生

김경탁 : 누가 편안함으로써 이것을 움직여 천천히 하게 할 수 있느냐?

장기근 : 누가 능히 안정되고 허정한 것을 생동시켜서 점차로 살아나게 할
수 있으랴?

노태준 : 누가 진실로 편안하게 함으로써 이를 움직여 서서히 생하게 할
것인가?

김용옥 : 누가 능히 자기를 안정시켜 오래가게 하며, 천천히 움직여서 온갖
것을 생하게 할 수 있겠는가?

오강남 : 가만히 있던 것을 움직여 점점 생동하게 할 수 있는 이 누구겠습
니까?

김형효 : 누가 능히 안정된 것을 오래 움직여 천천히 생겨나게 할 수 있겠
는가?

이 도를 가진 자는 자기를 채우려 않는바   保此道者 不欲盈
오직 채우지 않음만이   夫唯不[10]盈
능히 쇠한 것을 새롭게 생성할 수 있다.   故能蔽[11]不新成.

김경탁 : 그 오직 채우지 않음으로 낡아질 수 있고 새로 이루어지지 않는다.

---

10) 不(불)=而의 誤로 읽는다.
11) 蔽(폐)=敝=衰也, 敗也.

노태준 : 대저 단지 차지 않음으로 진실로 해져서 새로워진다.

김용옥 : 대저 채우려 하지 않기에 능히 자기를 낡게 하면서 새로이 이루
지 아니할 수 있는 것이다.

오강남 : 채워지기를 원치 않기 때문에 멸망하지 않고 영원히 새로워집니
다.

김형효 : 대저 가득 채우기를 원하지 않으므로 낡아도 능히 새롭게 이루지
않는다.

《 노자 · 20장 · 상단 》

성인의 학문을 단절하니 근심이 없다.   絶學無憂

'예! 예?' 하는 차이는 얼마나 미미한가?   唯之與阿 相去幾何

선과 악의 차이는 얼마나 같은가?   善之與惡 相去何若

남들이 외경畏敬하는 것을 나도 외경하지 않을 수 없으니   人之所畏 不可不畏[12]

김경탁 : 남들이 두려워하는 것은 나도 두려워하지 않을 수 없다.

노태준 : 남들이 두려워하는 바는 나도 두려워하지 않을 수 없다.

김용옥 : 사람들이 두려워하는 것을 나 또한 두려워하지 않을 수 없으리!

오강남 : 사람들이 두려워하는 것 나도 두려워해야 합니까?

헛되다! 중앙中央(混沌=黑暗=自然의 道)은 아직 멀었구나!   荒兮 其未央[13]哉.

김경탁 : 마음이 황막한 모습은 아직 중심이 잡히지 않는 듯하도다!

노태준 : 그러나 그 이상은 황막하여 아직 다하지 못하였구나!

김용옥 : 황량하도다! 텅 빈 속에 아무것도 드러나지 않네!

오강남 : 얼마나 허황하기 그지없는 이야기입니까?

---

12) 畏(외)=畏(산을 외경하다), 猥(짐승을 무서워하다).

13) 央(앙)=중앙의 帝=混沌=暗黑=道.

《 노자 · 21장 》

큰 덕은 포용하지만 오로지 도道만을 따를 뿐이다.　　　　　　　　孔[14]德之容 唯[15]道是從

　김경탁 : 텅 빈 덕의 동작에 오직 도가 쫓는다.

　장기근 : 대덕大德의 양상은 도를 따라서 변한다.

　노태준 : 공덕의 풍모는 오직 이 도를 따른다.

　윤재근 : 오로지 도에 의해 크고 텅빈 덕의 움직임은 따른다.

　김용옥 : 빔의 덕의 모습은 오로지 도를 따를 뿐이다.

　오강남 : 위대한 도의 모습은 오로지 도를 따르는 데서 나옵니다.

　이석명 : 큰 덕을 지닌 사람은 오직 도를 따르네.

　김형효 : 대덕이 지닌 포용은 위대해서 오직 도만이 이를 따른다.

도道는 만물을 짓지만 측량할 수 없는 혼돈混沌이다.　　　　　　道之爲物 惟恍惟惚[16]

　김경탁 : 도의 물物 됨이 오직 어렴풋할 뿐이다.

　장기근 : 도란 것은 있는 듯 없는 듯 황홀하기만 하다.

　노태준 : 도라는 것은 오직 황하고 홀하다.

　윤재근 : 도의 작용인 덕으로 만물이 된다. 황홀하고 황홀하도다.

　김용옥 : 도의 물物 됨이예 오로지 황하고 홀하다.

　오강남 : 도道라고 하는 것은 황홀할 뿐입니다.

　이석명 : 도라는 것은 있는 듯 없는 듯하네.

　김형효 : 도가 만물이 된다. 오직 황홀하다.

분별이 없는 혼돈이여! 그 속에 형상形相(이데아)이 있다.　　　　惚兮恍[17]兮 其中有象

　김경탁 : 황홀하여 그 가운데 상象이 있고

---

14) 孔(공)=大空.

15) 唯(유)=獨也.

16) 恍惚(황홀)=微妙不測之貌. 즉 混沌의 모습.「노자」14장 참조.

17) 惚恍(홀황)=未分之貌.

노태준 : 홀하고 황한데 그 가운데 물상이 있다.

윤재근 : 얼마나 황홀한가? 공덕 가운데 움직이는 모습이 있으니

김용옥 : 홀하도다 황하도다! 그 가운데 형상이 있네.

오강남 : 황홀하기 그지없지만 그 안에 형상(象)이 있습니다.

김형효 : 홀하고 황함이여! 그 속에 현상이 있다.

측량할 수 없는 형상이여! 그 속에 물리物理가 생긴다.

恍兮惚兮 其中有物[18]

김경탁 : 황홀하여 그 가운데 물物이 있다.

노태준 : 황하고 홀한데 그 가운데 물物이 있다.

윤재근 : 얼마나 황홀한가? 공덕 가운데 만물이 있으니

김용옥 : 황하도다 홀하도다 그 가운데 물체가 있네.

오강남 : 황홀하기 그지없지만 그 안에 질료(物)가 있습니다.

이석명 : 있는 듯 없는 듯하나 그 가운데 사물이 있네.

김형효 : 황하고 홀함이여! 그 가운데 만물이 있다.

물리의 심원함이여! 그 속에 정기精氣가 있다.

窈兮冥[19]兮 其中有精.

김경탁 : 깊숙하고 아득한 가운데 정精이 있다.

노태준 : 깊숙하고 미묘한데 그 가운데 정이 있다.

윤재근 : 얼마나 아득하고 깊은가! 공덕 가운데 만물의 정수가 있으니

김용옥 : 그윽하고 어둡도다! 그 가운데 정기가 있네.

오강남 : 그윽하고 어둡지만 그 안에 알맹이가 있습니다.

이석명 : 그윽하고 가물하나 그 가운데 알맹이가 있네.

김형효 : 고요하고 그윽함이여! 그 가운데 정기가 있다.

---

18) 物(물)=物理.

19) 窈冥(요명)=深遠之貌.

《 노자 · 25장 · 상단 》[20]

만물은 혼돈이 이룬 것이며, 그 혼돈은 천지보다 먼저 생겼다(카오스).   有物混[21]成 先天地生

　　김경탁 : 혼성된 물이 있으니, 천지보다 먼저 생겼다.

　　장기근 : 혼돈하면서도 이루어지는 무엇인가가 천지보다도 먼저 있었다.

　　노태준 : 여기에 하나의 물이 있는데 뒤섞여 이루어져 천지에 앞서 생겼다.

　　김용옥 : 혼돈되이 이루어진 것이 있었으니 천지보다도 앞서 생겼다.

　　오강남 : 분화되지 않은 완전한 무엇, 천지보다 먼저 있었습니다.

　　이석명 : 분화되지 않은 어떤 것이 있으니, 천지보다 앞서 생겼다네.

　　김형효 : 만물은 섞여서 존재하는데, 그것이 천지보다 먼저 생겼다.

운동이 없는 고요이지만   寂兮廖[22]兮

스스로 이루면서도 변하지 않고(不動의 原動者)   獨[23]立[24]不改

　　김경탁 : 적료하여 독립하여도 개변하지 않고,

　　장기근 : 들을 수도 볼 수도 없으며 홀로 우뚝 서 있으며 언제까지 변하지
　　　　　　 않으며

　　노태준 : 그것은 적료하여 소리 없으나, 독립하여 영구불변이고

　　김용옥 : 적막하여라 쓸쓸하여라! 외로이 서 있건만 함부로 변하지 않는다.

　　오강남 : 소리도 없고 형체도 없고, 무엇에 의존하지도 않고 변하지도 않고

　　김형효 : 고요하고 아득함이여! 그것은 홀로 상존하면서 불변하도다.

두루 운행하여 쉬지 않으니   周行[25]而不殆

---

20) 죽간본 1장에 해당함.
21) 混(혼)=混沌(陰陽未分也). 常道의 모습.
22) 寂廖(적료)=常道의 모습.
23) 獨(독)=自專也.
24) 立(립)=成也, 行也.
25) 行(행)=巡狩, 察也.

만물의 어미가 될 수 있다.

> 김경탁 : 주행하여도 위태하지 않으니, 천하의 어미가 될 수 있다.
>
> 장기근 : 두루 어디에나 번져나가며 멈추는 일이 없어 만물의 모체라 할
> 수 있다.
>
> 노태준 : 널리 행하여 위태롭지 않다. 그래서 천하의 어머니라고 할 만하다.
>
> 김용옥 : 가지 않는 데가 없었건만 위태롭지 아니하니 천하의 어미를 삼을
> 만하네.
>
> 오강남 : 두루 편만하여 계속 움직이나 없어질 위험이 없습니다. 가히 세상
> 의 어머니라 하겠습니다.
>
> 김형효 : 그것은 또한 세상을 주행하면서도 그치지 않는다. 그러므로 천하
> 의 어머니가 될 수 있다.

可以爲天下母

나는 그 이름을 몰라 그것을 글자로 써서 도道라고 하고
억지로 그것을 해설하여 이름을 '큰 것'이라고 했다.
커지면 죽고, 죽으면 멀어지고, 멀어지면 돌아온다.

吾不知其名 字之日道

强爲[26]之名 日大

大日逝[27] 逝日遠 遠日反.

---

26) 爲(위)=解說也.
27) 逝(서)=往也, 死也.

도는 곧 혼돈

서양철학을 공부한 독자들에게는 혼돈混沌이란 개념이 익숙할 것이다. 그리고 그 개념이 그리스의 철학자 플라톤이 우주의 근원을 카오스chaos라고 한 데서 나왔다고 생각할 것이다. 플라톤은 그의 책 『티마이오스』에서 "신神이 혼돈에 질서(order)를 넣어 우주(cosmos)를 만들었다"고 말했다. 그런데 거의 같은 시기에 노자는 도를 혼돈이라고 말했다.

노자는 도를 무극無極·태극太極·태일太一·무유無有라고 하거나, 또는 자연自然·무위無爲·흑암黑暗·혼돈混沌·중앙中央·무명無名이라고 하는 등 여러 가지로 표현했다. 그에 의하면 도란 이처럼 분별이 없는 혼돈이므로 그것을 문자나 언어로 분별하여 표현하면 이미 혼돈이 아니므로 상도라고 할 수 없는 것이다. 그러므로 그의 도에 대한 여러 표현들은 도의 일면에 불과하다는 것을 알 수 있다. 혼돈이란 것도 마찬가지다. 즉 혼돈이란 흑암의 다른 표현이고, 동시에 무명의 다른 표현이며, 또한 자연의 다른 표현일 뿐이다. 또한 영명한 신에 대한 역설이다.

자연은 문명이 아니므로 미추美醜·선악이 있을 리 없는 혼돈이요, 무위는 다스림이 없으니 권선징악과 상벌이 있을 리 없으므로 혼돈이요, 흑암은 땅속에 숨어 있는 빛(葆光=明夷)이니 분별을 내세우지 않으니 혼돈이요, 중앙은 좌우 동서남북의 분별과 다툼이 없으므로 혼돈이요, 무명은 명칭과 분수가 없으므로 혼돈이다.

대저 도는 시작부터 분계가 있는 것이 아니다.	夫道未始有封.
말(言=名)은 시작부터 실체가 있는 것이 아니다.	言未始有常[28]
옳다고 함으로써 경계가 생긴다.	爲是而有畛[29]

천지사방 밖은 성인의 살핌이 지극하지만 말하지 않고	六合之外 聖人存[30]而不論.
천지사방 안은 성인이 말하지만 평의評議하지 않고	六合之內 聖人論而不議.
『춘추春秋』의 경세와 선왕의 뜻은	春秋經世先王之志
성인이 평의하지만 분석하지 않는다.	聖人議而不辯.
그러므로 이분하는 것은 이분하지 못함이 있고	故分也者 有不分也.
분석하는 것은 분석하지 못함이 있다.	辯也者 有不辯也.
무슨 말인가?	曰 何也.
성인은 그것을 품고 있지만	聖人懷之
사람들은 그것을 분석하여 서로 보이려 한다.	衆人辯之而相示也.

도가 밝혀지면 도가 아니며, 말이 분석되면 미치지 못한다.	道昭而不道 言辯而不及.
…지知는 부지不知에 머무는 것이 지극한 것이다.	…故知止其所不知 至矣.
누가 말하지 않는 변론을 알 수 있을까?	孰知不言之辯.
말할 수 없는 도를 알 수 있다면	不道之道 若有能知
이를 일러 천부天府(하늘 관청)라 한다.	此之謂天府.
아무리 부어도 가득 차지 않고 아무리 퍼내도 마르지 않지만	注焉而不滿 酌焉而不竭

---

28) 常(상)=恒也, 典法也, 質也.
29) 畛(진)=井田間陌也, 界也.
30) 存(존)=至也, 察也, 保其終.

그 유래를 알지 못한다.

이를 보광葆光(숨은 광명)이라 한다.

而不知其所由來

此之謂葆³¹⁾光.

그러나 위 『노자』의 예문을 번역함에 있어 우리나라 학자들은 '혼돈'의 의미를 제대로 모르는 것 같다. 그래서 앞의 『노자』 21장의 "도道의 혼돈함 속에 형상形相(이데아)이 있다"는 뜻의 글에 대해 어리벙벙하여 무슨 뜻인지도 모르게 번역하고 있다.

장자는 혼돈을 '만연曼衍', '영녕攖寧', '무無'로도 표현했다. '만연'은 분별이 없는 '무극'의 뜻을 강조한 표현이고, '영녕'은 '혼란 속의 안정'의 뜻을 강조한 표현이고, '무'는 '무유無有'의 뜻을 강조한 표현이다. 이처럼 혼돈이란 개념은 '무분별', '혼란 속의 안정', '무유'를 동시에 상징하는 가명이다. 도교에서는 '혼돈'이라는 단어는 오해할 소지가 있으므로 이를 '현玄'이라 고쳐 말했다(『포박자』「창현」). 혼돈이나 현이나 도의 본체를 표현한 말로 같은 뜻이다.

장자莊子/내편內篇/대종사大宗師

(여왜가 말했다.) "죽으려 하면(초월자) 죽지 않고

살려고 하면(집착자) 살지 못하오.

만물이란 보내지 않을 수 없고 맞이하지 않을 수 없으며

殺生³²⁾者不死

生生者不生.

爲物 無不將³³⁾也 無不迎也.

---

31) 葆(보)=草盛也, 藏也, 守也.
32) 生(생)=性也, 氣之施化.

파괴하지 않음이 없고 이루지 않음이 없소.

그 이름을 '혼돈의 안정'이라고 하오.

'혼돈의 안정'이란 혼돈 이후에 이루어진다는 뜻이오."

無不毁也 無不成也.

其名爲攖³⁴⁾寧.

攖寧也者 攖而後成³⁵⁾者也.

장자莊子/외편外篇/천지天地

농부가 성난 듯 얼굴색이 바뀌었지만 이내 웃으며 말했다.

"나는 선생에게서 들은 말인데

'기계가 있으면 반드시 기계를 부리는 자가 있고

기계를 부리는 자가 있으면 반드시 기계의 마음이 생기고

가슴속에 기계의 마음이 생기면 순백의 바탕이 없어지고

순백의 바탕이 없어지면 정신과 성품이 안정되지 못하고

정신과 성품이 불안정하면 도가 깃들 곳이 없다'고 했소.

내가 두레박 기계를 몰라서가 아니라

부끄러워서 쓰지 않는 것이오."

…(자공이) 노나라에 돌아와 공자에게 보고하자

공자가 말했다.

"그는 혼돈씨의 방술을 빌려 수행한 사람이다.

…저 혼돈씨의 방술을

나와 네가 어찌 다 알 수 있겠는가?"

爲圃者忿然作色 而笑曰

吾聞之吾師

有機械者 必有機事.

有機事者 必有機心.

機心存於胸中 則純白不備.

純白不備 則神生³⁶⁾不定.

神生不定者 道之所不載也.

吾非不知

羞而不爲也.

…反於魯 以告孔子.

孔子曰.

彼假修混沌氏之術者也.

…且渾沌氏之術

予與汝何足以識之哉.

---

33) 將(장)=送也.

34) 攖(영)=亂也, 纓也.

35) 成(성)=安民立政也.

36) 生(생)=性.

장자莊子/외편外篇/지락至樂

형상形象이 없는 듯 어렴풋한데 무(無爲)를 따라 출생하고
어렴풋하여 형상이 없는 듯한데 무에서 형상이 나온다.
만물은 끊임없이 번식하되 모두 무위를 따라 증식된다.

芒[37]乎芴乎 而無從出乎.
芴乎芒乎 而無有象乎.
萬物職職[38] 皆從無爲殖.

장자莊子/외편外篇/천지天地

(순망諄芒이 말했다.) "천명을 이루고 본성을 다해
천지가 즐거워하고
만물 만사의 분별이 사라지고 만물은 본성을 회복하오.
이를 일러 혼돈의 흑암이라 하오."

致命盡情
天地樂
而萬事銷[39]亡 萬物復情.
此之謂混冥.

그러므로 혼돈이란 아무것도 없다는 허무가 아니며 다만 시비 분별이 없다는 뜻일 뿐이다. 그러므로 무명이라고 하고 현玄이라고도 말한다. '혼돈' 또는 '현'은 『구약성경』에서 말한 빛이 없는 흑암이 아니며 다만 빛이 숨어 있어 컴컴하고 희미하다는 뜻일 뿐이다. 만약 빛이 있기 이전의 흑암이라면 단세포 동물처럼 눈(目)이 진화하지 못했을 것이다. 따라서 시각도 없을 것이며 모양도 분별하지 못했을 것이다. 그러므로 노장은 흑암이라 하지 않고 명이明夷·습명襲明·미명微明·보광葆光으로 표현했다. 이 모두가 '땅속의 태양'을 상징하는 『주역』의 명이괘를 표현한 말이다.

---

37) 芒(망)=芴=不曉識之貌, 無形之象.
38) 職職(직)=繁殖貌.
39) 銷(소)=사라지다, 녹이다.

그래서 장자는 혼돈이란 도를 말하기 위한 수단일 뿐, 도 그 자체는 아니라고 우리에게 일깨워 주고 있다. 그것은 존 재론이 아니라 인식론이었던 것이다.

장자莊子/외편外篇/지북유知北遊

하물며 도를 체득한 자는 어떻겠는가?

형체 없는 것을 보고, 소리 없는 소리를 들으며

사람들에게 말할 때 어둡다고 말하는 것은

도를 말하기 위한 수단일 뿐, 도의 실체가 아니다.

又況夫體道者乎

視之無形 聽之無聲

於人之論者 謂之冥冥

所以論道 而非道也.

망상과 제물

그런데 장자는 혼돈을 '망상罔象' 이라는 개념으로도 표 현했다. 망상은 형상이 생기기 이전의 무상無象을 의미한 다. 혼돈은 망상이지만 그것이 자전 운동을 하면 발자국처 럼 무늬가 생기는데 장자는 이를 상象이라 하고 그 상의 분 별을 이理라고 이해한 것 같다. 또한 장자는 혼돈과 망상을 부연 설명했는데 그것이 '제물론齊物論' 이다. '제물론' 이 란 '도道에서 보면 만물은 차별이 없다' 는 뜻이다. 그러므 로 '혼돈', '망상', '제물' 은 표현은 다르나 같은 뜻이다. 즉 도는 언표言表할 수 없는 '무명無名' 이란 뜻이다.

이를 '태극도설' 로 설명한다면 노자의 혼돈은 무극과 대 비되고, 노자의 이기二氣는 태극과 대비되고, 노자의 대상

大象은 사상四象과 대비될 수 있을 것이다.

장자莊子/외편外篇/천지天地

황제 헌원씨가 적수赤水의 북쪽을 노닐며   黃帝游乎 赤水之北

곤륜산에 올라 남쪽을 관망하고 돌아오다가   登乎崑崙之丘. 而南望還歸

검은 진주(道)를 잃어버렸다.   遺其玄珠.

지혜를 시켜 찾아보게 했으나 찾지 못했다.   使知索之而不得.

눈 밝은 이주에게 찾아보게 했으나 찾지 못했다.   使離朱索之 而不得.

소리에 밝은 끽후喫詬도 찾지 못했다.   使喫詬[40]索之而不得.

이에 상象을 잊은 상망象罔에게 시켰더니 그는 진주를 찾았다.   乃使象罔 象罔得之.

회남자淮南子/도응훈道應訓

태청泰淸이 물었다. "그대는 도를 아는가?"   泰淸問曰 子知道乎

무궁無窮이 답했다. "나는 모른다."   無窮曰 吾不知也.

무위無爲가 말했다. "나는 도를 안다."   無爲曰 吾知道.

동이론

장자의 대동소이론大同小異論

이처럼 노자는 도를 혼돈(카오스)과 무명無名이라고 말했

---

40) 喫詬(끽후)=力諍者의 가명.

다. 장자는 이를 망상罔象과 제물론齊物論으로 설명했다. 그에 따르면 무위자연에서는 인간이 자의적으로 지어낸 시비도 선악도 미추도 있을 수 없으며, 이러한 분별과 차별은 언어의 작란에 불과하다. 그렇다면 만물은 제물齊物이므로 개개 사물의 자기동일성 내지 정체성은 허구가 된다. 분별이 없고 명名도 없고 상象도 잊어버리면 만물은 모두 같아질 것이니 어찌 각자의 정체성이 존재하겠는가? 이러한 딜레마에 대한 응답이 이른바 명가名家들의 주제인 동이론同異論이다.

혜시·공손룡 등 명가들이 혼돈과 제물론을 괴변으로 몰아가자 장자는 이에 대항하여 '대동소이론大同小異論'을 주장했다. 즉 도는 혼돈과 망상이므로 분별이 붙을 수 없고 분별이 없으므로 '대동大同'이지만, 개물의 존재는 대동 속의 '소이小異'라는 것이다.

다시 말하면 '대동소이'란 도에서 보면 만물은 대동이요, 이理에서 보면 그 대동은 무늬가 다른 소이들의 집합체라는 뜻이다. 무위자연의 도는 대동이지만 도의 무늬인 이理가 다르기에 명名을 붙여 분별하므로 비로소 소이가 생겨 개별성이 드러난다는 것이다. 즉 도는 불변이나 이理는 변화하며, 그 변화가 역리易理이며 이를 명으로 고정시킨 것이 개별성이다. 성리학에서 말하는 이理는 하나이지만 그것이 나뉘어 만 가지로 달라진다는 이른바 '이일분수理一分殊'도 이것을 설명한 것이다.

장자莊子/잡편雜篇/칙양則陽

대공조大公調(큰 공론)가 말했다.

"마을은 온갖 성씨와 이름이 모여

하나의 풍속을 이룬다.

이異가 합하면 동同이 되고,

동同이 흩어지면 이異가 된다."

大公調日

丘里者 合十姓百名

而以爲風俗也

合異以爲同

散同以爲異.

장자莊子/내편內篇/제물론齊物論

성인은 따르는 것이 없고 자연에 비춰보는 것이다.

역시 이에 따르면

이것은 저것이고 저것은 이것이며

저것도 일면의 시비가 있고

이것도 일면의 시비가 있을 것이니

과연 저것과 이것의 차이가 있는 것인가?

없는 것인가?

저것과 이것을 패거리 짓지 않는 것이

도의 추뉴樞紐라고 말한다.

추뉴가 고리의 중앙을 잡기 시작하면 응변이 무궁하다.

옳다는 것도 하나같이 끝이 없고

그르다는 것도 하나같이 끝이 없다.

그러므로 자연의 명증함만 못하다고 말하는 것이다.

是以聖人不由 而照之於天.

亦因是也

是亦彼也 彼亦是也.

彼亦一是非

此亦一是非.

果且[41]有彼是乎哉

果且無彼是乎哉

彼是莫得其偶[42]

謂之道樞.

樞始得其環中 以[43]應無窮.

是亦一無窮

非亦一無窮也.

故日 莫若以明.

---

41) 且(차)=然也.

42) 偶(우)=儕輩也, 等輩也.

43) 以(이)=由也, 至也.

신명을 수고롭게 하며 한쪽을 좋다고 하면

그것이 크게는 같다는 것(大同)을 모른다.

이것을 '조삼모사朝三暮四'라 한다.

옛사람들은 지혜가 지극한 데가 있었다.

어디까지 이르렀는가?

처음부터 사물이 있었던 것이 아니라고 하는 사람이 있다.

지극하고 극진하여 더 보탤 수가 없다.

그다음은 사물이 있다고 생각하지만

처음부터 '너와 나'의 경계가 있다고 생각하지 않는다.

그다음은 경계가 있다고는 생각하지만

처음부터 시비가 존재한다고는 생각하지 않는다.

시비가 밝아짐으로써 도가 훼손됐고

도가 훼손됨으로써

사랑(유가의 仁義와 묵가의 兼愛)이 생긴 것이다.

대저 도는 시작부터 분계가 있는 것이 아니다.

말은 시작부터 실체가 있는 것이 아니다.

옳다고 함으로써 경계가 생긴다.

勞神明爲[44]一

而不知其[45]同也.

謂之朝三.

古之人其知有所至矣

惡乎至.

有以爲未始有物者.

至矣盡矣 不可以加矣.

其次以爲有物矣

而未始有封[46]也.

其次以爲有封焉

而未始有是非也.

是非之彰也 道之所以虧也.

道之所以虧

愛之所以成.[47]

夫道未始有封.

言未始有常[48]

爲是而有畛.[49]

---

44) 爲(위)=癒也=賢也.

45) 其(기)=尙也.

46) 封(봉)=界域也.

47) 成(성)=生.

48) 常(상)=質也.

49) 畛(진)=界也.

묵자의 동이상보론同異相補論

　분별은 다름과 같음을 구분하는 것이다. 같음과 다름을 구분하지 않으면 분별이 있을 수 없기 때문이다. 그런데 묵자는 노장의 혼돈과 제물론에 앞서, 있고 없음(有無)과 같고 틀림(同異)은 대립적이지만 동시에 상보적임을 강조했다. 즉 대립적인 것은 상보적이라는 것이다. 이것은 묵자의 겸애주의兼愛主義·대동주의大同主義와도 밀접한 관계가 있다. 이러한 묵자의 동이상보론同異相補論은 20세기 중국의 지도자 저우언라이周恩來(1898~1976)가 강조했던 '같음을 추구하되 다름을 인정하자'는 이른바 '구동존이求同存異'의 입장과 비슷하다.

　이것은 물리학계에서 불확정성 원리의 기초를 제공한 현대물리학의 아버지 보어Niels Bohr(1885~1962)가 스웨덴 국왕으로부터 백작 작위를 받으면서 자기 가문의 문장에 새겨 넣은 "대립적인 것은 상보적이다"라는 명문과 같은 맥락이다.

　그러나 후기 묵가들은 묵자의 정치적 사회적 변혁성을 버리고 전쟁에서 방어전 청부업으로 연명했으며, 혜시와 공손룡 등 변론가들과 비슷한 소피스트적인 경향으로 전락했다. 이들을 이른바 '묵변墨辯'이라고 말한다. 다만 다른 명가들은 사실事實을 버리고 명名과 언言만을 좇는 형식 논리에 매인 불가지론적 경향인 데 반해, 묵변들은 사실과 언명의 일치를 고집하는 가치 수호론의 입장을 버린 것은 아니라는 점에서, 묵변들의 논리학적인 명실론名實論과 명가들의 궤변적인 견백론堅白論은 구별되어야 할 것이다.

묵자墨子/경설經說 상

동同(같음)이란 다른 것들이 함께하여 하나가 되는 것이다
동이란 두 사람이 함께 보고
다 같이 기둥이라고 말하는 것과 같다.
군주를 (여러 다른 신하와 백성들이) 섬기기로 약속한 것과 같다.

同 異而俱於之一也.
同 二人而俱見
是楹也.
若事君.[50]

동同에는 '중첩', '일체', '합동', '동류' 등 네 가지가 있다.
두 개의 명칭에 하나의 실체는 중첩의 동이다.
아우름을 배척하지 않는 것은 일체의 동이다.
한 방에 같이 있으면 합동의 동이다.
같은 점이 있으면 동류의 동이다.

同 重 體 合 類.
二名一實 重同也
不外於兼 體同也.
俱處於室 合同也.
有以同 類同也.

다름에는 '이단異端', '불일체不一體',
'불합동不合同', '비동류非同類' 가 있다.
둘이 반드시 다르면 이단이다.
소속에 연결되지 않으면 일체가 되지 못한다.
장소가 같지 않으면 합동이 되지 않는다.
같은 점이 없으면 동류가 되지 못한다.
같음과 다름은 서로 상보하는 것이며, 유무有無를 닮았다.

異 二 不體
不合 不類.
二必異 二也.
不連屬 不體也.
不同所 不合也.
不有同 不類也.
同異交得 放[51]有無.

---

50) 君 臣 萌通約也(墨子/經說上/上列).

51) 放(방)=依也, 效也.

묵자墨子/대취大取

다름이 있어야 같음도 있을 수 있다.　　　　　　　　　　　　有其異也 爲其同也.

명가들의 동이론

　동이론同異論은 전국시대 명가들의 중심 논제였다. 전국시대는 진리가 해체되는 세기말적 혼돈의 시대였다. 이때 천제天帝와 정의正義와 진리眞理에 대한 회의가 일어났으며, 이를 대변하는 명가들이 득세하고 회의주의적 지식론과 인식론의 문제가 논쟁의 중심으로 등장했다.

　'흰 것과 단단한 것은 같은가, 다른가' 라는 이른바 견백동이론堅白同異論은 그 대표적인 논쟁이었다. 공손룡은 같은 것에서 다름을 찾는 '동중구이同中求異'에 매달리는 분석적인 개별주의자였으며, 혜시는 다른 것에서 같은 것을 찾는 이른바 '이중구동異中求同'에 매달리는 종합적인 전체주의적 입장이었다.

　공손룡은 흰 말은 말이 아니라고 주장하는 '백마비마白馬非馬'론으로 유명하다. 그는 "손으로 만져보아 단단한 것을 알 때는 흰 것이 없으며, 눈으로 흰 것을 볼 때는 단단한 것이 없으므로 서로 겹칠 수 없다"고 말했다. 이를 '이견백설離堅白說'이라 부른다.

　이에 대해 혜시는 공손룡의 동이론을 궤변이라 비웃고 동同과 이異는 상대적인 개념일 뿐이라고 주장했다. 즉 만물은 같다면 같고, 다르다면 다르다고 말할 수 있다는 것이다. 그러므로 그는 "하늘은 땅처럼 낮고, 산은 연못처럼 평평하다"고 말했다. 이를 '합이동설合異同說'이라 부른다.

반면 묵변들은 "흰 돌과 단단한 돌은 하나"라고 말했다. 즉 '단단하다' 또는 '희다'라는 언표는 공간과 시간이 없으므로 존재가 아니며 따라서 단단한 것과 흰 것은 서로 배척하지 않고 겹칠 수 있다는 것이다. 다만 공간적으로 떨어져 있어야 두 물건으로 분별된다는 것이다. 이를 '견백영설堅白盈說'이라 부른다.

묵가의 견백영설堅白盈說

묵자墨子/대취大取

키가 큰 사람들은 키가 크다는 점에서 같고,	長人之同
키가 작은 사람들은 키가 작다는 점에서 같다.	短人之同
그 모습이 같은 것들이므로 같다고 말한다.	其貌同者也 故同.
사람에게 손가락과 머리는 다르고	指之人也 與首之人也異
사람의 개체는 한 모양이 아니다.	人之體 非一貌者也
그래서 다르다고 말한다.	故異.
장군의 칼과 장병의 칼은 다르다.	將劍與挺劍異.
칼은 형체와 모양으로 이름을 붙였으므로	劍以形貌命名也.
형체가 하나가 아니면 다르다고 말한다.	其形不一 故異.
버드나무도 나무요, 복숭아나무도 나무다.	楊木之木 與桃木之木也
(나무라는 점에서는) 같다.	同.
그러므로 수량으로 이름을 붙인 것이 아닌 경우,	諸非以擧量數命者
그 이름 붙인 조건을 없애면 모두 같은 것이다.	敗之盡是也.

묵자墨子/경설經說 상

단단한 것과 흰 것은 서로 배척하지 않는다.　　　　　　　　堅白 不相外也.

똑같이 단단한 것이라도 다른 곳에 있으면　　　　　　　　　堅 異處

서로 채워주지 못하므로 서로 다르다고 한다.　　　　　　　不相盈 相非.

이는 서로 배척하기 때문이다.　　　　　　　　　　　　　　是相外也.

묵자墨子/경설經說 하

하나의 물건에 대해　　　　　　　　　　　　　　　　　　　於一

지각하는 것도 있고 지각하지 못하는 것도 있다.　　　　　　有知焉 有不知焉.

존재에 대해서 말하는 것이다.　　　　　　　　　　　　　　說在存.

돌 하나에 단단한 것과 흰 것은 둘이지만　　　　　　　　　於石一也. 堅白二也.

돌에 있을 뿐이다.　　　　　　　　　　　　　　　　　　　而在石.

그러므로 지각하는 것이 있고 못 하는 것이 있어도 좋다.　　故有知焉 有不知焉 可.

혜시의 합이동설合異同說

장자莊子/잡편雜篇/천하天下

(혜시가 말했다.) "지극히 커서 밖이 없는 것을　　　　　　至大無外

큼의 시초라 하고　　　　　　　　　　　　　　　　　　　謂之大一.[52]

지극히 작아서 안이 없는 것을 작음의 시초라 한다.　　　　至小無內 謂之小一.

두께가 없어 쌓을 수 없는 것은　　　　　　　　　　　　　無厚不可積也

그 크기가 천 리며　　　　　　　　　　　　　　　　　　　其大千里.

하늘은 땅보다 낮고 산은 연못보다 평평하다고 한다.　　　天與地卑 山與澤平.

해가 방금 중천에 뜬 것은 기우는 것이고　　　　　　　　日方中方睨

---

52) 一(일)=惟初大始.

만물이 살아 있는 것은 죽은 것이다.

대동大同도 소동小同에서는 다르다.

이것을 일러 '소동의 이異'라고 한다.

만물은 모두 같기(畢同)도 하고 모두 다르기도(畢異) 하다.

이것을 일러 '대동의 이異'라고 한다.

남방은 끝이 없다고 말하지만 끝이 있고

오늘 월나라를 떠난 것은 어제 돌아온 것이다.

고리를 연결해야만 풀 수 있다.

내가 아는 천하의 중앙은

연나라의 북쪽이요 월나라의 남쪽인 것이 이를 말한다.

만물을 두루 사랑하면 만물은 일체다."

物方生方死.

大同[53]而與小同[54]異.

此之謂小同異.

萬物畢同[55]畢異[56]

此之謂大同異.

南方無窮而有窮.

今日適越而昔來.

連環可解也.

我知天下之中央

燕之北 越之南 是也.

汎愛萬物 天地一體也.

혜시에 대한 장자의 평가

장자莊子/잡편雜篇/천하天下

혜시는 방술이 많고 그 책은 다섯 수레다.

그러나 그 도는 모순되고 난잡했으며

그의 말은 중정하지 않았다.

惠施多方 其書五車.

其道舛[57]駁[58]

其言也不中.

---

53) 大同(대동)=범위의 같은 것들. 예컨대 동물.
54) 小同(소동)=작은 범위의 같은 것들. 예컨대 곤충.
55) 畢同(필동)=만물은 사물이라는 점에 모두 같다.
56) 畢異(필이)=만물은 같은 것이 하나도 없다.
57) 舛(천)=相違背也, 乖也.
58) 駁(박)=龐雜也.

공손룡의 이견백설離堅白說

공손룡자公孫龍子/견백론堅白論

눈으로 볼 때는 단단한 것은 볼 수 없고
흰 것은 볼 수 있으므로
단단한 것은 없다.
손으로 만질 때는 흰 것은 느끼지 못하고
단단한 것은 느낄 수 있으므로
흰 것은 없다.

視不得其所堅
得其所白者
無堅也.
拊[59]不得其所白
得其所堅者
無白也.

공손룡자公孫龍子/백마론白馬論

말(馬)은 형체로 명명한 것이다.
흰 것은 색채로 명명한 것이다.
색채로 명명한 것은 형체로 명명한 것이 아니다.
그러므로 흰 말은 말이 아니다.

馬者所以命形也.
白者所以命色也.
命色者非命形也.
故曰 白馬非馬.

공손룡자公孫龍子/지물론指物論

지칭하는 언어는 천하에 공간이 없는 것이다.
사물이란 천하에 공간이 있는 것이다.
그러므로 사물을 말하려 해도 말할 수 없다.

指[60]者 天下之所無也.
物也者 天下之所有也.
故物指 非指.

---

59) 拊(부)=어루만지다.
60) 指(지)=手指也, 語也.

동일성은 오해인가?

외물의 동일성

앞서 우리가 읽은 노장의 혼돈과 제물론에 따르면 외물의 자기동일성은 오해일 뿐이다. 명가名家들의 동이론同異論을 읽으면 만물이 모두 대동소이요, 조삼모사朝三暮四일 뿐이다. 도대체 무엇이 같고 무엇이 다르다고 하는지 알 수 없다. 그것이 노장과 명가들의 의도인지도 모른다. 그들은 우리에게 '우리가 같다, 다르다'고 말하는 것이 얼마나 모호한 것인가를 깨우쳐주고 있기 때문이다. 그러나 우리는 일상에서 동일성을 긍정하고 살아간다. 우리는 하늘을 푸르다고 말하며 어제의 하늘과 오늘의 하늘이 동일하다고 생각한다. 피리 소리는 구슬프고 북소리는 힘차다고 생각한다. 우리 집 강아지는 이웃집 강아지와 다르므로 개들은 각각 정체성이 있다고 생각한다. 그러나 그것은 착각일 수 있다.

우리가 보는 하늘은 어제의 공기와 오늘의 공기가 다르므로 다를 수 있다. 사람에 따라 피리 소리는 즐겁고 북소리는 침통하다고 생각할 수도 있다. 집에서 기르는 강아지는 사람이 관심을 가지고 이름까지 지어주었으므로 각각 구분될 뿐이다. 그러나 수많은 들개들은 인간의 관심 밖이고 이름도 없으므로 각자의 동일성이 존재하지 않는다. 만약 수많은 양 떼와 소 떼에 일일이 이름을 지어준다면 각자 동일성을 갖게 될지도 모른다. 우리는 여기서 외물의 동일성은 인간의 관심과 기억에 달려 있음을 알 수 있다. 마찬가지로 나의 정체성도 나의 기억에 있지 않을까? 그렇지만 만약 저 산속의 수많은 소나무들에 각각 이름을 붙여준다면 소나무는 하나하나가 각각 정체성을 가질 수 있을까? 과연 동일성 내지 정체성은 무엇을 기준으로 말하는 것인가? 과연 나의 정체성은 무엇인가? 이것이 이른바 동일성 내지 정체성의 문제다.

장자莊子/외편外篇/지북유知北遊

시험 삼아 그대와 더불어 무하유無何有의 궁전에서 노닐며	嘗相與遊乎無何有[61]之宮
대동 합일하여 논한다면 그 토론은 끝이 없을 것이다.	同合而論 無所終窮乎.
시험 삼아 그대와 더불어 인위가 없고, 담박 고요하며,	嘗相與無爲乎 澹而靜乎
적막하여 맑으며, 조화롭고 한가롭게 한다면	漠而淸乎 調而閒乎
나의 뜻은 텅 비고 적막할 것이다.	寥已吾志.
…모든 사물은	…物物者
사물을 무리 지어 차별하는 경계가 없는 것이니	與物無際[62]
사물에 경계가 있다면	而物有際者
언어로 일컬어진 사물의 경계일 뿐이다.	所謂物際者也.
경계 없는 것(물질)을 언어로 경계 지은 것이므로	不際之際
그 경계는 사물의 경계가 아니다.	際之不際者也.

---

61) 無何有(무하유)=無有를 상징하는 宮名.
62) 際(제)=界也, 分別.

자아의 동일성

영국의 철학자 흄은 이성적 실체로서의 자아自我를 부정
했다. 자아란 서로 다른 인상들과 관념의 다발에 불과한 것
인데 그것을 동일하다고 보는 것은 관념으로 꾸며낸 오해
또는 착각이라는 것이다. 이처럼 자아의 동일성 또는 정체
성을 부인했다는 점에서는 흄은 노장과 일치한다.

그에 의하면 인간 또는 그 마음은 서로 다른 '지각들의
다발' 또는 '집합'이다. 그러므로 대상과의 관계가 단절되
고 대상에 대한 지각이 사라지면 인간의 마음은 존재할 수
없게 된다. 사실 자아의 심층을 들여다보면 개별적인 지각
들뿐이다. 그리고 이 지각들은 빠르게 서로 이어가면서 영
원히 흐르고 움직인다. 그래서 흄은 마음을 일종의 '극장
의 화면'에 비유했다. 이 마음의 극장에서는 여러 지각들
이 꼬리를 물고 나타나고 지나가면서 혼합된다.

흄

인간본성론A treatise of Human Nature/**권1/4부/6절**
나로서는 내가 '나 자신'이라고 부르는 것에
직접 들어가려 할 때
나는 항상 어떤 특수한 지각에 부딪히게 된다.
가령 밝다든지 어둡다든지,
사랑 또는 증오, 고통 또는 쾌락 등의 지각에 부딪힌다.
나는 이런 지각이 없이 '나 자신'을 파악하지 못한다.
또한 이 지각 외에 다른 어떤 것을 관찰할 수가 없다.

인간은 영원한 유전 가운데서 빠르게 계기하는
지각들의 한 다발이요, 집합체에 불과한 것이다.

이처럼 지각이 없다면 잠시도 자아를 포착할 수 없다.
깊은 잠에 빠져 한동안 지각이 없다면 그동안 나는 나 자신
을 감지할 수 없다. 나 자신이 존재하지 않는다고도 말할
수 있다. 그런데도 우리는 잠자는 나와 깨어 있는 나를 같
다고 생각한다. 과연 그런가?

흄은 관념觀念을 규정하기를 "사고나 추리에 있어서 인
상印象(impression)의 희미한 표상(image)"이라고 말했다.
모든 인상은 그것에 대응하는 관념을 가진다. 그러나 관념
은 단순할 때는 모호한 대로 인상과 비슷하지만, 복합관념
은 그 구성 요소가 모두 인상에서 나오는 것은 같지만 반드
시 인상과 유사하지는 않다. 본래의 인상이 사라진 뒤에도
마음속에 그 표상이 남는 것을 관념이라 하고, 거꾸로 관념
에서 인상을 만들어내는 것을 기억記憶(memory)이라 하
며, 인상이 관념과는 상관없이 생기는 것을 상상想像
(imagination)이라 한다.

그러나 그 어떤 경우에도 항상적이고 변하지 않는 인상
은 있을 수 없다. 괴로움과 즐거움, 슬픔과 기쁨 등 정념과
감각은 서로 계기하며 동일한 시간에 함께 존재하지 않기
때문이다. 그러므로 그는 "자기동일성 즉 자아(self)에 관
한 인상은 없다"고 말했다. 따라서 '자아라는 개념(idea of
self)'도 있을 수 없다는 것이다.

그에 따르면 동일성은 일종의 오해다. 우리는 서로 다른

가변적인 지각과 정념들을 기억과 상상에 의해 동일하다고 주장하고 관념을 꾸며낸다. 이 불합리를 스스로 정당화하기 위해 대상들을 함께 연관시키고 그 대상들의 단속과 변화를 막아줄 새롭고 난해한 원리를 꾸며낸다. 그리고 우리는 이러한 난해한 '영혼', '자아', '실재' 등의 관념에 스스로를 옭아맨다.

흄은 이러한 동일성에 대한 오해를 '공화국'이라는 비유로 설명했다. 공화국에서는 여러 다른 성원들이 지배와 예속이라는 매듭에 의해 합일되며, 그 성원들도 법률도 체제도 바뀌지만 공화국은 동일성으로 계속 남는다. 마찬가지로 자아는 자신의 성향과 성품을 변화시키면서도 자신의 인상이나 관념을 지속시키며 자신의 동일성을 상실하지 않게 한다. 나와 남들의 기억에 공화국처럼 특정 인상을 찍어 넣어 지워지지 않고 남게 한다는 것이다.

그러므로 기억이 없다면 자아의 동일성은 드러나지 않는다. 기억은 인격의 동일성을 산출하는 것은 아니지만 서로 다른 지각들을 원인과 결과로 관계 지어 연상하게 함으로써 인격의 동일성을 드러내는 것이다. 이로써 외부 자극에 알맞게 대처하는 생존 능력을 보유하게 된다.

그러나 만약 오늘날 자아 관념이 없어졌다면 이는 오늘을 살아가는 데 자아 관념이 필요하지 않게 됐다는 것을 의미한다. 이른바 자아 관념도 기억 내지 두뇌 기능에서 파생된 것이다. 그런데 그 두뇌 기능은 주변 환경에 적응하여 생존을 보존하기 위해 행위를 규칙적으로 결정 통제할 필요에서 진화·발전한 것이다. 자아 관념이 없어졌다는 것은 이제 그것이 생명 유지의 필요조건이 되지 못한다는 것을 말해 준다. 즉 이제 인간은 똑같은 환경에서 똑같은 행동만이 필요하므로 익명의 권위자들의 구호에 따라 자동인형처럼 행동하는 것이 생존을 위해 더 좋은 방법이 됐다는 것을 의미한다.

이처럼 자아의 해체는 중대한 문제다. 이러한 해체주의는 현대 사회의 병폐를 반영한 것이기 때문이다. 그뿐 아니라 철학적으로 이것은 데카르트René Descartes(1596~1650)가 최초 최후의 명징한 진실이라고 인정한 '코기토cogito'의 붕괴이기도 하다. 이러한 결론은 형이상학에 있어서 최후로 남은 실체實體를 폐지하여 버리는 것이다.

이것은 신학에 있어서도 중요하다. 영혼靈魂에 관한 가상적 지식을 폐지하여 버리기 때문이다. 또한 이것은 인식론에 있어서도 중요하다. 주관主觀과 객관客觀이란 범주가 기본적인 것이 아니라는 것을 보여주기 때문이다.

기억상실증 환자에 대한 이야기를 다룬 프랑스 영화〈노보Novo〉는 '인간은 죽었다'고 선언한 이른바 해체주의를 다룬 작품이다. 영화에는 사고 때문에 몇 시간 또는 몇 분 단위로 기억을 잃어버리는 단기 기억상실증 환자가 주인공으로 나온다. 그는 부인과 아들조차 잊어버리고 금방 잠자리를 같이한 여자도 잊어버린다. 그의 정서는 아이 상태로 퇴행하여 얼굴도 아이처럼 해맑다. 그의 주변 여자들은 날마다 새로운 만남과 관계를 맺을 수 있으므로 그에게 모여든다. 이들 중에는 그가 기억을 되찾기를 바라는 여자도 있고 그것을 방해하는 여자도 있다. 이야기가 진행되면서

감독은 어린아이 같은 맑은 심성을 아름답게 그려나간다.

과연 이 주인공에게 자아가 있는가? 날마다 자아가 새롭게 태어나는가? 그는 잠시나마 지각이 있고 의지가 있으므로 그의 자아를 부인할 수는 없을 것이다. 그렇다면 어제의 그와 오늘의 그에게는 자아의 동일성이 있는가? 분명히 신체적으로는 동일하다. 그리고 어제 그의 행동에 대해서도 오늘 그에게 책임을 묻는다. 그러므로 그를 고용한 회사에서는 동일성을 인정하고, 매일 고용 계약서를 새로 쓰지는 않는다.

그러나 실제로는 어제의 그와 오늘의 그에게 자아의 동일성이 있다고 할 수 없다. 그는 어제 잠자리를 같이한 여자를 기억하지 못하므로 같은 여자를 새로운 여자로 만나기 때문이다. 이 영화의 사례에서 우리는 흄이 왜 자아의 동일성을 오해라고 했는지를 알 수 있을 것이다.

동이론이 문제인 이유

노장은 이처럼 시비분별이 없는 혼돈의 자연을 도道로 삼았다. 이에 비해 공맹의 도는 시비분별을 따지는 것이므로 반자연이다. 또한 장자는 도를 망상이라고 했는데 상을 잊어버리면 분별할 기준이 없어지므로 개별성이란 존재하지 않는다.

이에 명가들은 "만약 노장처럼 만물이 혼돈이라면 사물

각각의 개별성과 차별성과 동일성은 존재하지 않는다는 말인가?"라고 비판했다. 이런 논쟁을 통틀어 동이론同異論이라고 한다. 이것은 무엇을 같다 말하고 무엇을 다르다 말하는가를 묻는 것이다. 언뜻 생각하면 그것은 다 알고 있는 것이며 문제가 될 것이 없는 것 같다. 그렇다면 기원전 4세기에 이른바 명가들이 핏대를 올리며 논쟁한 동이론은 쓸데없는 말장난에 불과한 것인가?

그렇지 않다. 만약 우리가 무엇이 같고 다른지를 모른다면 모든 판단은 중지해야 할 것이다. 그뿐 아니라 오늘날 우리들의 정체성 또는 주체성 문제는 바로 동이론의 주제다. 그러므로 동이론은 아직도 해결하지 못한 논쟁거리다.

어제의 나와 오늘의 나는 같은가, 다른가? 어제의 나와 오늘의 내가 다르다면 어제 내가 살인을 했다 해도 오늘 내가 책임질 이유는 없을 것이다.

과거 일본인이 이웃나라를 침략하고 많은 사람을 죽이고 억압·착취했는데 오늘의 일본인은 그들의 조상들과는 다르므로 아무런 책임이 없다고 말할 수 있는 것일까? 과연 우리는 무엇을 기준으로 같다거나 다르다고 말하는가?

특히 오늘날 우리들은 남북이 서로 입을 모아 우리는 하나라고 외친다. 과연 무엇이 같은가? 혈통이 같은가? 돌덧널무덤을 썼던 북쪽의 조상들과 고인돌을 썼던 남쪽의 조상들은 같은 핏줄이 아니라는 것이 정설이다. 문화가 같은가? 고구려의 복식이나 제도는 신라의 그것과 같지 않은 것이 많다. 언어가 같은가? 옛날이나 지금이나 함경도 아바이와 전라도 개똥쇠와 경상도 문둥이는 말이 다르다. 그렇지만 우리는 하나라고 느끼고 있으며 남북이 같은 민족이라는 것을 누구도 부인하지 않는다.

그러면서도 한편으로는 입을 모아 남북이 다르다고 말한다. 그러므로 한쪽에서는 북쪽이 변하지 않으면 하나가 될 수 없고 사이좋게 지낼 수 없다고 외쳐대고, 한쪽에서는 남쪽이 변해야 우리는 하나가 될 수 있고 사이좋게 지낼 수 있다고 외쳐댄다.

과연 남북은 같은가, 아니면 다른가? 무엇이 같고 무엇이 다른가? 왜 우리는 하나라고 말하면서도 또 같은 입으로 다르다고 말하는가? 이것이 바로 2천여 년 전 명가들의 문제의식이었던 동이론이다.

그러므로 우리는 노장이 말한 혼돈과 망상이 정말 적실한가를 의심해 보아야 한다. 그리고 장자의 제물론이 과연 타당한가를 따져보아야 한다. 또 한편 설사 적실하지 않다고 하더라도 우리는 이를 무심코 믿고 있는 시비분별과 정체성에 대한 반성의 계기로 삼아야 할 것이다.

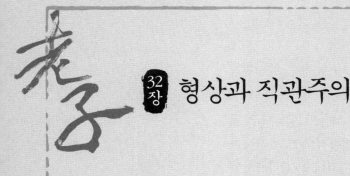

32장 형상과 직관주의

노자 읽기

《 노자 · 4장 》

도道는 항상 그릇처럼 비어 있으나 그것을 쓸 수 있고 道沖[1] 而用之

결코 다 채워지지 않는다. 或[2]不盈

> 김경탁 : 도체道體는 공허하여 이것은 사용하여 혹 채우지 못할는지도 모
> 른다.
>
> 노태준 : 도는 빈 것이지만 이를 활용하면 혹은 차지 않으며
>
> 김용옥 : 도는 텅 비어 있다. 아무리 퍼내어 써도 고갈되지 않는다.
>
> 오강남 : 도는 그릇처럼 비어 그 쓰임에 차고 넘치는 일이 없습니다.
>
> 김형효 : 도는 음양의 중간에 있는 빈 허공과 같아서 이것을 사용해도 가
> 득 차지 않는 것 같다.

마치 연못처럼 만물의 뿌리 같다. 淵兮 似萬物之宗

> 김경탁 : 연못과 같이 심원하여 만물의 조종과 같으니
>
> 노태준 : 못이 깊은 것처럼 만물의 대종大宗같이 보이며

---

1) 沖(충)=虛也. 부혁본은 '盅(器虛也)'으로 됨.
2) 或(혹)=백서본은 '有'로 됨.

김용옥 : 그윽하도다! 만물의 으뜸 같도다.

오강남 : 심연처럼 깊어 온갖 것의 근원입니다.

김형효 : 연못이여! 이것은 만물의 근원과 같다.

예리함을 꺾고 얽힌 것을 풀어주며   挫其銳 解其紛

영예를 다투지 않고 속세와 함께한다.   和³⁾其光 同其塵

　　김경탁 : 그 광채 나는 것을 조화시키고, 그 진토와 같이 있다.

　　노태준 : 그 빛을 화和하고, 그 티끌에 협동한다.

　　김용옥 : 그 빛이 튀어남이 없게 하고, 그 티끌을 고르게 하네.

　　오강남 : 빛을 부드럽게 하고, 티끌과 하나가 됩니다.

　　김형효 : 도는 빛과도 화합하고 먼지와도 동거한다.

도道는 맑은 물처럼 고요하여 존재하지 않는 것 같다.   湛兮 似或⁴⁾存

　　김경탁 : 정결 심원하여 혹 존재하는 것 같다.

　　장기근 : 도의 본체는 공허하다. 깊이 숨어 있어 보이지 않지만 영원히 있

　　　　　는 것 같다.⁵⁾

　　노태준 : 담연湛然히 무언가가 있는 것 같이 보인다.

　　윤재근 : 깊고 깊어 알 수 없으나 어쩌면 존재의 모습 같다.

　　김용옥 : 맑고 또 맑아래 저기 있는 것 같네.

　　오강남 : 깊고 고요하여 뭔가 존재하는 것 같습니다.

　　김형효 : 고요하면서도 넉넉함이여! 도가 존재하는 것 같다.

나는 누구의 자식인지 모르지만   吾不知誰之子

형상形相(이데아)은 천제天帝보다 앞선다네.   象⁶⁾帝之先.

———————————

3) 和(화)=心ゝ不爭也(君子和以不同 : 論語/子路).

4) 或(혹)=不定, 不必(從或戕之 : 周易/小過).

5) 或을 常으로 읽었다.

김경탁 : 나는 그것이 누구의 아들인지 모르니, 신神보다 먼저 상象이 있다.

장기근 : 아마도 천제보다 먼저 태어난 것 같다.[7]

노태준 : 내가(道) 누구의 아들인지를 모르겠는데, 천제天帝보다 앞선 것 같다.

김용옥 : 나는 그가 누구의 아들인지 몰라. 하느님보다도 앞서는 것 같네.

오강남 : 누구의 아들인지 난 알 수 없지만, 하느님보다 먼저 있었음이 틀림없습니다.

김형효 : 나는 누구의 아들인 줄 모른다. 아마도 상제보다 먼저인 것 같다.

《 노자 · 14장 · 하단 》

위로 올라가도 밝지 않고, 아래로 내려가도 어둡지 않으며,　　　　其上不皦[8] 其下不昧

김경탁 : 그것이 위는 밝지 않고, 아래는 어둡지 아니하여,

노태준 : 그 위는 밝지 않으며 그 아래는 어둡지 않다.

김용옥 : 그 위는 밝지 아니하며, 그 아래는 어둡지 아니하다.

오강남 : 그 위라서 더 밝은 것도 아니고, 그 아래라서 어두운 것도 아닙니다.

김형효 : 그 위는 밝지 않고 그 아래는 어둡지 않다.

실타래처럼 끝이 없으니 이름을 붙일 수도 없다.　　　　繩繩[9]不可名

김경탁 : 면면히 끊어지지 아니하니

노태준 : 승승繩繩하여 이름 지을 수 없으며

김용옥 : 아어지고 또 이어지는데 이름 할 수 없도다.

---

6) 象(상)=像也, 道也. 장자가 말한 形相 즉 이데아. 우리 학자들은 象을 'ㅁㅁ인 것 같다'로 解하나, 象이 동사나 형용사로 쓰이면 '法也, 像也, 光耀'로 쓰일 뿐 그런 용례는 없다.

7) 象을 虛辭인 似로 읽었다.

8) 皦(교)=皎也.

9) 繩(승)=無涯際貌.

오강남 : 끝없이 이어지니 무어라 이름 붙일 수도 없습니다.

김형효 : 새끼줄처럼 꼬여서 면면히 이어짐이여! 그 이름을 지을 수 없어

물체 없는 데로 돌아가니 현상이 없는 현상이요,

復歸於無物 是謂無狀之狀

김경탁 : 다시 무물無物로 돌리어 이를 형상이 없는 형상(無狀之狀) 즉 순수
형상純粹形相이라 하고

노태준 : 무물無物로 복귀한다. 이를 무상無狀의 상狀이라 하고

김용옥 : 다시 물체 없는 데로 돌아가니 이를 일러 모습 없는 모습이요,

오강남 : 결국 없음의 세계로 돌아갑니다. 이를 일러 '모양 없는 모양' 이라
합니다.

김형효 : 다시 무물無物(어떤 물건도 없는 자리)로 돌아간다. 이래서 도를 형상
이 없는 형상이라 부르고

물체 없는 상象(이데아=形相)이니
이를 분별이 아직 없는 혼돈(카오스)이라 한다.

無物之象
是謂惚恍[10]

김경탁 : 동작이 없는 동작(無象之象) 즉 순수동작純粹動作이라고 한다. 이
것을 황홀恍惚하다고 하니

장기근 : 도를 물체 없는 형상形象이라고 한다. 즉 도를 황홀한 것이라 하
겠다.

노태준 : 무상無象의 상象이라 한다. 이것을 홀황이라 한다.

김용옥 : '물체 없는 형상' 이라 한다. 이를 일러 홀황하다 하도다.

오강남 : '아무것도 없음의 형상' 이라 합니다. 가히 황홀이라 하겠습니다.

김형효 : 어떤 물건도 없는 현상이라 부른다. 이런 도의 모습을 또 홀황이
라 부른다.

앞에서 맞이하려 해도 머리를 볼 수 없고(無始)

迎之不見其首

---

10) 惚恍(홀황)=未分之貌. 惚=心志憼惘也. 恍=心不定貌.

뒤를 따르려 해도 꼬리를 볼 수 없다(無終).   隨之不見其尾

그러므로 옛 도를 잡아 지금의 일을 어거하니   執古之道 以御今之

또한 옛 시작을 능히 안다.   有能知古始

이를 '도道의 벼리'라고 말한다.   是謂道紀.

《 노자 · 21장 · 상단 》

아직 분별이 없구나! 도道에 상象(形相)이 있다.   惚兮恍兮 其中有象

미묘하여 측량할 수 없구나! 형상에 물리物理가 있다.   恍兮惚[11]兮 其中有物[12]

깊고 멀구나! 물리에 정기精氣가 있다.   窈兮冥[13]兮 其中有精.

《 노자 · 35장 》

'위대한 상象(이데아=道)'을 잡으면 천하를 돌아오게 할 것이며   執大象 天下往[14]

     김경탁 : 대상(큰 도의 모습)을 잡고 천하에 가면

     장기근 : 대도大道를 지키면 천하의 모든 사람이 와서 귀순할 것이며[15]

     노태준 : 대상(위대한 모양)을 잡아 천하에 가면,

     김용옥 : 큰 모습(야망)을 잡고 있으면 천하가 움직인다.

     오강남 : 위대한 형상을 굳게 잡으십시오. 세상이 모두 그에게 모여들 것입

              니다.

     이석명 : 거대한 형상을 잡고 있으면 세상 사람들이 와서 귀의하네.

     김형효 : 대도를 잡아서 천하에 가면

---

11) 恍惚(황홀)=微妙不測之貌.

12) 物(물)=物理.

13) 窈冥(요명)=深遠之貌.

14) 往(왕)=부혁본은 '王'으로 됨. 王(왕)=天下所歸往也. 孔子曰 一貫三爲王.

15) 象을 道로 읽었다.

돌아와도 훼방할 것이 없으니 안락하고 공평하고 태평할 것이다.　　　往而不害 安平太

　김경탁 : 가도 해롭지 아니하여 편안하고 화평하고 태평하다.

　장기근 : 귀순해도 서로 다치거나 해치지 않고 천하가 안락하고 평등하고
　　　　　 태평하다.

　노태준 : 어디를 가나 해를 입지 않으며, 안락하고 평온하고 태평하다.

　김용옥 : 움직여도 해가 없으니 편안하고 평등하고 안락하다.

　오강남 : 그대에게 모여들어 해받음이 없을 것입니다. 오직 안온함과 평온
　　　　　 함과 평화만이 깃들 것입니다.

　이석명 : 귀의하면 해로움이 없으니 안정되고 평온하며 태평하네.

　김형효 : 해를 입지 않고 편안하고 태평해진다.

음악과 음식은 지나가는 과객을 머물게 하지만　　　　　　　　樂與餌過客止

도는 말로 표현되면 담담하여 아무런 맛이 없다.　　　　　　　道之出口¹⁶⁾ 淡乎其無味

도는 보려고 해도 볼 수 없고 들으려 해도 들을 수 없으나　　視之不足見 聽之不足聞

그것을 쓰면 다함이 없는 것이다.　　　　　　　　　　　　　用之不可旣.¹⁷⁾

《 노자 · 41장 · 중단 》

크게 방정한 것은 모서리가 없고, 큰 그릇은 늦게 이루어지고　　大方無隅 大器晩成

위대한 자연의 음악音樂은 소리가 없고　　　　　　　　　　大音¹⁸⁾希聲

위대한 상象(이데아=道)은 형체가 없다.　　　　　　　　　　大象¹⁹⁾無形.

　김경탁 : 매우 큰 소리는 들을 수 없고, 아주 큰 형상은 꼴이 없다.

　장기근 : 가장 큰 소리는 들리지 않고, 가장 큰 형상은 형태가 없다.

---

16) 口(구)=부혁본은 '言'으로 됨.

17) 旣(기)=盡也.

18) 大音(대음)=天籟.

19) 大象(대상)=죽간본과 백서본은 '天象'으로 됨.

노태준 : 큰 소리는 소리가 희미하고, 큰 형상을 가진 자는 아무 형태가 없
다.

김용옥 : 큰 소리는 소리가 없고, 큰 모습은 모습이 없다.

오강남 : 큰 소리는 거의 들리지 않고, 큰 모양에는 형체가 없다.

임채우 : 큰 소리는 들리지 않고, 큰 상象은 형체가 없으니

이석명 : 큰 소리는 들리지 않고, 하늘의 형상은 형체가 없으니

이경숙 : 큰 음은 소리가 희미하고, 큰 물건은 아무 형태가 없는 것이다.

김형효 : 큰 소리는 소리가 거의 들리지 않고, 큰 흔적은 형체가 없다.

직관주의

《 노자 · 47장 》

문밖을 나서지 않아도 천하를 알고	不出戶 知天下
바라지로 엿보지 않아도 천도天道를 본다.	不闚牖[20] 見天道
나서는 것이 멀어질수록 아는 것은 작아진다.	其出彌遠 其知彌少
그러므로 성인은 운행하지 않아도 알 수 있고	是以聖人不行而知
보이지 않아도 이름 짓고, 다스리지 않아도 이룬다.	不見而名 不爲而成.

《 노자 · 71장 》

스스로 모르는 것을 안다면 상책이며	知不知上
모르는 것을 자각하지 못한다면 병통이다.	不知知[21]病
병통을 병통인 줄 알면 이것은 병통이 아니다.	夫唯病病 是以不病
성인은 병통이 없다고 말하는 것은	聖人不病
병통을 병통인 줄 알기 때문에 병통이 아니라고 말하는 것이다.	以其病病 是以不病.

---

20) 闚牖(규유)=바라지로 엿보다.
21) 不知知(부지지)=백서본은 '不知不知'로 됨.

도와 형상

앞의 예문들을 요약하면 다음과 같다.

> 도道는 혼돈스러운 물건이다(道之爲物 惟恍惟惚 : 21장).
>
> 그 혼돈 가운데 상象이 있다(惚兮恍兮 其中有象 : 21장).
>
> 그 상은 천제보다 앞서 존재한다(象帝之先 : 4장).
>
> 그런데 그 대상大象은 무형無形하다(大象無形 : 41장).
>
> 이처럼 무물無物의 상이므로 혼돈스럽다고 말한 것이다(無物之象 是謂惚恍 : 14장).
>
> 그렇지만 그 대상을 잡으면 천하의 왕 노릇을 할 수 있다(執大象 天下王 : 35장).

위 글의 취지로 볼 때 노장은 도道의 모습을 상象 또는 형상形相이라고 말한 것이다. 그러나 우리 학자들은 대부분 '상象'이 이데아 즉 도道를 말한 것임을 모르기 때문에 뜻이 통하지 않는 억지 번역을 하고 있다. 특히 도올은 '대상大象'을 출세하려는 야망으로 해석하고 있으니 너무도 치졸하다.

이처럼 노장이 말한 상은 플라톤의 이데아와 비슷하다. 그러므로 나는 상을 '형상形象'이라 번역하고 공간적인 형태나 감각으로 지각한 현상現狀을 규정짓는 불변의 형상形相(이데아)과 비슷한 의미로 해석한다. 이런 해석의 근거는 노자가 도를 "무물지상無物之象(질료가 없는 형상)" 또는 "무상지상無狀之狀(현상이 없는 현상)"이라고 말하고, "상象은 천제天帝보다 앞서 존재한다"고 말한 데 따른 것이다.

형形과 상象의 차이를 최근 과학의 관심 분야인 '복잡성 이론'으로 설명할 수 있을 것이다. 예컨대 벌집은 형이고 그 육각형의 배열은 상이다. 흰 눈은 형이고 그 기본 꼴인 부챗살은 상이라는 것이다. 다만 이 비유는 플라톤의 이데아를 설명하는 데는 적당할지 모르나 노자의 상을 설명하는 데는 부족하다. 노자의 상과 플라톤의 이데아는 앞에서 말한 것처럼 다른 점이 있다. 『노자』나 『주역』에서 말한 상은 운동이 있으나 플라톤의 이데아는 이성적 순수형식이므로 운동성이 없다는 점에서 다르다.

그런데 이미 언급한 것처럼 한비는 도道와 이理를 구분하고, 도는 이理의 주체로 일자一者이나, 이理는 도의 무늬로 만물이 각각 다르다고 보았다. 위진시대에 왕필을 비판한 구양건歐陽建(269~300)은 "형체形體는 명칭名稱 이전에 이미 원과 네모로 나타나 있다"고 말했다. 여기서 '명칭 이전의 원과 네모'는 한비가 말한 '이理'와 같은 말이다. 여기서 주목되는 것은 방원方圓(모와 원), 장단長短(길고 짧음), 추미麤靡(거칠고 매끄러움), 견취堅脆(단단함과 무름)의 분별을 이理라고 말했다는 점이다. 즉 한비가 말한 요지는 방원, 장단은 도가 아니라 도의 무늬인 이理라는 것이다. 이에 따르면 플라톤의 이데아는 도라기보다는 이理에 해당될 것이다.

또한 한비는 노자의 상을 『주역』의 괘상卦象과 같은 것으로 보았다. 노자의 '무물지상'이 『주역』의 '괘상'과 같다는 것이다. 이에 대해서는 다음 장에서 다시 설명할 것이다.

한비자韓非子/해로解老

무릇 이理란 모나고 둥글며, 짧고 길며   凡理者 方圓 短長

거칠고 다듬어지며, 견고하고 취약함의 분별이다.

그러므로 이理가 정해진 뒤에야 말로 표현할 수 있다.

麤²²⁾ 靡²³⁾ 堅脆之分也.

故理定而後 可得道²⁴⁾也.

구양건의 『언진의론言盡意論』

예문유취藝文類聚/권19

형체는 명칭 이전에 이미 원과 네모로 나타나 있으며

색채는 명칭을 기다리지 않고 이미 흑과 백으로 밝혀져 있다.

形不待名 而方圓已著.

色不俟稱 而黑白已彰.

노장은 어찌하여 현상現狀과 형상形相을 구분했을까? 당시 『노자』의 기록자들은 눈앞의 부조리하고 참혹하고 절망적인 현실은 일시의 현상일 뿐, 진실한 것도 영원한 것도 아니라고 믿었는지도 모른다. 그러므로 그들에게 현상은 믿을 수 없는 환상이었으며, 진실한 것은 그 현상 속에 숨어 있는 영원불변의 자연법칙뿐이었을 것이다. 그런데 그 법칙은 눈에 보이지 않는다. 그래서 눈에 보이는 각양각색의 현상現狀들은 그 법칙인 어떤 형상形相(이데아)의 일시적인 모습이라고 생각했을 것이다. 그리고 그 현상의 기본이 되는 영원한 꼴(form)만이 자연의 법칙인 도道라고 생각했던 것이다.

노자의 '상象'을 '형상形相'이라고 말한 사람은 장자다. 장자는 '형상形象'과 '형상形相'이라는 용어를 혼용했으나

---

22) 麤(추)=不精也.

23) 靡(미)=偃也, 磨切也, 美也.

24) 道(도)=訓也.

같은 뜻이다. 우리가 플라톤의 '이데아'를 형상形相으로 번
역하게 된 것도 여기서 유래한 것이다.

형상≒이데아

장자莊子/외편外篇/지북유知北遊

공자가 노담에게 말했다.   孔子問於老聃曰

"오늘 마침 한가하니 지극한 도에 대해 여쭙고자 합니다." 今日晏間 敢問至道

노담이 말했다.   老聃曰

"너는 우선 재계하여 네 마음을 세탁하라!   汝齋戒 疏瀹[25]而心

네 정신을 깨끗이 하고, 네 지식을 깨부수어 버려라!   澡雪[26]而精神 掊擊而知

대저 도란 심원하여 말하기 어렵다.   夫道窅然[27] 難言哉

특별히 너를 위해 그 언저리나마 대략 말해 보겠다.   將爲汝言其崖略

대저 밝음은 어둠에서 나오고   夫昭昭生於冥冥.

도리는 형체가 없는 것에서 생긴다.   有倫[28]生於無形.

정신精神은 도에서 생기고   精神生於道

형체의 근본은 정기精氣에서 생기며   形本生於精

만물은 형상形相(이데아)으로 생기는 것이다."   而萬物以形相生.

…근본에서 본다면   …自本觀之

생명은 음양의 기가 엉킨 혼돈한 물건일 뿐이다.   生者暗醷[29]物也.

---

25) 疏瀹(소약)=疏通, 洗濯.
26) 澡雪(조설)=精潔.
27) 窅然(요연)=遠望也, 悵然.
28) 倫(륜)=道理.
29) 暗醷(암의)=聚氣貌.

장자莊子/외편外篇/지락至樂

그러므로 천지의 무위가 서로 합해 만물이 조화한다.

형상形象이 없는 듯 어렴풋한데 무(無爲)를 따라 출생하고

어렴풋하여 형상이 없는 듯한데 무에서 형상이 나온다.

故兩無爲相合 萬物皆化.

芒30)乎芴31)乎 而無從出乎.

芴乎芒乎 而無有象乎.

장자莊子/외편外篇/지북유知北遊

무시(비롯됨이 없는 사람)가 말했다.

"도는 귀로 들을 수 없다. 들었다면 도가 아니다.

도는 눈으로 볼 수 없다. 보았다면 도가 아니다.

도는 입으로 말할 수 없다. 말했다면 도가 아니다.

형체를 지각할 수는 있지만 그 형상形狀은 형상形相이 아니다.

그러므로 도를 이름 붙이는 것은 합당치 않다."

無始 曰

道不可聞. 聞而非也.

道不可見. 見而非也.

道不可言. 言而非也.

知形 形之不形乎.

道不當名.

대상은 이데아인가, 야망인가?

　도올은 『노자』의 '상도常道'를 '영원불변의 도'라고 해석하지 않을 뿐 아니라, 동양사상에는 불변의 상도인 이데아(형상)라는 개념이 없다고 단언한다. 그렇게 되면 노자의 지혜는 마치 영원불변의 '이데아'적인 그 무엇을 추구하는 서양철학이나, 잠정적이고 덧없는 이 세상을 거부하고 천

---

30) 芒(망)=不曉識之貌. 無形之象.

31) 芴(홀)=어렴풋한 모양.

국의 도래를 갈망하는 기독교의 초월주의가 될 것이기 때문이라고 그 이유를 설명한다. 그러므로 그는 『노자』 35장의 '대상大象'을 '큰 모습'으로 번역하고, '큰 추상적 가치'라고 해설하며 큰 '야망'을 가지라고 말한다. 장자의 해석과는 너무 동떨어진 것이다.

노자와 21세기/권3/270

내가 어렸을 때, 청운의 꿈을 달래고 있을 때
천하를 호령하고 싶었을 때
이 노자의 한 말씀이
얼마나 통렬하게 나의 폐부를 쑤셨겠는가?
보이지 않는 큰 추상적 가치를 잡아라!
그리하면 천하가 움직일 것이다!

노자의 '상象'과 플라톤의 '이데아'를 대비시키는 것은 편차는 있지만 대체로 중국 학계의 일반적인 경향이다. 하지만 앞서 말한 바와 같이 꼭 같다고 말하는 것은 아니다. 다만 '상'이나 '이데아'는 똑같이 존재의 근원이며 형이상의 실체를 지칭한다는 점에서 일치한다. 즉 둘 다 똑같이 이른바 만물의 시원인 원동자·능산자·유일자를 어떤 꼴(form)이라고 한다는 점에서 너무도 유사하다는 것이다.

그리고 훗날 성리학에서는 그것을 〈태극도太極圖〉로 표현했고 원불교에서는 일원상一圓相으로 표현한 것도 그 연원은 『노자』와 『주역』의 '상象'에서 나온 것이다. 어찌 됐든 『노자』에서 말하는 '상'은 모두 도道를 말한 것이 분명

하다. 도올의 말처럼 도와는 상관없는 어떤 '추상적 가치'
나 '야망'을 말한 것은 결코 아니다.

　무엇보다 『노자』 4장의 "상제지선象帝之先", 14장의 "무
물지상無物之象", 21장의 "도지위물道之爲物 기중유상其中有
象", 35장의 "집대상執大象 천하왕天下往", 41장의 "대상무
형大象無形" 등 '상象'이란 글자를 도올처럼 '야망'으로 해
석하면 말이 통하지 않는다. 예컨대 도올처럼 대상을 '큰
모습'으로 번역한다면 41장의 "대상무형"을 '위대한 이데
아는 형체가 없다'로 번역하지 않고, '위대한 모습 즉 야망
은 형체가 없다'로 번역해야 하지만, 이는 의미 없는 말이
되어버린다. 또한 4장의 "상제지선(상象은 하느님보다 앞선
다)"은 도올 말대로라면 '큰 모습(큰 야망)은 천제보다 앞선
다'로 해석해야 한다. 이것도 말이 되지 않는다. 그래서인
지 도올은 "상제지선"에서는 '상象'자를 의미 없는 허사
로 취급하여 번역하지 않고 무시해 버린다.

　이처럼 '대상大象'을 '야망'으로 해석하는 것은 앞뒤가
맞지 않을 뿐만 아니라, 노자의 모습과는 정면으로 배치된
다. 왜냐하면 노자는 현자를 승상하지 말라, 욕망이 채워지
는 것을 보이지 말라 등등 무지無知·무욕無欲을 가르쳤고
(『노자』 3장) 남보다 앞서지 말라(『노자』 67장)는 약자와 패
자의 처신술을 가르쳤기 때문이다. 이것은 야망과는 너무
도 거리가 멀다.

　도올을 비롯한 우리 학자들은 기본적으로 노자는 공맹
과 반대편에 있다는 것을 모르고 있는 것 같다. 대체로 제
자백가 중 공맹은 모두 당시 지배 계층인 왕공들과 유사들

에게 유세했지만 노장은 피지배 계층인 몰락 귀족이나 민중들의 실상과 심정을 표출했다. 공맹은 세속적인 출세주의자였고, 노장은 세상을 등진 은둔자로 세상을 등진 광인으로 살았다.

『논어』는 들머리를 "학이시습지學而時習之"로 시작하여 지식인을 위한 책임을 분명히 하고 있으나, 『노자』는 "도가도道可道 비상도非常道"로 시작하여 문자와 담론을 독점한 지식인들의 도道를 부정한다. 이러한 반反지식인적인 민중성이야말로 노장의 캐릭터인 것이다. 또한 『맹자』는 그 들머리를 「하필왈리何必曰利」장으로 시작하여 왕당파인 군자유와 패도파인 소인유의 노선투쟁을 말하고 있으니 지식인을 위한 책이며, 『순자』는 들머리를 「권학」, 「수신修身」편으로 시작하고 있으니 지식인 계급을 위한 책이며, 심지어 민중적인 『묵자』까지도 들머리를 「친사」, 「수신修身」편으로 시작하고 있으니 선비에 대한 내용이다. 이처럼 『논어』의 "학이시습지"는 다른 사상가들에게 책을 엮는 전범이 됐다. 그런데도 『노자』와 『장자』는 그런 전례를 따르지 않았다는 점을 주목해야 한다. 『장자』는 『노자』를 계승하여 그 들머리를 「소요유逍遙遊」, 「제물론」편으로 시작함으로써 세속과 출세와는 전혀 동떨어진 모습을 보여주고 있다. 이처럼 노장의 성격이 공맹과는 전혀 다른데도 우리 학자들은 공맹에 세뇌되어 노장을 공맹의 아류로 번역하고 있으니 한심하기 그지없는 일이다. 더구나 도올은 한수 더 떠서 『노자』를 출세를 위한 담론으로 왜곡하며 자본주의의 교양서로 둔갑시키고 있으니 이는 곡학아세다.

도는 형상이므로
직관으로만 인식할 수 있다

직관주의

『노자』 1장은 "도는 말할 수 있지만 그 말해진 도는 상도가 아니다"라고 선언함으로써 불가지론을 말하는 듯하다. 그러나 그것은 언어의 한계를 지적한 이른바 '언부진상言不盡象(언어는 상象을 다 표현하지 못한다)'을 말한 것뿐이지 정작 인간이 진리를 인식할 수 없다는 뜻은 아니다. 즉 노자는 성인이 말한 구체제의 이념은 진리가 아니라고 주장했을 뿐, 진리에 대한 판단중지와 회의론을 말한 것이 아니라는 뜻이다.

노자가 도를 상象(이데아) 혹은 대상大象(위대한 상象)이라고 표현한 것을 장자는 '형상形相'이라고 말했는데, 노자의 '상象'이라는 개념이 현상現象과 너무 비슷하므로 장자가 의도적으로 말을 바꾸어 '형상形相'이라 했는지, 아니면 상象은 『주역』의 상象과 같으므로 그보다 더 근본적인 시원을 표현하기 위해 새로운 명칭을 만들어 형상形相이라 했는지는 알 수 없다. 다만 그것이 모두 도道를 표현한 것임은 분명하다. 그런데 그 대상大象 혹은 형상形相이란 현상現狀이 없는 보이지 않는 꼴(form)이다. 그러나 그 '꼴'은 보아도 보이지 않고 들어도 들리지 않고 붙잡아도 잡히지 않는다.

그래서 노장은 도를 말로 다 표현할 수 없다고 했다. 그래서 노장은 도에 대해서 정언正言으로 말하지 않고 우언寓言과 반어反語(irony)로 말한 것이다. 이것은 판단중지(epoche)의 회의론이 아니고 언어 이전의 직관으로 체득해야 한다는 뜻으로 읽어야 할 것이다. 이는 '모르는 것이 아는 것이다'라는 암시를 하고 있기 때문이다. 실제로 노장은 약간 회의주의적이지만 도를 무엇인지 전혀 알 수 없는 것이라고 말한 적은 없다. 그러므로 노자의 불가지론은 판단중지가 아니라 직관주의를 뜻한다고 읽어야 한다.

『노자』47장에서는 "문밖을 나서지 않아도 천하를 알고, 바라지로 엿보지 않아도 천도天道를 본다", "성인은 운행하지도 보이지도 않는 것도 알 수 있고 이름 짓는다"고 했다. 장자는 이를 "가득이불가견可得而不可見"이라 했는데 여기서 '득得'은 체득 즉 직관을 말한 것으로 읽을 수 있다.

장자莊子/내편內篇/대종사大宗師

무릇 도道는 정情이 있고 믿음이 있으나　　　　　夫道有情有信

다스림도 없고 형체도 없어　　　　　　　　　　無爲無形

전할 수는 있으나 받을 수는 없으며　　　　　　可傳而不可受

체득할 수는 있으나 볼 수는 없다.　　　　　　　可得而不可見.

장자莊子/외편外篇/추수秋水

장자와 혜자가 냇물의 징검다리 위에서 놀았다.　　莊子與惠子 遊於濠梁之上.

장자가 말했다. "피라미가 한가롭게 헤엄치는 걸 보니　莊子曰 儵魚出游從容

물고기가 즐거운 모양이오."　　　　　　　　　　是魚之樂也.

혜자가 말했다. "당신은 물고기가 아닌데　　　　　惠子曰 子非魚

어찌 물고기의 즐거움을 안단 말이오?"　　　安知魚之樂.

장자가 말했다. "그대는 내가 아닌데　　　莊子曰 子非我

어찌 내 마음이 모른다는 것을 아는가?"　安知我不知魚之樂.

혜자가 말했다. "그렇소.　　　惠子曰 我非子

나는 당신이 아니니까 당신을 모르오.　固不知子矣.

마찬가지로 당신은 물고기가 아니니까　子固非魚

정말 당신은 물고기의 즐거움을 모른다고 해야　子之不知魚之樂

논리상 옳지 않겠소?"　　　全[32]矣.

장자가 말했다. "질문의 처음으로 돌아갑시다.　莊子曰 請循其本.

그대가 처음 나에게 물고기의 즐거움을 아느냐고 말한 것은　子曰汝安知魚樂云者

이미 그대는 내가 그것을 알고 있다는 걸 알고서　旣已知 吾知之

나에게 반문한 것이오.　　　而問我.

나도 (당신이 나를 안 것처럼) 물 위에서　我知之濠上也.

(물속의) 물고기의 즐거움을 안 것이오."　是魚之樂.

학문을 버린 직관

　그러므로 노자는 우리에게 무지無知를 요구한다. 그것은 공간적인 감각과 현상에 얽매이지 말라는 뜻이다. 그래서 장자는 "무지와 무위無爲는 도를 안다"고 말한 것이다. 당시에는 지식知識이란 선왕의 말씀을 기록한 사서史書뿐이었다. 그러므로 여기서 '무지'는 선왕의 말씀과 제도를 부

---

32) 全(전)=具也.

정하는 뜻으로 읽어야 할 것이다. 『노자』 20장에서도 "성인의 학문을 단절하니 근심이 없다(絶學無憂)"고 했다. 이로 볼 때 무지는 오늘날의 방대한 지적 자산을 부정한 것이 아니며, 또한 도를 전혀 알 수 없다는 불가지론을 말한 것도 아니다.

장자莊子/외편外篇/천지天地

황제 헌원씨가 적수의 북쪽을 노닐며	黃帝游乎 赤水之北
곤륜산에 올라 남쪽을 관망하고 돌아오다가	登乎崑崙之丘. 而南望還歸
검은 진주(道)를 잃어버렸다.	遺其玄珠.
지혜를 시켜 찾아보게 했으나 찾지 못했다.	使知索之而不得.
눈 밝은 이주에게 찾아보게 했으나 찾지 못했다.	使離朱索之而不得.
소리에 밝은 끽후도 찾지 못했다.	使喫詬索之而不得.
이에 상象을 잊어버린 상망에게 시켰더니 진주를 찾았다.	乃使象罔 象罔得之.

장자莊子/잡편雜篇/외물外物

통발은 물고기를 잡는 수단이다.	筌[33]者所以在魚
고기를 잡으면 통발은 잊는다.	得魚而忘筌.
덫은 토끼를 잡는 수단이다.	蹄者所以在兎
토끼를 잡으면 덫은 잊힌다.	得兎而忘蹄.[34]
말은 뜻을 전하기 위한 수단이다.	言[35]者所以在意

---

33) 筌(전)=筌也.
34) 蹄(제)=올무.
35) 言(언)=說也, 字也.

뜻을 전하면 언어는 잊어버린다.

나는 어찌하면 이처럼 말을 잊어버린 사람을 만나

그와 더불어 말을 나눌 수 있을까?

장자莊子/외편外篇/지북유知北遊

태청泰淸은 무궁無窮에게 물었다.

"그대는 도를 아는가?"

무궁이 답했다. "나는 모른다."

태청은 또 무위無爲에게 물었다.

무위가 답했다. "나는 도를 안다."

태청이 말했다. "그대가 도를 안다는 것은

역시 운수를 말하는 것인가?"

무위가 말했다. "그렇다."

태청이 물었다. "그 운수라 함은 무엇 때문인가?"

무위가 답했다. "내가 아는 도는

귀할 수도 있고 천할 수도 있으며

근신할 수도 있고 방종할 수도 있다.

이는 내가 도란 운수임을 알게 된 까닭이다."

태청은 무시無始에게 그들의 말을 전하고 물었다.

"이처럼 무궁은 모른다고 했고

得意而忘言.

吾安³⁶⁾得夫忘言之人

而與之言哉.

泰淸問乎無窮 曰

子知道乎.

無窮曰 吾不知.

又問乎無爲.

無爲曰 吾知道.

曰 子之知道

亦有數³⁷⁾焉

曰 有.

曰 其數若何.

無爲曰 吾知道之

可以貴 可以賤

可以約³⁸⁾ 可以散.³⁹⁾

此吾所以知道之數也.

泰淸以之言也 問乎無始

曰 若是 則無窮之弗知

---

36) 安(안)=焉也.

37) 數(수)=運命, 情勢, 理也(多言數窮 : 老子/五章).

38) 約(약)=繩也, 屈也. 王先謙은 聚爲生으로 解함.

39) 散(산)=放也, 不相從也.

무위는 안다고 했는데, 누가 옳고 누가 그른가?"　　　　與無爲之知 孰是 孰非乎.

무시가 답했다.　　　　無始曰

"모른다고 한 것은 깊고, 안다고 한 것은 얕다.　　　　不知深矣. 知之淺矣.

모른다는 것은 내면이고, 안다는 것은 외면이다.　　　　弗知內矣 知之外矣.

도는 귀로 들을 수 없다. 들었다면 도가 아니다.　　　　道不可聞. 聞而非也.

도는 눈으로 볼 수 없다. 보았다면 도가 아니다.　　　　道不可見. 見而非也.

도는 입으로 말할 수 없다. 말했다면 도가 아니다.　　　　道不可言. 言而非也.

형체를 지각할 수는 있지만 그 형상形狀은 형상形相이 아니다.　　　　知形 形之不形乎.

그러므로 도를 이름 붙이는 것은 합당치 않다."　　　　道不當名.

회남자淮南子/**도응훈**道應訓

태청泰淸이 물었다. "그대는 도道를 아는가?"　　　　太淸曰 子知道乎.

무궁無窮이 답했다. "나는 모른다."　　　　無窮曰 吾不知也.

무위無爲가 말했다. "나는 도를 안다."　　　　無爲曰 吾知道.

태청이 물었다. "그대가 도를 아는 것은　　　　子之知道

무슨 비결이 있겠지?"　　　　亦有數乎.

무위가 말했다. "내가 도를 알 수 있었던 까닭은　　　　吾知道

강하고 약하기도 하며, 부드럽고 굳세기도 하며　　　　可以弱 可以强 可以柔剛

음陰하고 양陽하기도 하며, 어둡기도 밝기도 하므로　　　　可以陰陽 可以窈明

천지를 포용하고　　　　可以包裹天地

어느 방향이든지 응대할 수 있기 때문이다.　　　　可以應待無方.

이것이 내가 도를 아는 비결이다."　　　　此吾所以知道之數也.

무시無始가 말했다.　　　　無始曰

"모른다는 것은 깊고 안다는 것은 얕다.　　　　弗知深而知之淺.

모른다는 것은 안이고 안다는 것은 바깥이다.　　　　弗知內而知之外

모른다는 것은 정미하고 안다는 것은 조잡하다.

도는 귀로 들을 수 없다. 들었다면 도가 아니다.

도는 눈으로 볼 수 없다. 보았다면 도가 아니다.

도는 입으로 말할 수 없다. 말했다면 도가 아니다.

누가 형체는 형상形相(이데아)이 아님을 알겠는가?"

그러므로 노자는 말했다.

"천하가 모두 알고 있는 선善은 인위적인 선일 뿐

실은 불선不善이다.

그러므로 지자知者는 말하지 않고

말하는 자는 지자가 아니다."

弗知精而知之粗.

道不可聞 聞而非也.

道不可見 見而非也.

道不可言 言而非也.

孰知 形之不形[40]者乎.

故老子曰

天下皆知善之爲善

斯不善也.

故知者不言

言者不知也.

상象을 통한 직관

첫째, 노장은 도道를 허무가 아니라 실재하는 자연이라
고 했다. 실재 또는 실체란 반드시 구체적일 필요는 없지만
전체적인 공간과 시간을 필요조건으로 한다. 그러므로 공
간과 시간을 인식한다면 실체를 인식할 수 있다. 그러나 감
각만으로는 구체적이고 개별적인 실체를 인식할 수 있을
뿐, 전체적이고 절대적인 실체는 인식이 불가능하다. 감각
과 이성은 공간적인 속성 때문에 시간적인 생명을 인식할
수 없기 때문이다. 다만 시간까지도 인식할 수 있는 순수직
관으로만이 실체인 도를 체득할 수 있다.

---

40) 不形(불형)=不相의 誤로 解한다.

둘째, 노자는 도를 상象(이데아)이라고 했다. 혼돈 속에 본원적인 형상形相이 있다는 말이다. 그 형상形相을 『주역』에서는 괘상卦象으로 그렸다. 하도河圖와 낙서洛書로 계시된 신탁神託을 옮겼다고 전해진다. 그리고 이러한 형상形相에서 언言이 나왔다. 그러나 언言으로는 형상形相을 알 수 없고, 성인이 만든 괘상을 통해 직관함으로써만 도를 체득할 수 있다는 것이다.

셋째, 노자는 도란 무위이면서 동시에 무불위無不爲라고 했다. 그러므로 무위인 도는 알 수 없으나, 성인들께서 도의 무불위 운동을 직관하고 이를 형상形象으로 그려놓았으므로 이를 통해 도를 알 수 있다는 뜻이다.

체득과 직관주의

앞에서 나는 형상形相과 직관直觀을 연결했는데 이는 언어나 논리가 아니라 형식(式) 또는 꼴(이데아=象相)을 직접 체득한다는 뜻이었다. 직관주의란 언어, 논리 등 인식 수단에 의지하지 않고 직접적으로 파악하는 것을 말한다. 대체로 이성의 분별이 없는 감성적인 판단을 직관이라고 말하지만, 노장이 말하는 '체득體得'이란 그보다는 더 원초적인 초이성적 초감성적인 인식을 의미한다.

젖먹이 어린아이는 말도 모르고 문자도 모르지만 대상을 직관으로 인식한다. 어린아이가 엄마를 알아보고 사물을 알아보는 것은 그 대상의 표정을 형식화하기 때문이다.

그래서 부모의 표정으로 부모가 좋아하는지 싫어하는지 알아차리고, 뜨거운지 찬지를 앎으로써 행동을 규제하기 시작한다. 언어나 논리를 매개로 하지 않지만 표정들을 형식으로 정리함으로써 인식할 수 있고 기억할 수 있는 것이다. 짐승은 언어를 모르지만 어려서부터 장성할 때까지 무리를 알아보고 위험을 감지하고 살아갈 수 있다. 이들 짐승들도 제한적이지만 바로 직관으로 얻은 표정을 형식화하여 정리할 수 있기에 인식과 기억이 가능한 것이다.

인류가 언어를 발명한 데는 수만 년의 시간이 걸렸을 것이다. 그리고 문자를 발명하기까지는 더 많은 시간이 걸렸을 것이다. 이러한 오랜 세월 동안 인류는 문자 없이도 직관적으로 인식하고 표현하며 집단생활을 영위했다. 어쩌면 언어를 발명한 후에도 오랫동안 인간은 언어구조에 인식이 규제되기보다는 직관적 인식을 영위했을 것이다. 이때 만들어진 문명이 신화神話일 것이다.

그러나 언어가 구조화되고 발달하자 언어의 기능이 표정의 기능을 압도함으로써 점차 인식이 언어구조에 규제되고 논리 기능이 발전하여 담론에 의미를 부여하고 과학적 인식이 가능해졌을 것이다. 다만 모든 인식의 수단과 기능이 발달된다고 해도 인식은 여전히 선험적 형식을 통해서만 가능하다는 것은 변할 수 없다. 이러한 형식을 형상形相 또는 이데아라고 하는 것이다. 그러나 언어구조의 기능이 압도함으로써 표정 기능의 직관적 인식은 오히려 저하되는 역전 현상이 벌어진 것이다. 심지어 명名과 언言이 문자화되고부터 문자가 사실을 압도하는 지경에 이르렀다. 이에 문자권력·담론권력이 인간을 구속하는 현상이 나타난 것이다. 이에 대한 반성이 인식론이라고 하는 학문을 낳은 것이다. 『노자』의 "도가도道可道 비상도非常道"라는 불가지론不可知論도 이러한 경향의 산물이다. 노자의 궁극적인 의도는 언어나 문자의 논리에 구속되지 않는 직접적이고 전체적으로 사물을 인식하는 직관주의의 복권이었던 것이다.

노자 당시는 인류가 문자로 기록한 저서를 만들기 시작한 문자문명의 개화기였다. 특히 지식인 계급인 유사들이 난세를 틈타 그들의 주인인 귀족들로부터 독립하여 발언하기 시작함으로써 제자백가들이 일어나 백화제방百花齊放하던 시대였다. 바꾸어 말하면 당시 지식인 계급이었던 유사들에게는 책을 만들고 선왕의 글을 익히는 것이 출세의 길이었다. 그러나 이러한 담론과 글자의 권력에서도 소외된 민중의 삶은 거꾸로 매달린 듯 참담했다. 이에 민중을 대변하던 노장이 담론권력에 도전하여 그들을 비판한 것이 바로 문자를 버리고 자연으로 돌아가자는 '무명'과 '무위자연'의 테제였던 것이다.

왕필의 언부진의론

왕필은 노자의 불가지론을 언부진의론言不盡意論으로 해석했다. 이는 언言은 마음의 뜻을 다 표현할 수 없다는 것이다. 그에 의하면 언은 상象(『주역』의 괘상)에서 나왔으며 상을 보기 위한 도구다. 그러므로 언으로 상을 얻으면 언을 잊어야 한다. 또한 상은 성인이 뜻(意)을 드러내기 위해 만든 도구다. 그러므로 상이 의意를 얻으면 상을 버려야 한다. 따라서 언을 고수하면 상을 잃고, 상을 고수하면 의意를 잃는다는 것이다.

왕필

주역약례周易略例

언言은 상象에서 생긴 것이므로	言生于象
언을 찾음으로써 상을 볼 수 있으며	故可尋言以觀象.
상은 의意에서 생긴 것이므로	象生于意.
상을 찾음으로써 의를 볼 수 있는 것이다.	故可尋象以觀意.
의는 상으로 전달되고, 상은 언으로 나타난다.	意以象盡 象以言著.
언은 상을 밝히기 위한 수단이므로	故言者所以明象
상을 얻으면 언을 잊어야 하며	得象忘言.
상은 의를 보존하기 위한 수단이므로	象者所以存意
의을 얻으면 상을 잊어야 한다.	得意而忘象.

노자老子/14장 주注

도道는 현상現狀도 없고 형상形象도 없으며	無狀無象.
소리도 없고 울림도 없다.	無聲無響.
그러므로 능히 통하지 않는 데가 없고	故能無所不通
운행되지 않는 곳이 없으며	無所不往
그러나 지각으로는 알 수 없는 것이다.	不得而知.

왕필의 해석은 다음과 같은 비판을 면할 수 없다.

첫째, 왕필은 '도道는 곧 무無'라고 말하는 이른바 귀무론자다. 그렇다면 도는 존재하지 않는 결핍이므로 인식의 대상도 없는 셈이다. 그럼에도 그가 인식론을 말한 것은 자가당착이다.

둘째, 노자는 "도는 혼돈한데 그 가운데 상象(이데아)이 있다"고 말했다. 그런데 왕필은 상을 마음의 현상으로 이해했을 뿐이다. 그러므로 그는 "상은 도에서 나왔다(象生於道)"는 노자의 말을 이해하지 못하고 "상은 의意에서 생긴 것(象生於意)"이라고 오해했다. 이는 노자의 '물상物象(물체의 형상)'을 '의상意象(뜻의 형상)'으로 왜곡한 것이다.

셋째, 왕필은 노자의 '무물지상無物之象(물질이 없는 형상)'을 '무상無象(형상이 없음)'으로 오해했다. 『장자』에 나오는 '상망象罔'은 '상을 잊은 사람'이라는 뜻의 가상적인 인명人名으로, '상은 도의 표상이므로 도를 얻으면 상에 집착하지 말아야 한다'는 뜻이다. 그러므로 '상망'은 상을 잊는다는 뜻일 뿐 상이 없다는 '무상無象'은 아니다. 그러나 왕필은 '상망'을 '무상'으로 해석했다. '상이 없다'는 해석은 "상은 천재보다 앞서 존재한다(象帝之先)"는 『노자』 4장의 말과 배치된다.

이러한 오역은 중대한 함정을 내포하고 있다.

첫째, 왕필은 노자의 혼돈과 무위자연의 도를 공자의 인의仁義처럼 관념적인 도덕률로 왜곡했다. 그러므로 노자가 말한 대상大象(물상物象=이데아)이 자연의 물物에서 나온다는 『주역』의 '재천성상在天成象'을 부정하고, 반대로 상이 인간의 의意에서 나온 것(象生於意)으로 왜곡한다. 이것은 물物을 도외시한 유심주의적 관념론이다. 다시 말하면 그는 노자의 '언부진상言不盡象(언言은 자연의 도상道象을 다 말할 수 없다)'을 '언부진의言不盡意(언言은 마음의 뜻을 다 말할 수 없다)'로 왜곡한 것이다. 또한 이것은 "물物에서 상이 생겼다"고 말하는 『주역』 「계사전」의 유물론적 관점을 정반대로 말한 것이다.

주역周易/계사繫辭 상/8장

성인이 천하의 심원한 자취를 보고
그 형용을 의제擬制하여 그 사물을 알맞게 표상表象했다.
그러므로 그것을 '상象'이라 말한 것이다.

聖人有以見天下之賾[41]
而擬諸其形容 象其物宜
是故謂之象.

둘째, 그는 노장의 유물론적 자연관을 완전히 폐기해 버리는 반동적인 관념론으로 흘렀다. 노자는 언言과 명名을 버리고 자연의 실實과 상象을 보라고 했고, 장자는 자연의 현상現狀을 버리고 자연의 질료質料를 보라고 했으나, 왕필은 반대로 자연의 실實과 질료를 버리고 관념인 의意를 보라고 했기 때문이다.

셋째, 이러한 왕필의 불가지론은 객관적 사물은 허상일 뿐이므로 인식의 대상일 수 없다고 생각하고 오직 사물의 본체인 허무虛無를 마음에서 찾고자 하는 귀무론의 피할 수 없는 오류다. 결국 그의 인식론은 불언不言 내지 폐언廢

---

41) 賾(색)=幽深難見也.

言으로 그치지 않고 무물無物 내지 폐물廢物로 나아가는 것
이며, 정치적으로는 현실 도피를 조장하고 우민 정책에 봉
사하도록 한다.

구양건의 언진의론

위진시대에 유행한 왕필 등 현학가들의 유심주의적 불
가지론은 의意를 제일로 간주하고 언부진의言不盡意, 득상
망언得象忘言, 득의망상得意忘象을 주장함으로써 신비주의
적 주관주의를 선호했다.

구양건은 왕필의 주관주의적 인식론에 반기를 들고 명名
은 실實을 반영할 수 있다는 '언진의론言盡意論'을 주장한
객관주의적 인식론의 대표자다. 이것은 당시 유행하던 현
학가들의 노장 해석에 대한 일대 반격이었다.

그는 '언부진의'를 말한 왕필이 언言과 의意의 관계만을
말했을 뿐, 언·의와 사물事物과의 관계는 주목하지 못했다
고 비판했다. 그는 사물은 명칭 이전에 객관적으로 이미 존
재하는 것이므로 언과 칭稱은 그 사물과 그에 대한 이理의
객관적 존재성에 영향을 미칠 수 없는 것이라고 말하고, 언
과 칭보다도 물物이 우선한다고 주장했다. 다만 언이 없으
면 객관적 사물에 대한 인식을 교환할 수 없으며, 명칭 또
는 개념이 없으면 사물을 분별할 수 없으므로 사물과 명名
은 분리될 수 없는 통일적인 것이라고 말했다. 이 점에서

묵자의 명실상부론名實相符論과 상통한다.

구양건

언진의론言盡意論

형체形體는 명칭名稱 이전에   形不待名

이미 원과 네모로 나타나 있으며   而方圓已著

색채는 명칭을 기다리지 않고   色不俟稱

이미 흑과 백으로 밝혀져 있다.   而黑白已彰.

그러므로 명名은 물物에 대해 베풀어줄 것이 없으며   然則名之于物 無施者也

언言은 이理에 대해 해줄 것이 없다.   言之于理

즉 무위無爲라는 것이다.   無爲者也.

그러므로 물物은 자연적 명이 존재하는 것이 아니고   故非物有自然之名

이理는 고정된 명칭이 존재하는 것이 아니다.   理有必定之稱.

언言과 실實은 둘이 아니며   苟言與實不二

언은 실을 표현하지 못할 것이 없다.   則言無不盡矣.

그러므로 나는 언은 실을 다 표현할 수 있다 생각한 것이다.[42]   故吾以爲盡矣.

고금을 통해 바른 언을 위해 힘써 온   古今務于正名

성현들은 언에 대한 신뢰를 버릴 수 없다.   聖賢不能去信.

진실로 마음으로 이치를 깨달아도   誠以理得于心

말이 없으면 통할 수 없고   非言不暢.

저들에게 사물을 지정한다 해도   物定于彼

---

42) 그렇다면 노자의 "道可道 非常道"는 잘못된 말이다.

명칭이 없으면 분별할 수 없다.

말이 뜻을 통할 수 없다면 서로 교통할 수 없고

이름이 사물을 분별할 수 없다면

감식한 것을 드러낼 수 없다.

감식이 이루어져야만 물품마다 다른 이름을 붙일 수 있고

언어로 교통할 수 있어야만 정과 뜻을 통할 수 있는 것이다.

非名不辨.

言不暢志 則無以相接.

名不辨物

則鑑識不顯.

鑑識至而名品殊

言稱接而情志暢.

33장 『노자』의 상과 『주역』의 상

노자 읽기

〖 노자 · 14장 〗

도道는 보아도 보이지 않으니 그 이름을 명이明夷라 하고   視之不見 名曰夷[1]

이를 일러 혼돈混沌한 도의 벼리라고 말한다.   是謂恍惚道紀.

〖 노자 · 27장 〗

그러므로 무위진인無爲眞人은   是以聖人[2]

항상 사람을 잘 구하므로 사람을 버림이 없고   常善救人 故無棄人

항상 만물을 잘 구하므로 사물을 버림이 없다.   常善救物 故無棄物

이를 일러 만물을 살리는 '감추어진 해(襲明)'라고 한다.   是謂襲明.[3]

    김경탁 : 이것을 옛날부터 전하여 내려오는 지혜라 한다.

    장기근 : 이것은 습명 즉 밝은 지혜를 간직함이라 한다.

    노태준 : 이것을 명명에 들어간다고 한다.

---

1) 夷(이)=無色. 백서본은 '微' 로 됨. 여기서는 『주역』의 명이괘(☲☷). 『주역』의 명이괘는 '땅속의 태양(용암)' 으로
   만물을 살리지만 드러나지 않는다. 그러므로 襲明(감추어진 태양)이라고도 한다.

2) 聖人(성)=無爲自然人. 공자의 聖人은 聖王.

3) 襲明(습명)=『주역』의 명이괘. 襲=藏也.

김용옥 : 이것을 일컬어 밝음을 잊는다고 한다.

오강남 : 이것을 일러 밝음을 터득함이라 합니다.

이석명 : 이를 가리켜 밝은 지혜라고 하네.

임채우 : 이를 일러 밝음을 간직하고 있다고 한다.

김형효 : 이것을 일컬어서 "밝음을 싼다(襲明)"고 한다.

《 노자 · 36장 》

접고 싶으면 반드시 펴주어라.

약하게 하고 싶으면 반드시 강하게 해주어라.

폐하게 하려면 반드시 흥하게 해주어라.

빼앗고 싶으면 반드시 주어라.

이것을 일러 땅속에 '감추어진 밝음(微明)'이라 한다.

將欲歙之 必固張之

將欲弱之 必固强之

將欲廢之 必固興之

將欲奪之 必固與之

是謂微明.[4]

김경탁 : 이것을 미묘한 섭리라 한다.

장기근 : 이러한 도리를 미묘한 총명이라 한다.

노태준 : 이것을 미묘한 영지英知라 한다.

김용옥 : 이것을 일러 어둠과 밝음의 이치라 한다.

오강남 : 이것을 미묘한 밝음이라 한다.

이석명 : 이를 은미한 지혜라 하니

임채우 : 이것을 일러 은미한 밝음이라 한다.[5]

김형효 : 이것을 일컬어 미명微明(새벽 빛)이라 한다.

《 노자 · 16장 · 상단 》

허虛를 이룸이 극진하고, 정靜을 지킴이 돈독하면

만물이 서로를 아우르며 일어나는데

致虛極 守靜篤

萬物竝作

---

4) 微明(미명)=雖若幽隱 而實至明白也矣=襲明=明夷.

5) 이 번역과 아래 『노자』 16장 상단 임채우의 번역은 왕필의 注를 번역한 것이다.

나는 여기서 생명이 돌아오는 복復을 본다.　　　　　　　　　　吾以觀復.[6)]

　　김경탁 : (주) 易易의 복괘復卦의 뜻이 있는 듯하다.

　　장기근 : 나는 만물이 무無인 도道에 돌아가는 것을 본다.

　　노태준 : 나는 그것이 도道에 복귀함을 본다.

　　김용옥 : 나는 돌아감을 볼 뿐이다.

　　오강남 : 나는 그들의 되돌아감을 눈여겨봅니다.

　　임채우 : 나는 만물이 허정虛靜으로 돌아감을 본다.

　　김형효 : 그것이 반복하는 것을 나는 본다.

---

6) 復(복)=『주역』의 괘명(☷☳. ☷는 地, ☳는 雷).

『노자』의 상은 『주역』의 상에서 나왔다

내 강의를 듣던 어느 역사학 교수는 『노자』에서 말하는 '상상象' 과 『주역』에서 말하는 '상象' 이 같다는 말에 놀라워했다. 그리고 이런 주장이 중국 학계에서도 인정되느냐고 물었다. 또 『노자』라는 책이 『주역』의 영향을 받았다면 『주역』이 『노자』에 앞선 것이 되는데 이런 주장이 역사적 사실로 입증되는가를 물었다.

이 문제는 앞의 26장 '기론' 에서 살펴보았듯이 『노자』의 기론적 세계관이 『주역』으로부터 연유됐느냐 하는 문제와 연관이 있다. 앞에서 노장의 '형상形相' 을 플라톤의 형상形相(이데아)과 같은 것으로 본 것이나, 노자의 '식式' 을 신탁神託 또는 이데아의 꼴(형식)로 본 것이나, 노장의 '상象' 을 『주역』의 '상象' 과 같은 것으로 본 것은 다른 학자에게서 힌트를 얻은 것이 아니라 나만의 생각이다. 이에 대한 중국 학계의 동향은 과문하여 아직 알지 못한다. 그러므로 이에 대해서는 학계의 비판을 기다리겠다.

『주서周書』「홍범洪範」편에는 기원전 1046년 주周 무왕이 즉위한 후 은殷의 기자箕子에게 천도天道를 물었고, 이에 기자가 하늘이 우임금에게 내렸다는 '홍범구주洪範九疇' 를 설명하는 기록이 있다. 그런데 '홍범구주' 의 제1조에서는 오행五行(수·화·목·금·토)을 말하고, 제7조에서는 거북점과 시초점(易占)을 쳐 국가의 중대사를 결정하라고 권고하고 있다. 이것은 마치 그리스인들이 제우스 신전에서 신탁을 받는 것처럼, 점이라는 의식을 이용하여 대사를 결정함으로써 군사들의 사기를 북돋고 국민들의 단결을 도모했던 것이다. 그러므로 문서文書로 보면 기원전 1000년경인 주초에 기자가 처음으로 시초점(역점)에 대해 언급한 것이다.

서경書經/주서周書/홍범洪範

제 칠 조. 난관에 봉착하면

거북점(卜)과 시초점(筮) 치는 사람을 세워 점을 치게 하라.

그대가 큰 난관에 봉착했을 때는

먼저 네 마음에 물어보고

다음에는 귀족과 관리들에게 물어보고

끝으로 거북점이나 역점易占에 물어보라.

그대가 좋고 거북점과 역점도 좋다 하고

서민들이 좋다 하면 이것을 일러 대동大同이라 한다.

그리하면 자신도 평안하고 자손들도 길조를 만날 것이다.

七 稽[7]疑[8]

擇建立卜筮人 乃命卜筮.

汝則有大疑

謀[9]及乃心

謀及庶人

謀及卜筮

汝則從 龜從 筮從[10]

庶民從. 是之謂大同.

身其康彊 子孫其逢吉.

그러나 『주서』의 시초점에 대한 기록이 반드시 역점의 괘사卦辭가 책으로 정비됐다는 것을 증거하는 것은 아니다. 앞서 26장 '기론'에서 말했듯이 『주역』은 각각 다른 시대 여러 사람의 작품이라는 것이 정설이며, 기록으로 볼 때 점서로 완성된 것은 기원전 600년경인 것 같다. 그리고 『주역』을 경서로 해설한 글인 〈십익十翼〉에 대해서는 그 저

---

7) 稽(계)=當也, 問也.
8) 疑(의)=難也.
9) 謀(모)=議也, 察也.
10) 從(종)=隨也, 合也.

자와 시기에 대해 정설이 없다. 『사기』는 공자가 만년에 역
易을 좋아하여 〈십익〉을 지었다고 기록하고 있지만 학자들
은 그것을 믿지 않는다.

논어論語/술이述而 16

공자가 말했다. "나에게 살날이 수년만 더 있다면   子曰 加我數年
『주역』을 배움으로써   五十¹¹⁾以學易¹²⁾
큰 과오가 없게 할 수 있을 것이다."   可以無大過矣.

사기史記/공자세가孔子世家

공자는 만년에 역을 좋아하여   孔子晩而喜易.
「서괘전序卦傳」,「단전彖傳」,「계사전繫辭傳」,   序 彖 繫
「상전象傳」,「설괘전說卦傳」,「문언전文言傳」을 지었다.   象 說卦 文言.
역을 하도 많이 읽어 죽간의 가죽 끈이 세 번이나 끊어졌다. 讀易 韋編三絶
그리고 말했다. "만약 나에게 몇 년 여가가 있다면   曰 假我數年 若是
나는 『주역』에 대해 통달할 수 있을 것이다."   我於易則彬彬矣.
공자가 십익十翼을 지었는데   正義 夫子作十翼
「단전」 상·하,「상전」 상·하,   謂上彖 下彖 上象 下象
「계사전」 상·하,「문언전」,   上繫 下繫 文言
「서괘전」,「설괘전」,「잡괘전雜卦傳」이 이것이다.   序卦 說卦 雜卦也.

『좌전』「양공襄公9년(BC 564)」의 기록에는 『주역』을 인

---

11) 五十(오십)=卒의 誤.
12) 易(역)=『魯論』은 '亦'으로 됨.

용하면서 수괘隨卦의 계사인 '원元·형亨·이利·정貞'을 각각 "체지장야體之長也", "가지회야嘉之會也", "의지화야義之和也", "사지간야事之幹也"로 해석한 글이 보인다. 이것은 현재의 『주역』「문언전」과 일치한다. 이로 볼 때 적어도 「문언전」은 점서인 『주역』이 생긴 이후 괘사를 옮겨 정리한 것임을 알 수 있다.

이에 비해 『노자』는 전국 초기에 정립됐다. 그렇다면 『주역』은 『노자』보다 300여 년 앞서 정리되고 유행한 것이다. 그리고 위 예문이 보여주듯 실제로 『노자』에는 『주역』의 괘이름이 여러 곳에서 발견된다. 이런 정황으로 볼 때 설사 『주서』와 『좌전』에서 말한 『주역』의 성립 시기에 대해서는 이론이 있을지라도 『주역』이 『노자』의 저자들에게 크게 영향을 미쳤음은 부인할 수 없는 사실이다.

앞에 인용한 『노자』의 글에서는 지구(地 = ☷) 속에 숨어 있는 태양(火 = ☲)을 상징하는 『주역』의 명이괘(䷣)로 도道를 상징했다. 그리고 『주역』에서 복괘는 '천지의 마음'을 나타난 괘이다(復 其見天地之心乎 : 『주역』 복괘復卦 「단전」). 또한 복괘(䷗)는 우레(雷 = ☳)가 땅(地 = ☷)속에 있는 모습이 마치 불이 땅속에 있는 모습인 명이괘와 비슷하다. 그러므로 『노자』에서는 명이괘와 복괘를 도의 상징으로 중시한 것이다. 한편 『장자』에서 도道를 보광葆光으로 표현한 것도 명이괘를 말한 것이다.

장자莊子/내편內篇/제물론齊物論

도가 밝혀지면 도가 아니며 말이 분석되면 미치지 못한다.   道昭而不道 言辯而不及

아무리 부어도 가득 차지 않고 아무리 퍼내도 마르지 않지만 그 유래를 알지 못한다.

이를 보광葆光(숨은 광명)이라 한다.

注焉而不滿 酌焉而不竭

而不知其所由來

此之謂葆光.[13]

『주역』「계사전」에 의하면 성인이 천하 사물의 자취를 보고 그 형용을 의제하여 상象을 그렸다고 말하고 있다. 또한 『한비자』「해로」편에서도 『노자』 14장을 해설하면서 성인이 나타나 무물無物 무상無狀의 도道를 그림으로 그려 상象을 만들었다고 했다. 이로 본다면 『노자』에서 말한 '상象'과 『장자』에서 말한 '형상形相'은 모두 『주역』의 괘상卦象에서 비롯된 것임을 알 수 있다.

주역周易/계사繫辭 상/1장

하늘은 상상(이데아)을 이루고

땅은 형체(질료)를 이루어

변화와 조화를 드러낸다.

在天成象

在地成形

變化見矣.

주역周易/계사繫辭 상/8장

성인께서 천하의 심오한 자취를 드러내고자

그 형용을 의제하여 그 물건을 알맞게 형상했다.

이런고로 『주역』에서는 그것을 상象이라 이름 붙였다.

聖人有以見天下之賾[14]

而擬諸其形容 象其物宜.

是故謂之象.

---

13) 葆光(보광)=『노자』의 明夷·襲明·微明과 같은 뜻이다. 葆=藏也.

14) 賾(색)=幽深難見.

주역周易/계사繫辭 하/2장

옛날에 포희씨包犧氏(복희)가 천하를 다스릴 때	古者 包犧氏之王天下也
우러러 하늘에서 상象을 관찰하고	仰則觀象於天
구부려 땅에서 법法을 관찰하고	俯則觀法於地
조수의 무늬와 땅의 마땅함을 관찰하여	觀鳥獸之文 與地之宜
가까이는 몸에서 취하고 멀리는 사물에서 취해	近取諸身 遠取諸物
비로소 팔괘八卦를 만들었다.	於是始作八卦.
이로써 신명의 덕을 통창하고	以通神明之德
만물의 실정實情을 본떠 비교했다.	以類萬物之情.

『노자』 14장 해설

한비자韓非子/해로解老

사람은 생명의 형상을 보기 어렵다.	人希見生象也.
그러나 죽음의 형상인 해골은 안다.	而得死象之骨.
그래서 기호를 그려 생명을 상상하려 한다.	案[15]其圖以想其生也.
사람들은 마음속으로 상상한 것에 따라	故諸人之所以意想者
모두 형상을 만든다.	皆爲之象也.
이제 도道는 비록 듣고 보지는 못하지만	今道雖不可得聞見
성인은 그 드러난 공효를 잡아	聖人執其見功
그 형상을 드러내 보여주었다.	以處[16]見其形.
그러므로 노자는 "현상이 없는 현상이요,	故曰 無狀之狀
물체가 없는 형상形象"이라고 말한 것이다.	無物之象.

---

15) 案(안)=依也, 據也.

16) 處(처)=斷決也, 分別也.

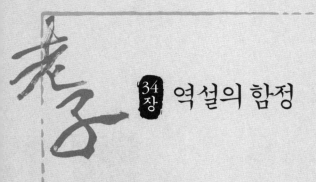

34장 역설의 함정

노자 읽기

《 노자 · 63장 》

다스림은 다스림이 없고(無治) 교화는 교화가 없으며(自化)	爲[1]無爲 事[2]無事
맛은 맛이 없고(味味) 큰 것은 작고 많은 것은 적다.	味無味 大小多少
원수를 갚으려면 덕으로 갚아라.[3]	報怨以德
어려움을 도모하려면 쉬운 것부터 하고	圖難於其易
큰 것을 하려면 작은 것부터 한다.	爲大於其細
천하의 어려운 일은 반드시 쉬운 것에서 일어나고,	天下難事 必作於易
천하의 큰일은 반드시 작은 일에서 일어나는 것이다.	天下大事 必作於細.
이로써 성인은 커지려 하지 않지만[4]	是以聖人 終不爲大
도리어 커짐을 이룰 수 있다.	故能成其大.
대저 가볍게 승낙하면 신뢰가 부족한 것이며,	夫輕諾必寡信

---

1) 爲(위)=治也.

2) 事(사)=政事→敎化.

3) 공자는 以德報怨을 반대하고 "以直報怨 以德報德"을 말했다(論語/憲問第三十六).

4) 「노자」 63장의 이하 문장은 후인들이 덧붙인 사족인 듯하다. 앞부분과 어울리지 않는다.

쉬운 것이 많다고 하면 반드시 어려움이 많은 것이다.
그러므로 성인에게는 비록 어려운 것 같지만
끝내는 어려움이 없는 것이다.

多易必多難
是以聖人猶難之
故終無難矣.

《 노자 · 64장 · 상단 》

안심하면 붙잡기 쉽고, 조짐이 없을 때 꾀하기 쉽고
무르면 쪼개기 쉽고, 가늘면 흩어지기 쉽다.
그것을 취하기 전에 이루며, 어지럽기 전에 다스린다.
아름드리나무는 털끝에서 자랐고
구층의 누대도 한 줌 흙이 쌓여 일으켰고
천 리 길도 한 걸음으로 시작하는 것이다.
천하를 다스리려는 자는 패하고, 붙잡으려는 자는 잃는다.

其安易持 其未兆易謀
其脆易泮 其微易散
爲之於未有 治之於未亂
合抱之木 生於毫末
九層之臺 起於累土
千里之行 始於足下
爲者敗之 執者失之.

그러므로 성인은 다스리지 않음으로써 실패하지 않으며[5]
붙잡으려 하지 않으므로 잃지 않는다.
민중이 하는 일들은 언제나 거의 성공 단계에서 실패한다.
마침을 비롯됨처럼 삼간다면 실패하는 일이 없을 것이다.

是以聖人 無爲故無敗
無執故無失.
民之從事 常於幾成而敗之
愼終如始 則無敗事.

《 노자 · 78장 · 하단 》

약한 것이 강한 것을 이기고
부드러움이 굳센 것을 이기는 것을
천하가 모르지 않지만 능히 행하지 못한다.

弱之勝强
柔之勝剛
天下莫不知 而莫能行.

---

5) 『노자』 64장 상단의 이하 문장은 사족인 듯하다.

그래서 성인은 이르기를[6]

나라의 더러움을 받는 것을 사직의 주인이라 하고

나라의 상서롭지 못한 것을 받는 것을 천하의 왕이라고 한다.

바른말(正言)은 어긋난 말(反語)과 같다.

是以聖人云

受國之垢[7] 是謂社稷主

受國之不祥 是謂天下王

正言若反.

---

6) 『노자』 78장 하단의 이하 문장은 사족인 듯하다.

7) 受國之垢(수국지구)=예컨대 사형수는 사직단에 고하고 난 연후에 죽인다.

역설과 반어

　이것으로『노자』81장 전부에 대해 번역과 해설을 마쳤
다. 지금까지 살펴본바 2,400년 전의『노자』를 복원하는 일
이 얼마나 많은 노력이 필요한지 절감했을 것으로 믿는다.
그만큼 세월의 무게와 오역의 두께가 무겁기 때문이다. 특
히 왕필과 도올은 우연이나 실수가 아니라 의도적으로 전
체를 왜곡했음을 알게 됐다. 그것은 글자 몇 자의 오역에
그치는 것이 아니라 노자의 캐릭터 자체를 완전히 바꾸는
곡학아세다. 그들은 노골적으로 글자에 새로운 뜻을 부여
하여 왜곡하기도 했지만, 노장의 반어反語를 정언正言으로
변질시켜 전체의 뜻을 정반대로 해석하는 교묘한 수법을
동원하기도 했다. 이는 언뜻 보기엔 비슷하므로 눈에 잘 띄
지 않는다.

　역설(paradox)이란 외관상 위僞인 말로 진眞을 말하는
상식을 뒤엎는 언술을 지칭하며, 반어(irony)란 자신은 무
지無知를 가정하고 상대의 주장을 인정하되 반문을 거듭함
으로써 상대의 무지와 모순을 스스로 드러내 새로운 지식
을 발견하도록 하는 언술을 의미한다. 특히 반어는 소크라
테스의 대화법이며 아기의 분만을 돕는 산파와 같다 하여
'산파술'이라고도 말한다.

　삶은 죽음으로 달려가는 것이며, 행복은 재앙 속에 있
고, 다스리면 어지러워지고, 약한 것이 강한 것이며, 패배
한 것이 승리한 것이고, 줄이면 늘어난다는 노자의 말은 역
설이다.

이러한 역설적인 우언은 정언正言에 대비되는 것으로 지배이데올로기를 우회적으로 풍자하기 위해 동원된 것이다. 즉 반역의 내용이다. 우리나라에는 지배계급에서 소외된 지식인들의 패관잡기稗官雜記에 이런 우언이 많다. 연암 박지원의 소설이 그 대표적인 경우일 것이다.

그러나 역설과 반어는 실제로는 복합적으로 사용되므로 분명하게 구분되는 것은 아니다. 『노자』도 전체가 역설과 반어라고 할 수 있지만, 『장자』에는 더욱 반어적인 어법이 많이 구사된다. 이러한 역설과 반어는 전체의 뜻을 파악하지 못하고 중간을 잘라 말하면 노자의 주장인지 노자가 반대한 담론인지 알 수 없게 된다. 이런 경우는 정반대로 해석하기 쉽다. 그러므로 왜곡이 용이하다.

『노자』와 『장자』는 민중의 담론이다. 민중을 가두고 순치하려는 권력적 담론의 울을 탈출하려는 해방의 담론이다. 그러므로 역설과 반어로 기록된 것이다. 반어와 역설은 패자들의 담론이요, 도덕과 정치, 법과 경영 등 정언은 승자들의 담론이다.

장자莊子/잡편雜篇/우언寓言

(짐승들의 어리석은 말로 비유하는) 우언이 열에 아홉이며	寓言十九
(이미 잘 알려진 성인의 이름을 빌려 풍자하는) 중언이	重言
열에 일곱이다.	十七.
대화를 통해 무지를 폭로하는 치언은	卮言[8]

---

8) 卮言(치언)=隨人從變之言. 소크라테스의 反語와 같음.

새로운 해가 떠오르듯 일신하여

자연의 분계를 조화하는 것이다.

日出

和以天倪.[9]

정언正言과 우언寓言

장자莊子/잡편雜篇/천하天下

현실과는 동떨어진 이야기와

황당한 말과 끝없는 사설은

때로는 방자하지만 구차하지 않으며

억지로 기이한 것을 보여주려는 것은 아니다.

그(장자)가 그런 것은 천하가 심히 혼탁한데

엄숙한 정론正論으로 말할 수 없었기 때문이다.

반어(아이러니)로 선입견을 혼란케 하고

중언(패러디)으로 고쳐 다시 참되게 하고

우언(우화)으로 뜻을 넓힌다.

홀로 천지와 더불어 정신을 왕래하여

함부로 만물을 분계分界하지 않고

시비를 따지지 않으며

속세와 더불어 거처한다(신선의 하방).

그의 글은 비록 괴이하고 독특하지만

사물을 따르므로 몸(생명)을 해침이 없다.

荒唐之言

無端崖之辭

時恣縱 而不儻

不以觭見之也.

以天下爲沈濁

不可與莊語.

以巵言爲曼衍[10]

以重言爲眞.

以寓言爲廣.

獨與天地 精神往來.

以不敖倪[11]於萬物

不譴是非

而與世俗處.

其書雖瓌瑋[12]

而連犿[13]無傷也.

---

9) 倪(예)=分也, 際也.

10) 曼衍(만연)=因其事理而推衍之.

11) 敖倪(오예)=傲睨.

12) 瓌瑋(괴위)=奇特也.

13) 連犿(연변)=相從貌, 宛轉貌.

비록 들쭉날쭉 허실이 있지만   其辭雖參差
그 기이한 해학이 볼만하다.   而諔詭[14]可觀.
달리 가슴속에 꽉 찬 것을 다 표현할 수 없었기 때문이다.   彼其充實不可以已.
위로는 조물주와 노닐고   上與造物者
아래로는 삶과 죽음을 뛰어넘고   而下與外死生
시작과 끝이 없는 초월자를 벗했던 것이다.   無終始者友.

　일반적으로 공자는 귀족을 대변했고, 묵자는 노동자를 대변했고, 노자는 몰락한 귀족을 대변했으며, 순자는 신흥 관료와 자본가를 대변했다고 말한다. 다만 이러한 도식은 지나치게 단순화하는 함정이 있으나 대체로 정곡을 찌른 것이어서 일반화되어 있다.

　그러나 노장의 취향인 몰락한 귀족의 안일주의와 냉소주의는 문명과 가치를 전도시키는 역설(paradox)을 낳았다. 그의 역설은 현실과 문명의 모순을 폭로하고 그 반대인 자연 상태의 자유로운 삶을 부각시킨다. 그것은 약자와 패자의 생존을 위한 처절한 저항이다. 그것은 우리에게 문명보다 자연을, 현상보다 본질을, 운동자보다 원동자를, 유보다 무를, 삶보다 죽음을, 양지보다 음지를, 밝음보다 어둠을, 봉우리보다 골짜기를, 질서보다 혼돈을 보라고 요구한다. 그리고 부성보다 모성을, 강함보다 약함을, 단단함보다 부드러움을, 지혜보다 무지를, 무늬보다 질박함을 흠모하

---

14) 諔詭(숙궤)=滑稽(골개).

게 한다.

이러한 역설은 허무·은둔·반문명의 퇴영적이며 부정적인 면이 있는 것도 사실이다. 그러나 그럼에도 불구하고 우리에게 '일상성日常性'이야말로 노예 상태임을 경고하면서, 일상성 뒤에 숨은 지배이데올로기를 드러낸다. 그리하여 문명의 모순을 폭로하고 그 반대편인 혼돈과 자연을 보여줌으로써 모든 기존의 상식과 가치를 전복시킨다. 그것은 전국시대 사회의 혼란과 인간의 불행의 원인이 인간의 간교함과 인간이 만든 제도와 문명에 있다고 본 데서 기인한다.

그러나 기존의 상식과 가치를 전복시킨 그의 역설도 은둔과 퇴영의 소극적인 거부일 뿐 적극적인 저항은 아니었다. 민중에게는 저항보다도 생명 보존이 더 큰 임무였기 때문이다. 그것이 하늘과 자연의 명령이라고 생각할 수도 있다. 그러므로 그들에게는 거부만이 유일한 저항이 될 수 있었을 것이다. 그래서 정론이 아니라 역설적 우화로 표현한 것이다.

『노자』 읽기의 유의점

은둔과 퇴영은 한편으로는 허무주의와 패배주의의 함정이 된다. 반동 세력은 이를 이용하여 현실적인 것이야말로 이성적이라고 선전하기 마련이다. 그 대표적인 것이 왕필의 『노자』 왜곡이다. 그는 노자의 '도=무위자연'을 '도=무無'로 바꾸어 귀무론貴無論이라는 현학玄學으로 설명함으로써 민중의 저항의식을 거세하려 했다.

그런데 도올은 왕필을 신봉하는 데 그치지 않고 한 술 더 뜬다. 그는 이처럼 저항적이고 슬픈 우언寓言을 위대한 형이상학적 정언正言인 것처럼 치켜세우면서도 귀무론으로 해석하여 글의 취지를 허무주의로 왜곡한다. 무지無知는 우민愚民 정책으로, 무욕無欲은 은둔주의로, 무위無爲는 수구주의로, 부쟁不爭은 현실 도피주의로, 유약柔弱은 패배주의로, 혼돈混沌은 가치등가주의로 변질되기 쉽기 때문이다. 이처럼 그들은 『노자』와 『장자』가 반어와 역설로 되어 있는 것을 기화로 이를 정언으로 왜곡 해석하여 교묘히 변질시킬 수 있었던 것이다.

그러나 장자는 기존의 권위와 가치 체계를 거부하고 국가권력을 반대했으므로 정언正言으로 말할 수 없어 우언寓言으로 말했다는 후인의 증언을 염두에 두어야 한다. 장자의 우화 속에는 시대를 비판하는 신랄하고 통쾌한 시대 비판이 숨어 있다.

당시는 모든 권위와 가치가 추락한 난세였다. 이른바 풍자적인 명가名家들은 불가지론을 주장하며 신성함이나 고귀함을 비웃고 세상을 희롱했다. 그러나 노장은 이들과 달랐다. 노장은 불가지론을 말했고 절망에 빠졌지만 허무주의도 쾌락주의도 아니었다. 그들에게는 분노와 이상이 있었고 새로운 가치와 신념이 있었기 때문이다. 그런데도 그들의 담론이 반어와 역설과 우화로 된 점을 이용하여 현실을 외면하는 냉소주의로 해석하는 것은 인류에 죄를 짓는 크나큰 잘못이다.

한편 『노자』는 민중들의 집단 창작이므로 서로 모순되는 내용도 있으며, 기록자들이 반동적인 곁가지를 덧붙인 경우도 있다. 앞의 『노자』 63장과 64장을 읽어보면 앞부분과 뒷부분이 서로 이질적임을 알 수 있다. 이 글 외에도 각 장마다 말미에 성인의 말로 설명을 덧붙인 것들이 있는데 이는 대체로 앞의 글을 반동적으로 희석시킨 것이다. 『장자』도 마찬가지다. 품격이 떨어지고 앞뒤가 모순되는 부연 설명은 후세의 기록자가 덧붙인 것으로 보아야 한다.

장자莊子/내편內篇/응제왕應帝王

(접여接輿가 말했다.) "천하를 다스린다는 것은   其於治天下也
바다를 걸어가고 황허黃河를 파는 것이요,   猶涉海鑿河
모기에게 태산을 짊어지게 하는 것과 같은 것이다.   而使蚊負山也.
대저 성인의 다스림은   夫聖人之治也
다스림을 잊게 하는 것이다.   治外[15]乎.

마음을 바르게 한 후 교화를 행하고   正而後行
진실로 능한 일을 확고히 하는 것으로 그친다.   確乎能其事者而已矣.[16]

새들은 높이 날아감으로써   且鳥高飛

---

15) 外(외)=遺 棄也.

16) 正而後行으로 시작하는 이 두 구절은 후인이 덧붙인 것으로 보인다. 앞부분과 모순된다.

주살의 해를 피하고
생쥐들은 신전 언덕에 굴을 깊이 파서
연기와 파헤침을 피한다.
너는 이 벌레들보다도 더욱 무지하구나!"

以避矰弋¹⁷⁾之害.
鼷鼠深穴乎神丘¹⁸⁾之下
以避熏鑿之患.
而¹⁹⁾曾²⁰⁾二蟲之無知.

그러므로 『노자』는 텍스트의 전체적인 기조에 대한 해석자의 인식과 이에 따라 어떤 글을 부각시키고 강조하느냐는 관점의 차이에 따라 성격이 전혀 달라진다. 예컨대 말미에 후인이 덧붙인 사족들은 『노자』의 기조와는 전혀 어울리지 않거나 반동적인 것이 많기 때문에 엉뚱한 방향으로 왜곡될 소지가 있다.

그리고 『장자』는 우언으로 되어 있어 역설과 반어가 많다. 그러므로 전체의 문맥을 살펴 저자의 의도를 집어내야 한다. 그렇지 않고 저자의 의도를 확연히 들어내기 위한 반대자의 언설을 정론으로 오해하면 정반대의 결론이 되어 버린다.

특히 중언重言(parody)은 관객이 이미 잘 알고 있는 유명한 인물을 화자로 내세운다. 그런데 그 인물은 관객이 이미 알고 있는 이미지와는 전혀 다른 말을 하도록 각본이 짜여 있다. 예컨대 공자는 실제로는 유가儒家의 비조인데 『장자』에 등장하는 공자는 유가의 인의仁義를 비난한다. 그래서

---

17) 矰弋(증익)=網과 주살.
18) 神丘(신구)=社壇.
19) 而(이)=汝也.
20) 曾(증)=重也, 增也.

관객은 혼란스럽고 어리둥절하다. 이는 관객의 선입견을 무력화시켜 무지無知의 상태가 되도록 유인하는 연출자의 의도적 기획이다. 이처럼 무대 위의 화자는 꼭두각시 인형이며 그 인형을 조종하는 실제 주연은 무대 뒤에 숨어 있는 것이 패러디 인형극의 묘미다. 그러므로 『장자』를 읽는 방법은 배우들의 반어 속에 숨어 있는 저자의 의도를 집어내는 것이 중요하다. 만약 우언寓言을 정언正言으로 읽으면 본류를 잃고 엉뚱한 지류로 흘러들어 길을 잃는다.

그러므로 노장을 이해하려면 먼저 텍스트를 정확히 읽을 수 있어야 한다. 우선 저술 당시의 문자 용례를 알아야 한다. 2천 년 전 문자와 오늘의 문자는 모양은 같지만 그 뜻이 확장됐거나 변했기 때문이다. 다음으로는 당시의 역사와 제도와 관습을 알아야 한다. 그래야 사람의 명칭, 벼슬 명칭, 제도의 명칭을 오늘의 글자풀이로 해석하는 오류를 범하지 않는다. 이런 오류를 예방하려면 같은 시기의 경전들을 대조 비교해야 한다. 경전 번역은 그 분야에 깊은 이해와 아울러 광범한 소양이 필요한 것이다.

그러므로 나의 경전 해석은 경전으로 경전을 해석하는 이른바 '이경역경以經繹經'을 원칙으로 삼고 있다. 이 책은 『노자』의 글을 『노자』의 다른 글로 비교 분석했으며, 아울러 『장자』·『열자』·『회남자』의 글로 비교 해석했음을 밝혀 둔다. 그러므로 이 책은 왕필의 주석을 따른 우리 학자들의 다른 책들과는 전혀 다르다는 것을 주목해 주기 바란다.

부록

왕필본王弼本	장명章名	백서본帛書本	죽간본竹簡本	본서
1장	체도體道	45장		16장 무욕
				19장 약자의 천연 도덕
				24장 도
				29장 불가지론과 저항정신
				30장 무명
2장	양신養身	46장	16장	6장 가치부정과 저항정신
3장	안민安民	47장		11장 무위자연
				14장 무경쟁 사회
				16장 무욕
				20장 노자 도덕의 특징
4장	무원無源	48장		25장 천제
				32장 형상과 직관주의
5장	허용虛用	49장	2장	8장 반유가 반인의
				25장 천제
				27장 무
6장	성상成象	50장		7장 페미니즘과 저항
7장	도광韜光	51장		19장 약자의 천연 도덕
				21장 신선과 양생술
8장	역성易性	52장		7장 페미니즘과 저항
				14장 무경쟁 사회
9장	운이運夷	53장	7장	23장 도인의 처세술

왕필본王弼本	장명章名	백서본帛書本	죽간본竹簡本	본서
10장	능위能爲	54장		7장 페미니즘과 저항
				18장 동심
				23장 도인의 처세술
				26장 기론
11장	무용無用	55장		27장 무
12장	검욕儉欲	56장		16장 무욕
13장	염치廉恥	57장	25장	15장 상벌 없는 무치 사회
				22장 생명주의
14장	찬원贊元	58장		31장 혼돈과 동이론
				32장 형상과 직관주의
				33장 『노자』의 상과 『주역』의 상
15장	현덕顯德	59장	12장	23장 도인의 처세술
				31장 혼돈과 동이론
16장	귀근歸根	60장	3장	24장 도
				27장 무
				33장 『노자』의 상과 『주역』의 상
17장	순풍淳風	61장	31장	9장 반성인과 무치
18장	속박俗薄	61장	31장	13장 원시 공산주의
19장	환순還淳	62장	8장	9장 반성인과 무치
				12장 반문명
				13장 원시 공산주의
				19장 약자의 천연 도덕
				20장 노자 도덕의 특징
20장	이속異俗	63장	23장 24장	17장 무지
				23장 도인의 처세술
				31장 혼돈과 동이론
21장	허심虛心	64장		31장 혼돈과 동이론
				32장 형상과 직관주의
22장	익겸益兼	66장		14장 무경쟁 사회
				28장 무극과 태일
23장	허무虛無	67장		20장 노자 도덕의 특징
				21장 신선과 양생술
24장	고은苦恩	65장		19장 약자의 천연 도덕

왕필본王弼本	장명章名	백서본帛書本	죽간본竹簡本	본서
25장	상원象元	68장	1장	24장 도
				31장 혼돈과 동이론
26장	중덕重德	69장		23장 도인의 처세술
27장	교용巧用	70장		9장 반성인과 무치
				20장 노자 도덕의 특징
				33장 『노자』의 상과 『주역』의 상
28장	반박反樸	71장		7장 페미니즘과 저항
				18장 동심
				28장 무극과 태일
29장	무위無爲	72장		15장 상벌 없는 무치 사회
				19장 약자의 천연 도덕
30장	검무儉武	73장	11장	10장 반전쟁
31장	언무偃武	74장	33장	10장 반전쟁
32장	성덕聖德	75장	17장 18장	30장 무명
33장	변덕辨德	76장		20장 노자 도덕의 특징
				21장 신선과 양생술
34장	임성任成	77장		25장 천제
				30장 무명
35장	인덕仁德	78장	32장	32장 형상과 직관주의
36장	미명微明	79장		7장 페미니즘과 저항
				10장 반전쟁
				33장 『노자』의 상과 『주역』의 상
37장	위정爲政	80장	14장	16장 무욕
				19장 약자의 천연 도덕
				30장 무명
38장	논덕論德	1장		6장 가치부정과 저항정신
				8장 반유가 반인의
				14장 무경쟁 사회
				19장 약자의 천연 도덕
				20장 노자 도덕의 특징

왕필본王弼本	장명章名	백서본帛書本	죽간본竹簡本	본서
39장	법본法本	2장		20장 노자 도덕의 특징
				23장 도인의 처세술
				28장 무극과 태일
40장	거용去用	4장	6장	7장 페미니즘과 저항
				27장 무
41장	동이同異	3장	30장	23장 도인의 처세술
			31장	30장 무명
				32장 형상과 직관주의
42장	도화道化	5장		7장 페미니즘과 저항
				24장 도
				26장 기론
43장	편용偏用	6장		27장 무
44장	입계立戒	7장	5장	23장 도인의 처세술
45장	홍덕洪德	8장	27장	11장 무위자연
			28장	23장 도인의 처세술
46장	검욕儉欲	9장	10장	10장 반전쟁
47장	착원鑿遠	10장		32장 형상과 직관주의
48장	망지忘知	11장	23장	11장 무위자연
49장	임덕任德	12장		18장 동심
				20장 노자 도덕의 특징
50장	귀생貴生	13장		22장 생명주의
51장	양덕養德	14장		11장 무위자연
				19장 약자의 천연 도덕
				24장 도
52장	귀원歸元	15장	26장	16장 무욕
				20장 노자 도덕의 특징
53장	익증益證	16장		5장 민란의 성전
				20장 노자 도덕의 특징
54장	수관修觀	17장	29장	9장 반성인과 무치
55장	원부元符	18장	4장	18장 동심
				21장 신선과 양생술
				26장 기론
56장	원덕元德	19장	20장	16장 무욕

왕필본王弼本	장명章名	백서본帛書本	죽간본竹簡本	본서
57장	순풍淳風	20장	21장	11장 무위자연 12장 반문명
58장	순화順化	21장		6장 가치부정과 저항정신
59장	수도守道	22장	22장	19장 약자의 천연 도덕
60장	거위居位	23장		13장 원시 공산주의 24장 도
61장	겸덕兼德	24장		13장 원시 공산주의
62장	위도爲道	25장		20장 노자 도덕의 특징
63장	은시恩始	26장	15장	11장 무위자연 34장 역설의 함정
64장	수미守微	27장	13장 19장 34장	11장 무위자연 34장 역설의 함정
65장	순덕淳德	28장		17장 무지
66장	후기後己	29장	9장	14장 무경쟁 사회 19장 약자의 천연 도덕
67장	삼보三寶	32장		19장 약자의 천연 도덕
68장	배천配天	33장		10장 반전쟁
69장	원용元用	34장		10장 반전쟁
70장	지난知難	35장		9장 반성인과 무치 23장 도인의 처세술
71장	지병知病	36장		32장 형상과 직관주의
72장	애기愛己	37장		15장 상벌 없는 무치 사회
73장	임위任爲	38장		14장 무경쟁 사회
74장	제혹制惑	39장		15장 상벌 없는 무치 사회
75장	탐손貪損	40장		5장 민란의 성전 22장 생명주의
76장	계강戒强	41장		5장 민란의 성전 20장 노자 도덕의 특징
77장	천도天道	42장		20장 노자 도덕의 특징
78장	임신任信	43장		7장 페미니즘과 저항 27장 무 34장 역설의 함정

왕필본王弼本	장명章名	백서본帛書本	죽간본竹簡本	본서
79장	임계任契	44장		19장 약자의 천연 도덕
80장	독립獨立	30장		12장 반문명
				13장 원시 공산주의
81장	현질顯質	31장		6장 가치부정과 저항정신
				13장 원시 공산주의
				20장 노자 도덕의 특징
			35장	26장 기론
				28장 무극과 태일

주요 용어 및 인명 찾아보기

원문 출전 찾아보기